C10

i COMPENDI d'AUTORE

- C1 Compendio di Diritto Civile
- C2 Compendio di Diritto Penale
- C3 Compendio di Diritto Processuale Civile
- C4 Compendio di Diritto Processuale Penale
- C5 Compendio di Diritto Amministrativo
- C6 Compendio di Diritto Internazionale Privato
- C7 Compendio Unione Europea
- C8 Compendio di Diritto Costituzionale
- C9 Compendio di Diritto Ecclesiastico
- C10 Compendio di Diritto del Lavoro
- C11 Compendio di Diritto Commerciale
- C12 Compendio di Diritto Tributario
- C13 Compendio di Diritto Romano
- C14 Compendio di Ordinamento Giudiziario
- C15 Compendio di Ordinamento Forense
- C16 Compendio di Contabilità Pubblica
- C17 Compendio di Diritto Pubblico
- C18 Compendio di Diritto Fallimentare
- C19 Compendio di Legislazione Scolastica
- C20 Compendio di Diritto Processuale Amm.vo
- C21 Compendio di Economia Aziendale
- C22 Compendio di Scienza delle Finanze
- C23 Compendio di Diritto delle Assicurazioni
- C24 English for Law
- C25 Compendio di Diritto dell'Ambiente
- C26 Compendio di Informatica Giuridica
- C27 Compendio di Diritto Dell'Urbanistica
- C28 Compendio di Diritto delle Regioni e degli Enti Locali
- C29 Compendio di Econometria
- C30 Compendio di Sociologia
- C31 Compendio di Diritto Agrario
- C32 Compendio di Diritto Minorile
- C33 Compendio di Diritto Penitenziario
- C34 Compendio di Diritto Internazionale Pubblico
- C36 Compendio di Diritto della Navigazione
- C37 Compendio di Contabilità degli Enti Locali
- C38 Compendio Previdenza Sociale
- C39 Compendio Normativa sulla Privacy

C40   Compendio di Diritto Bancario
C41   Compendio degli Appalti Pubblici
C42   Compendio di Legislazione Farmaceutica
C43   Compendio di Diritto Doganale
C44   Compendio di Diritto di Economia
C45   Compendio Dei Reati contro la PA
C46   Compendio di Diritto di Famiglia
C47   Compendio di Diritto Parlamentare
C48   Compendio di Economia Politica
C49   Compendio di Politica Economica
C50   Compendio di Diritto dell'Amministrazione pubblica digitale
C51   Compendio di Diritto Consolare
C52   Compendio di Legislazione Universitaria
C53   Compendio di Diritto Sindacale
C54   Compendio di Ragioneria Generale
C55   Compendio di Medicina Legale
C56   Compendio Polizia Giudiziaria
C57   Compendio di Criminologia
C58   Compendio di Diritto Sanitario

Rosa DEL PRETE – Valentina RICCHEZZA

COMPENDIO di DIRITTO del LAVORO SINDACALE e della PREVIDENZA SOCIALE

XII Edizione
2023

FINITO DI STAMPARE NEL MESE DI MARZO 2023 DA:
Torgraf
Galatina (LE)

© **NELDIRITTO EDITORE srl, Via del Lillo 2/B - Zona industriale - Molfetta (BA)**
La traduzione, l'adattamento totale o parziale, con qualsiasi mezzo (compresi i microfilm, i film, le fotocopie), nonché la memorizzazione elettronica, sono riservati per tutti i paesi.

ISBN 9791254702673

L'elaborazione dei testi, anche se curata con scrupolosa attenzione, non può comportare specifiche responsabilità per eventuali involontari errori o inesattezze.

L'autore e l'editore declinano, pertanto, ogni responsabilità, anche in relazione all'elaborazione dei testi normativi e per eventuali modifiche e/o variazioni degli schemi e delle tabelle allegate.

L'autore, pur garantendo la massima affidabilità dell'opera, non risponde di eventuali danni derivanti dai dati e delle notizie ivi contenute.

L'editore non risponde di eventuali danni causati da involontari errori o refusi di stampa.

I lettori che desiderano essere informati sulle novità di Neldiritto Editore possono visitare il sito **web shop.enneditore.it** o scrivere a **info@neldiritto.it**

*Ai nostri genitori
Annamaria, Gennaro,
Consiglia e Vincenzo*

PREMESSA

Il volume si inserisce nella collana **"I Compendi d'Autore"**, ideata e strutturata appositamente per tutti coloro che si apprestano alla **preparazione degli esami orali per l'abilitazione alla professione forense** e delle **prove dei principali concorsi pubblici**.

L'opera è frutto di una felice combinazione tra gli aspetti caratteristici, da un lato, della **tradizionale trattazione manualistica**, di cui conserva la struttura e l'essenziale impostazione nozionistica, e, dall'altro, della più moderna **trattazione "per compendio"**, di cui fa proprie la capacità di sintesi e la schematicità nell'analisi degli istituti giuridici. Al contempo, si è avuto cura nell'evitare sia l'eccessivo appesantimento teorico e dogmatico della manualistica classica, controproducente per chi deve comprendere e memorizzare "in fretta", sia l'estrema sintesi dei vecchi modelli di compendio, spesso "nemica" di un'agevole e chiara comprensione delle questioni trattate e quasi sempre causa di lacune nella preparazione.

Ne è derivato un **modello di "terza generazione" di testi per la preparazione alle prove d'esame**, destinato inevitabilmente a prevalere nel futuro scenario della formazione di studi, in cui l'imperativo è possedere **tutte le conoscenze necessarie e sufficienti** per raggiungere brillantemente l'obiettivo finale.

A tal fine, le direttrici lungo cui si è sviluppata la collana sono state **chiarezza nella forma** e **completezza nella sostanza**.

Nella forma, l'opera coniuga, infatti, semplicità ed eleganza espositiva, cercando di soddisfare l'aspirazione di quanti ambiscono a memorizzare velocemente, attraverso l'ausilio di espedienti grafici quali l'utilizzo di **grassetti e corsivi per i concetti-chiave** di ogni singolo istituto o ancora tramite l'**esposizione "per punti"** delle principali tesi emerse in dottrina e in giurisprudenza sulle questioni più problematiche.

Nella sostanza, la chiara comprensione degli istituti è agevolata da una **trattazione esaustiva, ma allo stesso tempo sintetica**, delle nozioni giuridiche di base e degli aspetti più "sensibili" in prospettiva concorsuale.

I problemi giuridici sono stati inquadrati equilibrandoli tra la loro profondità storica (tramite un contenuto richiamo ai principali **orientamenti dottrinari**) e la loro attualità concreta (tramite un'attenta selezione delle decisioni della **giurisprudenza**, segnalate in appositi **"Focus" giurisprudenziali**).

Infine, non sembra inutile ricordare, a chi si appresta ad affrontare le prove d'esame, che sempre *homo faber fortunae suae*, perché la fortuna, oltre a dipendere dalle favorevoli "stelle" del destino, risiede anche e soprattutto nel munirsi degli strumenti giusti per procurarsela. Strumenti che siamo certi di aver fornito – con questa nuova collana di compendi – per aiutare la "fortuna" di molti aspiranti avvocati e di molti concorsisti!

Il volume dedicato al **"Diritto del Lavoro, Sindacale e della Previdenza sociale"** è ripartito in tre macroaree tematiche: il *diritto del lavoro*, il *diritto sindacale* e il *diritto della previdenza sociale*. Sebbene la trattazione delle aree sia autonoma non mancano, tuttavia, costanti collegamenti nella trattazione degli istituti lavoristici degli aspetti previdenziali.

Gli argomenti sono trattati con chiara indicazione dei riferimenti normativi, anche attraverso la ricostruzione evolutiva della disciplina degli istituti e l'individuazione delle principali novità; gli istituti vengono analizzati nei loro elementi tipizzanti e mediante un'accurata selezione delle questioni di maggiore interesse o implicanti significativi risvolti anche di stampo processualistico. Non mancano, nonostante la schematicità propria del compendio, con riguardo alle tematiche più controverse ed oggetto di dibattito dottrinario e giurisprudenziale, i relativi spunti di riflessione ed i richiami alla giurisprudenza di legittimità nonché profili comparatistici anche interdisciplinari.

La presente edizione è corredata da **schede di sintesi** che rappresentano un prezioso strumento di agevolazione per il ripasso degli argomenti unitamente al **questionario** che si conferma un valido supporto per la valorizzazione di aspetti di imprescindibile conoscenza.

Il Compendio è aggiornato alle ultime modifiche normative, anche relative alla fase emergenziale pandemica. Tra queste:

1. D.L. 24 dicembre 2021 n.221 convertito con modificazioni nella l. 18 febbraio 2022 n. 11;
2. D.L. 30 aprile 2022 n. 36 convertito con modificazioni nella l. 29 giugno 2022 n.79;
3. D.Lgs. 27 giugno 2022 n. 104;
4. D.Lgs. 30 giugno 2022 n. 105;
5. D.L. 9 agosto 2022 n. 153 conv. in l. 21 settembre 2022 n. 142;
6. D. Lgs. 10 ottobre 2022 n. 149;
7. D.Lgs. 5 ottobre 2022 n. 163;
8. L. 29 dicembre 2022 n. 197 (legge di bilancio 2023)

Napoli, marzo 2023   Le Autrici

LE AUTRICI

La presente edizione è stata curata:

Rosa Del Prete, magistrato alla III valutazione di professionalità con conferimento delle funzioni giudicanti di secondo grado, è consigliere presso la Corte di Appello di Napoli-Sezione Lavoro.

Valentina Ricchezza, magistrato ordinario presso la sezione lavoro del Tribunale di Santa Maria Capua Vetere, alla II valutazione di professionalità; docente di moduli di insegnamento di diritto del lavoro e della previdenza sociale presso la scuola di specializzazione per le professioni legali dell'Università Federico II di Napoli negli anni 2015-2018; 2021-2022.

Rosa Del Prete, Parte I Cap. I, II, III, IV, V (sez. I e III), X, XI; Parte II Cap. I, II, III.

Valentina Ricchezza, Parte I Cap. V (sez. II, IV, V), VI, VII, VIII, IX; Parte III Cap. I, II, III, IV, V, VI.

SOMMARIO

PARTE I
IL DIRITTO DEL LAVORO

Capitolo I
LE FONTI DEL DIRITTO DEL LAVORO — 3

1. Il diritto del lavoro, diritto sindacale e diritto della previdenza sociale: nozione. — 3
1.1. L'evoluzione storica. — 3
2. Le fonti sovranazionali del diritto del lavoro. — 4
2.1. Il diritto internazionale. — 5
2.2. Il diritto europeo. — 5
3. Le fonti interne di tipo normativo. — 7
3.1. La Costituzione. — 7
3.2. La legislazione ordinaria in materia di diritto del lavoro. — 8
3.3. Le fonti regionali. — 10
4. Le fonti contrattuali. — 11
4.1. La contrattazione collettiva nazionale, territoriale, aziendale. — 11
5. Le fonti non scritte: la consuetudine. — 12

Questionario — 13
Scheda di sintesi — 13

Capitolo II
SUBORDINAZIONE, AUTONOMIA, ETERORGANIZZAZIONE, COORDINAZIONE — 14

Sezione I
IL LAVORO SUBORDINATO — 14

1. Il lavoro subordinato. — 14
2. Definizione ed indici di configurabilità. — 15
3. La subordinazione attraverso la lente della giurisprudenza di legittimità: l'evoluzione interpretativa. — 17

Questionario — 19

Sezione II
IL LAVORO AUTONOMO, COORDINATO ED ETERORGANIZZATO — 20

1. Il lavoro autonomo: inquadramento sistematico e definizione. — 20
1.1. Regime giuridico. — 22
2. La collaborazione coordinata e continuativa. — 23
2.1. Gli elementi costitutivi. — 24
2.2. Il trattamento normativo. — 26
3. Le collaborazioni etero-organizzate. — 27
3.1. Il lavoro su piattaforma digitale: il caso dei "riders". — 30
3.2. La disciplina applicabile e le ipotesi escluse. — 30
4. Il contratto di agenzia. — 32
5. Il lavoro occasionale. — 34

QUESTIONARIO — 37

Sezione III
IL LAVORO NEI RAPPORTI ASSOCIATIVI — 38

1. Il lavoro nelle società. — 38
2. Associazione in partecipazione. — 40
3. Cooperative e socio lavoratore. — 40

QUESTIONARIO — 43
SCHEDA DI SINTESI — 44

Capitolo III
I CONTRATTI SPECIALI — 46

Sezione I
I RAPPORTI DI LAVORO FLESSIBILE — 46

1. Il lavoro a tempo determinato: evoluzione normativa. — 46
1.1. Elementi costitutivi del lavoro a termine. — 48
1.2. Regime giuridico della durata: proroga - prosecuzione di fatto - rinnovo. — 51
1.3. I divieti. — 52
1.4. Disciplina giuridica applicabile ai lavoratori a termine. — 53
1.5. Il diritto di precedenza. — 54
1.6. Il recesso *ante tempus*. — 55
1.7. Le esclusioni e le discipline speciali. — 55

1.8.	Impugnativa del contratto di lavoro a termine e regime sanzionatorio.	57
2.	Il rapporto di lavoro a tempo parziale: evoluzione normativa.	58
2.1.	Requisiti e trasformazione.	59
2.2.	Le clausole elastiche, flessibili ed il rapporto con il lavoro straordinario.	61
2.3.	Il trattamento del lavoratore part-time.	63
2.4.	Part-time e contratto di espansione.	64
2.5.	L'apparato sanzionatorio.	66
3.	Il lavoro intermittente: classificazioni.	67
3.1.	Disciplina giuridica.	69

QUESTIONARIO 71

Sezione II
I CONTRATTI DI LAVORO CON FINALITÀ FORMATIVE 73

1.	Il contratto di apprendistato: nozione ed evoluzione normativa.	73
1.1.	Le tipologie di apprendistato.	74
1.2.	La disciplina giuridica.	77
2.	I tirocini formativi e di orientamento.	80

QUESTIONARIO 83

Sezione III
I CONTRATTI DI LAVORO AL DI FUORI DELL'IMPRESA 85

1.	Il lavoro a domicilio.	85
2.	Il telelavoro.	87
3.	Il lavoro agile (o *smart working*).	88
3.1.	Caratteristiche.	88
3.2.	Il trattamento del lavoratore agile.	89
4.	Il lavoro domestico.	90
5.	Il lavoro sportivo.	91
6.	Il lavoro di portierato.	94

QUESTIONARIO 95
SCHEDA DI SINTESI 95

Capitolo IV
IL RAPPORTO DI LAVORO: COSTITUZIONE — 97

Sezione I
MERCATO DEL LAVORO E POLITICHE ATTIVE — 97

1. Il collocamento ordinario: evoluzione storica. — 97
1.1. Il decentramento dallo Stato alle Regioni e il coinvolgimento dei soggetti privati. — 98
2. La Rete nazionale dei servizi per le politiche attive per il lavoro. — 99
3. Lo stato di disoccupazione. — 101
4. I servizi per il lavoro e le politiche attive. — 101
5. Le assunzioni incentivate. — 103
6. Il collocamento mirato per i disabili. — 104
6.1. I beneficiari. — 104
6.2. I soggetti obbligati alle assunzioni. — 105
6.3. La quota di riserva. — 106
6.4. La procedura di assunzione. — 106
6.5. Le convenzioni. — 107
6.6. Il rapporto di lavoro. — 108
6.7. Incentivi e apparato sanzionatorio. — 109
7. Il collocamento dei cittadini europei ed extraeuropei. — 110

QUESTIONARIO — 112

Sezione II
ASSUNZIONE E CONTRATTO INDIVIDUALE DI LAVORO — 114

1. La procedura di assunzione e gli obblighi datoriali. — 114
1.1. Le comunicazioni. — 115
2. Il contratto di lavoro: elementi essenziali e accidentali. — 118
2.1. I rapporti con la contrattazione collettiva e la legge. — 119
3. La forma. — 119
3.1. Il lavoro sommerso: accertamento e sanzioni. — 120
4. La causa: onerosità e gratuità della prestazione. — 122
4.1. Lavoro gratuito: familiare e volontariato. — 123
5. L'oggetto. — 126
6. Elementi accidentali: il patto di prova. — 127
7. Vizi del contratto e sanzioni. — 130
7.1. Le prestazioni di fatto: art. 2126 c.c. — 131
8. Certificazione del contratto: nozione e finalità. — 132
8.1. Procedimento di certificazione. — 134

| 8.2. | Impugnativa. | 135 |

QUESTIONARIO — 135
SCHEDA DI SINTESI — 136

CAPITOLO V
SVOLGIMENTO DEL RAPPORTO DI LAVORO — 138

SEZIONE I
LE PARTI DEL RAPPORTO DI LAVORO: IL LAVORATORE — 138

1.	Capacità del lavoratore.	138
2.	Diritti del lavoratore.	139
2.1.	La disciplina delle invenzioni.	139
2.2.	La tutela giudiziaria.	140
3.	Doveri del lavoratore: diligenza, obbedienza, fedeltà.	141
3.1.	Il patto di non concorrenza.	142
4.	Inquadramento del lavoratore: mansioni, qualifiche e categorie.	143
4.1.	Le categorie legali e contrattuali.	144

QUESTIONARIO — 146

SEZIONE II
IL DATORE DI LAVORO — 148

1.	I poteri del datore di lavoro.	148
2.	Il potere direttivo.	149
3.	Il potere di controllo.	150
3.1.	I controlli a distanza.	153
3.2.	La tutela della privacy nel rapporto di lavoro.	158
4.	Il potere disciplinare.	159
4.1.	Procedimento disciplinare: contestazione, difesa, sanzione, impugnazione della sanzione.	161
5.	La sicurezza sui luoghi di lavoro: inquadramento normativo.	164
5.1.	La sicurezza nel codice civile: art. 2087 c.c.	165
5.2.	D.lgs. 81/2008 - sicurezza sui luoghi di lavoro: analisi.	168
6.	Danni risarcibili: tutela indennitaria, risarcitoria e danno differenziale.	175
7.	Mobbing.	179

QUESTIONARIO — 183
SCHEDA DI SINTESI — 183

Sezione III
LA PRESTAZIONE LAVORATIVA: OGGETTO, LUOGO E TEMPO — 185

1. La prestazione lavorativa: le mansioni. — 185
2. L'esercizio dello *ius variandi* datoriale nella disciplina delle mansioni. — 185
2.1. Mobilità orizzontale e verticale. — 186
2.2. Il demansionamento al di fuori delle ipotesi dell'art. 2103 cc. — 189
3. Il luogo della prestazione lavorativa. — 190
3.1. Mutamento del luogo della prestazione lavorativa: il trasferimento. — 191
3.2. La trasferta ed il distacco. — 194
4. L'orario di lavoro: disciplina giuridica. — 196
4.1. Definizione. — 197
4.2. L'orario normale settimanale. — 197
4.3. L'orario giornaliero. — 198
4.4. Lavoro straordinario. — 198
4.5. Lavoro notturno. — 201
4.6. Riposi, pause e festività. — 203
4.7. Ferie. — 205
4.7.1. Sospensione delle ferie in corso di fruizione. — 206
4.7.2. L'effettività del godimento. — 207

QUESTIONARIO — 208

Sezione IV
LA RETRIBUZIONE — 210

1. La retribuzione: nozione e disciplina giuridica. — 210
2. La giurisprudenza di legittimità: adeguatezza e proporzionalità, parità di trattamento e non discriminazione. — 211
3. Struttura della retribuzione. — 213
4. Le forme della retribuzione. — 216
5. L'accertamento giudiziale dei crediti retributivi. — 218
5.1. Accertamento giudiziale dei crediti retributivi e l'operatività della contrattazione collettiva. — 219
5.2. Le garanzie dei crediti da lavoro nell'accertamento giudiziale. — 221
6. Il trattamento di fine rapporto. — 222
6.1. Esigibilità e deroghe. — 222
6.2. Accantonamento e previdenza complementare. — 223

QUESTIONARIO — 224

Sezione V
DATORE DI LAVORO ED UTILIZZAZIONE DELLA PRESTAZIONE LAVORATIVA — 225

1.	Ricostruzione della categoria.	225
2.	Distacco.	226
3.	Trasferimento d'azienda.	228
3.1.	I diritti del lavoratore.	229
3.2.	Il regime giuridico delle posizioni debitorie e creditorie.	230
3.3.	Il trasferimento dell'azienda in crisi.	230
4.	Divieto di interposizione fittizia di manodopera.	232
4.1.	Appalto.	233
5.	Somministrazione	235
5.1.	Il contratto di somministrazione e contratto di lavoro somministrato.	236
5.2.	Il rapporto di lavoro somministrato.	238
6.	La tutela del lavoratore illecitamente impiegato.	241

Questionario — 243
Scheda di sintesi (Sezioni III-IV-V) — 244

Capitolo VI
LA SOSPENSIONE DEL RAPPORTO DI LAVORO — 246

1.	Le ipotesi di sospensione.	246
2.	Malattia e infortunio.	247
2.1.	Regime giuridico.	248
3.	Maternità e paternità.	249
3.1.	Il congedo di maternità e la tutela della gravidanza.	250
3.2.	Il congedo di paternità.	256
3.3.	Adozione e affidamento.	256
3.4.	I congedi parentali.	257
3.4.1.	Congedi parentali e COVID-19.	260
4.	I congedi personali.	261
5.	Congedo per le donne vittime di violenze di genere.	263
6.	La Cassa integrazione guadagni: cenni.	264

Questionario — 264
Scheda di sintesi — 265

Capitolo VII
LA DISCIPLINA ANTIDISCRIMINATORIA — 266

1. Disciplina antidiscriminatoria: cenni generali. — 266
2. La discriminazione di genere: la tutela del lavoro femminile. — 270
3. La discriminazione collegata all'età: la tutela del lavoro minorile. — 275
4. La tutela della genitorialità: *rinvio*. — 276
5. Le altre ipotesi di discriminazione: cenni — 276
6. La tutela delle discriminazioni in ambito giurisdizionale. — 277
7. Le azioni positive. — 281

QUESTIONARIO — 282
SCHEDA DI SINTESI — 283

Capitolo VIII
L'ESTINZIONE DEL RAPPORTO DI LAVORO — 284

Sezione I
DIMISSIONI E LICENZIAMENTO INDIVIDUALE — 284

1. Introduzione. — 284
2. La disciplina del recesso nel codice civile. — 285
3. L'area della libera recedibilità. — 287
4. La risoluzione consensuale del contratto di lavoro. — 290
5. Le dimissioni. — 291
6. Il licenziamento individuale: requisiti formali e regime sanzionatorio per vizi formali e procedurali. — 296
7. Licenziamenti nulli. — 300
8. Licenziamenti disciplinari: giusta causa e giustificato motivo soggettivo. — 304
8.1. Regime giuridico dei licenziamenti disciplinari: tutela reale e tutela obbligatoria. — 306
8.2. Regime giuridico dei licenziamenti disciplinari nel contratto a tutele crescenti: D.lgs. 23/2015. — 309
9. I licenziamenti per giustificato motivo oggettivo. — 312
9.1. Regime giuridico del licenziamento per giustificato motivo oggettivo. — 314
9.1.1. Divieto di licenziamento e COVID-19. — 317
9.2. Regime giuridico del licenziamento per giustificato motivo oggettivo nel contratto a tutele crescenti. — 317
9.3. Il licenziamento per inidoneità psico-fisica del lavoratore e superamento del comporto: nozione e regime giuridico delle tutele. — 318

10.	L'offerta transattiva: le novità introdotte dal D.lgs. 4 marzo 2015, n. 23.	321
11.	La revoca del licenziamento.	322
12.	Le azioni esperibili.	323
12.1.	I termini di impugnazione.	324
12.2.	L'onere della prova.	326

Questionario — 328

Sezione II
LICENZIAMENTI COLLETTIVI — 330

1.	I licenziamenti collettivi.	330
1.1.	I licenziamenti collettivi per messa in mobilità.	332
1.2.	I licenziamenti collettivi per riduzione di personale.	332
1.3.	La procedura.	334
1.4.	Il sistema sanzionatorio.	336
1.5.	Il licenziamento collettivo dei dirigenti.	338
1.6.	Il licenziamento collettivo e la crisi d'impresa.	338
1.7.	Il licenziamento collettivo e la normativa COVID-19.	339

Questionario — 339
Scheda di sintesi — 340

Sezione III
GLI AMMORTIZZATORI SOCIALI NELLA CRISI D'IMPRESA — 342

1.	Gli ammortizzatori sociali: nozione.	342
2.	Cassa integrazione guadagni ordinaria.	343
2.1.	La Cassa integrazione guadagni straordinaria.	346
3.	I contratti di solidarietà.	351
4.	Gli ammortizzatori sociali per le imprese escluse dalla Cassa integrazione guadagni.	353
5.	Le prestazioni legate alla disoccupazione: evoluzione normativa.	356
5.1.	Presupposti, requisiti e condizioni della NASpI.	358
5.2.	Assegno di ricollocazione.	362
5.3.	La DIS-COLL.	363
6.	Gli ammortizzatori sociali in deroga.	364
6.1.	Cassa integrazione guadagni e COVID-19.	365
7.	I lavoratori socialmente utili.	366

Questionario — 368
Scheda di sintesi — 369

Sezione IV
TUTELE DEI DIRITTI DEL LAVORATORE — 370

1. Le rinunzie e le transazioni del lavoratore. — 370
1.1. Impugnazione delle rinunzie e delle transazioni. — 372
1.2. L'art. 2113, co. 4, c.c. — 372
2. La prescrizione nei rapporti di lavoro: classificazioni. — 373
2.1. La prescrizione dei crediti di lavoro e gli atti interruttivi. — 374
3. La decadenza: cenni. — 375
4. Le garanzie dei crediti dei lavoratori: cenni. — 376

QUESTIONARIO — 377
SCHEDA DI SINTESI — 377

Capitolo IX
IL PUBBLICO IMPIEGO — 379

1. Evoluzione della normativa in materia di impiego pubblico ed ambito di operatività della disciplina. — 379
2. La contrattazione collettiva e le fonti del rapporto di lavoro. — 383
3. La costituzione del rapporto di lavoro. — 387
4. Lo svolgimento del rapporto di lavoro: diritti e doveri del pubblico dipendente. — 392
4.1. La retribuzione. — 393
4.2. Le mansioni. — 396
4.3. La dirigenza. — 397
4.4. I doveri del pubblico dipendente e la responsabilità disciplinare. — 399
4.5. Esercizio del potere disciplinare, procedimento e sanzioni. — 400
5. La mobilità. — 405
6. Il lavoro c.d. flessibile nella Pubblica Amministrazione. — 408
7. L'estinzione del rapporto di lavoro. — 412
8. Cenni sul riparto di giurisdizione ed i poteri del giudice ordinario. — 415
9. Le tutele sindacali nel pubblico impiego. — 416

QUESTIONARIO — 417
SCHEDA DI SINTESI — 418

Capitolo X
IL PROCESSO DEL LAVORO — 419

1. I caratteri del processo del lavoro e la riforma c.d. Cartabia. — 419
1.1. La trattazione cartolare. — 420

1.2.	L'impugnazione dei licenziamenti.	421
2.	La competenza per materia e per territorio.	422
3.	Il tentativo di conciliazione stragiudiziale e l'arbitrato.	423
3.1.	La negoziazione assistita.	425
4.	Gli atti introduttivi.	425
5.	L'udienza di discussione.	426
6.	I poteri istruttori del giudice.	426
7.	Le ordinanze di pagamento in corso di causa.	427
8.	La sentenza.	427
9.	L'impugnazione.	428

QUESTIONARIO 428
SCHEDA DI SINTESI 429

CAPITOLO XI
ISPEZIONI AMMINISTRATIVE E RICORSI AMMINISTRATIVI 430

1.	Gli organi deputati all'attività di vigilanza.	430
2.	L'attività ispettiva.	432
2.1.	Le ispezioni.	432
2.2.	Il verbale unico di accertamento e notificazione.	432
2.3.	L'efficacia probatoria dei verbali ispettivi.	433
3.	I poteri speciali: diffida precettiva, diffida accertativa dei crediti patrimoniali, conciliazione monocratica, disposizione, sospensione dell'impresa e interdizione dalla contrattazione con la PA.	433
4.	I ricorsi amministrativi.	436

QUESTIONARIO 437
SCHEDA DI SINTESI 437

PARTE SECONDA
IL DIRITTO SINDACALE

CAPITOLO I
IL SINDACATO E L'ATTIVITÀ SINDACALE 441

1.	Le fonti.	441
2.	La Libertà sindacale: nozione e titolarità.	442
3.	Il sindacato.	444
4.	La rappresentanza sindacale aziendale e unitaria.	445
5.	I diritti sindacali: fonti e regolamentazione.	449

6.	Le prerogative delle R.S.A.	451
7.	La repressione della condotta antisindacale.	453

QUESTIONARIO 456
SCHEDA DI SINTESI 457

CAPITOLO II
IL CONTRATTO COLLETTIVO 458

1.	Il contratto collettivo di lavoro: parti contraenti ed oggetto.	458
2.	I livelli della contrattazione collettiva.	461
3.	La natura giuridica del contratto collettivo.	462
4.	L'efficacia soggettiva del contratto collettivo.	462
5.	L'efficacia oggettiva del contratto collettivo.	466
5.1.	I rapporti tra contratto collettivo e contratto individuale.	466
5.2.	I rapporti tra contratti collettivi di livelli diversi.	467
5.3.	I rapporti tra contratto collettivo e legge.	468
6.	L'efficacia temporale del contratto collettivo.	469
7.	Profili processuali.	470

QUESTIONARIO 470
SCHEDA DI SINTESI 471

CAPITOLO III
SCIOPERO E SERRATA 472

1.	Lo sciopero: nozione e fondamento costituzionale.	472
2.	La titolarità e la natura del diritto.	473
3.	Modalità di attuazione e finalità.	474
4.	I limiti al diritto di sciopero.	476
5.	Effetti dello sciopero sul rapporto di lavoro.	477
6.	Lo sciopero nei servizi pubblici essenziali.	478
7.	Le forme di lotta sindacale diverse dallo sciopero.	481
8.	La posizione del datore di lavoro rispetto allo sciopero.	483
9.	La serrata.	484

QUESTIONARIO 485
SCHEDA DI SINTESI 485

PARTE TERZA
IL DIRITTO DELLA PREVIDENZA SOCIALE

Capitolo I
LA PREVIDENZA SOCIALE — 489

1. Previdenza ed assistenza sociale. — 489
2. Il rapporto giuridico previdenziale. — 491
3. Il rapporto contributivo. — 492
3.1. I contributi: natura giuridica e tipologie. — 493
3.2. La quantificazione dell'obbligo contributivo. — 494
4. Il rapporto erogativo ed il principio di automaticità. — 495
5. La prescrizione dei crediti contributivi e le omissioni. — 496
6. Ricongiunzione e totalizzazione. — 497

Questionario — 499
Scheda di sintesi — 499

Capitolo II
LA TUTELA PER LA VECCHIAIA, L'INVALIDITÀ, I SUPERSTITI — 501

1. La gestione dell'assicurazione per l'invalidità, la vecchiaia ed i superstiti. — 501
2. La pensione di vecchiaia. — 503
2.1. I requisiti di accesso. — 503
2.2. I sistemi di calcolo: il sistema retributivo ed il sistema contributivo. — 505
2.3. Trattamento minimo, perequazione automatica e contributo di solidarietà. — 506
3. La pensione di anzianità, pensione anticipata, pensione quota 103. — 507
4. Invalidità ed inabilità. — 510
5. I trattamenti ai superstiti. — 511
6. L'Ape e l'Ape sociale: i nuovi istituti coniati dalla legge di bilancio 2017. — 513
7. Profili previdenziali nel lavoro autonomo e nel c.d. lavoro flessibile. — 515

Questionario — 518
Scheda di sintesi — 518

Capitolo III
LA TUTELA PER GLI INFORTUNI SUL LAVORO E LE MALATTIE PROFESSIONALI — 519

1. La tutela INAIL. — 519
2. L'ambito di applicazione della tutela. — 522
3. L'infortunio sul lavoro. — 524
4. Le malattie professionali ed il sistema tabellare. — 531
5. Le prestazioni erogate. — 533
6. La responsabilità civile del datore di lavoro ed il regresso dell'INAIL. — 534

QUESTIONARIO — 535
SCHEDA DI SINTESI — 536

Capitolo IV
LA PREVIDENZA COMPLEMENTARE — 537

1. La previdenza complementare: principi e destinatari. — 537
2. I fondi pensione. — 538
3. Finanziamento dei fondi ed erogazione delle prestazioni. — 538
3.1. Il sistema delle anticipazioni. In particolare, il c.d. "Rita". — 539
4. Vicende modificative del rapporto e portabilità delle forme pensionistiche complementari. — 540

QUESTIONARIO — 541
SCHEDA DI SINTESI — 541

Capitolo V
LA TUTELA PER LA FAMIGLIA — 543

1. Il fondamento costituzionale della tutela per la famiglia. — 543
2. L'assegno per il nucleo familiare. — 543
3. Gli assegni familiari. — 545
4. Le prestazioni a sostegno della genitorialità: bonus, permessi e congedi. — 546

QUESTIONARIO — 550
SCHEDA DI SINTESI — 550

Capitolo VI
L'ASSISTENZA SOCIALE 551

1.	Inquadramento e principi generali.	551
2.	Le prestazioni assistenziali.	552
2.1.	La carta acquisti.	552
2.2.	L'assegno sociale.	553
2.3.	Le misure a sostegno degli invalidi civili.	554
2.4.	La tutela processuale dell'invalidità.	557
3.	Il reddito di cittadinanza e la pensione di cittadinanza.	559
3.1.	M.I.A.: cenni.	562

QUESTIONARIO 563
SCHEDA DI SINTESI 563

INDICE ANALITICO 565

PARTE PRIMA
IL DIRITTO DEL LAVORO

Capitolo I
Le fonti del diritto del lavoro

Sommario:
1. Il diritto del lavoro, diritto sindacale e diritto della previdenza sociale: nozione. – **1.1.** L'evoluzione storica. – **2.** Le fonti sovranazionali del diritto del lavoro. – **2.1.** Il diritto internazionale. – **2.2.** Il diritto europeo. – **3.** Le fonti interne di tipo normativo. – **3.1.** La Costituzione. – **3.2.** La legislazione ordinaria in materia di diritto del lavoro. – **3.3.** Le fonti regionali. – **4.** Le fonti contrattuali – **4.1.** La contrattazione collettiva nazionale, aziendale, individuale. – **5.** Le fonti non scritte: la consuetudine.

1. Il diritto del lavoro, diritto sindacale e diritto della previdenza sociale: nozione.

Il *diritto del lavoro* o anche detto *diritto del contratto individuale di lavoro* può esser definito come un complesso di norme connotate da un rapporto di specialità rispetto al diritto civile, volte a disciplinare il rapporto di lavoro ovverosia l'insieme dei diritti e delle obbligazioni facenti capo al datore di lavoro ed al lavoratore. L'oggetto dello studio del diritto del lavoro è, dunque, il contratto individuale di lavoro ed il rapporto che da esso scaturisce.
Il *diritto sindacale*, invece, ha per oggetto la contrattazione collettiva, le organizzazioni sindacali, i diritti sindacali.
Il *diritto della previdenza sociale*, infine, disciplina il complesso di tutele contro l'invalidità, la vecchiaia e l'infortunio, rivolte ai prestatori di lavoro e presupponenti un rapporto lavorativo e, dunque, assicurativo, il cd. rapporto previdenziale; rapporto quest'ultimo irrilevante nell'ambito del diritto strettamente assistenziale, che compendia gli strumenti di tutela dei bisognosi.

1.1. L'evoluzione storica.

L'evoluzione storica del diritto del lavoro muove dal codice civile italiano del 1865, che, in linea con un contesto socio-economico essenzialmente basato sull'organizzazione produttiva di tipo artigianale, offriva un fugace accenno alla materia lavoristica, attraverso una disciplina estremamente scarna, limitata a classificare le tre "specie di locazioni di opere e d'industria" (art. 1627) e ad introdurre una timida regolamentazione della prestazione d'opera "all'altrui servizio" (art. 1628).

La repentina crescita dell'offerta di manodopera ed i contrasti sociali tra la forza lavoro ed il capitalismo industriale resero necessari i primi interventi normativi, costituenti il nucleo primordiale della legislazione sociale, volta ad offrire tutela ai lavoratori. In tale contesto vengono emanate, tra le altre, le l. 11 febbraio 1886, n. 3657 e 19 giugno 1902, n. 242 (a tutela delle donne e dei fanciulli), la l. 17 marzo 1898, n. 80 (istituzione dell'assicurazione contro gli infortuni sul lavoro), la l. 7 luglio 1907, n. 489 (sul riposo settimanale e festivo) e così via sino ad arrivare al primo ventennio del 1900, in cui si contano ormai svariate norme di diritto assistenziale e previdenziale.

Durante il periodo fascista viene dettata, per la prima volta, la disciplina legislativa dell'orario di lavoro (r.d.l. 15 marzo 1923, n. 692) e quella del rapporto di lavoro degli impiegati (la legge sull'impiego privato: r.d.l. 13 novembre 1924, n. 1825, convertito nella l. 18 marzo 1926, n. 562), a base del codice civile del 1942. Prosegue, altresì, lo sviluppo della legislazione sociale, con il r.d. 6 luglio 1933, n. 1033 che istituisce l'Istituto nazionale per l'assicurazione contro gli infortuni e le malattie professionali, cui viene demandata la gestione dell'assicurazione obbligatoria nonché con il r.d.l. 4 ottobre 1935, n. 1827, istitutivo dell'Istituto nazionale fascista della previdenza sociale. Degno di nota l'avvento del corporativismo autoritario e la connessa introduzione del contratto collettivo corporativo, quale fonte del diritto del lavoro (vd. Infra paragrafo 4.1).

Spicca nella produzione normativa lavoristica di stampo fascista il codice civile del 1942, volto a fornire un inquadramento sistematico della materia e dei suoi principi essenziali.

L'avvento della Costituzione repubblicana rappresenta un punto di svolta per il diritto del lavoro, con la previsione del lavoro quale fondamento della Repubblica e la consacrazione di una serie di diritti dei lavoratori e delle libertà sindacali nel Titolo III della Parte I, dedicato ai Rapporti economici.

La stratificazione successiva della legislazione adottata in materia ha contribuito a formare quel complesso di norme speciali che si affiancano ai dettami codicistici e costituzionali e che rappresentano l'attuale e complessivo assetto del diritto del lavoro.

2. Le fonti sovranazionali del diritto del lavoro.

Le fonti del diritto del lavoro hanno storicamente risentito della necessità di assicurare un trattamento uniforme a tutti i lavoratori sul territorio nazionale e, pertanto, il diritto del lavoro si è affermato come diritto di matrice nazionale sino a quando la liberalizzazione dell'economia e dei mercati (c.d. globalizzazione) ha determinato il progressivo trasferimento a livello sovranazionale della disciplina del mercato del lavoro.

2.1. Il diritto internazionale.

Tra le fonti del *diritto internazionale* si annoverano gli atti dell'**Organizzazione Internazionale del Lavoro (O.I.L.)**, costituita nel 1919 con lo scopo di operare per la realizzazione di un programma di giustizia sociale. Ad essa partecipano i governi, le organizzazioni degli imprenditori e i sindacati dei lavoratori di ciascuno stato membro.
L'azione dell'O.I.L. si è sviluppata principalmente attraverso l'adozione di **"convenzioni"** e **"raccomandazioni"** dirette ad individuare "standard internazionali di lavoro" e a promuoverne la diffusione e il rispetto.
Le convenzioni, avendo natura di trattati internazionali, obbligano gli stati aderenti solo se e nel momento in cui procedono alla loro ratifica.
Le raccomandazioni sono atti non vincolanti e contengono, di norma, soltanto le linee guida aventi la funzione di orientare le politiche nazionali.

2.2. Il diritto europeo.

In *ambito comunitario* vengono in rilievo:

- i c.d. **principi generali del diritto**, previsti dall'art. 6 del Trattato istitutivo dell'Unione Europea e così definiti: "I diritti fondamentali, garantiti dalla Convenzione europea per la salvaguardia dei diritti dell'uomo e delle libertà fondamentali e risultanti dalle tradizioni costituzionali comuni agli Stati membri, fanno parte del diritto dell'Unione in quanto *principi generali*".
- i **Trattati** istitutivi delle Comunità Europee ed i successivi Trattati modificativi **(cd. diritto originario dell'Unione)**.
  Il Trattato è un accordo vincolante tra i paesi aderenti, che definisce gli obiettivi dell'Unione, le regole di funzionamento delle istituzioni europee, le procedure per l'adozione delle decisioni e le relazioni tra l'UE e i suoi paesi membri.
  Il Trattato sull'Unione Europea, nell'attuale versione risultante dal Trattato di Lisbona del 2007, garantisce la libera circolazione dei lavoratori tra gli stati membri e l'abolizione di ogni discri-

minazione tra gli stessi basata sulla nazionalità (art. 45), prevede una politica europea dell'occupazione (artt. 145 – 150) ed una politica sociale (artt. 151-162).
L'art. 6 richiama la **c.d. Carta di Nizza** (del 7 dicembre 2000) ovvero la Carta dei diritti fondamentali dell'Unione europea, attribuendole lo "stesso valore giuridico dei trattati". Essa raccoglie "i diritti sociali fondamentali", tra i quali si segnalano, per quanto di interesse, la libertà professionale ed il diritto al lavoro (art. 15); la libertà d'impresa (art. 16); il principio di non discriminazione (art. 21); la parità uomo-donna anche in materia di lavoro, occupazione e retribuzione (art. 23) i diritti sindacali di informazione e consultazione (art. 27); il diritto di negoziazione e azione collettiva in favore delle organizzazioni dei datori di lavoro e dei sindacati dei lavoratori (art. 28); la tutela contro i licenziamenti ingiustificati (art. 30); il diritto alla sicurezza sul lavoro ed alla salubrità dell'ambiente di lavoro, alla durata massima della giornata lavorativa, ai riposi, alle ferie retribuite (art. 31).

- gli atti giuridici di competenza delle istituzioni dell'Unione, previsti dal Trattato ed adottati in conformità ai principi ed agli obiettivi dei trattati **(cd. diritto derivato)**: **regolamenti** (generali, vincolanti e direttamente applicabili negli Stati membri), **direttive** (vincolanti soltanto negli obiettivi, non quanto ai mezzi attuativi e non direttamente applicabili, ad eccezione delle cd. "direttive dettagliate"), **decisioni** (vincolanti, limitatamente ai singoli destinatari), **raccomandazioni e pareri** (non vincolanti).

Sicuramente, tra gli atti del diritto derivato sopraelencati, un ruolo determinante nell'armonizzazione tra i vari diritti nazionali va riconosciuto alle direttive.

In una prima fase, la Comunità, perseguendo l'obiettivo di riavvicinamento (o "armonizzazione") delle legislazioni nazionali, ha adottato direttive dai contenuti precisi e inderogabili, con lo scopo di eliminare fattori distorsivi della libera concorrenza o di affermare specifici diritti sociali (si vedano la direttiva 1975/129/CEE sui licenziamenti collettivi, la direttiva 1977/187/CEE sul trasferimento d'azienda, la direttiva 1976/207/CEE sulla parità tra sessi).

Tuttavia, negli anni Novanta, il progressivo allargamento dell'Unione ad altri stati membri e la sempre maggiore differenziazione delle rispettive condizioni economico-sociali hanno determinato l'adozione di direttive meno precise e poco dettagliate per lasciare agli stati maggiori spazi di adattamento della propria normativa nazionale (si veda la direttiva «quadro» 1989/391/CEE in materia di sicurezza, la direttiva 1997/81/CE sui rapporti di lavoro a tempo parziale).

3. Le fonti interne di tipo normativo.

Le fonti interne del diritto del lavoro, ovverosia le fonti facenti parte dell'ordinamento giuridico nazionale, si identificano, innanzitutto, in quelle di tipo normativo. Esse sono:

1. la Costituzione;
2. le leggi ordinarie statali e regionali;
3. i regolamenti

La Costituzione costituisce, nel sistema gerarchico delle fonti, la fonte sovraordinata; seguono le leggi ordinarie statali e quelle regionali, classificabili come le fonti primarie dell'ordinamento; chiudono il sistema i regolamenti del Governo e quelli ministeriali, quali fonti secondarie.
Completano il sistema delle fonti gli usi cd. normativi, anche detti consuetudine, da collocare tra le fonti non scritte (infra par. 5).
Infine, alle fonti normative si affiancano le fonti *extraordinem* ovverosia le contrattuali (infra par. 4).

3.1. La Costituzione.

La Carta Costituzionale detta i **Principi Fondamentali**, nella materia del diritto del lavoro, negli artt. 1, 3 e 4.

1. L'art. 1 che recita *"l'Italia è una Repubblica democratica, fondata sul lavoro"* si caratterizza per l'evidente intento di assegnare al lavoro un'importanza apicale, tale da farne un baluardo della democrazia.
2. Nel sancire il principio di uguaglianza, l'art. 3 capoverso introduce una norma programmatica volta a rimuovere gli ostacoli che impediscono ai lavoratori dipendenti *"l'effettiva partecipazione all'organizzazione politica, economica e sociale del paese"*.
3. L'art. 4, secondo cui *"la Repubblica riconosce a tutti i cittadini il*

> *diritto al lavoro e promuove le condizioni che rendano effettivo questo diritto"* palesa la natura sociale del diritto al lavoro laddove impone allo Stato l'adozione di politiche strumentali alla piena occupazione.

Ai *Principi Fondamentali* si aggiungono una serie di norme contenute nella **Parte I, Titolo III (*Rapporti economici*):**

1. l'art. 35 (che sancisce la tutela del lavoro in tutte le sue forme ed applicazioni);
2. l'art. 36 (che attribuisce al lavoratore il diritto ad una retribuzione proporzionata alla quantità e qualità del suo lavoro e in ogni caso sufficiente ad assicurare a sé e alla sua famiglia un'esistenza libera e dignitosa);
3. l'art. 37 (che riconosce la parità di trattamento fra uomo e donna e tutela il lavoro dei minori);
4. l'art. 38 (che sancisce il diritto dei cittadini inabili al lavoro all'assistenza sociale e quello dei lavoratori alla previdenza);
5. l'art. 39 (che istituisce le libertà sindacali);
6. l'art. 40 (che demanda le modalità di esercizio del diritto di sciopero alle fonti legislative);
7. l'art. 41 (che nel riconoscere la libertà di impresa ne individua i limiti nel contrasto con l'utilità sociale o nel danno alla sicurezza, alla libertà, alla dignità umana);
8. l'art. 46 (che attribuisce ai lavoratori il diritto di collaborare, nei modi e nei limiti stabiliti dalle leggi, alla gestione delle aziende).

3.2. La legislazione ordinaria in materia di diritto del lavoro.

Il vigente testo dell'art. 117 Cost., come novellato dalla L. cost. 18 ottobre 2001, n. 3, ha invertito il criterio di riparto della competenza legislativa dello Stato e delle Regioni. Infatti, la disposizione introduce un elenco tassativo delle materie riservate alla *legislazione esclusiva* dello Stato, mentre, nel testo previgente, ad essere puntualmente elencate erano, piuttosto, le materie di competenza regionale. Tra quelle oggetto di legislazione statale vanno ricordate le materie di cui alle lettere m), n), o) del comma II, rispettivamente: *"l'ordinamento civile"*, la ***"determinazione dei livelli essenziali delle prestazioni concernenti i diritti civili e sociali che devono essere garantiti su tutto il territorio nazionale"*** e la *"previdenza sociale"*.

Tra le materie soggette, invece, alla *legislazione concorrente* – e cioè alla potestà legislativa delle Regioni, ferma la riserva alla legislazione dello Stato della "determinazione dei principi fondamentali" – l'art. 117, al comma 3, prevede la *"tutela e sicurezza del lavoro", le "professioni" e la "previdenza complementare e integrativa"*.
Per tutti i restanti settori la *competenza residuale* spetta alle Regioni.

La disciplina del rapporto individuale di lavoro ed il diritto sindacale, nella sua dimensione privatistica, vanno ricondotti nell'ambito della legislazione di appannaggio statale, siccome ricompresi nell'ordinamento civile.
Ed infatti, la legge statale e le fonti ad essa equiparate, e cioè i decreti-legge e i decreti legislativi delegati, costituiscono il nucleo essenziale della disciplina del rapporto di lavoro.
Si rammentano in proposito, nel ventennio fascista:

1. il **R.D.L. n. 1825/1924** che introduce la prima disciplina dell'impiego privato, ancora parzialmente in vigore;
2. il **codice civile del 1942** il cui **libro V** è dedicato al *"Lavoro"*; in particolare nel Titolo I, il capo III si occupa del contratto collettivo; il Titolo II detta la disciplina *"Del lavoro nell'impresa"* (Artt. 2082-2221), il Titolo III *"Del lavoro autonomo"* (Artt. 2222-2238), il Titolo IV *"Del lavoro subordinato in particolari rapporti* (Artt. 2239-2246);

Nell'età repubblicana e post-costituzionale:

3. la **legge 15 luglio 1966, n. 604** con la quale è stato avviato il processo di superamento del principio di libera recedibilità dal contratto di lavoro, introducendo il principio di causalità del licenziamento;
4. la **legge 20 maggio 1970, n. 300 (Statuto dei lavoratori)**, epicentro del sistema delle garanzie.

Siffatta produzione normativa è stata influenzata dalla fase espansiva dell'economia nazionale ed è tradizionalmente contraddistinta dal garantismo e dall'inderogabilità, nell'evidente perseguimento dello scopo di offrire tutela alla parte contraente debole.

Dalla seconda metà degli anni '90, a fronte delle esigenze di salvaguardia dell'occupazione – determinate, in parte dall'incremento dell'automazione, in parte dalla concorrenza internazionale e dalla crescente liberalizzazione dei

mercati – si è registrata una parziale inversione di tendenza all'insegna della *flessibilità*, sgretolando la rigidità della forma tipica del rapporto di lavoro (di natura subordinata a tempo indeterminato) attraverso l'introduzione di forme di impiego della manodopera alternative e di durata circoscritta.
In questo periodo si segnalano:
1. il **D.Lgs. 6 settembre 2001 n. 368** sul contratto a termine;
2. il **D.lgs. 10 settembre 2003 n. 276,** sulla somministrazione di manodopera da parte delle Agenzie per il lavoro.

Più di recente, la crescente esigenza di flessibilità ha determinato un'incisiva riforma del lavoro, mediante una successione di interventi legislativi significativi:

1. la **legge 28 giugno 2012 n. 92** che ha introdotto il contratto di lavoro a termine a-causale e ristretto l'area della tutela reale ex art. 18 L. 300/70;
2. il **D.lgs. 4 marzo 2015 n. 23** che ha introdotto il contratto di lavoro subordinato a tutele crescenti, essenzialmente proiettato sulla residualità della tutela reintegratoria avverso il licenziamento illegittimo;
3. il **D.lgs. 15 giugno 2015 n. 81**, che ha rivisitato le tipologie contrattuali, fra l'altro, eliminando la fattispecie del lavoro a progetto e riscrivendo l'art. 2103 cod. civ. in senso meno stringente per il datore di lavoro;

Infine, in parziale controtendenza, nell'ottica del contemperamento della crisi economica dell'impresa e della contestuale emergenza occupazionale, si pone:

4. il **D.L. 12 luglio 2018, n. 87** (convertito nella legge 9 agosto 2018, n. 96), c.d. "decreto dignità", intervenuto ancora sul rapporto di lavoro a tempo determinato, riducendo l'area di quello a-causale.

3.3. Le fonti regionali.

Le Regioni, come sopra anticipato, godono di *potestà legislativa concorrente*, ai sensi dell'art. 117, comma 3 Cost., tra l'altro, nelle seguenti materie:

1. **tutela e sicurezza del lavoro;**
2. **professioni;**
3. **previdenza complementare e integrativa.**

In tali materie, le Regioni possono legiferare sia pure nei limiti e con l'osservanza dei principi fondamentali dettati dalle leggi dello Stato.
Infine, alle Regioni spetta, ai sensi dell'art 117 comma 4, la *potestà legislativa residuale* in tutte le materie non espressamente riservate alla legislazione dello Stato. Tra esse si segnala la formazione professionale del lavoratore.

4. Le fonti contrattuali.

Una caratteristica precipua del diritto del lavoro è la continua commistione tra fonti di produzione eteronome ed autonome.
Infatti, il rapporto di lavoro trova la sua disciplina non soltanto nella legge, ma anche nella contrattazione collettiva – che si estrinseca a più livelli, come si dirà in seguito – nonché in quella individuale.

4.1. La contrattazione collettiva nazionale, territoriale, aziendale.

La contrattazione collettiva è fonte di disciplina del rapporto di lavoro, con funzione integrativa della disciplina di legge, avente dignità costituzionale e consacrata nell'art. 39 della Carta Fondamentale. Tuttavia, l'art. 39 comma 4 della Costituzione, che intendeva attribuire ai sindacati che avessero rispettato i requisiti ivi previsti la capacità di stipulare contratti collettivi con efficacia erga omnes, è rimasto inattuato: ne consegue che il contratto collettivo non è fonte del diritto in senso stretto, non ha efficacia *erga omnes*, ma si qualifica come **atto negoziale**, manifestazione dell'autonomia privata e della libertà sindacale (art. 39 Cost. comma 1).
Tale assetto della contrattazione collettiva di età repubblicana è diametralmente opposto a quello di età fascista, allorquando la l. 3 aprile 1926, n. 563 soppresse la libertà sindacale e l'unico sindacato esistente, quello fascista (che, istituzionalmente, rappresentava tutti gli appartenenti ad una categoria professionale) stipulava con la controparte datoriale il contratto collettivo, avente efficace nei confronti di tutti i lavoratori. Il contratto collettivo era, pertanto, fonte di diritto obiettivo.
L'avvento dell'età repubblicana ed il nuovo volto del contratto collettivo ha posto la questione dei **limiti soggettivi di efficacia** delle norme pattizie. La giurisprudenza di legittimità ha chiarito che i contratti collettivi di lavoro, non dichiarati efficaci "erga omnes" ai sensi della legge 14 luglio 1959, n. 741, costituendo atti di natura negoziale e privatistica, si applicano esclusivamente ai rapporti individuali intercorrenti tra soggetti che siano entrambi

iscritti alle associazioni stipulanti, ovvero che, in mancanza di tale condizione, abbiano fatto espressa adesione ai patti collettivi o li abbiano implicitamente recepiti attraverso un comportamento concludente, desumibile da una costante e prolungata applicazione delle relative clausole ai singoli rapporti. (Cass. n. 10632/2009).

Dunque, i contratti collettivi di diritto comune, sia in base al principio di libertà sindacale (art. 36 Cost.) sia in base ai principi di diritto comune (1371 e 1372 cc) non possono vincolare datori di lavoro e lavoratori, in mancanza di un loro atto di volontà (iscrizione sindacale, adesione, recepimento) idoneo a manifestare la comune intenzione che il rapporto di lavoro tra loro intercorrente sia regolato dalla disciplina del CCNL.

Oltre che a livello nazionale, la contrattazione collettiva può svolgersi a livello territoriale o aziendale; si tratta dei cd. "contratti di prossimità" i quali, a determinate condizioni e limitatamente alle materie previste dalla legge, possono derogare alla contrattazione di livello nazionale ed alla legge (infra Parte II Cap. II).

5. Le fonti non scritte: la consuetudine.

Gli *usi, anche detti consuetudine*, ultimi nella gerarchia delle fonti, sono tradizionalmente distinti in usi normativi ed usi negoziali.

Gli **usi normativi** (artt. 1, 8 e 9 delle preleggi) si creano attraverso la ripetizione costante di un dato comportamento (elemento oggettivo, cd. *diuturnitas*) associato alla convinzione, da parte dei consociati, di osservare un comportamento avente valore giuridico (elemento soggettivo o psicologico, cd. *opinio juris seu (ac) necessitatis)*. L'*opinio juris* è quel *quid pluris* che consente di differenziare l'uso normativo dalla **prassi**, ovvero da quei comportamenti generalmente tenuti da una collettività, senza tuttavia riconoscere ad essi valore giuridico vincolante (cd. **usi di fatto**).

Gli usi normativi hanno efficacia nelle materie espressamente richiamate dalle leggi e dai regolamenti.

L'art. 2078 c.c. ne fa espresso richiamo nella materia lavoristica: *"gli usi più favorevoli ai prestatori di lavoro prevalgono sulle norme dispositive di legge"*.

Diversi dagli usi normativi sono gli **usi negoziali o contrattuali o anche detti clausole d'uso**, previsti dall'art. 1340 cc, i quali s'intendono inseriti in modo automatico nel contratto *"se non risulta che non sono state volute dalle parti"*.

Essi si formano dalla diffusione localizzata di talune pattuizioni in relazione a determinati tipi contrattuali.

CAPITOLO I | LE FONTI DEL DIRITTO DEL LAVORO

In ambito giuslavoristico vanno, infine, esaminati gli **usi aziendali,** consistenti nella reiterata attribuzione ai lavoratori da parte del datore di lavoro di trattamenti di maggior favore, concessi spontaneamente e non in esecuzione di un obbligo.
Secondo la giurisprudenza tradizionale, gli usi aziendali sarebbero **usi negoziali** e, pertanto, integrano il contratto individuale di lavoro, non possono essere derogati *in peius* dal contratto collettivo e possono essere modificati solo con il consenso del lavoratore (Cass. Sez. un., n. 3134/1994).
La giurisprudenza più recente, invece, sostiene che gli usi aziendali determinerebbero in capo al datore di lavoro un "obbligo unilaterale di carattere collettivo che agisce sul piano dei rapporti individuali con la stessa efficacia di un contratto collettivo e ben può esser modificato da un accordo collettivo successivo" (Cass. n. 3296/2016, Cass. n. 8342/2010, Cass. n. 18263/2009).

QUESTIONARIO

1. Quali sono le fonti interne del diritto del lavoro? **3.**
2. Quali sono le principali fonti del diritto internazionale e del diritto dell'Unione Europea? **2.**
3. Quali principi enuncia la Costituzione in materia di diritto del lavoro? **3.1.**
4. Quali sono le principali norme di fonte legislativa in tema di lavoro? **3.2.**
5. Quali materie rientrano nella competenza legislativa delle Regioni? **3.3.**
6. Quali sono le fonti pattizie del diritto del lavoro? **4. - 4.1.**
7. Cosa sono gli usi normativi e cosa sono gli usi aziendali? **5.**

SCHEDA DI SINTESI

Le fonti del diritto del lavoro si distinguono in **sovranazionali** ed **interne**.
Le prime comprendono, nell'ordinamento internazionale, le Raccomandazioni e le Convenzioni OIL nonché, nel diritto europeo, i Principi generali, i Trattati, i Regolamenti, le Direttive, le Decisioni, le Raccomandazioni ed i pareri. Si differenziano, tra loro, per ambito soggettivo di applicabilità ed efficacia.
Le fonti interne all'ordinamento italiano sono, innanzitutto, di tipo **normativo**; possono essere scritte (Costituzione, legge ordinaria e regionale) e non scritte (la cd. consuetudine, gli usi negoziali, gli usi aziendali); sono tra loro gerarchicamente organizzate. Si affiancano alle fonti normative quelle **contrattuali** che comprendono i contratti collettivi (nazionali, territoriali, aziendali) ed i contratti individuali.

Capitolo II
Subordinazione, autonomia, eterorganizzazione, coordinazione

SEZIONE I – IL LAVORO SUBORDINATO

SOMMARIO:
1. Il lavoro subordinato. – **2.** Definizione e indici di configurabilità. – **3.** La subordinazione attraverso la lente della giurisprudenza di legittimità: l'evoluzione interpretativa.

1. Il lavoro subordinato.

L'ordinamento codicistico non ha fornito la definizione del contratto di lavoro subordinato, a differenza che degli altri tipi negoziali, quanto piuttosto quella del prestatore di lavoro subordinato, che nell'**art. 2094 c.c.** è individuato come colui che *"si obbliga mediante retribuzione a collaborare nell'impresa, prestando il proprio lavoro intellettuale o manuale alle dipendenze e sotto la direzione dell'imprenditore"*.

Nonostante l'espresso inserimento – di stampo corporativo, contenuto nella Sezione II Titolo II libro V del codice – del lavoratore subordinato tra *"i collaboratori dell'imprenditore"*, la dottrina e la giurisprudenza prevalenti escludono che la collaborazione del predetto lavoratore con il datore di lavoro sia connotata dalla comunanza di scopo; infatti, il contratto di lavoro rientra tra i contratti a prestazioni corrispettive e non tra quelli associativi, dal momento che l'art. 2094 cc mette in stretta correlazione la prestazione di lavoro subordinato con l'obbligazione della retribuzione.

Ne consegue che **l'obbligo di collaborazione** gravante sul prestatore di lavoro subordinato deve esser ricondotto **all'organizzazione** dell'attività lavorativa che il datore di lavoro ha il potere di predisporre in funzione dello scopo aziendale.

Quindi, sul lavoratore non grava soltanto l'obbligo di esecuzione delle proprie mansioni, ma anche quello **integrativo** di svolgimento delle stesse in modo funzionale – attraverso il loro inserimento nell'organizzazione dell'impresa ed il coordinamento con gli altri fattori della produzione – al raggiungimento del risultato produttivo; quest'ultimo, tuttavia, non entra nell'oggetto dell'obbligazione assunta dal lavoratore, pur permeando contenuto e modalità della prestazione dovuta, ma rimane scopo esclusivo del datore. In virtù dell'obbligo di collaborazione, pertanto, il lavoratore non può rifiutarsi di svolgere occasionalmente ed in caso di urgenza e necessità mansioni estranee a quelle ordinarie o lavoro straordinario.

2. Definizione ed indici di configurabilità.

La nozione di subordinazione deve ricavarsi dalla locuzione "**alle dipendenze e sotto la direzione**" contenuta nell'art. 2094 c.c.

Dunque, la subordinazione, innanzitutto, va intesa come **assoggettamento** del prestatore di lavoro alla "direzione" ovverosia **al potere dell'imprenditore di stabilire le modalità con le quali il lavoratore sarà tenuto ad eseguire le mansioni assegnategli (subordinazione tecnica)**; potere esercitato dal datore all'atto dell'instaurazione del rapporto di lavoro e suscettibile di ulteriore esercizio unilaterale, durante lo svolgimento del rapporto (cd. *ius variandi*).

Inoltre, la subordinazione presuppone che il lavoratore collabori prestando il proprio lavoro "alle dipendenze", cioè in modo idoneo **al soddisfacimento dell'interesse dell'impresa (subordinazione funzionale)**.

Ebbene, se la lettera dell'art. 2094 cc emblematicamente illustra **la verticalità** di un rapporto nel quale il lavoro è reso "alle dipendenze e sotto la direzione" dell'imprenditore, le regole successivamente imposte dagli artt. 2099 e ss., 2104, 2104, 2106 c.c., riempiono di contenuti detta verticalità per la quale il subordinato, nell'ambito di una diligenza qualificata, deve osservare le disposizioni per l'esecuzione e la disciplina del lavoro impartite dal datore di lavoro e dai collaboratori di questo dai quali gerarchicamente dipende.

Il vincolo di dipendenza è reso più intenso dall'obbligo di fedeltà e dalla soggezione al potere disciplinare del datore di lavoro.

Sulla base delle disposizioni normative citate, ricorrenti massime della Suprema Corte ribadiscono che elemento distintivo del rapporto di lavoro subordinato da quello di lavoro autonomo è rappresentato **dall'assoggettamento del lavoratore al potere organizzativo, direttivo e disciplinare del datore di lavoro**; pertanto, la subordinazione è da intendersi come **vincolo di natura personale che assoggetta il prestatore ad un potere datoriale che si manifesta in direttive inerenti, di volta in volta, alle modalità di svolgimento**

delle mansioni e che si traduce in una limitazione della libertà del lavoratore (cfr. Cass. n. 4171 del 2006; Cass. n. 15275 del 200; Cass. n. 7171 del 2003; Cass. n. 14414 del 2000; Cass. n. 5960 del 1999, Cass. n. 3745 del 1995; Cass. n. 7374 del 1994; Cass. n. 9459 del 1987).

Tuttavia, posto che qualsiasi attività umana economicamente rilevante può essere oggetto sia di rapporto di lavoro subordinato che autonomo, quando risulti difficile l'accertamento diretto dell'elemento essenziale della subordinazione come sopra delineato, può farsi ricorso ad **elementi dal carattere sussidiario e funzione indiziaria** (Cass. ord. n. 5436 del 2019; Cass. n. 9252 del 2010; Cass., 19 novembre 1998, n. 11711) che, lungi dal prescindere dall'essenzialità della subordinazione, ne accertano in via indiretta l'esistenza quali evidenze sintomatiche di un vincolo non rintracciabile *aliunde*.

Tale difficoltà può ravvisarsi, in special modo, avuto riguardo a mansioni peculiari **di carattere intellettuale o, comunque, di elevata professionalità, ovvero alla posizione di vertice del lavoratore nell'organizzazione aziendale,** rispetto alle quali si configura una fattispecie di **subordinazione attenuata**, in quanto non agevolmente apprezzabile a causa dell'atteggiarsi del rapporto, sicché occorre fare riferimento ai predetti criteri complementari e sussidiari.

L'utilizzo del procedimento presuntivo si sostanzia nell'individuazione di un nesso logico specifico tra le effettive modalità di attuazione del rapporto e i singoli elementi costitutivi del "tipo" legale di contratto di lavoro subordinato, mediante una sorta di sussunzione del caso concreto nella fattispecie astratta delineata dall'art. 2094 c.c.

Gli **indici presuntivi** di ordinaria applicazione giurisprudenziale sono i seguenti:

1. eterodirezione delle modalità, anche di tempo e di luogo, della prestazione;
2. inserimento stabile del lavoratore nell'organizzazione produttiva dell'impresa;
3. utilizzo di locali, mezzi e strutture fornite dal datore di lavoro;
4. assenza di rischio imprenditoriale;
5. obbligo di osservanza di un orario di lavoro e di frequenza giornaliera, con annessi obblighi di giustificazione dei ritardi e delle assenze;
6. continuità della collaborazione, quale obbligo ideale tendenzialmente stabile di messa a disposizione da parte del dipendente delle energie lavorative;
7. retribuzione predeterminata a cadenza fissa;

8. pagamento dello straordinario, godimento delle ferie, versamento di contributi assicurativi;
9. esclusività della prestazione;
10. infungibilità soggettiva della prestazione;
11. esercizio di mansioni meramente esecutive.

Laddove, nella fattispecie concreta, neppure l'impiego di tali indici consenta di inferire in modo univoco la natura subordinata del rapporto, viene in soccorso la volontà negoziale delle parti.

Solo in tal caso, la denominazione attribuita dai contraenti al contratto di lavoro (**c.d.** *nomen iuris*) diventa un **elemento determinante** ai fini della qualificazione del rapporto (Cass. n. 1717 del 23 gennaio 2009).

Di regola, invece, il *nomen iuris* rappresenta **uno degli elementi, non assorbenti**, per la determinazione della natura giuridica del rapporto.

Viene in rilievo, al riguardo, la questione del **rapporto tra la forma negoziale prescelta dalle parti e le concrete modalità di esecuzione del rapporto**.

La giurisprudenza, partendo dal principio della prevalenza della sostanza sulla forma, ha affermato ripetutamente che il dato formale non preclude al giudice un'indagine tesa ad accertare la reale volontà delle parti, desumibile dall'effettivo atteggiarsi del rapporto, al fine di accertare se, a fronte di una dichiarata autonomia della prestazione, le concrete modalità di svolgimento del rapporto siano risultate in difformità rispetto ai tratti tipici del lavoro autonomo.

Pertanto, in caso di contrasto fra i dati formali iniziali di individuazione della natura del rapporto e quelli fattuali emergenti dal suo concreto svolgimento, a questi ultimi occorre dare prevalenza, dato che la tutela relativa al lavoro subordinato, per il suo rilievo pubblicistico e costituzionale, non può essere elusa per mezzo di una configurazione pattizia non rispondente alle concrete modalità di esecuzione del rapporto. (cfr. Corte Cost. n. 76 del 2015; Cass., n. 4884 del 2018; Cass., n. 7024 del 2015; Cass., n. 22289 del 2014; Cass., n. 13858 del 2009; Cass., n. 3200 del 2001; Cass., n. 5960 del 1999).

3. La subordinazione attraverso la lente della giurisprudenza di legittimità: l'evoluzione interpretativa.

Gli approdi cui è pervenuta la giurisprudenza di legittimità, in talune fattispecie di confine, che essenzialmente ruotano intorno alle **prestazioni di lavoro intellettuale o, all'opposto, a contenuto elementare e ripetitivo, tendono ad**

affermare che, ai fini della sussistenza della subordinazione, non è necessario che il datore di lavoro eserciti un potere direttivo continuo e dettagliato sul lavoratore, ma piuttosto che lo stesso debba eseguire la sua prestazione nell'ambito di direttive programmatiche ab origine impartitegli e che debba tenere le proprie energie lavorative a disposizione del datore. Tale nozione di subordinazione cd. attenuata discende dall'evolversi dei sistemi di organizzazione del lavoro, sempre più caratterizzati dalla tendenza alla esteriorizzazione o terziarizzazione di interi settori del ciclo produttivo o di una serie di professionalità specifiche. In tali casi il potere direttivo diviene sempre meno significativo della subordinazione, per l'impossibilità di un confronto pieno e diretto.

E così, nell'ambito del lavoro diri¬genziale - nel quale il lavoratore gode di ampi margini di autonomia e il potere di direzione del datore di lavoro si manifesta non in ordini e controlli continui e pervasivi, ma essenzialmente nell'emanazione di indicazioni generali di ca-rattere programmatico, coerenti con la natura ampiamente discrezionale dei poteri riferibili al dirigente - il giudice di merito deve valutare, quale requisito caratterizzante della prestazione, "l'esistenza di una situazione di coordina¬mento funzionale della stessa con gli obiettivi dell'organizzazione aziendale idonea a ricondurre ai tratti distintivi della subordinazione tecnico-giuridica, anche se nell'ambito di un contesto caratterizzato dalla c.d. subordinazione attenuata" (Cass. n. 3640 del 2020; Cass. n. 7517 del 2012). Riguardo alla prestazione d'opera resa da **professori d'orchestra in esecuzione di contratti conclusi in relazione a specifici programmi,** è stata esclusa la rilevanza assorbente dell'obbligo di rispettare rigidamente gli orari delle prove e degli spettacoli e della soggezione alle direttive provenienti dal direttore, perché funzionali alla realizzazione dell'opera, garantita dal coordinato apporto di ciascuno dei musicisti, dovendosi piuttosto apprezzare la sussistenza di un potere direttivo del datore di disporre pienamente della prestazione altrui, nell'ambito delle esigenze della propria organizzazione produttiva, da escludersi se i lavoratori sono liberi di accettare le singole proposte contrattuali e sottrarsi alle prove in caso di variazioni assunte in corso d'opera a fronte di pregressi impegni e di assumerne anche nei confronti dei terzi (Cass. n. 844 del 2020).

Ancora, in materia di **lavoro giornalistico,** si è affermato che, ai fini della integrazione della qualifica di "redattore" e della sua distinzione dalle altre figure di giornalisti, è imprescindibile il requisito della *quotidianità* della prestazione in contrapposizione alla semplice *continuità* dell'apporto - limitato, di regola, ad offrire servizi inerenti ad un settore informativo specifico di competenza - caratterizzante la figura del "collaboratore fisso" (Cass. n. 8260/1995, Cass. n.

7020/2000). Altresì, si è posto l'accento sul *"particolare inserimento nell'organizzazione e programmazione necessaria per la formazione del prodotto finale"*, accertato nella fattispecie concreta sul rilievo che il lavoratore si occupasse di tutti i settori dell'informazione e non di un settore specifico, svolgesse "anche attività c.d. di cucina redazionale", dovesse interagire con i colleghi e con il capo servizio, godesse di un supporto logistico del tutto uguale a quello dei colleghi, osservasse un quotidiano orario di lavoro - benché ridotto -, venisse remunerato su base oraria invece che in base al numero di articoli, come i collaboratori (Cass. n. 29182 del 2018).

QUESTIONARIO

1. Cosa si intende per lavoro subordinato? **1.**
2. Quali sono gli indici della subordinazione di elaborazione giurisprudenziale? **3.**
3. Che cosa esprime il principio della prevalenza della sostanza sulla forma? **3.**
4. Il nome che le parti hanno assegnato al contratto è vincolante per la qualificazione del rapporto? **3.**
5. L'attività giornalistica può essere svolta con il vincolo della subordinazione? **4.**

SEZIONE II – IL LAVORO AUTONOMO, COORDINATO ED ETERORGANIZZATO

SOMMARIO:
1. Il lavoro autonomo: inquadramento sistematico e definizione. – **1.1.** Regime giuridico. – **2.** La collaborazione coordinata e continuativa. – **2.1.** Gli elementi costitutivi. – **2.2.** Il trattamento normativo. – **3.** Le collaborazioni etero-organizzate. – **3.1.** Il lavoro su piattaforma digitale: il caso dei "riders". – **3.2.** La disciplina applicabile e le ipotesi escluse. – **4.** Il contratto di agenzia. – **5.** Il lavoro occasionale.

1. Il lavoro autonomo: inquadramento sistematico e definizione.

Tra le disposizioni normative, racchiuse nel titolo III del libro V del codice civile, rubricato "Del lavoro autonomo" non si rinviene la definizione del lavoro autonomo, ma soltanto delle corrispondenti **fattispecie emblematiche**, individuate dal legislatore nel **contratto d'opera e** nel **contratto d'opera intellettuale**.

Il legislatore ha inteso collocare, significativamente, la disciplina del lavoro autonomo immediatamente dopo il Titolo II dedicato al "Lavoro (subordinato) nell'impresa" per la stretta correlazione definitoria che intercorre tra le due figure, avendo costruito *in negativo* la nozione del lavoro autonomo, quale fattispecie priva della subordinazione, come infra si dirà diffusamente.

Nel contempo, ha anteposto la disciplina in esame a quella del Titolo V concernente, invece, "Le società", volto a normare le forme organizzative che l'attività di impresa può assumere; attività alla quale, in una visione corporativa, il lavoro subordinato e quello autonomo potevano entrambe apportare il proprio contributo.

Il contratto d'opera, ai sensi dell'art. 2222 c.c., si configura: *"Quando una persona si obbliga a* **compiere verso un corrispettivo un'opera o un servizio,** *con* **lavoro prevalentemente proprio** *e* **senza vincolo di subordinazione** *nei confronti del committente"*. Al contratto in esame si applicano le norme dettate dagli articoli successivi, *"salvo che il rapporto abbia una disciplina particolare nel libro IV"*. Dal tenore letterale dell'art. 2222 c.c. emerge la centralità della **subordinazione, quale elemento negativo discriminante**: infatti, è il difetto del vincolo della subordinazione ad essere determinante per la configurabilità della fattispecie del lavoro autonomo.

Così individuato il principale criterio discretivo ai fini della qualificazione giuridica del rapporto di lavoro come subordinato o autonomo, gli altri elementi della fattispecie – **il compimento di un'opera o di un servizio, la corrispettività, la prevalenza del lavoro personale del prestatore d'opera** – non hanno portata qualificante, ma solamente definitoria.
Nel dettaglio:

1. l'esecuzione di **un'opera o di un servizio** costituisce l'oggetto del contratto.
   Per "opera" si intende solitamente il prodotto materiale realizzato attraverso un *facere*. L'opera, dunque, può consistere nella creazione di una cosa, nella trasformazione di una cosa esistente in un'altra o nella composizione di più cose al fine di crearne un'unica nuova.
   L'opera intellettuale non rientra nel campo di applicazione dell'art. 2222 c.c. per essere stata, invece, espressamente contemplata dal legislatore nell'art. 2230 cc.
   Il "servizio", a differenza dell'opera, secondo una parte della dottrina, pur presupponendo un *facere*, non implica la manipolazione e/o trasformazione della materia.

2. All'obbligazione di eseguire l'opera o il servizio deve corrispondere quella di versamento del **corrispettivo**.
   Siffatto requisito dell'onerosità riconduce il contratto di lavoro autonomo nell'ambito dei contratti di scambio.
   La mancata determinazione del corrispettivo, secondo la giurisprudenza di legittimità, non è causa di nullità del contratto, poiché lo stesso può essere stabilito, ai sensi dell'art. 2225 c.c., in base alle tariffe vigenti od agli usi. Il ricorso, in funzione integrativa, a tale norma è possibile anche quando le parti, pur avendo pattuito il corrispettivo, non abbiano fornito la relativa prova (Cass. n. 18286 del 2018).
   Benché l'onerosità del contratto sia comune tanto alla fattispecie in esame che a quella del contratto di lavoro subordinato, tuttavia ai fini della determinazione del corrispettivo del lavoro autonomo non si applica l'art. 36 Cost., che sancisce il diritto ad una retribuzione proporzionata e sufficiente, essendo la norma riservata al solo lavoro dipendente.

3. L'opera o il servizio devono esser realizzati con il lavoro **personale** del prestatore d'opera, il cui apporto causale deve essere **"prevalente"**.

Ciò significa che il prestatore potrà anche essere coadiuvato da terzi, sempre che il loro apporto sia quantitativamente e qualitativamente inferiore alla prestazione personale del primo e, dunque, non implichi che il prestatore d'opera abbia la titolarità di un complesso di beni organizzati, che è invece tipica dell'imprenditore ed è incompatibile con la fattispecie del contratto d'opera.

Il requisito della prevalenza del lavoro personale consente di discriminare il contratto d'opera dal **contratto d'appalto**.

Infatti, in quest'ultimo tipo negoziale l'esecuzione dell'opera commissionata avviene mediante un'organizzazione di media o grande impresa cui l'obbligato è preposto, mentre nel contratto d'opera l'opera viene realizzata con il prevalente lavoro del prestatore, pur se coadiuvato da componenti della sua famiglia o da qualche collaboratore, secondo il modulo organizzativo della piccola impresa (Cass. n. 12519 del 2010).

Ne consegue che il prestatore d'opera potrà assumere, al più, la qualifica di **piccolo imprenditore**, quando eserciti professionalmente un'attività organizzata oltre che con il prevalente lavoro personale, anche con l'ausilio di qualche collaboratore, sempre che tale apporto rimanga marginale e si mantenga nei limiti di una valenza complessivamente minore rispetto al lavoro del prestatore d'opera.

Tralasciando l'esame della peculiare disciplina della fattispecie tipizzata del contratto d'opera, nei termini dettati dagli artt. 2223 e ss. cc. (sull'obbligo di esecuzione a regola d'arte della prestazione, sulla responsabilità per vizi e difformità dell'opera, sui criteri di determinazione del corrispettivo in difetto di apposita pattuizione, sulle vicende estintive del rapporto per impossibilità sopravvenuta e recesso unilaterale *ad nutum* del committente), occorre soffermarsi sul regime giuridico generale del lavoro autonomo, come esposta nel paragrafo successivo.

1.1. Regime giuridico.

Storicamente, il lavoro autonomo, privo anche di una definizione normativa di genere, non ha avuto una disciplina organica, neanche in tema di tutele.

La L. **81/2017**, anche detta "**Statuto dei lavoratori autonomi**" è intervenuta ad introdurre un complesso di protezioni applicabili "*ai rapporti di lavoro autonomo di cui al titolo III del libro quinto del codice civile, ivi inclusi i rapporti di lavoro autonomo che hanno una disciplina* **particolare ai sensi dell'articolo**

2222 del codice civile. 2. Sono esclusi dall'ambito di applicazione del presente capo gli imprenditori, ivi compresi i piccoli imprenditori di cui all'articolo 2083 del codice civile".

Le norme dettate dalla legge in esame si aggiungono alle discipline speciali dei contratti tipici di lavoro autonomo, integrandone il disposto.

Il Capo I della legge si preoccupa di contrastare gli abusi negoziali del committente, considerando, dunque, il lavoratore autonomo quale contraente debole sulla base della presunzione di sussistenza di una disparità economica tra le parti, che altera l'equilibrio contrattuale.

In particolare, l'art. 2 stabilisce l'applicabilità delle norme dettate dal D.lgs. 231/2002 (Attuazione della direttiva 2000/35/CE relativa alla lotta contro i ritardi di pagamento nelle **transazioni commerciali**), in quanto compatibili, anche alle transazioni commerciali tra lavoratori autonomi e imprese, tra lavoratori autonomi e amministrazioni pubbliche o tra lavoratori autonomi, fatta salva l'applicazione di disposizioni più favorevoli.

La portata innovativa di tale disposizione è dirompente: basti pensare che fino all'intervento legislativo del 2017, l'applicabilità delle suddette norme era dalla giurisprudenza esclusa, anche solo in via analogica, sulla base della considerazione che i contratti di lavoro autonomo non potevano rientrare nella nozione di "transazione commerciale" siccome privi dello scambio tra la *consegna di merci o la prestazione di un servizio* ed il pagamento del *prezzo*, offrendo invece il lavoratore autonomo una *prestazione di lavoro* verso il *corrispettivo*, che quale *compenso del lavoro* nettamente differisce, anche per funzione, dal prezzo.

L'art. 3 sanziona con l'inefficacia le **clausole abusive** e prevede il diritto al risarcimento del danno del lavoratore autonomo. Tra le ipotesi di abuso tipizzate si segnalano le clausole che attribuiscono al committente la facoltà di modificare unilateralmente le condizioni del contratto o, nel caso di contratto avente ad oggetto una prestazione continuativa, quelle che consentono il diritto di recedere senza congruo preavviso. Analoga tutela risarcitoria viene accordata in caso di rifiuto del committente di stipulare il contratto in forma scritta, altra fattispecie che la legge qualifica come condotta abusiva.

2. La collaborazione coordinata e continuativa.

La collaborazione, come precisato nella sez. I Cap. II, è prevista dall'art. 2094 c.c. quale un elemento tipico dell'obbligazione del lavoratore subordinato. Tale tratto caratterizzante evidenzia, tra l'altro, la continuità nel tempo della prestazione di lavoro, in quanto inserita stabilmente nell'organizzazione aziendale. Il riferimento alla collaborazione, dunque, qualifica il rapporto di lavoro subordinato come rapporto di durata.

Nell'ambito del lavoro autonomo, invece, il prestatore d'opera adempie la sua obbligazione nell'istante in cui l'opera o il servizio sono compiuti, sicché il contratto d'opera non è un contratto di collaborazione. Va precisato al riguardo che, sebbene alcuni contratti regolati nel libro IV (trasporto, agenzia, mandato) – ai quali si applica in via residuale la disciplina del contratto d'opera – possano dar luogo a rapporti di lavoro autonomo anche continuativi, tuttavia essi hanno ad oggetto un *facere* specifico che mette in secondo piano la prestazione lavorativa in quanto tale.

Dunque, nel codice civile, difetta la previsione della categoria negoziale del rapporto di lavoro autonomo continuativo.

La scelta del legislatore di epoca fascista di omettere la previsione della collaborazione nel lavoro autonomo si giustifica alla luce dell'economia del tempo, in cui l'interesse ad un'attività lavorativa continuativa veniva soddisfatto pienamente facendo ricorso al contratto di lavoro subordinato, la cui disciplina era all'epoca caratterizzata dal regime di libera recedibilità dal contratto per ambo le parti.

Al venir meno di tale regime e con l'introduzione del sistema della reintegra del prestatore di lavoro licenziato senza giusta causa o giustificato motivo di cui alla L. 300/70, l'attenzione del legislatore per le collaborazioni autonome comincia a manifestarsi. Così, con la riforma introdotta dalla L. 533/73, è una norma processuale, l'art. 409, n. 3, c.p.c. che, nell'elencare le fattispecie sottoposte al rito speciale del lavoro indica, tra l'altro, anche *"i rapporti di collaborazione che si concretino in una prestazione di opera **continuativa e coordinata, prevalentemente personale**, anche se **non a carattere subordinato**"* *(cd. co.co.co.)* e, pertanto, si pone come il riferimento normativo per individuare gli elementi costitutivi della fattispecie del **lavoro cd. parasubordinato.** Nella sua attuale formulazione, come modificata dalla **L. 22.5.2017 n. 81,** la disposizione in parola chiarisce che *"La collaborazione **si intende coordinata quando, nel rispetto delle modalità di coordinamento stabilite di comune accordo dalle parti, il collaboratore organizza autonomamente l'attività lavorativa"**.*

2.1. Gli elementi costitutivi.

Elementi costitutivi della fattispecie sono dunque:

- la continuità;
- il coordinamento;
- la prevalente personalità della prestazione.

Secondo le indicazioni della giurisprudenza, la **continuità** non connota necessariamente la collaborazione in termini di rapporto di durata in senso tecnico, funzionale cioè alla soddisfazione di un interesse durevole del committente mediante la reiterazione periodica dello stesso opus nel tempo, ma è altresì configurabile nel caso di prestazione unica che sia però accompagnata, dopo la conclusione del contratto, da un'interazione tra le parti non limitata ai momenti dell'accettazione dell'opera e del versamento del corrispettivo (Cass. n. 14722/1999).

Il **coordinamento** è stato tradizionalmente definito dalla giurisprudenza come il collegamento funzionale tra la prestazione predeterminata contrattualmente e l'organizzazione del committente, accordando a quest'ultimo un potere di ingerenza sulle modalità di esecuzione della prestazione lavorativa al fine di raccordarla con le proprie esigenze economico-produttive, sia pure nei limiti di compatibilità con l'autonoma organizzazione della propria attività lavorativa da parte del collaboratore.

Tuttavia, la legge n. 81/2017 ha dettato la definizione normativa del coordinamento, espungendo qualsiasi potere di determinazione unilaterale del committente, a vantaggio di una determinazione consensuale delle modalità di esecuzione della prestazione. La norma si raccorda sistematicamente con l'art. 2 del **D.lgs. 81/2015**, che ha disciplinato le **collaborazioni eterorganizzate**.

La Corte di Cassazione, di recente, è intervenuta sul tema individuando il carattere distintivo dell'etero-organizzazione nel potere unilaterale di imposizione delle modalità di coordinamento. Come precisato, il coordinamento diventa **etero-organizzazione** quando le **modalità di svolgimento della prestazione lavorativa** (ad esempio, il quando e il dove della prestazione) sono **imposte dal committente**, sconfinando così nella etero-organizzazione. Se, invece, le modalità sono stabilite di comune accordo, la collaborazione non è attratta nella disciplina dell'articolo 2 del D.lgs. 81/2015 e non è soggetta all'applicazione della disciplina del lavoro subordinato. Essendo espressamente prescritto che le modalità di coordinamento devono essere *"stabilite di comune accordo tra le parti"*, alcun elemento di unilateralità nella loro predisposizione contrattuale potrà essere tollerato, pena la negazione della riconducibilità della fattispecie allo schema legale-tipico di cui al novellato art. 409, comma 3, c.p.c. (Cass. n. 1663/2020).

Infine, la **prevalente personalità** della prestazione è ravvisabile laddove il lavoro svolto dal collaboratore sia qualitativamente prevalente sull'attività ausiliaria eventualmente prestata da altri, che potrebbe essere anche quantitativamente significativa e, tuttavia, secondaria e meramente esecutiva.

È stata esclusa dalla giurisprudenza la prevalente personalità del lavoro del collaboratore nel caso in cui questi si avvalga di *"una struttura organizzativa piramidale con diversi livelli di operatività e la presenza di ausiliari in posizione subalterna"* o ancora, allorquando operi in forma societaria, anche se si tratti di società di persone, essendo in tal caso lo svolgimento della prestazione mediato dallo schermo societario.

2.2. Il trattamento normativo.

Inizialmente scarna, la **disciplina** delle collaborazioni coordinate e continuative si è progressivamente arricchita mediante normative settoriali, tra cui quella **processuale**, quella **fiscale** e quella **previdenziale**.
Nel dettaglio:

1. l'art. **409 c.p.c.** assoggetta al rito speciale del lavoro non solo i rapporti di lavoro subordinato, ma anche i rapporti di agenzia, di rappresentanza commerciale ed altri rapporti che si concretano in una prestazione d'opera continuativa e coordinata, prevalentemente personale, anche se non a carattere subordinato;
2. l'**art. 50, co. 1, lett. c-*bis*), d.p.r. 22 dicembre 1986, n. 917 (T.U.I.R.)** assimila ai redditi da lavoro dipendente *"i redditi percepiti in relazione ai rapporti di collaborazione aventi per oggetto la prestazione di attività svolte senza vincolo di subordinazione a favore di un determinato soggetto nel quadro di un rapporto unitario e continuativo senza impiego di mezzi organizzati e con retribuzione periodica prestabilita"*.
3. l'**art. 2, co. 26, l. 8 agosto 1995, n. 335** include i collaboratori continuativi e coordinati tra i soggetti obbligati ad iscriversi alla gestione separata dell'INPS, ripartendo il relativo onere contributivo nella misura di 1/3 a carico dei collaboratori e dei rimanenti 2/3 a carico dei committenti.
4. l'art. **5 D.lgs. 23 febbraio 2000 n. 38,** in materia di assicurazione contro gli infortuni e le malattie professionali, obbliga i collaboratori continuativi e coordinati ad assicurarsi laddove svolgano le attività contemplate nell'art. 1 del medesimo decreto; impone al committente tutti gli adempimenti previsti dal testo unico a carico del datore di

lavoro; ripartisce il premio assicurativo nella misura di un terzo a carico del collaboratore e di due terzi a carico del committente.
5. L'art. 1 lett. e) d.lgs. n. 104/2022 del 29 luglio 2022 estende ai prestatori in regime di co.co.co. il diritto all'informazione, cui è tenuto il committente, che deve riguardare gli elementi essenziali del rapporto, le condizioni di lavoro e la relativa tutela. Il cit. decreto disciplina anche il "Cumulo di impieghi" escludendo clausole di esclusiva: l'impresa committente può vietare al collaboratore di avere un altro e diverso rapporto di lavoro solo se ciò possa comportare un pregiudizio per la salute e la sicurezza del collaboratore, se deve garantire l'integrità del servizio pubblico o se vi è conflitto d'interessi con l'attività principale.

In linea generale, va precisato che le collaborazioni coordinate e continuative sono attratte nell'area della **disciplina del lavoro autonomo.**

3. Le collaborazioni etero-organizzate.

Le collaborazioni organizzate dal committente o etero-organizzate si differenziano dalle collaborazioni coordinate e continuative sia strutturalmente che per disciplina applicabile.
La figura è stata voluta dal legislatore del 2015 (art. 2 D.lgs. 81/2015), per estendere la tutela del **lavoro subordinato** a talune fattispecie di collaborazioni morfologicamente contigue al lavoro subordinato, contestualmente all'**abrogazione** (art. 52, comma 1, D.lgs. 81/2015) della fattispecie del **lavoro a progetto,** tipologia negoziale introdotta dal D.lgs. n. 276/2003, successivamente modificato dalla l. n. 92/2012.
Il lavoro a progetto fu introdotto con finalità antielusiva, volta a distinguere le collaborazioni autonome genuine da quelle fittizie – poste in essere solo formalmente, al fine di eludere la disciplina del lavoro subordinato, in ordine alla tutela del lavoratore ed ai relativi costi – sulla base del "progetto", alla cui realizzazione avrebbe dovuto esser ricondotta la genuina prestazione di lavoro autonomo ed in mancanza del quale, invece, il rapporto poteva esser dichiarato, in chiave sanzionatoria, di lavoro subordinato a tempo indeterminato sin dalla sua costituzione (art. 69, comma 1 del D.lgs. n. 276/2003)
Tuttavia, il predetto criterio discretivo si rivelò, nella prassi, di difficile individuazione e scarsamente efficace nella sua funzione antielusiva, tanto da indurre il legislatore del 2015 a sopprimere l'istituto, garantendo al contempo la

sopravvivenza delle collaborazioni coordinate e continuative dell'art. 409 cpc, norma espressamente mantenuta in vigore.
La finalità antifraudolenta, secondo autorevole dottrina, è stata recuperata attraverso la previsione dell'art. 2 del D.lgs. 81/2015 che si preoccupa di assoggettare al regime della subordinazione quelle fattispecie di collaborazione che ad essa sono contigue.
Allo stato, dunque, si rinvengono due distinte forme di collaborazione:

1. le collaborazioni coordinate e continuative dell'art. 409 cpc, come definite dalla L. 81/2017 ed assoggettate alla disciplina del **lavoro autonomo;**
2. le collaborazioni etero-organizzate ex **art. 2 del D.lgs. 81/2015, come novellato dal D.L. 101/2019 conv. con mod. in L. 128/2019,** rispetto alle quali trova applicazione, a far data dal 1° gennaio 2016, la disciplina del **lavoro subordinato,** salvo alcune eccezioni.

La formulazione originaria dell'art. 2 D.lgs. n. 81/2015 definiva i rapporti di collaborazione organizzati dal committente come rapporti *"che si concretano in prestazioni di lavoro esclusivamente personali, continuative e le cui modalità di esecuzione sono organizzate dal committente anche con riferimento ai tempi e al luogo di lavoro"*.
L'attuale testo della norma, come modificato dalla L. n. 128/2019, li delinea come rapporti che *"si concretano in prestazioni di lavoro prevalentemente personali, continuative e le cui modalità di esecuzione sono organizzate dal committente"*, prescrivendo, inoltre, che *"le disposizioni di cui al presente comma si applicano anche qualora le modalità di esecuzione della prestazione siano organizzate mediante piattaforme anche digitali"*.
Dunque, gli elementi costitutivi della fattispecie sono:

1. la continuità della prestazione di lavoro;
2. il carattere (non più "esclusivamente", ma) "prevalentemente personale" della stessa;
3. l'etero-organizzazione.

I primi due elementi accomunano le collaborazioni organizzate dal committente a quelle dell'art. 409 cpc, mentre **l'elemento discriminante risiede nelle modalità organizzative della prestazione che non sono rimesse all'accordo delle parti, bensì alla volontà unilaterale del committente.** L'etero-organizzazione del committente, secondo autorevole dottrina, non incide sulle modalità esecutive della prestazione, ma soltanto sulle modalità organizzative della stessa e, dunque, è finalizzata ad integrare la collaborazione nel contesto organizzativo del committente, così che le prestazioni del lavoratore possano, secondo la modulazione unilateralmente disposta dal primo, opportunamente inserirsi ed integrarsi con la sua organizzazione di impresa. E in ciò risiede, nell'ipotesi dell'art. 2 D.lgs. n. 81 del 2015, la differenza rispetto ad un coordinamento stabilito di comune accordo dalle parti che, invece, difetta nella fattispecie in esame, siccome è imposto dall'esterno, appunto è etero-organizzato (Cass. n. 1663/2020).

Si è discusso in dottrina ed in giurisprudenza sulla **natura delle collaborazioni organizzate dal committente**, potendosi così riassumere le varie contrapposte posizioni:

1. esse configurerebbero un *genus* contrattuale a sé stante, intermedio tra il lavoro autonomo ed il lavoro subordinato;
2. parteciperebbero della natura autonoma dei rapporti di cui all'art. 2222 c.c. e 409, n. 3 c.p.c. e sarebbero, pertanto, riconducibili ad una nozione ampia di lavoro cd. parasubordinato;
3. sarebbero ipotesi normativamente tipizzate di lavoro subordinato "evoluto";
4. si tratterebbe soltanto di una tutela "rafforzata" nei confronti di alcune tipologie di lavoratori, cui estendere le tutele dei lavoratori subordinati, prescindendo da qualsiasi inquadramento tipologico.

La questione ha riflessi significativi in punto di disciplina applicabile: il legislatore, infatti, non ha precisato quale sia la disciplina del lavoro subordinato cui assoggettare le collaborazioni etero-determinate e, cioè, se si tratti soltanto di "estendere le tutele del lavoro subordinato", come lascerebbe intendere la relazione illustrativa allo schema di decreto o se, invece, debba applicarsi la disciplina del lavoro subordinato nella sua interezza, senza necessità di operare valutazioni di compatibilità, peraltro non previste dal legislatore.

Sulla questione è intervenuta la Suprema Corte, con la sentenza n. 1663/2020, definendo l'art. 2 del D.lgs. 81/2015 come **"norma di disciplina"** anziché "di fattispecie" e respingendo la tesi, propugnata dalla Corte d'Appello di Torino, del *tertium genus* tra subordinazione ed autonomia, avente le caratteristiche tanto del lavoro subordinato quanto di quello autonomo, ma contraddistinto da una propria identità, sia a livello morfologico, che funzionale e regolamentare.

3.1. Il lavoro su piattaforma digitale: il caso dei "riders".

La Corte di Cassazione ha esaminato la questione della natura giuridica delle collaborazioni organizzate dal committente e della disciplina ad esse applicabile in relazione alla fattispecie dei **cd. riders di Foodora, ciclofattorini** incaricati della consegna di prodotti di ristorazione, mediante l'utilizzo di una piattaforma digitale, sulla quale l'azienda pubblicava le fasce orarie con l'indicazione del numero di riders necessari, che tuttavia rimanevano liberi di dare o meno la propria disponibilità, così come di revocarla o, addirittura, di non rendere la prestazione pur in assenza di revoca.

La Corte ha affermato (sentenza n. 1663/2020) che il legislatore - d'un canto consapevole della complessità e varietà delle nuove forme di lavoro e della difficoltà di ricondurle ad unità tipologica, e, d'altro canto, conscio degli esiti talvolta incerti e variabili delle controversie qualificatone ai sensi dell'art. 2094 cod. civ. - si è limitato a valorizzare taluni indici fattuali ritenuti significativi (personalità, continuità, etero-organizzazione) e sufficienti a giustificare l'applicazione della disciplina dettata per il rapporto di lavoro subordinato, esonerando da ogni ulteriore indagine il giudice che ravvisi la concorrenza di tali elementi nella fattispecie concreta e senza che questi possa trarre, nell'apprezzamento di essi, un diverso convincimento nel giudizio qualificatorio di sintesi.

In una prospettiva così delimitata, continua la Corte, non ha decisivo senso interrogarsi sul se tali forme di collaborazione siano collocabili nel campo della subordinazione ovvero dell'autonomia, perché ciò che conta è che per esse, in una terra di mezzo dai confini labili, l'ordinamento ha statuito espressamente l'applicazione delle norme sul lavoro subordinato, disegnando una norma di disciplina.

Tanto si spiega in una ottica sia di prevenzione sia "rimediale". Nel primo senso il legislatore, onde scoraggiare l'abuso di schermi contrattuali che a ciò si potrebbero prestare, ha selezionato taluni elementi ritenuti sintomatici ed idonei a svelare possibili fenomeni elusivi delle tutele previste per i lavoratori. In ogni caso ha, poi, stabilito che quando l'etero-organizzazione, accompagnata dalla personalità e dalla continuità della prestazione, è marcata al punto da rendere il collaboratore comparabile ad un lavoratore dipendente, si impone una protezione equivalente e, quindi, il rimedio dell'applicazione integrale della disciplina del lavoro subordinato.

3.2. La disciplina applicabile e le ipotesi escluse.

Nonostante la Corte abbia preso espressamente le distanze dall'opzione ermeneutica della Corte d'Appello torinese e dall'operata selezione delle norme sulla subordinazione da estendere alla fattispecie, resta ancora aperto il dibattito dottrinario su quale sia la **disciplina di lavoro subordinato applicabile** alla collaborazione etero-organizzate.

Al riguardo, secondo un primo orientamento, le norme del lavoro subordinato vanno applicate integralmente: la legge prevede imperativamente l'applicazione della disciplina della subordinazione e l'art. 2 non contiene alcun criterio idoneo alla selezione delle disposizioni applicabili, che non potrebbe essere affidata ex post alla variabile interpretazione dei singoli giudici.

D'altro canto, si osserva che la medesima Corte ha ammesso che non possono escludersi situazioni in cui l'applicazione integrale della disciplina della subordinazione sia ontologicamente incompatibile con le fattispecie da regolare che, per definizione, non sono comprese nell'ambito dell'art. 2094 cod. civ.

Tale passaggio della sentenza viene valorizzato da quella parte della dottrina che ritiene possibile un'operazione selettiva, escludendo dalla disciplina applicabile quella inerente ai poteri del datore di lavoro.

Va, peraltro, rilevato che l'art. 2, comma II, D.lgs. 81/2015 elenca una serie di **ipotesi derogatorie, escluse dall'applicazione della disciplina del lavoro subordinato**:

1. le collaborazioni per le quali gli accordi collettivi nazionali stipulati da associazioni sindacali comparativamente più rappresentative sul piano nazionale prevedono discipline specifiche riguardanti il trattamento economico e normativo, in ragione delle particolari esigenze produttive ed organizzative del relativo settore;
2. le collaborazioni prestate nell'esercizio di professioni intellettuali per le quali è necessaria l'iscrizione in appositi albi professionali;
3. le attività prestate nell'esercizio della loro funzione dai componenti degli organi di amministrazione e controllo delle società e dai partecipanti a collegi e commissioni;
4. le collaborazioni rese a fini istituzionali in favore delle associazioni e società sportive dilettantistiche affiliate alle federazioni sportive nazionali, alle discipline sportive associate e agli enti di promozione sportiva riconosciuti dal C.O.N.I., come individuati e disciplinati dall'articolo 90 della legge 27 dicembre 2002, n. 289.

Infine, va detto che ai sensi dell'art. 2, comma 3, D.lgs. n. 81/2015, le parti possono richiedere alle commissioni di cui all'art. 76 del D.lgs. n. 276/2003, la **certificazione dell'assenza dei requisiti di cui al comma 1**, con effetto preclusivo di una diversa qualificazione del rapporto ad opera dagli enti previdenziali.

Tuttavia, la certificazione di un contratto non ancora in corso di esecuzione si basa esclusivamente sulle risultanze del testo negoziale, mentre non v'è dubbio che la valutazione della etero-organizzazione, ai fini dell'applicazione della disciplina del lavoro subordinato ai sensi dell'art. 2, comma 1 del D.lgs. n. 81/2015, resti un accertamento di fatto, da compiersi soprattutto con riferimento al comportamento delle parti successivo alla stipulazione del contratto. Di conseguenza, la certificazione non assolve ad una funzione deterrente del contenzioso relativo all'eventuale difformità dell'attuazione del rapporto rispetto a quanto esplicitato nel documento contrattuale.

4. Il contratto di agenzia.

Il contratto di agenzia è un contratto di **lavoro autonomo ad esecuzione continuativa**.

È definito come **il contratto con cui una parte (agente) assume stabilmente l'incarico di promuovere per conto dell'altra (preponente), verso retribuzione, la conclusione di contratti in una determinata zona (art. 1742 c.c.)**.
Il tipo negoziale in esame rappresenta la **figura paradigmatica del lavoro cd. parasubordinato** ed è oggetto di un vivace dibattito circa la distinzione dal lavoro subordinato, da un lato e dal procacciamento d'affari, dall'altro.

A **differenza del lavoratore subordinato**, l'agente espleta un'attività economica autonomamente organizzata ed assume su di sé il relativo rischio; l'attività promozionale affidata all'agente ha carattere sistematico e continuativo ed il compenso (detto provvigione) è normalmente parametrato al valore degli affari conclusi.

A differenza del datore di lavoro, il preponente, nel cui interesse l'attività è svolta, può impartire solo direttive di massima.

Sul punto, la giurisprudenza di legittimità ha affermato che l'elemento distintivo tra il rapporto di agenzia e il rapporto di lavoro subordinato va individuato nella circostanza che il primo ha per oggetto lo svolgimento a favore del preponente di un'attività economica esercitata in forma imprenditoriale, con organizzazione di mezzi e assunzione del rischio da parte dell'agente, che si manifesta nell'autonomia nella scelta dei tempi e dei modi della stessa, pur nel rispetto – secondo il disposto dall'art. 1746 cod. civ. – delle istruzioni ricevute

dal preponente, mentre oggetto del secondo è la prestazione, in regime di subordinazione, di energie lavorative, il cui risultato rientra esclusivamente nella sfera giuridica dell'imprenditore, che sopporta il rischio dell'attività svolta (Cass. n. 9696 del 2009; Cass. n. 9060 del 2004).
Dunque, va ricondotta al lavoro subordinato l'attività dell'agente che sia svolta con assoggettamento al potere di etero-direzione del datore di lavoro mediante la predeterminazione quotidiana dei clienti da visitare, l'osservanza di un orario di lavoro, l'obbligo di report giornaliero sull'attività svolta, la previsione di sanzioni disciplinari. In ultima analisi, non può escludersi che l'attività di promozione d'affari svolta dall'agente possa essere sussunta nell'ambito del lavoro subordinato, avuto riguardo alle modalità concrete di esecuzione del rapporto, sempre prevalenti rispetto al *nomen iuris* adottato dalle parti (Cass. n. 4884 del 2018).
Il rapporto d'agenzia si distingue dal rapporto di **procacciamento d'affari** per la continuità e la stabilità dell'attività dell'agente che, non limitandosi a raccogliere episodicamente gli ordini dei clienti – come accade, invece, per l'attività del procacciatore – promuove stabilmente la conclusione di contratti per conto del preponente nell'ambito di una determinata sfera territoriale (Cass. n. 2828 del 2016; Cass. n. 12766 del 2012). In definitiva, il rapporto di procacciamento d'affari si identifica nella più limitata attività di chi, senza vincolo di stabilità ed in via del tutto episodica, raccoglie gli ordini dei clienti, trasmettendoli all'imprenditore da cui ha ricevuto l'incarico di procurare tali commissioni, sicché la prestazione è occasionale nel senso che dipende esclusivamente dalla sua iniziativa (Cass. 24 giugno 2005 n. 13629).
L'attività svolta dal procacciatore d'affari va distinta, inoltre, da quella del **mediatore**.
La Suprema Corte ha affermato che, in tema di rapporti tra mediazione e procacciamento di affari, costituisce elemento comune a dette figure la prestazione di un'attività di intermediazione diretta a favorire tra terzi la conclusione di un affare, con conseguente applicazione di alcune identiche disposizioni in materia di diritto alla provvigione, mentre l'elemento distintivo consiste nel fatto che il mediatore è un soggetto imparziale, mentre nel procacciamento di affari l'attività dell'intermediario è prestata esclusivamente nell'interesse di una delle parti; ne consegue che sono applicabili al procacciatore d'affari, in via analogica, le disposizioni del contratto d'agenzia, ivi comprese quelle in materia di prescrizione del compenso spettante all'agente, diverse da quelle sulla prescrizione del compenso spettante al mediatore (Cass. n. 18489 del 2020).
Peraltro, a differenza del procacciatore e dell'agente, il diritto al compenso del mediatore presuppone che sia iscritto all'apposito albo. Infatti, come precisato

dalla giurisprudenza di legittimità, la previsione del rifiuto di ogni tutela al mediatore non iscritto nel ruolo – secondo quanto stabilito dalla l. n. 39 del 1989 – non contrasta con la direttiva 86/653/CEE, relativa al coordinamento dei diritti degli Stati membri concernenti gli agenti commerciali indipendenti, giacché tale direttiva – che osta ad una normativa nazionale che subordini la validità di un contratto di agenzia all'iscrizione dell'agente di commercio in apposito albo – non si rivolge al mediatore, il quale agisce in posizione di terzietà rispetto ai contraenti posti in contatto, a tale stregua differenziandosi dall'agente di commercio, che attua invece una collaborazione abituale e professionale con altro imprenditore (Cass. ord. n. 17478 del 2020; Cass. n. 13184 del 2007).

5. Il lavoro occasionale.

Il lavoro occasionale è stato introdotto dal D.L. n. 50/2017 conv. in L. n. 96/2017, come modificato dal D.L. n. 87/2018, dopo l'abrogazione dell'intera disciplina del lavoro accessorio e del connesso sistema di pagamento dei voucher, introdotta dal D.lgs. 276/2003 e, da ultimo, contenuta nel cd. Jobs Act.
La nuova disciplina consente ai cd. utilizzatori di ottenere prestazioni di lavoro occasionale, entro precisi limiti, mediante due modalità: il Libretto di famiglia ed il Contratto di prestazione occasionale, tipologie contrattuali riferite a categorie diverse di committenti.
La **natura giuridica** del lavoro occasionale non è stata predeterminata dal legislatore. Un orientamento sostiene trattarsi di lavoro **subordinato** sia pure con una disciplina semplificata delle tutele. A sostegno, si invocano: 1) il co. 3 dell'art. 54 bis, che regolamenta il diritto del prestatore di lavoro a fruire del riposo giornaliero, delle pause e dei riposi settimanali secondo quanto previsto agli artt. 7, 8 e 9 del D.lgs. 66/2003, norme inapplicabili a coloro che hanno autonomia decisionale e che, invece, presuppone l'assoggettamento a vincoli di orario e direttive; 2) la previsione, in caso di inosservanza di specifici parametri quantitativi, della conversione in "rapporto di lavoro a tempo pieno e indeterminato", caratteristiche che non si conciliano con il lavoro autonomo, generalmente contraddistinto dall'istantaneità dell'adempimento e dall'autonoma gestione del lavoro.
Altri, invece, sostengono che il lavoro occasionale abbia natura di lavoro **autonomo**, facendo leva: 1) sulla occasionalità e saltuarietà della prestazione, ritenuta incompatibile con la subordinazione e con il potere organizzativo del datore di lavoro; 2) sul termine "compenso" utilizzato dall'art 54 bis che riecheggia quello delle norme in tema di contratto d'opera di cui agli art. 2222 cc.

Va, peraltro, precisato che la **normativa previdenziale** ha tipizzato **il lavoro autonomo occasionale**, assoggettandolo all'obbligo contributivo presso la Gestione separata INPS, solo se realizza nell'anno un reddito superiore a € 5.000, con relativo onere gravante per 1/3 a carico del lavoratore e per 2/3 a carico del committente.

L'art. 54-bis comma I del D.L. 50/2017 definisce **le prestazioni occasionali** come quelle attività lavorative che danno luogo, nel corso di un anno civile:

1. per ciascun prestatore, con riferimento alla totalità degli utilizzatori, a compensi di importo complessivamente non superiore a 5.000 euro;
2. per ciascun utilizzatore, con riferimento alla totalità dei prestatori, a compensi di importo complessivamente non superiore a 5.000 euro;
3. per le prestazioni complessivamente rese da ogni prestatore in favore del medesimo utilizzatore, a compensi di importo non superiore a 2.500 euro.
4. per ciascun prestatore, per le attività di cui al decreto del Ministro dell'interno 8 agosto 2007, pubblicato nella Gazzetta Ufficiale n. 195 del 23 agosto 2007, svolte nei confronti di ciascun utilizzatore di cui alla legge 23 marzo 1981, n. 91, a compensi di importo complessivo non superiore a 5.000 euro.

I **compensi** erogati a favore del lavoratore sono esenti da imposizione fiscale; non incidono sul suo stato di disoccupato, ma sono computabili ai fini del reddito necessario per il rilascio o il rinnovo del permesso di soggiorno.

Gli importi riguardano i compensi percepiti dal prestatore al netto di contributi, premi e costi di gestione, con la precisazione che sono computati in misura pari al 75% del loro importo i compensi corrisposti a: titolari di pensione di vecchiaia o di invalidità; giovani con meno di 25 anni di età, se regolarmente iscritti a un ciclo di studi presso un istituto scolastico o l'università; disoccupati e percettori di prestazioni integrative del salario o di altre prestazioni a sostegno del reddito.

I commi 2 e 3 del predetto art. 54 bis dispongono a favore del prestatore l'applicazione del **regime di tutele** previste per la generalità dei lavoratori subordinati, in tema di orario di lavoro (riposo giornaliero, pause, riposi settimanali) e di salute e sicurezza (D.lgs. n. 81/2008).

La norma, inoltre, circoscrive il proprio **ambito soggettivo di applicazione,** sia in ordine all'area degli utilizzatori che alla platea dei prestatori di lavoro occasionale.

L'utilizzatore può essere sia una persona fisica, che agisce per finalità estranee all'attività professionale o imprenditoriale eventualmente svolta, sia professionisti o imprese private, salvo i divieti espressi dal comma 14, come pure, sia pure entro i limiti stringenti – di ordine oggettivo e soggettivo – posti dal legislatore, le amministrazioni pubbliche.

Nel primo caso, le prestazioni si acquisiscono mediante **il libretto di famiglia**, mentre negli altri casi mediante la stipula di **un contratto di prestazione occasionale**.

In relazione alle **imprese**, possono utilizzare il contratto di lavoro occasionale quelle: con numero di lavoratori subordinati fino a 5; del settore alberghiero e turistico con numero di lavoratori subordinati fino a 8, se i prestatori sono titolari di pensione di vecchiaia o di invalidità, giovani con meno di 25 anni di età, se regolarmente iscritti a un ciclo di studi presso un istituto scolastico o l'università, disoccupati e percettori di prestazioni integrative del salario o di altre prestazioni a sostegno del reddito; datori di lavoro del settore agricolo che hanno numero di dipendenti fino a 5, sempre che i prestatori appartengano alle categorie appena elencate. È, invece, vietato il ricorso al lavoro occasionale alle imprese dell'edilizia e di settori affini, alle imprese esercenti l'attività di escavazione o lavorazione di materiale lapideo, delle imprese del settore delle miniere, cave e torbiere.

A sua volta, la **P.A.** può impiegare le prestazioni di lavoro occasionale nell'ambito di progetti speciali rivolti a specifiche categorie di soggetti in stato di povertà, di disabilità, di detenzione, di tossicodipendenza o di fruizione di ammortizzatori sociali: 1) per lo svolgimento di lavori di emergenza correlati a calamità o eventi naturali improvvisi; 2) per attività di solidarietà, in collaborazione con altri enti pubblici e/o associazioni di volontariato; 3) per l'organizzazione di manifestazioni sociali, sportive, culturali o caritatevoli.

Quanto ai **prestatori di lavoro occasionale**, non possono essere acquiste prestazioni di lavoro occasionali da soggetti con i quali l'utilizzatore abbia in corso o abbia cessato da meno di sei mesi un rapporto di lavoro subordinato o di collaborazione coordinata e continuativa.

Per quanto attiene all'**oggetto** della prestazione lavorativa, il ricorso al contratto di prestazione occasionale è ammesso per lo svolgimento di qualsiasi attività e in ogni settore, salvo che nell'ambito dell'esecuzione di appalti di opere o servizi o da parte di imprese dell'edilizia e settori affini.

I prestatori d'opera occasionali sono iscritti alla Gestione separata INPS (per l'assicurazione contro l'invalidità, vecchiaia e superstiti) e all'INAIL. I contributi da versare ammontano al 33% del compenso e sono interamente a carico dell'utilizzatore. L'accreditamento dei contributi previdenziali sulla posizione contributiva del prestatore viene effettuato dall'INPS, che provvede anche al trasferimento dei premi all'INAIL e al pagamento del compenso al prestatore entro

il giorno 15 del mese successivo a quello in cui è stata resa la prestazione (sia prestatore che utilizzatore, infatti, devono previamente registrarsi su un'apposita piattaforma informatica INPS mediante la quale è gestito l'intero rapporto).
Le violazioni delle disposizioni dell'art 54 bis e, precisamente, in caso di superamento, da parte di un utilizzatore diverso da una pubblica amministrazione, del limite di importo di cui al comma 1, lettera c), o comunque del limite di durata della prestazione pari a 280 ore nell'arco dello stesso anno civile, comportano la **trasformazione del rapporto in un rapporto di lavoro a tempo pieno e indeterminato.**

QUESTIONARIO

1. Cosa si intende per lavoro autonomo? Esiste una definizione generale? **1.**
2. Esiste uno statuto generale del lavoro autonomo? **1.1.**
3. Quali sono i tratti tipici del lavoro parasubordinato (co.co.co)? **2.**
4. In che cosa consiste il potere di coordinamento del committente nei rapporti di co.co.co.? **2.1.**
5. Oggi è possibile stipulare i co.co.pro.? **3.**
6. Quali norme disciplinano il lavoro parasubordinato? **2.1.**
7. Cosa si intende per collaborazioni etero-organizzate? Quale regime giuridico seguono? **3.2.**
8. Come si distinguono le collaborazioni etero-organizzate dai rapporti di co.co.co.? **3.**
9. Come è definito il contratto di agenzia? A quale tipologia di rapporto di lavoro è riconducibile? In cosa differisce dal procacciamento d'affari? **4.**
10. Cosa si intende per lavoro occasionale? Gode delle tutele del lavoro subordinato? **5.**

SEZIONE III – Il lavoro nei rapporti associativi

Sommario:
1. Il lavoro nelle società. – 2. Associazione in partecipazione. – 3. Cooperative e socio lavoratore.

1. Il lavoro nelle società.

Diversamente dal contratto di lavoro subordinato, connotato dallo scambio tra prestazione e retribuzione, nei rapporti associativi vi è una **comunanza di scopo** tra le parti del contratto **per la realizzazione di un interesse comune**.
Questa comunione di scopo si può manifestare in vario modo: in talune fattispecie, il rapporto di lavoro coesiste con quello associativo, ai fini del raggiungimento dello scopo comune; in talaltre, invece, il rapporto di lavoro si realizza proprio nel rapporto associativo.
Sono i casi dell'associazione in partecipazione, del socio lavoratore di cooperativa, del **conferimento della prestazione lavorativa in società di capitali o di persone**.
Riguardo a tali ultime fattispecie, la realizzazione del risultato economico dell'impresa entra a far parte della causa del contratto, posto che esso è scopo comune al socio lavoratore, anche detto **socio d'opera**.
Quest'ultimo conferisce in società non beni o denaro, ma il proprio lavoro e partecipa agli utili ed alle perdite insieme agli altri soci; dunque, il compenso gli sarà dovuto se e nei limiti degli utili ricavati e non come diretta conseguenza dell'esecuzione della prestazione, a differenza che per il lavoratore subordinato.
Ciò significa che entrambe le parti del contratto associativo assumono su sé stesse anche il **rischio d'impresa**.
La fonte dell'obbligazione del socio di conferire la propria prestazione lavorativa non è il contratto di lavoro, ma il contratto associativo, così come da esso nasce il diritto alla partecipazione agli utili.
Tuttavia, a certe condizioni, è stata ammessa eccezionalmente la configurabilità di **un rapporto di lavoro subordinato del socio alle dipendenze della società di persone**.
La Suprema Corte, infatti, ha ritenuto configurabile un rapporto di lavoro subordinato tra la società e uno dei soci purché ricorrano due condizioni:

1. che la prestazione non integri un conferimento previsto dal contratto sociale;
2. che il socio presti la sua attività lavorativa sotto il controllo gerarchico di un altro socio munito di poteri di supremazia.

Il compimento di atti di gestione o la partecipazione alle scelte più o meno importanti per la vita della società non sono, in linea di principio, incompatibili con la suddetta configurabilità, laddove si accerti la sussistenza delle condizioni sub a) e b) (Cass. n. 23129/2010).

Diversamente, nella società di persone, **la carica di amministratore unico** è incompatibile con la posizione di lavoratore subordinato della stessa, in quanto non possono in un unico soggetto riunirsi la qualità di esecutore subordinato della volontà sociale e quella di organo competente ad esprimere tale volontà (Cass. n. 7312 del 2013; Cass. ord. n. 10909 del 2019).

Nell'ambito delle **società di capitali**, il conferimento di prestazioni d'opera è incompatibile con la disciplina sulla formazione del capitale sociale delle società per azioni, sicché il predetto conferimento è vietato dall'art. 2342 u.c. cc. Tuttavia, l'art. 2346 c. fa salva la possibilità *"dell'apporto da parte dei soci o di terzi anche di opera o servizi"*, a fronte dei quali la società emette strumenti finanziari forniti di diritti patrimoniali o anche di diritti amministrativi, escluso il voto nell'assemblea generale degli azionisti.

La norma, dunque, introduce una forma di partecipazione societaria che amplia il patrimonio della società, ma non il capitale sociale; non si tratta, tuttavia, di rapporti di lavoro subordinato, siccome il prestatore d'opera partecipa agli utili, ma anche alle perdite, essendo egli titolare di diritti patrimoniali.

Si discute se un rapporto di lavoro subordinato possa instaurarsi tra la società di capitali ed il suo **amministratore, non socio**. In effetti, il rapporto di lavoro degli amministratori di società è normalmente ricondotto, per le attività proprie della carica sociale, nell'alveo delle collaborazioni coordinate e continuative e, quindi, alla **parasubordinazione**.

Tuttavia, la giurisprudenza più recente ammette, a determinate condizioni, che la qualità di amministratore di una società di capitali è compatibile con la qualifica di lavoratore subordinato della medesima, solo ove sia accertata l'attribuzione di mansioni diverse dalle funzioni proprie della carica sociale rivestita. Nell'ipotesi in cui la suddetta diversità non sussista e si verifichi l'attribuzione soltanto delle funzioni proprie del rapporto organico, il rapporto di lavoro così instaurato sarà affetto da nullità (Cass. n. 329/2002).

2. Associazione in partecipazione.

L'associazione in partecipazione è il contratto con cui una parte (associante) attribuisce all'altra (associato) una partecipazione agli utili della sua impresa o di uno o più affari verso il corrispettivo di un determinato apporto, che può consistere soltanto in capitali, siccome l'art. 53 del D.lgs. n. 81 del 2015 ha eliminato l'associazione in partecipazione con apporto di lavoro.
In particolare, la disposizione in parola ha abrogato l'art. 2549, terzo comma, del codice civile e ha modificato il secondo comma dell'art. 2549 il quale, oggi, dispone che: *"Nel caso in cui l'associato sia una persona fisica l'apporto di cui al primo comma non può consistere, nemmeno in parte, in una prestazione di lavoro"*.
L'art. 53 prevede, ancora, che i contratti di associazione in partecipazione in atto alla data di entrata in vigore del presente decreto, nei quali l'apporto dell'associato persona fisica consiste, in tutto o in parte, in una prestazione di lavoro, sono fatti salvi fino alla loro cessazione.
La modifica legislativa è originata dalla considerazione che, molto di frequente, i contratti di associazione in partecipazione con apporto di lavoro celavano fattispecie di lavoro subordinato mal retribuito.

3. Cooperative e socio lavoratore.

La relazione al codice civile del 1942 individua la finalità delle società cooperative nell'offerta ai propri soci di beni, servizi e occasioni di lavoro a condizioni più vantaggiose rispetto a quelle di mercato. Nell'ambito delle cooperative è dato distinguere tra quelle **cd. di consumo**, ove i soci forniscono i beni/servizi prodotti dalla cooperativa ed il fine mutualistico è costituito dal risparmio di spesa e quelle **cd. di produzione e lavoro**, ove i soci apportano i fattori della produzione, necessari all'attività di impresa e, in tal caso, il vantaggio mutualistico è dato dalla maggiore remunerazione della forza-lavoro.
L'attività lavorativa prestata dal socio della cooperativa di produzione e lavoro è considerata, più che una prestazione eseguita in virtù di un negozio di scambio, un **conferimento strumentale** al raggiungimento dello **scopo mutualistico**. Il lavoro prestato in cooperativa è stato disciplinato in maniera organica dalla **L. 3 aprile 2001, n. 142,** la quale ha risolto il dubbio interpretativo circa la possibilità della coesistenza di un duplice rapporto in capo al socio della cooperativa, quello mutualistico e quello di lavoro. La legge ha disegnato il

lavoro cooperativo come combinazione del rapporto associativo con *"un **ulteriore e distinto** rapporto di lavoro, in forma subordinata o autonoma o in qualsiasi altra forma, ivi compresi rapporti di collaborazione coordinata non occasionale»* (art. 1 della l. n. 142/01). L'equilibrio del peso dei due rapporti è stato, tuttavia, intaccato dalla **L. 14 febbraio 2003, n. 30**, che ha disposto l'eliminazione dal III comma dell'art. 1 della l. n. 142/01 dell'aggettivo *"distinto"*, lasciando, in riferimento al rapporto di lavoro, soltanto la qualificazione di ***"ulteriore"***; ha aggiunto inoltre il 2° comma all'art. 5, il quale prescrive che: «2. *Il rapporto di lavoro si estingue con il recesso o l'esclusione del socio deliberati nel rispetto delle previsioni statutarie e in conformità con gli articoli 2526 e 2527 del codice civile (oggi, con l'art. 2533 c.c.)* ...».

Le SS.UU. della Suprema Corte (Cass. n. 6843 del 2017) sono intervenute a dipanare i contrasti, insorti in seguito alla novella, tra i sostenitori della tesi secondo cui la soppressione dell'aggettivo "distinto" avrebbe ricondotto il rapporto mutualistico ad un unicum, con assorbimento del rapporto di lavoro e coloro che, invece, ribadivano la duplice coesistenza dei rapporti in esame.

Ad avviso della Corte, l'aggettivo "ulteriore", tuttora contenuto nel testo novellato dell'art. 1 della l. n. 142/01, è sufficiente ad evidenziare la persistenza di due rapporti ed a sottolinearne l'autonomia.

Tuttavia, il **collegamento necessario** tra il rapporto associativo e quello di lavoro, nella fase estintiva, ha assunto caratteristica **unidirezionale**. La **cessazione del rapporto di lavoro** – non soltanto per recesso datoriale, ma anche per dimissioni del socio lavoratore – non implica necessariamente il venir meno di quello associativo. Ciò perché il rapporto associativo può essere alimentato dal socio mediante la partecipazione alla vita ed alle scelte dell'impresa, al rischio ed ai risultati economici della quale comunque egli partecipa, a norma del 2° comma dell'art. 1 l. n. 142/01.

La **cessazione del rapporto associativo**, invece, trascina con sé ineluttabilmente quella del rapporto di lavoro. Sicché qualora il socio perda tale qualità non può più essere lavoratore.

Sulla scorta di tali principi, la Suprema Corte ha affrontato il nodo delle **tutele** del socio-lavoratore, affermando che: *"In tema di estinzione del rapporto del socio lavoratore di cooperativa, ove per le medesime ragioni afferenti al rapporto lavorativo siano stati contestualmente emanati la delibera di esclusione ed il licenziamento, l'omessa impugnativa della delibera non preclude la tutela risarcitoria contemplata **dall'art. 8 della l. n. 604 del 1966**, mentre esclude quella restitutoria della qualità di lavoratore"*, pregiudicata irrimediabilmente dalla definitiva cessazione del rapporto associativo che, come detto sopra, è condizione necessaria per l'esistenza del rapporto di lavoro.

La tutela **dell'art. 18 L. 300/70** sarà, invece, invocabile laddove il socio-lavoratore impugni contestualmente la delibera di esclusione ed il licenziamento (Cass. n. 21566 del 2018; conforme Cass. n. 35341 *del* 18/11/2021). Tuttavia, quando l'esclusione ed il licenziamento sono fondati sul medesimo fatto, la pronunzia della illegittimità della delibera per insussistenza del fatto determina, con efficacia 'ex tunc', sia la ricostituzione del rapporto associativo, sia quella del rapporto di lavoro; tale effetto pienamente ripristinatorio non lascia spazio alla tutela reintegratoria, ma solo a quella risarcitoria (Cass. n. 16/11/2021, n. 34721)

L'esistenza dei due rapporti determina, altresì, sul piano processuale, ai sensi dell'art. 5 comma II, una diversificazione della competenza funzionale: *"Le controversie tra socio e cooperativa relative alla prestazione mutualistica sono di competenza del **tribunale ordinario**"*, mentre le controversie attinenti al rapporto di lavoro sono attribuite alla competenza del **giudice del lavoro**. Se, tuttavia, il socio lavoratore viene contestualmente escluso dalla cooperativa, con delibera di esclusione e conseguente perdita del suo "status" di socio ed, altresì, licenziato per i medesimi fatti, la controversia relativa alla delibera verrà attribuita al giudice del lavoro per connessione, in ragione dell'art. 40, terzo co., c.p.c. In particolare, la Corte ha affermato che: *"qualora il rapporto di lavoro del socio lavoratore di cooperativa venga risolto per motivi riguardanti la violazione degli obblighi statutari e per l'asserita necessità di esternalizzare parte dell'attività di impresa, l'impugnativa della delibera e del concorrente atto di licenziamento configura un'ipotesi di connessione di cause, aventi ad oggetto il rapporto mutualistico e quello lavorativo sicché, in tale caso, in forza dell'art. 40, terzo co., cod. proc. civ., è competente il giudice del lavoro"* (Cass. civ., sez. lav., 21 novembre 2014, n. 24917).

Con riguardo al **trattamento economico del socio lavoratore subordinato,** l'art. 3 L. n. 142/2001 impone che debba essere proporzionato alla quantità ed alla qualità del lavoro svolto e, comunque, non inferiore ai minimi previsti per prestazioni analoghe dalla contrattazione collettiva nazionale del settore o della categoria affine. Trova, pertanto, applicazione **l'art. 36 Cost**.

Tuttavia, la giurisprudenza di legittimità ammette **un'eccezione** alla predetta regola dell'inderogabilità in *peius* dei minimi, in caso di **crisi aziendale**, argomentando che: *"in tema di società cooperativa, con l'avvenuta sottoscrizione del contratto associativo il socio lavoratore aderisce alle disposizioni stabilite dal regolamento interno che sia stato adottato dalla società ai sensi dell'art. 6 della legge 3 aprile 2001, n. 142, trovando conseguentemente applicazione le disposizioni di cui all'art. 6, co. 1, lett. d) ed e) della legge 142/2001, che consentono alla società, in caso di crisi aziendale, di deliberare una riduzione* *temporanea dei trattamenti economici integrativi e di prevedere forme di apporto anche economico da parte del socio lavoratore, al solo scopo di superare la difficoltà economica in cui versa l'impresa. Ne consegue che il principio generale dell'inderogabilità "in pejus" del trattamento economico minimo previsto dalla contrattazione collettiva può subire eccezioni esclusivamente nel caso di deliberazione del "piano di crisi aziendale", che deve contenere elementi adeguati e sufficienti tali da esplicitare l'effettività dello stato di crisi aziendale, la temporaneità di esso e dei relativi interventi e lo stretto nesso di causalità tra lo stato di crisi aziendale e l'applicabilità ai soci lavoratori di tali interventi".* (Cass. n. 19832 del 29 agosto 2013). Sulla stessa scia, la sentenza n. 19096 del 2018 della Suprema Corte ha subordinato le possibilità di deroga *in peius* al trattamento minimo, condizionandole all'apposizione di un termine finale al piano di crisi.

Allorquando, invece, le prestazioni siano rese in forma di **lavoro autonomo, se vi sono accordi o contratti collettivi saranno applicati i minimi di corrispettivo previsti da questi ultimi** ovvero, in mancanza, spetteranno al socio-lavoratore i compensi medi in uso per prestazioni analoghe rese in forma di lavoro autonomo.

Quanto ai **diritti sindacali**, l'art. 9 della L. 142 più volte richiamata sancisce che il relativo esercizio è subordinato alla valutazione di compatibilità degli stessi con lo stato di socio-lavoratore, rimessa agli accordi collettivi tra associazioni nazionali del movimento cooperativo ed organizzazioni sindacali dei lavoratori comparativamente più rappresentative; ne consegue che non v'è un riconoscimento diretto per legge dei diritti sindacali in favore del socio-lavoratore. Per quanto concerne, in particolare, la legittimazione ad agire ex art. 28 L. 300/70 per repressione della condotta antisindacale (infra Parte II, Cap.I, par. VII) lo si ammette a condizione che coesistano il rapporto associativo e quello di lavoro subordinato.

Infine, le norme in materia di **tutela** e di **sicurezza** all'interno dei luoghi di lavoro, dettate per il lavoro subordinato, trovano completa applicazione.

QUESTIONARIO

1. Cosa si intende per contratti associativi ed in cosa differiscono dai contratti di scambio? **1.**
2. Chi è il socio d'opera? **1.**
3. È ammissibile un rapporto di lavoro subordinato in capo al socio nelle società di persona? Ed in quelle di capitali? **1.**

4. Cosa si intende per cooperativa di lavoro? **3.**
5. Possono coesistere il rapporto associativo e quello di lavoro subordinato nelle cooperative? Sono distinti? **3.**
6. Cosa succede al rapporto di lavoro in caso di perdita dello stato di socio? **3.**
7. Quale tutela spetta al socio ingiustamente licenziato che non ha impugnato la delibera di esclusione dalla cooperativa? **3.**

SCHEDA DI SINTESI

È lavoratore subordinato colui che svolge la prestazione "alle dipendenze e sotto la direzione" altrui; connotato essenziale è **l'assoggettamento del prestatore di lavoro al potere direttivo e organizzativo del datore di lavoro;** nell'operazione di sussunzione della fattispecie concreta nella previsione di legge, gli **indici presuntivi** della subordinazione, di creazione giurisprudenziale, hanno valore sussidiario; qualora, neanche attraverso tali elementi si riesca ad inferire con certezza la natura del rapporto, avrà valore determinante il **nomen iuris** che le parti hanno dato al contratto. Al di fuori di tale ipotesi, invece, **il tipo negoziale prescelto dai contraenti non è vincolante** e sarà sempre possibile accertare la natura reale del rapporto.

Il **lavoro autonomo** si connota per essere svolto senza vincolo di subordinazione; fondamento normativo ne è l'art. 2222 cc che disciplina la fattispecie del contratto d'opera; con la legge n. 81/2017 è stato introdotto un complesso di norme applicabili in modo generalizzato alle fattispecie di lavoro autonomo, ad eccezione di quello svolto dall'imprenditore.

Nell'alveo del lavoro autonomo, le **collaborazioni di cui all'art. 409 n. 3 cpc** si connotano per il carattere coordinato, continuato e prevalentemente personale della prestazione; a seguito della novella della l. 81/2017 cit., **le modalità di coordinamento devono essere stabilite di comune accordo tra le parti;** in caso contrario, la fattispecie deborda in quelle delle **collaborazioni etero-organizzate** dal committente. **L'elemento discriminante risiede nelle modalità organizzative della prestazione** – anche con riferimento ai tempi e al luogo di lavoro – che non sono rimesse all'accordo delle parti, bensì alla volontà unilaterale del committente che può, peraltro, manifestarla mediante piattaforme, anche digitali. **La disciplina** applicabile alle collaborazioni etero-organizzate **è quella del lavoro subordinato, fatte salve talune eccezioni,** tra le quali si segnala **l'introduzione di una disciplina collettiva nazionale in determinati settori produttivi aventi peculiari esigenze produttive ed organizzative.**

Il lavoro **prestato dal socio-lavoratore nelle cooperative** si caratterizza per la compresenza di due rapporti, quello associativo e quello di lavoro, tra loro autonomi e, tuttavia, connotati da un **collegamento necessario unidirezionale stante l'essenzialità del rapporto mutualistico ai fini dell'esistenza e persistenza del rapporto di lavoro.** A ciò consegue che la cessazione del rapporto associativo determina anche l'estinzione del rapporto di lavoro; la tutela **reintegratoria** sarà invocabile solo laddove il socio-lavoratore impugni contestualmente la delibera di esclusione ed il licenziamento, mentre ove la prima non sia stata impugnata, l'accertamento dell'illegittimità del licenziamento darà diritto alla sola **tutela risarcitoria**; quando, infine, l'esclusione ed il licenziamento sono fondati sul medesimo fatto, la pronunzia della illegittimità della delibera per insussistenza del fatto determina, con efficacia 'ex tunc', sia la ricostituzione del rapporto associativo, sia quella del rapporto di lavoro e tale effetto pienamente ripristinatorio non lascia spazio alla tutela reintegratoria, ma solo a quella risarcitoria.

PARTE PRIMA | IL DIRITTO DEL LAVORO

CAPITOLO III
I contratti speciali

SEZIONE I – I RAPPORTI DI LAVORO FLESSIBILE

SOMMARIO:
1. Il lavoro a tempo determinato: evoluzione normativa. – **1.1.** Elementi costitutivi del lavoro a termine. – **1.2.** Regime giuridico della durata: proroga - prosecuzione di fatto - rinnovo. – **1.3.** I divieti. – **1.4.** Disciplina giuridica applicabile ai lavoratori a termine. – **1.5.** Il diritto di precedenza. – **1.6.** Il recesso *ante tempus*. – **1.7.** Le esclusioni e le discipline speciali. – **1.8.** Impugnativa del contratto di lavoro a termine e regime sanzionatorio. – **2.** Il rapporto di lavoro a tempo parziale: evoluzione normativa. – **2.1.** Requisiti e trasformazione. – **2.2.** Le clausole elastiche, flessibili ed il rapporto con il lavoro straordinario. – **2.3.** Il trattamento del lavoratore part-time. – **2.4.** Part-time e contratto di espansione. – **2.5.** L'apparato sanzionatorio. – **3.** Il lavoro intermittente: classificazioni. – **3.1.** Disciplina giuridica.

1. Il lavoro a tempo determinato: evoluzione normativa.

Le disposizioni legislative che disciplinano il contratto di lavoro a tempo determinato sono contenute nel **D.lgs. 15 giugno 2015, n. 81** (artt. da 19 a 29), emanato in esercizio della delega conferita al Governo dall'art. 1, comma 7, lett. a), L. 10 dicembre 2014, n. 183, in materia di riordino dei contratti di lavoro vigenti "per renderli maggiormente coerenti con le attuali esigenze del contesto occupazionale e produttivo".
In forza di tale riordino, è stato abrogato, con decorrenza dal 25 giugno 2015, il **D.lgs. 368/2001**, contenente la disciplina organica in materia di lavoro a termine, che, a sua volta, era stato emanato in attuazione della Direttiva n. 1999/70/CE44, di recepimento dell'accordo quadro sul lavoro a tempo determinato (concluso dalle organizzazioni europee delle parti sociali Ceep, Ces ed Unice). Tale direttiva si propone di realizzare due obiettivi, consacrati nel **principio di non discriminazione** (clausola 4 dell'accordo quadro) e nella **prevenzione degli abusi** (clausola 5) derivanti dall'utilizzo di una successione

di contratti o rapporti di lavoro a tempo determinato, senza ridurre il livello generale di tutela offerto ai lavoratori a termine nell'ambito coperto dall'accordo stesso (**c.d. clausola di non regresso**).

Prima dell'abrogazione, il D.lgs. n. 368/2001 era stato inciso significativamente dalla novella introdotta dalla **L. 92/2012**, che aveva concesso alle parti individuali di procedere alla prima assunzione a tempo determinato, per un periodo massimo di dodici mesi, **anche in assenza di ragioni di carattere tecnico, organizzativo, produttivo o sostitutivo**; seguì l'intervento del **D.L. n. 76/2013** che riconobbe **all'autonomia collettiva** il potere di individuare, senza limiti di sorta, ipotesi di legittime assunzioni a termine anche in assenza di ragioni oggettive; infine, con l'ultima e più incisiva modifica apportata dal **D.L. n. 34/2014 furono abolite le causali giustificatrici** ed introdotte novità in tema di durata massima del contratto, regime di proroga, limiti quantitativi alla stipula e regime sanzionatorio.

L'attuale disciplina è quella dettata dal D.lgs. n. 81/2015 – nel testo modificato dal D.L. n. 87/2018, conv. in L. n. 96/2018 (cd. decreto dignità) e, successivamente, dal D.L. n. 73 del 25 maggio 2021 (cd. decreto sostegni bis), conv. in L. 106/2021 – che riguarda il contratto a termine nel settore privato.

Ai contratti a termine stipulati **dalle amministrazioni pubbliche ed ai contratti stipulati dalle università private**, incluse le filiazioni di università straniere, istituti pubblici di ricerca, società pubbliche che promuovono la ricerca e l'innovazione ovvero enti privati di ricerca e lavoratori chiamati a svolgere attività di insegnamento, di ricerca scientifica o tecnologica, di trasferimento di know-how, di supporto all'innovazione, di assistenza tecnica alla stessa o di coordinamento e direzione della stessa, **continuano ad applicarsi gli artt. 19 e ss. del D.lgs. n. 81/2015 nel testo antecedente alle modifiche del 2018**.

Sono, invece, **esclusi dal campo di applicazione** delle disposizioni generali in materia di contratto a termine (art. 29 D.lgs. n. 81/2015): il contratto a termine dei dirigenti; i rapporti a contenuto formativo caratterizzati da una durata definita, quali i tirocini e gli stages; i contratti soggetti ad apposita regolamentazione, quali il contratto a termine degli operai in agricoltura; i rapporti per l'esecuzione di speciali servizi di durata non superiore a tre giorni nel settore del turismo e dei pubblici esercizi nei casi individuati nei contratti collettivi.

Il **regime transitorio**, di cui all'art. 1, comma 2, del decreto, riserva l'applicazione delle nuove disposizioni ai contratti di lavoro a tempo determinato stipulati successivamente alla data di entrata in vigore del decreto, nonché ai rinnovi e alle proroghe contrattuali successivi al 31 ottobre 2018.

Le **novità** apportate dal D.L. n. 87/2018 consistono nella:

1. limitazione della facoltà di libera apposizione del termine alla sola ipotesi di primo ed unico rapporto di durata massima sino a dodici mesi (a differenza del precedente regime indifferenziato di acausalità);
2. reintroduzione dell'obbligo di specificazione delle causali contraddistinte dal requisito della temporaneità in caso di rapporto di durata superiore a 12 mesi (anche per effetto di una proroga) e in ogni caso di rinnovo;
3. previsione di una durata massima del rapporto o dei rapporti di 24 mesi (in luogo degli originari 36 mesi);
4. riduzione del numero di proroghe (da 5 a 4 nell'arco dei 24 mesi);
5. introduzione di un nuovo termine stragiudiziale di impugnazione di 180 gg. (non più di 120 gg.)

1.1. Elementi costitutivi del lavoro a termine.

Il contratto a tempo determinato è un contratto di lavoro subordinato sottoposto a termine finale. Alla scadenza del termine il contratto si estingue *ipso iure*, senza necessità che venga manifestate la volontà in tal senso di una delle parti. Ai sensi dell'art. **19, comma 1**, D.lgs. n. 81/2015, al contratto di lavoro può essere apposto un **termine di durata non superiore a dodici mesi**. Il contratto può avere una durata superiore, ma comunque **non eccedente i ventiquattro mesi, solo in presenza di ragioni oggettive temporanee** elencate nel medesimo art. 19.

Dunque, alla luce della novella del 2018, **non è necessaria** l'indicazione e, quindi, la sussistenza della **causale** per l'ipotesi di primo rapporto a tempo determinato tra le stesse parti e con **una durata massima di 12 mesi**. A ben vedere, si ritorna al regime della L. n. 92/2012.

Tuttavia, si riespande il regime della causalità laddove si stipuli un contratto a termine per una durata eccedente i 12 mesi, ma **entro i 24** (anche per effetto di proroghe o rinnovi contrattuali, di cui si dirà nel paragrafo seguente); in tal caso, la maggiore durata del contratto è ammessa se ricorrono **le seguenti causali**:

- **esigenze temporanee ed oggettive estranee all'ordinaria attività** (art. 19 co. 1 lett. a). Si ritiene che tali esigenze siano dovute ad eventi che non riguardano l'ordinario ciclo produttivo (es. sperimentazione di un nuovo prodotto);
- **esigenze di sostituzione di altri lavoratori**; non pare debba trattarsi di sostituzione dei soli lavoratori che possono qualificarsi come "assenti" in senso tecnico, stante la mancata riproduzione di tale espressione nel

testo di legge, ma anche di sostituzione dei lavoratori in ferie o a riposo. La giurisprudenza della Suprema Corte e della Corte Costituzionale ha ritenuto non necessaria l'indicazione nominativa dei lavoratori sostituiti, laddove siano indicati elementi utili (ad es. il luogo della prestazione, le mansioni dei lavoratori da sostituire) ad individuare il numero dei predetti lavoratori e, in ogni caso, sia garantita la trasparenza delle ragioni sostitutive, anche ai fini della verifica in concreto delle stesse;
- **esigenze connesse ad incrementi temporanei, significativi e non programmabili dell'attività ordinaria** (art. 19 co. 1 lett. b). Siffatte esigenze, nonostante attengano all'ordinario ciclo produttivo, sono dovute a picchi di momentanea intensificazione dell'attività.
- **specifiche esigenze previste dai contratti collettivi nazionali, territoriali o aziendali** (art. 19 co. 1 lett. b-bis).

Tale ultima ipotesi causale è stata introdotta, al fine di favorire l'occupazione e la ripresa economico-sociale, dal legislatore "dell'emergenza COVID-19" ed, in particolare, dall'art. 41 bis del D.L. 73/2021 che ha aggiunto all'art. 19 co. 1 del d. lgs. 81/2015 la lett. b-bis; siffatta previsione ha investito le parti sociali di un rilevante potere, consentendo loro di individuare causali costruite su misura rispetto alle specifiche esigenze dei vari settori merceologici, particolarmente variabili in tempi emergenziali. Tuttavia, proprio in virtù della ratio di fronteggiare una situazione eccezionale, la facoltà di apposizione di un termine al primo contratto stipulato tra le parti avente durata superiore a 12 mesi, ma non eccedente i 24 qualora si verifichino le specifiche esigenze previste dai contratti collettivi, è stata circoscritta dal legislatore fino al 30 settembre 2022.

Ai sensi dell'art. 1-bis dell'art. 19, in caso di stipulazione di un contratto di durata superiore ai 12 mesi in assenza delle condizioni di cui al comma 1 e, dunque, **in difetto di ragioni temporanee, il contratto si trasforma in contratto a tempo indeterminato dalla data di superamento del termine di dodici mesi.**

L'apposizione del termine è **priva di effetto** se non risulta da **atto scritto,** a meno che la durata del rapporto, puramente occasionale, sia contenuta entro dodici giorni ed una **copia dell'atto** deve essere **consegnata al lavoratore** entro cinque giorni dall'inizio della prestazione lavorativa (art. 19, comma 4, del D.lgs. n. 81 del 2015).
In difetto di tale requisito formale, il lavoratore si intende assunto a tempo indeterminato.

Per giurisprudenza costante, inoltre, l'apposizione del termine al contratto di lavoro, oltre che risultare da atto scritto deve essere **coeva o anteriore** all'inizio del rapporto lavorativo (Cass., ord., 31 ottobre 2018, n. 27974).

L'atto scritto deve contenere anche la **specificazione delle esigenze** di cui al comma 1 dell'art. 19 in base alle quali è stipulato. Riguardo alla specificità dell'indicazione nel contratto delle predette ragioni giustificatrici, la giurisprudenza ha costantemente ritenuto che sia insufficiente a soddisfare il requisito della forma scritta il ricorso a formule di stile, il richiamo al testo di legge, essendo, invece, necessaria una puntuale specificazione delle esigenze concrete.

Tale requisito si impone per consentire al giudice la verifica della effettività delle ragioni addotte.

In caso di omessa indicazione delle ragioni, è prevista la trasformazione del contratto a tempo indeterminato in caso di assunzione eccedente i 12 mesi; di rinnovo, anche se la durata complessiva dei rapporti sia contenuta entro i 12 mesi; di proroga solo quando il termine complessivo eccede i dodici mesi.

L'art. 23 del D.lgs. n. 81/2015 prevede un **limite quantitativo** alla stipula dei contratti a termine: salvo diversa disposizione dei contratti collettivi, non possono essere assunti lavoratori a tempo determinato in misura superiore al 20 per cento del numero dei lavoratori a tempo indeterminato in forza al 1° gennaio dell'anno di assunzione. Nel caso di inizio dell'attività nel corso dell'anno, il limite percentuale si computa sul numero dei lavoratori a tempo indeterminato in forza al momento dell'assunzione. Per i datori di lavoro che occupano fino a cinque dipendenti è sempre possibile stipulare un contratto di lavoro a tempo determinato.

Ai sensi del comma 2 della norma in parola, sono **esenti dal limite di cui al comma 1**, nonché da eventuali limitazioni quantitative previste da contratti collettivi, i contratti a tempo determinato conclusi:

1. **nella fase di avvio di nuove attività**, per i periodi definiti dai contratti collettivi, anche in misura non uniforme con riferimento ad aree geografiche e comparti merceologici;
2. **da imprese start-up innovative** di cui all'articolo 25, commi 2 e 3, del decreto-legge n. 179 del 2012, convertito, con modificazioni, dalla legge n. 221 del 2012, per il periodo di quattro anni dalla costituzione della società ovvero per il più limitato periodo previsto dal comma 3 del suddetto articolo 25 per le società già costituite;
3. **per lo svolgimento delle attività stagionali** di cui all'articolo 21, comma 2;
4. **per specifici spettacoli ovvero specifici programmi radiofonici o televisivi** o per la produzione di specifiche opere audiovisive;

5. **per sostituzione di lavoratori assenti;**
6. **con lavoratori di età superiore a 50 anni.**

In tema di conseguenze derivanti dall'inosservanza del predetto limite quantitativo, la norma (art. 23, comma 4) esclude espressamente la conversione a tempo indeterminato dei contratti stipulati in eccedenza, disponendo che si applichi **unicamente una sanzione amministrativa** di importo variabile in funzione della gravità dell'infrazione.

1.2. Regime giuridico della durata: proroga - prosecuzione di fatto - rinnovo.

Il D.lgs. 81/2015 detta la disciplina della durata del contratto a termine, distinguendo tra la proroga, la prosecuzione in fatto ed il rinnovo.
La **proroga** del contratto a termine è consentita dall'art. 21 con il consenso del lavoratore, purché la durata iniziale del contratto sia inferiore a 24 mesi, fino a un massimo di quattro volte nell'arco di 24 mesi. La necessità del consenso delle parti induce la dottrina a ritenere che la proroga debba avere la forma scritta – pur in assenza di un'espressa previsione – ai soli fini probatori, stante la sua natura di patto modificativo dell'originario contratto e la conseguente applicabilità dei limiti alla prova testimoniale dettati dall'art. 2723 cc.
La proroga, come anticipato nel paragrafo precedente, è libera "nei primi 12 mesi di durata del contratto", espressione che viene intesa nel senso che la proroga deve essere contenuta entro la durata di 12 mesi; mentre deve essere giustificata da ragioni temporanee ed oggettive, laddove comporti il superamento di tale soglia. Secondo la circolare del Ministero del Lavoro 31.10.2018 n. 17 le ragioni che legittimano la proroga devono essere le stesse a base del contratto originario, pena lo sconfinamento in rinnovo.
La violazione del regime delle proroghe comporta la trasformazione del contratto a tempo indeterminato con decorrenza o dalla quinta proroga ovvero dal superamento del 24° mese.
La **prosecuzione in fatto** ovverosia la prosecuzione del rapporto oltre la scadenza del termine inizialmente fissato o prorogato, ma comunque entro il limite massimo di durata è disciplinata dall'art. 22 del D.lgs. 81/2015 che, in tal caso, prevede una maggiorazione retributiva nella percentuale del 20% per i primi dieci giorni e del 40% per ciascun giorno ulteriore, fino ad un tetto massimo di sforamento previsto in 30 o 50 giorni, a seconda che il contratto abbia una durata inferiore o superiore ai sei mesi. Oltrepassato tale limite di tolle-

ranza, la norma sanziona la violazione con la trasformazione del contratto a tempo indeterminato, a partire dalla data del superamento.
Il **rinnovo** è consentito solo in presenza delle causali, la cui specificazione deve risultare da atto scritto, prevedendosi in caso contrario la trasformazione del contratto a tempo indeterminato.
Come detto, la ragione oggettiva e temporanea deve essere indicata per iscritto anche qualora la durata sia inferiore a 12 mesi.
È inoltre previsto un intervallo minimo (di 10 o 20 giorni, a seconda della durata iniziale inferiore o superiore a 6 mesi) tra la fine del precedente contratto e l'inizio del nuovo rapporto. Se non è rispettato il predetto intervallo, il secondo contratto si considera a tempo indeterminato.
La disciplina prevista per proroghe e rinnovi non si applica ai contratti stipulati per **attività stagionali.**
La durata massima del contratto a termine (causale), si è già detto, è pari a 24 mesi.
Il comma 2 dell'art. 19 ricollega la **sanzione della trasformazione del contratto in contratto a tempo indeterminato al superamento del limite massimo di ventiquattro mesi,** per effetto di un unico contratto o di una successione di contratti, specificando che ai fini del computo si tiene conto della durata dei rapporti di lavoro a tempo determinato intercorsi tra lo stesso datore di lavoro e lo stesso lavoratore, per effetto di una successione di contratti conclusi per lo svolgimento di mansioni di pari livello e categoria legale e indipendentemente dai periodi di interruzione tra un contratto.
Rientrano, altresì, nel computo i periodi aventi ad oggetto mansioni di pari livello e categoria legale, svolti tra i medesimi soggetti nell'ambito di somministrazioni di lavoro a tempo determinato.
La norma prevede, altresì, **ipotesi derogatorie** al limite dei ventiquattro mesi. In particolare, tale limite non si applica:

1. alle **attività stagionali di cui all'art. 21 comma 2**;
2. in presenza di diverse previsioni dei **contratti collettivi**;
3. in caso di stipula di un altro contratto, successivo al superamento dei primi 24 mesi, purché presso l'**ispettorato Territoriale del Lavoro e che non superi i 12 mesi.**

1.3. I divieti.

L'art. 20 D. 81/2015 elenca le ipotesi tassative di divieto di assunzione a termine:

1. per la sostituzione di lavoratori che esercitano il diritto di sciopero; il divieto del **cd. crumiraggio esterno** (infra, Parte II Cap. III) è inteso a garantire l'effettività dell'esercizio del diritto di sciopero, sempre che si tratti di sciopero legittimo e non opera quando la sostituzione tenda ad evitare un danno alle persone, ai servizi pubblici essenziali o alla produttività.
2. presso unità produttive nelle quali si è proceduto, entro i sei mesi precedenti, a licenziamenti collettivi a norma degli articoli 4 e 24 della legge n. 223 del 1991, che hanno riguardato lavoratori adibiti alle stesse mansioni cui si riferisce il contratto di lavoro a tempo determinato, salvo che il contratto sia concluso per provvedere alla sostituzione di lavoratori assenti, per assumere lavoratori iscritti nelle liste di mobilità, o abbia una durata iniziale non superiore a tre mesi;
3. presso unità produttive nelle quali sono operanti una sospensione del lavoro o una riduzione dell'orario in regime di Cassa integrazione guadagni, che interessano lavoratori adibiti alle mansioni cui si riferisce il contratto a tempo determinato;
4. da parte di datori di lavoro che non hanno effettuato la valutazione dei rischi in applicazione della normativa di tutela della salute e della sicurezza dei lavoratori.

In caso di **violazione** dei predetti divieti, il contratto **si trasforma in contratto a tempo indeterminato.**

1.4. Disciplina giuridica applicabile ai lavoratori a termine.

In applicazione della clausola 4 dell'accordo quadro, recepito nella direttiva n. 1999/70/CE, l'art. 25 D.lgs. 81/2015 stabilisce che al lavoratore a termine è garantita **parità di trattamento economico e normativo** rispetto ai prestatori di lavoro a tempo indeterminato della stessa impresa comparabili ovvero inquadrati nel medesimo livello, in proporzione al periodo di lavoro prestato, sempre che non sia obiettivamente incompatibile con la natura del contratto a tempo determinato.

Al riguardo, vale la pena ricordare come, di recente, la Suprema Corte abbia riconosciuto una disparità di trattamento in relazione al mancato riconoscimento dell'anzianità di servizio ai docenti a tempo determinato, poi definitivamente immessi nei ruoli dell'amministrazione scolastica, affermando che *"l'art. 485 del D.lgs. n. 297 del 1994 deve essere disapplicato, in quanto si pone in contrasto con la clausola 4 dell'Accordo quadro allegato alla diret-*

tiva 1999/70/CE, nei casi in cui l'anzianità risultante dall'applicazione dei criteri dallo stesso indicati, unitamente a quello fissato dall'art. 489 dello stesso decreto, come integrato dall'art. 11, comma 14, della l. n. 124 del 1999, risulti essere inferiore a quella riconoscibile al docente comparabile assunto "ab origine" a tempo indeterminato; il giudice del merito, per accertare la sussistenza di tale discriminazione, dovrà comparare il trattamento riservato all'assunto a tempo determinato poi immesso in ruolo, con quello del docente ab origine a tempo indeterminato, senza valorizzare, pertanto, le interruzioni fra un rapporto e l'altro, né applicare la regola dell'equivalenza fissata dal richiamato art. 489, e, in caso di disapplicazione, computare l'anzianità da riconoscere ad ogni effetto al docente assunto a tempo determinato, poi immesso in ruolo, sulla base dei medesimi criteri che valgono per l'assunto a tempo indeterminato" (Cass. n. 31149 del 2019; Cass. ord. 4195 del 2020).

L'art. 26 del più volte citato decreto 81/15 riconosce il diritto del lavoratore a termine a ricevere una **formazione** adeguata alle caratteristiche delle mansioni da svolgere, al fine di prevenire i rischi specifici derivanti dall'esecuzione del lavoro. Inoltre, egli ha il diritto di essere **informato** sugli **eventuali posti a tempo indeterminato** divenuti disponibili.

1.5. Il diritto di precedenza.

Ai sensi dell'art. 24 del d. lgs. 81/2015 godono del **diritto di precedenza** nelle assunzioni:

1. i lavoratori che abbiano prestato attività lavorativa nella stessa azienda per un periodo di tempo **superiore ai sei mesi** (comprensivo dell'eventuale congedo di maternità intervenuto nel periodo di esecuzione di un contratto a termine nell'ambito della stessa azienda), e che abbiano espresso una volontà conforme entro i sei mesi successivi alla cessazione del rapporto, **per le assunzioni a tempo indeterminato effettuate nei dodici mesi successivi ed inerenti alle medesime mansioni**;
2. i lavoratori a termine **impiegati in attività stagionali**, per le nuove assunzioni relative alle medesime attività, che abbiano manifestato l'intenzione di avvalersi di tale diritto entro tre mesi dalla cessazione del rapporto;
3. le **lavoratrici** che abbiano fruito del **congedo obbligatorio di maternità** nel corso del rapporto a tempo determinato godono del dirit-

to di precedenza anche nelle successive assunzioni a termine effettuate dal datore di lavoro entro i successivi dodici mesi e riferibili alle mansioni già espletate dalle stesse.

Il diritto di precedenza si estingue nel termine di un anno e deve essere espressamente richiamato nell'atto scritto con cui è costituito il rapporto a termine.

1.6. Il recesso *ante tempus*.

In ordine allo scioglimento del rapporto, il lavoratore a termine, ai sensi dell'art. 2119 c.c., ha il **diritto** (riconosciuto ad entrambe le parti del contratto) **di recedere** legittimamente dal contratto prima della sua scadenza solo in presenza di una **giusta causa** che non consente la prosecuzione del rapporto. Non è possibile, invece, il licenziamento per giustificato motivo oggettivo, essendo espressamente esclusa l'applicabilità della disciplina della L. 604/66.

Pertanto, al di fuori delle ipotesi di giusta causa, il rapporto a termine può esser sciolto o per mutuo consenso ex art. 1372 cc o per impossibilità sopravvenuta della prestazione ex art. 1463 cc.

Nel caso di **illegittimo recesso datoriale** *ante tempus*, ovvero di dimissioni per giusta causa del lavoratore, a quest'ultimo compete il **risarcimento del danno** da liquidarsi in misura pari alle retribuzioni che avrebbe percepito fino alla scadenza del contratto.

Anche in presenza di dimissioni senza giusta causa il prestatore è tenuto al risarcimento del danno causato al suo datore di lavoro, da accertarsi e quantificarsi secondo le regole comuni.

L'impugnativa del licenziamento del lavoratore a termine soggiace anch'essa al doppio termine decadenziale (60 gg. per l'impugnazione stragiudiziale e 180 gg. per l'instaurazione del giudizio) previsto dall'art. 32 L. 183/2010, siccome la norma estende l'applicabilità delle relative disposizioni *"a tutti i casi di invalidità del licenziamento"*.

1.7. Le esclusioni e le discipline speciali.

Il D.lgs. 81/2015 prevede due categorie di ipotesi escluse dal campo di applicazione della sua stessa disciplina relativa ai contratti a termine.

Per un primo gruppo di fattispecie, l'esclusione è dettata da ragioni di specificità, prevalendo le discipline di settore. In particolare, restano fuori dalla sfera di applicazione della normativa in esame:
1. le assunzioni a termine di durata non superiore all'anno di **lavoratori**

iscritti nelle liste di mobilità (ferme restando le disposizioni di cui agli articoli 25 e 27, L. 223/1991);
2. i rapporti di lavoro tra i datori di lavoro dell'agricoltura e gli **operai a tempo determinato**, così come definiti dall'articolo 12, comma 2, del decreto legislativo 11 agosto 1993, n. 375;
3. i richiami in servizio del **personale volontario del Corpo nazionale dei vigili del fuoco.**

Sono, altresì, esclusi:
1. i contratti di lavoro a tempo determinato con **i dirigenti**, che non possono avere una durata superiore a cinque anni, salvo il diritto del dirigente di recedere, una volta trascorso un triennio, a norma dell'articolo 2118 cc. e cioè con termine di preavviso; prima del triennio, il dirigente potrà recedere solo per giusta causa ex art. 2119 cc, mentre questo è l'unico regime di recesso consentito al datore di lavoro, per tutta la durata del rapporto.
2. i rapporti per l'esecuzione di speciali servizi di durata non superiore a tre giorni (cd. contratti occasionali), nel settore del **turismo e dei pubblici esercizi**, nei casi individuati dai contratti collettivi, nonché quelli instaurati per la fornitura di lavoro portuale temporaneo (art. 17 della legge 28 gennaio 1994, n. 84) fermo l'obbligo di comunicare l'instaurazione del rapporto di lavoro entro il giorno antecedente;
3. i contratti a tempo determinato stipulati con il **personale docente ed ATA** per il conferimento delle supplenze e con il personale sanitario, anche dirigente, del Servizio sanitario nazionale;
4. i contratti a tempo determinato del **personale accademico**, stipulati ai sensi della legge 30 dicembre 2010, n. 240.

Parziale è l'**esclusione** per i contratti stipulati con il **personale artistico e tecnico delle fondazioni di produzione musicale** (D.lgs. 29 giugno 1996, n. 367) per i quali non si applicano soltanto le disposizioni in materia di apposizione, durata, proroghe e rinnovi di cui all'articolo 19, commi da 1 a 3, e 21.
Una **speciale disciplina** è stata dettata dal legislatore per i contratti a termine stipulati dalle **fondazioni lirico sinfoniche** (art. 1 d. lgs 29 giugno 1996, n. 367 e L 11 novembre 2003, n. 310) dai **teatri di tradizione** (art. 28 L 14 agosto 1967, n. 800) e dai **soggetti finanziati dal Fondo unico per lo spettacolo** che applicano il contratto collettivo nazionale di lavoro delle fondazioni lirico sinfoniche. Tali categorie, infatti, fermo restando il limite quantitativo previsto dall'articolo 23, possono stipulare, con atto scritto a pena di nullità, uno o più

contratti di lavoro a tempo determinato in presenza di esigenze contingenti o temporanee determinate dall'eterogeneità delle produzioni artistiche che rendono necessario l'impiego anche di ulteriore personale artistico e tecnico ovvero, nel rispetto di quanto previsto nel contratto collettivo di categoria, dalla sostituzione di lavoratori temporaneamente assenti.

Tali contratti, per lo svolgimento di mansioni di pari livello e categoria legale, non possono avere una durata complessivamente superiore a 36 mesi (anche non continuativi ed anche all'esito di successive proroghe o rinnovi), a decorrere dal 1° luglio 2019, fatte salve le diverse disposizioni dei contratti collettivi. A pena di nullità, il contratto deve recare l'indicazione espressa della condizione che consente l'assunzione a tempo determinato, la proroga o il rinnovo. Detto incombente è assolto anche attraverso il puntuale riferimento alla realizzazione di uno o più spettacoli, di una o più produzioni artistiche cui sia destinato l'impiego del lavoratore assunto con contratto di lavoro a tempo determinato.

Fatta salva l'obbligatorietà della forma scritta a pena di nullità, tale disciplina speciale non trova applicazione nei confronti dei lavoratori impiegati nelle attività stagionali individuate ai sensi dell'articolo 21, comma 2.

1.8. Impugnativa del contratto a termine e regime sanzionatorio.

Il lavoratore che intenda far accertare la nullità della clausola appositiva del termine è tenuto, ex art. 28 comma 1 D.lgs. 81/2015, ad impugnare il contratto anche in via stragiudiziale, entro il termine di decadenza di 180 giorni (non più 120 gg., come nel testo anteriore alla novella del 2018) dalla cessazione del *singolo* contratto.

Il nuovo termine si applica ai contratti stipulati successivamente all'entrata in vigore della riforma e, dunque, dal 14.7.2018, secondo la norma di diritto intertemporale dell'art. 1 comma 2. Tuttavia, l'impugnazione diventa inefficace se non è seguita entro il successivo termine di 180 giorni, dall'introduzione del giudizio ovvero dalla comunicazione alla controparte della richiesta di tentativo di conciliazione o arbitrato.

In caso di **successione di contratti a termine** si tende ad escludere che la situazione di soggezione in cui versa il lavoratore possa costituire causa di sospensione del suddetto termine di decadenza, essendo le ipotesi di sospensione riservate alla previsione di legge a fronte di eventi eccezionali.

L'insensibilità della decadenza a vicende soggettive è dettata dalla ratio dell'istituto che tende a garantire la certezza dei rapporti giuridici e la rapidità nella circolazione dei beni. Ciò significa che la decadenza ha un ruolo tranciante in materia di impugnazione dei contratti a termine, ben potendosi prospettare frequenti ipotesi in cui il lavoratore, in attesa del rinnovo, lasci decorrere il termine di decadenza, che, come detto, decorre *"dalla cessazione del singolo contratto"*, rimanendo così definitivamente pregiudicata la possibilità di impugnarlo.

In ordine al **regime sanzionatorio**, come detto, l'art. 28 prevede al comma II che nei casi in cui si applica la sanzione della **trasformazione del contratto** a tempo determinato in contratto a tempo indeterminato, il giudice condanna, altresì, il datore di lavoro al **risarcimento del danno** a favore del lavoratore. Tale risarcimento è individuato in *"un'indennità onnicomprensiva"* che è tale in quanto ristora per intero il pregiudizio subito dal lavoratore, comprese le conseguenze retributive e contributive relative al periodo compreso tra la scadenza del termine e la pronuncia con la quale il giudice ha ordinato la ricostituzione del rapporto di lavoro.

Come ha avuto modo di precisare la Corte Costituzionale con la sentenza n. 303/2011, in relazione alla disciplina sanzionatoria del contratto a tempo determinato introdotta dai commi 5, 6 e 7 dell'art. 32 della legge n. 183/2010 (che viene pedissequamente ripetuta nell'attuale art. 28): *"L'indennità onnicomprensiva assume una chiara valenza sanzionatoria"* e, pertanto, costituisce una sorta di *"penale"* che sfugge al regime generale sul risarcimento del danno. Ne segue, in particolare, che, da un lato, l'indennità deve essere corrisposta anche in assenza di prova della sussistenza di un danno in concreto e che, d'altro lato, *"non ammette la detrazione dell'aliunde perceptum"*, ossia delle eventuali somme percepite dal lavoratore nello svolgimento di altra attività. In ordine alla determinazione del **quantum**, l'indennità può esser liquidata dal giudice nella misura compresa tra un minimo di 2,5 e un massimo di 12 mensilità dell'ultima retribuzione di riferimento per il calcolo del trattamento di fine rapporto, avuto riguardo ai criteri indicati nell'articolo 8 della legge n. 604 del 1966, sicché l'interprete potrà calibrare la sanzione in relazione alle peculiarità del caso concreto quali la durata del rapporto, la gravità della violazione, il comportamento e la condizione delle parti, le dimensioni dell'azienda.

2. Il rapporto di lavoro a tempo parziale: evoluzione normativa.

Nei rapporti di lavoro subordinato, l'assunzione può avvenire a **tempo pieno**, ai sensi dell'art. 3 del D.lgs. n. 66/2003 (40 ore settimanali) oppure a **tempo parziale**.

La vigente disciplina del lavoro a tempo parziale è contenuta negli artt. da 4 a

12 del D.lgs. n. 81/2015 il quale, con decorrenza dal 25.6.2015, ha abrogato il D.lgs. n. 61/2000 (attuativo della direttiva n. 97/81/CE), che, a sua volta, era stato investito da costanti modifiche legislative nel corso degli anni, dapprima con il D.lgs. n. 276/2003, poi con la L. 247/2007, ancora con la L. n. 183/2011 e, infine, con la L. n. 92/2012.
La disciplina del D.lgs. n. 61/2000 offriva una definizione della nozione di "part-time" desunta dalla sua contrapposizione all'orario di lavoro a tempo pieno nonché una differenziazione tra le diverse tipologie contrattuali del lavoro part-time, quali il part-time verticale, orizzontale, misto, individuate sulla base delle differenti modalità di distribuzione della prestazione di lavoro. Tale pluralità tipologica è stata soppressa, in un'ottica di semplificazione e di incentivo del ricorso allo strumento, sicché la nuova disciplina conosce un'unitaria forma di lavoro part-time, che prescinde dall'articolazione dell'orario di lavoro e che si ravvisa ogniqualvolta le parti si accordino per l'osservanza di un orario di lavoro settimanale inferiore al limite di legge ovvero a quello minore fissato dalla contrattazione collettiva ai sensi dell'art. 3 comma II del D.lgs. n. 66/2003.
L'attuale disciplina dettata dal D.lgs. n. 81/2015 si applica nella sua interezza al lavoro privato nonché, ai sensi dell'art. 2 comma 2 D.lgs. n. 165 del 2001, al lavoro alle dipendenze delle pubbliche amministrazioni, con esclusione della disciplina delle c.d. clausole elastiche e dell'apparato sanzionatorio (di cui si dirà infra), fermo restando quanto previsto dalle disposizioni speciali in materia (art. 12).

2.1. Requisiti e trasformazione.

Ai sensi dell'art. 4 del D.lgs. n. 81/2015, l'assunzione a tempo parziale può esser concordata dalle parti sia nell'ambito di un contratto a tempo indeterminato che nell'ambito di un contratto a termine.
Il successivo art. 5, ai commi 1 e 2, impone sia la **forma scritta del contratto part-time ai fini della prova** sia uno specifico requisito di **contenuto**, consistente nella puntuale indicazione della durata della prestazione lavorativa e della collocazione temporale dell'orario con riferimento al giorno, alla settimana, al mese e all'anno. Prevede altresì, al comma 3, una modalità semplificata di soddisfazione del requisito della predeterminazione dell'orario di lavoro, nel caso in cui l'organizzazione del lavoro, nella quale deve inserirsi la prestazione del lavoratore part-time, sia articolata in turni (art. 5 comma 3); infatti, in tale ipotesi, la predetta indicazione è consentita anche *per relationem*, ovvero mediante rinvio ai turni programmati, articolati su fasce orarie prestabilite.

La previsione legislativa che impone che l'orario di lavoro ridotto sia previsto in un contratto e, dunque, necessiti di un espresso accordo delle parti discende **dall'assenza di un diritto soggettivo perfetto al part-time del prestatore di lavoro**. Tale diritto difetta sia nella fase della costituzione del rapporto che in quella della sua esecuzione, siccome **anche la *trasformazione* dell'orario da full-time a part-time è oggetto necessariamente di un apposito patto scritto** modificativo del contratto originario (art. 8 comma 2).

Tuttavia, nelle **eccezionali e tassative ipotesi** di cui all'art. 8, commi 3 e 7 del D.lgs. 81/2015 il legislatore ha previsto un vero e proprio **diritto soggettivo** all'orario di lavoro ridotto, in favore di talune categorie di prestatori di lavoro. Trattasi de: i lavoratori malati oncologici o affetti da gravi patologie cronico-degenerative ingravescenti, per i quali residui una ridotta capacità lavorativa, accertata da una commissione medica istituita presso l'azienda sanitaria locale; i genitori, aventi diritto al congedo parentale, i quali possono scegliere di avvalersi, in luogo del predetto congedo, del part-time nei limiti del 50% dell'orario di lavoro.

Inoltre, ai lavoratori il cui coniuge, i cui figli o genitori siano affetti dalle patologie sopraelencate o si trovino in condizione di handicap con connotazione di gravità e siano con essi conviventi nonché ai lavoratori con figlio convivente di età non superiore a 13 anni è riconosciuta la **priorità nella trasformazione** del rapporto da tempo pieno a tempo parziale.

Infine, il lavoratore il cui rapporto sia stato trasformato da tempo pieno a tempo parziale, ha **diritto di precedenza nelle assunzioni a tempo pieno** per l'espletamento delle stesse mansioni o di pari livello e categoria legale rispetto a quelle oggetto del rapporto di lavoro a tempo parziale.

Tale diritto può essere esercitato dal lavoratore in ogni tempo, non essendo stato previsto un termine massimo.

Infine, il **datore di lavoro che intenda procedere a nuove assunzioni part-time** è tenuto a darne preventiva comunicazione ai dipendenti con rapporto full-time, in forza in unità produttive site nello stesso ambito comunale ed a prendere in considerazione le domande di trasformazione a tempo parziale dei dipendenti a tempo pieno.

La necessità dell'accordo esclude, del pari, che **il datore di lavoro** possa trasformare **unilateralmente** il rapporto di lavoro da "*full-time*" a "*part-time*" o viceversa e, soprattutto, che il rifiuto del lavoratore di accettare la trasformazione del proprio rapporto di lavoro a tempo pieno in rapporto a tempo parziale, o viceversa, possa costituire **giustificato motivo di licenziamento**.

2.2. Le clausole elastiche, flessibili ed il rapporto con il lavoro straordinario.

L'orario di lavoro part-time è connotato dalla *flessibilità* che si manifesta in varie forme.
Innanzitutto, il datore di lavoro ha la facoltà di richiedere al lavoratore *part-time* prestazioni di lavoro supplementari a quelle contrattualmente pattuite, secondo l'art. 6 del D.lgs. n. 81/2015.
Le ore di lavoro eccedenti l'orario pattuito nel contratto part-time, ma contenute entro i limiti dell'orario normale di lavoro di cui all'art. 3 del D.lgs. n. 66/2003 si definiscono **lavoro supplementare.**
La facoltà di richiedere lavoro supplementare può essere esercitata dall'imprenditore nei limiti quantitativi previsti dal CCNL ovvero, se il CCNL applicato al rapporto non disciplina il lavoro supplementare, nei limiti dettati dall'art. 6 comma 2 del D.lgs. 81/2015 – ma solo con riferimento al rapporto di lavoro privatistico, stante l'espressa esclusione, sancita nell'art. 12 del predetto D.lgs., dell'applicabilità dell'art. 6 comma 2 al rapporto di pubblico impiego privatizzato – e, cioè, in misura non superiore al 25% delle ore di lavoro settimanali concordate. In tale ipotesi, il lavoratore ha la facoltà di rifiutare lo svolgimento del lavoro supplementare, ma il rifiuto deve essere giustificato da comprovate esigenze lavorative, di salute, familiari o di formazione professionale.
Va precisato che la facoltà di rifiuto motivato nei suddetti termini è stata accordata al lavoratore solo nell'ipotesi in cui manchi una disciplina collettiva del lavoro supplementare; pertanto, al di fuori di tale ipotesi, il lavoratore potrà opporre il rifiuto solo se la richiesta non sia rispettosa dei limiti quantitativi imposti dal CCNL o delle precondizioni oggettive e causali eventualmente previste dalla disciplina collettiva per il ricorso al lavoro supplementare.
Il lavoro supplementare è retribuito con una maggiorazione del 15% della retribuzione oraria globale di fatto, comprensiva dell'incidenza della retribuzione delle ore supplementari sugli istituti retributivi indiretti e differiti.
Accanto al lavoro supplementare, nel rapporto di lavoro a tempo parziale è consentito anche lo svolgimento di prestazioni di **lavoro straordinario**, così come definito dall'art. 1, comma 2, lett. c), del D.lgs. n. 66/2003 (art. 6, comma 3).
Si applicano, pertanto, a tutti i lavoratori part-time, a prescindere dalle modalità prescelte di distribuzione dell'orario, le previsioni legali e le clausole del CCNL in materia di lavoro straordinario dettate per i lavoratori a tempo pieno.
La flessibilità dell'orario di lavoro part-time, infine, si manifesta nella possibile pattuizione delle cd. **clausole elastiche:** attraverso tali clausole negoziali,

le parti del contratto individuale accordano al datore di lavoro la facoltà di procedere alla variazione della collocazione temporale della prestazione lavorativa oppure alla variazione in aumento della sua durata (art. 6, comma 4).
La Corte Costituzionale n. 201/1992 aveva sancito l'illegittimità, per contrasto con l'art. 36 Cost., delle clausole che attribuivano al datore di lavoro la facoltà di variazione della collocazione temporale della prestazione lavorativa siccome incompatibili con l'esigenza di salvaguardia del "tempo di non lavoro" dei lavoratori a tempo parziale, impedendo queste clausole al lavoratore di assumere e programmare altri impegni lavorativi. La Corte di Cassazione, successivamente, aveva specificato che tale illegittimità discendeva dalla mancanza di un incremento retributivo che potesse compensare la limitazione della libertà del lavoratore di accedere anche ad ulteriori occupazioni. Il legislatore, dunque, con il D.lgs. n. 61/2000 ha previsto e disciplinato l'istituto mediante il correttivo economico, disciplina che è stata investita nel corso degli anni da una lunga serie di modifiche legislative (D.lgs. n. 276/2003; L. n. 247/2007; L. n. 183/2011; L. n. 92/2012) sino all'attuale assetto dettato dall'art. 6 del D.lgs. n. 81/2015 che ha unificato, sotto la fattispecie delle clausole elastiche, sia le clausole cd. flessibili (variazione della collocazione temporale del lavoro) che le clausole cd. elastiche (variazione in aumento).
Secondo la disciplina vigente, le clausole in esame devono rivestire la **forma scritta,** devono essere **conformi al dettato del CCNL** di riferimento oppure, in mancanza di una previsione al riguardo da parte della contrattazione collettiva di settore, esser **pattuite avanti alle commissioni di certificazione**, con facoltà per il lavoratore di farsi assistere da un sindacato, un avvocato o un consulente del lavoro.
Nel caso in cui le clausole elastiche siano disciplinate dal CCNL, il prestatore ha **diritto a un preavviso** di due giorni lavorativi, salvo diverse intese tra le parti, nonché a **specifiche compensazioni**, nella misura o nelle forme determinate dal CCNL.
Nel caso in cui le clausole elastiche siano sottoscritte davanti alle commissioni di certificazione devono prevedere, a pena di nullità, le condizioni e le modalità con le quali il datore di lavoro, con preavviso di due giorni lavorativi, può modificare la collocazione temporale della prestazione e variarne in aumento la durata, nonché la misura massima dell'aumento, che non può eccedere il limite del 25% della normale prestazione annua a tempo parziale. Le modifiche dell'orario sono compensate con il diritto a una maggiorazione retributiva del 15% (art. 6, comma 6).
Siffatto **diritto alla maggiorazione retributiva**, nella previgente disciplina, sorgeva solo a seguito del concreto esercizio del potere di variazione dell'ora-

rio, senza che avesse quindi rilievo di per sé l'avvenuta manifestazione di disponibilità del lavoratore e la conseguente privazione di ulteriori opportunità lavorative. Diversamente, l'attuale disposto normativo introduce un distinguo. Infatti, l'art. 6, commi 4 e 5 ricollega il diritto alla maggiorazione retributiva, la cui misura e forma è rimessa alle previsioni del CCNL, alla sola pattuizione delle clausole elastiche che siano previste dalla contrattazione collettiva; in mancanza di tale disciplina e, quindi, nel caso in cui le clausole vengano pattuite davanti alle commissioni di certificazione, l'insorgenza del diritto alla maggiorazione è collegata invece alle "modifiche dell'orario", così apparendo necessario, ai fini costitutivi, l'effettivo esercizio del potere di variazione da parte del datore di lavoro.

Infine, va rilevato come il legislatore abbia riconosciuto il diritto del lavoratore di recedere dall'accordo relativo alla clausola elastica sia pure nelle ipotesi tipizzate dal comma 7 dell'art. 6 in esame. Innanzitutto, hanno la facoltà di recesso i lavoratori meritevoli di particolare tutela, che si trovino nelle condizioni di salute o familiari di cui ai commi da 3 a 5 dell'art. 8 del D.lgs. n. 81/2015 e che, per tali condizioni, godono altresì del diritto alla trasformazione del fulltime in part-time. Ad essi si aggiungono, i lavoratori con necessità di studio di cui all'art. 10, comma 1 della L. n. 300/70.

TI RICORDI CHE...

L'orario normale di lavoro di cui all'art. 3 del D.lgs. n. 66/2003 è fissato in 40 ore settimanali, salvo diversa previsione dei CCNL.

2.3. Il trattamento del lavoratore part-time.

L'art. 7 disciplina **il trattamento** del lavoratore a tempo parziale, **innanzitutto, secondo il principio di non discriminazione**, in conformità alla clausola di non discriminazione contenuta nell'accordo quadro recepito dalla direttiva n. 97/81/CE. In applicazione di siffatto principio, dunque, il lavoratore a tempo parziale non deve ricevere un trattamento meno favorevole rispetto al lavoratore a tempo pieno di pari inquadramento ed ha gli stessi diritti di un lavoratore full-time *a lui comparabile*. Al riguardo, la Cassazione ha precisato che il *"lavoratore full-time a lui comparabile"* va individuato esclusivamente in quello inquadrato nello stesso livello in forza dei criteri di classificazione stabiliti dai contratti collettivi, senza che possano valere criteri alternativi di

comparazione, quale quello delle diverse modalità di turnazione seguite dai lavoratori a tempo pieno. (Cass. 11 aprile 2018, ord. n. 8966).
Tra le ipotesi di parificazione, si pensi alla fruizione dei congedi a tutela della maternità/paternità, spettanti – per una durata equivalente – ai lavoratori full-time ed a quelli part-time o ancora alla fruizione dei permessi per l'assistenza ai familiari portatori di handicap in situazione di gravità la cui misura, secondo la giurisprudenza di legittimità, va completamente equiparata.
Il d. lgs. del 30 giugno 2022, n. 105 ha aggiunto il co. 5 bis nell'art. 8 cit. introducendo una presunzione di ritorsività/discriminatorietà in relazione a taluni atti datoriali – quali sanzioni, demansionamenti, licenziamenti, trasferimenti o altre misure organizzative atte a modificare le condizioni di lavoro – nei confronti dei lavoratori che abbiano ottenuto la trasformazione del rapporto in part-time per avere il coniuge, i figli o i genitori affetti da patologie oncologiche, da gravi patologie cronico-degenerative ingravescenti, in condizione di handicap con connotazione di gravità ovvero senza connotazione di gravità ove si tratti di figlio convivente di età non superiore a 13 anni.
Aggiunge, poi, l'art. 7 in esame che il trattamento economico e normativo del lavoratore part-time è riproporzionato in ragione della ridotta entità della prestazione, in omaggio al **principio di proporzionalità o *pro-rata temporis*,** del pari sancito nella predetta direttiva comunitaria.
Va osservato, tuttavia, che non tutti i trattamenti normativi sono ontologicamente suscettibili di essere riproporzionati in base alla ridotta entità della prestazione lavorativa, come ad esempio non possono esserlo le norme a tutela della salute e sicurezza dei lavoratori.
Il riproporzionamento, in relazione alle ore di lavoro previste, di taluni istituti quali il periodo di prova, il periodo di comporto e quello di preavviso è riservato alla competenza del **contratto collettivo.** In applicazione del principio di proporzionalità, l'art. 9 prescrive che ai fini dell'applicazione di qualsiasi disciplina di fonte legale o contrattuale per la quale sia rilevante il computo dei dipendenti del datore di lavoro, i lavoratori a tempo parziale sono computati in proporzione all'orario svolto, rapportato al tempo pieno.

2.4. Part-time e contratto di espansione.

Con l'art. 41 del D.lgs. n. 148/2015 era stato rivitalizzato il *"contratto di solidarietà espansiva"* nel tentativo di incentivare la correlazione tra la riduzione dell'orario di lavoro e le nuove assunzioni. Il cd. Decreto Crescita, conv. in L. 58/2019 ha modificato l'art. 41 predetto, salvando l'efficacia dei soli contratti di solidarietà espansiva già stipulati sino alla loro scadenza ed introducendo il cd. "*contratto di espansione*", novellato da ultimo con l'art. 1 co. 215 della L. 30 dicembre 2021, n. 234 (legge di bilancio 2022) che ha esteso agli anni 2022 e 2023 la sperimentazione dell'istituto, inizialmente prevista per gli anni 2019 e 2020 (prorogata all'anno 2021 con l. n. 178/2020, legge di bilancio 2021) ed introdotto ulteriori allargamenti.

Con tale strumento negoziale, le imprese che abbiano i requisiti di cui appresso, possono non solo favorire l'uscita dei dipendenti a non più di 60 mesi dalla pensione di vecchiaia o anzianità, ma anche – per gli tutti gli altri addetti non interessati dalle uscite – prevedere una riduzione oraria, utilizzando fino a 18 mesi di CIGS anche non continuativi; infine, programmare nuove assunzioni (1 ogni 3 uscite per imprese con organico superiore a mille dipendenti; per le imprese di dimensioni inferiori sarà l'accordo collettivo a definire il rapporto entrate/uscite).

L'impiego di tali contratti è consentito alle imprese con un organico superiore a 1.000 unità lavorative (salvo le deroghe di cui appresso per gli anni 2021, 2022 e 2023) che avviino paini di reindustrializzazione e riorganizzazione, con una strutturale modifica dei processi aziendali finalizzati al progresso tecnologico dell'attività che comporti la conseguente esigenza di modificare le competenze professionali in organico e l'assunzione di nuove professionalità.

I contratti di espansione vengono stipulati dalle predette aziende con il Ministero del lavoro e con le associazioni sindacali comparativamente più rappresentative sul piano nazionale o con le RSA ovvero con la RSU.

In deroga alle disposizione generali di cui sopra, il legislatore con legge di bilancio per l'anno 2021 ha ampliato la platea delle aziende ammesse alla stipula dei contratti espansivi, abbassando il limite minimo necessario delle unità lavorative in organico a 500 ed anche a 250 nel caso in cui le stesse accompagnino le nuove assunzioni ad uno scivolo per i lavoratori più vicini all'età pensionabile; con effetto dalla data della sua entrata in vigore, il DL n. 73 del 25 maggio 2021, ha ulteriormente ridotto il limite a 100 unità sempre limitatamente all'anno 2021.

Il suddetto limite numerico è stato ancor diminuito dalla l. di bilancio 2022 che l'ha fissato in 50 unità, soglia minima di organico sufficiente per consentire ai datori di lavoro di stipulare i contratti di espansione negli anni 2022 e 2023.

Il contratto è di natura gestionale e deve prevedere un piano di riconversione dell'azienda che individui:

1. il numero dei lavoratori da assumere e l'indicazione dei relativi profili professionali compatibili con i piani di reindustrializzazione o riorganizzazione;
2. la programmazione temporale delle assunzioni;

3. l'indicazione della durata a tempo indeterminato dei contratti di lavoro, compreso il contratto di apprendistato professionalizzante di cui all'articolo 44 del decreto legislativo 15 giugno 2015, n. 81;
4. relativamente alle professionalità in organico, **la riduzione complessiva media dell'orario di lavoro e il numero dei lavoratori interessati**, nonché il numero dei lavoratori che possono accedere al trattamento previsto dal comma 5.

Per i lavoratori che si trovino a non più di 60 mesi dal conseguimento del diritto alla pensione di vecchiaia, che abbiano maturato il requisito minimo contributivo, o anticipata previo esplicito consenso in forma scritta dei lavoratori interessati, il datore di lavoro riconosce per tutto il periodo e fino al raggiungimento del primo diritto a pensione, a fronte della risoluzione del rapporto di lavoro, un'indennità mensile commisurata al trattamento pensionistico lordo maturato dal lavoratore al momento della cessazione del rapporto di lavoro, così come determinato dall'INPS. Qualora il primo diritto a pensione sia quello previsto per la pensione anticipata, il datore di lavoro versa anche i contributi previdenziali utili al conseguimento del diritto, con esclusione del periodo già coperto dalla contribuzione figurativa a seguito della risoluzione del rapporto di lavoro.

Per i lavoratori che non si trovano nella condizione di beneficiare della prestazione appena descritta è consentita una riduzione oraria cui si applicano le disposizioni previste dagli articoli 3 (trattamento di integrazione salariale) e 6 (contribuzione figurativa nei periodi di riduzione dell'orario, così che l'intera durata del contratto sarà utile ai fini del diritto a pensione e della relativa misura). La riduzione media oraria non può essere superiore al 30% dell'orario giornaliero, settimanale o mensile dei lavoratori interessati al contratto di espansione. Per ciascun lavoratore, la percentuale di riduzione complessiva dell'orario di lavoro può essere concordata, ove necessario, fino al 100% nell'arco dell'intero periodo per il quale il contratto di espansione è stipulato.

2.5. L'apparato sanzionatorio.

Il legislatore ha costruito un **apparato sanzionatorio** volto a disciplinare le conseguenze della **violazione dei requisiti di forma e di contenuto** come delineati innanzi.
In particolare, l'art. 10 del D.lgs. n. 81/2015 ha disciplinato distintamente tre ipotesi:

1. **difetto di prova in ordine alla stipulazione a tempo parziale** del contratto di lavoro;
2. **mancata determinazione della durata della prestazione lavorativa** nel contratto scritto;
3. **omessa indicazione della sola collocazione temporale dell'orario** nel contratto scritto.

Nelle prime due ipotesi, "su domanda del lavoratore", il giudice adito dichiara la **sussistenza fra le parti di un rapporto di lavoro a tempo pieno a partire dalla pronuncia giudiziale**, fermo restando il diritto alla retribuzione e al versamento dei contributi previdenziali dovuti per le prestazioni effettivamente rese nel periodo antecedente la pronunzia. Dunque, la conversione del rapporto in full-time non è una forma di tutela automatica e necessaria, ma presuppone che sia domandata espressamente dal lavoratore. La rimessione della conversione ad una scelta del lavoratore si spiega con la necessità di garantire al predetto di poter, comunque, mantenere la disponibilità del tempo non destinato al lavoro, spesso funzionale all'assolvimento di compiti di cura all'interno della famiglia, insuscettibili di essere compressi o differiti (cfr. Corte Cost. n. 210/1992).

Nella terza ipotesi di violazione, invece, **la conversione è esclusa,** mentre si prevede che **il giudice determini le modalità temporali** di svolgimento della prestazione lavorativa a tempo parziale, impiegando **i criteri** dettati, tassativamente (a differenza della disciplina previgente) dal legislatore e cioè tenendo conto: delle responsabilità familiari del lavoratore interessato e della sua necessità di integrazione del reddito mediante lo svolgimento di altra attività lavorativa, nonché delle esigenze del datore di lavoro. Infine, in aggiunta alla retribuzione dovuta per le prestazioni effettivamente rese nel periodo antecedente alla pronuncia, il lavoratore ha diritto **"a un'ulteriore somma a titolo di risarcimento del danno".**

Infine, il legislatore ha previsto una sanzione di tipo risarcitorio anche per l'ipotesi dello svolgimento di prestazioni in esecuzione di clausole elastiche senza il rispetto delle condizioni, delle modalità e dei limiti previsti dalla legge o dai contratti collettivi (art. 10, 3 co.).

3. Il lavoro intermittente: classificazioni.

La fattispecie del lavoro intermittente, anche detto *a chiamata*, fu introdotta dal D.lgs. n. 276/2003, soppressa dal D.lgs. n. 247/2007, ripristinata dal D.L. 112/2008 la cui disciplina è stata investita da interventi legislativi di riforma di cui l'ultimo è il D.lgs. n. 81/2015, a sua volta novellato dal D.lgs. 27 giugno 2022, n. 104 che ha introdotto e/o modificato talune disposizioni applicabili ai rapporti di lavoro già instaurati alla data del 1° agosto 2022.

La figura in esame è ammessa **esclusivamente nel rapporto di lavoro privato**, stante l'espressa esclusione dei rapporti alle dipendenze della pubblica amministrazione.

Il contratto di lavoro intermittente (o a chiamata) è definito dall'art. 13, co. 1, primo periodo del predetto D.lgs. come *"il contratto, anche a tempo determinato, mediante il quale un lavoratore si pone a disposizione di un datore di lavoro che ne può utilizzare la prestazione in modo discontinuo o intermittente"*. Il legislatore ha previsto **due ipotesi** in cui è ammesso il ricorso alla tipologia negoziale in esame:

1. in caso di esigenze oggettive, di tipo produttivo o organizzativo **(ipotesi oggettiva)**;
2. in ogni caso, quando il lavoratore sia un soggetto di età inferiore a 24 anni, oppure di età superiore a 55 anni **(ipotesi soggettiva)**.

Nell'ipotesi oggettiva, le esigenze che consentono l'utilizzo del contratto di lavoro intermittente devono essere **individuate dai contratti collettivi** – ai quali è rimessa anche la predeterminazione dei periodi della settimana, del mese o dell'anno in cui è data la possibilità di svolgere le prestazioni intermittenti – oppure, in mancanza di contrattazione collettiva, **da un decreto del Ministro del lavoro e delle politiche sociali**. Dunque, le previsioni ministeriali hanno un ruolo suppletivo, cioè sono chiamate dal legislatore ad individuare le esigenze oggettive che consentono il ricorso al lavoro intermittente solo nel caso in cui il contratto collettivo nulla abbia previsto, mentre laddove il CCNL dovesse intervenire, le prime resterebbero caducate. Dalla previsione dell'intervento sostitutivo del Ministero del lavoro, atta a garantire l'operatività della fattispecie del lavoro intermittente, la Cassazione ha desunto che non può ammettersi un potere di veto della contrattazione collettiva in ordine alla utilizzabilità di tale tipologia negoziale (cfr. Cass., 13 novembre 2019, n. 29423).

Per fare ricorso al lavoro intermittente, non è invece necessaria la predeterminazione delle esigenze oggettive ad opera della contrattazione collettiva, nell'ipotesi in cui il lavoratore sia un soggetto di età inferiore a 24 anni oppure di età superiore a 55 anni, siccome in tal caso, l'art. 13 consente il ricorso al lavoro intermittente *"in ogni caso"*. È previsto che le prestazioni a chiamata del lavoratore di età inferiore a 24 anni si debbano concludere entro il compimento del 25° anno, sicché il contratto dovrebbe prevedere un termine coincidente con il compimento del limite predetto. La Cassazione ha escluso il carattere discriminatorio di tale limite, in quanto diretto a perseguire una legittima finalità di politica del lavoro e del mercato del lavoro (Cass., 21 febbraio 2018, n. 4223).

La tipologia negoziale in esame consente un'ulteriore classificazione, a seconda che sia stata garantita o meno dal lavoratore **la disponibilità a rispondere alle chiamate** del datore di lavoro.

Nel caso di **lavoro a chiamata con obbligo di disponibilità**, il lavoratore è contrattualmente obbligato ad aderire alla chiamata datoriale ed in cambio ha diritto a ricevere il pagamento di **un'indennità mensile di disponibilità**. Tale indennità è volta a remunerare la condizione di attesa, in cui il lavoratore deve restare a disposizione del datore anche nei periodi in cui non gli sia richiesta alcuna prestazione.

La determinazione dell'importo di tale indennità è rimessa ai contratti collettivi e non può essere inferiore alla misura prevista con decreto ministeriale.

In caso di **malattia** o di altro evento che renda temporaneamente impossibile rispondere alla chiamata, il lavoratore ha l'obbligo di informare tempestivamente il datore di lavoro e, durante il periodo di temporanea indisponibilità, non matura il diritto al compenso. Il **rifiuto ingiustificato** di rispondere alla chiamata costituisce inadempimento contrattuale e può costituire **giustificato motivo di licenziamento** e comportare la **restituzione della quota di indennità** riferita al periodo successivo al rifiuto.

Diversamente, nel caso del **lavoro a chiamata senza obbligo di disponibilità**, il lavoratore non è obbligato a rispondere positivamente alla chiamata del datore di lavoro e, per converso, nei periodi in cui non viene utilizzata la sua prestazione, non matura alcun trattamento economico e normativo.

In entrambe le ipotesi, trovano applicazione i principi di non discriminazione e riproporzionamento, come per i lavoratori part-time e, pertanto, i lavoratori intermittenti hanno diritto di ricevere un trattamento economico, normativo e previdenziale **proporzionato** alle prestazioni lavorative effettivamente eseguite e **non complessivamente meno favorevole** rispetto a quello riservato al **lavoratore di pari livello**.

3.1. Disciplina giuridica.

Il legislatore ha previsto una serie di limiti e vincoli al contratto di lavoro intermittente.

Innanzitutto, ha predeterminato la **durata massima** del predetto contratto, il quale è ammesso, per ciascun lavoratore con il medesimo datore di lavoro, per un periodo complessivamente non superiore alle **400 giornate nell'arco di tre anni solari**. Fanno **eccezione** i contratti stipulati nei **settori del turismo, dei pubblici esercizi e dello spettacolo**.

Nel caso in cui sia superato questo periodo, il **rapporto di lavoro intermittente si trasforma in un rapporto a tempo pieno e indeterminato (art. 13, co. 3)**.

Altresì, l'art. 15 del D.lgs. n. 81 più volte citato ha previsto che il contratto deve essere stipulato in **forma scritta ai fini della prova; deve contenere** i seguenti elementi: programmazione del lavoro, durata e ipotesi, oggettive o soggettive, del contratto; luogo e modalità della disponibilità, eventualmente garantita dal lavoratore; trattamento economico e normativo spettante al lavoratore, con l'indicazione dell'ammontare delle eventuali ore retribuite garantite al lavoratore, della retribuzione per il lavoro prestato in aggiunta alle ore garantite, dell'indennità di disponibilità, ove prevista; forme e modalità di richiesta della prestazione e del preavviso di chiamata, modalità di rilevazione della prestazione; tempi e modalità di pagamento della retribuzione e dell'indennità di disponibilità; misure di sicurezza necessarie in relazione al tipo di attività dedotta in contratto; eventuali fasce orarie e i giorni predeterminati in cui il lavoratore è tenuto a svolgere le prestazioni.

La nuova disciplina, introdotta dal d. lgs. 27 giugno 2022, n. 104, oltre ad aver modificato il contenuto minimo del contratto, ha anche eliminato la previsione che obbligava il datore di lavoro ad un preavviso di chiamata non inferiore a un giorno lavorativo, sicché è consentito alle parti di concordare anche un preavviso di chiamata inferiore.

Ancora, il legislatore ha imposto al datore di lavoro che faccia ricorso al lavoro intermittente l'**obbligo di informazione**, con cadenza annuale, delle rsa o rsu sull'andamento dell'utilizzo di tale forma negoziale nonché **l'obbligo di comunicazione,** alla sede competente della direzione territoriale del lavoro, mediante sms o posta elettronica, della durata della prestazione prima di ogni chiamata o ciclo integrato di prestazioni di durata non superiore a trenta giorni, a pena di irrogazione di una sanzione amministrativa.

Inoltre, il legislatore ha espressamente **vietato** il ricorso a tale tipologia negoziale nelle stesse ipotesi in cui è vietato il contratto a termine o la somministrazione di manodopera ovvero:

1. per la **sostituzione** di lavoratori che esercitano il diritto di **sciopero**;
2. presso unità produttive nelle quali si sia proceduto, nei sei mesi precedenti, a **licenziamenti collettivi** che abbiano riguardato lavoratori adibiti alle medesime mansioni cui si riferisce il contratto di lavoro

intermittente, ovvero presso unità produttive in cui sia operante una **sospensione del lavoro o una riduzione dell'orario** in regime di **Cassa integrazione salariale**, che interessino lavoratori adibiti alle mansioni cui si riferisce il contratto di lavoro intermittente;
3. da parte di imprese che **non** abbiano effettuato la **valutazione dei rischi**.

Il D.lgs. n. 81/2015, eccetto che per la violazione del limite di durata massima del lavoro intermittente, tace in merito alle **conseguenze sanzionatorie** applicabili nelle ipotesi in cui il contratto di lavoro intermittente sia stipulato al di fuori delle fattispecie soggettive ed oggettive che lo giustificano o in violazione dei divieti previsti o senza l'osservanza dei requisiti formali. Diverse le soluzioni prospettate in dottrina e nella giurisprudenza di merito: per taluni, il contratto dovrebbe esser considerato alla stregua di un contratto part-time senza la specificazione della durata dell'orario di lavoro, applicandone la relativa sanzione (conversione in rapporto a tempo pieno); per talaltri, sarebbe nullo ex art. 1419 co. 1, siccome senza la clausola dell'intermittenza, le parti non lo avrebbero mai concluso.

QUESTIONARIO

1. È necessario che il contratto di lavoro a termine sia supportato da una ragione giustificatrice? C'è una fase in cui non è necessaria la causale? **1.1**.
2. L'accertamento dell'insussistenza di cause giustificative del contratto a termine cosa determina? **1.1**.
3. Quali sono i limiti massimi di durata del contratto a tempo determinato?
4. Qual è la forma prescritta per il contratto a termine? **1.1**.
5. Quali sono i limiti quantitativi/numerici per le assunzioni a termine? **1.1**.
6. Quali ipotesi di conversione del contratto a termine in rapporto a tempo indeterminato sono previste? **1.1**.
7. È ammessa la proroga? Come è disciplinato il regime delle proroghe e dei rinnovi? **1.2**.
8. È consentita la prosecuzione di fatto del rapporto oltre la scadenza del termine? **1.2**.
9. Ci sono casi in cui un lavoratore non può essere assunto a termine? **1.3**.
10. Si possono stipulare contratti a termine per sostituire lavoratori in sciopero? **1.3**.
11. È consentita la risoluzione del rapporto prima della scadenza del termine? Può esser licenziato il lavoratore a termine? **1.4**.
12. Esistono diritti di precedenza del lavoratore a termine? **1.6**.
13. Il contratto a termine è impugnabile? **1.8**.

14. Esiste un diritto al part-time? Ed alla trasformazione di un rapporto full-time? **2.1.**
15. È necessario il consenso del lavoratore per la trasformazione di un rapporto di lavoro a tempo pieno in un rapporto a tempo parziale? Il suo rifiuto può essere considerato una giusta causa di licenziamento? **2.1.**
16. Ci sono dei diritti di precedenza nella trasformazione dal full time al part-time? **2.1.**
17. Cosa sono le clausole elastiche? **2.2.**
18. Cosa si intende per lavoro supplementare e straordinario nel rapporto di lavoro part-time? **2.2.**
19. È necessario il consenso del lavoratore a prestare il lavoro supplementare? In quali casi può rifiutarsi? **2.2.**
20. In quale ipotesi è prevista la facoltà del lavoratore di richiedere al giudice la conversione del contratto part-time in full time? **2.5.**
21. In cosa consiste il lavoro intermittente e quali sono le peculiarità del lavoro intermittente con obbligo di disponibilità? **3.**
22. Quali sono i limiti quantitativi per il ricorso al lavoro intermittente? Quali settori non sono assoggettati a tali limiti? **3.1.**
23. In quali casi è vietato il ricorso al lavoro a chiamata? **3.1.**

SEZIONE II – I CONTRATTI DI LAVORO CON FINALITÀ FORMATIVE

SOMMARIO:
1. Il contratto di apprendistato: nozione ed evoluzione normativa. – **1.1.** Le tipologie di apprendistato. – **1.2.** La disciplina giuridica. – **2.** I tirocini formativi e di orientamento.

1. Il contratto di apprendistato: nozione ed evoluzione normativa.

Il contratto di apprendistato rientra nell'ambito dei **contratti di lavoro con finalità formative**.
Tali contratti si caratterizzano per la **causa mista o complessa**, siccome rispetto al contratto di lavoro subordinato ex art. 2094 cc, in cui la causa è costituita solo dallo scambio tra la prestazione e la retribuzione, essi si connotano altresì per l'incidenza nella causa anche della finalità formativa. Pertanto, a carico del datore di lavoro, si configurano due obbligazioni corrispettive della prestazione lavorativa: quella retributiva e quella di formazione del lavoratore, secondo le modalità previste dalla legge e dai contratti collettivi, al fine di consentire a quest'ultimo il conseguimento di una determinata professionalità. Proprio tale incombenza formativa giustifica i benefici economici previsti a favore del datore di lavoro per compensarlo degli aggravi della formazione.
La giurisprudenza di legittimità ha granìticamente riconosciuto all'apprendistato, la natura di rapporto di lavoro subordinato *a tempo indeterminato* – facendo leva sulla circostanza che la durata determinata è riferita soltanto al periodo formativo – ancor prima di un'espressa previsione di legge in tal senso, oggi contenuta nel D.lgs. n. 81/2015 che lo qualifica come *"il contratto di lavoro a tempo indeterminato finalizzato alla formazione e alla occupazione dei giovani* (art. 41, co. 1 del D.lgs. n. 81/2015).

Il D.lgs. n. 81/2015 ha abrogato la precedente disciplina dell'apprendistato di cui al D.lgs. n. 167/2011 e ss.mm., dettando all'art. 42 una "disciplina generale" del tipo negoziale, applicabile a tutte le tipologie di apprendistato, cui si affianca una disciplina di dettaglio riservata agli accordi interconfederali o ai contratti collettivi nazionali nel rispetto dei principi elencati nel medesimo art. 42 e, infine, la disciplina della formazione demandata alle Regioni.

> **TI RICORDI CHE...**
>
> Alle Regioni spetta, ai sensi dell'art. 117 comma 4 Cost., la potestà legislativa residuale in tutte le materie non espressamente riservate alla legislazione dello Stato e, tra esse, la formazione professionale del lavoratore.

1.1. Le tipologie di apprendistato.

Il contratto di apprendistato si articola in **tre categorie** elencate dall'art. 41, comma 2 D.lgs. n. 81/2015:
1. **apprendistato per la qualifica e il diploma professionale, il diploma di istruzione secondaria superiore e il certificato di specializzazione tecnica superiore;**
2. **apprendistato professionalizzante;**
3. **apprendistato di alta formazione e ricerca.**

L'art. 43 disciplina specificamente la fattispecie di cui alla lettera a) ovvero **l'apprendistato di primo tipo**, strutturato in modo da coniugare la formazione effettuata in azienda con l'istruzione e la formazione professionale svolta dalle istituzioni formative.

Possono essere assunti con questo contratto, in tutti i settori di attività, soggetti di età compresa tra i **15 ed i 25 anni di età**.

La durata del contratto è determinata in considerazione della qualifica o del diploma da conseguire e non può eccedere i **3 anni ovvero 4** se si tratta di diploma professionale quadriennale.

La durata massima di 4 anni è, altresì, prevista per i contratti di apprendistato stipulati dai giovani iscritti a partire dal secondo anno istruzione secondaria superiore, per l'acquisizione (oltre che del diploma di istruzione secondaria superiore) di ulteriori competenze tecnico-professionali rispetto a quelle già previste dai vigenti regolamenti scolastici, utili anche ai fini del conseguimento del certificato di specializzazione tecnica superiore.

Nel rispetto degli standard formativi nazionali fissati con apposito decreto ministeriale, come previsti dall'art. 46, co. 1, la regolamentazione dell'apprendistato per la qualifica e il diploma professionale è demandata alle Regioni e alle Province autonome di Trento e Bolzano; solo in via sussidiaria e suppletiva, nel caso di carenza della disciplina regionale, è attribuita al Ministero del lavoro.

Il datore di lavoro che intende stipulare il contratto di apprendistato per la qualifica e il diploma professionale, il diploma di istruzione secondaria superiore e il certificato di specializzazione tecnica superiore sottoscrive un **protocollo** con l'istituzione formativa a cui lo studente è iscritto, che stabilisce il contenuto e la durata degli obblighi formativi del datore di lavoro, nel rispetto degli standard formativi nazionali.

La formazione esterna all'azienda è impartita nell'istituzione formativa a cui lo studente è iscritto e non può essere superiore al 60% dell'orario ordinamentale per il secondo anno e al 50% per il terzo e quarto anno, nonché per l'anno successivo finalizzato al conseguimento del certificato di specializzazione tecnica. Salvo che i CCNL dispongano diversamente, per le ore di formazione svolte nell'istituzione formativa, il datore di lavoro è esonerato da ogni obbligo retributivo; per le ore di formazione a carico dell'impresa è invece riconosciuta al lavoratore una retribuzione pari al 10% di quella che gli sarebbe dovuta (art. 43, co. 7), salvo diverse previsioni dei contratti collettivi.

Successivamente al conseguimento della qualifica o del diploma professionale nonché del diploma di istruzione secondaria superiore, allo scopo di conseguire la qualificazione professionale ai fini contrattuali, è possibile la trasformazione del contratto in apprendistato professionalizzante. In tal caso, la durata massima complessiva dei due periodi di apprendistato non può eccedere quella individuata dalla contrattazione collettiva.

Per le regioni e le province autonome di Trento e Bolzano che abbiano definito un sistema di alternanza scuola-lavoro, i contratti collettivi nazionali possono prevedere specifiche modalità di utilizzo del contratto di apprendistato, anche a tempo determinato, per lo svolgimento di **attività stagionali**.

L'art. 44 disciplina l'**apprendistato professionalizzante,** anche detto **di secondo tipo**, che consente l'assunzione dei **giovani di età compresa tra i 18 e i 29 anni** – limite ridotto dalla L. 234/2021 a 23 anni per le società e le associazioni sportive professionistiche che assumono lavoratori sportivi – in tutti i settori di attività pubblici o privati, al fine di acquisire una qualifica professionale ai fini contrattuali oppure dei giovani che abbiano compiuto il **17° anno di età,** già in possesso di una qualifica professionale, al fine di consolidare le competenze tecnico-professionali in precedenza conseguite.

L**a qualificazione professionale** al cui conseguimento l'apprendistato tende è determinata dalle parti del contratto sulla base dei profili o qualificazioni professionali previsti, per il settore di riferimento, dai contratti collettivi stipulati dalle associazioni sindacali comparativamente più rappresentative sul piano nazionale.

La durata e le modalità di erogazione della formazione, nonché la durata del periodo di apprendistato sono disciplinate dagli accordi interconfederali e dai contratti collettivi nazionali di lavoro, nel rispetto del limite di legge relativo alla **durata massima che è di 3 anni** elevabili a **5 anni** per i profili professionali caratterizzanti la figura dell'artigiano.

La formazione di tipo professionalizzante curata dal datore di lavoro è integrata dalla formazione pubblica, disciplinata dalle Regioni, per l'acquisizione di competenze di base e trasversali per un monte complessivo non superiore a 120 ore per la durata del triennio. A tal fine la regione comunica al datore di lavoro, entro 45 giorni dalla comunicazione dell'instaurazione del rapporto, le modalità di svolgimento dell'offerta formativa pubblica anche con riferimento alle sedi e al calendario delle attività previste.

L'art. **45** prevede che possono essere assunti mediante **apprendistato di alta formazione e ricerca,** anche detto **di terzo tipo**, in tutti i settori di attività pubblici e privati, giovani di età ricompresa tra i **18** ed i **29 anni**, in possesso di diploma di istruzione secondaria superiore o di un diploma professionale conseguito nei percorsi di istruzione e formazione professionale integrato da un certificato di specializzazione tecnica superiore o del diploma di maturità professionale all'esito del corso annuale integrativo.

Tale contratto è finalizzato al conseguimento di titoli di studio universitari e di alta formazione per attività di ricerca, nonché per il praticantato previsto per l'accesso alle libere professioni per cui sia istituito un albo professionale obbligatorio per legge.

Il datore di lavoro che intenda stipulare un contratto di apprendistato di alta formazione e ricerca dovrà sottoscrivere un **protocollo** con l'istituzione formativa cui lo studente è iscritto o con l'ente di ricerca, che stabilisce la durata e le modalità, anche temporali, della **formazione a carico del datore di lavoro**, il numero dei crediti formativi riconoscibili a ciascuno studente per la formazione a carico del datore di lavoro.

La **formazione esterna** all'azienda dovrà essere svolta nell'istituzione formativa cui è iscritto lo studente e, di norma, nei percorsi di istruzione tecnica superiore non potrà essere superiore al 60% dell'orario ordinamentale.

Salvo diversa previsione dei contratti collettivi, per le ore di formazione svolte nella istituzione formativa, non sussiste alcun **obbligo retributivo**, mentre per quelle a carico del datore di lavoro è riconosciuta al lavoratore una retribuzione pari al 10% di quella che gli sarebbe dovuta.

La regolamentazione e la durata del periodo di apprendistato in esame è rimessa alle regioni e alle province autonome, per i soli profili che attengono alla formazione, sentite le associazioni territoriali dei datori di lavoro e dei lavoratori comparativamente più rappresentative sul piano nazionale, le università, gli istituti tecnici superiori e le altre istituzioni formative o di ricerca. In assenza delle regolamentazioni regionali si applicano le disposizioni nazionali adottate con decreto del Ministero del Lavoro. Sono fatte salve fino alla regolamentazione regionale le convenzioni stipulate dai datori di lavoro o dalle loro associazioni con le università, gli istituti tecnici superiori e le altre istituzioni formative o di ricerca.

Infine, va rilevato come alle tre categorie di **apprendistato giovanile** sopra elencate, il legislatore abbia voluto affiancare un quarto tipo di apprendistato, che prescinde dal requisito anagrafico ed è connotato, prioritariamente, da finalità occupazionali: **l'apprendistato di riqualificazione professionale.**
Ai sensi dell'art. 47, co. 4: "*Ai fini della loro qualificazione o riqualificazione professionale è possibile assumere in apprendistato professionalizzante, senza limiti di età,* **i lavoratori beneficiari di indennità di mobilità o di un trattamento di disoccupazione**" **nonché, a decorrere dal 1°** gennaio 2022, i lavoratori beneficiari del trattamento straordinario di integrazione salariale.
Le peculiarità della disciplina di tale figura risiedono nell'applicazione, in deroga alla disciplina generale dell'apprendistato dettata dall'art. 42 comma 4 sul recesso dal contratto, della disciplina dei licenziamenti individuali, del regime contributivo agevolato di cui all'articolo 25, comma 9, della legge n. 223 del 1991 e dell'incentivo di cui all'articolo 8, comma 4, della medesima legge.

1.2. La disciplina giuridica.

La disciplina generale di cui all'art. 42 commi da 1 a 4 è comune alle tre tipologie di apprendistato sopra specificate.
Innanzitutto, il legislatore disciplina la **forma** del negozio, prescrivendo che il contratto di apprendistato deve esser stipulato in forma scritta *ad probationem* nonché il **contenuto** che deve concernere, sia pure in forma sintetica, il piano formativo individuale (PFI), definito anche sulla base di moduli e formulari stabiliti dalla contrattazione collettiva o dagli enti bilaterali (art. 2, co. 1, lett. h del D.lgs. n. 276/2003) ed invece predisposto, per le altre tipologie di apprendistato di cui alle lett. a) e c), dall'istituzione formativa con il coinvolgimento dell'impresa.
La mancanza del PFI è sanzionata con la conversione in contratto di lavoro subordinato a tempo indeterminato.

La durata minima del contratto è predeterminata in un periodo non inferiore a sei mesi, salvo che la contrattazione collettiva abbia previsto specifiche modalità di svolgimento dell'apprendistato professionalizzante per attività in cicli stagionali ovvero specifiche modalità di svolgimento dell'apprendistato di primo tipo per lo svolgimento di attività stagionali nelle regioni che abbiano disciplinato un sistema di alternanza scuola-lavoro.

È prevista la facoltà delle parti di **recesso** ex art. 2118 cc, esercitabile da entrambe le parti al termine del periodo di apprendistato, con preavviso decorrente da tale momento; se, a tale data, nessuna delle parti si avvale della predetta facoltà, il rapporto prosegue come ordinario rapporto di lavoro subordinato a tempo indeterminato. Invece, durante l'apprendistato e prima della conclusione del periodo formativo, il recesso è soggetto alla disciplina generale e, dunque, sarà possibile recedere anche per giusta causa oltre che per mancato raggiungimento degli obiettivi formativi nell'ipotesi di apprendistato del primo tipo, quale ipotesi di licenziamento espressamente prevista. L'operatività della disciplina generale sul recesso si desume dall'espressa previsione di applicabilità, durante l'apprendistato, della disciplina sanzionatoria prevista per il licenziamento illegittimo, rimando normativo che dunque sottende la possibilità di procedere alle diverse forme di licenziamento.

Il legislatore applica agli apprendisti le norme sulla **previdenza e assistenza sociale obbligatoria** in ordine all'assicurazione contro gli infortuni sul lavoro e le malattie professionali; assicurazione contro malattia, invalidità e vecchiaia; maternità ed assegno familiare. Inoltre, ai sensi dell'art. 2 D.lgs. n. 148/2015, all'apprendista, con contratto di apprendistato professionalizzante, è esteso il trattamento di Cassa integrazione guadagni.

Infine, il D.lgs. 81 impone un **limite numerico** alle assunzioni con contratto di apprendistato. Salvo che per le imprese artigiane, **il numero complessivo di apprendisti** che un datore di lavoro può assumere, direttamente o indirettamente per il tramite delle agenzie di somministrazione autorizzate (restando tuttavia esclusa la somministrazione a tempo determinato), non può superare il rapporto di 3 a 2 rispetto alle maestranze specializzate e qualificate in servizio presso il medesimo datore di lavoro (il rapporto è pari al 100% per i datori che occupano un numero di lavoratori inferiori alle dieci unità, essendo comunque consentita l'assunzione di 3 apprendisti da parte del datore che impiega da 0 a 3 dipendenti). Per i datori che occupano oltre 50 dipendenti è previsto un limite ulteriore per il ricorso all'apprendistato professionalizzante e salvo che la contrattazione collettiva abbia individuato limiti diversi: solo ove siano stati trasformati almeno il 20% dei contratti di apprendistato stipulati è infatti possibile per lo stesso datore assumere nuovi apprendisti.

Al di fuori dei suddetti aspetti del contratto di apprendistato riservati alla disciplina di fonte legislativa, come già detto, la rimanente disciplina è rimessa alla **contrattazione collettiva**, nel rispetto dei principi indicati dal legislatore tra i quali si segnalano: il divieto di retribuzione a cottimo del lavoratore (art 42 co. 5, lett. a); la possibilità di inquadrare l'apprendista fino a due livelli inferiori a quello spettante in applicazione del CCNL ai lavoratori addetti a mansioni che richiedono qualificazioni corrispondenti a quelle al cui conseguimento è finalizzato il contratto o, in alternativa, di stabilire la retribuzione dell'apprendista in misura percentuale e proporzionata all'anzianità di servizio (art 42 co. 5, lett. b); la presenza di un tutore o referente aziendale (art 42 co. 5, lett. c); la possibilità di prolungare il periodo di apprendistato in caso di malattia, infortunio o altra causa di sospensione involontaria del lavoro, di durata superiore a trenta giorni (art 42 co. 5, lett. g).

Infine, va segnalato l'**apparato sanzionatorio** previsto dalla legge.

Per la **violazione dei requisiti di forma e di contenuto** di cui all'articolo 42, comma 1, nonché per la violazione delle previsioni contrattuali collettive attuative dei principi di cui all'articolo 42, comma 5, lettere a), b) e c), il datore di lavoro è punito con una sanzione amministrativa pecuniaria, aggravata in caso di recidiva.

Invece, nel caso di **inadempimento nell'erogazione della formazione** a carico del datore di lavoro, di cui egli sia esclusivamente responsabile e che sia tale da impedire la realizzazione delle finalità perseguite dalle tre tipologie di apprendistato, il datore di lavoro è tenuto a versare la differenza tra la contribuzione versata e quella dovuta con riferimento al livello di inquadramento contrattuale superiore che sarebbe stato raggiunto dal lavoratore al termine del periodo di apprendistato, maggiorata del 100%, con esclusione di qualsiasi sanzione per omessa contribuzione.

Nel caso in cui rilevi un inadempimento nell'erogazione della formazione prevista nel piano formativo individuale, il personale ispettivo del Ministero del lavoro adotta un provvedimento di disposizione (art. 14 del decreto legislativo n. 124 del 2004) assegnando un congruo termine al datore di lavoro per adempiere.

La giurisprudenza ha aggiunto che laddove si accerti la totale mancanza di formazione, viene meno la causa del contratto di apprendistato e, dunque, il rapporto va dichiarato di lavoro subordinato a tempo indeterminato fin dall'origine.

2. I tirocini formativi e di orientamento.

La fonte legislativa nazionale che disciplina "i tirocini formativi e di orientamento" è la L. n. 196/1997, la quale individua l'istituto in relazione alla sua funzione di realizzare "momenti di alternanza tra studio e lavoro" che agevolino le scelte professionali attraverso l'effettiva conoscenza del mondo del lavoro (art. 18) di coloro che abbiano già assolto all'obbligo scolastico. La legge ha demandato ad un regolamento di attuazione la disciplina dei tirocini secondo i principi dalla stessa dettati; tale regolamento è stato adottato con il D.M. 142 del 25.3.98 che espressamente esclude che il tirocinio determini l'instaurazione di un rapporto di lavoro subordinato con l'impresa ospitante.

Si distinguono due tipologie di tirocini:
1. i tirocini curriculari, cioè funzionali al conseguimento di un titolo di studio formalmente riconosciuto, riservati agli studenti, vengono svolti all'interno del percorso di studi, sulla base di convenzioni tra le scuole, le università, gli istituti di formazione professionale (soggetti promotori) e i datori di lavoro pubblici e privati o, anche, di "convenzioni quadro" stipulate a livello territoriale fra i soggetti istituzionali competenti a promuovere i tirocini e le associazioni dei datori di lavoro interessate. I tirocini hanno una durata non superiore a 6 mesi (4 mesi per gli alunni della scuola secondaria), salvo che per gli studenti universitari o post-universitari per i quali la durata massima è di 12 mesi.
2. i tirocini non curriculari, destinati a soggetti inoccupati o disoccupati, al termine di un periodo di studio o in una fase di conversione da un'occupazione all'altra ovvero anche lavoratori beneficiari di strumenti di sostegno del reddito per i quali ha una durata non superiore a 6 mesi o, ancora, a soggetti disabili e svantaggiati (ai sensi dell'art 4 L. 381/1991, quali tossicodipendenti, soggetti in trattamento psichiatrico, detenuti, internati, etc.) per i quali non può superare i 12 mesi; infine, ai portatori di handicap per i quali la durata massima è fissata in 24 mesi. Sono promossi da centri per l'impiego, comunità terapeutiche, centri di formazione professionale che stipulano apposite convenzioni con i soggetti ospitanti.

L'art. 1 co. 34 L. 92/2012, a sua volta, ha dettato dei criteri (revisione della disciplina dei tirocini formativi, anche in relazione alla valorizzazione di altre forme contrattuali a contenuto formativo; contrasto all'uso distorto dell'istituto; individuazione degli elementi qualificanti del tirocinio e degli effetti conseguenti alla loro assenza; riconoscimento al tirocinante di una congrua indennità) per l'adozione da parte della Conferenza Stato-Regioni delle linee guida relative ai tirocini non curriculari, al fine di fornire la disciplina di dettaglio dei predetti tirocini.

Le linee guida – adottate, la prima volta, con Accordo del 24.1.2013 e, successivamente modificate con accordo sostitutivo del 25.5.2017 – non hanno forza cogente, sicché devono esser recepite dalle regioni; ove le Regioni non abbiano adottato la legge regionale di recepimento delle linee guida 2017, trovano applicazione le previgenti leggi regionali ove esistenti o, in caso contrario, le norme di legge nazionale, le quali conservano funzione residuale.

I tirocini sono definiti dalle linee guida come "misura formativa di politica attiva" che consiste in un periodo di orientamento al lavoro e formazione che non determina l'instaurazione di rapporti di lavoro.

Le linee guida del 2017 stabiliscono la **durata massima** del tirocinio extracurriculare in 12 mesi, salvo che per i soggetti disabili per i quali essa si estende a 24 mesi e prevedono che il periodo di sospensione dello stesso per maternità o malattia, ove sia superiore ad un terzo della durata del tirocinio, non vada computato.

Non è consentita la **ripetizione**, con il medesimo soggetto ospitante, di un nuovo tirocinio per il tirocinante che ne abbia già espletato uno della durata massima.

Non è prevista alcuna **retribuzione** a favore del tirocinante, che al termine dello *stage* può esclusivamente ricevere una borsa o premio.

Le linee guida individuano, con salvezza della diversa previsione regionale, i **soggetti promotori** dei tirocini extracurriculari – i servizi per l'impiego e le agenzie regionali per il lavoro, gli istituti scolastici ed universitari, i centri di formazione professionale, le comunità terapeutiche, l'ANPAL, etc. – nonché **i soggetti ospitanti**, ovvero qualsiasi soggetto pubblico o privato, persona fisica o giuridica, che abbia i requisiti eventualmente indicati dalle regioni.

I soggetti promotori stipulano con gli ospitanti una **convenzione** per l'attivazione del tirocinio con allegato il **progetto formativo (PFI)** che disciplina gli obiettivi, le modalità di svolgimento, la durata del tirocinio, il tutor incaricato dal promotore e dall'azienda, l'importo dell'indennità di partecipazione ed il soggetto tenuto ad erogarla.

I promotori sono tenuti a favorire l'attivazione del tirocinio e promuoverne il buon andamento attraverso la nomina di un tutor che partecipa alla redazione del progetto formativo (PFI), monitora l'andamento del tirocinio, concorre (sulla base degli elementi di conoscenza forniti dall'ospitante) a rilasciare l'attestazione finale; inoltre, devono provvedere alle coperture assicurative dei tirocinanti contro gli infortuni sul lavoro e per la responsabilità civile verso terzi.

Anche i soggetti ospitanti devono designare, tra i propri dipendenti a tempo indeterminato che sia in possesso di determinata esperienza e professionalità, un *tutor* con funzioni di affiancamento al tirocinante sul luogo di lavoro. Sono, inoltre, obbligati a rispettare le proporzioni, stabilite nelle linee guida, tra tirocinanti e dipendenti a tempo indeterminato, a corrispondere l'indennità di partecipazione mensile, a concorrere con il promotore nel rilascio delle attestazioni finali.

Nelle linee guida del 2017 sono state introdotte ipotesi di **divieto di attivazione dei tirocini**:

1. in attività equivalenti a quelle svolte in precedenza da un lavoratore subordinato, per quei soggetti ospitanti che nei dodici mesi precedenti abbiano effettuato licenziamenti per giustificato motivo oggettivo, collettivi, per superamento del periodo di comporto, per fine appalto, per risoluzione di contratti di apprendistato al termine della formazione;
2. per i professionisti abilitati o qualificati all'esercizio di professioni regolamentate, in attività tipiche o riservate alla professione.

Infine, le linee guida del 2017 prevedono un sistema di **sanzioni**, di competenza delle regioni e dell'Ispettorato del Lavoro, nel caso di tirocini attivati in violazione dei requisiti soggettivi e dei limiti numerici e di durata, dettati dalle medesime linee guida: l'intimazione della cessazione del tirocinio e l'interdizione del promotore o dell'ospitante, per 12 mesi, dall'attivazione di nuovi tirocini.

Viceversa, in caso di inadempienza dei compiti previsti in capo al promotore o all'ospitante o di violazione della convenzione e del PFI, è previsto un invito alla regolarizzazione, ove questa sia ancora possibile; solo in caso di inerzia sarà comminata l'intimazione della cessazione del tirocinio.

Infine, va precisato che in sede di Conferenza Stato-Regioni sono stati raggiunti ulteriori accordi relativi ai seguenti tipi di tirocinio:

1. tirocini finalizzati all'inclusione sociale, all'autonomia delle persone ed alla riabilitazione di soggetti presi in carico dal servizio sociale o dal servizio sanitario (Accordo del 22.1.2015);
2. tirocini da effettuarsi in Italia per stranieri residenti all'estero in paesi non comunitari (Accordo del 05.08.2014).

La legge di bilancio per il 2022 (art 1 co 721 L. n. 234 del 31 dicembre 2021) è intervenuta per contrastare gli abusi nei tirocini extracurriculari. Si prevedeva che, entro 6 mesi dall'entrata in vigore della novella, Governo e Regioni avrebbero dovuto emanare nuove linee guida che ancora non risultano adottate, secondo i seguenti criteri (in parte più stringenti, in parte sovrapponibili rispetto agli attuali):
- revisione della disciplina, che ne circoscriva l'applicazione in favore di soggetti con difficoltà di inclusione sociale;
- individuazione degli elementi qualificanti, quali il riconoscimento di una congrua indennità di partecipazione, la fissazione di una durata massima, limiti numerici di tirocini attivabili in relazione alle dimensioni d'impresa;
- definizione di livelli essenziali della formazione che prevedano un bilancio delle competenze all'inizio del tirocinio e una certificazione delle competenze alla sua conclusione;
- definizione di forme e modalità di contingentamento per vincolare l'attivazione di nuovi tirocini all'assunzione di una quota minima di tirocinanti al termine del periodo di tirocinio;
- previsione di azioni e interventi volti a prevenire e contrastare un uso distorto dell'istituto, anche attraverso la puntuale individuazione delle modalità con cui il tirocinante presta la propria attività.

Sul piano della prevenzione degli abusi e del sistema sanzionatorio, la norma prevede che la mancata corresponsione dell'indennità di partecipazione è punita con l'applicazione delle sanzioni economiche ivi previste, proporzionate alla gravità dell'illecito; che se il tirocinio è svolto in modo fraudolento (eludendo le norme sul lavoro subordinato), il soggetto ospitante è punito con la pena dell'ammenda, ma soprattutto, con portata fortemente innovativa, è prevista la facoltà del tirocinante di chiedere il riconoscimento giudiziale della sussistenza di un rapporto di lavoro subordinato, con decorrenza dalla pronuncia.

QUESTIONARIO

1. Che cosa si intende per contratto di apprendistato? È un rapporto di lavoro subordinato? **1.**
2. Quale è la peculiarità nella causa del contratto? **1.**
3. Quanti tipi di apprendistato conosci? **1.1.**

4. Come è regolato il recesso dal contratto di apprendistato? **1.2.**
5. L'apprendistato ha una durata minima? **1.2.**
6. Che forma deve avere? **1.2.**
7. Il datore che assume con contratti di apprendistato deve rispettare un limite massimo? **1.2.**
8. Come sono sanzionate le violazioni normative? E la mancanza in concreto della formazione? **1.2.**
9. Cosa sono i tirocini formativi? Quante tipologie conosci? **2.**
10. Chi sono i soggetti promotori e quelli ospitanti? E quali sono le rispettive obbligazioni? **2.**
11. In quali ipotesi è vietata l'attivazione del tirocinio? **2.**

SEZIONE III – I CONTRATTI DI LAVORO AL DI FUORI DELL'IMPRESA

SOMMARIO:
1. Il lavoro a domicilio – **2.** Il telelavoro. – **3.** Il lavoro agile (o *smart working*). – **3.1.** Caratteristiche. – **3.2.** Il trattamento del lavoratore agile. – **4.** Il lavoro domestico. – **5.** Il lavoro sportivo. – **6.** Il lavoro di portierato.

1. Il lavoro a domicilio.

L'art. 2128 cc. intitolato *"Lavoro a domicilio"* estende alla tipologia negoziale in esame l'applicazione delle disposizioni della sezione III del codice stesso, in quanto compatibili con la specialità del rapporto.
Siffatta clausola di salvezza rende evidente che per il legislatore si tratta di un contratto di lavoro speciale all'interno del *genus* del lavoro subordinato.
La relativa disciplina è dettata dalla l. 18 dicembre 1973, n. 877, il cui art. 1 definisce lavoratore a domicilio *"chiunque, con vincolo di subordinazione, esegue nel proprio domicilio o in locale di cui abbia disponibilità, anche con l'aiuto accessorio di membri della sua famiglia conviventi e a carico, ma con esclusione di manodopera salariata e di apprendisti, lavoro retribuito per conto di uno o più imprenditori, utilizzando materie prime o accessorie e attrezzature proprie o dello stesso imprenditore, anche se fornite per il tramite di terzi"*.
Dunque, innanzitutto, requisito costitutivo della fattispecie è la **subordinazione**, quale obbligo di osservanza delle direttive preventive dell'imprenditore circa *"le modalità di esecuzione, le caratteristiche e i requisiti del lavoro da svolgere nella esecuzione parziale, nel completamento o nell'intera lavorazione di prodotti oggetto* dell'attività *dell'imprenditore committente"*. È, dunque, essenziale la "personalità" della prestazione, salvo l'aiuto dei familiari conviventi e a carico, a condizione che si tratti di un aiuto "accessorio" e, come tale, marginale. In tale ultima ipotesi, l'istituto non sconfina in quello dell'impresa familiare ex art 230 bis cc proprio in virtù della subordinazione.
La giurisprudenza, inoltre, ha evidenziato che la prestazione deve essere inserita stabilmente nel ciclo produttivo dell'impresa, così realizzando una forma di decentramento produttivo in cui l'oggetto della prestazione non è il risultato (l'opera), ma le energie lavorative.
Rispetto alla subordinazione tipizzata dall'art. 2094 c.c., quella in esame è più

limitata siccome il contenuto delle direttive non si estende alle modalità di tempo e luogo della prestazione, è esercitabile soltanto prima dell'inizio della stessa ed il controllo sulla sua corretta esecuzione non potrà che avvenire solo al momento della consegna del lavoro; dunque, difetta il potere di vigilanza costante in capo al datore di lavoro.

Inoltre, lo svolgimento della prestazione deve avvenire nel **domicilio del lavoratore**. Infatti, se l'attività viene effettuata nei locali di pertinenza dell'imprenditore, è escluso che si configuri il lavoro a domicilio, ricadendosi nella generale fattispecie del lavoro subordinato; ciò, anche qualora il lavoratore corrisponda un compenso per l'utilizzo dei locali o dei mezzi di lavoro.

Il legislatore contempla delle espresse ipotesi di **inammissibilità del lavoro a domicilio**: 1) per attività che comportano l'impiego di sostanze o materiali nocivi o pericolosi per salute od incolumità; 2) in aziende interessate da programmi di riorganizzazione e conversione che abbiano disposto licenziamenti o sospensioni dal lavoro, per la durata di un anno a far data dall'ultimo atto di licenziamento o dalla cessazione delle sospensioni.

In ordine alla **disciplina** del rapporto di lavoro a domicilio, trovano applicazione le norme relative al rapporto di lavoro subordinato, comprese quelle previdenziali sulla tutela della lavoratrice in gravidanza e sull'iscrizione nelle liste di mobilità.

Invece, per effetto del limite di compatibilità, la retribuzione è a cottimo (art. 8) e i lavoratori a domicilio non possono beneficiare dell'indennità di disoccupazione tra una commessa e l'altra, a meno che il rapporto di lavoro sia stato risolto con conseguente iscrizione nelle liste di collocamento in quanto, altrimenti, l'indennità di disoccupazione assumerebbe una funzione di integrazione dei guadagni del lavoratore non sufficientemente occupato analoga a quella delle garanzie previdenziali di integrazione salariale, da cui il lavoratore a domicilio è espressamente escluso (Cass., 28 marzo 2014, n. 7383).

Controversa, infine, l'applicabilità della disciplina dei licenziamenti individuali, siccome la legge speciale nulla contempla. La Suprema Corte lo esclude, salvo che per l'accordo delle parti o per le concrete modalità del suo svolgimento, lo stesso abbia ad oggetto una qualificata e ragionevole continuatività di prestazioni lavorative, tale da renderlo meritevole di stabilità. (Cass., 22 gennaio 1987, n. 615). Peraltro, la medesima Corte, a più riprese, ha precisato che: *"Tale principio non implica una distinzione fra lavoro a domicilio autonomo e lavoro a domicilio subordinato, atteso che la mancanza della continuità delle prestazioni non esclude affatto la sussistenza di quell'attenuata subordinazione che la legge n. 877 del 1973 ha introdotto come species derogatoria rispetto al genus delineato dall'art. 2094 cod. civ., sicché il lavoro a domicilio, ancorché precario, resta pur* sempre uno speciale rapporto di lavoro subordinato, ben differenziabile dal rapporto di lavoro autonomo" (in tal senso, anche Cass., 21 ottobre 2010, n. 21625).

2. Il telelavoro.

Il telelavoro rappresenta **una modalità di esecuzione** del lavoro, caratterizzata dal fatto che la prestazione lavorativa viene svolta in un luogo esterno all'impresa, mediante l'impiego di strumenti informatici (pc, dispositivi mobili) collegati al sistema informativo aziendale.

Nel lavoro privato, tale fattispecie è priva di una disciplina di fonte legale ed è regolamentata da vari contratti collettivi, attuativi della disciplina generale dettata dall'**accordo interconfederale** del **9 giugno 2004** – di recepimento dell'accordo quadro europeo del 16 luglio 2002 – tra i cui punti fondamentali vanno rammentati i principi della parità di trattamento del telelavoratore rispetto al lavoratore in sede nonché la necessità di un accordo tra le parti circa la scelta di tale modalità di esecuzione della prestazione.

Invece, per il settore pubblico, la disciplina è dettata dal **d.p.r. 8 marzo 1999, n. 70 e dalla legge 191/1998**.

Nell'ambito del telelavoro, i contratti collettivi distinguono tra **il telelavoro svolto dal domicilio del lavoratore ed il cd. *working out*.**

In ordine alla prima fattispecie, sono ricondotte al **lavoro subordinato** *tout court* quelle ipotesi in cui la contrattazione collettiva prevede che il lavoratore, dal suo domicilio, sia collegato *on line* con il sistema informativo aziendale che ne rileva gli accessi e le disconnessioni, così permettendo di verificare l'osservanza dell'orario di lavoro e che, altresì, consente di controllore l'esecuzione stessa della prestazione. Viceversa, sono inquadrate nel **lavoro subordinato a domicilio** quelle ipotesi in cui il lavoratore non è tenuto ad un collegamento continuo con il sistema informativo aziendale e, quindi, nemmeno all'osservanza di un orario di lavoro; in tal caso, rispetto al tradizionale lavoro a domicilio, cambiano gli strumenti di lavoro ed il tipo di prestazione.

Dal telelavoro svolto dal domicilio del lavoratore si differenzia il **cd. *working out*** connotato dalla peculiarità che il lavoratore non ha l'obbligo di esecuzione della prestazione da un luogo fisso esterno all'azienda, potendo invece liberamente scegliere sia dove collocare la propria postazione di lavoro (sempre al di fuori dell'azienda) che il tempo di esecuzione dello stesso, così che il collegamento con il sistema informatico aziendale non è continuo. La tutela riconosciuta dalla contrattazione collettiva nei diversi settori in cui è sperimentata tale modalità di lavoro è unitaria ed è quella del lavoro subordinato.

3. Il lavoro agile (o *smart working*).

Il lavoro agile (o *"smart working"*) costituisce una modalità di esecuzione del lavoro subordinato, prevista e disciplinata dalla legge n. **81 del 22 maggio 2017**. Tale disciplina si applica, in quanto compatibile e fatte salve le diverse disposizioni specificamente previste, anche ai rapporti di lavoro alle dipendenze delle pubbliche amministrazioni, secondo le direttive emanate anche per la promozione della conciliazione dei tempi di vita e di lavoro nelle amministrazioni pubbliche, adottate in base a quanto previsto dall'art. 14 della **L. 124/2015**. In data 7 dicembre 2021 è stato siglato tra il Ministero del Lavoro e le parti sociali il primo "Protocollo Nazionale sul lavoro in modalità agile" nel settore privato che detta le linee di indirizzo finalizzate a fornire un quadro di riferimento per la futura contrattazione collettiva, nazionale e aziendale e/o territoriale, fermi restando gli accordi in essere anche individuali. L'intento dichiarato è quello di valorizzare la contrattazione collettiva, soprattutto aziendale, quale fonte privilegiata di regolamentazione del lavoro agile, sia pure nel rispetto della disciplina legale di cui alla legge 22 maggio 2017, n. 81 e degli accordi collettivi in essere.

3.1. Caratteristiche.

Il lavoro agile si connota per **l'assenza di precisi vincoli di orario e di luogo** di lavoro: la prestazione lavorativa viene eseguita **in parte all'interno di locali aziendali e in parte all'esterno senza una postazione fissa, entro i soli limiti di durata massima dell'orario di lavoro giornaliero e settimanale**, derivanti dalla legge e dalla contrattazione collettiva.

Lo svolgimento della prestazione in modalità agile va stabilito mediante **accordo individuale** tra le parti. Elemento accessorio dell'accordo di lavoro agile è il possibile (non necessario) **utilizzo di strumenti tecnologici forniti dal datore di lavoro** per lo svolgimento dell'attività lavorativa. Il datore di lavoro è responsabile della sicurezza e del buon funzionamento degli strumenti tecnologici assegnati al lavoratore per l'esecuzione della prestazione.

L'accordo che disciplina la flessibilità nell'esecuzione della prestazione lavorativa subordinata deve avere **forma scritta ai fini della prova** e prevedere, in particolare, la disciplina delle concrete modalità di esercizio del lavoro all'esterno dei locali aziendali, le forme di esercizio del potere direttivo e di controllo del datore di lavoro, l'individuazione delle condotte, connesse alla prestazione lavorativa svolta all'esterno dei locali aziendali, che danno luogo all'applicazione di sanzioni disciplinari, i tempi di riposo e le misure per garantire al lavoratore la disconnessione dalle strumentazioni tecnologiche del lavoro (art. 19, co. 1).

Va sottolineato come il suddetto accordo, rimettendo alla volontà delle parti la disciplina delle modalità di esecuzione della prestazione, delle forme con le quali il datore di lavoro può esercitare il potere direttivo e di controllo, deroga all'art. 2094 cc facendo venir meno l'unilateralità del potere direttivo e di controllo rispetto a quelle prestazioni che vengono rese fuori dall'azienda.

L'accordo di flessibilità può essere **a tempo determinato o a tempo indeterminato**. In tale ultimo caso, il **recesso** libero può avvenire con un preavviso non inferiore a trenta giorni, esteso a 90 gg. per i lavoratori disabili, mentre nessun preavviso è dovuto in caso di recesso per giustificato motivo.

Con l'art. 1 co. 486 della l. n. 145 del 30.12.2018 è stato inserito il comma 3 bis dell'art. 18 della l. 81/2017, modificato dal **D. Lgs. 105 del 30.6.2022** che prevede, a carico dei datori di lavoro sia pubblici che privati che stipulino accordi per l'esecuzione della prestazione di lavoro in modalità agile, **l'obbligo di riconoscere priorità** alle richieste di esecuzione del rapporto di lavoro in tale modalità formulate dalle lavoratrici nonché dai lavoratori con figli fino a 12 anni o senza limite di età nel caso di figli portatori di handicap grave. La stessa priorità è riconosciuta alle richieste dei lavoratori portatori di handicap in situazione di gravità accertata o che siano caregivers di coniuge o di familiari/affini (entro certi gradi predeterminati) affetti da handicap grave o percettori dell'indennità di accompagnamento. È fatto espresso divieto ai datori di lavoro di sanzionare, demansionare, licenziare, trasferire il lavoratore che richiede di fruire del lavoro agile e viene stabilita per tali provvedimenti, ove adottati, una presunzione di legge circa la loro natura ritorsiva o discriminatoria, sanzionata con la nullità dell'atto.

Il ricorso al lavoro agile è stato incentivato, anche in deroga alla disciplina vigente, dal legislatore a partire dall'emergenza COVID-19 (art. 90, comma 4, del D.L 34/2020) con disposizione prorogata sino al 31.12.2022 dalla legge 21 settembre 2022, n. 142 di conversione del DL 9 agosto 2022, n. 115. In particolare, anche in assenza degli accordi individuali è stato consentito il ricorso al lavoro agile nel settore privato. Inoltre, lo smart working è stato riconosciuto come ordinaria modalità di svolgimento della prestazione dei lavoratori pubblici e privati, cd. fragili (in ragione dell'età, dell'immunodepressione, degli esiti delle patologie oncologiche, della sottoposizione a terapie salvavita) e portatori di handicap grave, anche in assenza degli accordi individuali previsti dalla normativa vigente e anche mediante assegnazione a mansioni diverse.

3.2. Il trattamento del lavoratore agile.

Il trattamento economico e normativo del lavoratore agile non deve essere inferiore a quello complessivamente applicato, in attuazione dei contratti collettivi, nei confronti dei lavoratori che svolgono le medesime mansioni esclusivamente all'interno dell'azienda. Quanto alla tutela contro gli infortuni sul lavoro e le malattie professionali, essa è stata estesa ai rischi connessi alla prestazione lavorativa resa all'esterno dei locali aziendali nonché all'infortunio in itinere, occorso durante il normale percorso di andata e ritorno dal luogo di abitazione a quello prescelto per lo svolgimento della prestazione lavorativa, solo quando la scelta del luogo della prestazione sia dettata da esigenze connesse alla prestazione stessa o dalla necessità del lavoratore di conciliare le esigenze di vita con quelle lavorative e risponda a criteri di ragionevolezza.

4. Il lavoro domestico.

Ha per oggetto le prestazioni a carattere domestico svolte in favore di un datore di lavoro non imprenditore, in ambito familiare o in contesti assimilabili.
La Suprema Corte ha precisato che per comunità parafamiliare, ai fini del lavoro domestico, si intende una comunità stabile di persone che convivono, senza scopo di lucro, nell'osservanza di un principio di mutua assistenza, come ad esempio le comunità religiose.
L'attività di lavoro domestico deve essere finalizzata al funzionamento della vita familiare, per soddisfare un bisogno personale (e non professionale) del datore di lavoro.
La fattispecie è disciplinata dagli artt. 2240–2246 c.c. nonché, solo laddove l'attività sia prestata in modo continuativo e prevalente, per almeno 4 ore giornaliere, presso lo stesso datore di lavoro, dalla l. 2 aprile 1958, n. 339 e, infine, dalla contrattazione collettiva, la cui operatività in materia era stata esclusa dall'art. 2068 cc. sino alla pronunzia di illegittimità costituzionale n. 68 del 1969 per contrasto con l'art 3 Cost.
Il contratto di lavoro domestico, secondo la contrattazione collettiva, deve esser stipulato per **iscritto** e si **presume** la sussistenza di un **patto di prova** per i primi otto giorni ex art. 2241 c.c.
Non trovano applicazione le norme sull'**orario di lavoro** di cui al D.lgs. n. 66/2003, mentre la contrattazione collettiva prevede il limite massimo di 10 ore di lavoro giornaliere, non consecutive, per i lavoratori conviventi e di 8 ore per i non conviventi.
Il lavoratore domestico, che può anche essere un minore, ha diritto al riposo settimanale di almeno una giornata non coincidente con la domenica, ad un permesso infrasettimanale di mezza giornata, ad un periodo di ferie retribuito, variabile in base all'anzianità di servizio.

Se il lavoratore è convivente ha diritto, oltre alla retribuzione in danaro, al vitto, che sia tale da assicurare una nutrizione sana e sufficiente nonché all'alloggio, da garantirsi in un ambiente che non sia nocivo per la sua salute.
In ordine alla **cessazione del rapporto**, è ammesso il licenziamento *ad nutum ex* art. 2118 c.c., (art. 2244 c.c.).
Non trova applicazione, per espressa esclusione, il divieto di licenziamento delle lavoratrici a causa di matrimonio nonché il divieto di licenziamento delle lavoratrici madri, per mancato richiamo nel TU sulla maternità, tra le norme estese alla lavoratrice domestica, anche dell'art. 54.

5. Il lavoro sportivo.

Il rapporto di lavoro sportivo era regolato dalla l. 23 marzo **1981, n. 91** che si limitava a disciplinare come tale quello intercorrente tra le società sportive e gli sportivi **professionisti**.
Il dettato normativo in questione è stato abrogato, a decorrere dal 1° gennaio 2023 (nella previsione originaria dal 1° luglio 2022), dal **d. lgs. n. 36 del 28.2.2021** (art. 52) novellato dal **d. lgs. n. 163 del 23.11.2022** che, nel dichiarato intento di introdurre una disciplina organica del rapporto di lavoro sportivo, ha dettato norme in materia di enti sportivi professionistici e dilettantistici, nonché norme uniformi in materia di rapporto di lavoro sportivo sia dilettantistico che professionistico, salvo che per talune peculiari disposizioni riservate al solo lavoro sportivo dilettantistico (art. 28).
La novella, superando la precedente distinzione normativa tra sportivo dilettante e professionista, definisce come "lavoratore sportivo" l'atleta, l'allenatore, l'istruttore, il direttore tecnico, il direttore sportivo, il preparatore atletico e il direttore di gara che, **indipendentemente dal settore professionistico o dilettantistico**, esercitano l'attività sportiva verso un corrispettivo. La riforma del D. Lgs. 05 ottobre 2022 n. 163 ha aggiunto al precedente elenco dei lavoratori sportivi anche tutti i "tesserati" retribuiti, eccetto quelli che svolgono attività amministrative.
Ricorrendone i presupposti, l'attività di lavoro sportivo può costituire oggetto di un rapporto di lavoro subordinato o di un rapporto di lavoro autonomo, anche nella forma di collaborazioni coordinate e continuative di cui all'art. 409 cpc.
I rapporti di lavoro sportivo sono assoggettati alla disciplina dettata dal d. lgs. n. 36 del 28.2.2021 e, solo in mancanza di una specifica previsione contraria, alle norme di legge sui rapporti di lavoro nell'impresa, incluse quelle di carat-

tere previdenziale (tutela della malattia, maternità, disoccupazione involontaria, obbligatorietà dell'assicurazione contro infortuni e malattie professionali ove gli spostivi siano dipendenti dei soggetti inclusi nel TU), tributario, sulla tutela della salute e della sicurezza nei luoghi di lavoro, in quanto compatibili.
È espressamente esclusa la compatibilità di una serie di norme sul lavoro subordinato, tra cui si rammentano quelle sull'apparato sanzionatorio avverso i licenziamenti illegittimi ex art. 18 L. 300/70, quelle sul licenziamento individuale per giusta causa e giustificato motivo soggettivo (art. 1-8 L. 604/66). Pertanto, il recesso sarà disciplinato dall'art. 2118 cc che riconosce alle parti la facoltà di libera recedibilità, salvo l'obbligo di preavviso. Neppure si applicano le disposizioni inerenti alla procedura di licenziamenti collettivi (art. 24 L. 223/1991) né quelle sul contratto di lavoro a tutele crescenti (d. lgs. 23/2015) né le garanzie procedimentali dell'art. 7 L n. 300/70 laddove le sanzioni disciplinari siano irrogate dalle Federazioni Sportive Nazionali, dalle Discipline Sportive Associate, dagli Enti di Promozione Sportiva. È altresì esclusa l'applicabilità della disciplina generale sul contratto a termine di cui al d. lgs. 2015, n. 81, in luogo della quale la normativa speciale in esame non contempla il regime della causalità oltre i 12 mesi, prevede una ben più ampia durata del contratto sino a cinque anni, ammette la libera successione di contratti a tempo determinato fra gli stessi soggetti. La novella, come per il passato, prevede che il contratto può essere **ceduto** ad un'altra società prima della scadenza, ma con il consenso dello sportivo, essendo stato abrogato il **cd. vincolo sportivo** derivante dal tesseramento che consentiva di imporre all'atleta la cessione.

Come nella previgente disciplina, il lavoro sportivo prestato dagli **atleti professionisti** (tali perché appartenenti ad un settore qualificato come professionistico dalla rispettiva Federazione Sportiva Nazionale o Disciplina Sportiva Associata) come attività principale, ovvero prevalente e continuativa, **si presume oggetto di contratto di lavoro subordinato** (art. 27 co.2). Per altre figure di lavoratori sportivi professionisti (allenatori, direttori tecnico sportivi e preparatori atletici), contemplate nell'art. 2 della legge 1981, n. 91, la sussistenza o meno del vincolo della subordinazione deve essere accertata di volta in volta nel caso concreto, in applicazione dei criteri forniti dal diritto comune del lavoro (Cass., 01 agosto 2011, n. 16849).

Invece, la prestazione dell'atleta professionista sarà qualificabile come **lavoro autonomo** laddove ricorra una delle seguenti condizioni tra loro non necessariamente concorrenti (art. 27 co. 3):
1. l'attività sia svolta nell'ambito di una singola manifestazione sportiva o di più manifestazioni tra loro collegate in un breve periodo di tempo;

2. l'atleta non sia contrattualmente vincolato alla frequenza di sedute di preparazione od allenamento;
3. la prestazione che è oggetto del contratto, pur avendo carattere continuativo, non superi le otto ore settimanali ovvero i cinque giorni mensili ovvero i trenta all'anno.

Rimane immutata la previgente disciplina sulla forma del contratto di lavoro sportivo professionistico, stipulato con le **società sportive professionistiche** che devono avere la forma di società per azioni o a responsabilità limitata e devono esser affiliate alle Federazioni nazionali riconosciute dal CONI; in difetto, troverà applicazione la disciplina generale sul contratto di lavoro.

Il predetto contratto deve rivestire la **forma scritta *ad substantiam*** deve essere stipulato **in conformità al contratto – tipo** predisposto, ogni tre anni, dalle federazioni sportive nazionali e dai rappresentanti delle categorie interessate.
In caso di difformità mediante clausole peggiorative, esse sono sostituite di diritto dalle clausole del contratto tipo. Il contratto deve esser depositato presso la federazione nazionale entro 7 giorni ai fini della sua approvazione; quest'ultima costituisce **condizione di efficacia del contratto**.

Nell'area del dilettantismo, il lavoro dello sportivo si presume come lavoro autonomo, nella forma della collaborazione coordinata e continuativa, quando ricorrono i seguenti requisiti nei confronti del medesimo committente:
a) la durata delle prestazioni oggetto del contratto, pur avendo carattere continuativo, non supera le diciotto ore settimanali, escluso il tempo dedicato alla partecipazione a manifestazioni sportive;
b) le prestazioni oggetto del contratto risultano coordinate sotto il profilo tecnico-sportivo, in osservanza dei regolamenti delle Federazioni sportive nazionali, delle Discipline sportive associate e degli Enti di promozione sportiva.

Eccezion fatta per la predetta presunzione di natura autonoma, il lavoro sportivo dilettantistico è assoggettato alle medesime norme di quello professionistico.
È ammesso il ricorso al lavoro di **volontari** – nello svolgimento diretto dell'attività sportiva, della formazione, della didattica e della preparazione degli atleti – purché sia svolto esclusivamente per finalità amatoriali. Le prestazioni sportive dei volontari non sono retribuite in alcun modo nemmeno dal beneficiario; possono essere rimborsate esclusivamente le spese documentate relative al vitto, all'alloggio, al viaggio. Le prestazioni sportive di volontariato sono incompatibili con qualsiasi forma di rapporto di lavoro, anche con l'ente di cui il volontario è socio o associato o tramite il quale svolge la propria attività sportiva.

6. Il lavoro di portierato.

Il lavoro di portierato va ricondotto al rapporto di lavoro subordinato, sia pure con taluni profili di specialità.

La disciplina normativa è prevista essenzialmente dalla contrattazione collettiva, che ha recepito il contratto corporativo del 1938; la legislazione generale sul lavoro subordinato si applica in quanto compatibile. Il rapporto si instaura con **i proprietari di fabbricati e/o loro consorzi nonché con le amministrazioni condominiali**; se, invece, il rapporto intercorre con una persona fisica, unico proprietario del fabbricato, si ricade nell'ambito del lavoro domestico.

Ha per **oggetto** servizi di vigilanza, custodia e pulizia dello stabile.

Il datore di lavoro, di norma, è l'amministratore di condominio che ha il potere di stipula del contratto individuale direttamente ex art. 1136 cc. ovvero su delega dell'assemblea.

Il contratto deve avere la **forma scritta e può essere a termine**.

La peculiarità del rapporto di portierato risiede nell'assegnazione – ove prevista in contratto, non essendo più un elemento essenziale del rapporto – dell'**alloggio** al portiere, che si presume effettuata al fine di consentire lo svolgimento della prestazione, salvo che non risulti un diverso titolo. Siffatto diritto del lavoratore al godimento dell'alloggio di servizio è funzionalmente collegato con la prestazione lavorativa, costituendone un parziale corrispettivo e viene meno al momento della cessazione del rapporto di lavoro.

Dunque, la **retribuzione** del portiere è mista in quanto una parte è costituita dal salario mensile (con alcune indennità previste dal contratto collettivo) e una parte dall'alloggio, con fornitura delle utenze (elettricità, acqua e riscaldamento).

L'orario di lavoro deve esser stabilito nel contratto individuale, nel rispetto della fascia oraria (7:00-20:00) di apertura e chiusura del portone predeterminata dal CCNL, nel caso di portiere assegnatario di alloggio; se il portiere è privo di alloggio, l'orario è di 45 ore settimanali su 6 giornate.

In ordine alla **cessazione del rapporto**, il licenziamento disciplinare può avvenire per giusta causa o giustificato motivo, con applicazione della procedura dell'art. 7 L. 300/70. Peculiare la fattispecie del licenziamento per giustificato motivo oggettivo derivante dalla soppressione del servizio di portierato: a tal fine è necessaria una delibera assembleare ed il licenziamento non è sindacabile nei suoi profili di congruità e opportunità, sempreché il datore di lavoro provi l'effettività e la non pretestuosità del riassetto organizzativo operato.

CAPITOLO III | I CONTRATTI SPECIALI

QUESTIONARIO

1. Quali sono gli elementi caratterizzanti il lavoro a domicilio rispetto al lavoro subordinato ordinario? **1.**
2. Nel rapporto di lavoro a domicilio il lavoratore come è sottoposto alle direttive e al potere di controllo del datore di lavoro? **1.**
3. La retribuzione come si atteggia nel lavoro domestico? **1.**
4. Che tipo di lavoro è quello a domicilio? **1.**
5. Che differenza c'è con il telelavoro? **2.**
6. Quali sono i diritti assicurati al lavoratore che esegue la prestazione in telelavoro? **2.**
7. Cos'è il lavoro agile e in cosa differisce dal telelavoro? **2.** - **3.**
8. Quali sono i requisiti oggettivi e soggettivi affinché si configuri lavoro domestico? Quali sono le principali deviazione di disciplina rispetto al lavoro subordinato nell'impresa? **4.**
9. C'è una disciplina peculiare per il patto di prova nel lavoro domestico? **4.**
10. Come può essere la retribuzione nel lavoro domestico? **4.**
11. Il licenziamento del lavoratore domestico può essere *ad nutum*? **4.**
12. Che natura ha il rapporto di lavoro sportivo dell'atleta professionista? Può essere anche autonomo? **5.**
13. Quali sono le norme sul lavoro subordinato non applicabili al lavoro sportivo subordinato? **5.**
14. Come è regolato il contratto di lavoro sportivo a termine? **5.**
15. L'atleta dilettante può instaurare un rapporto di lavoro sportivo? **5.**
16. La forma del contratto di lavoro sportivo e la condizione di efficacia. **5.**
17. È ammesso il recesso *ad nutum* dal contratto di lavoro sportivo? **5.**
18. Quali sono le caratteristiche del rapporto di lavoro di portierato? **6.**

SCHEDA DI SINTESI

Il contratto a tempo determinato è un contratto di lavoro subordinato sottoposto a termine finale. Alla scadenza il rapporto si estingue *ipso iure*. È acausale se ha una durata non superiore a 12 mesi; deve esser giustificato da ragioni oggettive temporanee tipizzate dal legislatore se di durata superiore ai 12 mesi, ma entro i 24. La mancanza di tali causali o il superamento del termine massimo di 24 mesi comporta la conversione in contratto a tempo indeterminato. Può avere durata superiore ai 24 mesi solo nelle ipotesi tipizzate (attività stagionali, specifiche previsioni della contrattazione collettiva, contratto stipulato presso la DTL).

È necessaria la **forma scritta** a pena di inefficacia del termine e la specifica indicazione delle ragioni giustificatrici.

È ammessa la **proroga**, se la durata iniziale è inferiore a 24 mesi, fino a 4 volte nell'arco di 24 mesi; deve essere giustificata da ragioni oggettive temporanee se, per effetto della proroga, il contratto eccede i 12 mesi di durata complessiva.

Se il rapporto **prosegue di fatto** entro i 24 mesi è prevista una maggiorazione retributiva; oltre tale termine, la conversione.
Il **rinnovo** è ammesso solo in presenza di causali giustificative e nel rispetto di un intervallo minimo tra i 2 rapporti. La violazione di tali requisiti è sanzionata con la conversione.
Il ricorso da parte delle aziende al contratto a termine non può eccedere i **limiti quantitativi** di legge; è **vietato**, pena la conversione: per sostituire lavoratori in sciopero; nelle unità produttive che abbiano effettuato licenziamenti collettivi nei 6 mesi precedenti; durante i periodi di Cassa integrazione; se non è stata effettuata la valutazione dei rischi.
Il **contratto a tempo parziale** prevede una durata dell'orario settimanale inferiore a quella di legge o del CCNL; richiede la forma scritta *ad probationem* (in mancanza, il lavoratore può chiedere la declaratoria giudiziale del full-time) e l'accordo delle parti, salvo alcune categorie di prestatori che hanno un diritto soggettivo al part-time.
Le clausole elastiche inserite nel contratto consentono al datore di lavoro di aumentare unilateralmente le ore di lavoro o la collocazione temporale della prestazione. Devono esser conformi al CCNL o pattuite innanzi alle commissioni di certificazione. Il lavoratore ha diritto al preavviso e ad una maggiorazione retributiva.
Il **lavoro supplementare** è quello prestato in eccedenza rispetto all'orario part-time, entro il limite dell'orario ordinario. Il dipendente, ove il lavoro supplementare non sia disciplinato dal CCNL, può rifiutarsi di svolgerlo per esigenze lavorative, di salute, familiari o di formazione professionale; può rifiutarsi, inoltre, se la richiesta esorbita i limiti previsti dal CCNL.
Il **contratto di apprendistato** è un contratto di lavoro con finalità formativa, articolato in 3 tipologie; richiede la forma scritta *ad probationem* e ha durata non inferiore a 6 mesi; è consentito il libero recesso con preavviso al termine del periodo di apprendistato, in mancanza del quale il rapporto prosegue a tempo indeterminato.
Il **lavoro a domicilio** è lavoro subordinato, con la peculiarità che le direttive non possono esser impartite costantemente, ma solo all'inizio del rapporto, non possono riguardare il luogo e l'orario di lavoro, il potere di controllo è esercitabile solo al momento della consegna dell'opera. La retribuzione è a cottimo.
Il **telelavoro** è svolto fuori dai locali aziendali mediante strumenti informatici collegati con il software aziendale che consentono il controllo dell'osservanza dell'orario di lavoro.
Il **lavoro agile** è svolto in parte in azienda e in parte fuori dai locali aziendali, senza vincolo di orario nel rispetto del limite massimo giornaliero e settimanale della prestazione. È necessario l'accordo delle parti.
Il **lavoro domestico** è finalizzato a soddisfare i bisogni di una famiglia o di comunità assimilabili ad essa. È presunto il patto di prova nei primi 8 giorni lavorativi. Il licenziamento è *ad nutum*.

Capitolo IV
Il rapporto di lavoro: costituzione

SEZIONE I – Mercato del lavoro e politiche attive

Sommario:
1. Il collocamento ordinario: evoluzione storica. – **1.1.** Il decentramento dallo Stato alle Regioni e il coinvolgimento dei soggetti privati. – **2.** La Rete nazionale dei servizi per le politiche attive per il lavoro. – **3.** Lo stato di disoccupazione. – **4.** I servizi per il lavoro e le politiche attive. – **5.** Le assunzioni incentivate. – **6.** Il collocamento mirato per i disabili. – **6.1.** I beneficiari. – **6.2.** I soggetti obbligati alle assunzioni. – **6.3.** La quota di riserva. – **6.4.** La procedura di assunzione. – **6.5.** Le convenzioni. – **6.6.** Il rapporto di lavoro. – **6.7.** Incentivi e apparato sanzionatorio. –**7.** Il collocamento dei cittadini europei ed extraeuropei.

1. Il collocamento ordinario: evoluzione storica.

Con il Regio Decreto n. 1003 del 1928 vennero istituiti, per la prima volta, gli uffici di Collocamento aventi la funzione di iscrivere i lavoratori disoccupati in apposite "liste" e con la successiva L. n. 112 del 1935 venne introdotto il "Libretto di Lavoro", quale documento obbligatorio del lavoratore, necessario per l'iscrizione nelle liste del collocamento e per l'instaurazione di un rapporto di lavoro.

Nel secondo dopoguerra, con la legge n. 264 del 29 aprile 1949, fu introdotto un sistema di avviamento al lavoro, accentrato a livello ministeriale, che procedeva al collocamento della manodopera mediante il criterio della **chiamata numerica,** dietro richiesta dell'imprenditore. L'ufficio assegnava (nel numero domandato) i lavoratori all'impresa, che li assumeva senza alcuna possibilità di selezione e verifica attitudinale.

Siffatto sistema, che era troppo rigido e poco funzionale al reale incontro tra le esigenze di lavoro e quelle della produzione, fu gradualmente abbandonato a partire dagli anni '80 in un processo evolutivo che si spinse sino agli inizi degli anni '90, allorquando si valorizzò il ruolo delle Regioni, mediante l'istituzione dell'Agenzia regionale per l'Impiego e si introdusse la **chiamata nominativa,**

in quasi tutti i settori, salvo il nulla – osta dell'ufficio di collocamento ai fini dell'assunzione e salva la riserva per le cd. fasce deboli.
Tale assetto, tuttavia, siccome incentrato sul monopolio pubblico dei servizi di collocamento, fu condannato dalla Corte di giustizia europea, per contrasto con la disciplina comunitaria in materia di abuso di posizione dominante *(CGUE, 11 dicembre 1997, C-55/96).*
Il legislatore, quindi, intervenne a riorganizzare il sistema di collocamento in linea con l'ordinamento comunitario.
Con la L. n. 608/1996 fu generalizzata **l'assunzione diretta**, così determinando il venir meno della necessità del ricorso alla mediazione degli uffici di collocamento, ai quali invece l'assunzione doveva solo essere successivamente comunicata. La chiamata numerica fu, così, ridotta alla marginalità.

1.1. Il decentramento dallo Stato alle Regioni e il coinvolgimento dei soggetti privati.

L'assetto organizzativo del sistema di intermediazione tra domanda e offerta di lavoro, siccome incentrato sul monopolio pubblico dei servizi di collocamento, fu condannato dalla Corte di giustizia europea, per contrasto con la disciplina comunitaria in materia di abuso di posizione dominante *(CGUE,* dicembre 1997, C-55/96).
Il legislatore, quindi, intervenne a riorganizzare il sistema di collocamento in linea con l'ordinamento comunitario.
La L. 196/1997, dal canto proprio, autorizzò dei soggetti privati, le **cd. agenzie di mediazione,** a svolgere attività di mediazione di manodopera.
Con il D.lgs. n. 469/1997, si trasferirono le funzioni amministrative relative alle politiche attive del lavoro dallo Stato alle **Regioni** (con delega alle Province) salva la funzione di indirizzo e coordinamento dello Stato.
Con l'avvento della riforma nel 2001 del V titolo della Costituzione si completò il decentramento attribuendo alla legislazione regionale in forma concorrente con quella statale la disciplina del mercato del lavoro e della formazione professionale
Su tale sistema aperto e misto, connotato dalla coesistenza tra pubblico e privato, incise in senso ulteriormente liberalizzante il D.lgs. n. 297/2002 – che abrogò sia le liste di collocamento (con salvezza delle sole liste di mobilità e del collocamento dei disabili) che la L. n. 112/35 istitutiva del libretto di lavoro – e, ancora, il D.lgs. n. 276/2003 che affidò anche all'Ordine dei consulenti del Lavoro la funzione di agenzia per il lavoro.
Tuttavia, le difficoltà di efficienza del sistema dovute alla frammentazione

regionale del servizio hanno, da ultimo, indotto all'ennesima riforma, attuata con il D.lgs. n. 150/2015 (come modificato dal DL 73 del 25 maggio 2021 conv. in L. 106/2021) contenente norme per il riordino della normativa in materia di servizi per il lavoro e di politiche attive ed istitutivo dell'ANPAL, un'agenzia con funzioni di coordinamento delle politiche attive del lavoro e dell'accompagnamento all'impiego.

2. La Rete nazionale dei servizi per le politiche attive per il lavoro.

I servizi per il lavoro – mediazione, ricerca e selezione – hanno lo scopo di favorire l'incontro tra offerta e domanda di lavoro e, come anticipato, sono oggi svolti tanto da soggetti pubblici che privati. In particolare, la **Rete nazionale dei servizi per le politiche attive** del lavoro è così composta:

1. le strutture regionali per le politiche attive (centri per l'impiego);
2. l'Agenzia Nazionale per le Politiche Attive del Lavoro (ANPAL)
3. L'INPS, con riferimento all'erogazione di incentivi e prestazioni di sostegno al reddito;
4. L'INAIL, per quanto concerne il reinserimento e l'integrazione lavorativa delle persone con disabilità da lavoro;
5. Le Agenzie private per il lavoro, gli altri soggetti autorizzati all'esercizio dell'attività di intermediazione e i soggetti accreditati per i servizi al lavoro;
6. I fondi interprofessionali per la formazione continua (art. 118 L. n. 388/2000);
7. I fondi bilaterali operanti nel settore delle agenzie di somministrazione di lavoro;
8. L'INAPP, ente di supporto del Ministero del lavoro;
9. Le Camere di Commercio,
10. Le Università e le scuole secondarie di secondo grado.

Il ruolo di indirizzo politico e di controllo in materia di politiche attive è esercitato, negli ambiti di rispettiva competenza, dal Ministero del Lavoro e dalle Regioni. Sono fissate, con apposito decreto, ogni triennio le linee di indirizzo e gli obiettivi annuali delle politiche attive, con particolare riguardo alla riduzione della durata media della disoccupazione, alla quota di intermediazione tra domanda e offerta di lavoro nonché i livelli essenziali delle prestazioni che debbono essere erogate su tutto il territorio nazionale.

All'**ANPAL** spetta il coordinamento dei servizi per il lavoro, del collocamento dei disabili e delle politiche di attivazione dei lavoratori disoccupati; la gestione del sistema informativo unitario delle politiche del lavoro mediante il quale si attua la raccolta dei dati sui servizi e sulle politiche attive, sui soggetti in cerca di occupazione, sui percettori di ammortizzatori sociali e reddito di cittadinanza, sulla formazione professionale; la determinazione dell'ammontare dell'assegno individuale di ricollocazione; l'accreditamento degli organismi privati di intermediazione e la gestione dell'albo nazionale delle agenzie per il lavoro; il monitoraggio e valutazione sulla gestione delle politiche attive e sui risultati conseguiti dal sistema; la definizione di metodologie di incentivazione alla mobilità territoriale; assistenza e consulenza nella gestione delle crisi di aziende aventi unità produttive ubicate in diverse province della stessa regione o in più regioni e, a richiesta, nella gestione delle crisi aziendali complesse ovvero che riguardano specifici territori soggetti a recessione economica e perdita occupazionale di rilevanza nazionale.

All'ANPAL è, inoltre, affidato un ruolo paranormativo, attraverso l'emanazione di circolari e atti interpretativi. In aggiunta ai compiti spettanti di diritto, all'ANPAL possono essere attribuiti ulteriori compiti e funzioni, mediante la stipula di apposite convenzioni con le regioni e le province autonome, in materia di gestione diretta dei servizi per il lavoro e delle politiche attive del lavoro.

Le strutture regionali per le politiche attive sono denominate **Centri per l'impiego**; si tratta di uffici aperti al pubblico con compiti di: orientamento di base, analisi delle competenze e profilazione, ausilio alla ricerca di un'occupazione, orientamento specialistico, avviamento ad attività di formazione ai fini della qualificazione e riqualificazione professionale, accompagnamento al lavoro anche mediante l'assegno di ricollocazione, promozione di esperienze lavorative ai fini di un incremento delle competenze, anche mediante lo strumento del tirocinio, promozione di prestazioni di lavoro socialmente utile. Le regioni e le province autonome svolgono le predette attività direttamente ovvero, mediante il coinvolgimento dei soggetti privati accreditati sulla base dei costi standard definiti dall'ANPAL e garantendo in ogni caso all'utente facoltà di scelta.

Le **agenzie del lavoro** e gli **intermediari privati**, come previsto dal D.lgs. n. 276/2003, possono svolgere l'attività di somministrazione, intermediazione, ricerca e selezione del personale, supporto alla ricollocazione professionale a condizione che siano accreditate a livello nazionale o dalle regioni di riferimento, qualora intendano operare solo a livello regionale. L'ANPAL, dopo aver accertato la sussistenza dei requisiti giuridici e finanziari previsti dalla legge, concede l'autorizzazione all'esercizio dell'attività ed iscrive le agenzie nell'apposito Albo.

Il sistema di collocamento è gratuito e, pertanto, è fatto divieto alle agenzie per il lavoro di percepire dai lavoratori compensi per l'attività svolta.

3. Lo stato di disoccupazione.

I servizi per l'impiego e le politiche attive sono rivolti a: beneficiari di strumenti di sostegno al reddito in costanza di rapporto di lavoro e a rischio di disoccupazione, soggetti **disoccupati**. Si definiscono tali coloro che si trovano in una delle seguenti condizioni:

1. stato involontario di mancata occupazione (art. 19, D.lgs. n. 150/2015) cui sono equiparate le dimissioni per giusta causa e durante la maternità, il licenziamento disciplinare, la risoluzione consensuale in sede protetta;
2. i lavoratori il cui reddito da lavoro autonomo o dipendente corrisponde ad un'imposta lorda pari o inferiore alle detrazioni spettanti ai sensi dell'art. 13 TUIR (art. 4 D.L. 4/2019, convertito in L. n. 26/2019).

e che dichiarino in forma telematica, tramite il **Sistema Informativo Unitario** delle politiche del lavoro **(SIU)**, la propria immediata disponibilità allo svolgimento di attività lavorativa ed alla partecipazione alle misure di politica attiva del lavoro concordate con il centro per l'impiego (**DID**: dichiarazione di immediata disponibilità).

4. I servizi per il lavoro e le politiche attive.

Sulla base delle informazioni fornite in sede di registrazione, gli utenti dei servizi per l'impiego vengono assegnati ad una classe di profilazione, periodicamente aggiornata, allo scopo di valutarne il livello di occupabilità. Per confermare lo stato di disoccupazione, i lavoratori disoccupati devono contattare i centri per l'impiego, entro 30 giorni dalla data della DID (in mancanza, sono convocati dai centri medesimi) per effettuare la profilazione e la stipula di un patto di servizio personalizzato, nel quale devono dichiarare la disponibilità alla partecipazione ad iniziative di carattere formativo o di riqualificazione ed all'accettazione di congrue offerte di lavoro. Invece, il disoccupato che – trascorsi sessanta giorni dalla data della DID – non sia stato convocato dai centri per l'impiego ha diritto a richiedere **l'assegno di ricollocazione**, previa profilazione presso l'ANPAM, spendibile presso i centri per l'impiego o presso i soggetti privati accreditati, al fine di ottenere un servizio di assistenza intensiva nella ricerca di lavoro.

Tra le politiche attive il legislatore ha, anche, previsto **l'utilizzo diretto dei lavoratori titolari di strumenti di sostegno al reddito**: allo scopo di permettere il mantenimento e lo sviluppo delle competenze acquisite, i lavoratori che fruiscono di strumenti di sostegno del reddito in costanza di rapporto di lavoro o posti in mobilità possono essere chiamati a svolgere attività a fini di pubblica utilità a beneficio della comunità territoriale di appartenenza, sotto la direzione e il coordinamento di amministrazioni pubbliche.

Al fine di migliorare i servizi di inserimento nel mondo del lavoro è stato istituito il programma nazionale del Ministero del Lavoro e delle Politiche Sociali «Garanzia di occupabilità dei lavoratori» (GOL), finalizzato ad incentivare l'inserimento nel mondo del lavoro dei beneficiari del Reddito di cittadinanza, dei disoccupati percettori di NASpI, dei lavoratori in Cassa integrazione in transizione attraverso politiche attive personalizzate. La sua attuazione è demandata alle Regioni, è connessa al potenziamento dei centri per l'impiego ed è sottoposta a controllo dell'ANPAM.

Tra gli strumenti di politica attiva per il lavoro rientrano gli **incentivi all'occupazione** (v. *infra* par. 5) che consistono nei benefici normativi o economici riconosciuti ai datori di lavoro in relazione all'assunzione di specifiche categorie di lavoratori.

> **TI RICORDI CHE...**
>
> Legge costituzionale n. 3/2001 ha riscritto l'art. 117 Cost. attribuendo alla potestà legislativa concorrente delle Regioni la materia del lavoro e, dunque, del collocamento, dei servizi per l'impiego e delle politiche attive.

> **TI RICORDI CHE...**
>
> Il contratto di apprendistato è quel contratto di lavoro a tempo indeterminato finalizzato alla formazione e alla occupazione dei giovani (art. 41, co.1 del D.lgs. n. 81/2015).

5. Le assunzioni incentivate.

Nell'ambito delle politiche per l'occupazione giocano un ruolo centrale, al fine di incentivare le nuove assunzioni, gli incentivi economici e normativi previsti in relazione a determinate tipologie di contratto oppure a precipue categorie di lavoratori.

Le agevolazioni possono consistere nell'elargizione di un contributo oppure nello sgravio, totale o parziale, degli oneri fiscali e contributivi. I benefici economici connessi ad un incentivo all'occupazione sono riconosciuti di regola mediante conguaglio sul versamento dei contributi previdenziali a carico del datore.

Il D.lgs. n. 150/2015 (art. 30), allo scopo di assicurare la trasparenza e il coordinamento degli incentivi all'occupazione, ha istituito presso l'ANPAL, il **repertorio nazionale degli incentivi occupazionali e del lavoro**, contenente, in relazione a ciascuno schema incentivante, talune informazioni essenziali quali: a) categorie di lavoratori interessati; b) categorie di datori di lavoro interessati; c) modalità di corresponsione dell'incentivo; d) importo e durata dell'incentivo; e) ambito territoriale interessato; f) conformità alla normativa in materia di aiuti di stato.

Le regioni e le province autonome che intendano prevedere un incentivo all'occupazione ne danno comunicazione all'ANPAL.

Nell'art. 31 del predetto decreto sono stati dettati dei **principi generali di fruizione degli incentivi** finalizzati a garantirne un'omogena fruizione; in particolare, in particolare, sono state tipizzate ipotesi di **incompatibilità**, sicché gli incentivi non spettano se: l'assunzione costituisce attuazione di un obbligo preesistente; se l'assunzione viola il diritto di precedenza alla riassunzione di un altro lavoratore licenziato da un rapporto a tempo indeterminato o cessato da un rapporto a termine; se il datore di lavoro o l'utilizzatore con contratto di somministrazione hanno in atto sospensioni dal lavoro connesse ad una crisi o riorganizzazione aziendale, salvi i casi in cui l'assunzione, la trasformazione o la somministrazione siano finalizzate all'assunzione di lavoratori inquadrati ad un livello diverso da quello posseduto dai lavoratori sospesi o da impiegare in diverse unità produttive; con riferimento a quei lavoratori che sono stati licenziati nei sei mesi precedenti da parte di un datore di lavoro che, al momento del licenziamento, presenta assetti proprietari sostanzialmente coincidenti con quelli del datore di lavoro che assume o utilizza in somministrazione, ovvero risulta con quest'ultimo in rapporto di collegamento o controllo.

Inoltre, il legislatore ha sanzionato con la **decadenza** dal beneficio quei datori di lavoro che assolvano tardivamente all'obbligo delle comunicazioni telematiche inerenti all'instaurazione e la modifica di un rapporto di lavoro o di somministrazione: infatti, in tal caso, essi perderanno quella parte dell'incentivo relativa al periodo compreso tra la decorrenza del rapporto agevolato e la data della tardiva comunicazione.

Per fruire delle agevolazioni contributive, i datori di lavoro devono essere in regola con gli obblighi contributivi e, dunque, essere in possesso del DURC (documento unico di regolarità contributiva); le risultanze delle interrogazioni all'INPS, INAIL e Casse Edili sostituiscono, ad ogni effetto, il DURC.

Tra gli incentivi espressamente previsti dal d. lgs. 150/2015 rientrano quelli volti a favorire il ricorso al contratto di apprendistato per la qualifica, il diploma e il certificato di specializzazione tecnica superiore.

6. Il collocamento mirato per i disabili.

La l. 12 marzo 1999, n. 68, di recente modificata dal D.lgs. n. 151/2015, ha istituito il c.d. **collocamento mirato** volto all'inserimento nel mondo del lavoro delle persone affette da disabilità attraverso la ricerca di occupazioni che siano confacenti alle loro capacità lavorative.

Siffatto sistema presuppone correlati **obblighi di assunzione** in capo a determinate categorie di datori di lavoro. Le competenze in materia spettano, attualmente, non più allo Stato, ma alle Regioni ed alle Province.

6.1. I beneficiari.

L'ambito soggettivo dei destinatari del collocamento mirato è definito dall'art. 1 della L. 68/99 e comprende, quanto ai **beneficiari**:

1. i soggetti in età lavorativa affetti da **minorazioni fisiche, psichiche, sensoriali o portatori di handicap intellettivo** che comportino una riduzione della capacità lavorativa superiore al **45%** accertato dalle commissioni mediche competenti in materia di invalidità civile nonché **l'assicurato la cui capacità di lavoro, in occupazioni confacenti alle sue attitudini, sia ridotta in modo permanente** a causa di infermità o difetto fisico o mentale **a meno di un terzo** (art. 1, comma 1, della legge 12 giugno 1994, n. 222);
2. i **non vedenti** ed i **sordomuti**;
3. gli **invalidi del lavoro** con una percentuale di invalidità superiore al **33%**;

4. gli **invalidi di guerra** militari e civili;
5. le cd. **categorie protette** (orfani e coniugi dei deceduti o dei grandi invalidi per causa di lavoro o di guerra; profughi italiani rimpatriati).

Le predette disabilità, ove preesistano all'assunzione, consentono di beneficiare del collocamento mirato al fine di instaurare un rapporto di lavoro; laddove, invece, un lavoratore sia **divenuto disabile** (non essendolo al momento dell'assunzione) **per infortunio sul lavoro o malattia professionale** i datori di lavoro, pubblici e privati, sono tenuti a garantire loro la conservazione del posto di lavoro in mansioni equivalenti o inferiori (in tale ultimo caso, con conservazione del trattamento di maggior favore) ed, in mancanza di mansioni compatibili, i disabili hanno diritto di precedenza al collocamento presso un altro datore di lavoro.

6.2. I soggetti obbligati alle assunzioni.

Quanto agli **obbligati alle assunzioni**, vi rientrano i datori di lavoro, pubblici o privati, che abbiano alle loro dipendenze almeno 15 unità. L'obbligo scatta contestualmente al raggiungimento di tale limite.

Tuttavia, sono **esentati** dall'obbligo i datori di lavoro pubblici e privati che operano nel settore del: trasporto aereo, marittimo e terrestre, per quanto concerne il personale viaggiante e navigante; dell'edilizia, per quanto concerne il personale di cantiere e gli addetti al trasporto del settore; degli impianti a fune, in relazione al personale direttamente adibito alle aree operative di esercizio e regolarità dell'attività di trasporto; dell'autotrasporto, per quanto concerne il personale viaggiante.

Accanto alle vere e proprie esclusioni dell'obbligo di assunzione, il legislatore ha disciplinato anche degli **esoneri parziali** in favore dei datori di lavoro privati e degli enti pubblici economici che, per le speciali condizioni della loro attività, non possono occupare l'intera percentuale dei disabili e che presentino un'apposita domanda di esonero, a condizione tuttavia che versino al Fondo regionale per l'occupazione dei disabili un contributo esonerativo per ciascuna unità non assunta. La novella del 2015 ha previsto, inoltre, l'automaticità dell'esonero sulla base di un'autocertificazione di lavoro, per i datori che occupano addetti impegnati in lavorazioni che comportano il pagamento di un tasso di premio ai fini INAIL pari o superiore al 60 per mille.

Gli obblighi di assunzione non operano, temporaneamente, laddove ricorrano le ipotesi di **sospensione** tipizzate: nei confronti delle imprese in Cassa integrazione straordinaria, di quelle che abbiano avviato una procedura di mobilità che si concluda con almeno 5 licenziamenti (e, in tal caso, la sospensione opera per la durata della procedura), delle imprese assoggettate a procedure concorsuali.

6.3. La quota di riserva.

Il numero di soggetti disabili da assumere (c.d. **quota di riserva**) aumenta proporzionalmente al numero dei dipendenti in forza:

1. **dai 15 ai 35** è obbligatoria l'assunzione di **un disabile;**
2. **dai 36 ai 50** è obbligatoria l'assunzione di **due disabili**;
3. **oltre i 50** dipendenti è obbligatoria l'assunzione di una quota di disabili pari al **7%** degli occupati e di una quota degli appartenenti alle categorie protette pari all'**1%**.

Per i partiti politici, le organizzazioni sindacali e le organizzazioni che, senza scopo di lucro, operano nel campo della solidarietà sociale, dell'assistenza e della riabilitazione, la quota di riserva si computa su di un organico più ristretto rispetto a quello costituito dalla totalità degli occupati e cioè esclusivamente con riferimento al personale tecnico-esecutivo e svolgente funzioni amministrative. Per i servizi di polizia, della protezione civile, il collocamento dei disabili è previsto nei soli servizi amministrativi.

Il computo della quota di riserva avviene secondo i criteri dettati dall'art. 4 della L. 68/99.

6.4. La procedura di assunzione.

La **procedura** di assunzione mediante il collocamento mirato prevede, innanzitutto, l'**iscrizione** del disabile – previo accertamento della disabilità da parte delle apposite commissioni medico-legali – nell'apposito elenco, tenuto dall'ufficio competente individuato in relazione alla residenza dell'interessato, salva la possibilità di iscriversi in un altro ambito territoriale dello Stato, scelto dalla persona con disabilità, dopo la cancellazione dall'elenco di residenza. Presso i servizi di collocamento opera un **comitato tecnico** che annota in un'apposita scheda le capacità lavorative, le abilità, le competenze e le inclinazioni, nonché la natura e il grado della disabilità e analizza le caratteristiche dei posti da assegnare ai lavoratori disabili, in modo da favorire l'incontro tra domanda e offerta di lavoro.

I datori di lavoro procedono all'assunzione o mediante **richiesta nominativa** di avviamento agli uffici competenti o mediante **la stipula delle convenzioni** disciplinate dall'articolo 11 della L. 68/99.

Riguardo alla prima modalità, gli obbligati devono presentare agli uffici competenti la richiesta di assunzione entro sessanta giorni dal momento in cui si verificano le condizioni numeriche relative all'organico tali da determinare l'insorgenza dell'obbligo di assunzione dei lavoratori disabili.

In mancanza, la richiesta di avviamento al lavoro si intende presentata anche attraverso l'invio agli uffici competenti dei **prospetti informativi** dai quali risultino il numero complessivo dei lavoratori dipendenti, il numero e i nominativi dei lavoratori computabili nella quota di riserva, nonché i posti di lavoro e le mansioni disponibili. Il predetto invio è obbligatorio e va effettuato in modalità telematica entro il termine fissato con apposito decreto ministeriale.

Non è necessario un ulteriore invio periodico se non intervengono cambiamenti d'organico rilevanti ai fini della L. 68/99.

Nel caso di mancata assunzione secondo modalità e termini anzidetti, gli uffici competenti avviano i lavoratori nell'ordine di graduatoria per la qualifica richiesta sulla base delle qualifiche disponibili. Gli uffici possono procedere anche previa chiamata con avviso pubblico e con graduatoria limitata a coloro che aderiscono alla specifica occasione di lavoro.

6.5. Le convenzioni.

Le convenzioni hanno ad oggetto la determinazione di un programma mirante al conseguimento degli obiettivi occupazionali. Possono essere:

1. **convenzioni** tra datori di lavoro ed uffici di collocamento **dirette all'assunzione** del disabile, stabilendo i tempi e le modalità (scelta nominativa, tirocini formativi, contratto a termine) delle assunzioni che il datore di lavoro si impegna ad effettuare; possono, altresì, avere ad oggetto l'**integrazione lavorativa** per l'avviamento di disabili che presentino particolari caratteristiche e difficoltà di inserimento nel ciclo lavorativo ordinario (art. 11);
2. convenzioni finalizzate **all'inserimento temporaneo dei disabili** presso i soggetti ospitanti, ai quali i datori di lavoro si impegnano ad affidare commesse di lavoro. Tali convenzioni sono stipulate oltre che con il datore di lavoro obbligato alle assunzioni di cui alla L. 68/99 anche con un ulteriore contraente, il cd. soggetto ospitante: le cooperative sociali, le imprese sociali, i disabili liberi professionisti, i datori di lavoro privati non soggetti all'obbligo di assunzione. Esse

prevedono la contestuale assunzione a tempo indeterminato del disabile da parte del datore di lavoro e l'impiego del predetto presso i soggetti ospitanti che ne assumono oneri retributivi, previdenziali e assistenziali per tutta la durata della convenzione, che non può eccedere i dodici mesi, prorogabili di ulteriori dodici mesi da parte degli uffici competenti (art. 12);
3. **convenzioni di inserimento lavorativo**, finalizzate all'assunzione di persone disabili con particolari caratteristiche e difficoltà di inserimento lavorativo da parte dei c.d. soggetti destinatari (quali cooperative sociali, imprese sociali, datori di lavoro non soggetti all'obbligo di assunzione), ai quali i c.d. soggetti conferenti (i datori di lavoro tenuti alle assunzioni obbligatorie) si impegnano ad affidare specifiche commesse. Tale convenzione non può avere una durata inferiore a tre anni e deve prevedere la contestualità tra il conferimento della commessa di lavoro e l'assunzione delle persone disabili da parte del soggetto destinatario (art. 12 *bis*).

6.6. Il rapporto di lavoro.

Il disabile utilmente collocato in graduatoria è titolare di un vero e proprio diritto soggettivo all'assunzione e, pertanto, nel caso di inadempimento del datore, il giudice adito potrà disporre la costituzione coattiva del contratto di lavoro ex art. 2932 c.c., qualora la richiesta di assunzione già contenga gli elementi essenziali del contratto non concluso, oppure la condanna al risarcimento dei danni patiti dal disabile in ragione della mancata assunzione.
Tuttavia, sul disabile grava, a determinate condizioni, anche un dovere di accettazione dell'assunzione: se, infatti, per due volte consecutive, senza giustificato motivo, non risponda alla convocazione ovvero rifiuti il posto di lavoro offerto corrispondente ai suoi requisiti professionali e alle disponibilità dichiarate all'atto della iscrizione o reiscrizione nelle predette liste, la direzione provinciale del lavoro, sentiti gli uffici competenti, dispone la decadenza dal diritto all'indennità di disoccupazione ordinaria e la cancellazione dalle liste di collocamento per un periodo di sei mesi.
Il rapporto di lavoro è assoggettato all'ordinaria disciplina del tipo negoziale, salvo talune specificità.
Innanzitutto, il disabile deve essere adibito a **mansioni compatibili** con le proprie condizioni di invalidità.
È ammesso il **patto di prova**, purché tenga conto della minorazione delle capacità di lavoro determinate dalla disabilità e, pertanto, è nullo il recesso deter-

minato dal mancato superamento del periodo di prova a causa della predetta invalidità.
In caso di **aggravamento delle condizioni di salute** del disabile, questi ha diritto – previa valutazione di un'apposita commissione che ne accerti l'incompatibilità con le mansioni – ad una **sospensione non retribuita** del rapporto per tutto il periodo in cui dura l'incompatibilità. Qualora, nonostante i possibili adattamenti ragionevolmente apportabili all'organizzazione del lavoro, venga accertata dalla commissione la definitiva impossibilità di reinserire il lavoratore in azienda, il datore può procedere alla risoluzione del rapporto di lavoro, ma è tenuto entro 10 giorni alla relativa comunicazione all'ufficio, per la sostituzione del lavoratore con altro avente diritto all'avviamento obbligatorio.
I **licenziamenti** collettivi o per giustificato motivo oggettivo esercitati nei confronti dei disabili sono annullabili qualora per effetto del recesso il numero dei lavoratori disabili rimanenti occupati in azienda scenda al di sotto della quota di riserva.

6.7. Incentivi e apparato sanzionatorio.

Ai datori di lavoro che assumono, con rapporto di lavoro a tempo indeterminato, persone con disabilità spetta un **incentivo** nella misura del 70% o del 35% della retribuzione mensile lorda imponibile a fini previdenziali, a seconda del grado di riduzione della capacità lavorativa o delle minorazioni ascritte al soggetto con disabilità. L'incentivo è erogato per un periodo di trentasei mesi.
Nel caso di assunzioni di persone con disabilità intellettiva e psichica, l'incentivo è concesso nella misura del 70% della retribuzione mensile lorda imponibile a fini previdenziali, ma per un periodo più ampio, di 60 mesi e sia in caso di assunzione a tempo indeterminato che in caso di assunzione a tempo determinato, purché la durata del contratto non sia inferiore a dodici mesi e per tutta la sua durata. L'incentivo viene corrisposto al datore di lavoro unicamente mediante conguaglio nelle denunce contributive mensili ed è riconosciuto dall'INPS sulla base delle effettive disponibilità di risorse e secondo l'ordine di presentazione delle domande.
Per fronteggiare la spesa determinata dall'erogazione degli incentivi è istituito un fondo presso il Ministero del Lavoro e delle politiche sociali.
In caso di inadempimento degli obblighi di assunzione, trascorsi sessanta giorni dalla data in cui insorge l'obbligo di assumere il disabile, il datore di lavoro è tenuto al versamento di una **sanzione** amministrativa pecuniaria per ogni giorno lavorativo durante il quale risulti non coperta, per cause imputabili al datore di lavoro, la quota di riserva. Inoltre, l'ispettorato del lavoro avvierà

la procedura di diffida di cui all'articolo 13 del decreto legislativo 23 aprile 2004, n. 124, e successive modificazioni, che prevede, in relazione alla quota d'obbligo non coperta, l'intimazione a presentare agli uffici competenti la richiesta di assunzione o alla stipulazione del contratto di lavoro con la persona con disabilità avviata dagli uffici.

Altresì, al datore di lavoro che non abbia adempiuto all'obbligo di invio telematico del prospetto informativo contenente i dati occupazionali rilevanti ai fini della L. 68/99 vengono comminate dalla Direzione Provinciale del lavoro le sanzioni amministrative determinate dalla medesima legge 68/99, i cui introiti vengono versati al Fondo regionale per l'occupazione dei disabili. Nelle pubbliche amministrazioni, ai responsabili dei procedimenti amministrativi, ai sensi della legge 7 agosto 1990, n. 241, che si siano resi inadempienti si applicano le sanzioni penali, amministrative e disciplinari previste dalle norme sul pubblico impiego.

7. Il collocamento dei cittadini europei ed extraeuropei.

L'ingresso, il soggiorno e l'instaurazione di un rapporto di lavoro nel territorio italiano del cittadino non appartenente all'Unione Europea sono disciplinati dal D.lgs. 25 luglio **1998, n. 286 (Testo Unico sull'immigrazione)** e relativo regolamento attuativo (D.P.R. n. 394/1999).

L'ingresso nel territorio dello Stato per motivi di lavoro subordinato anche stagionale e di lavoro autonomo avviene nell'ambito delle cd. **quote di ingresso** stabilite nei decreti cd. flussi, emanati dal governo con funzione di programmazione. Nello stabilire le quote i decreti prevedono restrizioni numeriche all'ingresso di lavoratori di Stati che non collaborano adeguatamente nel contrasto all'immigrazione clandestina o nella riammissione di propri cittadini destinatari di provvedimenti di rimpatrio.

L'ingresso di lavoratori extra-UE è consentito in **deroga alle quote annuali** stabilite nei cd. decreti flussi e con una **procedura semplificata** (rispetto a quella di seguito descritta) in casi particolari ovverosia per: i dirigenti o personale altamente specializzato di società aventi sede o filiali in Italia, i professori universitari, lettori universitari e ricercatori, i traduttori e interpreti, i collaboratori familiari di cittadini italiani o comunitari che si trasferiscono in Italia per la prosecuzione del rapporto di lavoro domestico; stranieri che fanno parte dell'equipaggio di navi battenti bandiera italiana; infermieri professionali assunti presso strutture sanitarie pubbliche e private, lavoratori dello spettacolo, sportivi professionisti.

Al di fuori di tali categorie di prestatori di lavoro altamente qualificati, per le altre categorie il datore di lavoro che intende instaurare in Italia un rapporto di lavoro subordinato a tempo determinato o indeterminato con uno **straniero residente all'estero** deve presentare – previa verifica, presso il centro per l'impiego competente, della indisponibilità di un lavoratore presente sul territorio nazionale, idoneamente documentata – allo sportello unico per l'immigrazione della provincia di residenza ovvero di quella in cui ha sede legale l'impresa ovvero di quella ove avrà luogo la prestazione lavorativa la **richiesta nominativa di nulla-osta al lavoro**, allegando tra l'altro la proposta di contratto di soggiorno. Invece, nei casi in cui non abbia una conoscenza diretta dello straniero, il datore di lavoro può richiedere **il nulla-osta al lavoro di una o più persone iscritte nelle apposite liste**.
Lo Sportello Unico rilascia, sentito il questore, il nulla-osta nel rispetto dei limiti numerici, quantitativi e qualitativi. Il nulla-osta al lavoro subordinato ha validità per un periodo non superiore a sei mesi dalla data del rilascio. Ottenuto il nulla-osta, il datore di lavoro sottoscrive il contratto di soggiorno, che viene trasmesso agli uffici consolari del Paese di residenza o di origine dello straniero, i quali provvedono, dopo gli accertamenti di rito, a rilasciare il visto di ingresso. Entro otto giorni dall'ingresso, lo straniero si reca presso lo sportello unico per l'immigrazione che ha rilasciato il nulla-osta per la firma del contratto di soggiorno, il quale costituisce l'impegno alla stipula di un vero e proprio contratto di lavoro nel termine di 6 mesi. Lo straniero è tenuto, contestualmente, a richiedere il **permesso di soggiorno**. Tuttavia, in attesa del rilascio, è autorizzato allo svolgimento dell'attività lavorativa sempre che abbia presentato la richiesta entro 8 gg. dall'ingresso in Italia.
La **perdita del posto di lavoro** non costituisce motivo di revoca del permesso di soggiorno al lavoratore extracomunitario ed ai suoi familiari legalmente soggiornanti; in tal caso, il lavoratore può essere iscritto nelle
liste di collocamento per il periodo di residua validità del permesso di soggiorno, e comunque, salvo che si tratti di permesso di soggiorno per lavoro stagionale, per un periodo non inferiore ad un anno ovvero per tutto il periodo di durata della prestazione di sostegno al reddito percepita dal lavoratore straniero, qualora superiore. Il regolamento di attuazione stabilisce le modalità di comunicazione ai centri per l'impiego, anche ai fini dell'iscrizione del lavoratore straniero nelle liste di collocamento con priorità rispetto a nuovi lavoratori extracomunitari.
Tra l'Italia ed i paesi extraeuropei possono essere stipulate intese o accordi bilaterali che prevedono che i lavoratori stranieri che intendono fare ingresso in Italia per motivi di lavoro subordinato, anche stagionale, si iscrivano in ap-

posite liste. Il regolamento attuativo prevede che **le liste di lavoratori stranieri** che chiedono di lavorare in Italia, formate in attuazione dei predetti accordi sono compilate ed aggiornate per anno solare, distintamente per lavoratori a tempo indeterminato, a tempo determinato e per lavoro stagionale, secondo le preferenze espresse dai lavoratori e sono tenute nell'ordine di presentazione delle domande di iscrizione.

Riguardo agli **stranieri, già soggiornanti di lungo periodo** che risiedono regolarmente in Italia da almeno cinque anni e che dimostrino di avere un reddito non inferiore all'importo annuo dell'assegno sociale ed un alloggio idoneo, essi possono ottenere, previo superamento di un test di conoscenza della lingua italiana, il **permesso di soggiorno U.E.**, che è a tempo indeterminato e consente lo svolgimento di qualsiasi attività lavorativa subordinata od autonoma, senza necessità di stipulare il contratto di soggiorno.

Per i **lavoratori italiani all'estero**, l'art. 18 del D.lgs. n. 151 del 14 settembre 2015 ha abrogato l'autorizzazione preventiva prevista dall'articolo 2 del decreto-legge n. 317 del 1987 per l'assunzione o il trasferimento all'estero dei lavoratori italiani ed ha previsto che il contratto di lavoro dei lavoratori assunti o trasferiti all'estero debba contenere un trattamento economico-normativo complessivamente non inferiore a quello previsto dai contratti collettivi di lavoro vigenti in Italia, la possibilità per i lavoratori di ottenere il trasferimento in Italia della quota di valuta trasferibile delle retribuzioni corrisposte all'estero, la stipula di un'assicurazione per ogni viaggio di andata nel luogo di destinazione e di rientro dal luogo stesso, per i casi di morte o di invalidità permanente, il tipo di sistemazione logistica e l'obbligo per il datore di lavoro di apprestare idonee misure in materia di sicurezza.

QUESTIONARIO

1. Come è strutturato attualmente il sistema di collocamento ordinario? **1.1.**
2. Come è composta la Rete nazionale dei Servizi per la politica attiva? **2.**
3. Cos'è l'ANPAL? **2.**
4. Possono i soggetti privati svolgere attività di intermediazione tra domanda ed offerta di lavoro? A quali condizioni? **2.**
5. Cosa si intende per stato di disoccupazione ai fini della fruizione dei servizi di politica attiva del lavoro? **3.**
6. Cos'è il collocamento mirato, a chi si rivolge, come opera? **6.1.**
7. Quali sono i datori di lavoro obbligati all'assunzione dei disabili? **6.2.**
8. Cosa si intende per quote di riserva? **6.3.**
9. Quali sono le peculiarità del rapporto di lavoro del disabile? **6.6.**

CAPITOLO IV | **IL RAPORTO DI LAVORO: COSTITUZIONE**

10. Se in costanza di rapporto di lavoro l'invalidità del lavoratore si aggrava, il datore di lavoro può licenziarlo? **6.6.**
11. È ammesso il patto di prova per il disabile? **6.6.**
12. Come è disciplinata l'assunzione dello straniero extracomunitario? **7.**

SEZIONE II – Assunzione e contratto individuale di lavoro

Sommario:
1. La procedura di assunzione e gli obblighi datoriali. – **1.1.** Le comunicazioni. – **2.** Il contratto di lavoro: elementi essenziali e accidentali. – **2.1.** I rapporti con la contrattazione collettiva e la legge. – **3.** La forma. – **3.1.** Il lavoro sommerso: accertamento e sanzioni. – **4.** La causa: onerosità e gratuità della prestazione. – **4.1.** Lavoro gratuito: familiare e volontariato. – **5.** L'oggetto. – **6.** Elementi accidentali: il patto di prova. – **7.** Vizi del contratto e sanzioni. – **7.1.** Le prestazioni di fatto: art. 2126 c.c. – **8.** Certificazione del contratto: nozione e finalità. – **8.1.** Procedimento di certificazione. – **8.2.** Impugnativa.

1. La procedura di assunzione e gli obblighi datoriali.

Il datore di lavoro può procedere all'assunzione di un lavoratore o direttamente o avvalendosi della rete dei servizi di collocamento.

Nella scelta del lavoratore da assumere è, tuttavia, obbligato ad osservare i **diritti di precedenza** dei lavoratori che già siano stati impiegati presso di lui, quali i lavoratori licenziati per riduzione di personale, quelli che abbiano lavorato con contratto a termine nonché dei lavoratori part-time.

Laddove non sia vincolato ad uno specifico diritto di precedenza, il datore di lavoro deve attenersi al **principio di non discriminazione diretta ed indiretta** sia nella fase di ricerca che in quella di selezione del personale.

All'atto dell'assunzione, deve assolvere agli **obblighi informativi,** mediante consegna al lavoratore dei seguenti documenti:

1. la cd. "dichiarazione di assunzione", contenente le informazioni relative al rapporto di lavoro. Tale obbligo può essere assolto anche mediante rilascio di una copia del contratto individuale di lavoro o della lettera di assunzione. In mancanza, il lavoratore può rivolgersi all'Ispettorato del Lavoro perché proceda alla relativa intimazione nei confronti del datore;
2. la dichiarazione per le detrazioni di imposta spettanti al lavoratore;
3. il modello per la destinazione del TFR;
4. l'informativa per la privacy; e) l'informativa per la sicurezza sul lavoro.

Ogni datore di lavoro operante in Italia è tenuto ad avere **Libro Unico del Lavoro (LUL)**, nel quale deve registrare tutti i lavoratori dipendenti, somministrati, distaccati, intermittenti ed i collaboratori coordinati e continuativi nonché le loro presenze, assenze, le ore lavorate, le ferie ed i permessi. Mediante rilascio di una copia del LUL può assolvere all'obbligo, che insorge al momento della corresponsione di ciascuna retribuzione, di rilasciare la busta paga indicante i dati anagrafici delle parti, la qualifica, i titoli di imputazione dei pagamenti, il periodo di lavoro, le trattenute, gli assegni del nucleo familiare (art. 1 L. n. 4/53).

Il datore di lavoro, inoltre, deve provvedere **all'immatricolazione all'INPS** necessaria per procedere al versamento dei contributi in favore dei lavoratori assunti. L'iscrizione va effettuata entro il 16° giorno del mese successivo a quello di inizio dell'attività con dipendenti.

Ed ancora, deve effettuare **l'iscrizione all'Inail** al fine di assicurare i propri dipendenti ed i lavoratori parasubordinati contro gli infortuni e le malattie professionali. La denuncia di iscrizione deve esser presentata entro la data di inizio dell'attività, pena l'applicazione di sanzioni amministrative e civili.

> **TI RICORDI CHE...**
>
> L'art. 8 comma 6 e l'art. 24 D.lgs. n. 81/2015 disciplinano, rispettivamente, i diritti di precedenza del lavoratore part-time e del lavoratore a termine.

1.1. Le comunicazioni.

I datori di lavoro, pubblici e privati, nonché gli enti pubblici economici sono tenuti ad ottemperare agli obblighi di **comunicazione** attraverso il sistema Informatico delle Comunicazioni Obbligatorie. L'obbligo può essere assolto anche attraverso gli intermediari abilitati all'invio, quali i consulenti del lavoro, gli avvocati, i commercialisti, le associazioni di categoria dei datori di lavoro, le agenzie per il lavoro.

Le comunicazioni riguardano tutti i rapporti di lavoro subordinato, lavoro autonomo in forma di coordinata e continuativa, lavoro nei rapporti associativi, rapporti di tirocinio, prestazioni rese dai lavoratori dello spettacolo.

Le comunicazioni obbligatorie concernono tutte le vicende del rapporto di lavoro, quali l'instaurazione, la trasformazione, la proroga e la cessazione del rapporto nonché quelle soggettive del datore di lavoro ed hanno efficacia meramente dichiarativa nei confronti della P.A.

Il datore di lavoro, per quanto concerne l'assunzione, deve inviare per via telematica al Centro per l'impiego, entro le ore 24 del giorno precedente l'inizio del rapporto di lavoro, **"la comunicazione di instaurazione"** contenente:

1. i dati anagrafici del datore di lavoro e quelli del lavoratore;
2. la data di assunzione e, in caso di contratto a termine, anche quella di cessazione;
3. la tipologia negoziale;
4. la qualifica professionale;
5. il trattamento economico e normativo applicato, anche solo mediante riferimento al Ccnl applicato dal datore di lavoro e all'inquadramento.

Si evidenzia che a partire da aprile 2019 la comunicazione obbligatoria deve contenere l'informazione relativa alla retribuzione ai fini del reddito di cittadinanza in presenza di attività lavorativa (art. 3, co. 8. D.L. n. 4/2019).
Al fine di adempiere all'obbligo di comunicazione, i datori di lavoro debbono accreditarsi secondo le modalità indicate dalla regione in cui si trova la sede di lavoro e, in caso di sedi in più regioni, hanno la facoltà di **accentramento**, inviando tutte le comunicazioni presso un solo servizio informatico di una delle regioni interessate. Il sistema informativo regionale trasmette le comunicazioni al Ministero del Lavoro.
Le comunicazioni obbligatorie di instaurazione, trasformazione, proroga, distacco, trasferimento e cessazione del rapporto vengono effettuate mediante l'impiego del **modello UNILAV**.
Effettuata la comunicazione di assunzione nel termine sopra indicato, eventuali **modifiche essenziali del rapporto** dovranno esser trasmesse nei 5 giorni successivi. È ammessa la **rettifica** soltanto nelle seguenti ipotesi: a seguito di accertamento ispettivo, per variazione delle agevolazioni spettanti o per mutamento dei dati del permesso di soggiorno. Infine, è possibile l'**annullamento** della comunicazione di assunzione, nel caso di mancata instaurazione del rapporto di lavoro, purché sia trasmesso entro la data prevista di inizio del rapporto.
Quanto alla **"comunicazione di cessazione"**, essa è obbligatoria:

1. in tutti i casi di estinzione dei rapporti a tempo indeterminato, per qualunque causa;
2. in caso di recesso anticipato dal contratto a termine;
3. in caso di prosecuzione di fatto del rapporto a termine.

CAPITOLO IV | IL RAPORTO DI LAVORO: COSTITUZIONE

Tale comunicazione, come quella di trasformazione del rapporto o di proroga dello stesso, deve essere inoltrata entro i 5 giorni successivi all'evento.
Laddove l'obbligato sia una pubblica amministrazione ovvero un'agenzia di somministrazione mutano i suddetti termini, dovendosi inoltrare le comunicazioni nei 20 giorni del mese successivo all'evento.
Le Comunicazioni Obbligatorie, inviate al Servizio competente nel cui ambito territoriale si trova la sede di lavoro, sono valide ai fini dell'assolvimento di tutti gli obblighi di comunicazione imposti per legge a carico dei datori di lavoro e dei lavoratori, nei confronti delle Direzioni regionali e Territoriali del Lavoro, dell'INPS, dell'INAIL, di altre forme previdenziali sostitutive o esclusive, della Prefettura-Ufficio territoriale del Governo e delle Province (c.d. **pluriefficacia delle comunicazioni**, art. 4 *bis*, co. 6, D.lgs. 21 aprile 2000, n. 181, come modificato dal d.l. n. 76/2013, conv. in l. n. 99/2013). Tale previsione è stata integrata con quella dell'art. 13 co 4 D. lgs 150/2015 (come modificato dal DL 3 settembre 2019, n. 101) che a seguito dell'istituzione dell'ANPAL ha previsto – allo scopo di semplificare gli adempimenti per i datori di lavoro – che le comunicazioni di assunzione, trasformazione e cessazione dei rapporti di lavoro sono trasmesse per via telematica al Ministero del lavoro e delle politiche sociali che le mette a disposizione dell'ANPAL, delle regioni, dell'INPS, dell'INAIL e dell'Ispettorato nazionale del lavoro per le attività di rispettiva competenza.
In ordine alla violazione degli obblighi di comunicazione si rimanda al successivo par. 3.1.

> **TI RICORDI CHE...**
>
> La trasformazione del rapporto ricorre nei casi in cui il contratto a termine diviene indeterminato, il contratto di apprendistato approda al contratto a tempo indeterminato al termine del periodo di formazione in assenza di recesso, il rapporto part-time si trasforma in full-time.

> **TI RICORDI CHE...**
>
> La proroga comporta il prolungamento del contratto a termine oltre la data di cessazione inizialmente fissata ed è ammissibile nei casi e nei termini di cui all'art. 21 del D.lgs. n. 81/2015.

2. Il contratto di lavoro: elementi essenziali e accidentali.

Il contratto di lavoro è un contratto a prestazioni corrispettive che viene stipulato tra il datore di lavoro, che può essere una persona fisica, giuridica o un'organizzazione dotata di soggettività giuridica ed il lavoratore subordinato, persona fisica che abbia compiuto il 16° anno di età.

Requisiti essenziali del contratto di lavoro sono l'accordo delle parti, la causa, l'oggetto.

La **forma scritta**, invece, non è prescritta dalla legge e, pertanto, la volontà delle parti può esser manifestata in ogni modo, anche mediante comportamenti concludenti, salvo le specifiche discipline che la prescrivono a pena di nullità nei contratti di lavoro subordinato atipici.

Nonostante la libertà della forma, il datore è tenuto ad assolvere agli obblighi informativi come descritti nei precedenti paragrafi e dunque, almeno a tale scopo, è necessario l'atto scritto.

Il contratto si perfeziona con **l'accordo delle parti**, che si realizza ex art. 1326 c.c. quando il proponente ha conoscenza dell'accettazione dell'altra parte. La proposta contrattuale contenuta nella lettera di assunzione è, *more solito*, accettata integralmente dal lavoratore senza modifiche e senza trattative, salvo che per professionalità altamente qualificate.

La **causa del contratto**, come si ricava dall'art. 2094 c.c., consiste nello scambio di lavoro subordinato dietro retribuzione, come per la generalità dei contratti a prestazioni corrispettive. Tuttavia, la corrispettività subisce notevoli deviazioni dal tipo legale della sinallagmaticità sia in quanto la retribuzione deve essere, comunque, sufficiente (art. 36 Cost.), sia soprattutto perché il lavoratore ha diritto ad un trattamento economico durante il periodo di sospensione della prestazione lavorativa dovuta a malattia o fruizione delle ferie (art. 2110 c.c.) nonché al trattamento della Cassa integrazione anche in caso di impossibilità totale o temporanea della prestazione per le cause integrabili.

L'oggetto del contratto di lavoro – accedendo alla teoria che ravvisa l'oggetto immediato del contratto nella prestazione e nel bene materiale il solo oggetto mediato – è costituito dall'esecuzione delle mansioni ad opera del lavoratore e dalla corresponsione della retribuzione da parte del datore. La prestazione, oggetto del contratto, deve essere possibile, lecita, determinata o determinabile.

Oltre ai requisiti essenziali del contratto, le parti possono inserire – nell'esercizio della propria autonomia negoziale – elementi accessori e clausole facoltative, come il patto di prova, il termine finale, il patto di durata minima, la clausola di esclusiva.

CAPITOLO IV | IL RAPORTO DI LAVORO: COSTITUZIONE

> **TI RICORDI CHE...**
>
> La forma scritta è richiesta *ad substantiam* per il contratto di lavoro sportivo, la clausola appositiva del termine; è richiesta *ad probationem*, per il lavoro part-time, il lavoro intermittente, il lavoro agile.

2.1. I rapporti con la contrattazione collettiva e la legge.

Nella disciplina del rapporto di lavoro, l'ordinamento considera l'autonomia individuale insufficiente a regolare le obbligazioni che nascono dal rapporto di lavoro, sicché lascia ampio spazio all'etero-integrazione ad opera di fonti esterne. L'assetto del rapporto è, dunque, solo in minima parte frutto della volontà dei singoli contraenti, risultando complessivamente dettato anche dall'intervento della legge e della contrattazione collettiva.

La legge e la contrattazione collettiva stabiliscono i livelli minimi del trattamento normativo ed economico, cui le parti non possono in alcun modo derogare *in pejus*. Si tratta quindi di una inderogabilità unidirezionale, sicché sono ammissibili trattamenti più favorevoli per il prestatore di lavoro previsti nel contratto individuale.

Il meccanismo attraverso il quale le norme inderogabili agisce sulla pattuizione privatistica di contenuto contrastante è quello della nullità parziale, regolata dall'art. 1419 cod. civ., con il corollario della sostituzione di diritto delle clausole nulle con le norme imperative (si veda anche l'art. 1339 cod. civ., che regola l'inserzione automatica di clausole imposte dalla legge).

È stato autorevolmente osservato che la fonte costitutiva del rapporto di lavoro è da farsi risalire al contratto, anche se poi quest'ultimo – successivamente alla costituzione del rapporto – diventa un mero collettore di discipline inderogabili. La contrapposizione fra i due momenti (genetico e regolativo) è resa plasticamente dagli artt. 1321 e 1322 cod. civ.: al potere dell'autonomia privata di costituire un rapporto giuridico (art. 1321 cc.) si giustappone, su un diverso piano, quello di «liberamente determinare il contenuto del contratto nei limiti imposti dalla legge» (art. 1322 cc.).

3. La forma.

Come anticipato, il contratto di lavoro è un contratto a forma libera e tale connotazione non può dirsi venuta meno con l'avvento della legislazione in tema di obblighi di informazione relativi al rapporto di lavoro (in particolare l'art. 4 bis del D.lgs. n. 181 del 2000, modificato da ultimo dalla l. n. 133 del 2008, e il D.lgs. n. 152 del 1997 di attuazione della direttiva 91/533 CE): infatti, trattasi di obbligazioni accessorie relative ad un rapporto già costituito per effetto dell'accordo delle parti.

Il principio della libertà della forma subisce una serie di deroghe, nelle ipotesi tassativamente previste in cui la forma scritta viene imposta *ad substantiam* (contratto di lavoro marittimo, sportivo professionale, a termine, di somministrazione, con patto di prova) o *ad probationem* (part-time, lavoro intermittente, apprendistato), tutte accomunate dalla deviazione del rapporto dal tipo normale del lavoro subordinato a tempo indeterminato e, dunque, dalla necessità di attirare l'attenzione del contraente debole sull'esistenza di tali difformità, affinché ne abbia consapevolezza.

3.1. Il lavoro sommerso: accertamento e sanzioni.

Con riferimento alla nozione di lavoro sommerso il D.lgs. n. 151/2015 non innova il quadro regolatorio previgente, né con riguardo all'oggetto, che concerne il lavoro "in nero" dei soli lavoratori subordinati, né in merito al campo di applicazione, da cui **resta escluso il lavoro domestico**.

Il lavoro si definisce **"sommerso" o "irregolare" nell'ipotesi di mancanza della preventiva comunicazione di instaurazione del rapporto di lavoro**.

Nella lotta al lavoro irregolare cruciale è **l'attività di vigilanza** da parte degli organi preposti dell'Ispettorato Nazionale del Lavoro, sulla quale si rimanda al Cap. XI.

La predetta attività sfocia, in caso di accertamento di impiego di lavoratori a nero, nella cd. **maxisanzione,** che si aggiunge alle altre sanzioni amministrative finalizzate a colpire le irregolarità nelle assunzioni.

È stata prevista dall'art. 3, comma 3, del D.L. 22 febbraio 2002, n. 12, convertito, con modificazioni, dalla legge 23 aprile 2002, n. 73, su cui è intervenuto dapprima l'art. 36 bis, comma 7, lett. a), del D.L. 4 luglio 2006, n. 223, convertito, con modificazioni, dalla legge 4 agosto 2006, n. 248 e successivamente l'art. 4 della legge 4 novembre 2010, n. 183. In tempi più recenti, la maxisanzione contro il sommerso ha subito due ulteriori importanti modifiche dapprima per effetto del D.L. 23 dicembre 2013, n. 145, convertito dalla legge 21 febbraio 2014, n. 9 ed in seguito, ad opera del D.lgs. 14 settembre 2015, n. 151.

Da ultimo, sulla maxisanzione sono nuovamente intervenuti il comma 445, lett. d), n. 1, dell'art. 1 della legge 30 dicembre 2018, n. 145 che ha introdotto apposite maggiorazioni e l'art. 7, comma 15 bis, del D.L. 28 gennaio 2019, n. 4, convertito, con modificazioni, dalla legge 28 marzo 2019, n. 26, con riferimento al reddito di cittadinanza.

È prevista una triplice soglia della sanzione, proporzionata alla gravità dell'infrazione:
1. da euro 1.500 a euro 9.000 per ciascun lavoratore irregolare, in caso di impiego del lavoratore sino a trenta giorni di effettivo lavoro;
2. da euro 3.000 a euro 18.000 per ciascun lavoratore irregolare, in caso di impiego del lavoratore da trentuno e sino a sessanta giorni di effettivo lavoro;
3. da euro 6.000 a euro 36.000 per ciascun lavoratore irregolare, in caso di impiego del lavoratore oltre sessanta giorni di effettivo lavoro.

Le predette sanzioni sono state incrementate del 20% (del 40% i n caso di recidiva nei tre anni precedenti) a partire dal 1° gennaio 2019 per effetto dell'art. 445 lett. d) n. 1 della L. 145/2018 sopra citato.

Ulteriore inasprimento delle sanzioni è previsto in caso di lavoro a nero di stranieri privi del permesso di soggiorno e di titolari di reddito di cittadinanza.

L'illecito derivante dall'impiego di manodopera irregolare è soggetto a **diffida precettiva** (art. 13 co.2 D. Lgs. 124/2014) che – in relazione ai lavoratori irregolari ancora in forza presso il datore di lavoro al momento della verifica ispettiva – è volta alla regolarizzazione degli stessi mediante l'assunzione con contratto a tempo indeterminato o a termine per almeno tre mesi, anche part-time ma non oltre il 50% dell'orario normale; tale diffida, inoltre, prevede l'obbligo di mantenimento in servizio per almeno 3 mesi dei soggetti regolarizzati ed il pagamento della sanzione in misura ridotta. Tale procedura non si applica, tuttavia, al lavoro a nero di stranieri irregolari, minori non in età di lavoro, titolari del reddito di cittadinanza.

Non è assoggettabile alla maxisanzione il datore di lavoro che, prima di qualsiasi intervento ispettivo provvede a regolarizzare compiutamente, oltreché spontaneamente, per tutta la durata, il rapporto di lavoro avviato originariamente "in nero"; in tal caso, sarà assoggettato alle sole sanzioni relative alla omessa preventiva comunicazione obbligatoria di instaurazione del rapporto, alla mancata consegna della dichiarazione di assunzione e alle omissioni riguardanti il Libro unico del lavoro.

Il decreto-legge n. 36 del 30 aprile 2022, recante misure urgenti per l'attuazione del Paino nazionale di ripresa e resilienza (PNRR), ha istituito il Portale nazionale del sommerso (PNS) ove convergono tutti i risultati dell'attività di vigilanza svolta dall'Ispettorato nazionale del lavoro e dal personale ispettivo dell'INPS, dell'INAIL, dell'Arma dei Carabinieri e della Guardia di finanza in materia di lavoro sommerso. Il PNS integra le preesistenti banche dati.

Anche **l'obbligo di tenuta del libro unico del lavoro (LUL)** è funzionale alla trasparenza del lavoro ma opera sul piano preventivo, dovendo l'imprenditore, non anche il datore di lavoro domestico, iscrivervi tutti i lavoratori (subordinati, parasubordinati ed associati in partecipazione) ed indicarne dati identificativi, compensi, calendario delle presenze, delle ore di lavoro ordinario e straordinario, delle ferie (artt. 39 – 40, d.l. 25 giugno 2008, n. 112, conv. in l. 6 agosto 2008, n. 133).

Il datore di lavoro deve aggiornare il LUL mensilmente e conservarlo per cinque anni dalla data dell'ultima registrazione, presso la propria sede legale o presso il proprio consulente del lavoro ed esibirlo ogniqualvolta sia richiesto dall'autorità di vigilanza.

La mancanza o l'irregolare tenuta del LUL espongono il datore di lavoro a sanzioni amministrative.

4. La causa: onerosità e gratuità della prestazione.

Il contratto di lavoro, prevedendo il relativo tipo negoziale la corresponsione della retribuzione dietro la prestazione del lavoratore, è un contratto di scambio.

La previsione dell'obbligazione retributiva ne determina la qualificazione di contratto a titolo oneroso e per tale ragione, si è discusso dell'ammissibilità di un contratto di lavoro a titolo gratuito.

Una parte della dottrina ha sostenuto che esso fosse affetto da illiceità della causa, per contrasto con l'art. 36 Cost. e, dunque, sanzionabile con la nullità.

L'orientamento più recente, invece, ammette tale figura negoziale e la riconduce nell'alveo dei contratti atipici o innominati ex art. 1322 cc., per la cui validità è necessario che perseguano interessi meritevoli di tutela secondo l'ordinamento giuridico. Tale meritevolezza viene ravvisata laddove il lavoro gratuito tenda a soddisfare un fine ideologico, non lucrativo, religioso, sociale o politico.

In tali fattispecie, la prestazione è resa *affectionis vel benevolentiae causa*.

Su tali premesse generali, si è dibattuto in ordine alla configurabilità di una **presunzione di gratuità** del **lavoro svolto in favore di associazioni o enti con finalità culturale o spirituale.**

La giurisprudenza meno recente sosteneva l'esistenza di una vera e propria presunzione di gratuità di una prestazione, pur oggettivamente di lavoro, sol perché eseguita a vantaggio di un'associazione avente finalità di natura *lato sensu* culturale o spirituale *(*Cass., 7 novembre 2003, n. 16674, relativa all'attività svolta dal religioso nell'ambito della propria congregazione).

La più recente giurisprudenza ha ritenuto, al contrario, anche con riferimento ad un **rapporto di natura religiosa**, che ogni attività oggettivamente configurabile come prestazione di lavoro si deve presumere effettuata a titolo oneroso, (così Cass., 20 febbraio 2006, n. 3602): il rapporto di natura religiosa esistente tra i soggetti non è sufficiente a dimostrare la natura *affectionis vel benevolentiae causa* della prestazione resa, ma occorre dare la prova rigorosa che tutto il lavoro sia stato prestato per motivazioni esclusivamente religiose e non in adempimento delle ordinarie obbligazioni civilistiche; così, anche con riferimento ai rapporti di natura religiosa, è stato applicato il principio, più volte affermato dalla Corte Suprema, secondo il quale ogni attività oggettivamente configurabile come prestazione di lavoro subordinato si presume effettuata a titolo oneroso, ma può essere ricondotta ad un rapporto diverso, istituito *affectionis vel benevolentiae causa*, caratterizzato dalla gratuità della prestazione, solo ove risulti dimostrata in concreta la sussistenza della finalità di solidarietà in luogo di quella lucrativa (cfr. Cass., 9 febbraio 1996, n. 1024; Cass., 6 aprile 1999, n. 3304; Cass. 2 marzo 8 R. Gen. n. 8357/2013 2004, n. 4255; Cass., 26 gennaio 2009, n. 1833; Cass., 3 luglio 2012, n. 11089); tale presunzione è rafforzata allorché la prestazione sia resa in favore di un'organizzazione di tendenza religiosa o culturale a cui l'art. 4 della l. n. 108 del 1990, attribuendo la qualifica di "*datori di lavoro non imprenditori*", implicitamente riconosce la possibilità dell'instaurazione di un rapporto di lavoro subordinato.

La presunzione di onerosità non può esser superata mediante il semplice richiamo alle finalità dell'organizzazione, quali enunciate nello statuto e la prova idonea a superare tale presunzione, che grava su colui che contesta l'onerosità, è tanto più rigorosa quante volte siano provate erogazioni periodiche di denaro o di altre utilità in favore del prestatore, per le quali quest'ultimo non è tenuto a dimostrare l'insussistenza di un titolo di altra natura, spettando all'altra parte la prova di una "*causa solvendi*" diversa da quella retributiva (Cass., ord. n. 7703/2018).

4.1. Lavoro gratuito: familiare e volontariato.

Nelle ipotesi in cui una prestazione di lavoro venga resa in ambito **familiare** (tra coniugi, parenti entro il terzo grado ed affini entro il secondo) o durante la convivenza *more uxorio*, la giurisprudenza ammette una **presunzione di gratuità** che trova la sua fonte nella circostanza che tali prestazioni vengono normalmente rese spontaneamente *"affectionis vel benevolentiae causae"* (Cass. civ., sez. lav. 22 novembre 2010, n. 23624), superabile fornendo la prova dell'esistenza di un vincolo di subordinazione concretizzatosi nell'esercizio di un potere direttivo e di controllo del datore di lavoro (cfr. Cass., 16 giugno 2015, n. 12433).

Il legislatore, d'altro canto, ha tipizzato il rapporto di lavoro che si svolge nell'ambito dell'**impresa familiare**, stabilendo nell'art. 230 *bis* c.c. che al familiare – il coniuge, i parenti entro il terzo grado e gli affini entro il secondo – che presta in modo continuativo la propria opera nell'ambito della famiglia o dell'azienda, sono riconosciuti diritti:

1. **patrimoniali**, quali il diritto al **mantenimento** secondo la condizione patrimoniale della famiglia, la **partecipazione agli utili e agli incrementi** dell'azienda in proporzione alla quantità ed alla qualità di lavoro prestato ed il diritto di **prelazione** sull'azienda in caso di divisione ereditaria o di trasferimento a terzi;
2. **amministrativi**, quale il diritto a **partecipare alle decisioni** concernenti l'impiego degli utili e degli incrementi nonché quelle inerenti alla gestione straordinaria, gli indirizzi produttivi e la cessazione dell'impresa.

La giurisprudenza di legittimità evidenzia graniticamente che l'impresa familiare ha carattere residuale, come emerge anche dalla clausola di salvaguardia contenuta nell'art. 230 bis c.c., in quanto mira a coprire le situazioni di apporto lavorativo all'impresa del congiunto che non rientrino nell'archetipo del rapporto di lavoro subordinato o per le quali non sia raggiunta la prova dei connotati tipici della subordinazione ed a confinare in un'area limitata il lavoro familiare gratuito (cfr. Cass., 15 giugno 2020, n. 11533; Cass. 27 ottobre 2014, n. 22751). Per verificare l'esistenza dell'impresa familiare ed accertare la partecipazione alla stessa dei componenti della famiglia è necessario che risulti allegata e dimostrata non solo l'esercizio di un'impresa, ma soprattutto un'attività lavorativa e, se del caso, un corrispettivo erogato dal titolare così da consentire di distinguere il caso del lavoro subordinato da quello della compartecipazione all'impresa familiare restando esclusa una causa gratuita della prestazione lavorativa per ragioni di solidarietà familiare (cfr. Cass. 18 ottobre 2005, n. 20157). È ben vero che, ai sensi dell'art. 230 bis cod.civ., non è richiesta una continuità di presenza in azienda, tuttavia, è necessaria una continuità dell'apporto (cfr. Cass. 23 settembre 2002, n. 13849).

Un'altra tipologia di lavoro gratuito, il **volontariato**, aveva trovato la sua prima definizione nella legge quadro del 11 agosto **1991, n. 266**, che lo identificava in ogni attività prestata in modo **personale, spontaneo e gratuito**, tramite un'organizzazione che opera senza fini di lucro esclusivamente **per scopi di solidarietà** e che si avvale in modo determinante e prevalente delle prestazioni dei propri associati o aderenti (art. 3, co. 1).

L'art. 17 del D.lgs. 117/2017, **c.d. codice del Terzo settore**, emanato in attuazione della delega per la riforma del terzo settore contenuta nella legge 6 giugno 2016, n. 106, ha invero riscritto le regole per le organizzazioni non lucrative di utilità sociale, le organizzazioni di volontariato e le associazioni di promozione sociale abrogando la quasi totalità della legge n. 266/1991 (legge quadro sul volontariato), la legge n. 383/2000 (disciplina delle associazioni di promozione sociale), oltre che buona parte della legge n. 460/1997; tale D.lgs. ha previsto all'art. 4 che sono enti del terzo settore *le organizzazioni di volontariato, le associazioni di promozione sociale, gli enti filantropici, le imprese sociali, incluse le cooperative sociali, le reti associative, le società di mutuo soccorso, le associazioni, riconosciute o non riconosciute, le fondazioni e gli altri enti di carattere privato diversi dalle società* ***costituiti per il perseguimento, senza scopo di lucro, di finalità civiche, solidaristiche e di utilità sociale mediante lo svolgimento di una o più attività di interesse generale in forma di azione volontaria o di erogazione gratuita di denaro, beni o servizi, o di mutualità o di produzione o scambio di beni o servizi, ed iscritti nel registro unico nazionale del terzo settore***; *nella medesima disposizione, al co. 3, sono tenuti distinti gli enti religiosi civilmente riconosciuti; anche nell'ambito della più recente disciplina è previsto lo svolgimento di lavoro negli enti del terzo settore (si vedano l'art. 16 sul diritto ad un trattamento economico e normativo non inferiore a quello previsto dai contratti collettivi di cui all'art. 51 del D.lgs. 15 giugno 2015, n. 81 e l'art. 18 sull'assicurazione obbligatoria).*

Il cit. D.lgs. n. 117/2017 regolamenta il volontario e le attività di volontariato statuendo, all'art. 17 co. 2, che il volontario è una persona che, **per sua libera scelta** (e non in adempimento di un obbligo), svolge attività in favore della comunità e del bene comune, anche per il tramite di un ente del Terzo settore, mettendo a disposizione il proprio tempo e le proprie capacità per promuovere risposte ai bisogni delle persone e delle comunità beneficiarie della sua azione, in modo personale, spontaneo e gratuito, senza fini di lucro, neanche indiretti, ed esclusivamente per fini di solidarietà. L'attività del volontario **non può essere retribuita** in alcun modo nemmeno dal beneficiario e, pertanto, il contratto è necessariamente a titolo gratuito. Al volontario possono essere rimborsate dall'ente del Terzo settore tramite il quale svolge l'attività soltanto le spese

effettivamente sostenute e documentate per l'attività prestata, entro limiti massimi e alle condizioni preventivamente stabilite dall'ente medesimo. Sono in ogni caso vietati rimborsi spese di tipo forfetario.
Inoltre, il legislatore ha evidenziato come la qualità di volontario è **incompatibile con qualsiasi forma di rapporto di lavoro subordinato o autonomo e con ogni altro rapporto di lavoro retribuito con l'ente** di cui il volontario è socio o associato o tramite il quale svolge la propria attività volontaria fatta eccezione per gli operatori che prestano attività di soccorso per le organizzazioni di cui all'articolo 76 della legge provinciale 5 marzo 2001, n. 7, della Provincia autonoma di Bolzano e di cui all'articolo 55-bis della legge provinciale 19 luglio 1990, n. 23, della Provincia autonoma di Trento.
Con il D.lgs. 105/2018 sono state previste misure per incentivare il volontariato tra i lavoratori subordinati.

Il co. 6 bis dell'art. 17 prevede, infatti, che i lavoratori subordinati che intendano svolgere attività di volontariato in un ente del Terzo settore hanno diritto di usufruire delle forme di flessibilità di orario di lavoro o delle turnazioni previste dai contratti o dagli accordi collettivi, compatibilmente con l'organizzazione aziendale.

5. L'oggetto.

Il contratto di lavoro ha per oggetto l'esecuzione della prestazione che il datore di lavoro assegna al lavoratore all'atto dell'assunzione, salvo poi modificarla nel corso di rapporto a determinate condizioni (infra Cap. V, sez. III). Le mansioni sono individuate nel contratto mediante l'indicazione della qualifica alla quale sono riconducibili e del livello di inquadramento determinato dal contratto collettivo.
Trattandosi di contratto a prestazioni corrispettive, nell'oggetto rientra anche la prestazione dovuta dal datore di lavoro in favore del lavoratore e consistente nell'erogazione della retribuzione la cui misura non viene espressamente indicata nel contratto, essendo all'uopo sufficiente il rinvio alle previsioni del CCNL di settore che stabiliscono la retribuzione minima. La predeterminazione della retribuzione ad opera delle parti sociali rende, di regola, la relativa previsione esclusa dalla negoziazione individuale.

6. Elementi accidentali: il patto di prova.

L'art. 2096 c.c. disciplina il patto di prova disponendo che l'assunzione del prestatore di lavoro per un periodo di prova deve risultare da atto scritto (comma 1).

Dunque, la previsione, nel contratto di lavoro, del c.d. patto di prova necessita della **forma scritta *ad substantiam*** e tale essenziale requisito di forma, la cui mancanza comporta la nullità assoluta del patto di prova, deve sussistere, secondo granitica giurisprudenza di legittimità, **sin dall'inizio del rapporto, senza alcuna possibilità di equipollenti o sanatorie,** potendosi ammettere solo la non contestualità della sottoscrizione di entrambe le parti prima della esecuzione del contratto, ma non anche la successiva documentazione della clausola verbalmente pattuita mediante la sottoscrizione, originariamente mancante, di una delle parti, atteso che ciò si risolverebbe nella inammissibile convalida di un atto nullo, con sostanziale diminuzione della tutela del lavoratore (Cass., 22 ottobre 2010, n. 21758).

Inoltre, secondo la giurisprudenza, il patto di prova deve contenere la **specifica indicazione delle mansioni in relazione alle quali debba svolgersi la prova.** La ratio del patto di prova è consentire al datore di lavoro di verificare l'adeguatezza delle competenze professionali e della personalità del lavoratore e, in un'ottica di reciprocità, a quest'ultimo la convenienza del rapporto.

Il datore di lavoro ed il prestatore *"sono rispettivamente tenuti a consentire e a fare l'esperimento che forma oggetto del patto di prova"* (art. 2096, comma 2 c.c.); *"durante il periodo di prova ciascuna delle parti può recedere dal contratto, senza obbligo di preavviso o d'indennità"*, salvo che la prova non sia stata stabilita per un tempo minimo necessario (comma 3); *"compiuto il periodo di prova, l'assunzione diviene definitiva"* (comma 4).

La disciplina è integrata dalla L. 15 luglio 1966, n. 604, art. 10, che prevede l'applicabilità della normativa limitativa dei licenziamenti ai lavoratori in prova la cui assunzione sia divenuta definitiva e, comunque, decorsi sei mesi dall'inizio del rapporto di lavoro. Il periodo di prova, ancorché fissato in un semestre, rimane **sospeso per malattia o infortunio del lavoratore**, senza che a ciò sia di ostacolo la previsione dell'art. 10 appena citato (che ne limita la durata ad un periodo massimo di sei mesi) non potendo prescindersi, nell'interpretazione della suddetta norma, dal rilievo che essa è posta nell'interesse precipuo del lavoratore ed atteso che l'indicata sospensione produce l'effetto di arrestare il decorso del periodo di prova senza dilatarne la durata. Questo principio non comporta un'alterazione dell'equilibrio originario delle posizioni delle parti, poiché il prolungamento del periodo di prova ha effetto reciprocamente sia a favore che a sfavore tanto del lavoratore che del datore di lavoro. In particolare, il prestatore di lavoro avrà modo di espletare fino in fondo l'esperimento e di dare così prova pienamente delle proprie capacità, mentre il datore di lavoro avrà tutto il tempo necessario per verificare queste capacità e, quindi, entrambe le parti avranno la possibilità di decidere se proseguire il rapporto convertendolo in una delle forme definitive previste dalla legge, o, invece, interromperlo (Cass., n. 21698/2006).

Il regime di **libera recedibilità** dal contratto, durante il periodo di prova, ha posto il tema dei **limiti** della discrezionalità del datore di lavoro.

La giurisprudenza ha affermato che, pur essendo vero che il recesso del datore di lavoro nel corso del periodo di prova ha natura discrezionale e dispensa dall'onere di provarne la giustificazione – aspetto che lo differenzia dal recesso assoggettato al regime della legge n. 604 del 1996 – tuttavia, l'esercizio del potere di recesso deve essere **coerente con la causa del patto di prova**, che consiste nel consentire alle parti del rapporto di lavoro di verificarne la reciproca convenienza. Ne consegue che non sarebbero configurabili un esito negativo della prova ed un valido recesso qualora **le modalità dell'esperimento non risultassero adeguate ad accertare la capacità lavorativa del prestatore in prova ovvero risultasse il perseguimento di finalità discriminatorie o altrimenti illecite,** incombendo, comunque, sul lavoratore, l'onere di dimostrare la contraddizione tra recesso e funzione dell'esperimento medesimo (Cass., 13 agosto 2008, n. 21586; Cass., 18 gennaio 2017, n. 1180).

Tale onere resta fermo anche nell'ambito del lavoro pubblico privatizzato, dovendosi escludere che l'obbligo di motivazione – che in tale ambito è previsto dalla contrattazione collettiva – possa far gravare l'onere della prova della stessa sul datore di lavoro (Cass., 22 ottobre 2018, n. 26679).

La giurisprudenza ha ritenuto la non adeguatezza delle modalità dell'esperimento ad accertare la capacità lavorativa del prestatore in prova nel caso di **esiguità del periodo** in cui il lavoratore è sottoposto alla prova o allorquando il prestatore espleti **mansioni diverse** da quelle per le quali era pattuita la prova (Cass. sent., 22 maggio 2015, n. 10618; Cass. sent., 6 dicembre 2001, n. 15432). Parimenti ha reputato invalido il recesso, quando il patto di prova **non contenga la specifica indicazione delle mansioni** che ne costituiscono l'oggetto. Secondo la Corte di Cassazione, sebbene tale indicazione possa essere operata anche con riferimento alle declaratorie del contratto collettivo, occorre pur sempre che il richiamo sia sufficientemente specifico e che, dunque, se la categoria di un determinato livello accorpa una pluralità di profili, è necessaria l'indicazione del singolo profilo, laddove risulterebbe generica quella della sola categoria, cfr. Cass., 13 aprile 2017, sent. n. 9597).

La casistica giurisprudenziale impone un distinguo tra **vizio genetico** del patto di prova che ricorre nel caso della mancata specificazione delle mansioni o di stipula successiva all'inizio di esecuzione del rapporto e **vizio funzionale** della clausola, che si ha in presenza di un patto di prova validamente apposto ma non correttamente eseguito, come nel caso di adibizione del lavoratore a mansioni diverse da quelle dedotte nel patto o di esiguità della prova.

La distinzione rileva sul piano della tutela accordabile: nel primo caso trova applicazione, ricorrendo gli altri requisiti, la disciplina del licenziamento individuale poiché la nullità parziale della clausola contenente il patto di prova determina anche l'assenza del diritto di libera recedibilità dal contratto come accordato dall'art. 2096 cc.; nel secondo caso, opera lo speciale regime del recesso in periodo di prova, frutto soprattutto di elaborazione giurisprudenziale: il lavoratore ha diritto alla prosecuzione – ove possibile – della prova per il periodo di tempo mancante al termine prefissato oppure al risarcimento del danno, non comportando la dichiarazione di illegittimità del recesso nel periodo di prova che il rapporto di lavoro debba essere ormai considerato come stabilmente costituito. (Cass., 3 dicembre 2018, sent. n. 31759).

La giurisprudenza ha anche affrontato la questione dell'apposizione del **patto di prova al contratto di lavoro a tempo indeterminato che intervenga successivamente ad uno o più contratti di lavoro a termine tra le stesse parti**, ammettendone la valida pattuizione anche quando il contratto a tempo indeterminato abbia avuto ad oggetto le stesse mansioni dedotte quale oggetto dei contratti a termine: il datore di lavoro potrebbe infatti avere interesse a verificare non solo le qualità professionali, ma anche il comportamento e la personalità del lavoratore in relazione all'adempimento della prestazione, quali elementi suscettibili di modificarsi nel tempo (Cass., 6 novembre 2018, Ord. n. 28252 e Cass., 12 novembre 2018, Ord. n. 28930).

Riguardo alla **durata** del periodo di prova, va precisato che accanto al termine di **6 mesi per tutti i lavoratori (art. 10 L. n. 604/1966) è previsto un termine di 3 mesi per gli impiegati e di 6 mesi per i titolari di funzioni direttive** (art. 4 RDL n. 1825/24) che continua a trovare applicazione (Cass., 27 ottobre 2014, Sent. n. 22758). I contratti collettivi fissano la durata del periodo di prova nel rispetto dei limiti di legge, e tuttavia fermo restando il limite legale, nel contratto individuale i termini previsti dalla contrattazione collettiva possono essere sia ridotti che aumentati, a condizione che la particolare complessità delle mansioni affidate al lavoratore renda necessario un periodo più lungo. La contrattazione collettiva normalmente stabilisce il criterio di calcolo dei giorni. In mancanza, occorre far riferimento ai criteri elaborati dalla giurisprudenza: l'orientamento maggioritario prevede che si debbano considerare solo i giorni di effettivo lavoro, escludendo in generale i periodi di mancata prestazione (il contrasto si registra solo in riferimento ai riposi settimanali, essendo pacifico che non entrino nel calcolo le festività, i permessi, le ferie e la malattia).

> **TI RICORDI CHE...**
>
> Le disposizioni sulle assunzioni obbligatorie di invalidi, ciechi o sordomuti, ovvero di altri soggetti appartenenti alle categorie protette non ostano a che, nel rapporto di lavoro subordinato instaurato in ottemperanza dell'obbligo di legge, sia ammissibile il patto di prova a condizione che: a) la prova venga condotta in mansioni compatibili con lo stato dell'invalido o menomato; b) che la prova non sia riferibile a condizioni di minor rendimento dovuto all'invalidità.

7. Vizi del contratto e sanzioni.

I vizi del contratto ne determinano **l'invalidità**, che si qualifica come una categoria generale non espressamente prevista dal legislatore, capace di ricomprendere tutte le ipotesi in cui il contratto sia difforme dalle previsioni di legge e, pertanto, inefficace.
Nell'ambito dell'invalidità si distingue tra le ipotesi di nullità e quelle di annullabilità del contratto, sanzioni previste dal legislatore in relazione a categorie distinte di vizi: la prima sanzione attiene ai vizi dell'atto, la seconda a quelli della volontà.
Il **regime giuridico della nullità** si connota per l'inefficacia definitiva dell'atto; la non convalidabilità, salva la conversione; l'imprescrittibilità dell'azione; la legittimazione generalizzata all'impugnativa; la rilevabilità di ufficio del vizio.
Il **regime dell'annullabilità**, invece, contempla la produttività degli effetti del contratto sino alla sentenza di annullamento, la legittimazione relativa all'impugnazione, la prescrittibilità dell'azione in cinque anni, l'ammissibilità della rettifica e della convalida.
Diversa è anche la natura della sentenza che accerta le ipotesi di nullità – meramente dichiarativa, discendendo direttamente dalla nullità l'inefficacia *ex tunc* del contratto – e di quella che acclara i vizi del consenso, che è costitutiva e rimuove dal mondo giuridico gli effetti del contratto sino a quel momento prodotti.

I vizi del contratto, sanzionati con la **nullità** sono previsti dall'art. 1418 c.c.:

1. Quando è contrario a norme imperative, salvo che la legge disponga diversamente;
2. Per mancanza di uno dei requisiti indicati dall'art. 1325 c.c. (accordo delle parti, causa, oggetto, forma quando è prescritta a pena di nullità), per illiceità della causa, o dei motivi nel caso dell'art. 1345 c.c. (cioè quando le parti si sono determinate a concludere il contratto esclusivamente per un motivo illecito comune a entrambe), per mancanza nell'oggetto dei requisiti di cui all'art. 1346 c.c. (possibilità, liceità, determinatezza o determinabilità);
3. negli altri casi stabiliti dalla legge.

Sono causa di **annullabilità**:

1. incapacità d'agire (art. 1425 c.c.);
2. errore, violenza o dolo (art. 1427 c.c.).

7.1. Le prestazioni di fatto: art. 2126 c.c.

Il regime generale della nullità del contratto conosce un'importante eccezione in materia di contratto di lavoro subordinato.
Infatti, l'art. 2126 c.c., intitolato "prestazione di fatto con violazione di legge", stabilisce che: "*la nullità o l'annullamento del contratto di lavoro non produce effetto per il periodo in cui il rapporto ha avuto esecuzione, salvo che la nullità derivi dall'illiceità della causa o dell'oggetto*"; siamo, dunque, di fronte ad un'ipotesi in cui, malgrado l'invalidità del contratto, gli effetti del rapporto di lavoro si producono in virtù della sua materiale esecuzione.
In altre parole, la nullità del contratto non impedisce la produzione degli effetti collegati all'espletamento della prestazione lavorativa, resa in esecuzione del contratto nullo. La ratio di siffatta disciplina è di *favor lavoratoris*, siccome il legislatore ha inteso assicurare, comunque, al lavoratore i diritti economici e previdenziali connessi alla prestazione svolta.
Tuttavia, i predetti effetti sono limitati, nel senso che non sono pienamente identificabili con quelli nascenti da un contratto tipico: con la semplice esecuzione, ad esempio, non sorgono in capo al lavoratore l'obbligo di lavorare e in capo al datore di lavoro l'onere di cooperare all'adempimento in funzione della retribuzione (cioè, potrebbe legittimamente rifiutare la prestazione lavorativa

senza essere tenuto a pagare ugualmente la controprestazione retributiva). Inoltre, la giurisprudenza ha più volte affermato che al contratto di lavoro nullo non si applica la disciplina limitativa del licenziamento.
L'art. 2126 cc. prevede un'ipotesi esclusa dal suo ambito di applicazione ovverosia qualora la nullità derivi dall'**illiceità dell'oggetto o della causa**: in tal caso, al lavoratore non sarà garantita la retribuzione corrispondente all'attività prestata, ma, al più, gli sarà corrisposto un indennizzo da ingiustificato arricchimento *ex* art. 2041 c.c.
Il regime eccezionale dell'art. 2126, co. 1 trova comunque applicazione se l'illiceità scaturisce dalla **violazione di norme poste a tutela del lavoratore**, della sua persona e della sua professionalità: è il caso ad es. delle attività svolte da soggetti al di sotto dell'età minima legale, che avranno in ogni modo diritto alla retribuzione, nonostante il contratto dagli stessi concluso sia viziato dall'illiceità dell'oggetto. In caso di attività lavorative espletate senza accordo preventivo, è opportuno distinguere:

1. se l'attività è *ex post* accettata dal datore di lavoro, la giurisprudenza tende a presumere il consenso di quest'ultimo ed a ritenere, salvo prova contraria, che il contratto sia stato concluso **per fatti concludenti;**
2. se la prestazione è posta in essere ad insaputa o contro la volontà del datore di lavoro, al lavoratore potrà al più spettare un **indennizzo** *ex* art. 2041 c.c.

8. Certificazione del contratto: nozione e finalità.

Il legislatore della c.d. riforma Biagi ha introdotto una procedura volontaria di certificazione, al dichiarato fine *"di ridurre il contenzioso in materia di lavoro"* (art. 75, D.lgs. 10 settembre 2003, n. 276, come modificato dall'art. 18 co. 1 del D.lgs. 6 ottobre 2004, n. 251 e dall'art. 30 co. 4 L. 4 novembre 2010 n. 183), mediante la quale le parti contraenti possono ottenere la certificazione di quei contratti nei quali sia dedotta, direttamente o indirettamente, una prestazione di lavoro.
Prima della novella del 2010, lo scopo del legislatore era quello "di ridurre il contenzioso in materia di *qualificazione dei contratti di lavoro*" sicché l'istituto fin dall'origine nasce per far fronte all'esigenza di accertare il tipo negoziale al quale ricondurre il contratto stipulato dalle parti.
Dunque, attraverso siffatta procedura viene, innanzitutto, perseguita una **fina-**

lità qualificatoria produttiva di effetti civili, amministrativi, previdenziali o fiscali in relazione ai quali le parti hanno richiesto la certificazione.
Le commissioni di certificazione svolgono altresì **una funzione di assistenza e consulenza alle parti** (art. 81) **ed una funzione dispositiva** (art. 82).
La funzione di assistenza e consulenza svolta dalle commissioni di certificazione attiene sia alla stipulazione del contratto di lavoro e del relativo programma negoziale sia alle modifiche del programma negoziale medesimo, concordate in sede di attuazione del rapporto di lavoro, con particolare riferimento alla disponibilità dei diritti e alla esatta qualificazione dei contratti di lavoro.
La funzione dispositiva si esplica mediante la certificazione delle rinunzie e transazioni di cui all'articolo 2113 del codice civile a conferma della volontà abdicativa o transattiva espressa dalle parti. L'orientamento dominante ritiene che le commissioni di certificazione abbiano il potere di convalidare la volontà abdicativa delle parti, così determinando l'inoppugnabilità delle rinunzie e transazioni al pari di quelle sottoscritte innanzi alle commissioni di conciliazione ex art. 2113 cc; in tal modo, l'art. 82 del D.lgs. 10 settembre 2003, n. 276 ha finito per estendere l'ambito di applicazione della predetta disposizione codicistica.
Inoltre, i D.lgs. n. 23/2015 e n. 81/2015 hanno ampliato le competenze dispositive delle Commissioni di certificazione, equiparandole, in casi determinati, alle tradizionali sedi protette e assegnando all'istituto della certificazione un ruolo rilevante rispetto a taluni aspetti problematici del mercato del lavoro.
In particolare, le commissioni di certificazione vengono equiparate in almeno tre ipotesi: 1) nella procedura di conciliazione del licenziamento regolata dall'art. 6, D.lgs. n. 23/2015, secondo il quale, al fine di prevenire il sorgere di una lite giudiziale, il datore di lavoro può offrire al lavoratore, innanzi (anche) alle commissioni di certificazione, una somma non assoggettata a contribuzione previdenziale e a tassazione e, in caso di accettazione di tale somma, il rapporto si intende definitivamente risolto con decorrenza dalla data del licenziamento; 2) nella stipulazione di patti individuali di demansionamento di cui all'art. 3, D.lgs. n. 81/2015, finalizzati a tutelare l'interesse del lavoratore alla conservazione dell'occupazione, all'acquisizione di una diversa professionalità o al miglioramento delle condizioni di vita; 3) nella procedura di stabilizzazione di cui all'art. 54, D.lgs. n. 81/2015, con la quale il legislatore ha inteso a favorire l'assunzione, con contratto di lavoro a tempo indeterminato a tutele crescenti, dei collaboratori già impiegati con contratti di collaborazione coordinata e continuativa, anche a progetto, o titolari di partita IVA elargendo benefici ai datori di lavoro che procedano alla stabilizzazione dei predetti lavoratori a condizione che essi sottoscrivano, con riferimento a tutte le possibili pretese riguardanti la qualificazione del pregresso rapporto di lavoro, atti di

conciliazione in una delle sedi di cui all'articolo 2113, IV comma del codice civile, o avanti alle commissioni di certificazione.

8.1. Procedimento di certificazione.

La certificazione può esser rilasciata solo dagli organi abilitati ovvero **le commissioni di certificazione** (art. 76) istituite presso:

1. gli enti bilaterali;
2. le Direzioni provinciali del lavoro e le province;
3. le Università pubbliche e private e le Fondazioni universitarie. Le Università per essere abilitate alla certificazione sono tenute a registrarsi presso un albo istituito presso il Ministero del Lavoro e la loro ammissione all'albo avviene con decreto del Ministero del Lavoro previo concerto con il Ministero dell'Istruzione, dell'Università e della Ricerca;
4. il Ministero del lavoro e delle politiche sociali – Direzione generale della tutela delle condizioni di lavoro;
5. i Consigli provinciali dei consulenti del lavoro.

Il procedimento ha natura amministrativa, prende avvio da una **richiesta scritta e congiunta** delle parti, **comunicata all'Ispettorato Territoriale del Lavoro**, che la inoltra agli enti pubblici (Inali, Inps, Agenzia delle Entrate) nei cui confronti la certificazione produrrà gli effetti amministrativi, previdenziali e fiscali come scelti dalle parti al momento di presentazione dell'istanza. A tali enti è consentito di esaminare tutta la documentazione e di presentare osservazioni, non vincolanti, alle Commissioni di certificazione.
Il procedimento **deve concludersi entro trenta giorni.**
L'atto di certificazione ha natura di **atto amministrativo**, secondo dottrina prevalente, in quanto deve esser motivato, contenere l'indicazione del termine e dell'autorità cui è possibile ricorrere e degli **effetti civili, previdenziali o fiscali** in relazione ai quali le parti hanno attivato il procedimento (art. 78, co. 2). Il provvedimento deve avere, pertanto, una adeguata motivazione in modo da consentire sia un esame della attività certificativa svolta che degli effetti civili, previdenziali e fiscali che si collegano a quell'attività. Inoltre, la motivazione è necessaria anche al fine di consentire al giudice di valutare se il programma negoziale proposto dalle parti sia effettivamente riconducibile all'uno o all'altro tipo contrattuale. L'atto, inoltre, ha efficacia meramente dichiarativa e non costitutiva.

Gli **effetti** dell'accertamento permangono, anche verso i terzi, fino al momento in cui sia stato accolto, con sentenza di merito, uno dei ricorsi giurisdizionali esperibili ai sensi dell'articolo 80 (cfr. par. 7.2), fatti salvi i provvedimenti cautelari.

Gli effetti dell'accertamento, nel caso di contratti in corso di esecuzione, si producono dal momento di inizio del contratto, ove la commissione abbia appurato che l'attuazione del medesimo è stata, anche nel periodo precedente alla propria attività istruttoria, coerente con quanto appurato in tale sede. In caso di contratti non ancora sottoscritti dalle parti, gli effetti si producono soltanto ove e nel momento in cui queste ultime provvedano a sottoscriverli (art. 79).

8.2. Impugnativa.

L'atto conclusivo del procedimento di certificazione può essere impugnato davanti al **Tribunale** in funzione di giudice del lavoro, previo esperimento del **tentativo obbligatorio di conciliazione** dinanzi l'organo certificatore stesso, per i seguenti motivi (art. 80, co. 1 – 3):

1. **erronea qualificazione**. L'accertamento giurisdizionale dell'erroneità della qualificazione retroagisce fino al momento di conclusione del contratto;
2. **difformità** tra **programma negoziale** certificato e sua **successiva attuazione**. L'accoglimento del ricorso produce effetti dal momento in cui il giudice accerta che ha avuto inizio la difformità;
3. **vizi del consenso.**

Inoltre, l'atto di certificazione può essere impugnato davanti al **Giudice amministrativo** nei casi di (art. 80, co. 5):

1. **violazione del procedimento;**
2. **eccesso di potere.**

Per gli stessi motivi, può essere disapplicato dall'autorità giudiziaria ordinaria.

QUESTIONARIO

1. Quali sono gli elementi essenziali del contratto di lavoro? **2.**
2. Che natura ha il patto di prova? **2.**
3. Può il contratto individuale derogare alla legge ed al contratto collettivo? **2.1.**

PARTE PRIMA | IL DIRITTO DEL LAVORO

4. Quando si parla di lavoro sommerso? Quali sono i poteri del personale ispettivo? **3.1.**
5. Cosa si intende per patto di prova e quali sono i suoi requisiti di forma e di contenuto? **6.**
6. È possibile recedere *ad nutum* durante il periodo di prova? **6.**
7. C'è un termine minimo di prova? **6.**
8. È ammesso il patto di prova nell'assunzione del disabile? **6.**
9. Cosa succede dopo aver compiuto positivamente il periodo di prova? **6.**
10. Quali sono gli effetti di un contratto di lavoro invalido? **7.1.**
11. Che cosa si intende per certificazione del contratto e a quali funzioni assolve? **8.**
12. Quando le commissioni di certificazione svolgono funzioni dispositive e sono equiparate alle tradizionali sedi protette? **8.**
13. Presso quali organi si presenta l'istanza per ottenere la certificazione? **8.1.**
14. Entro quali termini e con che tipo di atto si conclude la procedura? **8.1.**
15. Che natura ha l'atto di certificazione e quali effetti produce? **8.1.**
16. In quali sedi è possibile impugnare il provvedimento di certificazione? **8.2.**
17. Il provvedimento di certificazione è vincolante per il giudice? **8.2.**

SCHEDA DI SINTESI

Le **politiche attive del lavoro** mirano a garantire l'occupabilità, favorendo l'incontro tra offerta e domanda di lavoro. Le linee di indirizzo delle politiche attive sono elaborate dal Ministero del Lavoro ogni triennio. L'ANPAL coordina la rete nazionale dei servizi per l'impiego composta di soggetti pubblici e privati, monitora l'andamento della gestione delle politiche attive, gestisce il sistema informativo unitario. I centri regionali per l'impiego sono uffici territoriali cui è demandata l'attuazione delle politiche attive.

Il **collocamento mirato** per i disabili è volto alla ricerca di occupazioni confacenti alle capacità di lavoro dei disabili. I datori di lavoro che abbiano almeno 15 unità dipendenti, salvo che in taluni settori, sono obbligati all'assunzione di tali categorie di lavoratori entro quote predeterminate in proporzione all'organico. Il disabile deve esser adibito a mansioni compatibili con le proprie minorazioni; è ammesso il patto di prova a condizione che sia rispettato il predetto limite relativo alle mansioni e la valutazione dell'esito non tenga conto del minor rendimento dovuto all'invalidità. È licenziabile ove, a causa dell'aggravamento della patologia, non possa più esser utilmente impiegato nonostante adattamenti ragionevoli dell'organizzazione aziendale.

Il datore di lavoro è obbligato ad effettuare **le comunicazioni di assunzione**, trasformazione, cessazione del contratto di lavoro; in mancanza, è soggetto a sanzioni amministrative e, ove possibile, alla regolarizzazione del rapporto. Il **contratto di lavoro** è a forma libera, ma è richiesta la forma scritta a pena di nullità del termine o *ad probationem* nel lavoro part-time, intermittente, agile. La causa è onerosa; il lavoro svolto tra familiari è assistito dalla presunzione di gratuità, salvo che se ne provi il carattere subordinato o che non ricorrano neppure gli elementi di un'impresa

CAPITOLO IV | IL RAPORTO DI LAVORO: COSTITUZIONE

familiare. Elemento accidentale del contratto è il **patto di prova**, da stipulare per iscritto a pena di nullità. Non può esser rifiutato né dal datore né dal lavoratore; ove superata positivamente la prova, si determina la definitività dell'assunzione. Il recesso è libero durante il periodo di prova.

In caso di **nullità del contratto** di lavoro, gli effetti medio tempore prodotti vengono fatti salvi e, quindi, il prestatore ha comunque diritto al trattamento economico e contributivo per la prestazione svolta, eccetto che in ipotesi di illiceità della causa o dell'oggetto.

La **certificazione del contratto** consiste nella qualificazione, ad opera di apposite commissioni, del rapporto di lavoro da esso scaturente; produce effetti civili, previdenziali e fiscali. È tuttavia impugnabile innanzi al giudice ordinario che verifica l'esattezza ab origine della qualificazione del rapporto ovvero la successiva corrispondenza delle concrete modalità attuative all'originaria qualificazione.

CAPITOLO V
Svolgimento del rapporto di lavoro

SEZIONE I – LE PARTI DEL RAPPORTO DI LAVORO: IL LAVORATORE

SOMMARIO:
1. Capacità del lavoratore. – **2.** Diritti del lavoratore. – **2.1.** La disciplina delle invenzioni. – **2.2.** La tutela giudiziaria. – **3.** Doveri del lavoratore: diligenza, obbedienza, fedeltà. – **3.1.** Il patto di non concorrenza. – **4.** Inquadramento del lavoratore: mansioni, qualifiche e categorie. – **4.1.** Le categorie legali e contrattuali.

1. Capacità del lavoratore.

In ossequio al disposto dell'art. 2 cc., la capacità di agire e, pertanto, di stipulare i contratti, si acquista al compimento del 18° anno di età, con salvezza tuttavia delle leggi speciali che fissano un'età diversa in materia di contratto di lavoro.

L'art. 3 L. 977/1967 stabilisce che: *"L'età minima per l'ammissione al lavoro è fissata al momento in cui il minore ha concluso il periodo di istruzione obbligatoria e comunque non può essere inferiore ai 15 anni compiuti"*.

La predetta disposizione va coordinata con quella dell'art. 1 comma 622 L. 296/2006, secondo il quale: *"L'istruzione impartita per almeno dieci anni è obbligatoria ed è finalizzata a consentire il conseguimento di un titolo di studio di scuola secondaria superiore o di una qualifica professionale di durata almeno triennale entro il diciottesimo anno di età. L'età per l'accesso al lavoro è conseguentemente elevata da quindici a sedici anni"*.

Per effetto del combinato disposto delle suddette norme, il lavoratore ha la capacità di stipulare un contratto di lavoro allorquando abbia raggiunto il 16° anno di età.

È consentito l'attività lavorativa dei minori in attività di carattere culturale, sportivo, pubblicitario o dello spettacolo, previa autorizzazione dell'Ispettorato Territoriale del lavoro ed assenso scritto dei genitori.

2. Diritti del lavoratore.

Possono esser suddivisi in **diritti patrimoniali** e non patrimoniali.
Nell'ambito della prima categoria, si inscrive il diritto al compenso. La **retribuzione** costituisce la principale obbligazione del datore di lavoro (artt. 2094 – 2099 c.c.) cui corrisponde il **diritto del lavoratore** a conseguire il corrispettivo del lavoro prestato. Tuttavia, non si tratta di un sinallagma perfetto, sia perché l'art. 36 della Costituzione stabilisce che al prestatore di lavoro spetta una retribuzione in ogni caso dev'essere "sufficiente ad assicurare a sé e alla famiglia un'esistenza libera e dignitosa", sia perché il datore di lavoro è tenuto ad adempiere all'obbligo retributivo anche in ipotesi di sospensione del rapporto di lavoro e di assenza di controprestazione. Per una trattazione diffusa dell'argomento, si rimanda alla Sezione IV del presente Capitolo.
Nell'ambito dei **diritti non patrimoniali** si annoverano, innanzitutto, **i diritti della persona** quali: il diritto alla salute e alla sicurezza delle condizioni di lavoro (art. 2087 cc), al riposo ed alle ferie retribuite (art. 2109 cc), alla tutela previdenziale della malattia, maternità e paternità (2110 cc), alla non discriminazione, all'esercizio di funzioni pubbliche.
Infine, al lavoratore spettano **i cd. diritti sindacali**, dei quali si tratterà nella Parte II Cap. I.

2.1. La disciplina delle invenzioni.

L'art. **2590 c.c.** attribuisce al lavoratore il diritto di **essere riconosciuto autore** dell'**invenzione fatta nello svolgimento del rapporto** di lavoro.
I diritti economici e gli obblighi reciproci delle parti sono disciplinati dalle norme speciali in materia di proprietà industriale contenute nel D.lgs. 10 febbraio **2005, n. 30**, che introduce una tripartizione:

1. le **invenzioni di servizio**. Si rientra in questa ipotesi qualora l'attività inventiva sia il **precipuo oggetto del contratto di lavoro**. I diritti patrimoniali derivanti dall'invenzione appartengono al datore di lavoro. Al lavoratore **non** è riconosciuto alcun **compenso aggiuntivo**, essendo l'attività già specificamente remunerata.
2. le **invenzioni in azienda**. Ricorre questa fattispecie qualora l'attività inventiva, pur non costituendo la prestazione specificamente dedotta in contratto, sia svolta **in esecuzione e adempimento** dello stesso, in quanto avvenuta in orario lavorativo e grazie alle occasioni offerte

dalla propria posizione all'interno dell'azienda. Al datore di lavoro sono riconosciuti i **diritti patrimoniali derivanti dall'invenzione** e dal suo sfruttamento, al lavoratore è invece garantito un **equo premio** per l'invenzione fatta che non è assibilabile alla proprietà intellettuale che spetta al primo (Cass. n. 20239/2016). In tali ipotesi, il diritto al premio e il correlato obbligo del datore di lavoro di corrisponderlo sorgono esclusivamente con l'effettivo conseguimento da parte del datore **del brevetto** giacché è in virtù della brevettazione che i diritti derivanti dall'invenzione sono conferiti al datore di lavoro (Cass. ord. n. 31937/2019; Cass., n. 11305/2003).
3. le **invenzioni occasionali**. Sono quelle invenzioni che, pur rientrando nell'ambito dell'attività d'impresa, sono realizzate **indipendentemente dall'esecuzione della prestazione lavorativa.** In quest'ultimo caso, al lavoratore spettano i **diritti patrimoniali**, al datore di lavoro un **diritto di opzione** per l'uso dell'invenzione o per l'acquisto del brevetto, dietro pagamento di un canone di licenza o di un prezzo di cessione.

Il cd. diritto morale ovverosia di essere riconosciuto autore dell'invenzione spetta sempre all'inventore e, dopo la sua morte, può essere fatto valere dal coniuge e dai discendenti fino al secondo grado.

2.2. La tutela giudiziaria.

La tutela giudiziaria relativa alle invenzioni dei dipendenti non è di competenza del giudice del lavoro, siccome le relative controversie non rientrano tra quelle elencate nell'art. 409 c.p.c., che definisce l'ambito della competenza funzionale del giudice del lavoro mediante indicazione tassativa delle materie a quest'ultimo riservate.
Piuttosto, le controversie relative all'accertamento della sussistenza del diritto all'equo premio, al canone o al prezzo, spettano alle sezioni specializzate in materia di imprese (cd. Tribunale delle imprese, di cui alla legge 27/2012); quelle relative all'ammontare del predetto premio, canone o prezzo ad un collegio di arbitratori, che procede con equo apprezzamento, salvo il ricorso al giudice delle imprese se la determinazione è manifestamente iniqua od erronea.

3. Doveri del lavoratore: diligenza, obbedienza, fedeltà.

Il dovere di diligenza, il dovere di obbedienza e l'obbligo di fedeltà specificano il contenuto dell'obbligazione principale dedotta nel contratto di lavoro e, nel contempo, lo arricchiscono di obbligazioni secondarie ed accessorie.
L'art. 2104 primo comma c.c. prevede in capo al prestatore di lavoro **l'obbligo di diligenza**, stabilendo che: *"Il prestatore di lavoro deve usare la diligenza richiesta dalla natura della prestazione dovuta, dall'interesse dell'impresa e da quello superiore della produzione nazionale"*.
La norma, dunque, individua i due (essendo venuto meno, per la soppressione dell'ordinamento corporativo, il terzo) criteri – la natura della prestazione e l'interesse aziendale – di valutazione della diligenza, i quali consentono di determinare il contenuto **minimo** della **prestazione dovuta** dal lavoratore.
La diligenza richiesta dalla natura della prestazione dovuta è, sostanzialmente, la *diligenza professionale* e **non** quella del *buon padre di famiglia* di cui all'art. 1176 c.c., dovendo il lavoratore conoscere ed impiegare le regole tecniche e di esperienza della specifica attività cui è addetto.
L'interesse dell'impresa è l'interesse soggettivo dell'imprenditore all'utilità della prestazione lavorativa, che deve essere resa, in una dimensione aziendale, in maniera tale da soddisfare le esigenze produttive.
L'obbligo di diligenza pone la questione dello **scarso rendimento** del lavoratore e cioè se il lavoratore sia tenuto a garantire un rendimento minimo, al di sotto del quale possa ritenersi violato l'obbligo in esame.
La giurisprudenza di legittimità ha affermato che il rendimento lavorativo inferiore al minimo contrattuale non integra "ex se" l'inesatto adempimento che, a norma dell'art. 1218 cod. civ., si presume, fino a prova contraria, imputabile a colpa del debitore.
L'esclusione di tale automatismo si spiega considerando che, nonostante la previsione di minimi quantitativi, il lavoratore è obbligato ad un "facere" e non ad un risultato e l'inadeguatezza della prestazione resa può essere imputabile alla stessa organizzazione dell'impresa o, comunque, a fattori non dipendenti dal lavoratore. Conseguentemente in relazione al cosiddetto scarso rendimento, il datore di lavoro che intenda farlo valere quale giustificato motivo soggettivo di licenziamento non può limitarsi – neanche nei casi in cui il risultato della prestazione non è collegato ad elementi intrinsecamente aleatori – a provare il mancato raggiungimento del risultato atteso ed eventualmente la sua oggettiva esigibilità, ma è onerato della dimostrazione di un notevole inadempimento degli obblighi contrattuali del lavoratore, quale fatto complesso alla cui valutazione deve concorrere anche l'apprezzamento degli aspetti concreti

del fatto addebitato, tra cui il grado di diligenza richiesto dalla prestazione e quello usato dal lavoratore, nonché l'incidenza dell'organizzazione d'impresa e dei fattori socio – ambientali (Cass. n. 14605/2000; n. 13194/2003).

Il **dovere di obbedienza** trova fondamento nell'art. 2104, co. 2, c.c., *"Il lavoratore deve inoltre osservare le disposizioni per l'esecuzione e la disciplina del lavoro impartite dall'imprenditore e dai collaboratori di questo dai quali gerarchicamente dipende"*.

Il potere direttivo, cui deve soggiacere il lavoratore, da un lato, si manifesta nelle disposizioni per *l'esecuzione* del lavoro cioè concernenti la prestazione dovuta, mediante la determinazione del contenuto concreto della stessa che il lavoratore è tenuto ad offrire. Dall'altro, il potere direttivo tende a *disciplinare* il lavoro, cioè a fissare le modalità esecutive della prestazione di lavoro utili al suo inserimento nel contesto aziendale (ad es. mediante la fissazione di turni di lavoro) ed, altresì, a prescrivere regole di comportamento che non concernono il modo di svolgere la prestazione in sé considerata, avendo una valenza esclusivamente organizzativa dei fattori della produzione (ad es. il divieto di fumare o avere diverbi e risse con i colleghi di lavoro).

L'obbligo di fedeltà è disciplinato dall'art. 2105 c.c. che ne individua il contenuto in negativo, sostanziandolo sia nel **divieto di concorrenza** che in quello di divulgazione di notizie aziendali.

Quanto al primo, la norma prescrive testualmente che *"il prestatore di lavoro non deve trattare affari, per conto proprio o di terzi, in concorrenza con l'imprenditore"*. La concorrenza del dipendente, quindi, è considerata illecita in sé, a prescindere dall'integrazione della fattispecie di concorrenza sleale ed è collegata semplicemente al fatto che il lavoratore tratti affari nello stesso settore di attività dell'impresa, non importa se in forma autonoma o subordinata.

L'obbligo di riservatezza impone al prestatore di lavoro di non "divulgare notizie attinenti all'organizzazione e ai metodi di produzione dell'impresa, o farne uso in modo da poter recare ad essa pregiudizio". La rivelazione di segreti industriali, penalmente rilevante, integra una delle più gravi violazioni dell'obbligo in questione. La violazione degli obblighi gravanti sul lavoratore costituisce inadempimento e comporta responsabilità risarcitoria *ex* art. 1218 c.c. e responsabilità disciplinare.

3.1. Il patto di non concorrenza.

L'obbligo di non concorrenza previsto dall'art. 2105 c.c. opera sino alla cessazione del rapporto di lavoro subordinato; tuttavia, è ammessa la stipula di un patto di non concorrenza per il tempo successivo all'estinzione del rapporto.

Siffatto accordo, disciplinato dall'art. 2125 c.c., è peraltro ristretto entro dei precisi limiti di ammissibilità e validità sia di ordine formale che sostanziale. Sotto il primo aspetto, la norma richiede la forma scritta a pena di nullità, mentre, sotto un profilo sostanziale, impone che sia pattuito un corrispettivo a favore del lavoratore; la giurisprudenza ha precisato che deve trattarsi – a pena di nullità – di un corrispettivo congruo, cioè adeguato all'entità del vincolo pattuito.

Ancora, la norma prescrive che il patto, sempre a pena di nullità, deve circoscrivere il vincolo *"entro determinati limiti di oggetto, di tempo e di luogo"*: tuttavia, i limiti di oggetto e di luogo non sono ulteriormente precisati, mentre il limite temporale è fissato in 5 anni per i dirigenti e in 3 anni per le altre categorie.

Al fine di valutare la validità del patto di non concorrenza, la giurisprudenza fa uso dei seguenti criteri: a) il patto non deve necessariamente limitarsi alle mansioni espletate dal lavoratore nel corso del rapporto, ma può riguardare qualsiasi prestazione lavorativa che possa competere con le attività economiche svolte dal datore di lavoro, da identificarsi in relazione a ciascun mercato nelle sue oggettive strutture, ove convergano domande e offerte di beni o servizi identici o comunque parimenti idonei a soddisfare le esigenze della clientela del medesimo mercato; b) non deve essere di ampiezza tale da comprimere la esplicazione della concreta professionalità del lavoratore in termini che ne compromettano ogni potenzialità reddituale; c) quanto al corrispettivo dovuto, il patto non deve prevedere compensi simbolici o manifestamente iniqui o sproporzionati in rapporto al sacrificio richiesto al lavoratore e alla riduzione delle sue capacità di guadagno, indipendentemente dall'utilità che il comportamento richiesto rappresenta per il datore di lavoro e dal suo ipotetico valore di mercato (Cass. ord. n. 9790/2020).

4. Inquadramento del lavoratore: mansioni, qualifiche e categorie.

L'inquadramento dei lavoratori è incentrato sulle nozioni di mansioni, qualifiche e categorie.

Le **mansioni** costituiscono l'oggetto specifico della prestazione dedotta in contratto. Identificano, quindi, l'insieme dei compiti demandati al lavoratore.

Le **qualifiche** individuano le figure professionali esistenti sul mercato, raggruppandole per competenze (ad. es. manovale, carpentiere, verniciatore, etc.). Esse sono recepite dalla contrattazione collettiva che riconduce a ciascuna qualifica un determinato trattamento economico-giuridico. Pertanto, la qualifica esprime la posizione giuridica del lavoratore.

Le **categorie** (art. 2095 c.c.) sono entità classificatorie più ampie, all'interno delle quali sono raggruppate le qualifiche. Si suole distinguere tra categorie legali e contrattuali in base alla fonte che le prevede. Esse consentono di individuare il trattamento cd. normativo del lavoratore.

4.1. Le categorie legali e contrattuali.

Le *categorie legali* sono individuate dall'**art. 2095 c.c.** che distingue i lavoratori subordinati in 4 categorie: ***dirigenti, quadri, impiegati e operai***.

La norma non definisce le predette categorie di prestatori, rinviando a tal fine alle leggi speciali.

Tuttavia, nelle leggi speciali sono rinvenibili unicamente le definizioni di impiegato e – solo a partire dal 1985 – di quadro, mentre quelle di dirigente e di operaio sono rinvenibili solo nei CCNL.

La definizione legale dell'**impiegato** si ritrova nella storica legge sull'impiego privato (**r.d.l. 13 novembre 1924 n. 1825**) che, all'art. 1 co. 1 definisce il contratto di impiego privato come quel contratto *"per il quale una società o un privato, gestori di un'azienda, assumono al servizio dell'azienda stessa, normalmente a tempo indeterminato, l'attività professionale dell'altro contraente, con funzioni di collaborazione tanto di concetto che di ordine, eccettuata, pertanto, ogni prestazione che sia semplicemente di manodopera"*.

I requisiti di appartenenza alla categoria individuati dalla legge speciale sono: collaborazione, professionalità e non manualità.

I suddetti requisiti non sempre sono inidonei a consentire una vera ed effettiva distinzione, perché la collaborazione e la professionalità sono attributi comuni a tutti i lavoratori subordinati, mentre l'efficacia distintiva della "non manualità" del lavoro è ormai sminuita dal progresso tecnologico, che arricchisce il lavoro manuale di contenuti intellettuali (si pensi, ad es., agli operai altamente specializzati).

A ciò si aggiunga che la contrattazione collettiva, a partire dagli anni '70, ha avviato un processo di dismissione della distinzione in esame, attraverso i sistemi di **"inquadramento unico"**, connotati da unitarie qualifiche, dirette ad attribuire il medesimo trattamento economico e normativo a tutte le categorie (senza distinzione tra impiegatizie ed operaie), eccezione fatta per i dirigenti. Tuttavia, anche nell'attuale sistema, permangono delle differenze di trattamento normativo, come in materia di periodo di preavviso, periodo di prova, etc. La categoria dei **quadri** è intermedia tra il dirigente da un lato e gli impiegati ed operai dall'altro; è connotata dall'attribuzione di significative responsabilità gestionali e dalla preposizione ad importanti unità dell'impresa, ancorché sia priva dei poteri decisionali che sono propri del dirigente.

CAPITOLO V | SVOLGIMENTO DEL RAPPORTO DI LAVORO

La definizione di quadro è contenuta nell'art. 1 della legge 13 maggio 1985, n. 190, a mente del quale i quadri sono *"i prestatori di lavoro subordinato che, pur non essendo dirigenti, svolgono funzioni con carattere continuativo di rilevante importanza ai fini dello sviluppo e dell'attuazione degli obiettivi dell'impresa"*. La tipizzazione della figura del quadro, tuttavia, è pressoché priva di rilievo ai fini del trattamento normativo in quanto, ai sensi dell'art. 2, co. 3 della L. n. 190/1985, salvo espressa disposizione della contrattazione collettiva si applicano al quadro le norme riguardanti la categoria degli impiegati. Invece, presenta rilevanza sul piano economico, per via dell'inserimento di tali lavoratori ai livelli più elevati nel sistema di classificazione dei CCNL.
I **dirigenti,** per la cui definizione l'art. 2095 c.c. rimanda alla contrattazione collettiva, sono individuati dalla giurisprudenza tradizionale come quei prestatori di lavoro che, come "alter ego" dell'imprenditore, siano preposti alla direzione dell'intera organizzazione aziendale ovvero ad una branca o settore autonomo di essa e siano investiti di attribuzioni che, per la loro ampiezza e per i poteri di iniziativa e di discrezionalità che comportano, consentono loro, sia pure nell'osservanza delle direttive programmatiche del datore di lavoro, di imprimere un indirizzo ed un orientamento al governo complessivo dell'azienda, assumendo la corrispondente responsabilità ad alto livello (Cass., 23 marzo 2018, n. 7295).
Tuttavia, la contrattazione collettiva ha esteso l'ambito dei lavoratori rientranti nella categoria dirigenziale a figure dotate di altissima professionalità, anche se prive di potere decisionale; pertanto, in giurisprudenza, è stato affermato che: *"In tema di attribuzione della qualifica di dirigente, va tenuto conto di quanto stabilito dalla contrattazione collettiva e dalle prassi sindacali, che ne hanno portato al riconoscimento anche a lavoratori che, pur non investiti di quei poteri di direzione necessari per richiamare la nozione di "alter ego" dell'imprenditore, sono in possesso di elevate conoscenze scientifiche e tecniche o, comunque, sono dotati di professionalità tale da collocarsi in condizioni di particolare forza nel mercato del lavoro."* (Cass., 14 ottobre 2016, n. 20805).
Alla categoria dei dirigenti corrisponde un proprio statuto normativo: essi sono sottratti all'applicazione delle norme protettive in materia di orario di lavoro, di limiti di ricorso al contratto a termine e limiti al licenziamento, mentre godono di norme più favorevoli in tema di retribuzione, preavviso, tutela assistenziale e previdenziale.
Ben più rilevante della distinzione dei lavoratori in categorie legali, risulta la **classificazione professionale dei lavoratori subordinati da parte della contrattazione collettiva,** la quale ha operato, per un verso, una selezione tra le diverse professionalità dei prestatori alla luce delle mansioni svolte e, per altro

verso, ha attribuito a ciascuna di esse di un livello di inquadramento e del corrispondente trattamento retributivo.

Sulla base del sistema classificatorio adottato dalla contrattazione collettiva, i lavoratori sono inquadrati in **Livelli (denominati anche categorie, parametri etc.)** o in **aree professionali** (come avviene nel settore bancario o nel pubblico impiego).

Ciascun livello (o area contrattuale) è definito da una declaratoria generale, nell'ambito della quale sono poi distinte le diverse **qualifiche funzionali, che compendiano l'insieme delle mansioni proprie di una data figura professionale** ovvero indicano i requisiti essenziali che la connotano (ad es. l'autonomia e la discrezionalità nell'esercizio delle attività demandate, la difficoltà tecnica o gestionale della stessa, la titolarità di poteri di direzione o coordinamento su altri lavoratori).

In molti CCNL la definizione di ciascuna qualifica o profilo professionale è seguita da un'elencazione esemplificativa delle principali attività lavorative ad essa riconducibili **(profili)**.

Come già accennato, il sistema di classificazione contrattual-collettivo taglia trasversalmente le categorie legali, essendo ormai previsto l'inquadramento unico di quadri, impiegati e operai, che si distinguono solo per essere collocati in posizione decrescente nei vari livelli previsti per ciascun settore produttivo. In taluni casi la contrattazione collettiva ha inoltre provveduto ad istituire categorie aggiuntive rispetto a quelle previste dall'art. 2095 (come quelle degli «intermedi» o dei «funzionari»).

QUESTIONARIO

1. A che età si acquisisce la capacità di stipulare il contratto di lavoro? **1.**
2. Quanti tipi di invenzioni del lavoratore conosci e come sono disciplinate?
3. Quali sono i diritti del lavoratore? **2.1.**
4. Che succede se la scoperta del lavoratore è stata del tutto casuale? Chi può chiedere il brevetto? **2.1.**
5. Se ci sono controversie sui diritti derivanti dalle invenzioni, a chi ci si deve rivolgere? **2.2.**
6. Quali sono i principali doveri accessori che incombono sul lavoratore? **3.**
7. Il divieto di concorrenza cessa con la cessazione del rapporto di lavoro? **3.1.**
8. Quali sono i requisiti di validità del patto di non concorrenza? **3.1.**
9. Il patto di non concorrenza ha una durata massima? Ha un requisito di forma? È a titolo gratuito o oneroso? **3.1.**
10. Che si intende per qualifica e per mansione? **4.**
11. Qual è il sistema di classificazione del personale adottato dalla contrattazione collettiva? **4.1.**

CAPITOLO V | SVOLGIMENTO DEL RAPPORTO DI LAVORO

12. Quali sono le categorie legali? **4.1.**
13. Quali sono le peculiarità del rapporto di lavoro dei dirigenti? **4.1.**
14. Il dirigente è tenuto al rispetto di un orario di lavoro? **4.1.**
15. Gli si applica la normativa sui licenziamenti? **4.1.**
16. La disciplina del contratto a termine si applica ai dirigenti? **4.1.**

SEZIONE II – IL DATORE DI LAVORO

SOMMARIO:
1. I poteri del datore di lavoro. – **2.** Il potere direttivo. – **3.** Il potere di controllo. – **3.1.** I controlli a distanza. – **3.2.** La tutela della privacy nel rapporto di lavoro. – **4.** Il potere disciplinare. – **4.1.** Procedimento disciplinare: contestazione, difesa, sanzione, impugnazione della sanzione. – **5.** La sicurezza sui luoghi di lavoro: inquadramento normativo. – **5.1.** La sicurezza nel codice civile: art. 2087 c.c. – **5.2.** D.lgs. 81/2008 – sicurezza sui luoghi di lavoro: analisi. – **6.** Danni risarcibili: tutela indennitaria, risarcitoria e danno differenziale. – **7.** Mobbing.

1. I poteri del datore di lavoro.

L'art. 41 cost. statuisce la libertà di iniziativa economica privata. Tale libertà, tuttavia, non può svolgersi in contrasto con l'utilità sociale ovvero in modo tale da arrecare danno alla sicurezza, alla libertà e alla dignità umana.

Orbene al fine di assicurare tale esercizio l'ordinamento giuridico (contratto e legge) riconosce in capo al datore di lavoro nell'esercizio dell'attività di impresa la possibilità di esercitare nei confronti del prestatore di lavoro una serie di **poteri** idonei ad incidere sulla sfera giuridica dello stesso. Ebbene è proprio nella sinergia tra la condizione di soggezione giuridica del dipendente e l'esplicazione dei poteri dell'imprenditore che si sostanzia il vincolo di subordinazione di cui all'art. 2094 c.c. I poteri datoriali desumibili dal complesso di disposizioni vigenti, così come individuati dalla dottrina, sono:

1. **potere direttivo**, finalizzato a conformare la prestazione lavorativa;
2. **potere di controllo,** volto a verificare l'esatto adempimento degli obblighi del dipendente;
3. **potere disciplinare,** teso a sanzionare il lavoratore inadempiente.

Tali poteri non sono incondizionati ma possono essere esercitati nell'osservanza di limiti **sia interni che esterni**.

1. I limiti **esterni**, quale declinazione del co. 2 dell'art. 41 cost., sono quelli volti a garantire la tutela della dignità, della personalità e della salute del lavoratore.

2. I limiti **interni** sono quelli volti ad assicurare la non arbitrarietà o pretestuosità dell'agire datoriale.

Va comunque evidenziato che sia i limiti esterni che quelli interni non possono essere mai **funzionali**.
Lo Statuto dei lavoratori, intervenendo su alcuni profili taciuti dal codice civile, oltre a fondare alcune delle estrinsecazioni del potere datoriale, come ad esempio quello di controllo (art. 4 della l. 300/70) e quello disciplinare, ha il pregio di aver contemplato una serie di limiti all'esercizio dei poteri datoriali proprio al fine di garantire i diritti fondamentali dei lavoratori.
Espressione di tali limiti è **l'art. 1** che sancisce il diritto dei lavoratori, senza distinzione di opinioni politiche, sindacali e di fede religiosa, di **manifestare liberamente il proprio pensiero** nei luoghi dove prestano la loro opera. Tale disposizione si aggancia al disposto di cui **all'art. 8** che vieta al datore di lavoro, ai fini dell'assunzione, durante lo svolgimento del rapporto di lavoro, di effettuare **indagini sulle opinioni** politiche, religiose o sindacali del lavoratore, nonché su fatti non rilevanti ai fini della valutazione dell'attitudine professionale del lavoratore nonché **all'art. 15** che sanziona con la **nullità** qualsiasi patto o atto diretto a:
a) subordinare l'occupazione di un lavoratore alla condizione che aderisca o non aderisca ad una associazione sindacale ovvero cessi di farne parte;
b) licenziare un lavoratore, discriminarlo nell'assegnazione di qualifiche o mansioni, nei trasferimenti, nei provvedimenti disciplinari, o recargli altrimenti pregiudizio a causa della sua affiliazione o attività sindacale ovvero della sua partecipazione ad uno sciopero, ovvero operare una **discriminazione** politica, religiosa, razziale, di lingua o di sesso, di handicap, di età o basata sull'orientamento sessuale o sulle convinzioni personali.

I limiti all'esercizio del potere di controllo e alla procedimentalizzazione dell'esercizio del potere disciplinare sono esaminati nei paragrafi di seguito riportati (*cfr. infra*).

2. Il potere direttivo.

Eterorganizzazione ed eterodirezione, quali elementi distintivi cardine della subordinazione, implicano non solo l'inserimento stabilmente del lavoratore nell'organizzazione datoriale ma anche l'eterodirezione dello stesso da parte datoriale.

L'art. **2094 c.c.** nel prevedere che il lavoratore deve svolgere la sua prestazione alle dipendenze e sotto la direzione dell'imprenditore **fonda il potere direttivo** concretandolo nella definizione del contenuto e delle modalità di esecuzione della prestazione lavorativa. Fanno da controaltare al potere direttivo del datore di lavoro il dovere di **obbedienza** (art. 2104, co. 2 c.c.) e di **fedeltà** (art. 2105 c.c.) prescritto al lavoratore.

Il potere direttivo può essere esercitato sia in forma **orale** che in forma **scritta**. Rientrano nel **primo caso** gli ordini orali dati dall'imprenditore o da un suo delegato ai lavoratori e, nel secondo, le disposizioni da osservare per la produzione in un determinato reparto o vere e proprie circolari che disciplinano in via generale la "disciplina aziendale".

Il potere direttivo presuppone necessariamente **un rapporto gerarchico** tra l'imprenditore e dipendenti, e deve intendersi quale facoltà del datore di ingerirsi nell'**esecuzione** della prestazione lavorativa, determinandone le modalità di esecuzione ed avendo la possibilità di modificarle **unilateralmente**.

L'**eterodirezione** è senz'altro destinata a manifestarsi in modo differente a seconda della posizione ricoperta dal lavoratore nell'ambito dell'organizzazione aziendale e, soprattutto, delle diverse tipologie di organizzazioni nelle quali il lavoratore è inserito.

Quale **caratteristica precipua del rapporto di lavoro subordinato**, essa è del tutto assente nel lavoro autonomo o continuativo ove si manifesta solo nella determinazione delle modalità di svolgimento dell'opera nel contratto ferma l'impossibilità di modificarle se non previo assenso di entrambe le parti.

Espressione del potere direttivo, oltre all'individuazione delle modalità di esecuzione della prestazione, è l'adibizione del lavoratore alle **mansioni** pattuite nel contratto. Il c.d. *jus variandi* attribuito, *ex* art. 2103 c.c. al datore di lavoro, il cui esercizio presupponeva il consenso di entrambe le parti, è stato recentemente novellato dall'art. 3 D.lgs. 81/2015, per cui è stato riconosciuto al datore di lavoro il potere di incidere unilateralmente sulle mansioni del lavoratore convenute nel contratto di lavoro *(cap. V, sez. I, par. 4 ss.).*

3. Il potere di controllo.

Il **potere di controllo** –quale declinazione applicativa del potere direttivo– si sostanzia nella **verifica circa l'esatta esecuzione della prestazione, il rispetto delle prescrizioni impartite, l'impiego della diligenza dovuta e il**

rispetto degli obblighi di fedeltà. Esso è stato delimitato sia dallo Statuto dei lavoratori che dalla legge sulla privacy che hanno disegnato i limiti e gli ambiti del suo esercizio nel silenzio del codice civile e per la necessità di adottare una regolamentazione giuridica che considerasse anche l'evoluzione tecnologica.
In via generale, e per mere esigenze classificatorie è opportuno distinguere i controlli sulla persona del lavoratore, quelli sull'attività lavorativa e quelli a salvaguardia del patrimonio aziendale.

A) I controlli sulla persona del lavoratore

I controlli sulla persona del lavoratore volti ad accertare la sua idoneità fisica sono contemplati **dall'art. 5 della l. 300/70 che li consente al co. 3** solo se effettuati da **enti pubblici ed istituti specializzati di diritto pubblico** estranei all'azienda. Anche il controllo delle assenze per infermità o malattia è precluso al datore di lavoro e questi è tenuto ad affidarsi ai servizi ispettivi degli istituti previdenziali competenti su sua richiesta.
Il lavoratore malato o infortunato è tenuto a restare nel proprio domicilio nelle **fasce orarie di reperibilità** (per i lavoratori dipendenti pubblici, dalle 9.00 alle 13.00 e dalle 15.00 alle 18.00; per i lavoratori dipendenti privati, dalle 10.00 alle 12.00 e dalle 17.00 alle 19.00), **salvo un giustificato motivo di assenza**.
Quest'ultima prescrizione costituisce per il dipendente un **onere,** in quanto all'ingiustificata elusione del controllo medico consegue la decadenza dai trattamenti retributivi e previdenziali per il periodo di malattia, ed al contempo un obbligo, poiché la sua violazione comporta l'irrogazione di una sanzione disciplinare (art. 5 decreto-legge 12 settembre 1983, n. 463, convertito con modificazioni dalla legge 11 novembre 1983, n. 638). In particolare, l'art. 5, comma 14, D.L. n. 463 del 1983, così come successivamente convertito, prevede testualmente che, qualora il lavoratore risulti assente alla visita di controllo senza giustificato motivo, egli decade dal diritto a qualsiasi trattamento economico per l'intero periodo sino a dieci giorni e nella misura della metà per l'ulteriore periodo, esclusi quelli di ricovero ospedaliero o già accertati da precedente visita di controllo. Sulla disposizione è intervenuta la Corte Costituzionale che, con sentenza 26 gennaio 1988, n. 78, ne ha dichiarato l'illegittimità costituzionale, nella parte in cui non prevede una seconda visita medica di controllo prima della decadenza dal diritto a qualsiasi trattamento economico di malattia nella misura della metà per l'ulteriore periodo successivo ai primi dieci giorni. Il Supremo Collegio ha anche chiarito che ricorrono i presupposti della decadenza dal trattamento, non solo quando il lavoratore sia assente dal domicilio nelle

fasce orarie predeterminate, ma anche quando, pur essendo presente, ponga in essere una condotta che – per incuria, negligenza o altro motivo giuridicamente non apprezzabile – impedisca di fatto il controllo sanitario. La Corte di Cassazione ha poi precisato che il giustificato motivo di assenza dal proprio domicilio durante le fasce orarie di reperibilità si identifica in una situazione sopravvenuta che comporti la necessità, assoluta e indifferibile, di allontanarsi dal luogo nel quale il controllo deve essere esercitato (necessità di assentarsi per visite, prestazioni o accertamenti specialistici o altri giustificati motivi).

Va precisato che mentre la trattenuta dell'indennità di malattia, nelle ipotesi previste dalla legge è conseguenza di un'ipotesi di decadenza prevista dalla legge; l'irrogazione della sanzione disciplinare presuppone l'avvio di un procedimento disciplinare.

Sono sempre consentiti e rispondono, viceversa all'obbligo datoriale di garantire la salute e la sicurezza sui luoghi di lavoro **gli accertamenti sanitari preassuntivi** previsti dall'art. 41, co. 2 *bis*, D.lgs. 9 aprile 2008, n. 81.

B) I controlli sull'attività lavorativa

Lo Statuto dei lavoratori contempla un insieme di disposizioni volte a scongiurare controlli indiretti sull'attività lavorativa che possano minare la dignità del lavoratore.

Tale ratio anima il dettato di cui agli **articoli 2, 3 e 6 della l. 300/70**.

In particolare, **l'art. 2 della l. 300/70 preclude la possibilità di adibire le guardie giurate alla vigilanza sull'attività lavorativa.** Esse, come sarà in seguito precisato, sono adibite esclusivamente alla tutela del patrimonio aziendale. Ne consegue che l'accesso ai locali ove si svolge la prestazione è loro precluso a meno che non sia necessitato da esigenze attinenti alla salvaguardia del patrimonio aziendale, scopo unico per il quale possono essere impiegate. (*vedi infra*).

L'art. 3 della l. 300/70 postula, altresì, l'obbligo di comunicare ai dipendenti i nominativi del personale addetto alla vigilanza. È indubbio che tale obbligo dequota la funzione di controllo che il personale assolve con la conseguenza che la giurisprudenza maggioritaria opta per la utilizzabilità delle informazioni di condotte lavorative che possano integrare un fatto costituente reato o che, in quanto grave inadempimento, fondino l'attivazione del procedimento disciplinare.

L'art. 6 della legge 300/70 (*su cui infra*) vieta le visite personali di controllo a meno che, come si vedrà di seguito, non sono sorrette dalla ratio di cui alla norma in commento e siano condotte con le modalità dalla stessa previste.

La disciplina dei controlli che direttamente possono effettuarsi sull'attività lavorativa è contenuta nell'art. 4 della l. 300/70 ergo la c.d. disciplina dei controlli a distanza. (*su cui infra*).

C) I controlli a salvaguardia del patrimonio aziendale

La tutela del patrimonio aziendale consente al datore di lavoro, nell'esercizio del potere direttivo, di effettuare le c.d. **visite personali di controllo sui lavoratori**.
L'art. 6, che tipizza tali visite, ha superato il vaglio di costituzionalità (Corte costituzionale sentenza n. 99 del 25 giugno 1980).
La disposizione non riconosce in capo al datore un potere assoluto di operare controlli sulla persona del lavoratore ma circoscrive i limiti entro i quali il potere può essere esercitato. È necessario che i controlli siano:
1. **indispensabili** ai fini di tutela del patrimonio aziendale, in relazione alla qualità degli strumenti di lavoro o delle materie prime o dei prodotti (es. gioielli o banconote);
2. effettuati **all'uscita dai luoghi di lavoro**, con modalità tali da **salvaguardare la dignità e la riservatezza** del lavoratore;
3. con l'applicazione di criteri di **selezione automatica** e casuale;
4. a seguito di un **accordo** con le rappresentanze sindacali
5. aziendali ovvero dell'emanazione di un **provvedimento** da parte del Servizio ispettivo della Direzione del lavoro.

L'inosservanza dell'art. 6 è penalmente sanzionata dall'art. 38 della l. 300/70.
A presidio della tutela del **patrimonio aziendale** è posta anche **l'attività delle guardie giurate** che, ai sensi dell'art. 2 l. 300/70, possono contestare ai lavoratori solo azioni o fatti inerenti la tutela del patrimonio aziendale ed è sempre tale scopo che giustifica l'accesso ai locali ove si svolge l'attività lavorativa.
L'eventuale acquisizione di informazioni in violazione della disposizione è inutilizzabile salvo che il fatto abbia rilevanza penale ed integri un reato contro il patrimonio aziendale. In tal caso, infatti, la notizia è utilizzabile in giudizio.

3.1. I controlli a distanza.

L'originario art. 4 della St. Lav. vietava il **controllo a distanza** dell'attività dei lavoratori attraverso impianti audiovisivi od altre apparecchiature, che potevano essere installati solo se necessitati da **esigenze organizzative e produttive o dalla sicurezza del lavoro**. Era necessario, per l'istallazione di tali

impianti, un **accordo** con le **rappresentanze sindacali aziendali** ovvero, in difetto di accordo, un **provvedimento** dei Servizi Ispettivi della **Direzione del lavoro.**
L'evoluzione tecnologica e l'impiego di dispositivi che, sia pure indirettamente, realizzano un controllo sull'attività del lavoratore, ha imposto la novella della norma ispirata ad una comune radice: evitare che la vigilanza, a causa della tecnologia, possa incidere in ogni zona di riservatezza e di autonomia nello svolgimento del lavoro.

L'art. 4 nella sua attuale formulazione stabilisce che "*1. Gli impianti audiovisivi e gli altri strumenti dai quali derivi* **anche la possibilità di controllo a distanza dell'attività dei lavoratori possono essere impiegati esclusivamente per esigenze organizzative e produttive, per la sicurezza del lavoro e per la tutela del patrimonio aziendale** *e possono essere installati previo accordo collettivo stipulato dalla rappresentanza sindacale unitaria o dalle rappresentanze sindacali aziendali. In alternativa, nel caso di imprese con unità produttive ubicate in diverse province della stessa regione ovvero in più regioni, tale accordo può essere stipulato dalle associazioni sindacali comparativamente più rappresentative sul piano nazionale. In mancanza di accordo, gli impianti e gli strumenti di cui al primo periodo possono essere installati previa autorizzazione della sede territoriale dell'Ispettorato nazionale del lavoro o, in alternativa, nel caso di imprese con unità produttive dislocate negli ambiti di competenza di più sedi territoriali, della sede centrale dell'Ispettorato nazionale del lavoro. I provvedimenti di cui al terzo periodo sono definitivi.*"
Dalla disamina del co. 1 della disposizione novellata si desume che, quandanche l'impiego di strumenti di controllo a distanza possa comportare un controllo sull'attività lavorativa, quest'ultima non può costituire lo scopo unico ma deve, a contrario, essere dettata dall'esigenze individuate dalla norma (**organizzative, produttive, per la sicurezza del lavoro, etc.**) che integrano il c.d. **vincolo strumentale,** precludendo al datore di lavoro, quindi, qualsivoglia controllo che non sia teleologicamente orientato ma fine a se stesso.
Altro **vincolo è di natura procedimentale** concepito per rendere effettivo e garantire il vincolo strumentale, cioè evitare che si installino strumenti non deputati alla realizzazione delle finalità previste dalla legge.
Gli impianti e gli strumenti tecnologici possono "essere installati previo accordo collettivo stipulato dalla rappresentanza sindacale unitaria o dalle rappresentanze sindacali aziendali. In alternativa, nel caso di imprese con unità produttive ubicate in diverse province della stessa regione ovvero in più regioni, tale accordo può essere stipulato dalle associazioni sindacali comparativamente più rappre-

sentative sul piano nazionale. In mancanza di accordo gli impianti e gli strumenti di cui al periodo precedente possono essere installati previa autorizzazione della Direzione territoriale del lavoro o, in alternativa, nel caso di imprese con unità produttive dislocate negli ambiti di competenza di più Direzioni territoriali del lavoro, del Ministero del lavoro e delle politiche sociali".
Con l'art. 5, co. 2, D.lgs. n. 185/2016, l'ultima parte del primo comma è stata così modificata: "*in mancanza di accordo, gli impianti e gli strumenti di cui al primo periodo possono essere installati previa autorizzazione della sede territoriale dell'Ispettorato nazionale del lavoro o, in alternativa, nel caso di imprese con unità produttive dislocate negli ambiti di competenza di più sedi territoriali, della sede centrale dell'Ispettorato nazionale del lavoro. I provvedimenti di cui al terzo periodo sono definitivi*". **Rispetto al passato, oggi si consente che l'accordo sindacale possa essere sottoscritto con le associazioni sindacali comparativamente più rappresentative sul piano nazionale, a condizione che si tratti di accordi concernenti imprese con unità produttive ubicate in diverse province della stessa regione, ovvero in diverse regioni.** Inoltre, in mancanza di accordo – che dovrà quantomeno essere tentato – l'impresa potrà ricorrere all'autorizzazione della sola sede centrale dell'Ispettorato Nazionale del Lavoro. Manca, infine, nella disposizione rinnovata, la previsione della possibilità per l'Ispettorato del Lavoro di dettare, ove occorra, "le modalità per l'uso di tali impianti".
Il co. 2 dell'art. 4, così come novellato, recita "La *disposizione di cui al comma 1 non si applica agli strumenti utilizzati dal lavoratore per rendere la prestazione lavorativa e agli strumenti di registrazione degli accessi e delle presenze.*"
Il **secondo comma dell'art. 4** introduce una **deroga** alla disciplina generale. Dal tenore letterale della previsione, deve ritenersi esclusa dalla prescritta autorizzazione amministrativa/sindacale il solo utilizzo dei **beni oggettivamente necessari all'esecuzione della prestazione lavorativa**, dovendosi per contro escludere che medesima deroga possa applicarsi agli altri strumenti che, non essendo strettamente funzionali all'esecuzione della prestazione, vengono forniti dal datore di lavoro o sono, comunque, dallo stesso impiegati nell'ambito del contesto aziendale.

Ipotesi che rientra nel comma 2 è sicuramente quella del **badge rilevatore di presenze**. Viceversa, laddove strumenti della tecnologia come **tablet o smartphone** siano consegnati non già esclusivamente per l'esecuzione della prestazione ma servano anche a controllare l'attività lavorativa mediante **geolocalizzazione allora è necessaria l'autorizzazione di cui al comma 1.**
Del tutto innovativa rispetto alla precedente disposizione che sul punto era

silente è il **co. 3** della disposizione che recita "*3. Le informazioni raccolte ai sensi dei commi 1 e 2 sono utilizzabili a tutti i fini connessi al rapporto di lavoro a condizione che sia data al lavoratore adeguata informazione delle modalità d'uso degli strumenti e di effettuazione dei controlli e nel rispetto di quanto disposto dal decreto legislativo 30 giugno 2003, n. 196*".

Il terzo comma può essere considerato **norma di chiusura** della rinnovata disciplina, in quanto regola la confluenza del piano dell'acquisizione delle informazioni (dell'esercizio del potere di controllo per come limitato e regolato dal primo e secondo comma) a quello dell'utilizzabilità delle stesse (dell'esercizio degli altri poteri gestori, primo fra tutti quello disciplinare). In altri termini le condizioni poste dalla norma sono l'obbligo datoriale di informare il lavoratore delle modalità d'uso degli strumenti e delle modalità di effettuazione dei controlli e, al contempo, l'osservanza delle disposizioni in materia di privacy (su cui vedi infra) che è decisiva per l'utilizzabilità delle informazioni raccolte mediante i controlli.

L'utilizzabilità delle informazioni è correttamente bilanciata dalle garanzie della normativa sulla privacy con la conseguenza che l'inosservanza dell'art. 4 è punita con la sanzione penale (art. 38 statuto lavoratori e art. 171 D.lgs. 196/2003).

Questa disposizione ha inciso sul controverso tema dei **controlli difensivi**, categoria di **creazione giurisprudenziale**.

I controlli difensivi sono quei controlli operati dal datore di lavoro diretti ad accertare comportamenti illeciti e lesivi dell'immagine e del patrimonio aziendale che prescindono dalla sorveglianza sull'esecuzione della prestazione lavorativa.

La giurisprudenza di legittimità ha ritenuto **legittimi tali controlli ed utilizzabili le informazioni raccolte se la condotta del prestatore di lavoro presentasse profili di illiceità soprattutto penale.**

Nel testo previgente dell'art. 4 l. 300/70 si era ritenuto legittimo, ad esempio, il controllo disposto sui dati relativi alla navigazione in internet di un dipendente sorpreso ad utilizzare il computer di ufficio per finalità extralavorative (Cass., ord. 28 maggio 2018, n. 13266), il controllo demandato ad un'agenzia investigativa finalizzato all'accertamento dell'utilizzo improprio, da parte di un dipendente, dei permessi ex art. 33 legge 5 febbraio 1992, n. 104 (contegno suscettibile di rilevanza anche penale), atteso che, nella specie, esso non riguarda l'adempimento della prestazione lavorativa, essendo effettuato al di fuori dell'orario di lavoro ed in fase di sospensione dell'obbligazione principale di rendere la prestazione lavorativa (Cass., 4 marzo 2014, sent. n. 4984); la duplicazione periodica dei dati contenuti nei computer aziendali, preventivamente nota ai dipendenti, se effettuata a tutela di beni estranei al rapporto di lavoro, quali l'immagine dell'azienda e la tutela della dignità di altri lavoratori, perché non riguarda, appunto, l'esatto adempimento delle obbligazioni discendenti dal rapporto stesso. (Cass., 10 novembre 2017, sent. n. 26682).

Con la novella dell'art. 4 e l'introduzione del comma 3 ci si interroga sull'ammissibilità della figura dei controlli difensivi atteso che la disposizione limita l'utilizzabilità delle informazioni esclusivamente nei casi in cui vi sia il rispetto delle garanzie e delle cautele della normativa sulla privacy.

In altri termini secondo un'interpretazione dottrinale è necessario distinguere se i controlli siano rivolti alla mera tutela del patrimonio aziendale o se siano mirati sulle sole condotte illecite dei lavoratori. Nel primo caso è indubbia l'operatività della disciplina statutaria mentre nel secondo caso possono essere effettuati al di fuori dei limiti di cui all'art. 4 della l. 300/70, secondo autorevole dottrina in quest'ultima ipotesi trattasi di controllo *"occasionato dalla necessità eccezionale, non dilazionabile nel tempo e non realizzabile altrimenti, di fronteggiare comportamenti del lavoratore che sono qualificabili come illecito... che integrano atti di aggressione contro il patrimonio altrui"* (MAIO). Sul tema è intervenuta la giurisprudenza di legittimità che, con sentenza n. 34092 del 12 novembre 2021 con la quale è stato enunciato il seguente principio di diritto *"In tema di cd. sistemi difensivi, sono consentiti, anche dopo la modifica dell'art. 4 st.lav. ad opera dell'art. 23 del d.lgs. n. 151 del 2015, i controlli anche tecnologici posti in essere dal datore di lavoro finalizzati alla tutela di beni estranei al rapporto di lavoro o ad evitare comportamenti illeciti, in presenza di un fondato sospetto circa la commissione di un illecito, purché sia assicurato un corretto bilanciamento tra le esigenze di protezione di interessi e beni aziendali, correlate alla libertà di iniziativa economica, rispetto alle imprescindibili tutele della dignità e della riservatezza del lavoratore, sempre che il controllo riguardi dati acquisiti successivamente all'insorgere del sospetto. (Nella specie, la S.C., in accoglimento del motivo di ricorso incentrato sulla violazione dell'art. 4 st.lav., ha cassato la pronunzia del giudice del gravame, sul rilievo che quest'ultimo, nel ritenere utilizzabili determinate informazioni poste a base della contestazione disciplinare ed acquisite tramite "file di log" in conseguenza di un "alert" proveniente dal sistema informatico, aveva omesso di indagare sull'esistenza di un fondato sospetto generato dall'"alert" in questione, di verificare se i dati informatici fossero stati raccolti prima o dopo l'insorgere del fondato sospetto, nonché di esprimere la necessaria valutazione circa il corretto bilanciamento tra le esigenze di protezione di interessi e beni aziendali rispetto alle imprescindibili tutele della dignità e della riservatezza del lavoratore)."*

3.2. La tutela della privacy nel rapporto di lavoro.

Il richiamo contenuto nel comma 3 dell'art. 4 della l. 300/70, così come novellato, alle disposizioni in materia di privacy offre al lavoratore garanzia di corretta gestione del trattamento dei dati raccolti all'esito dei controlli effettuati dal datore di lavoro.

La normativa in materia di privacy, originariamente regolata dal D.lgs. 196/2003, è stata innovata per effetto del D.lgs. 101/2018 che ha armonizzato la normativa interna con il regolamento dell'UE n. 2016/679 noto anche come **General Data Protection Regulation (il cui acronimo è GDPR)**.

Essa ha carattere **complementare** rispetto alla tutela offerta dalla l. 300/70 per cui le due normative sostanzialmente si integrano a vicenda. Ne consegue, quindi, che se i dati del lavoratore sono acquisiti dal datore a seguito dell'esercizio dei poteri di controllo, il trattamento degli stessi dovrà avvenire nel rispetto della normativa in materia di privacy.

I dati personali devono essere trattati nel rispetto dei principi generali di liceità, correttezza e trasparenza, devono essere trattati per le finalità per le quali sono stati raccolti e, giusta il principio di "**minimizzazione dei dati**" devono essere limitati a quanto necessario per le finalità per le quali sono stati raccolti.

Il trattamento, limitato temporalmente alle finalità di raccolta, deve essere realizzato in modo tale da garantire "integrità e riservatezza".

Centrale è l'obbligo di informativa cui il datore è tenuto: questi deve informare il prestatore di lavoro su come saranno trattati i dati personali e devono essere impiegate policy aziendali con riguardo all'impiego degli strumenti informatici aziendali.

Il Garante delle privacy, nel tentativo di offrire regole operative ai datori di lavoro al fine di attuare i principi generali della summenzionata normativa, ha adottato numerosi provvedimenti (ad esempio le linee guida del 1 marzo 2007, il provvedimento dell'8 aprile 2010 sulla videosorveglianza, il provvedimento del 28 febbraio 2019 sull'utilizzo dei braccialetti da parte degli operatori ecologici) volti a regolamentare i controlli ex post sugli accessi a Internet dei lavoratori, la conservazione dei dati per un tempo ragionevole, non effettuare un monitoraggio sull'uso della posta elettronica.

Queste previsioni acquistano rilevanza centrale oggi che l'art. 4 co. 3 ha individuato l'osservanza delle disposizioni in materia di privacy come condizione per l'utilizzabilità delle informazioni acquisite nella fase dei controlli.

4. Il potere disciplinare.

L'**art. 2106 c.c.**, in forza del quale, in caso di **inosservanza dei doveri di diligenza (art. 2104 c.c.) obbedienza e fedeltà (art. 2105 c.c.)** da parte del lavoratore, il datore di lavoro può irrogare apposite sanzioni disciplinari, modulate a seconda della gravità dell'infrazione commessa fonda il **potere disciplinare**.

La **diligenza**, di cui **all'art. 2104 c.c.**, non è assimilabile alla diligenza del buon padre di famiglia di cui all'art. 1176 c.c., ma è "**qualificata**" perché va parametrata alla natura della prestazione richiesta, all'interesse dell'impresa (nel senso che il lavoratore "collaborando" nell'impresa è tenuto non solo a mettere a disposizione del datore di lavoro le sue energie ma è necessario che il datore le utilizzi effettivamente e proficuamente) e al superiore interesse della produzione nazionale (nel senso che la valutazione dell'adempimento del lavoratore deve, necessariamente, essere ancorata ai dettami di cui all'art. 2 e 41 della carta costituzionale).

La diligenza cui il lavoratore deve conformarsi è correlata alla natura della prestazione cioè alla specifica attività cui il lavoratore è obbligato. Essa, tuttavia, non si sostanzia solo nella esecuzione della prestazione secondo la sua specifica natura ma ricomprende, come evidenziato dalla giurisprudenza di legittimità, comportamenti accessori funzionali alla realizzazione dell'interesse imprenditoriale.

Tra gli obblighi del lavoratore subordinato, la cui osservanza assicura l'esatto adempimento della prestazione, vi è quello di **obbedienza**. Secondo il disposto di cui all'art. 2104 co. 2 c.c. il lavoratore è tenuto ad osservare le disposizioni impartite dall'imprenditore e dai collaboratori di questi dai quali dipende gerarchicamente.

L'obbligo di fedeltà, previsto e disciplinato dall'art. **2105 c.c.**, integra sempre una regola di comportamento del lavoratore che, in attuazione dei canoni di correttezza e buona fede ex art. 1175 c.c., deve non solo evitare di svolgere attività concorrenziali rispetto a quella datoriale ma, al contempo, anche osservare un obbligo di riservatezza quanto all'organizzazione e ai metodi di produzione dell'impresa.

La violazione dell'obbligo di diligenza, obbedienza e fedeltà ergo l'inadempimento del prestatore, contrariamente a quanto accade nell'ambito dei rapporti obbligatori ove l'inadempimento della prestazione può anche comportare la risoluzione del contratto, può comportare l'esercizio del potere disciplinare da parte del datore di lavoro.

Concorrono a disciplinare e circoscrivere il potere disciplinare datoriale le

previsioni contenute nei contratti collettivi e **l'art. 7 della l. 300/70** che delinea l'iter del procedimento disciplinare, in ossequio ai principi generali di tipicità e legalità che permeano l'esercizio della potestà punitiva nel nostro ordinamento giuridico.
Deve, infatti, evidenziarsi che non vi è **nessun automatismo nell'irrogazione di sanzioni disciplinari**, specie laddove queste consistano nella massima sanzione, permanendo – anche in presenza di previsione collettiva – tanto la discrezionalità del datore di lavoro in ordine alla scelta sull'esercizio o meno del potere disciplinare, quanto il sindacato giurisdizionale sulla proporzionalità della sanzione rispetto al fatto addebitato (sul punto, *Cass., 28 gennaio 2019, n. 2289*): cd. **discrezionalità** dell'esercizio del potere disciplinare.
L'attribuzione della rilevanza disciplinare a una determinata condotta spetta in prima istanza al datore di lavoro cui è attribuita la facoltà di esercitare il potere sanzionatorio, sia sotto il profilo dell'avvio del procedimento disciplinare, sia sotto il profilo dell'irrogazione della sanzione all'esito dello stesso. La condotta del prestatore, dunque, assurge a parametro per l'individuazione del fatto cui astrattamente attribuire rilievo in termini di mancanza. In particolare, "la potestà di infliggere sanzioni disciplinari è riservata dall'art. 2106 c.c. alla discrezionalità dell'imprenditore, in quanto contenuta nel più ampio potere di direzione dell'impresa a costui attribuito dall'art. 2086 c.c., a sua volta compreso nella libertà di iniziativa economica di cui all'art. 41 Cost.; ne consegue che il giudice, nel caso in cui sia stato adito dal datore di lavoro per la conferma della sanzione disciplinare e sia stato dallo stesso esplicitamente richiestone, non può convertirla in altra meno grave" (*Cass., 6 febbraio 2015, n. 2330*). La discrezionalità nell'esercizio del potere disciplinare conosce dei controlimiti costituiti dal principio di tempestività e di specificità.
Affinché il potere disciplinare possa essere **lecitamente esercitato** è necessaria indubbiamente l'osservanza dell'iter procedurale previsto dalla legge a garanzia del diritto di difesa del lavoratore (*vedi infra par. 4.1.*) ma è anche imprescindibile che sussistano le **condizioni sostanziali** per l'esercizio dello stesso.
In altri termini è necessario che vi sia:

1. **sussistenza del fatto addebitato**: la condotta del prestatore deve integrare un comportamento disciplinarmente rilevante e ricade sul datore di lavoro l'onere probatorio;
2. **proporzionalità (adeguatezza)** tra infrazione e sanzione. La gravità della sanzione deve risultare parametrata alla gravità del fatto.

Nella valutazione il datore di lavoro deve considerare le circostanze di commissione del fatto, la sussistenza di "precedenti" disciplinari del lavoratore, eventualmente il danno patrimoniale arrecato all'impresa, ecc.;
3. **divieto di mutamenti definitivi.** Non possono essere irrogate, in virtù del principio di tipicità, sanzioni aventi una portata diversa da quella tipizzata: ad esempio multe superiori a quattro ore di retribuzione base, sospensioni dal servizio e dalla retribuzione per più di dieci giorni (art. 7, co. 5);
4. **limitata rilevanza nel tempo della recidiva**: delle sanzioni irrogate non si può tener conto decorsi due anni dalla loro applicazione (art. 7, co. 8).

TI RICORDI CHE...

Nel rapporto di impiego alle dipendenze della pubblica Amministrazione l'azione disciplinare non è facoltativa ma obbligatoria, in presenza dei presupposti di legge, perché risponde ai principi di buon andamento ed imparzialità di cui all'art. 97 Cost.

4.1. Procedimento disciplinare: contestazione, difesa, sanzione, impugnazione della sanzione.

In ossequio al principio di **tipicità e legalità** dell'esercizio del potere sanzionatorio è necessario che il datore di lavoro deve aver predisposto il **codice disciplinare**, che, in applicazione degli accordi e contratti collettivi stabiliti in materia, stabilisca le infrazioni punibili, le sanzioni e le procedure di contestazione (art. 7, co. 1). Il codice deve essere **pubblicizzato** mediante **affissione in luogo accessibile a tutti**, non essendo ammesse forme equipollenti di pubblicazione. Tuttavia, giurisprudenza consolidata esclude che debbano essere oggetto di regolamentazione quei comportamenti che rivestono carattere di peculiare gravità, configuranti palesi violazioni dei fondamentali doveri di correttezza e buona fede, o comunque di ciò che "la coscienza sociale considera il minimum etico" (cfr. *Cass., 1° settembre 2009, n. 12735*). In tali ipotesi, infatti, non sussiste il rischio per il dipendente di incorrere in sanzioni per mancanze non conoscibili, posto che ogni comportamento che configuri una grave violazione dei doveri fondamentali del rapporto di lavoro è

conoscibile e contestabile, indipendentemente da una specifica previsione disciplinare.
Il riferimento è a tutte quelle condotte di per sé idonee a rilevare quale giusta causa o giustificato motivo soggettivo di licenziamento, in forza delle previsioni generali di cui all'art. 2119 c.c. e all'art. 3 Legge 604/1966.
Assolta la precondizione dell'affissione del codice disciplinare l'iter procedurale si scandisce in **tre fasi: contestazione, difesa del lavoratore ed irrogazione della sanzione disciplinare**.

1. **Contestazione:** Il datore di lavoro deve **contestare** al lavoratore l'infrazione commessa (art. 7, co. 2), attraverso contestazione **scritta**, **specifica**, **tempestiva**, **immutabile**. La Cassazione, proprio con riferimento alla tempestività della contestazione disciplinare, ha ritenuto che l'immediatezza della contestazione disciplinare deve essere intesa in senso relativo, potendo essere compatibile con un intervallo di tempo più o meno lungo, in dipendenza della complessità delle indagini da compiere e nella maggiore articolazione dell'attività dell'impresa (sul punto vedi *ex multis Cass., 16 novembre 2018 n. 29627*).

Con riferimento all'**immutabilità** della contestazione, la Suprema Corte ha affermato che "in tema di licenziamento disciplinare, il fatto contestato ben può essere ricondotto ad una diversa ipotesi disciplinare (dato che, in tal caso, non si verifica una modifica della contestazione, ma solo un diverso apprezzamento dello stesso fatto).
L'immutabilità della contestazione preclude al datore di lavoro di far poi valere, a sostegno della legittimità del licenziamento stesso, circostanze nuove rispetto a quelle contestate, tali da implicare una diversa valutazione dell'infrazione anche diversamente tipizzata dal codice disciplinare apprestato dalla contrattazione collettiva, dovendosi garantire l'effettivo diritto di difesa che la normativa sul procedimento disciplinare di cui all'art. 7 della legge 300 del 1970 assicura al lavoratore incolpato" (sul punto cfr. Cass. n. 26687 del 10 novembre 2017; Cass. n. 11540 del 15 giugno 2020).

2. **Difesa del lavoratore**: il lavoratore ha diritto di **essere sentito** dal datore di lavoro, con un termine a difesa non inferiore a cinque giorni e con l'eventuale **assistenza** di un **rappresentante** dell'associazione **sindacale** cui aderisce o conferisce mandato (art. 7, co. 2 – 3 – 5) (tale fase è eventuale, trattandosi di una facoltà riconosciuta

al lavoratore da questi liberamente esercitabile). Il comma 5 dell'art. 7 della citata legge individua nel termine di 5 giorni il lasso temporale utile, trattandosi di un termine dilatorio, entro il quale il lavoratore può esercitare il diritto di difesa, decorso il quale sarà adottabile la sanzione. Laddove il lavoratore abbia reso in tale termine giustificazioni scritte e abbia, contestualmente, richiesto di essere sentito oralmente tale ultima richiesta non può ritenersi assorbita dalle giustificazioni scritte rese per cui la sanzione eventualmente irrogata, in assenza di audizione orale, se richiesta, sarà illegittima ed impugnabile (cfr. Cass., 9 gennaio 2017, sent. n. 204; 17 dicembre 2018, sent. n. 32607). Durante l'audizione è prevista la possibilità, così come statuito dal co. 3 della disposizione, dell'assistenza da parte di qualsiasi organizzazione sindacale cui il lavoratore con ferisce il mandato (la norma non prevede, e ciò è stato confermato anche dalla giurisprudenza, l'assistenza tecnica a mezzo difensore).

3. **Irrogazione della sanzione**: all'esito dell'iter il datore di lavoro se non ritiene le giustificazioni sufficienti o nel caso in cui esse non siano state proprio rese, **commina la sanzione scegliendola secondo il principio di proporzionalità**. Va precisato che il termine di cinque giorni di cui al comma 5 non è perentorio per il datore ma dilatorio e che la contrattazione collettiva ben può prevedere dei termini per l'irrogazione della sanzione. Il datore di lavoro può anche non irrogare la sanzione ma ritenere fondate le giustificazioni e, quindi, procede all'archiviazione ovvero nel caso in cui non ritenga fondate le giustificazioni può direttamente adottare la sanzione senza dover giustificare le ragioni per le quali non ritiene fondate le stesse.

Le sanzioni si distinguono in **conservative e non**.
Sono **conservative** il rimprovero **verbale**; il **rimprovero scritto**; la **multa** – trattenuta in busta paga di un importo corrispondente ad un massimo di 4 ore di retribuzione; la **sospensione** dal lavoro e dalla retribuzione – mancata erogazione della retribuzione per un lasso temporale che non può essere superiore a dieci giorni;
Tra le sanzioni **non conservative** si annovera, invece, il **licenziamento disciplinare** (*cap. VIII, sez. I, par. 8*).
A fronte dell'irrogazione di una sanzione disciplinare, il lavoratore può impugnarla in via giudiziale o stragiudiziale.
Nel primo caso ricorrendo al giudice del lavoro mentre nel secondo caso o

ricorrendo alle **procedure arbitrali** eventualmente previste dai contratti collettivi oppure promuovendo, nei venti giorni successivi, la costituzione di un **collegio di conciliazione ed arbitrato** presso la Direzione territoriale del lavoro (trattasi di arbitrato irrituale, MONTUSCHI). In quest'ultimo caso, la sanzione perde efficacia qualora il datore di lavoro non provveda a nominare il proprio rappresentante in seno al collegio e resta in ogni caso sospesa fino alla pronuncia dello stesso (art. 7, co. 6-7).

5. La sicurezza sui luoghi di lavoro: inquadramento normativo.

Il tema della sicurezza sui luoghi di lavoro, che si intreccia con quello della tutela della salute del lavoratore, costituisce una **declinazione** dell'esercizio dei poteri direttivi ed organizzativi del datore di lavoro di cui costituisce un **limite estrinseco**.

Il sistema delle tutele radica sicuramente il **suo fondamento nella Carta costituzionale e, segnatamente, negli articoli 32 e 41 della Costituzione**.

L'art. 32 Cost. che tutela la salute come un diritto fondamentale dell'individuo sia come singolo che nelle formazioni sociali e, pertanto, anche con riferimento al rapporto di lavoro stante i rischi collegati all'attività lavorativa e all'ambiente di lavoro di cui il datore è tenuto a garantire la salubrità.

Non a caso **l'art. 41 Cost.** sottopone la libertà di iniziativa economica privata a dei limiti: «non può svolgersi in contrasto con l'utilità sociale o in modo da recare danno alla sicurezza, alla libertà, alla dignità umana» (comma 2).

In un'ottica di bilanciamento degli interessi la libertà di iniziativa economica privata è recessiva rispetto alla salute del lavoratore e alla salubrità dei luoghi di lavoro.

Nella Carta Costituzionale è rinvenibile anche la fonte della regolamentazione normativa anche se con non pochi dubbi interpretativi. **L'art. 117 cost. al comma 3** demanda alla legislazione concorrente Stato-Regioni la tutela della salute e della sicurezza sui luoghi di lavoro. È indubbio che le misure volte a regolamentare la sicurezza del rapporto individuale di lavoro e l'impianto sanzionatorio siano riservate allo Stato ma è controverso se le Regioni possano "integrare" la normativa contemplando previsioni migliorative rispetto agli standard nazionali o se, viceversa, l'intervento regionale vada considerato in una dimensione di completamento.

Spazio ai temi della salute e della sicurezza sui luoghi di lavoro è riservato anche dalla normativa comunitaria.

Gli **articoli 151 e 156 del TFUE** sono sicuramente disposizioni centrali perché

postulano la tutela della sicurezza sui luoghi di lavoro tra gli obiettivi cardine della politica europea. Parimenti centrale per il tema è la dir. Quadro 89/391/Cee nonché le disposizioni contenute nella Carta di Nizza che all'art. 31 riconosce il diritto, per ogni lavoratore, a condizioni di lavoro sane, sicure e dignitose.
Non può sicuramente essere tralasciato, quale previsione di chiusura del sistema, il principio cardine, nell'ambito del sistema comunitario secondo cui, ai sensi dell'art. 153 TFUE, nel caso di contrasto tra la normativa interna e comunitaria va sempre applicata quella più favorevole al lavoratore.

5.1. La sicurezza nel codice civile: art. 2087 c.c.

Il sistema della tutela della sicurezza nei luoghi di lavoro in chiave preventiva è a tutto tondo e radica nella formula ampia dell'art. 2087 c.c., **norma di chiusura del sistema**, il suo fondamento.
L'art. 2087 c.c. pone l'obbligo per l'imprenditore di adottare nell'esercizio dell'impresa tutte le misure che, secondo le **particolarità del lavoro**, l'**esperienza** e la **tecnica**, sono necessarie a tutelare l'**integrità fisica** e la **personalità morale** dei lavoratori dipendenti.
Trattasi di una disposizione **ancipite** che ha **portata generale** perché enuclea un principio che ha trovato specificazione in numerose previsioni della normativa speciale che hanno indicato misure tipiche di prevenzione volte a garantire l'igiene e la sicurezza sui luoghi di lavoro.
È **norma di chiusura** del sistema in quanto è invocabile per integrare la legislazione speciale stante la previsione "innominata" dell'obbligo di sicurezza ivi enunciato e la previsione, quindi, dei fattori di rischio non contemplati dalla normativa antinfortunistica speciale.
In ordine all'**ambito di operatività** della disposizione, come evidenziato dalla giurisprudenza di legittimità, essa opera esclusivamente per i rapporti di **lavoro subordinato** e, sebbene vi sia una tendenza ad estendere l'obbligo di sicurezza a qualunque rapporto di lavoro o anche a persona estranea all'ambito imprenditoriale, purché sia ravvisabile il nesso di causalità tra l'infortunio e la violazione della disciplina sugli obblighi di sicurezza; essa non si applica ai rapporti di lavoro autonomo avendo la previsione di cui all'art. 409 n. 3 c.p.c. rilevanza processuale.
In ordine al **contenuto** dell'obbligo di sicurezza datoriale, va chiarito che l'art. 2087 c.c. impone al datore di lavoro di predisporre tutte le misure idonee, secondo l'esperienza, la tecnica e la particolarità del lavoro, a prevenire situazioni di danno per la salute fisica e la personalità del lavoratore sulla base del

principio della **massima sicurezza tecnologicamente possibile**, in forza del quale le possibilità offerte dalla tecnica divengono il limite ultimo ed esterno di operatività degli obblighi di prevenzione

L'operatività della norma non è esclusa, bensì rafforzata dalla sussistenza di norme speciali che dispongano l'adozione di particolari cautele ed obbliga l'imprenditore ad adottare, ai fini della tutela delle condizioni di lavoro, non solo le **particolari misure tassativamente imposte dalla legge** in relazione allo **specifico** tipo di attività esercitata, nonché quelle **generiche** dettate dalla comune prudenza, ma anche tutte le altre misure che in concreto si rendano necessarie per la tutela della sicurezza del lavoro in base alla particolarità dell'attività lavorativa, all'esperienza ed alla tecnica, misure per l'individuazione delle quali può farsi riferimento, ove sussista identità di *ratio*, anche a norme dettate ad altri fini, ancorché peculiari ad attività diverse da quella dell'imprenditore.

La responsabilità conseguente alla violazione dell'art. 2087 c.c. ha **natura contrattuale** e non è oggettiva per cui si ritiene che la norma non obblighi il datore di lavoro a rispettare ogni cautela possibile ed innominata diretta ad evitare qualsiasi danno perché, se così fosse, si sconfinerebbe in un'ipotesi di responsabilità oggettiva occorrendo, invece, che l'evento dannoso sia riferibile a colpa datoriale per violazione di obblighi di comportamento imposti da fonti legali o suggeriti dalla tecnica, ma concretamente individuati.

Peraltro la norma in commento impone al datore di lavoro non solamente di adottare le idonee misure protettive, ma anche di accertare e vigilare che di quelle misure venga fatto effettivamente uso da parte del dipendente, non potendo attribuirsi alcun effetto esimente per l'imprenditore che abbia provocato un infortunio sul lavoro per violazione delle relative prescrizioni all'eventuale **concorso di colpa del lavoratore**, atteso che **la condotta del dipendente può comportare l'esonero totale del datore di lavoro da responsabilità solo quando essa presenti i caratteri dell'abnormità, inopinabilità ed esorbitanza rispetto al procedimento lavorativo ed alle direttive ricevute, come pure dell'atipicità ed eccezionalità, così da porsi come causa esclusiva dell'evento, essendo il datore di lavoro tenuto a proteggere l'incolumità del dipendente nonostante la sua negligenza e imprudenza.** In applicazione di simili principi, la Suprema Corte ha affermato che **non è qualificabile come abnorme** il comportamento del lavoratore che intervenga, nell'esecuzione delle **ordinarie mansioni assegnate**, su un macchinario per effettuare una riparazione, qualora ciò sia dettato da una necessità, non solo possibile, ma anche probabile del procedimento lavorativo, posto che l'obbligo datoriale di proteggere l'incolumità del dipendente, nonostante l'imprudenza e la negligenza dello stesso, comprende anche la vigilanza circa l'effettivo rispetto delle misure di protezione predisposte.

Quanto alla **ripartizione degli oneri probatori**, trattandosi di responsabilità contrattuale, è indubbio che a fronte dell'allegazione da parte del lavoratore del fatto costitutivo il danno ed il nesso eziologico con la prestazione lavorativa sarà il datore di lavoro a dover provare che il danno è dipeso da causa a lui non imputabile e, quindi, di aver adempiuto al suo obbligo di sicurezza, apprestando tutte le misure per evitare il danno, e che gli esiti dannosi sono stati determinati da un evento **imprevisto e imprevedibile** (cfr. Cass., *23 aprile 2008, n. 10529*). In particolare, spetta all'imprenditore la prova di aver adottato, nell'esercizio dell'impresa tutte quelle misure che, secondo la particolarità del lavoro in concreto svolto dai dipendenti, si rendano necessarie a tutelare l'integrità fisica dei medesimi.

Tuttavia, l'oggetto della prova è necessariamente correlato alla identificazione delle modalità del fatto e presuppone l'accertamento delle cause – che devono essere provate dal lavoratore – che lo hanno determinato.

La giurisprudenza è solita ritenere che il nesso causale tra illecito e danno non venga meno per la mera imprudenza o negligenza del lavoratore. Per escludere la responsabilità del datore di lavoro è necessario che intervenga un **fattore causale *ex se* idoneo a determinare l'evento** (come una condotta del lavoratore del tutto anomala ed imprevedibile o l'assunzione di un rischio elettivo completamente esorbitante dalla prestazione). Sul punto la Corte di Cassazione ha affermato che "il datore di lavoro, destinatario delle norme antinfortunistiche, è esonerato da responsabilità **quando il comportamento del dipendente**, rientrante nelle mansioni che gli sono proprie, **sia abnorme, dovendo definirsi tale il comportamento imprudente del lavoratore che sia consistito in qualcosa radicalmente, ontologicamente, lontano dalle ipotizzabili e, quindi, prevedibili, imprudenti scelte del lavoratore nella esecuzione del lavoro** (nella fattispecie la Corte ha ritenuto del tutto imprevedibile il comportamento imprudente del lavoratore, addetto all'esecuzione di lavori ad un'altezza di sei metri, di utilizzare, per accelerare i tempi di lavorazione, un improprio carrello sollevatore, in luogo del regolare mezzo di sollevamento già impegnato per altri lavori)" (Cass, 10 novembre 2009, n. 7267).

Dunque, la **responsabilità** dell'imprenditore per l'omessa adozione delle misure di sicurezza generiche e specifiche che, in relazione alla concreta pericolosità del lavoro, siano idonee a tutelare l'integrità fisica del lavoratore è esclusa solo in caso di **dolo del prestatore** o nel caso di **rischio elettivo generato da un comportamento abnorme e anomalo**, che non ha alcun rapporto con lo svolgimento del lavoro, che esorbita dai limiti delle mansioni assegnate e che, per questi motivi, si caratterizza per un'assoluta imprevedibilità. Per contro, la **colpa del lavoratore** – sia essa conseguenza di imprudenza, negligenza o imperizia – **non elide la responsabilità datoriale** e non è idonea a interrompere il nesso di causalità, spettando al datore di lavoro provare di avere fatto tutto il possibile per evitare il danno.

5.2. D.lgs. 81/2008 - sicurezza sui luoghi di lavoro: analisi.

Nonostante l'art. 2087 c.c. sia ispirato al principio della massima sicurezza tecnologicamente possibile ed imponga il rispetto di tutti gli accorgimenti che si rendano di volta in volta necessari, il legislatore, sulla spinta comunitaria, ha approntato un sistema di tutela incentrato sulla organizzazione concreta della salute e della sicurezza in azienda in un'ottica di prevenzione più che sanzionatoria che si è inverato con il **D.lgs. 19 settembre 1994, n. 626, che, in attuazione di una direttiva comunitaria, ha elaborato una prima disciplina organica e sistematica della materia;** abrogato poi con l'entrata in vigore del **D.lgs. 9 aprile 2008, n. 81,** Testo Unico in materia di tutela della salute e della sicurezza nei luoghi di lavoro che ha sostanzialmente riorganizzato le disposizioni della materia.

Esso è stato poi innovato dal **D.lgs. n. 151** del **2015** che ha introdotto modifiche in una prospettiva di razionalizzazione e semplificazione delle procedure e degli adempimenti, nonché di introduzione di disposizioni in materia di rapporto di lavoro e pari opportunità.

Giova, preliminarmente, definire **l'ambito soggettivo e oggettivo di operatività delle tutele.**

In ordine all'ambito di operatività **soggettivo** va chiarito che la nozione di lavoratore cui è rivolto il complesso delle tutele è ampia.

Ai sensi dell'art. 2 lett. a) del citato D.lgs. 81 del 2008 il lavoratore è *"colui che, indipendentemente dalla tipologia contrattuale, svolge, con o senza retribuzione, anche al solo fine di apprendere un mestiere, un'arte o una professione, un'attività lavorativa nell'ambito dell'organizzazione di un datore di lavoro pubblico o privato (con esclusione degli addetti ai servizi domestici e familiari)*. Il dato rilevante ai fini dell'operatività della tutela è l'inserimento nell'organizzazione datoriale (es. somministrati, i lavoratori autonomi la cui prestazione lavorativa si inserisca nell'organizzazione datoriale). L'ampiezza della definizione di lavoratore è confermata dall'art. 3 comma 4 del decreto che, nel delineare l'ambito soggettivo di applicazione della norma, la applica "a tutti i lavoratori e lavoratrici, subordinati e autonomi, nonché ai soggetti ad essi equiparati", ferme le eccezioni e limitazioni indicate nei commi successivi.

Nel caso di somministrazione di lavoro vi è una "scissione" del debito di sicurezza: sull'utilizzatore gravano tutti gli obblighi di prevenzione e protezione mentre residua in capo all'agenzia l'obbligo di informazione sui rischi per la sicurezza connessi alle attività produttive in generale, nonché quello di formazione e addestramento all'uso delle specifiche attrezzature di lavoro.

Nel caso di distacco di lavoratori tutti gli obblighi di prevenzione e protezione sono in capo al distaccatario, compresa la sorveglianza sanitaria, fatto salvo l'obbligo di informare e formare il lavoratore sui rischi tipici generalmente connessi allo svolgimento delle mansioni per le quali egli viene distaccato (art. 3, comma 6, D.lgs. n. 81/2008).

Nel caso di collaboratori etero-organizzati dovrà applicarsi integralmente tanto il D.lgs. n. 81/2008 quanto l'art. 2087 c.c., stante la piena estensione delle tutele del lavoro subordinato ex art. 2, D.lgs. n. 81/2015.

Per i lavoratori autonomi, invece, si applicano le disposizioni di cui agli artt. 21 e 26, D.lgs. n. 81/2008 (art. 3, comma 11).

Per i lavoratori autonomi che svolgono lavori di consegna a domicilio attraverso piattaforme anche digitali (c.d. rider), l'art. 47-*septies*, comma 3, del D.lgs. 81/2015 prevede che "il committente che utilizza la piattaforma anche digitale è tenuto, a propria cura e spese, al rispetto" del D.lgs. n. 81/2008.

Ai lavoratori occasionali – attualmente disciplinati dall'art. 54-bis, D.L. n. 50/2017, conv. in L. n. 96/2017 – l'applicazione di tutte le norme di sicurezza è prevista esclusivamente nei casi in cui la prestazione sia svolta a favore di un committente imprenditore o professionista (poiché l'art. 54-bis, comma 3, D.L. n. 50/2017, rinvia all'art. 3, comma 8, D.lgs. n. 81/2008), con esclusione, quindi, dei piccoli lavori domestici a carattere straordinario, compreso l'insegnamento privato supplementare e l'assistenza domiciliare ai bambini, agli anziani, agli ammalati e ai disabili (art. 3, comma 8, D.lgs. n. 81/2008).

In caso di lavoro agile (o smart working), l'art. 22, comma 1, L. n. 81/2017 stabilisce che il datore di lavoro garantisce la salute e la sicurezza del lavoratore e a tal fine consegna al lavoratore e al RLS, con cadenza almeno annuale, un'informativa scritta nella quale sono individuati i rischi generali e i rischi specifici connessi alla particolare modalità di esecuzione del rapporto di lavoro.

In ordine **all'ambito di operatività oggettivo** del testo unico va evidenziato che ai sensi **dell'art. 3 comma 1** citato decreto esso si applica «*a tutti i settori di attività, privati e pubblici, e a tutte le tipologie di rischio*».

Il riferimento a "**tutte le tipologie di rischio**" è stato il tema centrale con l'esplosione dell'emergenza pandemica da COVID-19.

Una parte della dottrina ha ritenuto che, fatta eccezione per le professioni sanitarie, il rischio COVID-19 esulasse l'organizzazione lavorativa e costituisse, quindi, un rischio generico senza obbligo per i datori di lavoro di aggiornare i DUVRI.

Secondo diversa impostazione, invece, il rischio COVID-19 è esogeno e si aggrava in determinati contesti lavorativi (come quello sanitario) con la conseguenza che il datore di lavoro, sussistendo l'obbligo di valutare "tutti i rischi" è sempre chiamato a valutarlo preventivamente, aggiornando il DVRI.

In ordine alle misure da adottare, le linee guida per l'adozione di protocolli anti-contagio aziendali sono state offerte, in primis, dal Protocollo condiviso di regolazione delle misure per il contrasto e il contenimento della diffusione del virus COVID-19 negli ambienti di lavoro, sottoscritto dapprima il 14 marzo 2020, e poi integrato il 24 aprile 2020, dalle organizzazioni confederali dei datori di lavoro e dei lavoratori che detta misure quali l'informazione; le modalità di ingresso in azienda; la pulizia, sanificazione e gestione degli spazi; le precauzioni igieniche personali; i dispositivi di protezione individuale; l'organizzazione aziendale – turnazione, trasferte e smart working – la sorveglianza sanitaria, la cui violazione comporta l'applicazione della sanzione amministrativa.

L'osservanza delle prescrizioni contenute in tali protocolli assicura l'adempimento dell'obbligo di cui all'art. 2087 c.c. (art. 29-bis, D.L. n. 23/2020, conv. in L. n. 40/2020).

L'introduzione delle figure del green pass e dell'obbligo vaccinale hanno costituito una misura, tipizzata dalla legge, per l'adempimento dell'obbligo di sicurezza ex art. 2087 c.c. L'obbligo vaccinale, previsto originariamente ex art. 4 d.l. 44/2021 conv. in l. 76/2021, esclusivamente per gli "esercenti le professioni sanitarie e gli operatori di interesse sanitario che svolgono la loro attività nelle strutture sanitarie, sociosanitarie e socio-assistenziali, pubbliche e private, nelle farmacie, parafarmacie e negli studi professionali" è stato per effetto dell'art.2 d.l. 221 del 2021, che ha aggiunto l'art. 4 ter al d.l. 44/2021, esteso al personale amministrativo della sanità, ai docenti e personale amministrativo della scuola, a militari, forze di polizia (compresa la polizia penitenziaria), personale del soccorso pubblico.

Con il d.l. 7 gennaio 2022 n. 1, oltre ad aver introdotto l'obbligo vaccinale sino al 15 giugno 2022 per chiunque abbia compiuto o compia 50 anni entro quella data, anche se non occupato, e fatte salve le esenzioni per i casi di "accertato pericolo per la salute, in relazione a specifiche condizioni cliniche documentate, attestate dal medico", ha disposto l'obbligo del Green Pass rafforzato, per gli over 50 che svolgano una qualsiasi attività lavorativa, sia in ambito pubblico sia in ambito privato, a partire dal 15 febbraio 2022, nonché l'immediata estensione dell'obbligo vaccinale, senza limiti d'età, al personale universitario, che viene equiparato a quello scolastico, per il quale l'obbligo di immunizzarsi è scattato al 15 dicembre 2021.

Il d.l. n. 24/2022 ha previsto l'estensione sino al 31 dicembre 2022 dell'obbligo vaccinale per gli esercenti le professioni sanitarie e gli operatori di interesse sanitario di cui all'art. 1 co. 2 l. 43/2006.

Quanto al green pass il d.l. 23 luglio 2021 n. 105, conv. con modif. dalla l. 16 settembre 2021 n. 126, con l'inserimento dell'art. 9 bis, lo ha reso necessario per accedere ad una serie di servizi ed attività, mentre il d.l. 6 agosto 2021 n. 111, conv. dalla l. 24 settembre 2021 n. 133, con l'aggiunta degli artt. 9-ter e 9-quater, lo ha imposto al personale scolastico e universitario per l'espletamento dell'attività lavorativa e per l'accesso ad alcuni mezzi di trasporto.

Il d.l. 21 settembre 2021 n. 127, conv. con modif dalla l. 19 novembre 2021 n. 165, sempre con la stessa tecnica additiva rispetto alla disciplina di cui al d.l. n. 52 del 2021, ha reso obbligatorio, a decorrere dal 15 ottobre 2021, il possesso della CVC per l'accesso nei luoghi di lavoro pubblici (art. 9-quinques) e privati (art. 9-septies), da parte dei lavoratori in forza presso aziende, enti pubblici e che svolgono attività di formazione e volontariato; l'obbligo riguarda inoltre il personale di Autorità indipendenti, Consob, Covip, Banca d'Italia, enti pubblici economici, organi di rilevanza costituzionale e i titolari di cariche elettive o di cariche istituzionali di vertice.

Con il d.P.C.M. 12 ottobre 2021 sono state fornite ai datori di lavoro pubblici e privati le indicazioni sulle modalità di controllo del possesso delle Certificazioni verdi COVID-19 e sono stati potenziati gli strumenti informatici per la verifica quotidiana e automatizzata delle certificazioni

L'obbligo del Green pass base è stato esteso anche a difensori, consulenti, periti ed altri ausiliari del magistrato estranei alle amministrazioni della giustizia, con la sola eccezione per testimoni e parti del processo.

Il d.l. 24/2022 ha previsto la proroga del green pass base, sino al 30 aprile 2022, per accedere ai luoghi di lavoro nel settore privato, sebbene lo stato di emergenza sia cessato al 31 marzo 2022 così come statuito dalla legge n. 11/2022.

Procedendo in rassegna delle **novità introdotte dal D.lgs. 81/08** va sicuramente evidenziato che l'impianto normativo poggia, essenzialmente, così come emerge dall'**art. 15** cit. decreto su **due principi**:

1. **il principio della prevenzione;**
2. **il principio della sicurezza partecipata.**

Il **principio della prevenzione** si invera nell'obbligo datoriale di verificare, in via preventiva, tutti i rischi connessi all'attività lavorativa che si presentano o potrebbero presentarsi ciò al fine di eliminarli o comunque di prevenire la capacità lesiva.
Il **modello di sicurezza partecipata** postula invece, un **coinvolgimento di soggetti diversi sui quali si ripartiscono gli obblighi di garanzia ed effettività della sicurezza.**

1. Sui **lavoratori**, individuati secondo le coordinate ermeneutiche innanzi evidenziate, **incombono una serie di obblighi** quali: prendersi cura della propria salute e sicurezza e di quella delle persone con cui interagiscono sul luogo di lavoro; osservare le disposizioni ed istruzioni loro impartite; utilizzare correttamente attrezzature, macchinari e dispositivi di protezione; segnalare eventuali carenze relative ai mezzi e dispositivi in dotazione; partecipare ai programmi di formazione; sottoporsi ai controlli sanitari (art. 20).
2. Sul **datore di lavoro** incombono i seguenti obblighi: la **valutazione** preventiva **dei rischi** connessi all'attività aziendale; la redazione del **documento di valutazione dei rischi** (DVR), che deve contenere i requisiti analiticamente richiesti dall'art. 28, co. 2.

In caso di affidamento di lavori, servizi, forniture tramite un contratto d'appalto o un contratto di lavoro autonomo, l'impresa committente è tenuta a promuovere la **cooperazione ed il coordinamento negli interventi** di protezione e prevenzione e ad elaborare, con l'impresa appaltatrice, un **documento unico di valutazione dei rischi (DUVRI),** che deve essere allegato al contratto di affidamento.
Su tale norma è intervenuto il d.l. 21 giugno 2013, n. 69, conv. in l. 9 agosto 2013, n. 98, che ha previsto **l'esenzione dall'obbligo di redazione del DUVRI** per:

1. i **settori di attività a basso rischio di infortuni e malattie professionali**, nei quali, in luogo della redazione del documento, si può procedere con l'**individuazione** di un **incaricato**, in possesso di formazione, esperienza e competenza adeguate e specifiche e del necessario aggiornamento periodico, che sovrintenda alla cooperazione ed al coordinamento (art. 26, co. 3);
2. i **servizi di natura intellettuale**, le **mere forniture** di materiali o attrezzature, i lavori o servizi la cui durata non è superiore al limite

CAPITOLO V | SVOLGIMENTO DEL RAPPORTO DI LAVORO

> di **cinque uomini – giorno** (ossia l'entità presunta dei lavori rappresentata dalla somma delle giornate di lavoro necessarie all'effettuazione dell'attività, considerata con riferimento all'arco temporale di un anno), in cui non vi è l'obbligo né di redigere il documento né di individuare l'incaricato, a meno che non sussistano pericoli derivanti da elevato rischio di incendio; dallo svolgimento di attività in ambienti confinanti; dalla presenza di agenti cancerogeni, mutageni o biologici o di atmosfere esplosive; dalla presenza di altri rischi peculiari tipizzati (art. 26, co. 3 *bis*).

Il datore di lavoro può **delegare** le proprie funzioni, purché (art. 16):

1. la delega risulti da **atto scritto**, abbia data certa e le sia data adeguata e tempestiva **pubblicità**;
2. il delegato possegga tutti i **requisiti di professionalità ed esperienza** richiesti dalla specifica natura delle funzioni delegate;
3. la delega attribuisca al delegato tutti i **poteri di organizzazione, gestione, controllo** e l'**autonomia di spesa** necessaria;
4. la delega sia **accettata per iscritto** dal delegato.

Non sono suscettibili di delega (art. 17):

1. la **valutazione dei rischi**;
2. la redazione del **DVR**;
3. la **designazione del responsabile del servizio** di prevenzione e sicurezza.
4. Sui **dirigenti** che sono coloro che, in ragione delle competenze professionali e dei poteri gerarchici e funzionali adeguati alla natura dell'incarico loro conferito, **attuano le direttive** del datore di lavoro, **organizzano l'attività** lavorativa e **vigilano sulla stessa** (art. 2, co. 1, lett. d).
5. Sui **preposti** che sono le persone che, in ragione delle competenze professionali e nei limiti dei poteri gerarchici e funzionali adeguati alla natura dell'incarico loro conferito, **sovrintendono l'attività** lavorativa, **garantiscono l'attuazione delle direttive**, ne **controllano la corretta esecuzione** ed esercitano un funzionale **potere di iniziativa** (art. 2, co. 1, lett. e).
6. Sul **responsabile del servizio di prevenzione e protezione,** soggetto, designato dal datore di lavoro, in possesso dei requisiti profes-

sionali prescritti e delle capacità richieste, che **coordina il servizio di prevenzione e protezione** dei rischi (art. 2, co. 1, lett. f), con funzioni di vero e proprio **ausilio tecnico** dell'imprenditore.
7. Sul **medico competente** che collabora con il datore di lavoro nell'attività di valutazione dei rischi e che effettua la **sorveglianza sanitaria** (art. 2, co. 1, lett. h). La sorveglianza sanitaria costituisce un peculiare obbligo per il datore di lavoro, il quale è tenuto a proteggere l'integrità fisiopsichica del lavoratore dipendente. L'obbligatorietà della sorveglianza sanitaria è prevista espressamente dal legislatore e riguarda, in particolare, alcune attività lavorative particolarmente rischiose per la salute dei lavoratori (esposizione ad agenti chimici, gas, ecc.). La sorveglianza viene svolta, come detto, dal **medico competente** ed è effettuata a spese del datore di lavoro. Il lavoratore può essere sottoposto a visita medica **preventiva**, al fine di accertare l'assenza di patologie o controindicazioni allo svolgimento del lavoro che deve svolgere; può **richiedere** una visita medica quando ritiene che la mansione sia dannosa o non più compatibile con la propria salute, o quando il lavoratore deve cambiare la mansione (in questo caso è il datore che deve effettuarla a prescindere dalla richiesta del lavoratore). Sono previste dalla normativa vigente anche le **visite periodiche**, quando il datore di lavoro deve accertare il perdurare dello stato di salute del lavoratore nello svolgimento delle mansioni, o quelle **preassuntive**.
8. Sul **rappresentante dei lavoratori per la sicurezza (RLS)** che è la persona **eletta o designata a rappresentare i lavoratori** per quanto concerne gli aspetti della salute e della sicurezza durante il lavoro (art. 2, co. 1, lett. i). Si distingue tra il rappresentante **aziendale**, quello **territoriale** o quello **di sito produttivo**.

Il rappresentante dei lavoratori deve essere **consultato preventivamente** e tempestivamente in relazione alla valutazione dei rischi, alla designazione del responsabile e degli addetti del servizio di prevenzione e del medico competente, alla prevenzione di incendi, all'attività di primo soccorso ed alla formazione dei lavoratori in materia. Riceve inoltre tutte le informazioni pertinenti, formula osservazioni, elabora proposte, ricorre alle autorità competenti (art. 50).
Va evidenziato che allo scopo di promuovere e diffondere la c.d. cultura della sicurezza, il D.lgs. n. 81/2008, oltre agli obblighi che si impongono sui garanti della prevenzione aziendale, contempla una serie di norme legate ad una visione promozionale, che lasciano libero il destinatario di adeguarvisi o meno

(tanto da parlarsi di integrazione volontaria dell'obbligo di sicurezza). Trattasi delle norme di buona tecnica e alle buone prassi (art. 2, comma 1, lett. u e v) che, per quanto non vincolanti di per sé, vengono richiamate all'interno del D.lgs. n. 81/2008 e in questo modo diventano criterio di valutazione della conformità alle misure imposte come obbligatorie.

Sempre improntato alla cultura della sicurezza è il dettato di cui all'art. 20 del d.l.n. 36 del 30 aprile 2022 conv. in l. 79 del 28 giugno 2022 che, in attuazione degli obiettivi del PNRR ha previsto che l'INAIL promuova protocolli di intesa con aziende e grandi gruppi industriali per l'attivazione di programmi, progetti e iniziative volte al contrasto del fenomeno infortunistico e al miglioramento degli standard di salute e di sicurezza sui luoghi di lavoro con il coinvolgimento delle organizzazioni sindacali maggiormente rappresentative (previsione da ultimo inserita in sede di conversione normativa).

6. Danni risarcibili: tutela indennitaria, risarcitoria e danno differenziale.

Il risarcimento del danno sofferto dal lavoratore per pregiudizio alla salute costituisce un sottoinsieme del più ampio sistema del risarcimento del danno che si contraddistingue per la coesistenza di due forme di tutele: quella assicurativa dell'INAIL e quella risarcitoria, *stricto sensu* intesa, garantita dal datore di lavoro. La tutela assicurativa obbligatoria dell'INAIL sarà oggetto di disamina completa nella parte III, cap. III.

Il datore di lavoro, grazie all'assicurazione obbligatoria, è esonerato da responsabilità civile per gli infortuni e le malattie professionali occorsi al lavoratore. In cambio del pagamento del premio assicurativo al datore di lavoro è garantito, dall'art. 10, comma 1, del T.U. 1124/1965, un esonero dalla responsabilità civile per gli stessi eventi.

La tutela **indennitaria Inail** spetta **a prescindere da un accertamento in merito ad una responsabilità del datore di lavoro**, ovvero di un terzo, operando anche nei casi in cui l'evento assicurato sia riconducibile a negligenza o imperizia dello stesso lavoratore, che abbiano contribuito alla verificazione dell'infortunio, giacché al datore di lavoro, che è "garante" della correttezza dell'agire del lavoratore, è imposto di esigere da quest'ultimo il rispetto delle regole di cautela (Vedi Cass. n. 32357 del 2010); è riconosciuta anche in presenza del caso fortuito, fatte salve solo le ipotesi di **cd rischio elettivo**.

Dal momento che la tutela indennitaria dell'INAIL non copre tutti i danni sofferti dal lavoratore ci si chiede in che misura ed in quali casi il datore di lavoro risponda per i c.d. danni differenziali cioè quei danni risultanti dalla differenza tra le prestazioni liquidate dall'INAIL ed il "danno complessivo".

Orbene è indubbio che l'ambito della tutela indennitaria per effetto della novella dell'art. 13 D.lgs. 38/2000 ha avuto un'implementazione ricomprendendo al suo interno anche la figura del danno biologico che, pur se inteso come menomazione dell'integrità psico-fisica del lavoratore, includendo profili dinamico-relazionali non involve, tuttavia la c.d. personalizzazione, danno morale, esistenziale o terminale; ne consegue che ci si è chiesti se ed in che misura residuasse una tutela ulteriore per il lavoratore a seguito dell'indennizzo INAIL.

L'individuazione dei **danni complementari** come estranei alla copertura assicurativa, e delle ripercussioni di tale differenza qualitativa sul calcolo del danno differenziale, risulta ormai acquisita dalla giurisprudenza di legittimità come di recente ricostruito da Sez. L, Sentenza n. 9112 del 02 aprile 2019 così massimata:

In tema di danno cd. differenziale, la diversità strutturale e funzionale tra l'erogazione Inail ex art. 13 del D.lgs. n. 38 del 2000 ed il risarcimento del danno secondo i criteri civilistici non consente di ritenere che le somme versate dall'istituto assicuratore possano considerarsi integralmente satisfattive del pregiudizio subito dal soggetto infortunato o ammalato, con la conseguenza che il giudice di merito, dopo aver liquidato il danno civilistico, deve procedere alla comparazione di tale danno con l'indennizzo erogato dall'Inail secondo il criterio delle poste omogenee, tenendo presente che detto indennizzo ristora unicamente il danno biologico permanente e non gli altri pregiudizi che compongono la nozione pur unitaria di danno non patrimoniale; pertanto, occorre dapprima distinguere il danno non patrimoniale dal danno patrimoniale, comparando quest'ultimo alla quota Inail rapportata alla retribuzione e alla capacità lavorativa specifica dell'assicurato; successivamente, con riferimento al danno non patrimoniale, dall'importo liquidato a titolo di danno civilistico vanno espunte le voci escluse dalla copertura assicurativa (danno morale e danno biologico temporaneo) per poi detrarre dall'importo così ricavato il valore capitale della sola quota della rendita Inail destinata a ristorare il danno biologico permanente. (Nella specie, la S.C. ha cassato con rinvio la sentenza di merito che, pur accogliendo il criterio della comparazione tra poste omogenee, non aveva liquidato il danno per invalidità temporanea ed aveva calcolato il danno differenziale detraendo il valore della rendita dall'importo-base spettante a titolo di danno biologico, senza riconoscere la maggiorazione dovuta alla personalizzazione del danno stesso).

Possiamo quindi ritenere, come sarà di seguito precisato, che **rientrano nella tutela indennitaria**:

1. il danno patrimoniale per inabilità temporanea assoluta,
2. il danno biologico dal 6%,
3. il danno patrimoniale dal 16%,
4. la rendita ai superstiti,
5. le spese mediche pagate dall'INAIL.

Nel caso in cui non operi l'esonero e, quindi, il meccanismo indennitario della tutela assicurativa, opereranno le regole risarcitorie ordinarie secondo il meccanismo di cui all'art. 2087 c.c., innanzi evidenziato.
L'inosservanza dell'obbligo di sicurezza causa di danno è, infatti, fonte di **responsabilità di contrattuale** del datore di lavoro nei confronti del prestatore di lavoro che potrà azionare la tutela risarcitoria nel termine prescrizionale ordinario decennale.
Quanto alla **decorrenza della prescrizione del diritto al risarcimento del danno alla salute** patito dal lavoratore in conseguenza della mancata adozione da parte del datore di adeguate misure di sicurezza delle condizioni di lavoro, ai sensi dall'art. 2087, la giurisprudenza ha stabilito che essa coincide con il momento in cui il danno si è manifestato, divenendo oggettivamente percepibile e riconoscibile, solo ove l'illecito sia istantaneo, ossia si esaurisca in un tempo definito, ancorché abbia effetti permanenti, mentre ove l'illecito sia permanente e si sia perciò protratto nel tempo, il termine prescrizionale inizia a decorrere al momento della definitiva cessazione della condotta
In ordine alle **voci di danno risarcibile**, costituiscono **danni complementari (o danno differenziale qualitativo)**, ab origine estranei alla copertura assicurativa obbligatoria INAIL, e quindi interamente **risarcibili dal datore di lavoro, secondo le regole civilistiche:**

1) i danni cd micropermanenti che non raggiungono la soglia minima del 6%, sia patrimoniali che biologici;
2) il danno temporaneo biologico, a differenza di quello temporaneo patrimoniale, coperto dall'indennità giornaliera di cui all'art. 66, comma 1, TU;
3) il danno patrimoniale per le menomazioni inferiori al 16%, per le quali l'indennizzo INAIL copre solo il danno biologico in forma capitale;
4) il danno non patrimoniale invocato *iure proprio* dai superstiti, in caso di eventi mortali, per il quale opera la tutela risarcitoria civile.
5) il danno morale, i pregiudizi esistenziali, il danno tanatologico o terminale.

L'individuazione dei danni complementari come estranei alla copertura assicurativa, e delle ripercussioni di tale differenza qualitativa sul calcolo del danno differenziale, risulta ormai acquisita dalla giurisprudenza di legittimità come di recente ricostruito da Sez. L, Sentenza n. 9112 del 02 aprile 2019 così massimata:

In tema di danno cd. differenziale, la diversità strutturale e funzionale tra l'erogazione Inail ex art. 13 del D.lgs. n. 38 del 2000 ed il risarcimento del danno secondo i criteri civilistici non consente di ritenere che le somme versate dall'istituto assicuratore possano considerarsi integralmente satisfattive del pregiudizio subito dal soggetto infortunato o ammalato, con la conseguenza che il giudice di merito, dopo aver liquidato il danno civilistico, deve procedere alla comparazione di tale danno con l'indennizzo erogato dall'Inail secondo il criterio delle poste omogenee, tenendo presente che detto indennizzo ristora unicamente il danno biologico permanente e non gli altri pregiudizi che compongono la nozione pur unitaria di danno non patrimoniale; **pertanto, occorre dapprima distinguere il danno non patrimoniale dal danno patrimoniale, comparando quest'ultimo alla quota Inail rapportata alla retribuzione e alla capacità lavorativa specifica dell'assicurato; successivamente, con riferimento al danno non patrimoniale, dall'importo liquidato a titolo di danno civilistico vanno espunte le voci escluse dalla copertura assicurativa (danno morale e danno biologico temporaneo) per poi detrarre dall'importo così ricavato il valore capitale della sola quota della rendita Inail destinata a ristorare il danno biologico permanente.** *(Nella specie, la S.C. ha cassato con rinvio la sentenza di merito che, pur accogliendo il criterio della comparazione tra poste omogenee, non aveva liquidato il danno per invalidità temporanea ed aveva calcolato il danno differenziale detraendo il valore della rendita dall'importo-base spettante a titolo di danno biologico, senza riconoscere la maggiorazione dovuta alla personalizzazione del danno stesso).*

Ultima puntualizzazione ai fini della ricostruzione della categoria dei danni risarcibili dal datore di lavoro attiene alla delimitazione della **regola dell'esonero ai sensi dell'art. 10 co.2 del T.U.**
Come testualmente recita **l'art. 10, comma 2,** l'esonero viene meno " a carico di coloro che abbiano riportato condanna penale per il fatto dal quale l'infortunio è derivato", esso pertanto è destinato a cadere nell'ipotesi in cui l'infortunio o la malattia professionale siano conseguenza di una condotta datoriale integrante gli estremi di una fattispecie di reato perseguibile d'ufficio ed il datore si trova esposto sia all'azione di regresso dell'istituto assicuratore per le

somme versate all'assicurato sia all'azione di risarcimento da parte del lavoratore, seppur limitatamente al ristoro del danno differenziale.
Stante il superamento della pregiudiziale penale e la possibilità di accertamento dell'operatività dell'esonero direttamente in sede civile ed indipendentemente dal giudizio penale può conclusivamente affermarsi che si è avuto un ridimensionamento della regola dell'esonero.
In altri termini si è avuta un'appropriazione da parte della interpretazione penalista dell'art. 2087 c.c. per cui in caso di delitti colposi derivanti da infortunio sul lavoro, per la configurabilità della circostanza aggravante speciale della violazione delle norme antinfortunistiche di cui agli art. 589 e 590 c.p., non occorre che siano violate norme specifiche dettate per prevenire infortuni sul lavoro, essendo sufficiente che l'evento dannoso si sia verificato a causa della violazione dell'art. 2087 c.c. con conseguente contrazione della regola dell'esonero.
L'operatività della regola dell'esonero comporta conseguenze significative in tema di danno differenziale e di regresso perché:

1. In ordine al danno differenziale operato il dettato di cui all'art.10, commi 6 e 7, del TU: per cui *"non si fa luogo a risarcimento qualora il giudice riconosca che questo non ascende a somma maggiore dell'indennità che per effetto del presente decreto è liquidata all'infortunato..."* e *"quando si faccia luogo a risarcimento questo è dovuto per la parte che eccede le indennità liquidate a norma degli artt. 66 e seguenti";*
2. In presenza delle stesse condizioni l'art. 11, consente all'Istituto assicuratore di rivalersi di quanto erogato nei confronti del datore e di altri responsabili.

È ormai, comunque, consolidato l'orientamento secondo cui la liquidazione dell'indennizzo a carico dell'Inail non costituisce "condicio iuris" per la proposizione della domanda risarcitoria nei confronti del datore di lavoro (cfr. Cass. n. 33639 del 15.11.2022).

7. Mobbing.

Tra le tipologie di danno di creazione giurisprudenziale sicuramente centrale è quella **del danno c.d. da mobbing**.

Il *mobbing* può essere inteso come un **composito disegno vessatorio** posto in essere sul luogo di lavoro, caratterizzato da un complesso di forme di **persecuzione psicologica**, molestie ed aggressioni, sistematiche e produttive di uno **stato di profondo disagio** nella vittima (Carinci) volte alla sua emarginazione. Pur in assenza di una definizione legislativa, la **nozione di** *mobbing* è stata puntualmente circoscritta dalla giurisprudenza della Corte di Cassazione che ha chiarito che "ai fini della configurabilità del *mobbing* lavorativo, devono ravvisarsi da parte del datore di lavoro comportamenti, anche protratti nel tempo, rivelatori, in modo inequivoco, di un'esplicita **volontà di quest'ultimo di emarginazione** del dipendente, occorrendo, pertanto dedurre e provare la ricorrenza di una **pluralità di condotte**, anche di diversa natura, tutte dirette (oggettivamente) all'espulsione dal contesto lavorativo, o comunque connotate da un alto tasso di vessatorietà e prevaricazione, nonché sorrette (soggettivamente) da un **intento persecutorio** e tra loro intrinsecamente collegate dall'**unico fine intenzionale di isolare il dipendente**" (*Cass., 23 gennaio 2015, n. 1858*).

Ai fini della configurabilità del mobbing lavorativo devono quindi **ricorrere molteplici elementi**: a) una serie di **comportamenti di carattere persecutorio** – illeciti o anche leciti se considerati singolarmente – che, con intento vessatorio, siano stati posti in essere contro la vittima in modo miratamente sistematico e prolungato nel tempo, direttamente da parte del datore di lavoro o di un suo preposto o anche da parte di altri dipendenti, sottoposti al potere direttivo dei primi; b) l'**evento lesivo** della salute, della personalità o della dignità del dipendente; c) il **nesso eziologico** tra la descritte condotte e il pregiudizio subito dalla vittima nella propria integrità psico-fisica e/o nella propria dignità; d) il suindicato **elemento soggettivo**, cioè l'intento persecutorio unificante di tutti i comportamenti lesivi (vedi: Cass., 21 maggio 2011, n. 12048; Cass., 26 marzo 2010, n. 7382).

È caratteristica propria del mobbing, dunque, la sussistenza di un disegno persecutorio nei confronti del dipendente, realizzato per mezzo di comportamenti vessatori o, comunque, lesivi dell'integrità fisica e della personalità del prestatore di lavoro, protratti per un periodo di tempo apprezzabile e finalizzati all'emarginazione del lavoratore.

Sotto un profilo prettamente oggettivo, dunque, il mobbing si caratterizza per "sistematici e reiterati abusi, idonei a configurare il cosiddetto terrorismo psicologico, e si caratterizzi, sul piano soggettivo, con la coscienza ed intenzione del datore di lavoro di arrecare danni – di vario tipo ed entità – al dipendente medesimo" (*Cass., 6 novembre 2014, n. 23671*; vedi anche Cass., 14 maggio 2014, n. 10424).

Si parla di:

1. *mobbing* **discendente,** se la persecuzione proviene dal datore di lavoro o dai superiori gerarchici;
2. *mobbing* **ascendente,** se la vessazione promana dai dipendenti nei confronti del superiore;
3. *mobbing* **orizzontale,** qualora le molestie siano perpetrate tra colleghi di pari grado.

Il mobbing, in assenza di una disciplina sul punto, è solitamente sussunto nell'alveo dell'**art. 2087 c.c.,** che impone al datore di lavoro di tutelare tanto l'integrità fisica quanto la personalità morale dei suoi sottoposti. L'accertamento della sussistenza del danno da mobbing, quindi, comporta una valutazione complessiva dei danni lamentati dall'interessato, i quali devono essere considerati in modo unitario, tenuto conto, da un lato, dell'idoneità offensiva della condotta datoriale, come desumibile dalle sue caratteristiche oggettive di persecuzione e discriminazione e, dall'altro, dalla connotazione univocamente emulativa e pretestuosa della richiamata condotta, attuativa di un vero e proprio disegno di estromissione del dipendente; pertanto la ricorrenza di una condotta mobbizzante deve essere esclusa:

1. quando la valutazione complessiva dell'insieme delle circostanze addotte ed accertate nella loro materialità, pur se idonea a palesare elementi ed episodi di conflitto sul luogo di lavoro, non consenta di individuare, secondo un giudizio di verosimiglianza, il carattere unitariamente persecutorio e discriminatorio nei confronti del singolo dal complesso delle condotte poste in essere sul luogo di lavoro (cfr. *Cons. Stato, 1° ottobre 2008, n. 4738*);
2. a fronte di difficoltà relazionali o incompatibilità caratteriali che degenerano in tensioni e attriti sul luogo di lavoro, espressione di una conflittualità reciproca tra le parti del rapporto (cfr. *Cass., 7 agosto 2013, n. 18836; Cass., 17 febbraio 2009, n. 3785*) che attiene alla fisiologia del rapporto di lavoro e allo sbilanciamento tra le parti.

Se mobbing è quel complesso fenomeno che deve comporsi di più atti o comportamenti vessatori e protratti nel tempo, **un solo atto vessatorio** non è sufficiente ai fini dell'accertamento dell'illecito di cui si discute. Ciò non esclude, tuttavia, che il datore di lavoro possa essere chiamato a rispondere anche di un singolo atto lesivo: "ai sensi dell'art. 2087 c.c., norma di chiusura del sistema antinfortunistico e suscettibile di interpretazione estensiva in ragione sia del rilievo costituzionale del diritto alla salute sia dei principi di correttezza e buona fede cui deve ispirarsi lo svolgimento del rapporto di lavoro, il datore è tenuto ad astenersi da iniziative che possano ledere i diritti fondamentali del dipendente mediante l'adozione di condizioni lavorative 'stressogene' (cd. '**straining**'). A tal fine il giudice del merito, pur se accerti **l'insussistenza di un intento persecutorio** idoneo ad unificare gli episodi in modo da potersi configurare una condotta di 'mobbing', è tenuto a valutare se, dagli elementi dedotti – per caratteristiche, gravità, frustrazione personale o professionale, altre circostanze del caso concreto – possa presuntivamente risalirsi al fatto ignoto dell'esistenza di questo più tenue danno" (*Cass., 29 marzo 2018 n. 7844*; cfr. anche, *Cass., 5 novembre 2012, n. 18927*).

Nello specifico, "**lo "straining" è una forma attenuata di "mobbing"**, cui difetta la continuità delle azioni vessatorie, sicché la prospettazione solo in appello di tale fenomeno, se nel ricorso di primo grado gli stessi fatti erano stati allegati e qualificati "mobbing", non integra la violazione dell'art. 112 c.p.c., costituendo entrambi comportamenti datoriali ostili, atti ad incidere sul diritto alla salute" (*Cass., 10 luglio 2018, n. 18064*; *Cass., ord. n. 33428 del 11 novembre 2022*).

Al lavoratore che abbia subito tale forma di mortificazione e di emarginazione dall'ambiente lavorativo sono riconosciuti i seguenti rimedi:

1. il **risarcimento del danno**, tanto patrimoniale quanto non patrimoniale;
2. le **dimissioni per giusta causa** (autotutela estintiva);
3. il **rifiuto di adempiere** la prestazione ai sensi dell'art. 1460 c.c. (autotutela conservativa);
4. **l'azione di adempimento** al fine di ottenere la rimozione degli atti persecutori (anche in via cautelare ai sensi dell'art. 700 c.p.c.).

TI RICORDI CHE...

La responsabilità dell'imprenditore è esclusa solo in caso di dolo o di rischio elettivo del lavoratore, ossia di rischio generato da un'attività estranea alle mansioni lavorative o esorbitante da esse in modo irrazionale, che si verifica solo quando il comportamento del lavoratore presenti i caratteri "dell'abnormità, dell'inopinabilità, dell'esorbitanza" rispetto al procedimento lavorativo e alle direttive organizzative ricevute, o "dell'atipicità e dell'eccezionalità" (tra le tante Cass. n. 1716 del 2012).

CAPITOLO V | SVOLGIMENTO DEL RAPPORTO DI LAVORO

QUESTIONARIO

1. Quali poteri competono al datore di lavoro? **1.**
2. Cosa si intende per potere direttivo? **2.**
3. Entro quali limiti sono ammesse le visite personali di controllo a tutela del patrimonio aziendale? **3.**
4. In cosa consiste il potere disciplinare? **4.**
5. Quali requisiti deve rivestire la sanzione disciplinare? **4.**
6. Come si svolge il procedimento disciplinare? Il lavoratore può farsi assistere durante la procedura? **4.**
7. Quali sono i diversi tipi di sanzioni, i presupposti di applicazione, i limiti ed i rimedi? **4.**
8. Quali sono i doveri del datore di lavoro in tema di tutela della salute del lavoratore e di sicurezza sul lavoro? **5.1. - 5.2.**
9. In caso di violazione di siffatti doveri, che tipo di responsabilità si configura in capo al datore? **5.1.**
10. In quali casi non si configura la responsabilità del datore di lavoro? **5.1. - 6.**
11. A quali principi è ispirato il Testo Unico in materia di sicurezza sul luogo di lavoro? **2.**
12. A quali condizioni il datore di lavoro può legittimamente delegare l'assolvimento dei propri compiti? **5.2.**
13. Quali sono i danni risarcibili e cosa si intende per danno differenziale? **6.**
14. Cosa si intende per mobbing orizzontale e mobbing verticale? **7.**
15. Cosa si intende per *straining*? **7.**
16. In quale obbligo datoriale si inerisce il mobbing? **7.**
17. Quali sono le tutele per il lavoratore in caso di mobbing? **7.**
18. In cosa consiste il potere di controllo datoriale? Può essere installata una videosorveglianza? **3. - 3.1.**
19. Possono configurarsi controlli occulti? **3.**

SCHEDA DI SINTESI

L'iniziativa economica privata datoriale è libera ma non può svolgersi in contrasto con l'utilità sociale. Il datore di lavoro può esercitare nei confronti del lavoratore subordinato, essenzialmente, tre poteri: direttivo (volto cioè a dare indicazioni al prestatore sull'attività che questi deve svolgere), controllo (verifica dell'esattezza dello svolgimento della prestazione), disciplinare volto a sanzionare il lavoratore allorquando la prestazione non sia svolta esattamente. Espressione del potere direttivo è l'esercizio dello jus variandi che può avvenire nei modi stabiliti dal disposto di cui all'art. 2103 c.c. Quanto al potere di controllo esso si distingue in controllo sulla persona del lavoratore, previsto e disciplinato dall'art. 5 st.lav., controllo sull'attività lavorativa che devono svolgersi, onde non sconfinare in controlli lesivi della dignità del lavoratore, secondo le modalità di cui agli artt. 2,3 e 6 dello st. lav., controlli a salvaguardia del patrimonio aziendale da espletarsi nelle forme di cui all'art. 6 st.lav. Erano vietati i controlli a distanza perché forme indirette di controllo della condotta del prestatore oggi ammessi, tuttavia, nelle forme e alle condizioni di cui all'art. 4 dello st. lav. con la conseguenza che non possono essere mai fine a se stessi ma devono essere teleologicamente orientati.

L'esercizio del potere disciplinare datoriale è conseguenza della violazione delle regole di correttezza e buona fede gravanti sul prestatore. Il procedimento disciplinare che sconfina nella sanzione deve seguire l'iter di cui all'art. 7 st.lav. che prevede una graduazione delle sanzioni disciplinari in ordine alla gravità dell'infrazione commessa.

Espressione del potere organizzativo e, quindi, direttivo datoriale è l'osservanza della normativa sulla sicurezza nei luoghi di lavoro di cui al d.lgs. 81/2008 che, nel suo articolato normativo molto ricco, si salda con l'art. 2087 c.c. che assurge a disposizione di portata generale e di chiusura del sistema. Il t.u. in materia di sicurezza ha un ambito di operatività soggettivo ed oggettivo limitato.

L'obbligazione di sicurezza datoriale, fatta eccezione dei casi in cui opera la regola dell'esonero e sussista una responsabilità diretta datoriale, comporta il riconoscimento della pretesa risarcitoria che potrà essere erogata a prescindere dall'attivazione della domanda per il previo riconoscimento dell'indennizzo.

SEZIONE III – LA PRESTAZIONE LAVORATIVA: OGGETTO, LUOGO E TEMPO

SOMMARIO:
1. La prestazione lavorativa: le mansioni. – **2.** L'esercizio dello *ius variandi* datoriale nella disciplina delle mansioni. – **2.1.** Mobilità orizzontale e verticale. – **2.2.** Il demansionamento al di fuori delle ipotesi dell'art. 2103 cc. – **3.** Il luogo della prestazione lavorativa. – **3.1.** Mutamento del luogo della prestazione lavorativa: il trasferimento. – **3.2.** La trasferta ed il distacco. – **4.** L'orario di lavoro: disciplina giuridica. – **4.1.** Definizione. – **4.2.** L'orario normale settimanale. – **4.3.** L'orario giornaliero. – **4.4.** Lavoro straordinario. – **4.5.** Lavoro notturno. – **4.6.** Riposi, pause e festività. – **4.7.** Ferie. – **4.7.1.** Sospensione delle ferie in corso di fruizione. – **4.7.2.** L'effettività del godimento.

1. La prestazione lavorativa: le mansioni.

L'individuazione delle mansioni affidate al lavoratore è rimessa all'autonomia negoziale delle parti, sicché al momento della stipula del contratto di lavoro, il datore individua l'oggetto della prestazione dovuta. È il **cd. principio di contrattualità** delle mansioni.

A tale individuazione consegue l'attribuzione al lavoratore di un determinato inquadramento nella corrispondente qualifica e nel livello predeterminato dalla contrattazione collettiva e, pertanto, del connesso trattamento economico e normativo.

Una volta assunto, il lavoratore ha diritto di essere *"adibito alle mansioni per le quali è stato assunto"* secondo il dettato dell'art. 2103 cc. Tuttavia, tale diritto va contemperato con il potere direttivo, riconosciuto dall'art. 2094 c.c. a favore dell'imprenditore, che gli consente innanzitutto di specificare le mansioni cui in astratto il lavoratore si è obbligato, ma anche di variare unilateralmente le mansioni assegnate al lavoratore, come si dirà infra.

2. L'esercizio dello *ius variandi* datoriale nella disciplina delle mansioni.

L'art. 2103 cc., oggetto di profonda modifica per effetto dell'art. 3 del **D.lgs. n. 81/2015**, dopo aver sancito il diritto del prestatore ad essere adibito alle mansioni per le quali è stato assunto o a quelle corrispondenti all'inquadramento superiore che abbia successivamente acquisito, aggiunge: *"ovvero a mansioni riconducibili allo stesso livello e categoria legale di inquadramento delle ultime effettivamente svolte. In caso di modifica degli assetti organizzativi aziendali che incide sulla posizione del lavoratore, lo stesso può essere assegnato a mansioni appartenenti al livello di inquadramento inferiore purché rientranti nella medesima categoria legale. Il mutamento di mansioni è accompagnato, ove necessario, dall'assolvimento dell'obbligo formativo, il cui mancato adempimento non determina comunque la nullità dell'atto di assegnazione delle nuove mansioni. Ulteriori ipotesi di assegnazione di mansioni appartenenti al livello di inquadramento inferiore, purché rientranti nella medesima categoria legale, possono essere previste dai contratti collettivi. Nelle ipotesi di cui al secondo e al quarto comma, il mutamento di mansioni è comunicato per iscritto, a pena di nullità, e il lavoratore ha diritto alla conservazione del livello di inquadramento e del trattamento retributivo in godimento, fatta eccezione per gli elementi retributivi collegati a particolari modalità di svolgimento della precedente prestazione lavorativa. Nelle sedi di cui all'articolo 2113, quarto comma, o avanti alle commissioni di certificazione, possono essere stipulati accordi individuali di modifica delle mansioni, della categoria legale e del livello di inquadramento e della relativa retribuzione, nell'interesse del lavoratore alla conservazione dell'occupazione, all'acquisizione di una diversa professionalità o al miglioramento delle condizioni di vita. Il lavoratore può farsi assistere da un rappresentante dell'associazione sindacale cui aderisce o conferisce mandato o da un avvocato o da un consulente del lavoro".*

La norma attribuisce al datore di lavoro il **diritto di mutamento unilaterale delle mansioni, detto *ius variandi*,** al fine di tutelare l'interesse giuridicamente rilevante dell'imprenditore ad organizzare nel modo più efficiente i fattori della produzione, secondo le mutevoli esigenze imposte dal mercato e dal contesto socioeconomico.

Tuttavia, tale potere deve soggiacere a limiti inderogabili, al fine di conciliare i predetti interessi imprenditoriali con il diritto del lavoratore a conservare ed accrescere la propria professionalità.

2.1. Mobilità orizzontale e verticale.

La riforma, attuata con il decreto legislativo n. 81 del 2015, ha riguardato tanto la **mobilità orizzontale,** cioè il mutamento di mansioni nell'ambito dello stesso livello di inquadramento, quanto la mobilità verticale, cioè quella variazione che comporta il passaggio a un differente livello di inquadramento.

Il potere unilaterale di assegnare il lavoratore ad una diversa mansione prevista nell'ambito del suo stesso livello di inquadramento **è esercitabile liberamente: il mutamento orizzontale non richiede alcuna giustificazione e, quindi, è insindacabile nelle motivazioni** che lo hanno determinato.

Rispetto alla precedente formulazione, è venuto meno il limite dell'*equivalenza* delle mansioni, dovendo il datore invece individuare le nuove mansioni nell'ambito del *"livello e categoria legale di inquadramento"*, potendo, entro tale limite attribuire anche mansioni non coerenti con il bagaglio professionale acquisito nel corso della sua esperienza lavorativa; dunque, nella nuova formulazione della norma si tutela **la professionalità contrattualizzata piuttosto che quella acquisita**.

Inoltre, il nuovo testo dell'art. 2103 cc. innova introducendo tre diverse ipotesi di **mobilità verticale verso il basso**: a) la variazione unilaterale delle mansioni per mutamenti organizzativi; b) la variazione prevista dagli accordi collettivi; c) la variazione prevista da accordi individuali in sede protetta.

Le fattispecie vanno distintamente esaminate.

1. Nella prima ipotesi, l'esercizio dello *ius variandi* presuppone che si verifichi una **riorganizzazione degli assetti aziendali** e che tale modifica abbia effetti che incidono sul posto di lavoro. Al riguardo, l'impiego di una formulazione generica e vasta ha indotto i primi commentatori a ritenere che il demansionamento non richiede né uno stato di crisi aziendale né che il mutamento *in peius* delle mansioni sia alternativo al licenziamento per giustificato motivo oggettivo e tenda a scongiurarlo, a differenza di quanto previsto nel vecchio testo della norma in esame. Il controllo giudiziale dovrà limitarsi alla verifica soltanto dell'effettiva sussistenza di una seria riorganizzazione aziendale e del nesso di causalità tra tale riorganizzazione ed il demansionamento del lavoratore. Il demansionamento, in ogni caso, deve soggiacere ad un **doppio limite**: le nuove mansioni devono appartenere al livello di inquadramento immediatamente inferiore e rientrare nella medesima categoria legale.
2. La contrattazione collettiva può autorizzare *ulteriori ipotesi* di demansionamento. Il legislatore non ha delineato, neppure genericamente, le ipotesi in questione – così concedendo un significativo potere negoziale alle parti sociali – che potrebbero, dunque, consistere sempre in ragioni aziendali, sia pure diverse dalla riorganizzazione, o addirittura estendersi ad altri e diversi eventi. La legittimazione spetta a tutti i livelli della contrattazione, nazionale, territoria-

le ed aziendale. Anche in tale ipotesi trovano applicazione i limiti di cui sopra.
3. In entrambi i casi di cui alla lettera a) e b) casi il mutamento di mansioni è accompagnato da precipue **garanzie legali**: va comunicato per iscritto, a pena di nullità; il lavoratore ha diritto alla conservazione del livello di inquadramento e del correlato trattamento retributivo, ad eccezione di quegli elementi della retribuzione collegati a particolari modalità di svolgimento della precedente prestazione lavorativa. In caso di mutamento delle mansioni è previsto che, ove occorra, il lavoratore riceva adeguata formazione in ordine alle nuove mansioni da svolgere. Si tratta di un obbligo il cui inadempimento non conosce tuttavia sanzione: se il datore non adempie, il mutamento di mansioni resta valido.
4. Il sesto comma dell'art. 2113 c.c. consente al lavoratore e al datore di lavoro di pattuire **accordi individuali** di modifica delle mansioni, della categoria legale, del livello di inquadramento e della relativa retribuzione. In tal caso, la modifica delle mansioni è consensuale (e non unilaterale) e soggiace al doppio requisito della sussistenza di un interesse qualificato del lavoratore alla conservazione del posto di lavoro, all'acquisizione di una diversa professionalità o al miglioramento delle condizioni di vita e della conclusione dell'accordo di demansionamento in una delle sedi protette di cui all'art. 2113 c.c. o davanti alle commissioni di certificazione, così dal tutelare i lavoratori dal rischio di abusi ad opera della parte datoriale, che ha normalmente maggior potere contrattuale. In tali ipotesi, l'assegnazione a una differente mansione avviene in deroga ai vincoli di cui all'art. 2103, co. 1, 2 e 5, c.c. e, quindi, con assegnazione a mansioni inferiori anche di oltre un livello, attribuzione di diversa categoria, nuovo inquadramento e conseguente modifica della retribuzione. La norma si riferisce genericamente ad accordi "di mutamento delle mansioni" sicché ricomprende anche l'assegnazione a mansioni superiori.

La disciplina in punto di **mansioni superiori**, nel novellato art. 2103 c.c., stabilisce che nel caso di assegnazione a mansioni superiori, il lavoratore ha diritto al trattamento corrispondente all'attività svolta e l'assegnazione diviene definitiva, salvo diversa volontà del lavoratore, ove la medesima non abbia avuto luogo per ragioni sostitutive di altro lavoratore in servizio, dopo il periodo fissato dai contratti collettivi o, in mancanza, dopo sei mesi continuativi.
La norma si chiude, anche nell'attuale formulazione, con la previsione della

nullità dei patti contrari "salvo che ricorrano le condizioni di cui al secondo e al quarto comma". È, dunque, ribadita l'inderogabilità delle norme di legge, ma la stessa ne esce fortemente indebolita dalle deroghe espressamente previste all'interno del medesimo art. 2103 cc.

2.2. Il demansionamento al di fuori delle ipotesi dell'art. 2103 c.c.

Costituisce inadempimento contrattuale l'assegnazione del lavoratore a mansioni inferiori che non sia conforme ai requisiti e ai limiti imposti dal legislatore nelle ipotesi tipizzate di cui all'art. 2103 cc. di cui innanzi.

Al di fuori delle fattispecie tipizzate di demansionamento, ormai consentite dall'ordinamento a seguito della novella dell'art. 2103 cc, la figura ancora acquisisce gli estremi dell'illecito laddove si atteggi come **svuotamento delle mansioni**, che ricorre nel caso di sottrazione ed esautoramento del lavoratore dai compiti ad esso in precedenza assegnati.

Si afferma, al riguardo, da una parte della dottrina e dalla giurisprudenza dominante che il datore di lavoro non può mettere il lavoratore in condizioni di non poter eseguire la prestazione; ciò sul presupposto che al lavoratore spetti un vero e proprio diritto allo svolgimento delle mansioni, che viene desunto dal diritto a svolgere le mansioni per le quali è stato assunto. Essendo il lavoratore titolare di quest'ultimo diritto, si afferma, egli non può che avere altresì diritto, a maggior ragione, a non essere allontanato da ogni mansione, cioè all'esecuzione della prestazione lavorativa, cui il datore di lavoro (tradizionalmente creditore esclusivo della medesima) ha il correlativo obbligo di applicarlo, secondo il principio della *mora credendi*.

La violazione di tale diritto del lavoratore all'esecuzione della propria prestazione è fonte di responsabilità risarcitoria del datore di lavoro, salvo che l'inattività del lavoratore sia riconducibile ad un lecito comportamento del datore di lavoro medesimo, in quanto giustificata dall'esercizio dei poteri imprenditoriali, garantiti dall'art. 41 Cost., o dall'esercizio dei poteri disciplinari. (Cass., 3 giugno 1995, n. 6265).

L'accertamento giudiziale della fattispecie illecita è assoggettata a rigorosi oneri di allegazione incombenti sul lavoratore che deve dedurre gli *"elementi di fatto significativi dell'illegittimo esercizio del potere di variazione unilaterale, mentre il datore di lavoro, convenuto in giudizio, è tenuto a prendere posizione, in maniera precisa e non limitata ad una generica contestazione, circa i fatti posti dal lavoratore a fondamento della domanda (art. 416 c.p.c.) e può allegarne altri, indicativi, per converso, del legittimo esercizio del potere direttivo."* (Cass. Sez. U, 6 marzo 2009, n. 5454).

In ordine al **danno risarcibile**, la giurisprudenza negando che si tratti di un danno *in re ipsa*, ha precisato che *"il danno non patrimoniale è risarcibile ogni qual volta la condotta illecita del datore di lavoro abbia violato, in modo grave, i diritti del lavoratore che siano oggetto di tutela costituzionale, in rapporto alla persistenza del comportamento lesivo (pure in mancanza di intenti discriminatori o persecutori idonei a qualificarlo come "mobbing"), alla durata e reiterazione delle situazioni di disagio professionale e personale del dipendente, nonché all'inerzia del datore di lavoro rispetto alle istanze del lavoratore."* (Cass., Sez. un., 22 febbraio 2010, Sent. n. 4063). Dunque, il riconoscimento del diritto del lavoratore al risarcimento del danno professionale, biologico o esistenziale, non ricorre automaticamente in tutti i casi di inadempimento datoriale e non può prescindere da una specifica allegazione, nel ricorso introduttivo del giudizio – dall'esistenza di un pregiudizio (di natura non meramente emotiva ed interiore, ma oggettivamente accertabile) provocato sul fare areddituale del soggetto, che alteri le sue abitudini e gli assetti relazionali propri, inducendolo a scelte di vita diverse quanto all'espressione e realizzazione della sua personalità nel mondo esterno. Tale pregiudizio non si pone quale conseguenza automatica di ogni comportamento illegittimo rientrante nella suindicata categoria, cosicché non è sufficiente dimostrare la mera potenzialità lesiva della condotta datoriale, incombendo sul lavoratore non solo di allegare il demansionamento ma anche di fornire la prova ex art. 2697 cod. civ. del danno non patrimoniale e del nesso di causalità con l'inadempimento datoriale (Cass., 17 settembre 2010, n. 19785).

3. Luogo della prestazione lavorativa.

Il **luogo di esecuzione** della prestazione lavorativa ovvero "il luogo di adempimento" secondo la nozione civilistica deve essere determinato dal contratto, o, in mancanza, deve essere desunto dagli usi o dalla natura della prestazione stessa (**art. 1182 c.c.**).
Il luogo di lavoro viene determinato all'atto dell'assunzione e può esser individuato all'interno dell'azienda o anche, per talune tipologie negoziali, al di fuori di essa.
Salvo patti contrari, con i quali si rimette il mutamento del luogo di lavoro alla determinazione consensuale delle parti (c.d. patto di inamovibilità), rientra nel potere direttivo del datore di lavoro la possibilità di **modificare unilateralmente** il luogo di svolgimento dell'attività, nel rispetto delle condizioni legittimanti e dei limiti individuati dall'art. 2103 c.c. di cui infra.

> **TI RICORDI CHE...**
>
> La prestazione viene svolta fuori dei locali del datore di lavoro nelle fattispecie del lavoro a domicilio, del telelavoro e, in parte, del lavoro agile.

3.1. Mutamento del luogo della prestazione lavorativa: il trasferimento.

L'art. 2103 cc. disciplina, oltre alle vicende modificative delle mansioni, come descritte nel precedente paragrafo 2, anche le vicende modificative del luogo di svolgimento della prestazione.
Nell'attuale testo, come novellato dal D.lgs. n. 81/2015, tale disciplina è stata collocata in un autonomo comma, il n. 8, sia pure mantenendo inalterato il proprio contenuto precettivo pregresso; trattasi di normativa inderogabile, assistita dalla **nullità di ogni patto contrario**, sia individuale che collettivo.
In particolare, il trasferimento consiste in una modifica tendenzialmente definitiva del luogo di esecuzione della prestazione lavorativa *"da un'unità produttiva ad un'altra, disposta in via unilaterale dal datore di lavoro per comprovate ragioni tecniche, organizzative o produttive"*.
Avuto riguardo alla lettera dell'art. 2103 cc, non è configurabile un trasferimento quando lo **spostamento** sia *"interno"* cioè venga attuato nell'ambito della medesima unità produttiva, salvo nei casi in cui l'unità produttiva comprenda uffici notevolmente distanti tra loro (cfr. *Cass., 2 luglio 2018, n. 17246*) così da determinare un significativo mutamento geografico del luogo della prestazione.
L'art. 2103 cc tende ad un bilanciamento di contrapposti interessi: da un lato, quello datoriale all'impiego più proficuo, anche sotto il profilo spaziale, del proprio lavoratore; dall'altro, quello del lavoratore all'inamovibilità, a tutela della conservazione del proprio centro di interessi, di vita, di relazioni sociali.
Siffatto bilanciamento viene operato attraverso l'attribuzione di un **potere di variazione**, certamente **unilaterale**, ma circoscritto entro determinati **limiti legali**.
La norma di legge non impone alcun vincolo di forma, di preavviso o di motivazione all'atto di trasferimento.
Tuttavia, quanto alla **forma ed al preavviso**, la contrattazione collettiva spesso prevede che il trasferimento sia disposto per iscritto e con termine di preavviso. In mancanza di tali previsioni, è ammesso il trasferimento in forma orale e senza preavviso, anche se un orientamento, invocando i principi generali della

correttezza e buona fede nell'esecuzione del contratto ex art. 1375 cc, richiede che sia sempre concesso un preavviso, al fine di consentire al lavoratore quel minimo di organizzazione necessaria al cambiamento.

Discusso è, altresì, il **momento** in cui devono essere comunicati al lavoratore i **motivi** del trasferimento. Un orientamento rigoroso di fonte dottrinaria sostiene che il datore debba indicare le ragioni del trasferimento contestualmente allo stesso; la tesi contraria, condivisa anche da una parte della giurisprudenza, invocando il principio della libertà delle forme del trasferimento, assegna al datore solo un onere processuale, sicché l'atto di trasferimento potrebbe essere immotivato e neanche a seguito di richiesta del lavoratore, il datore sarebbe tenuto a rispondere, salvo il dovere di prova della giustificazione, in caso di impugnazione (Cass. n. 807/2017; Cass. n. 11984/2010). Altra parte della giurisprudenza ha sposato una tesi mediana, fondata sull'applicazione analogica dell'art. 6 comma 2, L. 604/66 in tema di licenziamenti, ritenendo che il datore di lavoro sia tenuto a comunicarne i motivi legittimanti solo a seguito di specifica richiesta del lavoratore (Cass. n. 8268/2004). Tuttavia, tale tesi è destinata ad una rivisitazione in seguito alle modifiche apportate al citato art. 6 dalla L. 92/2012, che ha sancito l'obbligo della contestuale indicazione dei motivi di licenziamento.

Nell'accertamento giudiziale delle ***comprovate ragioni tecniche, organizzative o produttive,*** il giudice potrà verificare la **sussistenza** delle ragioni obiettive poste alla base del provvedimento e il **nesso di causalità** tra le stesse ed il trasferimento disposto, ma non potrà spingersi fino a sindacare nel merito le scelte imprenditoriali ed organizzative del datore di lavoro, come sancito dall'art. 30, l. 4 novembre 2010, n. 183, che ha recepito un consolidato orientamento della giurisprudenza. In particolare, il sindacato giudiziale non può vagliare l'opportunità o l'adeguatezza economico-organizzativa o l'inevitabilità del trasferimento.

È escluso che il trasferimento possa esser giustificato da ragioni disciplinari, stante il divieto espresso di cui all'art 7 co. 4 L. 300/70 che esclude che le sanzioni disciplinari possano comportare "mutamenti definitivi del rapporto di lavoro". Tuttavia, la giurisprudenza è pervenuta ad ammettere il cd. **trasferimento per incompatibilità ambientale,** che non è esercizio del potere disciplinare (e, pertanto, non rientra nell'ambito di applicazione dell'art. 7), ma del potere direttivo ed organizzativo del datore di lavoro e viene disposto quando la presenza del lavoratore in una determinata unità produttiva crei delle disfunzioni o un turbamento al normale svolgimento dell'attività produttiva dell'impresa.

"Il trasferimento del dipendente dovuto ad incompatibilità aziendale, trovan-

do la sua ragione nello stato di disorganizzazione e disfunzione dell'unità produttiva, va ricondotto alle esigenze tecniche, organizzative e produttive di cui all'art. 2103 c.c., piuttosto che, sia pure atipicamente, a ragioni punitive e disciplinari, con la conseguenza che la legittimità del provvedimento datoriale di trasferimento prescinde dalla colpa (in senso lato) dei lavoratori trasferiti, come dall'osservanza di qualsiasi altra garanzia sostanziale o procedimentale che sia stabilita per le sanzioni disciplinari..." (Cass., 26 ottobre 2018, n. 27226; Cass. 27 gennaio 2017 n. 2143; Cass., 12 dicembre 2002, n. 17786).

Il legislatore speciale è intervenuto a dettare taluni **divieti di trasferimento unilaterale,** finalizzati a proteggere situazioni personali meritevoli di particolare tutela:

1. i **dirigenti sindacali,** per il periodo di durata della carica e fino alla fine dell'anno successivo, salvo il nulla-osta preventivo delle associazioni di appartenenza (art. 22, l. 20 maggio 1970, n. 300);
2. **amministratori degli enti locali,** in costanza di mandato elettivo (art. 274 e 78, D.lgs. n. 267/2000);
3. **Il rappresentante dei lavoratori per la sicurezza,** salvo nulla-osta **preventivo** (art. 50 D.lgs. n. 81/2008)
4. i portatori di **handicap** gravi o i lavoratori che **assistono** con continuità un parente o un affine entro il terzo grado portatore di handicap, (art. 33, co. 5-6, l. 5 febbraio 1992, n. 104). A tali lavoratori, oltre al diritto di inamovibilità assoluto (salvo che per incompatibilità ambientale, che invece, rende ammissibile il trasferimento anche di tali categorie), la norma riconosce anche il diritto, questa volta condizionato, al trasferimento, ove possibile, in una sede di lavoro più vicina al domicilio della persona da assistere. L'inciso "ove possibile" fa ritenere che il lavoratore dipendente non ha un diritto potestativo al trasferimento bensì un interesse legittimo di diritto privato a trasferirsi in una sede lavorativa più vicina al domicilio della persona da assistere. Occorre, infatti, non solo che il datore di lavoro abbia delle unità produttive che siano geograficamente prossime al domicilio della persona da assistere ma anche che vi siano delle posizioni lavorative vacanti da coprire (*Cass., 3 agosto 2015, n. 16298*).

Laddove il trasferimento sia disposto in violazione dei predetti divieti legali deve considerarsi nullo.
In caso di violazione dei limiti dell'art. 2103 cc e, dunque, di trasferimento

privo delle comprovate ragioni tecniche, organizzative o produttive, invece, si afferma che le **conseguenze sanzionatorie** sono sia in termini di nullità dell'atto per violazione di legge e, pertanto, di inefficacia dello stesso sia di illiceità della condotta datoriale per inadempimento agli obblighi contrattuali. Di conseguenza, il lavoratore potrà chiedere l'accertamento giudiziale della **nullità** del trasferimento e la condanna del datore all'adempimento in forma specifica, mediante l'ordine di **riassegnazione** all'**unità** produttiva **di provenienza, anche in sede cautelare ex art. 700 cpc** ove dimostri altresì l'esistenza di un pregiudizio grave ed irreparabile. Tuttavia, trattandosi di un'obbligazione di facere infungibile, come tale incoercibile, l'inadempimento giustificherà il diritto al **risarcimento del danno**.

Minimo spazio operativo viene riconosciuto, invece, all'**autotutela** del lavoratore, mediante il **rifiuto di ottemperare** al provvedimento di trasferimento. Piuttosto, la giurisprudenza ritiene possibile che il lavoratore invochi **l'eccezione di inadempimento** ex art. 1460 cc., con la conseguenza che il rifiuto sarà legittimo, solo quando, avuto riguardo alle circostanze concrete, non risulti contrario alla buona fede e sia accompagnato da una seria ed effettiva disponibilità a prestare servizio presso la sede originaria (*Cass., 10 gennaio 2019, n. 434*). Dunque, reiteratamente si afferma che: "*il trasferimento del lavoratore presso altra sede, giustificato da oggettive esigenze organizzative aziendali, consente al medesimo di chiederne giudizialmente l'accertamento di legittimità, ma non lo autorizza a rifiutarsi aprioristicamente, e senza un eventuale avallo giudiziario (conseguibile anche in via d'urgenza), di eseguire la prestazione lavorativa richiesta, in quanto egli è tenuto ad osservare le disposizioni impartite dall'imprenditore, ex artt. 2086 e 2104 c.c., e può legittimamente invocare l'eccezione di inadempimento, ex art. 1460 c.c., solo in caso di totale inadempimento dell'altra parte*" (*Cass., 26 settembre 2016, n. 18866*; conforme,).

3.2. La trasferta ed il distacco.

La trasferta (o missione) si identifica in una modifica solo **temporanea e provvisoria** del luogo di lavoro.

Il Supremo Collegio ha chiarito che "*l'istituto della trasferta presuppone che lo spostamento del lavoratore sia determinato da fatti occasionali e contingenti, implicanti di volta in volta singole decisioni del datore di lavoro, mentre la prolungata permanenza in varie sedi di cantiere e i ripetuti spostamenti dall'una all'altra sede, quale modalità immanente al lavoro, costituiscono invece un aspetto strutturale della prestazione connesso alla causa tipica del*

contratto; di tale diversità diventa riscontro la volontà negoziale, quale emergente oggettivamente dalla causa del contratto e dalla contrattuale descrizione della prestazione e del relativo compenso" (*Cass., 14 agosto 2004, n. 15889*).
L'istituto è disciplinato dalla contrattazione collettiva che ad esso, solitamente, riconnette **l'indennità di trasferta** ovvero un emolumento corrisposto al lavoratore in relazione ad una prestazione effettuata, per limitato periodo di tempo e nell'interesse del datore, al di fuori della ordinaria sede lavorativa, *"volto a compensare i disagi derivanti dall'espletamento del lavoro in luogo diverso da quello previsto, senza che rilevi, ai fini dell'insorgenza del diritto, che la sede legale dell'impresa datoriale e la residenza del lavoratore medesimo siano diverse da quelle in cui si svolge l'attività lavorativa, non essendo tali luoghi rilevanti per la identificazione di una trasferta in senso tecnico"* (Cass. ord. n. 14380 del 2020; Cass. n. 18479 del 2014; Cass. n. 8136 del 2008).
Dunque, la predetta indennità ha una **natura mista**, sia retributiva che restitutoria ed affinché si configuri il relativo diritto è necessario e sufficiente che il datore disponga che la prestazione debba esser fornita in un luogo diverso da quello in cui il lavoratore lavora abitualmente, a prescindere dal luogo in cui si trovino la sede aziendale e la residenza del lavoratore.
Se la trasferta costituisce la modalità ordinaria della prestazione lavorativa, siccome così pattuita in contratto, ricorre la fattispecie del cd. **"trasfertismo o lavoro itinerante"**. Il trasfertista non svolge mai la prestazione lavorativa in uno stesso luogo di lavoro. Secondo la Suprema Corte, è conforme ai principi costituzionali di ragionevolezza e di tutela del legittimo affidamento l'art. 7 quinquies del d.l. n. 193 del 2016 (conv. con modif. in l. n. 225 del 2016) – che ha introdotto una norma retroattiva autoqualificata di "interpretazione autentica" del comma 6 dell'art. 51 del d.P.R. n. 917 del 1986, con la quale si è stabilito, al comma 1, che i lavoratori rientranti nella disciplina prevista dal comma 6 sono quelli per i quali sussistono contestualmente le seguenti condizioni: *a) la mancata indicazione, nel contratto o nella lettera di assunzione, della sede di lavoro; b) lo svolgimento di un'attività lavorativa che richiede la continua mobilità del dipendente; c) la corresponsione al dipendente, in relazione allo svolgimento dell'attività lavorativa in luoghi sempre variabili e diversi, di un'indennità o maggiorazione di retribuzione "in misura fissa", attribuite senza distinguere se il dipendente si è effettivamente recato in trasferta e dove la stessa si è svolta"* (*Cass., Sez. Un., 15 novembre 2017, n. 27093*).

La trasferta si distingue dal **distacco o comando**, disciplinato dall'art. 30 D.lgs. n. 276/2003, che costituisce una forma di mobilità sempre temporanea, ma esterna all'organizzazione aziendale, in virtù della quale i lavoratori vengono posti a disposizione di un diverso soggetto che esercita il potere direttivo, mentre gli oneri retributivi e contributivi restano a carico del datore di lavoro distaccante.

Il distacco deve essere giustificato da un interesse del distaccante e laddove comporti anche un mutamento di mansioni deve avvenire con il consenso del lavoratore interessato. Quando comporti un trasferimento ad una unità produttiva sita a più di 50 km da quella in cui il lavoratore è adibito, il distacco può avvenire soltanto per comprovate ragioni tecniche, organizzative, produttive o sostitutive.

Qualora il distacco di personale avvenga tra aziende che abbiano sottoscritto un contratto di rete di impresa, l'interesse della parte distaccante è presunto, cioè è ritenuto insorgere automaticamente in forza dell'operare della rete, fatte salve le norme in materia di mobilità dei lavoratori previste dall'articolo 2103 del codice civile. Inoltre, per le stesse imprese è ammessa la codatorialità dei dipendenti ingaggiati con regole stabilite attraverso il contratto di rete stesso.

Quando il distacco avvenga in violazione dei requisiti dell'interesse datoriale, della temporaneità e dell'immutazione delle mansioni, il lavoratore interessato può chiedere al giudice la costituzione di un rapporto di lavoro alle dipendenze del terzo che ha beneficiato della prestazione.

4. L'orario di lavoro: disciplina giuridica.

La disciplina dell'orario di lavoro è contenuta nel **D.lgs. 8 aprile 2003, n. 66**, attuativo delle direttive n. 93/104/CE e n. 2000/34/CE, che ha abrogato le previgenti discipline, salvo quelle espressamente richiamate.

Tale corpo normativo recepisce i contenuti minimi delle direttive comunitarie, che per la ratio protezionistica che le connota, concernono solo gli aspetti dell'orario di lavoro che incidono sulla salute e sulla sicurezza del lavoratore. Su tale innesto di base, il legislatore nazionale ha aggiunto tutti gli altri profili di disciplina creando un testo organico in materia.

L'ambito di applicazione della normativa in questione – che è stata successivamente novellata (D.lgs. n. 213 del 2004; art. 3 co. 5 L. n. 244 del 2007; art. 41 D.L. n. 112 del 2008, conv. in L. n. 133 del 2008) – concerne tutti i settori di attività pubblici e privati con le **eccezioni** degli:
   1. addetti alla navigazione marittima, aerea ed interna;
   2. addetti ai servizi di protezione civile, ivi compresi quelli del Corpo nazionale dei vigili del fuoco, nonché nell'ambito delle strutture giudizia-

rie, penitenziarie e di quelle con compiti in materia di ordine e sicurezza pubblica, delle biblioteche, dei musei e delle aree archeologiche dello Stato, solo quando ricorrano particolari esigenze inerenti al servizio espletato che giustifichino l'esclusione dell'applicazione delle norme limitative dell'orario, l'individuazione delle quali è rimessa ad un apposito decreto ministeriale; c) personale della scuola; d) delle Forze di polizia, delle Forze armate, della Polizia municipale e provinciale, degli addetti ai servizi di vigilanza privata.

4.1. Definizione.

L'**orario di lavoro** viene definito come "*qualsiasi periodo in cui il lavoratore sia al lavoro, a disposizione del datore di lavoro e nell'esercizio della sua attività e delle sue funzioni*" (art. 1, co. 2, lett. a). Tale definizione è in grado di ricomprendere nell'orario di lavoro non soltanto il tempo di **lavoro effettivo** (come nella previgente disciplina), ma anche gli intervalli temporali in cui il lavoratore è tenuto a restare a disposizione del datore di lavoro ed ha l'obbligo di presenza sul luogo di lavoro (ad es., i tempi di attesa degli autisti durante le operazioni di carico e scarico). Per converso, non rientra nell'orario di lavoro il tempo impiegato per raggiungere la sede di lavoro, salvo che per quei lavoratori che non abbiano una sede fissa, per i quali gli spostamenti sono connaturali alla prestazione di lavoro, come precisato dalla Corte di giustizia europea (causa C-266/14, Tyco).

Non rientra nell'orario di lavoro, invece, il tempo in cui il lavoratore osserva **l'obbligo di reperibilità** ovvero è tenuto a rimanere rintracciabile durante i periodi di riposo per compiere interventi di coordinamento o, in caso di urgente necessità, intervenire sul posto di lavoro. Non è tempo di lavoro in quanto tale obbligazione, strumentale ed accessoria, non si identifica nella prestazione di lavoro e, pertanto, è compensato con un trattamento economico differente ed inferiore a quello retributivo (Cass. ord. n. 7410/2018; Cass. ord. n. 14770/2017).

Tuttavia, l'estraneità all'orario di lavoro viene meno quando l'obbligo di reperibilità comporti altresì la presenza del lavoratore sul luogo di lavoro, così limitando significativamente la libertà di autodeterminazione del prestatore (Corte di Giustizia UE, sentenza 21.2.2018, C-518/15, Matzak).

4.2. L'orario normale settimanale.

L'**orario normale** di lavoro (art. 3) è fissato in **quaranta ore settimanali**, ma i contratti collettivi possono prevedere una durata inferiore e possono riferire

l'orario normale alla durata media delle prestazioni lavorative in un periodo non superiore all'anno (c.d. orario plurisettimanale).
L'art. 16 del D.lgs. n. 66 prevede le **categorie escluse** dall'applicazione della predetta durata massima settimanale dell'orario di lavoro e demanda ai contratti collettivi l'eventuale individuazione di un siffatto limite, che ove previsto, integrerà un orario normale di fonte convenzionale. Ne consegue che, in mancanza di una diversa previsione pattizia, l'orario normale di lavoro delle categorie escluse può superare le 40 ore settimanali, senza che si configuri per ciò solo lavoro straordinario e sarà assoggettato al solo limite della durata massima complessiva di 48 ore, salva previsione migliorativa della contrattazione collettiva.
Tra le altre, sono escluse dall'orario normale di legge, il personale viaggiante dei servizi pubblici di trasporto terrestre, gli operai agricoli a tempo determinato, i giornalisti professionisti, praticanti e pubblicisti della stampa e della radiotelevisione, personale dipendente da gestori di impianti di distribuzione di carburante non autostradali; personale non impiegatizio dipendente da stabilimenti balneari, marini, fluviali, lacuali e piscinali.

4.3. L'orario giornaliero.

L'orario di lavoro soggiace anche ad un limite di **durata massima giornaliera**, desumibile dall'art. 7, che, riconosce al lavoratore il diritto a un riposo giornaliero minimo di undici ore consecutive ogni ventiquattro e, pertanto, in via indiretta dispone che la giornata lavorativa non possa superare le **tredici ore**.

TI RICORDI CHE...

L'art. 36, co. 2 Cost. riserva alla legge la predeterminazione della durata massima dell'orario di lavoro.

4.4. Lavoro straordinario.

La nozione di **orario di lavoro straordinario** è contenuta nell'art. 1, co. 2 lett. c) del D.lgs. n. 66/2003, che lo qualifica come il **"lavoro prestato oltre l'orario normale"**.
Il ricorso allo straordinario è consentito – entro il limite massimo di orario

complessivo (normale e straordinario) di 48 ore settimanali – nei casi e con le modalità stabilite dalla contrattazione collettiva, ovvero in difetto, previo **accordo** tra datore di lavoro e lavoratore, per non più di **duecentocinquanta ore l'anno**.
Salva diversa previsione degli accordi collettivi, il lavoro straordinario è ammesso, in aggiunta a quello pattuito a livello individuale nel limite di legge o a quello consentito dalla contrattazione collettiva, in caso di:

1. **eccezionali esigenze tecnico – produttive** non fronteggiabili attraverso l'assunzione di altri lavoratori;
2. **forza maggiore**, in cui la mancata esecuzione del lavoro straordinario può dar luogo ad un pericolo grave ed immediato ovvero ad un danno alle persone od alla produzione;
3. **eventi particolari** (mostre, fiere, manifestazioni collegate allo svolgimento dell'attività produttiva, allestimento di prototipi, modelli o simili).

In tali circostanze, lo straordinario può essere richiesto (oltre che fuori di limiti massimi) anche a prescindere dal consenso del lavoratore (in tal senso, la Circ. Min. n. 8/2005)
L'art. 4 stabilisce che il limite massimo (normale e straordinario) settimanale dell'orario di lavoro sia individuato dai contratti collettivi e, comunque, individua quale soglia "in ogni caso" non superabile né derogabile in peius, un tetto massimo di 48 ore per ogni periodo di sette giorni (c.d. limite settimanale onnicomprensivo): tale valore costituisce una media da calcolarsi con riferimento ad un arco temporale non superiore a quattro mesi (elevabile dai contratti collettivi fino a sei o a dodici mesi a fronte di ragioni obiettive, tecniche o inerenti all'organizzazione del lavoro).
Alla contrattazione collettiva è riservata la disciplina delle **maggiorazioni retributive** che remunerano il lavoro straordinario ma ad essi è consentito, in aggiunta o in sostituzione, prevedere che il lavoratore fruisca di periodi di **riposo compensativo**.
In caso di mancata corresponsione delle dovute maggiorazioni retributive, il lavoratore potrà agire in giudizio per ottenere il relativo compenso, ma soggiacendo ad un rigoroso onere probatorio; come precisato dalla Suprema Corte a più riprese: *"ha l'onere di dimostrare di aver lavorato oltre l'orario normale di lavoro e, ove egli riconosca di aver ricevuto una retribuzione ma ne deduca l'insufficienza, è altresì tenuto a provare il numero di ore effettivamente svolto, senza che eventuali – ma non decisive – ammissioni del dato-*

re di lavoro siano idonee a determinare una inversione dell'onere della prova" (*Cass., 16 febbraio 2009, n. 3714*). Ed ancora: "*il lavoratore che chieda in via giudiziale il compenso per il lavoro straordinario ha l'onere di dimostrare di aver lavorato oltre l'orario normale di lavoro, senza che l'assenza di tale prova possa esser supplita dalla valutazione equitativa del giudice, utilizzabile solo in riferimento alla quantificazione del compenso*" (*Cass., 20 febbraio 2018, n. 4076*).

Proprio per far fronte alle predette difficoltà probatorie, la contrattazione collettiva può prevedere che lo straordinario sia **forfetizzato** in una somma fissa, che compete al lavoratore a prescindere dalla predetta prova. Al riguardo, la giurisprudenza ha affermato che: "*A differenza della pattuizione per cui un determinato numero minimo di ore di lavoro straordinario sia comunque retribuito, indipendentemente dalla prova dell'avvenuta effettiva prestazione da parte del lavoratore subordinato, è illecita (e quindi nulla) la clausola che stabilisca che il lavoro straordinario sia retribuito in una determinata entità massima, indipendentemente dall'eventuale prestazione in misura maggiore, atteso che ciò implicherebbe una rinuncia preventiva al compenso per il lavoro eventualmente prestato oltre tale limite prestabilito; pertanto, il giudice, ove accerti che il lavoratore ha effettuato un numero di ore di lavoro straordinario superiore alla pattuita forfettizzazione, deve riconoscergli per l'eccedenza il compenso maggiorato per lavoro straordinario*" (Cass., 26 maggio 2000, n. 6902), precisando altresì che per l'eccedenza si ripristina il rigoroso onere probatorio, dovendo il lavoratore dimostrare "*rigorosamente e in termini sufficientemente realistici dal punto di vista quantitativo, la relativa prestazione, salvo, in ogni caso, il prudente apprezzamento del giudice di merito sull'attendibilità e congruenza dei dati forniti*" (*Cass., 12 settembre 2014, n. 19299*; conforme, Cass. 18 agosto 2004, n. 16157).

Accanto alla nozione legale di straordinario, si pone quella di **straordinario convenzionale** relativa a quelle categorie di lavoratori escluse dall'applicabilità dell'orario normale. Infatti, laddove la contrattazione collettiva preveda l'orario normale convenzionale, le ore eccedenti tale soglia integreranno lavoro straordinario convenzionale, come tale sottratto ai limiti dello straordinario legale ed, in particolare, al limite delle 250 ore annuali.

Per tali categorie escluse dal regime dell'art. 3 D.lgs. n. 66/2003, inoltre, la giurisprudenza ammette il diritto al compenso per lavoro straordinario "***se la prestazione, per la sua durata, superi il limite della ragionevolezza e sia particolarmente gravosa ed usurante***" (*Cass., 20 giugno 2016, n. 12687*).

CAPITOLO V | SVOLGIMENTO DEL RAPPORTO DI LAVORO

> **TI RICORDI CHE...**
>
> Il lavoro straordinario va distinto dal lavoro cd. supplementare, che consiste in quelle ore di lavoro eccedenti l'orario contrattualmente fissato (nei contratti part-time), ma contenute entro il limite dell'orario normale legale.

4.5. Lavoro notturno.

Il D.lgs. n. 66/2003 definisce il **lavoro notturno** come il *"periodo di almeno sette ore consecutive comprendenti l'intervallo tra la **mezzanotte** e le **cinque** del mattino"* e precisa, altresì, che è **lavoratore notturno:** *"1) qualsiasi lavoratore che, **durante il periodo notturno, svolga almeno tre ore** del suo tempo di lavoro giornaliero impiegato in modo normale; 2) qualsiasi lavoratore che svolga durante il periodo notturno almeno **una parte del suo orario di lavoro secondo le norme definite dai contratti collettivi di lavoro**. In difetto di disciplina collettiva è considerato lavoratore notturno qualsiasi lavoratore che svolga per almeno tre ore lavoro notturno per un minimo di ottanta giorni lavorativi all'anno"*. Tale limite minimo deve esser riproporzionato in caso di lavoratori part-time.

Il legislatore introduce una serie di **norme protettive** a favore dei lavoratori notturni:

1. **controlli preventivi e periodici, almeno ogni due anni**, volti a verificare l'assenza di controindicazioni al lavoro notturno, i quali devono avvenire a cura e a spese del datore di lavoro o per il tramite delle strutture sanitarie pubbliche o del medico competente (art. 14 co. 1); la violazione di tale obbligo comporta l'applicazione di sanzioni penali a carico del datore di lavoro;
2. adozione di **misure di prevenzione e protezione** adeguate al lavoro notturno, previa informativa alle rappresentanze sindacali e di misure specifiche per particolari lavorazioni a rischio, previa consultazione in tale ultimo caso delle rappresentanze sindacali (art. 14, co. 2 e 3);
3. previsione da parte dei contratti collettivi di **categorie di lavoratori esclusi** dall'obbligo di effettuare lavoro notturno (art. 11, co. 1).
4. **categorie esentate** per legge: donne in gravidanza e puerperio fino ad un anno di età del bambino (art. 11 co. 2); la violazione di tale

divieto comporta l'applicazione di sanzioni penali a carico del datore di lavoro;
5. **non obbligatorietà** delle prestazioni lavorative notturne per:
   - la lavoratrice madre di un figlio di età inferiore ai tre anni (o, in alternativa, il lavoratore padre convivente la stessa);
   - la lavoratrice o il lavoratore unico affidatario di un figlio convivente di età inferiore ai dodici anni;
   - la lavoratrice o il lavoratore che abbia a proprio carico un soggetto disabile (art. 11, co. 2).

   Per tali categorie non è consentita l'adibizione unilaterale a lavoro notturno, nel senso che la lavoratrice può legittimamente opporsi con una dichiarazione scritta di dissenso entro le 24 ore che precedono il turno notturno; l'adibizione a lavoro notturno, nonostante siffatta opposizione, comporta l'applicazione di sanzioni penali a carico del datore di lavoro;
6. preventiva **consultazione delle rappresentanze sindacali aziendali** ai fini dell'introduzione del lavoro notturno (art. 12, co. 1);
7. **limite massimo** di lavoro notturno, che non può superare le otto ore medie nelle ventiquattro ore, salva l'individuazione da parte dei contratti collettivi, di un più ampio periodo di riferimento sul quale calcolare come media il suddetto limite e di eventuali **riduzioni dell'orario normale** o delle **maggiorazioni retributive** spettanti al lavoro notturno (art. 13, co. 1 e 2);
8. **l'assegnazione al lavoro diurno,** in mansioni equivalenti, qualora sopraggiungano condizioni di salute che comportino l'inidoneità alle prestazioni lavorative notturne (art. 15).

Le disposizioni relative ai limiti di ore di lavoro notturno – al pari di quelle relative al riposo giornaliero ed alle pause – possono essere **derogate** o mediante contratti collettivi stipulati a livello nazionale o, in assenza di questi e per il solo settore privato, mediante contratti collettivi territoriali o aziendali. Inoltre, le deroghe possono esser previste con appositi decreti ministeriali. Le deroghe, tuttavia, sono ammesse soltanto a condizione che ai prestatori di lavoro siano accordati periodi equivalenti di riposo compensativo o, in casi eccezionali in cui la concessione di tali periodi equivalenti non sia possibile per motivi oggettivi, a condizione che ai lavoratori interessati sia accordata una protezione appropriata. È esclusa, invece, l'ammissibilità di una deroga consensuale a livello individuale: *"I limiti legali imposti dal D.lgs. 8 aprile 2003 n. 66 in materia di orario massimo complessivo, pause di lavoro e lavoro not-*

turno, non possono essere derogati con il consenso del singolo lavoratore interessato – e dunque per effetto della rinuncia ai relativi diritti, – ma solo ad opera della contrattazione collettiva, e nei limiti e con le modalità stabilite dalla legge, comportando il mancato esercizio di tale facoltà di deroga da parte delle parti sociali l'operatività diretta delle garanzie e dei limiti legali, con conseguente applicazione delle sanzioni stabilite in caso di violazione" (Cass., 23 maggio 2014, n. 1157).

Il legislatore, inoltre, ha individuato talune ipotesi di **esclusione dell'operatività delle disposizioni sul lavoro notturno, riposo giornaliero, pause, orario di lavoro normale** di cui agli artt. 3 e 4: non si applicano ai lavoratori la cui durata dell'orario di lavoro, a causa delle caratteristiche dell'attività esercitata, non è misurata o predeterminata o può essere determinata dai lavoratori stessi.

L'elencazione contenuta nella norma *(dirigenti, personale direttivo delle aziende, manodopera familiare, lavoratori nel settore liturgico; lavoratori a domicilio, tele-lavoratori)* deve ritenersi esemplificativa, stante la predeterminazione del requisito comune (sopra riportato) che giustifica l'inapplicabilità.

4.6. Riposi, pause e festività.

Il diritto al **riposo settimanale**, sino alla riforma del D.lgs. n. 66/2003, trovava la sua fonte nell'art. 36 co. 3 Cost. e nell'art. 2109 co. 1 cc.

L'art. 9 della novella stabilisce: *"Il lavoratore ha diritto ogni sette giorni a un periodo di riposo di almeno ventiquattro ore consecutive, di regola in coincidenza con la domenica, da cumulare con le ore di riposo giornaliero di cui all'articolo 7."* Peraltro, è stato aggiunto (L. 133/2008) che tale periodo di riposo consecutivo è calcolato come media in un periodo non superiore a quattordici giorni.

Dunque, il riposo settimanale deve essere **pari a 24 ore** da fruire ininterrottamente e, di regola, **coincidere con la domenica**.

A tale riposo, deve aggiungersi il **riposo giornaliero** di undici ore di riposo consecutivo ogni ventiquattro ore. Anche il riposo giornaliero deve essere fruito in modo consecutivo, fatte salve le attività caratterizzate da periodi di lavoro frazionati durante la giornata o da regimi di reperibilità (art. 7).

Il diritto ad un periodo di riposo settimanale è **irrinunciabile**, stante la previsione costituzionale.

Ne consegue che le **eccezioni** previste dallo stesso legislatore non potranno mai spingersi ad escludere il diritto in esame, ma dovranno limitarsi a collocarlo in giornate diverse dalla domenica o a prevedere difformi modalità di godimento, non continuativo. In particolare, fanno eccezione:

1. il lavoro a turni;
2. le attività caratterizzate da periodi frazionati durante la giornata;
3. il personale addetto al settore dei trasporti ferroviari;
4. le ipotesi dei contratti collettivi.

Per il personale interessato a modelli tecnico-organizzativi di turnazione particolare o addetto a talune attività industriali, stagionali, di pubblica utilità, come descritte dall'art. 9 co. 3, il riposo di ventiquattro ore consecutive può essere fissato in un giorno diverso dalla domenica e può essere attuato mediante turni. Quando al lavoratore non sia stata reiteratamente consentita la fruizione del riposo settimanale, la giurisprudenza riconosce il diritto al risarcimento del danno non patrimoniale, con un'importante agevolazione probatoria. Infatti, la Suprema Corte ammette che il danno da reiterata e sistematica violazione delle norme sul riposo sia un **danno in re ipsa** ed afferma che: "*La prestazione lavorativa, svolta in violazione della disciplina dei riposi giornalieri e settimanali (nella specie, la guida di autobus senza fruire di un riposo minimo di 11 ore giornaliere e un riposo settimanale di 45 ore consecutive) protrattasi per diversi anni, cagiona al lavoratore un danno da usura psico-fisica, di natura non patrimoniale e distinto da quello biologico, la cui* **esistenza è presunta nell'"an"** *in quanto lesione del diritto garantito dall'art. 36 Cost.*" (Cass., 10 maggio 2019, ord. n. 12538; Cass., 14 luglio 2015, n. 14710).

Ove il lavoro giornaliero ecceda il limite delle sei ore, il lavoratore deve beneficiare di un intervallo di **pausa** (art. 8), con le modalità e la durata stabilite dai contratti collettivi ai fini del recupero delle energie psico-fisiche e della eventuale consumazione del pasto anche al fine di attenuare il lavoro monotono e ripetitivo.

In assenza di una disciplina collettiva, la pausa deve durare non meno di dieci minuti tra l'inizio e la fine di ogni giornata di lavoro, deve esser temporalmente collocata tenendo conto delle esigenze tecniche del processo lavorativo e può essere goduta anche sul posto di lavoro.

L'intervallo per la pausa non può essere rinunciato dal lavoratore e soltanto la contrattazione collettiva può prevedere tale possibilità.

Il mancato godimento delle pause può comportare un danno non patrimoniale da stress e da usura fisiopsichica, ma il lavoratore sarà chiamato a provare sia il danno che l'inadempimento contrattuale del datore di lavoro. La Corte di Cassazione, su questo aspetto, ha affermato che "*il danno da stress, o usura psicofisica, si inscrive nella categoria unitaria del danno non patrimoniale causato da inadempimento contrattuale e la sua risarcibilità presuppone la sussistenza di* un pregiudizio concreto sofferto dal titolare dell'interesse leso, sul quale grava l'onere della relativa allegazione e prova, anche attraverso presunzioni semplici. Ne consegue che, ai fini del risarcimento del danno derivante dal mancato riconoscimento delle soste obbligatorie, nella guida per una durata di almeno 15 minuti tra una corsa e quella successiva e, complessivamente, di almeno un'ora per turno giornaliero – previste del Regolamento n. 3820/85/CEE, nonché dall'art. 14 del Regolamento O.I.L. n. 67 del 1939 e dall'art. 6, co. 1, lett. a) della legge 14 febbraio del 1958, n. 138 – il lavoratore è tenuto ad allegare e provare il tipo di danno specificamente sofferto e il nesso eziologico con l'inadempimento del datore di lavoro" (Cass., 10 febbraio 2014, n. 2886).

Per la disciplina delle **deroghe e delle esclusioni** si veda il paragrafo 4.2.

In occasione di **festività infrasettimanali**, civili e religiose, il lavoratore può astenersi dal lavoro percependo la normale retribuzione giornaliera; qualora l'attività lavorativa venga ugualmente prestata durante il periodo festivo, al dipendente sarà riconosciuta una **maggiorazione retributiva**. Le festività nazionali, civili e religiose, sono le seguenti: il primo giorno dell'anno; il 6 gennaio (giorno dell'epifania); il 25 aprile (giorno della Liberazione); il giorno di lunedì dopo Pasqua (cd. Pasquetta); il primo maggio (Festa del Lavoro); il 2 giugno (festa nazionale della Repubblica); il giorno dell'Assunzione della Beata Vergine (15 agosto); il primo novembre (giorno di Ognissanti); l'8 dicembre (festa dell'Immacolata Concezione; il giorno di Natale (25 dicembre); 26 dicembre (Santo Stefano). Se la festività cade di domenica il lavoratore che è retribuito in misura fissa (con lo stipendio) ha diritto, oltre alla retribuzione globale di fatto, ad una retribuzione ulteriore pari all'aliquota giornaliera (retribuzione cd. compensativa) in quanto gli viene sottratto di un giorno di riposo in più cui avrebbe diritto se la festività cadesse in un giorno lavorativo.

4.7. Ferie.

Il diritto alla fruizione di un periodo di **ferie retribuite** trova fondamento costituzionale, quale diritto irrinunciabile del lavoratore (art. 36, co. 3 Cost.).
L'art. 10 D.lgs. n. 66/2003 disciplina l'istituto con espressa salvezza del disposto dell'art. 2109 c.c.
In particolare, al prestatore di lavoro deve essere garantito un **periodo annuale di ferie retribuite** non inferiore a **quattro settimane**. Salva una diversa previsione della contrattazione collettiva o delle discipline speciali per le categorie escluse dall'ambito di applicazione del d. n. 66 pluricitato, le ferie devono esser godute per **due settimane consecutive nell'anno di maturazione e, per le restanti due, nei diciotto mesi successivi.**

I contratti collettivi possono stabilire un periodo annuale di ferie retribuite più ampio, trattandosi di deroga più favorevole al lavoratore. La **maturazione** delle ferie avviene in maniera progressiva, in proporzione alla **durata effettiva del rapporto** di lavoro; tuttavia, anche i **periodi di sospensione** della prestazione **per malattia** vanno equiparati ai periodi di lavoro effettivo, ai fini della quantificazione delle ferie maturate. Non sono, invece, equiparabili le giornate di **sciopero** (Cass. n. 14020/2001), di sospensione a zero ore per effetto di **Cassa integrazione guadagni**, i periodi non lavorati dalla data del **licenziamento a** quella della **reintegra** nel posto di lavoro.
Il godimento in concreto delle ferie deve esser **autorizzato dal datore di lavoro**, al quale spetta di stabilire unilateralmente il periodo di fruizione, sia pure contemperando le esigenze dell'impresa e gli interessi del lavoratore e, per tale ragione, il datore è tenuto a comunicare in anticipo il periodo in cui intende consentire il godimento delle ferie (art. 2109 cc).

4.7.1. Sospensione delle ferie in corso di fruizione.

Lo stato di **malattia o l'infortunio** insorto durante le ferie ne **sospende il decorso,** poiché frustra le finalità cui le stesse sono dirette, impedendo al lavoratore di ritemprare le proprie energie psico-fisiche, di soddisfare le proprie esigenze ricreativo-culturali e di partecipare in maniera più incisiva alla vita familiare e sociale *(Corte cost., 30 dicembre 1987, n. 616).* Tuttavia, la Cassazione *(Sez. Un., 23 febbraio 1998, n. 1947)* ha precisato che la sospensione delle ferie ricorre solamente in caso di malattie di gravità tale da compromettere in concreto la funzione ristoratrice cui le ferie sono deputate.
Non sempre, tuttavia, sussiste incompatibilità tra ferie e malattia: si ammette che il **lavoratore in malattia chieda di fruire delle ferie** per interrompere il periodo di comporto. La giurisprudenza ha affermato che: *"il lavoratore assente per malattia ha facoltà di domandare la fruizione delle ferie maturate e non godute, allo scopo di sospendere il decorso del periodo di comporto, non sussistendo una incompatibilità assoluta tra malattia e ferie, senza che a tale facoltà corrisponda comunque un obbligo del datore di lavoro di accedere alla richiesta, ove ricorrano ragioni organizzative di natura ostativa; in un'ottica di bilanciamento degli interessi contrapposti, nonché in ossequio alle clausole generali di correttezza e buona fede, è necessario, tuttavia, che le dedotte ragioni datoriali siano concrete ed effettive"* (Cass., 29 ottobre 2018, n. 27392).
In tal caso, l'interesse del prestatore è estremamente rilevante, essendo la richiesta finalizzata ad evitare la perdita del posto di lavoro, ma non giustifica l'attribuzione di un diritto incondizionato di godimento. Pertanto, il datore

deve operare un giusto bilanciamento delle esigenze aziendali con tale interesse, potendosi ritenere legittimo il rifiuto allorquando il lavoratore abbia la possibilità di fruire e beneficiare di altri strumenti legali o contrattuali che gli consentano di evitare la risoluzione del rapporto per superamento del periodo di comporto come il collocamento in aspettativa, pur non retribuita (Cass. n. 5078/2009; Cass. n. 5521/2003).

4.7.2. L'effettività del godimento.

Sempre la finalità ristoratrice delle ferie, che giustifica la sospensione in caso di eventi incompatibili con essa, comporta anche la necessità della **fruizione effettiva delle ferie e l'inammissibilità della sostituzione delle stesse con un'indennità economica (cd. divieto di monetizzazione delle ferie)**, salvo che nelle ipotesi di impossibilità di fruizione per cessazione del rapporto di lavoro (art. 10, comma 2) o per altre cause non imputabili al prestatore.

Sul tema, con riferimento al pubblico impiego privatizzato, la Corte Costituzionale ha respinto la questione di legittimità costituzionale dell'art. 5, comma 8, Decreto legge 6 luglio 2012, n. 95, convertito, con modificazioni, dall'art. 1, comma 1, legge 7 agosto 2012, n. 135, sollevata in riferimento agli artt. 3, 36, primo e terzo comma, e 117, primo comma, Costituzione, quest'ultimo in relazione all'art. 7, Direttiva 4 novembre 2003, 2003/88/Ce *"nella parte in cui dispone che le ferie, i riposi ed i permessi spettanti al personale, anche di qualifica dirigenziale, delle amministrazioni pubbliche sono obbligatoriamente fruiti secondo quanto previsto dai rispettivi ordinamenti e non danno luogo in nessun caso alla corresponsione di trattamenti economici sostitutivi, precisando che tale regola si applica anche in caso di cessazione del rapporto di lavoro per mobilità, dimissioni, risoluzione, pensionamento e raggiungimento del limite di età. Il divieto posto dalla norma non opera infatti in quei casi di estinzione del rapporto di lavoro che non chiamino in causa la volontà del lavoratore e la capacità organizzativa del datore di lavoro (secondo quanto affermato dalla giurisprudenza contabile e verificato nella prassi amministrativa)"*.

In ordine alla **natura dell'indennità sostitutiva** per ferie non godute corrisposta alla cessazione del rapporto si contrappongono due orientamenti.

La tesi che attribuisce a tale indennità natura retributiva fa leva sul fatto che essa è un corrispettivo dell'attività lavorativa resa in un periodo che, pur essendo di per sé retribuito, avrebbe invece dovuto essere non lavorato e dedicato al riposo (cfr. Cass., 10 maggio 2010, n. 11262; Cass., 25 settembre 2004, n. 19303) e, come tale, la ritiene assoggettabile a contribuzione previdenziale, aggiungendo che un eventuale suo concorrente profilo risarcitorio è escluso dal sopravvenuto art. 10 del D.lgs. n. 66 del 2003 (Cass., 29 maggio 2018, n. 13473).

Il difforme orientamento attribuisce all'indennità in parola natura mista, sia risarcitoria che retributiva, ritenendo prevalente il carattere risarcitorio, volto a compensare il danno derivante dalla perdita del diritto al riposo, cui va assicurata la più ampia tutela (applicando il termine di prescrizione ordinario decennale), mentre la natura retributiva, quale corrispettivo dell'attività lavorativa resa in un periodo che avrebbe dovuto essere retribuito ma non lavorato, assume rilievo allorché ne debba essere valutata l'incidenza sul trattamento di fine rapporto, ai fini del calcolo degli accessori o dell'assoggettamento a contribuzione (Cass. 10 febbraio 2020 n. 3021; Cass. 29 gennaio 2016 n. 1757).

Si segnala che, in omaggio al prinicio di solidarietà sociale, il decreto legislativo n. 151 del 14 settembre 2015 all'art. 24 riconosce la possibilità per i lavoratori, alle condizioni e secondo le modalità in concreto definite dai contratti collettivi, di cedere tra loro, a titolo gratuito, i riposi e le ferie maturati, con esclusione del periodo annuale di ferie retribuite non inferiore a quattro settimane e dei giorni minimi di riposo stabiliti dal decreto legislativo n. 66 del 2003. La cessione è finalizzata a consentire ai lavoratori cessionari di assistere i figli minori che, per le particolari condizioni di salute, hanno bisogno di assistenza e cure costanti da parte dei genitori.

QUESTIONARIO

1. Cosa si intende per *ius variandi* e come viene disciplinato? **2.**
2. Il datore di lavoro può adibire il lavoratore a mansioni inferiori? In che limiti? **2.1.**
3. Un impiegato può essere adibito a mansioni di operaio? **2.1.**
4. Il demansionamento comporta la riduzione della retribuzione? **2.1.**
5. Il demansionamento consensuale può comportare conseguenze peggiorative sull'inquadramento e sulla retribuzione? **2.1.**
6. Il lavoratore, quando gli vengono assegnate mansioni superiori, ha diritto all'assegnazione definitiva a queste mansioni? **2.1.**
7. Quando il demansionamento è illecito e a quale tutela dà diritto? **2.2.**
8. Quali sono gli oneri di allegazione e prova in caso di azione risarcitoria da demansionamento? **2.2.**
9. Può il datore di lavoro mutare unilateralmente il luogo di lavoro? **3.1.**
10. L'assegnazione ad un'unità produttiva anziché ad un'altra può essere considerata trasferimento?
11. L'atto di trasferimento in che forma deve essere adottato?

CAPITOLO V | SVOLGIMENTO DEL RAPPORTO DI LAVORO

12. È ammesso il trasferimento ambientale? **3.1.**
13. Quali sono le differenze tra trasferimento, trasferta e distacco? **3.1 - 3.2.**
14. Chi paga la retribuzione e i contributi al lavoratore distaccato? **3.2.**
15. Il distacco può essere definitivo? **3.2.**
16. È richiesto il consenso del lavoratore per il distacco? **3.2.**
17. Qual è l'orario di lavoro normale fissato per legge e quali sono le categorie alle quali esso non si applica? **4.2.**
18. Come si definisce il lavoro straordinario e quali sono i limiti legali dello stesso? **4.4.**
19. Lo straordinario può essere preteso? **4.4.**
20. Come vengono retribuite le ore di lavoro straordinario? **4.4.**
21. A quali condizioni è ammesso il ricorso al lavoro straordinario e quali sono le ipotesi in cui tali condizioni non si applicano? **4.4.**
22. Qual è la differenza tra lavoro straordinario e supplementare? **4.4.**
23. Cosa si intende per lavoro notturno e quali sono le categorie esentate? **4.5.**
24. Quali lavoratori possono rifiutarsi di svolgere lavoro notturno disposto dal datore di lavoro? **4.5.**
25. Qual è il periodo minimo di ferie previsto dalla legge e quando va goduto? **4.7.**
26. Cosa succede se sopraggiunge uno stato di malattia del lavoratore in ferie? **4.7.1.**
27. È consentita la monetizzazione delle ferie? **4.7.2.**

SEZIONE IV – LA RETRIBUZIONE

SOMMARIO:
1. La retribuzione: nozione e disciplina giuridica. – **2.** La giurisprudenza di legittimità: adeguatezza e proporzionalità, parità di trattamento e non discriminazione. – **3.** Struttura della retribuzione. – **4.** Le forme della retribuzione. – **5.** L'accertamento giudiziale dei crediti retributivi. – **5.1.** Accertamento giudiziale dei crediti retributivi e l'operatività della contrattazione collettiva. – **5.2.** Le garanzie dei crediti da lavoro nell'accertamento giudiziale. – **6.** Il trattamento di fine rapporto. – **6.1.** Esigibilità e deroghe. – **6.2.** Accantonamento e previdenza complementare.

1. La retribuzione: nozione e disciplina giuridica.

Non è contenuta nel codice civile una disposizione che fornisca la nozione di retribuzione ma partendo dal disposto di cui all'art. 2094 c.c. la **retribuzione** può essere definita come il **corrispettivo** dovuto al lavoratore per l'esecuzione della prestazione lavorativa resa.
Del resto, l'art. 2094 c.c., con riferimento al lavoro subordinato, fondando il principio della **presunzione di onerosità** del lavoro subordinato, qualifica la retribuzione quale corrispettivo dovuto al prestatore per la collaborazione nell'attività di impresa.
La **presunzione di onerosità**, tuttavia, non è assoluta atteso che fanno eccezione il lavoro familiare, il rapporto di volontariato ed anche il lavoro prestato dai praticanti (cfr. art. 9 d.l. 1/2012 conv. in l. 27/2012) che, pur presentando elementi di continuità con il lavoro subordinato, si distinguono per la **gratuità** della prestazione.
La retribuzione è, quindi, il principale **diritto** del lavoratore subordinato per l'attività prestata e, al contempo, il principale **obbligo** datoriale.
La **sinallagmaticità** che contraddistingue il rapporto di lavoro subordinato (esecuzione della prestazione dietro versamento del corrispettivo) è, tuttavia, **imperfetta**.
Al fine di tutelare il lavoratore, parte debole del rapporto stante la "soggezione personale che la prestazione di lavoro comporta", vi sono ipotesi in cui, secondo le statuizioni normative ovvero contrattuali, in assenza della esecuzione della prestazione lavorativa la retribuzione viene comunque corrisposta. Le

ipotesi previste dalla **legge** in cui il datore di lavoro è tenuto a corrispondere la **retribuzione in assenza della prestazione** sono, tra le altre, le assenze di cui agli articoli 2110 e 2111 c.c. relative a ferie, malattia, infortunio, maternità, cui si affiancano anche le ipotesi di assenza contemplate **dalla contrattazione collettiva** in cui la mancata esecuzione della prestazione lavorativa è giustificata, in quanto funzionale alla realizzazione di interessi giuridicamente rilevanti e tutelati, come ad esempio nel caso di permessi per motivi sindacali, permessi studio, permessi per motivi personali, congedi vari.

Queste ipotesi sono **tassative** e vanno distinte dai casi di **impossibilità sopravvenuta della prestazione** che, pur dipendendo da una delle parti, non sono loro imputabili. In tali ipotesi non permane l'obbligo datoriale di corresponsione della retribuzione a meno che l'impossibilità rientri nel rischio d'impresa attenendo a problemi organizzativi e gestionali. Il datore di lavoro è esonerato dall'obbligo di corrispondere la retribuzione nei casi, ad esempio, di occupazione dell'azienda da parte dei lavoratori scioperanti (cfr. Cass., 2 dicembre 1985, n. 6032).

TI RICORDI CHE...

Il contratto a prestazioni corrispettive è quello in cui si assiste ad uno scambio tra le prestazioni cui sono tenute le parti del rapporto. Nel caso del rapporto di lavoro il vincolo sinallagmatico è imperfetto perché sebbene il prestatore di lavoro possa non rendere la prestazione (ad esempio congedo, malattia, infortunio, etc.) il datore di lavoro è comunque tenuto alla corresponsione della retribuzione.

2. La giurisprudenza di legittimità: adeguatezza e proporzionalità, parità di trattamento e non discriminazione.

La retribuzione, quale oggetto del contratto, radica il suo fondamento direttamente nella Carta Costituzionale che, all'**articolo 36** statuisce che la retribuzione deve essere **proporzionata** alla **quantità e qualità** del lavoro svolto e, in ogni caso, tale da assicurare al lavoratore un'esistenza libera e dignitosa per sé e la sua famiglia.

La **proporzionalità** della retribuzione alla qualità e quantità del lavoro svolto riflette la sua natura di corrispettivo per la prestazione resa mentre la **sufficienza ed adeguatezza** permea la funzione sociale che essa assolve, in quanto strumento idoneo a contribuire alla realizzazione della personalità del lavoratore e strumentale per consentire a quest'ultimo e alla sua famiglia di vivere un'esistenza libera e dignitosa.

L'art. 36 cost. è **norma precettiva** (non già programmatica) ciò implica che essa pone un principio che è vincolante per le parti ed anche per l'interprete per cui il giudice deve verificare se la retribuzione convenuta dalle parti di un rapporto di lavoro sia una "**giusta retribuzione**".

In altri termini in sede di contrattazione collettiva le parti sociali nell'individuare i c.d. **minimi salariali** dovranno considerare quale parametro la proporzionalità e la sufficienza di cui al dettato costituzionale.

La p**roporzionalità**, sul versante interno, quale risvolto della sinallagmaticità impone una parametrazione del minimo alla qualità dell'attività svolta (ciò emerge anche dal dettato di cui all'art. 2103 c.c. in caso di adibizione del prestatore di lavoro a mansioni superiori) e alla quantità di lavoro (cioè alle ore di lavoro svolte).

La **sufficienza** impone, sul versante esterno, la determinazione dell'ammontare del minimo onde assicurare i mezzi di sussistenza necessari (stante la natura di credito alimentare) e garantire al lavoratore e alla sua famiglia un'esistenza libera e dignitosa assicurando un tenore di vita adeguato alla realtà sociale (c.d. funzione sociale della retribuzione).

È evidente, quindi, che dovendo i trattamenti minimi retributivi previsti dalla contrattazione collettiva conformarsi al dettato costituzionale si presume che la retribuzione fissata dagli stessi sia una retribuzione "**giusta**" nonché minima con la conseguenza che la contrattazione individuale può prevedere dei trattamenti integrativi ma solo se migliorativi, stante il principio generale della *inderogabilità in peius* le condizioni del lavoratore da parte della contrattazione individuale.

La **giurisprudenza di legittimità** ha ribadito che nel rapporto di lavoro subordinato **la retribuzione prevista dal contratto collettivo acquista**, pur solo in via generale, una **"presunzione" di adeguatezza ai principi di proporzionalità e sufficienza**; con la conseguenza che ai fini dell'accertamento dell'adeguatezza di una determinata retribuzione, non può farsi riferimento ad una singola disposizione del contratto che preveda un diverso trattamento retributivo per altri dipendenti, l'eventuale inadeguatezza potendo essere accertata solo attraverso il parametro di cui **all'art. 36 Costituzione**, parametro "esterno" rispetto al contratto (cfr. Cass., 28 ottobre 2008, sent. n. 25889; 4 luglio 2018, ord. n. 17421). Sebbene la disposizione costituzionale detti i parametri per delineare la nozione di "giusta retribuzione" va chiarito che nel nostro ordinamento giuridico **non esiste**, come affermato dalla Suprema Corte, con sentenza a Sezioni Unite n. 6030 del 29 maggio 1993, un **principio generale di parità di trattamento** bensì **un divieto di discriminazione**. In altri termini è ben possibile che l'autonomia privata riservi trattamenti economici differenziati pur in presenza di mansioni analoghe purché indotta da criteri di correttezza, buona fede e ragionevolezza. In questi casi il giudice deve limitarsi ad una valutazione di conformità della retribuzione riconosciuta al canone di cui all'art. 36 Cost. senza poter operare una comparazione ai fini della parità di trattamento con gli altri lavoratori.

Il trattamento economico discriminatorio determina, quindi, la nullità del patto sottostante ex art. 15 l.300/70 ma non determina l'stensione della previsione più favorevole prevista per gli altri lavoratori.

Unico principio derivante dal dato costituzionale è quello della **parità di trattamento retributivo uomo-donna** (art. 37 Cost.) con conseguente nullità delle clausole contrastanti così come statuito dagli **artt. 1418 e 1419 c.c.**

La contrattazione individuale può determinare una diversa retribuzione e **derogare** quella collettiva purché contempli un trattamento economico di favore per il prestatore.

3. Struttura della retribuzione.

La legge e la contrattazione collettiva, anche se non forniscono una nozione di retribuzione, concorrono a costituire la **struttura** della stessa. In particolare, **la legge** regolamenta la base di calcolo del trattamento di fine rapporto (art. 21120 c.c.), dell'indennità di preavviso (art. 2121 c.c.) e del lavoro straordinario (art. 2108 c.c.) mentre la **contrattazione collettiva** regolamenta le mensilità aggiuntive, le maggiorazioni ed anche la retribuzione delle assenze. Proprio perché la retribuzione è composta da diversi elementi è fondamentale procedere ad una **distinzione** tra **elementi c.d. base ed elementi c.d. accessori** nell'ambito della retribuzione mensile.

Sono **elementi base** che compongono la retribuzione:

1. il minimo contrattuale,
2. l'elemento distinto della retribuzione,
3. gli scatti di anzianità.

Il **minimo contrattuale** è la retribuzione minima che la contrattazione collettiva di categoria prevede per quella determinata qualifica. I minimi contrattuali sono periodicamente aggiornati e possono essere integrati anche dalla contrattazione aziendale. Generalmente è sulla base del minimo contrattuale che si determinano anche altre voci della retribuzione come ad esempio le mensilità aggiuntive. Sino al 31 dicembre del 1991 era prevista anche l'indennità di contingenza che aveva la funzione di adeguare la retribuzione al costo della vita mentre, successivamente, tale voce è stata ricompresa nel minimo contrattuale.

L'elemento distinto della retribuzione (E.D.R.) è corrisposto a tutti i lavoratori del settore privato, fatta eccezione per i dirigenti, dal momento della soppressione dell'indennità di contingenza.

Gli scatti di anzianità sono determinati dalla contrattazione collettiva e sono elementi della retribuzione corrisposti periodicamente e proporzionalmente in relazione alla permanenza del lavoratore all'interno dell'azienda.

Sono elementi accessori della retribuzione il c.d. **superminimo e le indennità**.

Il superminimo è un compenso che si aggiunge al minimo contrattuale. Essendo una voce della retribuzione, per giurisprudenza costante, essa viene preservata nel caso di cambio di appalto se la subentrante garantisce i medesimi livelli retributivi. Esso può essere individuale se è corrisposto al singolo lavoratore e può essere modificato o ridotto con un accordo tra le parti. Se è collettivo, invece, è riconosciuto dalla contrattazione ad una determinata categoria di lavoratori. In tal caso esso non può essere eliminato o ridotto se non attraverso un accordo collettivo.

Questione controversa è quella **dell'assorbimento del superminimo** cioè della possibilità che esso possa essere assorbito in occasione di aumenti dei minimi tabellari o anche a seguito di passaggio a categoria superiore. Fermo il principio generale dell'ammissibilità dell'assorbimento, quest'ultimo non è consentito nei casi in cui la contrattazione collettiva lo vieti ovvero se le parti contrattualmente lo escludono ovvero nei casi in cui esso sia collegato alla peculiarità delle mansioni svolte dal lavoratore. In questi casi sarà onere del lavoratore provare la sussistenza del titolo che autorizza il mantenimento del superminimo, escludendone l'assorbimento (cfr. Cass., 17 ottobre 2018, ord. n. 26017).

Le indennità sono voci della retribuzione previste dalla contrattazione collettiva e compensano lo svolgimento di particolari mansioni o profili dell'attività del lavoratore. Esempi ricorrenti sono l'indennità di cassa prevista per chi maneggia danaro con responsabilità nel caso di ammanchi a seguito di errori nel conteggio di danaro o nella contabilizzazione. Indennità di rischio nel caso di lavorazioni nocive. Indennità di trasferta se viene richiesto un trasferimento momentaneo presso una sede di lavoro diversa.

CAPITOLO V | SVOLGIMENTO DEL RAPPORTO DI LAVORO

Va precisato che **le indennità** sono interamente **regolamentate dalla contrattazione collettiva** anche in ordine alla loro eliminazione dalla busta paga nei casi in cui non siano più corrisposte per mutamento delle mansioni.
Le voci che sono corrisposte con periodicità diversa da quella mensile sono le **mensilità aggiuntive ed i premi**.
Regolate dalla contrattazione collettiva i compensi corrisposti con periodicità plurimensile possono essere obbligatori ovvero erogati a titolo di liberalità.
Tra le **mensilità aggiuntive** si annoverano **la tredicesima e la quattordicesima mensilità**.
La **tredicesima mensilità** o gratifica natalizia è una mensilità aggiuntiva che viene corrisposta nel mese di dicembre, la cui erogazione presuppone che il diritto sia maturato nell'arco temporale che va dal 1° gennaio al 31 dicembre. I contratti collettivi regolamentano la sua misura e nel suo alveo rientrano gli elementi della retribuzione aventi il carattere della continuità, obbligatorietà e determinatezza. L'entità della tredicesima è generalmente la somma pari alla normale mensilità.
La **quattordicesima mensilità**, detta anche premio ferie, è un'ulteriore mensilità aggiuntiva prevista dalla contrattazione collettiva che matura nel periodo ricompreso tra il 1° luglio ed il 30 giugno dell'anno successivo mentre il pagamento è generalmente previsto prima del periodo feriale.
I premi, invece, sono delle erogazioni, previste dai contratti collettivi o aziendali corrisposti in occasione del verificarsi di particolari eventi. Esempi sono il premio fedeltà, erogato in occasione del raggiungimento di una certa anzianità aziendale o anche il premio produzione, previsto dalla contrattazione aziendale in occasione del raggiungimento di determinati standard aziendali.
La pluralità di elementi che compongono la retribuzione e la diversa fonte ai fini del calcolo delle voci che la compongono ha indotto la giurisprudenza di legittimità a superare il principio della c.d. **onnicomprensività** della retribuzione volto, viceversa, ad accogliere una nozione unitaria di retribuzione. Sul punto risalenti sono le pronunce della giurisprudenza di legittimità a Sezioni Unite con cui si è **escluso che il principio di onnicomprensività della retribuzione in quanto principio di portata generale fosse inderogabile** (cfr. Corte di Cassazione a Sezioni Unite sentenza n. 2183 del 04.04.1984).
Diversa, invece, è **la nozione di "retribuzione globale di fatto"** evocata dall'art. 18 della l. 300/70 prima della novella ai fini del computo del risarcimento del danno. Nella **nozione di retribuzione globale di fatto** sono ricomprese **tutte le voci della retribuzione** a carattere **predeterminato che sono corrisposte continuativamente**.
Secondo **l'orientamento giurisprudenziale maggioritario** rientrano nella

retribuzione globale di fatto tutte le voci della retribuzione che sono corrisposte in maniera continuativa quindi anche le maggiorazioni per lavoro domenicale, notturno e festivo (se continuativi) e quelle per il lavoro straordinario (se svolto costantemente); mentre sono **esclusi tutti i compensi occasionali** o comunque corrisposti eccezionalmente (sul punto si richiami Cassazione, sentenza n. 6744 del 1 marzo 2022).
Il patto di conglobamento è quello patto siglato tra datore di lavoro e lavoratore volto a comprendere tutte le voci della retribuzione da erogarsi complessivamente in un mese (è necessario che vi sia specifica delle stesse).
Esempio. Se il datore beta vuole corrispondere a gamma la somma di X a titolo di straordinario nella retribuzione ordinaria deve specificare che la somma X è a tale titolo.

4. Le forme della retribuzione.

La retribuzione, in ordine alla **forma,** può essere distinta in **retribuzione a tempo** e retribuzione a **cottimo**, così come statuito dall'art. 2099 c.c. La disposizione al comma 3 stabilisce anche che il prestatore possa essere retribuito in tutto o in parte con **partecipazione agli utili o ai prodotti, con provvigione o con prestazioni in natura.**
La forma di retribuzione più diffusa è quella **a tempo** e si determina moltiplicando il valore attribuito alla prestazione svolta in un certo lasso di tempo (ora, giorno, settimana, mese) per il periodo di riferimento.
Nell'ambito della retribuzione a tempo si distingue tra retribuzione mensile, che si riferisce al cd. "stipendio", che compete ai dirigenti, ai quadri ed agli impiegati, e viene pagata generalmente il 23 di ogni mese, e la retribuzione oraria, chiamata "salario", che viene pagata, invece, agli operai.
La retribuzione **a cottimo**, invece, è calcolata sulla base della quantità di lavoro svolto dal singolo (cd. cottimo individuale) ovvero dal gruppo di lavoratori (cd. cottimo collettivo). Questa forma di retribuzione, generalmente, è legata a forme di **decentramento produttivo** ovvero nei casi in cui la produzione può essere ancorata a **tempi di lavorazione** (esempi di tipologie negoziali che fanno ricorso a tale tipo di lavoro sono il lavoro a domicilio ed il telelavoro).
L'art. 2100 c.c. individua i casi in cui il **cottimo** è **obbligatorio** ancorandolo all'osservanza di un determinato ritmo produttivo ovvero quando la valutazione della prestazione è effettuata sulla base del risultato delle misurazioni dei tempi di lavorazione. Con riguardo all'osservanza del "**ritmo produttivo**" secondo un orientamento giurisprudenziale per rientrare nel cottimo il ritmo

produttivo dovrebbe richiedere uno sforzo "superiore a quello normale"; altro orientamento giurisprudenziale evidenzia, invece, che l'assoggettabilità al cottimo non è data dal maggiore sforzo richiesto ma dal carattere "continuo" cioè dalla "cadenza costante" del ritmo di lavoro rispetto all'attività lavorativa retribuita esclusivamente in ragione del tempo.

La determinazione delle c.d. **tariffe di cottimo,** secondo quanto statuito dall'art. 2100 c.c., è demandata all'autonomia collettiva che, generalmente, fissa il c.d. utile o minimo di cottimo ossia una percentuale del minimo di paga base che l'azienda deve corrispondere in ragione del maggior rendimento del cottimista; nel caso in cui, viceversa, la contrattazione collettiva non contempli le tariffe di cottimo esse sono determinate in sede amministrativa.

Molto diffuso nella prassi applicativa è il **cottimo misto** secondo cui al lavoratore è riconosciuto, oltre alla paga base, il minimo di cottimo ed il cottimo ulteriore (che costituisce anch'esso una percentuale rispetto alla paga base).

Analogamente a quanto accade per la retribuzione a tempo, secondo la giurisprudenza di legittimità, è possibile il sindacato del giudice in ordine all'apprezzamento dell'adeguatezza della retribuzione rispetto all'attività in concreto svolta dal lavoratore, ai fini dell'osservanza del precetto di cui all'art. 36 Cost. Tale valutazione deve tener conto della contrattazione collettiva di categoria e della specificità del tipo di lavoro svolto, la cui considerazione osta ad un'automatica e completa applicazione dei criteri parametrici oggetto di valutazione negli altri tipi di lavoro, e impone altresì di distinguere tra cottimo semplice e cottimo misto, essendo la differenziazione tra i criteri di determinazione delle relative retribuzioni un effetto consequenziale della disciplina codicistica nonché della contrattazione collettiva e dei criteri di formazione delle tariffe (cfr. Cass., 4 marzo 2009, sent. n. 5218).

La retribuzione corrisposta in tutto o in parte mediante **provvigioni** si compone, generalmente di una parte fissa mensile e di una percentuale (quella provvigionale appunto) determinata dalla contrattazione aziendale ovvero individuale e calcolata sulla base degli affari conclusi (un esempio è il caso dei dirigenti che percepiscono percentuali sul fatturato aziendale). Le provvigioni rientrano nella base di calcolo utile ai fini del TFR.

La partecipazione agli utili è una forma di retribuzione che viene calcolata sulla base degli utili netti fatturati. Generalmente tale retribuzione, stante i principi costituzionali, non può costituire la forma unica perché si rischierebbe di pregiudicare il prestatore di lavoro sicché è prevista nei casi in cui il prestatore, con la sua opera, possa contribuire alla produttività aziendale.

La partecipazione ai prodotti è una forma di retribuzione che integra un trattamento fisso mensile ed è regolata dalla contrattazione, in ordine alla misura.

Essa è diffusa nei settori dell'agricoltura, in particolare, e della pesca.
Ulteriore distinguo tra le forme di retribuzione è quella tra retribuzione **diretta** e retribuzione **indiretta**.
La retribuzione **diretta** è quella che viene corrisposta quale corrispettivo della prestazione eseguita generalmente con cadenza mensile secondo il principio della **postnumerazione** cioè successivamente allo svolgimento della prestazione.
La retribuzione diretta è composta da elementi cd. **base** quali il **minimo contrattuale, l'indennità di contingenza** (generalmente conglobata nel minimo contrattuale) e **l'elemento distinto della retribuzione** (che viene applicato al settore privato indipendentemente dal CCNL applicato e dalla qualifica rivestita), **scatti di anzianità** (previsti dalla contrattazione collettiva e collegati al compimento di un'anzianità di servizio del lavoratore presso una medesima azienda) e da elementi c.d. **accessori** quali quelli previsti dai contratti collettivi di categoria e aziendali oppure da accordi individuali come ad esempio il superminimo, le indennità (lavoro straordinario, festivo, turni, domenicale, per funzione, etc.).
La retribuzione **indiretta** è quella che viene corrisposta durante la sospensione del rapporto di lavoro nei casi anzidetti.
La retribuzione **differita** è quella che viene corrisposta in modo posticipato rispetto al periodo della maturazione ovvero al verificarsi di un determinato evento. Hanno cadenza annuale, ad esempio, la 13^ mensilità e la 14^ mensilità mentre viene corrisposto all'esito del rapporto il trattamento di fine rapporto.

5. L'accertamento giudiziale dei crediti retributivi.

Nella fisiologia del rapporto la retribuzione viene corrisposta dal datore di lavoro al prestatore con le modalità e nei termini in uso nel luogo in cui il lavoro viene eseguito (art. 2099 c.c.).
Il **pagamento** della retribuzione ha, generalmente, cadenza mensile e viene versata, a partire dal luglio 2018, secondo quanto previsto **dall'art. 1 co. 910-914 l. 205/2017**, dal datore di lavoro attraverso una banca o un ufficio postale mediante: bonifico sul conto indicato dal lavoratore, strumenti di pagamento elettronico, contanti presso lo sportello bancario o postale dove hanno aperto un conto corrente con mandato di pagamento, assegno consegnato direttamente al lavoratore o ad un delegato o anche vaglia postale, secondo quanto previsto dalla **nota INL 10 settembre 2018 n. 7369**. La mancata osservanza delle modalità di corresponsione, stante il divieto del pagamento in contanti, comporta

l'applicazione della sanzione amministrativa di cui all'art. 1 co. 913 l. 205/2017. Al momento della corresponsione della retribuzione il datore di lavoro è tenuto a consegnare la **busta paga** che deve indicare i dati del lavoratore, il periodo a cui la retribuzione si riferisce, gli elementi della retribuzione e le trattenute. L'omessa o ritardata consegna della busta paga comporta l'applicazione delle sanzioni amministrative di cui all'art. 5 l. 4/73 e art. 22 co. 7 D.lgs. 151/2015.

Il lavoratore che riceve manualmente la busta paga la sottoscrive, generalmente, "**per ricevuta**" e tale sottoscrizione non costituisce prova certa dell'avvenuto pagamento né la corrispondenza tra la somma ivi indicata e quella effettivamente corrisposta, sicché la regolare tenuta della relativa documentazione da parte del datore di lavoro non determina alcuna conseguenza circa gli oneri probatori gravanti sulle parti (Cass., 27 aprile 2018, n. 10306). Ne consegue, quindi, che il datore di lavoro sarà liberato dall'onere probatorio gravante sulla sua sfera se dimostra di aver assolto al pagamento secondo le modalità innanzi indicate.

La retribuzione viene corrisposta alla scadenza **al netto delle ritenute fiscali e previdenziali**. **Nel caso di omissioni o ritardi**, invece, la retribuzione deve essere corrisposta **al lordo** delle ritenute contributive e fiscali (Cass., 19 settembre 2015, n. 18044; ord. 15 luglio 2019, n. 18897).

5.1. Accertamento giudiziale dei crediti retributivi e l'operatività della contrattazione collettiva.

Il ricorso al giudice del lavoro può essere determinato non solo dalla mancata corresponsione della retribuzione ma anche nelle ipotesi di presunta inadeguatezza della stessa. In entrambi i casi si impone una premessa metodologica in ordine alla efficacia della contrattazione collettiva.

La mancata attuazione dell'art. 39 cost. ha, sostanzialmente, precluso all'interprete la possibilità di ritenere che il contratto collettivo sia produttivo di efficacia *erga omnes*. Ne consegue, quindi, che la contrattazione collettiva ha efficacia **diretta** nel caso in cui il datore di lavoro aderisca alla sigla sindacale. Ha efficacia **indiretta** laddove il contratto, richiamato dalle parti negoziali sebbene non aderenti alla sigla sindacale, sia applicato dal datore di lavoro, pur non essendo iscritto alla sigla sindacale firmataria del CCNL. L'applicazione in via indiretta della contrattazione collettiva può essere desunta da diversi indici quali il riferimento al CCNL nel contratto di lavoro, nell'UNILAV, il richiamo nella busta paga ad indennità proprie di quel contratto di riferimento. Nel caso in cui il rapporto di lavoro non è regolarizzato sarà il giudice che, ai

sensi dell'**art. 2099 co. 2 c.c.**, deve determinare l'ammontare della retribuzione, laddove riconosca l'esistenza del rapporto di lavoro.
Essa sarà calcolata secondo i **criteri di adeguatezza posti dall'art. 36 cost.** considerando quelle voci della retribuzione di fonte c.d. legale, retribuzione ordinaria (considerando l'orario lavorativo svolto), tredicesima mensilità, trattamento di fine rapporto.
Non saranno, invece, corrisposti per orientamento giurisprudenziale costante le voci di fonte tipicamente convenzionale come quelle c.d. accessorie (come ad esempio i premi, il superminimo, la quattordicesima mensilità).
Discusso, in giurisprudenza, è il riconoscimento o meno degli **scatti di anzianità** che, **secondo un orientamento devono essere ricompresi nella retribuzione riconosciuta dal giudice perché rientranti nel concetto di proporzionalità** della stessa determinata in relazione alla professionalità acquisita per effetto dell'anzianità; viceversa altro orientamento ritiene che essi siano **estranei al concetto di proporzionalità** perché maturano anche nei periodi di mancato svolgimento della prestazione (ad esempio congedi) e, quindi, sostanzialmente non sono pienamente correlati alla professionalità acquisita.
Quanto al CCNL di riferimento generalmente il giudice assume quale parametro il CCNL di settore e, in mancanza, farà riferimento al CCNL di categorie affini e, nel caso in cui siano previsti più contratti collettivi, si utilizzerà quello meglio adattabile al settore produttivo di riferimento.
I crediti retributivi come tutte le obbligazioni sono soggetti **alla prescrizione**.
La prescrizione **ha carattere estintivo** ed è, ai sensi dell'art. 2948 n. 4 c.c., quinquennale.
La prescrizione generalmente decorre a partire dal momento in cui il diritto può essere fatto valere. L'ontologico sbilanciamento dei rapporti di forza nel rapporto di lavoro ha comportato l'applicazione di un regime differenziato in relazione ai crediti di lavoro.
La decorrenza del termine prescrizionale varia a seconda che il rapporto sia garantito dalla tutela reale ovvero dalla tutela obbligatoria.
Sul punto, a seguito della riforma dell'art. 18 l. 200/70 ad opera della l. 92/2012 in giurisprudenza di merito si è registrato un orientamento, attualmente dominante anche in sede di legittimità, secondo cui il *dies a quo* della prescrizione dei crediti retributivi decorerebbe sempre dalla cessazione del rapporto di lavoro; tanto perché la stabilità reale del rapporto offerta dalla reintegra nel posto di lavoro da regola è degradata ad eccezione sicché il lavoratore potrebbe temere di rivendicare i suoi diritti e, consequenzialmente, essere licenziato arbitrariamente (cfr. Cass. sent. 6 settembre 2022 n. 26246, sent. 13 ottobre 2022 n. 29981). In altri termini per i rapporti di cui al d.lgs. 23/2015, nonché quelli

di cui all'art. 18 l. 300/70, così come novellato dalla l. 92/2012 e quelli di cui all'art. 8 l. 604/66 il *dies a quo* della prescrizione corre a partire dalla cessazione del rapporto di lavoro.

5.2. Le garanzie dei crediti di lavoro nell'accertamento giudiziale.

Ascrivibili sempre al tentativo di preservare la posizione del lavoratore quale parte debole del contratto sono le **garanzie** che assistono il credito di lavoro.
Ne costituisce attuazione il **meccanismo di rivalutazione e computo degli interessi**.
L'**art. 429 co. 3 c.p.c.** prevede che nel caso in cui il giudice condanni il datore di lavoro al pagamento di una somma in favore del lavoratore (subordinato ma anche con rapporto di collaborazione), a lui dovuta a titolo retributivo, debba, **d'ufficio,** liquidare anche la rivalutazione e, sulla somma rivalutata gli interessi legali. Contrariamente ai crediti ordinari non è necessaria, quindi, una domanda di parte per la liquidazione degli interessi e della svalutazione e, quanto a quest'ultima, non è necessaria una prova specifica. Tale meccanismo di cumulo, dettato dal *favor praestatoris* opera solo per i crediti da lavoro privato mentre non opera per quelli dei rapporti alle dipendenze della pubblica amministrazione o, comunque, per quelli aventi natura previdenziale.
I **crediti da lavoro individuati dall'art. 2751 bis n. 1 c.c.** sono garantiti da **privilegio** sui beni mobili del datore di lavoro. In caso di insolvenza dell'imprenditore i crediti dei lavoratori, in quanto assistiti da privilegio generale, prevalgono su quelli di altri creditori c.d. "chirografari".
Il privilegio, in quanto garanzia, così come disposto dalla disposizione e dalle numerose pronunce della Corte Costituzionale che ha ampliato la pletora di ipotesi assiste: 1) le retribuzioni dei lavoratori subordinati dovute a qualsiasi titolo; 2) le indennità dovute per effetto della cessazione del rapporto di lavoro; 3) il risarcimento del danno a seguito di licenziamento inefficace, nullo e annullabile; 4) crediti riconducibili a danni da omissioni contributive previdenziali e assicurative obbligatorie; 5) danni conseguenti a malattia professionale (Corte Cost., 29 maggio 2002, n. 220); 6) danno da demansionamento per comportamento illegittimo del datore di lavoro (Corte Cost., 6 aprile 2004, n. 113); 7) danno conseguente ad infortunio sul lavoro del quale sia responsabile il datore di lavoro (Corte Cost., 17 novembre 1983, n. 326).
Sempre sussumibili **nell'esigenza di assicurare la funzione alimentare della retribuzione vanno annoverati i limiti posti alla pignorabilità delle retribuzioni e degli altri crediti originati dal rapporto di lavoro.**
Questi crediti possono essere pignorati nella misura determinata dal giudice

per i crediti di natura alimentare. Per i crediti di ogni altro genere sono pignorabili nella misura del quinto (art. 545 co. 3-4 c.p.c.) e sono cedibili sempre nella misura del quinto e per periodi non superiori a dieci anni.
Pari limiti incontrano la misura del **sequestro conservativo ex art. 671 c.p.c.**

6. Il trattamento di fine rapporto.

L'art. 2120 c.c. regolamenta il trattamento di fine rapporto definibile quale somma di denaro corrisposta al lavoratore subordinato al termine del rapporto di lavoro, a prescindere dal tipo di contratto con cui fu assunto ed in ogni caso di cessazione del rapporto di lavoro.
Il TFR viene calcolato **attraverso la somma, per ogni anno di servizio del lavoratore, una quota pari** (e mai superiore) **all'importo complessivo della retribuzione dovuta per l'anno medesimo**, e **dividendo** poi la **retribuzione annuale complessiva per 13,5** e **rivalutando** detta somma di anno in anno con l'applicazione di un indice costituito dall'**1,5% in misura fissa e dal 75% in misura variabile dell'aumento dell'indice dei prezzi al consumo** accertato dall'ISTAT.
Come base per siffatto calcolo, occorre tenere conto di tutte le somme corrisposte **a titolo non occasionale in dipendenza del rapporto di lavoro**, compreso l'equivalente delle prestazioni in natura ed esclusi i meri rimborsi spese. Sono utili ai fini della maturazione del TFR anche i periodi di malattia e infortunio, maternità e CIG (co. 3 art. 2120 c.c.).
La contrattazione collettiva è legittimata prevedere una "diversa" base di calcolo, per cui proprio perché il legislatore parla di diversa la base di calcolo (art. 2120 co. 2 c.c.) può essere prevista in senso tanto migliorativo quanto peggiorativo.

6.1. Esigibilità e deroghe.

Il trattamento di fine rapporto matura in costanza di rapporto ma è esigibile al momento della cessazione del rapporto stesso. Il dettato codicistico prevede, tuttavia, in presenza di particolari condizioni la possibilità di richiedere anticipazioni del trattamento di fine rapporto. L'anticipazione è richiedibile una sola volta in tutto il rapporto di lavoro e a condizione che il richiedente abbia almeno otto anni di servizio presso lo stesso datore di lavoro.
Causali che giustificano la richiesta di anticipazione del TFR sono ai sensi del comma 8: 1) le spese sanitarie per terapie o interventi straordinari riconosciuti dalle strutture pubbliche; 2) l'acquisto di prima casa per sé o per i figli docu-

mentato con atto notarile; 3) in caso di fruizione di congedi formativi o parentali come misura di sostegno.
La misura anticipabile è pari al 70% del trattamento accantonato ed il datore di lavoro è tenuto a soddisfare (co. 7), annualmente, il 10% degli aventi titolo e comunque entro il 4% del numero totale dei dipendenti.
Nel caso di morte del lavoratore, ai sensi dell'art. 2122 c.c., hanno diritto al trattamento di fine rapporto il coniuge, la parte superstite dell'unione civile, i figli, i parenti entro il terzo grado e gli affini entro il secondo. In mancanza di quest'ultimi si seguono le regole della successione legittima e sono nulli i patti anteriori alla morte con i quali si procede alla ripartizione delle indennità.

6.2. Accantonamento e previdenza complementare.

Il Tfr viene accantonato presso il datore di lavoro ma il D.lgs. 5 dicembre **2005, n. 252** ha previsto, allo scopo di finanziare le forme di previdenza complementare che, a far data dal 1° gennaio 2007, le quote di TFR da maturare siano destinate ai fondi pensione e, quindi, a **forme di previdenza complementare secondo il** meccanismo del **silenzio-assenso**. Se il lavoratore, nei 6 mesi successivi all'assunzione, non esprime la propria volontà di conservare gli accantonamenti presso il datore di lavoro, gli stessi saranno devoluti alle forme pensionistiche indicate dalla legge (fondi pensione istituiti o promossi dalle Regioni o dai contratti collettivi, ovvero forme pensionistiche istituite presso gli enti di previdenza obbligatoria, quali il Fondo INPS).
Il lavoratore può manifestare **anche in modo espresso** la volontà di devolvere il TFR a forme di previdenza complementare, purché tale scelta abbia luogo entro 6 mesi dall'assunzione.
L'accantonamento può essere spostato anche ad altro fondo.
Al momento della cessazione del rapporto, in questo caso, il lavoratore non avrà diritto ad alcunché ma potrà beneficiare della dote accantonata solo all'esito della maturazione dell'età pensionabile attraverso una pensione integrativa.
Anche in caso di devoluzione del TFR alla previdenza complementare, il lavoratore può ottenere degli **anticipi** sul montante accumulato.
Per i lavoratori di **aziende con almeno 50 dipendenti** è previsto che, dal 1° gennaio 2007, le quote di TFR non sono più accantonate presso il datore di lavoro, ma presso un fondo che è chiamato Fondo di Tesoreria, gestito dall'INPS per conto dello Stato.
Il Fondo svolge una funzione di garanzia e, in definitiva, garantisce l'erogazione del TFR per la quota corrispondente ai versamenti effettuati dal datore

PARTE PRIMA | IL DIRITTO DEL LAVORO

di lavoro in relazione ai dipendenti non iscritti ad alcuna forma pensionistica complementare. All'esito della cessazione del rapporto il TFR è pagato dall'impresa con addebito all'Inps della quota ivi confluita. Il Fondo di Tesoreria, istituito nel 2006, **riguarda esclusivamente i lavoratori dipendenti che non hanno optato per il regime di previdenza complementare.**

QUESTIONARIO

1. Cosa si intende per retribuzione? **1.**
2. In cosa consistono i principi di adeguatezza e proporzionalità? **2.**
3. Quali sono le voci c.d. fondamentali e quelle accessorie? **3.**
4. Cosa si intende per onnicomprensività della retribuzione? **3.**
5. Cosa si intende per retribuzione globale di fatto? **4.**
6. Cos'è il cottimo? **4.**
7. Il datore di lavoro o committente può provvedere al pagamento in contanti delle retribuzioni dei lavoratori o collaboratori? **4.**
8. Come accerta il giudice la retribuzione in assenza di contratto? **5.**
9. Cosa si intende per trattamento di fine rapporto e quando è esigibile? **6.**
10. Sono ammesse anticipazioni del trattamento di fine rapporto? **6.**
11. Quali sono le principali forme di retribuzione? **4.**
12. Il lavoratore può contestare la congruità della retribuzione? **5.**
13. Che rilevanza ha la retribuzione rispetto al trattamento di fine rapporto? **6.**
14. Il trattamento di fine rapporto che tipo di retribuzione è? **4.**
15. La contrattazione individuale può derogare quella collettiva in ordine alla retribuzione? **2.**
16. Che cosa è il patto di conglobamento? **3.**
17. Cosa si intende per postnumerazione? **4.**

SEZIONE V – DATORE DI LAVORO ED UTILIZZAZIONE DELLA PRESTAZIONE LAVORATIVA

SOMMARIO:
1. Ricostruzione della categoria. – 2. Distacco. – 3. Trasferimento d'azienda. – 3.1. I diritti del lavoratore. – 3.2. Il regime giuridico delle posizioni debitorie e creditorie. – 3.3. Il trasferimento dell'azienda in crisi. – 4. Divieto di interposizione fittizia di manodopera. – 4.1. Appalto. – 5. Somministrazione – 5.1. Il contratto di somministrazione e contratto di lavoro somministrato. – 5.2. Il rapporto di lavoro somministrato. – 6. La tutela del lavoratore illecitamente impiegato.

1. Ricostruzione della categoria.

Il modello produttivo caratterizzato dalla realizzazione del bene – servizio nell'ambito della medesima realtà aziendale riconducibile all'unico datore di lavoro, titolare del rapporto di lavoro, con l'evoluzione della realtà produttiva e dei modelli economici è stato affiancato da quello esternalizzato ove il datore di lavoro affida a terzi parte del ciclo produttivo (appalto) ovvero si avvale della manodopera altrui per la realizzazione del bene e/o servizio (somministrazione) ovvero decide di dismettere parte dell'azienda (cd. trasferimento del ramo d'azienda) o tutta l'azienda (trasferimento d'azienda) realizzando una modifica soggettiva del rapporto di lavoro ovvero metta a disposizione uno o più lavoratori in favore di altro datore di lavoro (distacco).
Tutti questi istituti giuridici, che saranno di seguito esaminati, hanno un minimo comune denominatore: l'unicità del datore di lavoro.

La necessità avvertita dal legislatore, come emerge anche dalla recente legislazione che ha riformato tali figure, è quella di garantire il lavoratore, parte debole del rapporto che potrebbe essere pregiudicato dalla labilità della figura datoriale.
Del resto, originariamente il legislatore non ha accolto con favore le ipotesi in cui l'esternalizzazione comportasse **l'imputazione del rapporto di lavoro ad un soggetto diverso dall'effettivo utilizzatore della prestazione lavorativa** proprio perché si temeva che tale meccanismo potesse tradursi in condotte elusive dei diritti e tutele previste a favore del lavoratore subordinato.
L'atteggiamento di chiusura può desumersi dal dato della legge 23 ottobre

1960, n. 1369 che vietava senza eccezioni **l'utilizzazione indiretta di manodopera**, col presidio di sanzioni civili e penali.

2. Distacco.

Il **distacco** è un'ipotesi di scissione tra il titolare del rapporto di lavoro e l'utilizzatore della prestazione lavorativa. Disciplinato dal D.lgs., 276/2003, il distacco è configurabile allorché *"un datore di lavoro, per soddisfare un proprio interesse, pone temporaneamente uno o più lavoratori a disposizione di un altro soggetto per l'esecuzione di una determinata attività lavorativa"* (art. 30). Condizioni per la **liceità** del distacco sono:

1. l'**interesse del distaccante**: deve trattarsi di un interesse imprenditoriale cioè funzionale alla produzione del risultato perseguito con riferimento alla natura dell'attività espletata;
2. la **temporaneità,** anche se la giurisprudenza ammette distacchi per periodi di tempo lunghi;
3. l'indicazione di **una determinata attività** che il lavoratore distaccato deve svolgere (il distacco non può pertanto ridursi alla generica messa a disposizione di manodopera). Anche se tale requisito non è espressamente richiesto si ritiene che esso sia indispensabile per fondare l'interesse del distaccante.

In ordine all'interesse il co. 4 ter dell'art. 30 ha introdotto una **presunzione legale dell'interesse al distacco** allorquando tra le imprese intercorra un **contratto di rete**, fatte salve le norme in materia di mobilità dei lavoratori di cui all'art. 2103 c.c. In tali ipotesi è ammessa la c.d. codatorialità cioè l'assunzione da parte di più datori di lavoro e l'esercizio del potere direttivo da parte di quest'ultimi. Qualora il distacco comporti un **mutamento sostanziale di mansioni**, necessita altresì del **consenso del lavoratore**; ove implichi il trasferimento ad un'unità produttiva distante più di **cinquanta chilometri** da quella di provenienza, sarà legittimo solo se supportato da comprovate **ragioni tecniche, organizzative, produttive o sostitutive** (art. 30, co. 3).

In ordine ai **diritti del lavoratore** va evidenziato che il **datore di lavoro distaccante** rimane responsabile del **trattamento economico, normativo e previdenziale** del lavoratore (art. 30 co. 2); il **distaccatario** risponde invece dell'adempimento degli **obblighi di sicurezza** ed esercita, di fatto, il potere direttivo.

CAPITOLO V | SVOLGIMENTO DEL RAPPORTO DI LAVORO

L'inosservanza delle condizioni di liceità, **sotto il profilo sanzionatorio**, comporta la possibilità per il distaccato di ottenere la costituzione del rapporto **direttamente in capo al soggetto che ha utilizzato la prestazione lavorativa (art. 30, co. 4 *bis*)**.
In caso **di distacco irregolare**, infatti, il distaccato, nei termini previsti per la proposizione dell'azione (art. 32 co. 4 lett. d. l. 183/2010 ergo 60+180 giorni dalla cessazione del distacco) potrà chiedere al giudice del lavoro l'accertamento della irregolarità del distacco e la costituzione del rapporto nei confronti dell'utilizzatore stesso.
Nel tentativo di rendere effettiva la libera circolazione delle persone e dei servizi **il D.lgs. 136/2016** ha dato attuazione alla dir. 2014/67/UE che ed ha regolato l'ipotesi in cui un'impresa estera distacchi un proprio lavoratore presso una sede sita in Italia ovvero presso un'altra impresa mantenendo sempre il rapporto di lavoro con il distaccato.
Al fine di valutare la **genuinità del distacco** sono presi in considerazione diversi indici:

1. il periodo lavorato in Italia deve essere predeterminato o determinabile;
2. la distaccante non deve limitarsi alla mera gestione del personale dipendente.

Al personale distaccato devono essere garantite condizioni di lavoro analoghe ed equivalenti a quelle offerte ai lavoratori nel luogo in cui si svolge la prestazione.

TI RICORDI CHE...

Il contratto di rete ai sensi dell'art. 3 d.l. 5/2009 conv. in l. 33/2009 è quel contratto con il quale più imprenditori perseguono lo scopo di accrescere, individualmente e collettivamente la capacità innovativa e la competitività sul mercato e, a tal fine, si obbligano, mediante un programma comune a collaborare in ambiti predeterminati attinenti all'esercizio dell'impresa ovvero a scambiarsi informazioni o prestazioni di natura industriale, commerciale, tecnica o tecnologica ovvero ad esercitare in comune una o più attività rientranti nell'oggetto dell'impresa.

3. Trasferimento d'azienda.

La titolarità dell'azienda e, con essa, dell'attività produttiva, ergo del complesso dei rapporti giuridici ivi ricompresi, può essere trasferita ad altro soggetto.
In tali ipotesi l'interesse del legislatore è stato quello di preservare la posizione giuridica del lavoratore, parte debole del rapporto, e di quel complesso di interessi vantati da quest'ultimo che potrebbe essere pregiudicato per i crediti pregressi e non soddisfatti nella vicenda successoria.
L'art. 2112 c.c., più volte modificato e da ultimo inciso dal D.lgs. 276/2003, definisce il trasferimento d'azienda come "**Qualsiasi operazione che, in seguito a cessione contrattuale o fusione, comporti il mutamento nella titolarità di un'attività economica organizzata, con o senza scopo di lucro, al fine della produzione e dello scambio di beni e servizi, preesistente al trasferimento e che conserva nel trasferimento la propria identità a prescindere dalla tipologia negoziale o del provvedimento sulla base dei quali il trasferimento è attuato, ivi compresi l'usufrutto o l'affitto d'azienda**".
L'azienda a cui fa riferimento l'art. 2112 c.c. non è solo quella codicisticamente considerata ai sensi dell'art. 2555 c.c., quale **complesso di beni organizzato** per l'esercizio dell'impresa, bensì qualsiasi "*attività economica organizzata*" includendo così anche la cessione di **attività** che sia organizzata per la produzione di beni e/o servizi. In altri termini rientra in tale nozione anche il trasferimento di componenti immateriali come il *know-how*.
La disciplina codicistica si applica anche al trasferimento di **ramo d'azienda**, cioè di una parte dell'azienda, intesa come "**articolazione funzionale autonoma**", come tale identificata da cedente e cessionario al momento dell'operazione (art. 2112 co. 5 c.c.). Per aversi **ramo d'azienda è necessario fare riferimento ad un complesso di beni dotato di autonomia funzionale ed è sufficiente che tale ramo sia identificato dalle parti al momento del trasferimento.**
Il negozio giuridico mediante il quale si realizza il trasferimento è generalmente la vendita ma l'art. 2112 c.c. vi equipara l'usufrutto e l'affitto di azienda.
Non vi sono prescrizioni di natura procedimentale ma se le parti interessate dalla cessione (cedente e cessionario) occupano più di **15 dipendenti** è prevista la garanzia procedurale della **consultazione sindacale** prevista e disciplinata dall'art. 47, l. 20 dicembre 1990, n. 428, finalizzata al controllo della vicenda circolatoria sotto il profilo delle conseguenze per i lavoratori.
La procedura prevede una **comunicazione informativa** alle rappresentanze sindacali unitarie, o aziendali, nonché alle associazioni sindacali di categoria

firmatarie del contratto collettivo applicato nelle imprese interessate al trasferimento, da inoltrare almeno **venticinque giorni prima** che sia perfezionata la cessione o sia raggiunta tra le parti l'intesa vincolante. La comunicazione deve indicare la data e le ragioni del programmato trasferimento d'azienda nonché le conseguenze economiche, sociali e giuridiche per i lavoratori.

Entro sette giorni dal ricevimento di suddetta informativa, le organizzazioni sindacali possono richiedere che si avvii un **esame congiunto** della situazione. La consultazione deve ritenersi esaurita qualora, decorsi dieci giorni, non sia raggiunto l'accordo (art. 47, co. 2), potendo comunque a quel punto procedersi al trasferimento.

Il mancato adempimento dei descritti obblighi procedurali costituisce **condotta antisindacale** ai sensi dell'art. 28, l. 20 maggio 1970, n. 300.

Tuttavia, l'eventuale decreto giudiziale di accertamento dell'antisindacalità del comportamento non può disporre – secondo la dottrina maggioritaria – l'annullamento della cessione.

3.1. I diritti del lavoratore.

Al fine di non pregiudicare la posizione del lavoratore il legislatore ha previsto che il rapporto di lavoro **prosegua alle dipendenze del cessionario,** senza necessità del consenso dei dipendenti (art. 2112 co. 1 c.c.). Si realizza, in altri termini, contrariamente a quanto accade nella cessione del contratto, una cessione legale del rapporto con subentro negli stessi senza soluzione di continuità.

Il lavoratore **può impugnare il trasferimento**, in particolare assumendo di non far parte del ramo d'azienda ceduto, o di esservi stato inserito in modo strumentale o discriminatorio, nel termine perentorio prescritto per l'impugnazione dei licenziamenti (60 + 180 - art. 32, co. 4, l. 4 novembre 2010, n. 183).

Derivato della prosecuzione del rapporto di lavoro è la **conservazione di tutti i diritti** già maturati alle dipendenze del cedente (art. 2112, co. 1).

La conservazione dei diritti già maturati **non comporta**, tuttavia, **l'immutabilità futura del rapporto** atteso che, ai **sensi del comma 3**, il lavoratore ceduto "**ha diritto a vedersi applicati, fino alla loro scadenza, i contratti collettivi (nazionali, territoriali e aziendali) vigenti alla data del trasferimento**", la regola non si applica nel caso in cui vi siano altri contratti collettivi applicabili all'impresa cessionaria, che sostituiscono immediatamente i contratti precedentemente applicati: se cioè al nuovo datore di lavoro è applicabile un contratto collettivo che prevede un trattamento economico di minor favore, il lavoratore sarà tenuto a sopportare per il futuro una riduzione della retribuzione.

È possibile, in tal caso, che per effetto di accordi aziendali vi sia la conservazione delle garanzie contrattuali della contrattazione collettiva.
La cessione ex lege del rapporto comporta il divieto di licenziamento. Ai sensi del **comma 4 dell'art. 2112** c.c. "**il trasferimento non costituisce ex se motivo di licenziamento**".
Qualora, tuttavia, le **condizioni di lavoro** subiscano una **sostanziale modifica** nei tre mesi successivi la cessione, il lavoratore potrà rassegnare le dimissioni con gli effetti del recesso per giusta causa – ossia senza preavviso e con diritto alla relativa indennità sostitutiva (art. 2112 co. 4 c.c.).

3.2. Il regime giuridico delle posizioni debitorie e creditorie.

Garanzia per il lavoratore è la previsione della **responsabilità solidale** tra cedente e cessionario per i crediti maturati dal lavoratore al momento del trasferimento. Ai sensi del comma 2 dell'art. 2112 c.c. "*il cedente ed il cessionario sono obbligati, in solido, per tutti i crediti che il lavoratore aveva al tempo del trasferimento*". La responsabilità solidale **è limitata ai crediti sorti e maturati anteriormente al trasferimento nel caso di prosecuzione del rapporto di lavoro**. Nel caso in cui il rapporto di lavoro sia cessato, secondo la giurisprudenza maggioritaria, il cessionario non è obbligato per i crediti sorti anteriormente (cfr. Cass., 29 marzo 2010, sent. n. 7517).
Nel caso del pagamento del trattamento di fine rapporto secondo la giurisprudenza di legittimità il cedente è **obbligato in solido con il cessionario esclusivamente per la quota maturata prima del trasferimento ferma l'esigibilità di tale credito solo al momento della cessazione del rapporto di lavoro**.
Il capoverso del comma 2 dell'art. 2112 c.c. contempla la possibilità per il cedente di liberarsi dalle obbligazioni derivanti dal rapporto di lavoro, attraverso gli strumenti di cui agli artt. 410 e 411 c.p.c., ovvero attraverso la sottoscrizione di un accordo in sede sindacale ovvero in sede di ITL.

3.3. Il trasferimento dell'azienda in crisi.

La disciplina del trasferimento nel caso di impresa in crisi era contenuta nell'art. 47 co. 4 *bis* della legge 428/90, derogatorio in tutto o in parte della disciplina dell'art. 2112 c.c.
Per effetto del D.lgs. n. 14 del 2019, Codice della crisi e dell'insolvenza, la regolamentazione del trasferimento nel caso di crisi d'impresa è stata, sostanzialmente, riscritta.
Ricordiamo che la nuova disciplina è entrata in vigore a partire dal settembre

del 2021 per cui sino ad agosto 2021 è stato applicato il vecchio regime di cui all'art. 47 co. 4 bis della l. 428/90 che prevede l'applicazione dell'art. 2112 c.c. con i limiti individuati in sede di accordo sindacale nel caso in cui:

1. sia stato accertato lo **stato di crisi aziendale** ai sensi dell'art. 2, co. 5, lett. c), l. 12 agosto 1977, n. 675,
2. sia disposta l'**amministrazione straordinaria**, con continuazione o mancata cessazione dell'attività,
3. ovvero per le imprese per le quali: sia stata dichiarata l'apertura della procedura di **concordato preventivo**,
4. vi sia stata l'**omologazione** dell'**accordo di ristrutturazione** dei debiti.

La ratio della previsione risiede nel tentativo di agevolare la situazione di crisi aziendale favorendone la circolazione.
Vi è, quindi, continuità del rapporto di lavoro ma non già le condizioni di lavoro che, secondo un orientamento giurisprudenziale posso essere modificate, purché non siano incise quelle di fonte legale.
Ai sensi del comma 5 art. 47, invece, l'art. 2112 c.c. **non trova applicazione** per i lavoratori il cui rapporto di lavoro continui rispetto al cessionario, salvo che dall'accordo collettivo in merito al mantenimento dell'occupazione risultino condizioni di miglior favore, se il trasferimento attiene invece ad aziende nei confronti delle quali vi sia stata:

1. dichiarazione di **fallimento,**
2. **omologazione di concordato preventivo** consistente nella cessione dei beni,
3. emanazione del provvedimento di **liquidazione coatta amministrativa** ovvero di sottoposizione all'**amministrazione straordinaria,** nel caso in cui la continuazione dell'attività non sia stata disposta o sia cessata.

Ai lavoratori che non passano alle dipendenze del cessionario è garantito un **diritto di precedenza** nelle assunzioni che quest'ultimo effettui entro un anno dal trasferimento o entro il maggior periodo stabilito dalla contrattazione collettiva (art. 47, co. 6). In caso di **nuova assunzione** da parte del cessionario, a seguito dell'esercizio del diritto di precedenza, non si applicano le tutele previste dall'art. 2112 c.c.
Gli art. 191 e 368 del D.lgs. 14/2019, in vigore, per effetto del differimento

dal **15 luglio 2022** (d.l. n. 36 del 30 aprile 2022) hanno sostanzialmente riscritto la disciplina. In particolare, nel caso di procedure liquidative poiché lo scopo ultimo è garantire la soddisfazione dei creditori sono ammessi accordi collettivi, sottoscritti da soggetti sindacali aventi i requisiti di cui all'art. 51 D.lgs. 81/2015, derogatori dei commi 1,3, e 4 dell'art. 2112 c.c. cioè di accordi non finalizzati a garantire la salvaguardia dei livelli occupazionali. Nel caso in cui siano sottoscritti accordi individuali, essi devono essere siglati nelle sedi protette di cui all'art. 2113 c.c. Non opera, invece, il principio della responsabilità solidale tra cedente e cessionario di cui al co. 2 dell'art. 2112 c.c.

Possiamo, quindi, ritenere che per le procedure liquidative c'è una sostanziale disapplicazione del regime di cui all'art. 2112 c.c.

Nel caso, invece, di procedure volte a preservare la continuità aziendale, come ad esempio il concordato preventivo, vi sarà garanzia del mantenimento occupazionale ma possibilità di derogare gli altri profili dell'art. 2112 c.c.

4. Divieto di interposizione fittizia di manodopera.

Come innanzi evidenziato il legislatore nel corso degli anni '60 ha manifestato un sostanziale sfavore per i fenomeni di decentramento produttivo ritenendo gli stessi fonte di sfruttamento della manodopera e pregiudizievoli per le garanzie dei lavoratori.

Tale contrarietà era stata normata con l'art. 1 della l. 1369/60 (oggi abrogata) che prevedeva il **divieto di interposizione di manodopera nelle prestazioni di lavoro**. In altri termini vigeva il divieto per il datore di lavoro di affidare in appalto o subappalto **mere prestazioni di lavoro**. La giurisprudenza di legittimità assumeva quale criterio cardine per l'esclusione della fraudolenza la presenza di un'adeguata organizzazione di mezzi e la conseguente assunzione del rischio d'impresa. Con la conseguenza che l'appalto **si presumeva illecito** se l'impresa appaltatrice utilizzava "macchine, capitali e attrezzature" appartenenti all'impresa appaltante.

Con la l. 196/1997 si è avuta una prima apertura verso la fornitura di manodopera che è stata prevista ma solo in forma temporanea e secondo le condizioni imposte dal legislatore.

In entrambi i casi la sanzione prevista era la costituzione del rapporto di lavoro alle dipendenze dell'utilizzatore.

Con il D.lgs. 276/2003 si è avuta l'abrogazione delle leggi del 1960 e del 1997 e la riscrittura dell'intera normativa. È mutata, infatti, la prospettiva atteso che se in precedenza il decentramento produttivo costituiva una sorta di eccezione ora, viceversa, vi è una generale autorizzazione sia pure con i limiti e alle condizioni che saranno di seguito esaminate nella illustrazione della disciplina dell'appalto e della somministrazione che ne costituiscono l'estrinsecazione.

4.1. Appalto.

L'art. 1655 c.c. definisce l'appalto come il contratto "col quale una parte assume, con organizzazione dei mezzi necessari e con gestione a proprio rischio, il compimento di un'opera o di un servizio verso un corrispettivo in danaro". Si tratta di uno strumento negoziale utile (anche) per organizzare le relazioni commerciali tra imprese, allorché una di esse decida di circoscrivere la sua attività e i relativi investimenti al "core business" – con connessa possibilità di attingere nel settore d'elezione elevati livelli di specializzazione – demandando ad aziende terze la realizzazione dei beni o servizi necessari allo svolgimento del ciclo produttivo principale, piuttosto che dedicarsi essa stessa all'autoproduzione.

Il legislatore del 2003 ha fissato **nuovi parametri identificativi dell'appalto genuino** rispetto ad accordi negoziali volti a dissimulare la mera fornitura (illecita) di manodopera in violazione del divieto di interposizione posto dalla legge. Nel vigore della L. n. 1369/1960, infatti, i requisiti essenziali dell'appalto erano individuati nella presenza, in capo all'appaltatore, di un'adeguata organizzazione di mezzi, e nell'assunzione del rischio d'impresa.

L'art. 1 della legge citata, in particolare, conteneva **una presunzione di illegittimità dell'appalto** qualora l'apporto dei mezzi materiali necessari all'esecuzione dell'appalto (macchinari, capitali, attrezzature) provenisse dall'appaltante.

L'identificazione del requisito dell'autonomia organizzativa, previsto dall'art. 1655 c.c., con la titolarità dei mezzi necessari all'esecuzione dell'appalto, rendeva tuttavia arduo l'accertamento della genuinità dell'operazione negoziale in presenza di appalti c.d. "labour intensive", caratterizzati cioè dal peso preponderante del lavoro sui mezzi materiali impiegati, considerato anche che l'ulteriore requisito previsto dall'art. 1655 c.c., e cioè l'assunzione del rischio di impresa, non è agevolmente verificabile in concreto.

L'art. 29, comma 1, del D.lgs. n. 276/2003 ha innovato, come si è detto, la previgente disciplina e prevede attualmente che "il contratto di appalto, stipulato e regolamentato ai sensi dell'art. 1655 del codice civile, si distingue dalla somministrazione di lavoro per la organizzazione dei mezzi necessari da parte dell'appaltatore, che può anche risultare, in relazione alle esigenze dell'opera o del servizio dedotti in contratto, dall'esercizio del

potere organizzativo e direttivo nei confronti dei lavoratori utilizzati nell'appalto".
Rispetto al requisito dell'organizzazione, dunque, la norma precisa la portata semantica dell'art. 1655 c.c. nel senso che – in presenza di appalti leggeri, nei quali cioè l'attività si risolve prevalentemente nel lavoro – l'autonomia organizzativa possa risultare essenzialmente dall'esercizio del potere direttivo, disciplinare e di controllo nei confronti dei lavoratori utilizzati: in altri termini, **se l'esercizio dei poteri tipici del datore di lavoro promana in via esclusiva o promiscua dal committente piuttosto che dall'appaltatore, può ritenersi accertata in concreto l'illecita somministrazione di manodopera**.

Quanto al **requisito dell'assunzione del rischio di impresa**, nonostante si tratti – come si è detto – di un requisito di difficile verifica in concreto, in alcuni casi è però agevolmente verificabile la sua mancanza, e cioè quando il **prezzo dell'appalto** è pattuito in misura variabile in funzione del costo della manodopera (ad esempio mediante clausole contrattuali che prevedano una revisione del prezzo dell'appalto in caso di rinnovo del contratto collettivo applicato ai lavoratori impiegati nelle attività appaltate).

Sotto il secondo profilo inizialmente evidenziato, e cioè quello della tutela dei diritti retributivi e previdenziali dei lavoratori impiegati nell'appalto, **l'art. 29, co. 2 del D.lgs. n. 276/2003 (come modificato, da ultimo, dal DL n. 25/2017), dispone che "in caso di appalto di opere e servizi il committente imprenditore o datore di lavoro è obbligato in solido con l'appaltatore, nonché con ciascuno degli eventuali ulteriori subappaltatori, entro il limite di due anni dalla cessazione dell'appalto, a corrispondere ai lavoratori i trattamenti retributivi, comprese le quote di trattamento di fine rapporto, nonché i contributi previdenziali e i premi assicurativi dovuti in relazione al periodo di esecuzione del contratto di appalto"**. Sono assoggettati al regime della responsabilità solidale anche: il credito per danno biologico patito dal lavoratore dipendente di appaltatori come conseguenza di eventi lesivi della sua salute, e non indennizzati dall'INAIL (art. 26, co. 4, D.lgs. n. 81/2008).
Il committente che ha eseguito il pagamento è tenuto ad assolvere, ove previsto, gli obblighi del sostituto di imposta ai sensi del DPR n. 600/1973 e può agire in via di regresso nei confronti dell'obbligato solidale.
La responsabilità non trova applicazione nei riguardi delle pubbliche amministrazioni (*ex* art. 9, comma 1 del D.L. n. 76/2013) e neppure, ex art. 29 co. 3-ter del D.lgs. n. 276/2003, qualora il committente sia una persona fisica che non esercita attività di impresa o professionale.

Il regime del lavoro negli appalti è infine presidiato da **un trattamento sanzionatorio molto incisivo** ove siano accertati fenomeni interpositori: l'art. 29, co. 3-bis dispone che nel caso di contratto di appalto stipulato in violazione dei requisiti di cui all'art. 29, co.1, il lavoratore può richiedere, con ricorso al giudice del lavoro notificato anche soltanto al soggetto che ne ha utilizzato la prestazione, **la costituzione di un rapporto di lavoro subordinato alle dipendenze di quest'ultimo**.

5. Somministrazione.

La somministrazione di lavoro è una forma di appalto di manodopera lecita, purché avvenga nel rispetto delle condizioni formali e sostanziali stabilite dalla legge.
Ad un originario disfavore verso l'istituto dell'utilizzazione indiretta di manodopera, come innanzi esaminato, che si traduceva nel divieto senza eccezioni espresso nella L. n. 1369/1960, è seguita infatti una progressiva apertura del legislatore dapprima verso la fornitura di lavoro temporaneo (con la L. n. 196/1997) e, quindi, anche rispetto allo "staff leasing" o somministrazione di lavoro a tempo indeterminato, introdotta con il D.lgs. n. 276/2003. Ulteriori spinte nel senso di una liberalizzazione dell'istituto sono riconducibili dal c.d. Decreto Poletti (L. n. 78/2014) che ha abolito il requisito della causale giustificatrice nella somministrazione a termine, e al D.lgs. n. 81/2015 che, nel testo originario, aveva esteso **l'acausalità anche alla somministrazione a tempo indeterminato**. Una brusca inversione di tendenza si è registrata con **l'entrata in vigore del D.L. n. 87/2018 conv. in l. 96/2018** che ha esteso all'istituto della somministrazione gli stessi limiti posti al contratto a termine (necessità della causale giustificativa dopo 12 mesi o comunque in caso di rinnovo; soglia massima di durata pari a 24 mesi), nell'ambito di un generale irrigidimento rispetto all'impiego di tipologie di lavoro flessibile.
La disciplina della somministrazione risulta dunque, **attualmente, dal D.lgs. n. 81/2015 (artt. 30-40) come modificato dal D.L. n. 87/2018, conv. in l. 96/2018**.
Quando si parla di somministrazione è opportuno evidenziare che essa costituisce la risultante di **due negozi giuridici tra loro collegati:**

1. **il contratto di somministrazione** stipulato tra l'agenzia di somministrazione e l'utilizzatore (che può essere a tempo determinato o indeterminato) e
2. **il contratto di lavoro somministrato** (concluso tra l'agenzia di

somministrazione e uno o più lavoratori somministrati), **in forza del quale "per tutta la durata della missione i lavoratori svolgono la propria attività nell'interesse e sotto la direzione e il controllo dell'utilizzatore", secondo la definizione dell'art. 30 del D.lgs. n. 81/2015.**

5.1. Il contratto di somministrazione e contratto di lavoro somministrato.

Il primo requisito di legittimità del contratto di somministrazione di lavoro è che il somministratore sia un'impresa iscritta all'apposito albo costituito presso il Ministero del Lavoro, in quanto autorizzata allo svolgimento a tempo determinato e/o indeterminato di tale attività in presenza dei requisiti soggettivi e oggettivi e nel rispetto della procedura di cui agli artt. 4 e 5 del D.lgs. n. 276/2003 (art. 30).

In ordine alla **causale del contratto di somministrazione** va precisato che la l. 78/2014 l'aveva contemplata esclusivamente per la somministrazione a tempo indeterminato, il D.lgs. 81/2015 l'aveva abrogata, scelta confermata dal d.l. 87/2018 conv. in l. 96/2018 (che l'ha reintrodotta per il contratto di lavoro somministrato).

L'acausalità non comporta, tuttavia, l'assenza di limiti atteso che sia la somministrazione a tempo indeterminato che quella a termine sono soggette ai **limiti quantitativi all'impiego** fissati **nell'art. 31 del D.lgs. n. 81/2015**.

Nel contratto di somministrazione di lavoro a tempo indeterminato, il numero dei lavoratori somministrati non può eccedere il 20% del numero dei lavoratori a tempo indeterminato in forza presso l'utilizzatore al 1° gennaio dell'anno di stipula del predetto contratto, con un arrotondamento del decimale all'unità superiore qualora esso sia eguale o superiore a 0,5. Nel caso di inizio dell'attività nel corso dell'anno, il limite percentuale si computa sul numero dei lavoratori a tempo indeterminato in forza al momento della stipula del contratto di somministrazione di lavoro a tempo indeterminato.

Possono essere somministrati a tempo indeterminato esclusivamente i lavoratori assunti dal somministratore a tempo indeterminato.

Nel caso di somministrazione a termine, il D.L. n. 87/2018, come modificato con L. n. 96/2018, ha introdotto il limite quantitativo del 30% – salve diverse previsioni dei contratti collettivi applicati dall'utilizzatore – al raggiungimento della quale però i lavoratori somministrati a termine concorrono unitamente ai lavoratori assunti a termine *tout court* ai quali si applica, al contempo, il tetto massimo del 20% specificamente previsto per le assunzioni a tempo determinato (art. 31, co. 2).

È esente da limiti quantitativi la somministrazione a tempo determinato di lavoratori di cui all'art. 8, co. 2, della L. n. 223/1991, di soggetti disoccupati che godono da almeno sei mesi di trattamenti di disoccupazione non agricola o di ammortizzatori sociali e di lavoratori svantaggiati o molto svantaggiati ai sensi dei numeri 4) e 99) dell'art. 2 del Reg. UE n. 651/2014 della Commissione, del 17.6.2014, come individuati con decreto del Ministro del lavoro e delle politiche sociali. (art. 32 co. 2).
Ai sensi del co. 4 dell'art. 31, la disciplina della somministrazione a tempo indeterminato non trova applicazione nei confronti delle pubbliche amministrazioni.
Per la conclusione del contratto di somministrazione è prescritta la forma scritta a pena di nullità, nonché l'indicazione degli elementi di cui al primo comma dell'art. 33 segnatamente: il numero dei lavoratori da somministrare e la durata prevista della somministrazione di lavoro, il luogo, l'orario e il trattamento economico e normativo dei lavoratori nonché le mansioni alle quali saranno adibiti.
All'atto della stipula contratto di somministrazione, l'utilizzatore assume inoltre l'obbligo di comunicare al somministratore il trattamento economico e normativo applicabile ai lavoratori suoi dipendenti che svolgono le medesime mansioni dei lavoratori da somministrare, e a rimborsare al somministratore gli oneri retributivi e previdenziali da questo effettivamente sostenuti a favore dei lavoratori.
Ai sensi del terzo comma dell'art. 33, infine, è prescritto che al più tardi all'atto dell'invio in missione presso l'utilizzatore, il somministratore comunichi per iscritto al lavoratore le suddette informazioni, nonché la data di inizio e la prevedibile durata della missione.
Il D.lgs. 27 giugno 2022, n. 104 ha disposto (con l'art. 16, comma 1) che "Le disposizioni di cui al presente **decreto** si applicano a tutti i rapporti di lavoro già instaurati alla data del 1° agosto 2022". In altri termini il c.d. decreto Trasparenza che disciplina il diritto all'informazione sugli elementi essenziali del rapporto di lavoro e sulle condizioni di lavoro subordinato, ha esteso il suo ambito operativo statuendo che gli obblighi informativi gravanti sul datore di lavoro devono essere estese anche ai lavoratori impiegati con tipologie contrattuali atipiche.
Il **contratto di somministrazione è vietato, ai sensi dell'art. 32 cit. D.lgs.:**
1. per la sostituzione dei lavoratori in sciopero;
2. presso unità produttive nelle quali si è proceduto, entro i sei mesi precedenti, a licenziamenti collettivi che hanno riguardato lavoratori adibiti alle stesse mansioni cui si riferisce il contratto di somministrazione

di lavoro, salvo il caso del contratto concluso per la sostituzione di lavoratori assenti o con durata iniziale non superiore a tre mesi;
3. presso unità produttive nelle quali sono operanti una sospensione del lavoro o una riduzione dell'orario in regime di Cassa integrazione guadagni, che interessano lavoratori adibiti alle stesse mansioni cui si riferisce il contratto di somministrazione di lavoro;
4. da parte di datori di lavoro che non abbiano effettuato la valutazione dei rischi in applicazione della normativa di tutela della salute della sicurezza dei lavoratori.

Dal contratto di somministrazione si distingue il **contratto di lavoro somministrato che intercorre tra il lavoratore e l'agenzia di somministrazione. Tale contratto può essere a tempo indeterminato (art. 34 co. 1 cit. D.lgs.) ovvero a tempo determinato (art. 34 co. 2 primo periodo).**
Nel primo caso, il lavoratore somministrato può essere destinato **a più missioni successive** e, negli intervalli di inattività tra l'una e l'altra, percepisce **un'indennità di disponibilità** nella misura fissata dal contratto collettivo applicabile alle imprese di somministrazione.
Nel caso in cui il rapporto di lavoro somministrato sia instaurato a termine, si applicherà il regime del contratto a tempo determinato, **fatta eccezione** per le regole in tema di intervalli tra un rinnovo contrattuale e l'altro, limite percentuale del 20% e diritti del lavoratore già assunto a termine.
L'acausalità è pertanto circoscritta ai primi dodici mesi e, per il periodo successivo, è necessario che sussistano (rispetto all'impresa utilizzatrice) e siano indicate nel contratto, le esigenze aziendali prescritte con riguardo al contratto a termine; per la proroga è prescritta la causale al superamento della durata contrattuale di 12 mesi, fermo comunque il limite delle quattro proroghe; il rinnovo è sempre causale e il limite massimo di durata del rapporto è fissato in 24 mesi.
L'art. 34 co. 3 primo periodo prevede che "in *caso di somministrazione, il prestatore di lavoro non è computato nell'organico dell'utilizzatore ai fini dell'applicazione delle normative di legge o di contratto collettivo, eccetto quelle relative all'igiene e alla sicurezza sul lavoro*". Tale previsione ha quale scopo quella di incentivare il contratto di lavoro somministrato.

5.2. Il rapporto di lavoro somministrato.

La scissione tra titolarità formale e sostanziale del rapporto di lavoro è evidente nel caso del rapporto di somministrazione atteso che ai sensi dell'art. 30

i lavoratori svolgono la loro attività nell'interesse e sotto la direzione e il controllo dell'utilizzatore.
L'**utilizzatore** ha, quindi, il potere di specificare e modificare le mansioni anche al di là di quelle previste espressamente nel contrato, purché entro i limiti tracciati allo *ius variandi* ex art. 2103 c.c. Nel caso in cui l'utilizzatore intenda invece adibire il lavoratore somministrato allo svolgimento di mansioni inferiori o superiori a quelle previste nel contratto, deve darne immediata comunicazione scritta al somministratore e consegnarne copia al lavoratore, rimanendo in caso contrario obbligato in via esclusiva verso il lavoratore al risarcimento del danno, nel caso di assegnazione a mansioni inferiori, e al pagamento delle corrispondenti differenze retributive nel caso di assegnazione a mansioni superiori (art. 35 cit. D.lgs.). L'utilizzatore risponde altresì nei confronti dei terzi dei danni a essi arrecati dal lavoratore nello svolgimento delle sue mansioni.

Il profilo formale della titolarità del rapporto riemerge nell'esercizio del **potere disciplinare**, che è riservato al s**omministratore** (art. 35, comma 6), essendo a tal fine previsto che l'utilizzatore comunichi "al somministratore gli elementi che formeranno oggetto della contestazione ai sensi dell'art. 7 della legge n. 300 del 1970". Il somministratore, nei casi di lavoratori assunti a tempo indeterminato può anche procedere al licenziamento per giustificato motivo oggettivo ovvero a licenziamento collettivo.

Compete al **somministratore** – quale datore di lavoro – anche **l'obbligo retributivo**, determinato sulla base del CCNL applicato dall'utilizzatore.

Ai sensi dell'art. **35 comma 1** è previsto che per tutta la durata della missione presso l'utilizzatore, i lavoratori somministrati hanno diritto, a parità di mansioni svolte, "**a condizioni economiche e normative complessivamente non inferiori a quelle dei dipendenti di pari livello dell'utilizzatore**".

La regola della **parità di trattamento è derogabile** solo rispetto alla retribuzione variabile, cioè alle "erogazioni economiche correlate ai risultati conseguiti nella realizzazione di programmi concordati tra le parti o collegati all'andamento economico dell'impresa", per la quale l'art. 35 comma 3 prevede che "i contratti collettivi applicati dall'utilizzatore stabiliscono modalità e criteri per la determinazione e corresponsione".

A presidio delle ragioni di credito del lavoratore, è prevista **la responsabilità solidale** dell'**utilizzatore** sia per la corresponsione al lavoratore **dei trattamenti retributivi che per il versamento dei relativi contributi previdenziali**, salvo il diritto di rivalsa verso il somministratore (art. 35 co. 2).

Gli **obblighi di prevenzione e protezione** cui l'utilizzatore è tenuto rispetto ai propri dipendenti, lo impegnano ovviamente anche rispetto ai lavoratori somministrati, e tuttavia compete al **somministratore** l'obbligo di informare i lavoratori suoi dipendenti sui rischi per la sicurezza e la salute connessi alle attività produttive di formarli e addestrarli all'uso delle attrezzature di lavoro necessarie allo svolgimento dell'attività lavorativa per la quale essi vengono assunti.

Infine, è sancita la **nullità d**i "ogni clausola diretta a limitare, anche indirettamente, la facoltà dell'utilizzatore di assumere il lavoratore al termine della sua missione", salva l'ipotesi in cui al lavoratore sia corrisposta un'adeguata indennità, secondo quanto stabilito dal contratto collettivo applicabile al somministratore (art. 35 co. 8).

Per quanto riguarda la **tutela previdenziale** dei lavoratori somministrati, va detto in primo luogo che la relativa disciplina esprime **una deviazione rispetto al principio della parità di trattamento tra lavoratori interni ed esterni**: ai sensi dell'art. 37, primo comma è infatti previsto che – qualunque sia il CCNL applicabile ai dipendenti dell'utilizzatore – gli oneri contributivi, previdenziali, assicurativi ed assistenziali sono a carico del somministratore che, ai sensi e per gli effetti di cui all'art. 49 della legge 9 marzo 1989 n. 88, è inquadrato nel settore terziario. Le aliquote contributive da applicare sono pertanto quelle previste per tale settore.

L'indennità di disponibilità è assoggettata a contribuzione previdenziale per il suo effettivo ammontare, in deroga alle norme sul minimale contributivo.

Gli oneri relativi all'assicurazione INAIL sono calcolati in relazione al tipo e al rischio delle lavorazioni svolte, secondo i parametri indicati al terzo comma dell'art. 37 D.lgs. n. 81/2015.

Al lavoratore somministrato spetta il **trattamento di malattia**, consistente in un'integrazione a carico dell'INPS, al cui pagamento è però tenuto il datore di lavoro, di importo variabile a seconda che il lavoratore si ammali durante la missione o durante i periodi di disponibilità. Nel primo caso, sia il lavoratore somministrato a termine che a tempo indeterminato hanno diritto ad un'integrazione utile al raggiungimento di una somma pari al 100% della retribuzione giornaliera netta per i primi tre giorni di malattia, pari al 75% dal 4° al 20° giorno e, dal 21° giorno in avanti, pari al 100% della retribuzione giornaliera netta cui il lavoratore avrebbe avuto diritto in caso di normale svolgimento del rapporto.

Nel secondo caso, nei limiti del suo diritto alla conservazione del posto di lavoro, il lavoratore somministrato avrà diritto all'indennità di disponibilità contrattualmente prevista.

Al lavoratore somministrato compete inoltre l'indennità prevista per il **caso di infortunio**, nel caso quindi di assenza derivante da inabilità temporanea assoluta. Il primo giorno è a totale carico del datore di lavoro, mentre per i giorni a seguire l'agenzia di somministrazione provvederà al pagamento di un'integrazione dell'indennità corrisposta dall'INAIL, in misura utile al raggiungimento del 100% della retribuzione netta cui il lavoratore avrebbe avuto diritto in caso di normale svolgimento dell'attività lavorativa.

L'**assegno per il nucleo familia**re compete ai lavoratori somministrati alle stesse condizioni previste per i lavoratori dipendenti (effettivo svolgimento della prestazione lavorativa o eventi indennizzati).

Il **trattamento di maternità** è disciplinato diversamente rispetto alle lavoratrici somministrate a tempo indeterminato o a termine. Nel primo caso, compete durante il periodo di maternità anticipata e obbligatoria lo stesso trattamento previsto dal CCNL applicato dall'utilizzatore, anche nel caso in cui l'astensione prosegua oltre il termine della missione. Nel secondo caso, ove la missione cessi nell'arco dei primi 180 giorni della gravidanza, è corrisposto alla lavoratrice un assegno una tantum di importo pari ad €2800 a carico di EBITEMP (art. 14 CCNL e 15 lett. a) Ipotesi accordo Rinnovo CCNL).

Ai lavoratori somministrati compete **l'indennità di disoccupazione** nel caso di cessazione involontaria del rapporto di lavoro, ma non nel caso di sospensione – retribuita o meno – dell'attività lavorativa.

Non competono ai lavoratori somministrati le integrazioni salariali, non essendone destinatarie le agenzie di somministrazione. Essi, pertanto, possono accedere soltanto ai trattamenti in deroga oppure a quelli erogati da fondi di solidarietà.

In ordine, infine, alle **tutele sindacali** è opportuno precisare che al lavoratore somministrato, così come statuito dall'art. 36 co.1 cit. D.lgs., si applicano le tutele di cui al Titolo III della l. 300/70 ed il lavoratore somministrato può esercitare i diritti sindacali presso l'utilizzatore. L'utilizzatore è obbligato, annualmente, ad informare le RSU o RSA ovvero gli organismi territoriali di categoria in ordine al numero dei contratti di somministrazione conclusi, alla durata degli stessi, al numero e qualifica dei lavoratori interessati.

6. La tutela del lavoratore illecitamente impiegato.

Il lavoratore impiegato fraudolentemente cioè nell'ambito di un appalto non genuino ovvero nel caso di somministrazione irregolare ha la possibilità di azionare le tutele che all'uopo l'ordinamento ha predisposto. Il sistema sanzionatorio non è unico per cui è opportuno differenziare le ipotesi.

In caso di **appalto non genuino**, cioè stipulato in violazione dell'art. 29 co.1, come innanzi è già stato evidenziato, il lavoratore ha la possibilità di richiedere

la costituzione del rapporto di lavoro nei confronti dell'utilizzatore stesso proponendo ricorso innanzi al giudice del lavoro (art. 29, co. 3-bis cit. D.lgs.).
Nel caso di somministrazione la relazione trilaterale impone un distinguo in ordine al rapporto viziato.
Se il vizio attiene al contratto di lavoro somministrato (quello cioè intercorrente tra l'agenzia di somministrazione e il lavoratore) ed involga, nel caso di contratto a termine uno dei vizi causali propri dello stesso, il contratto è convertito in contratto a tempo indeterminato senza ripercussioni, tuttavia, sulla sfera dell'utilizzatore, estraneo alla vicenda negoziale.
Se la somministrazione è irregolare ai sensi dell'art. 38 D.lgs. 81 del 2015 ovvero quando è avvenuta in violazione dei limiti quantitativi, nelle ipotesi vietate di somministrazione, quando il contratto di somministrazione è privo della forma scritta, quando la somministrazione è effettuata al di fuori dei termini temporali previsti nel contratto, il lavoratore agisce per ottenere la costituzione del rapporto nei confronti dell'utilizzatore.
Ai sensi dell'art. 39 l'azione può essere proposta dal lavoratore nel termine previsto per l'impugnativa di licenziamento (60 + 180 giorni dalla cessazione dell'attività presso l'utilizzatore) ed è volta al riconoscimento della costituzione del rapporto nei confronti dell'utilizzatore.
Unitamente all'accoglimento della domanda la disposizione prevede il riconoscimento di una somma pari ad un'indennità omnicomprensiva ricompresa tra un minimo di 2,5 ed un massimo di 12 mensilità.
Va precisato che tutte le somme erogate dal somministratore producono effetti liberatori nei confronti dell'utilizzatore e gli atti compiuti/ricevuti dal somministratore sono efficaci nei confronti dell'utilizzatore.
Al di là della rilevanza delle sanzioni amministrative va evidenziato che con l'art. 630 *bis* c.p. è stato introdotto il reato di **sfruttamento del lavoro**", secondo cui "Salvo che il fatto costituisca più grave reato, è punito con la reclusione da uno a sei anni e con la multa da 500 a 1.000 euro per ciascun lavoratore reclutato, chiunque: 1) recluta manodopera allo scopo di destinarla al lavoro presso terzi in condizioni di sfruttamento, approfittando dello stato di bisogno dei lavoratori; 2) utilizza, assume o impiega manodopera, anche mediante l'attività di intermediazione di cui al numero 1) sottoponendo i lavoratori a condizioni di sfruttamento ed approfittando del loro stato di bisogno. Se i fatti sono commessi mediante violenza o minaccia, si applica la pena della reclusione da cinque a otto anni e la multa da 1.000 a 2.000 euro per ciascun lavoratore reclutato. Ai fini del presente articolo, costituisce indice di sfruttamento la sussistenza di una o più delle seguenti condizioni: 1) la reiterata

corresponsione di retribuzioni in modo palesemente difforme dai contratti collettivi nazionali o territoriali stipulati dalle organizzazioni sindacali più rappresentative a livello nazionale, o comunque sproporzionato rispetto alla quantità e qualità del lavoro prestato; 2) la reiterata violazione della normativa relativa all'orario di lavoro, ai periodi di riposo, al riposo settimanale, all'aspettativa obbligatoria, alle ferie; 3) la sussistenza di violazioni delle norme in materia di sicurezza e igiene nei luoghi di lavoro; 4) la sottoposizione del lavoratore a condizioni di lavoro, a metodi di sorveglianza o a situazioni alloggiative degradanti. Costituiscono aggravante specifica e comportano l'aumento della pena da un terzo alla metà: 1) il fatto che il numero di lavoratori reclutati sia superiore a tre; 2) il fatto che uno o più dei soggetti reclutati siano minori in età non lavorativa; 3) l'aver commesso il fatto esponendo i lavoratori sfruttati a situazioni di grave pericolo, avuto riguardo alle caratteristiche delle prestazioni da svolgere e delle condizioni di lavoro".

Il nuovo reato di intermediazione illecita e sfruttamento del lavoro prevede delle condotte che prescindono dalla minaccia e dalla violenza (così come previsto dalla precedente normativa) e che ora consistono in una un'attività di intermediazione organizzata, posta in essere mediante il reclutamento della manodopera ovvero l'organizzazione dell'attività lavorativa connotata da sfruttamento. È evidente che in tale reato rientrano tutte le condotte di sfruttamento e di intermediazione illecita poste in essere anche dal datore di lavoro che recluti ed invii presso terzi dei lavoratori che si trovano in stato di bisogno o, comunque, predisponendo delle condizioni di lavoro che sono lesive della loro dignità. È stata recentemente prevista anche una tutela per le vittime del reato di intermediazione illecita e sfruttamento cui è stato riconosciuto il diritto all'indennizzo a carico dello Stato.

QUESTIONARIO

1. Cosa si intende per decentramento produttivo? **1.**
2. Cos'è il distacco? **2.**
3. Chi deve pagare la retribuzione al lavoratore? **2.**
4. Quali sono le tutele del lavoratore in caso di trasferimento d'azienda? **3.**
5. Quali sono le tutele del lavoratore nel caso di trasferimento di aziende in crisi? **3.3.**
6. Cos'è il contratto di appalto di manodopera e quali elementi contraddistinguono l'appalto genuino dall'interposizione illecita e dalla somministrazione? **4.**
7. Cosa si intende per somministrazione? **5.2.**
8. Quali sono le caratteristiche del rapporto di lavoro somministrato? **5.4.**

9. Quali sono i mezzi di tutela a disposizione del lavoratore illecitamente impiegato? **6.**
10. Nella somministrazione vi è una scissione del potere datoriale? **5.**
11. Nella somministrazione chi è responsabile della retribuzione? **5.**
12. Quali sono i requisiti per un distacco lecito? **2.**

SCHEDA DI SINTESI (SEZIONI III-IV-V)

Le obbligazioni accessorie gravanti sul lavoratore sono quelle di diligenza, obbedienza, fedeltà.
Il patto di non concorrenza impone al lavoratore per il periodo successivo alla cessazione del rapporto di non svolgere attività concorrente a quella del datore di lavoro; deve essere contenuto entro il limite di 5 anni per i dirigenti e di 3 anni per le altre categorie; è a titolo oneroso e deve esser concluso in forma scritta a pena di nullità.
L'inquadramento del lavoratore compete al datore che, all'atto dell'assunzione, gli assegna categoria e qualifica conformemente alle mansioni stabilite. Il datore può esercitare il potere unilaterale di mutamento delle mansioni, cd. **ius variandi** senza vincoli nell'ambito del livello di inquadramento (cd. mobilità orizzontale). Invece, in caso di mobilità verticale verso il basso, la variazione deve esser giustificata da mutamenti organizzativi, non può comportare assegnazione a mansioni inferiori a quelle del livello immediatamente sottostante, né la perdita del livello di inquadramento e della relativa retribuzione. Ulteriori ipotesi di demansionamento per cause diverse dai mutamenti organizzativi possono esser previste dal CCNL con l'osservanza dei medesimi limiti che, invece, cadono in caso di demansionamento consensuale il quale, tuttavia, deve esser giustificato da un interesse del lavoratore ed il relativo accordo deve esser concluso in sede protetta. L'esercizio di **mansioni superiori** dà diritto al corrispondente trattamento economico, mentre il diritto all'inquadramento superiore sorge solo ove siano state svolte per 6 mesi continuativi (salvo diversa previsione del CCNL) sempre che ciò non sia avvenuto per ragioni sostitutive.
Il **trasferimento** comporta l'assegnazione del lavoratore al di fuori dell'unità produttiva; è tendenzialmente definitivo, deve esser giustificato da ragioni organizzative/produttive, deve esser disposto in forma scritta e con preavviso ove così prevedano le norme del CCNL. Si differenzia sia dalla trasferta, che è temporanea e retribuita con apposita indennità sia dal distacco che comporta l'assegnazione del lavoratore ad altra azienda che esercita i poteri del datore di lavoro, mentre gli oneri retributivi e contributivi restano a carico del distaccante.
Il rapporto di lavoro si presume oneroso e la retribuzione costituisce il corrispettivo che il lavoratore riceve dal datore di lavoro per lo svolgimento della prestazione stante il principio della c.d. sinallagmaticità che, nel rapporto di lavoro, è imperfetta in quanto ricorrono delle ipotesi in cui, pur in assenza dell'esecuzione della prestazione, la legge (ad esempio in caso di malattia, infermità, ferie) o la contrattazione collettiva (ad esempio nel caso di congedi e/o permessi, etc.) prevedono la corresponsione della stessa. L'art. 36 cost. stabilisce che la retribuzione debba essere proporzionata alla qualità e quantità del lavoro svolto (proprio perché è un corri-

CAPITOLO V | SVOLGIMENTO DEL RAPPORTO DI LAVORO

spettivo) e sufficiente ed adeguata, stante la sua funzione sociale, per assicurare un'esistenza libera e dignitosa.

La retribuzione non può essere diversa per ragioni legate al genere ma, nel rapporto di lavoro privato, a differenza di quello pubblico non sussiste il principio della parità retributiva normato a parità di lavoro.

La retribuzione si compone di elementi base ed accessori e le forme della retribuzione, giusta la previsione dell'art. 2099 c.c., si distinguono in tempo e cottimo. Altro distinguo è tra retribuzione diretta ed indiretta.

Nel caso in cui il rapporto di lavoro non è regolarizzato sarà il giudice a determinare la retribuzione assumendo quale parametro il disposto di cui all'art. 36 cost. e, in via parametrica, il riferimento alla contrattazione collettiva applicabile nel settore merceologico. La retribuzione è corrisposta al netto delle ritenute fiscali e previdenziali se corrisposta alla scadenza; laddove sia corrisposta in ritardo deve essere versata al loro. La prescrizione dei crediti retributivi è quinquennale e decorre dalla cessazione del rapporto di lavoro (secondo il recente arresto giurisprudenziale).

Il TFR è un credito esigibile al momento della cessazione del rapporto. Regolato dall'art. 2120 c.c. esso matura in costanza del rapporto; possono essere richieste anticipazioni alle condizioni di cui al comma 8. Esso può essere accantonato presso il datore di lavoro ovvero forme di previdenza complementare. Nel caso di morte del lavoratore, ai sensi dell'art. 2122 c.c., hanno diritto i legittimari.

Nell'ambito della realtà produttiva è ben possibile che vi sia una scissione tra titolarità formale e sostanziale del rapporto con riferimento alla figura datoriale. Espressione di questa dissociazione sono il distacco, l'appalto e la somministrazione.

Nel caso del distacco il lavoratore, per realizzare l'interesse del distaccante, viene messo a disposizione di un altro soggetto per realizzare la medesima attività lavorativa. Nel caso in cui esso sia irregolare è possibile richiedere la costituzione del rapporto nei confronti dell'utilizzatore. Si ha appalto lecito allorquando il committente appalta ad altro soggetto fasi della produzione con rischio di impresa in capo a quest'ultimo. Sicuramente nel caso in cui non sussista il rischio di impresa o l'esercizio del nucleo dei poteri datoriali (direttivo e comunque di controllo) sia esercitato non già dall'appaltatore ma dal committente il lavoratore potrà richiedere la costituzione del rapporto nei confronti dell'utilizzatore. La somministrazione è una forma di appalto di manodopera lecito se si svolge secondo le modalità stabilite dal legislatore. La scissione tra titolarità formale – sostanziale della figura datoriale implica che il potere disciplinare e l'erogazione della retribuzione gravano sul somministratore mentre grava sull'utilizzatore l'obbligazione di sicurezza e di prevenzione nonché una responsabilità solidale per i crediti retributivi. Anche in tale tipo di rapporto il lavoratore, se illecitamente impiegato, potrà richiedere la costituzione del rapporto nei confronti dell'utilizzatore. La somministrazione postula una relazione trilatera tra il lavoratore e l'agenzia di somministrazione (con la quale stipula un contratto di lavoro somministrato che può essere o meno a termine) e l'agenzia di somministrazione e l'utilizzatore (che stipulano un contratto di somministrazione).

Nel caso di trasferimento d'azienda o di ramo d'azienda, nel tentativo di garantire il lavoratore e di preservare la sua posizione giuridica, è previsto il trasferimento della totalità dei diritti maturati presso il cedente con responsabilità solidale per le parti; essa è limitata, tuttavia, ai crediti maturati antecedentemente al trasferimento.

Capitolo VI
La sospensione del rapporto di lavoro

Sommario:
1. Le ipotesi di sospensione. – **2.** Malattia e infortunio. – **2.1.** Regime giuridico. – **3.** Maternità e paternità. – **3.1.** Il congedo di maternità e la tutela della gravidanza. – **3.2.** Il congedo di paternità. – **3.3** Adozione e affidamento. – **3.4.** I congedi parentali. – **3.4.1.** Congedi parentali e COVID-19. – **4.** I congedi personali. – **5.** Congedo per le donne vittime di violenze di genere. – **6.** La Cassa integrazione guadagni: cenni.

1. Le ipotesi di sospensione.

Il rapporto di lavoro nel suo ordinario andamento può essere sospeso **per volontà di una delle parti**. La sospensione non determina, come avviene ordinariamente, la risoluzione del contratto ma il rapporto di lavoro in presenza della controprestazione continua a vigere. Le ipotesi di sospensione del rapporto di lavoro sono variegate e possono essere distinte in **due macro-categorie**: quelle imputabili al datore di lavoro e quelle imputabili al prestatore di lavoro.

> 1. **Se gli eventi sono riconducibili al prestatore di lavoro** volontariamente, o involontariamente essi sono destinati ad incidere sul sinallagma negoziale: la prestazione non viene eseguita ma il datore è tenuto a corrispondere comunque la retribuzione in tutto o in parte con intervento degli Enti di previdenza chiamati a corrispondere un'indennità integrativa o, in alcuni casi, sostitutiva.
> 2. **Se gli eventi sono imputabili al datore di lavoro**, parimenti la sospensione della prestazione lavorativa comporta comunque la corresponsione della retribuzione al lavoratore pur in assenza di prestazione.

La ratio comune delle ipotesi di sospensione consiste nella prevalenza che l'ordinamento attribuisce all'interesse che comporta la sospensione del rapporto di lavoro rispetto a quello dell'imprenditore di ottenere la prestazione

CAPITOLO VI | LA SOSPENSIONE DEL RAPPORTO DI LAVORO

lavorativa. Un'eccentricità del sistema e dello schema sinallagmatico della causale del rapporto. Accanto alle ipotesi codicistiche tradizionalmente ricondotte agli articoli 2110 e 2111 c.c. sono emerse ulteriori ipotesi regolate dalle leggi speciali che hanno disegnato gli istituti dei congedi e dei permessi fruiti, a vario titolo, dal lavoratore.

Essendo ipotesi derogatorie del sinallagma esse costituiscono **un numero chiuso e sono tipiche ed insuscettibili di applicazione in via analogica.**

2. Malattia ed infortunio.

L'art. 2110 c.c. annovera l'infortunio e la malattia tra le ipotesi di sospensione del rapporto di lavoro.

L'evento incidente sulla persona del prestatore, compromettendo la sua integrità psico-fisica, impedisce l'esecuzione della prestazione lavorativa ma comporta l'obbligo per il datore, salvo che la legge non comporti l'intervento di forme di previdenza e/o assistenza equivalenti, di erogare comunque la retribuzione o un'indennità nella misura e per il tempo previsti dalla legge.

In entrambe le ipotesi **la tutela della salute di cui all'art. 32 Cost. è dominante** rispetto all'iniziativa economica privata.

La malattia, in assenza di una definizione specifica, rilevante ai fini sospensivi è **quell'alterazione psico-fisica che non consente al lavoratore di eseguire la prestazione lavorativa o comunque ne rende molto più gravoso l'esecuzione.** Essa ha carattere **temporaneo.**

In relazione all'eziologia della malattia è possibile distinguere in **professionali** e **non professionali.** Le prime sono di competenza dell'INAIL e radicano la loro fonte nella lavorazione svolta mentre le seconde, di competenza dell'INPS, non sono collegate all'attività lavorativa del soggetto.

L'infortunio, così come la malattia, non essendo definito espressamente da alcuna disposizione può definirsi come evento genetico di un'alterazione psico-fisica del prestatore che rende impossibile o comunque eccessivamente onerosa la prestazione. È bene precisare che il distinguo risiede nella genesi atteso che l'infortunio dipende da causa violenta ergo traumatica sviluppatasi in occasione di lavoro che comporti un'astensione superiore ai tre giorni. Come per la malattia se l'infortunio è avvenuto sul luogo di lavoro esso è garantito e disciplinato dall'INAIL mentre se è avvenuto in ambito extralavorativo sarà gestito dell'INPS (sul distinguo e la tutela previdenziale vedi *infra funditus* Parte III, cap. III).

2.1. Regime giuridico.

Nel caso di infortunio e malattia l'assenza del prestatore e, quindi, la sospensione del sinallagma contrattuale, sia pure atipica atteso che il datore di lavoro è comunque tenuto in tutto o in parte al trattamento retributivo è fonte di obblighi per il prestatore e datore.

Gli **adempimenti** in capo alle parti del rapporto sono essenzialmente analoghi sia nel caso di malattia che infortunio cagionando entrambi gli eventi l'assenza del prestatore di lavoro.

Il lavoratore è tenuto alla certificazione e comunicazione dell'evento. In altri termini deve comunicare tempestivamente al datore di lavoro la propria assenza e, a seguito di visita medica, il proprio medico di fiducia trasmetterà, in via telematica, all'Inps (gestore della procedura) il certificato di malattia. È l'Istituto che dovrà trasmettere il certificato, contenente la sola prognosi, al datore di lavoro con esonero, quindi, del lavoratore chiamato, se previsto solo a comunicare il numero di protocollo.

Il datore di lavoro può verificare la sussistenza della malattia sottoponendo il lavoratore a visite di controllo cui non può sottrarsi, ai sensi dell'art. 5 l. 300/70.

Le visite, condotte da medici pubblici, possono svolgersi solo durante le c.d. fasce di reperibilità (dalle 10 alle 12 e dalle 17 alle 19) ferma la possibilità del lavoratore, in presenza di giustificato motivo, di assentarsi anche durante la fascia di reperibilità ovvero di sottoposizione a terapie salvavita ovvero stati connessi a invalidità certificata superiore al 67%.

Il medico che effettua il controllo può anche non confermare la prognosi ed in tal caso il lavoratore deve rientrare a lavoro.

Va chiarito che nel caso in cui il lavoratore sia assente durante gli orari delle c.d. **fasce di reperibilità** la sua assenza è sanzionata con la riduzione del trattamento economico di malattia (100% i primi 10 giorni e 50% dal decimo giorno in caso di recidiva) ed è anche passibile di sanzione disciplinare di tipo conservativo.

La **mancata comunicazione della malattia ovvero la mancata permanenza presso il proprio domicilio** durante le c.d. fasce di reperibilità sono sintomatici di inosservanza della correttezza e buona fede che deve caratterizzare l'adempimento della prestazione lavorativa con conseguente rilievo disciplinare che non può concretarsi, tuttavia, nella sanzione espulsiva del licenziamento.

La **tutela del lavoratore per assenza legata a malattia** si estrinseca nel diritto alla conservazione del posto di lavoro per il periodo previsto dalla legge; nel

computo ai fini dell'anzianità di servizio (art. 2110 co. 3 c.c.); nel divieto per il datore di procedere al licenziamento durante il periodo di comporto (cfr. par. 9.3. cap. per la trattazione del licenziamento per superamento del periodo di comporto).
Il **comporto è definito secco** se si fa riferimento ad un'unica assenza prolungata. È **frazionato** nel caso in cui si sommano plurimi episodi nell'arco di un periodo.
In ordine al trattamento economico l'art. 2110 c.c. fa riferimento alla retribuzione o ad un'indennità prevista dalla contrattazione collettiva. Essa non necessariamente deve essere pari al 100% della retribuzione. Taluni contratti collettivi prevedono delle decurtazioni nei primi giorni di assenza (cd. carenza).
In via generale è possibile affermare che nei primi quattro giorni di assenza obbligato è il datore di lavoro che deve pagare la retribuzione intera mentre a partire dal quarto giorno e per 180 giorni nell'arco dell'anno obbligato è l'Inps, in caso di malattia, che corrisponde ai lavoratori dipendenti il 50% della retribuzione mentre dal 21esimo sino al 180esimo la retribuzione è pari al 66,66%.
L'indennità di infortunio, invece, è a carico dell'INAIL per il 60% dal quarto al 90esimo giorno mentre è pari al 75% dal 91esimo giorno in poi.
Nel caso de**i lavoratori autonom**i, l'art. 14 della l. 81/2017, prevede che non vi sarà la corresponsione del compenso ma, al contempo, non vi è obbligo del versamento dei contributi all'Inps.

3. Maternità e paternità.

Ulteriore ipotesi di sospensione del rapporto di lavoro secondo la dizione "arcaica" dell'art. 2110 c.c. è quella della **gravidanza e del puerperio**.
La tutela della madre lavoratrice che radica il suo fondamento **nell'art. 37 della Costituzione** è stata progressivamente affiancata da quella del genitore lavoratore. La disciplina giuridica in tema di congedi parentali ha preso l'avvio con la l. 1204/1971 e l. n. 903/1977 per poi approdare alla l. 53/2000 recepita e riorganizzata nel D.lgs. 151/2001, così come modificato dapprima nel 2012 e poi per effetto del D.lgs. n. 80/2015.
Leitmotiv evolutivo è stato quello di porre al **centro la figura del genitore lavoratore** così come emerge sin dall'art. 1 del D.lgs. 151/2001, oggetto della tutela, in cui è previsto che la disciplina opera per i congedi, riposi, permessi e la tutela **delle lavoratrici e dei lavoratori**.
Le ipotesi di sospensione non sono state più esclusivo appannaggio della lavo-

ratrice per la sua condizione di genitrice ma sono state riconosciute anche al lavoratore atteso che il fulcro della tutela è, appunto, la **garanzia della genitorialità e la conciliazione dei tempi di vita-lavoro.**

3.1. Il congedo di maternità e la tutela della gravidanza.

La tutela della lavoratrice è contenuta nel capo II e III del D.lgs. 151/01.
Il Capo II del D.lgs. 151 disciplina in maniera analitica la tutela della salute della lavoratrice contemplando una serie di diritti per la lavoratrice **nel periodo ricompreso tra la gravidanza ed il compimento del 7 mese del bambino (art. 6 co.1).** L'ordinamento, quindi, tutela non solo la salute della lavoratrice ma anche quella del nascituro nell'ambito di una precisa finestra temporale e considerando il contenuto della prestazione lavorativa.
L'art. 7 è una disposizione centrale nel quadro delle tutele perché nei primi due commi detta le **lavorazioni vietate** potremmo dire **predeterminate e assolute** statuendo al comma 3 che, nel periodo prima indicato, la lavoratrice sia adibita ad altre mansioni mentre al comma 4 demanda al servizio ispettivo del Ministero del Lavoro il compito di interdire la lavoratrice dalle **mansioni abitualmente svolte, a mezzo di provvedimento amministrativo, allorquando si accerti, su istanza della lavoratrice o d'ufficio che "le condizioni di lavoro o ambientali siano pregiudiziali alla salute della donna" (co. 4), la valutazione, in tal caso, è concreta e casistica.**
Il datore di lavoro è tenuto a modificare le condizioni e l'orario di lavoro in questi casi (art. 12 co.2) ma, se per esigenze produttive non sia possibile, il datore di lavoro deve adibire la lavoratrice a mansioni inferiori (co. 5 art. 7). Non opererà il disposto di cui all'art. 2103 c.c. nuova formulazione perché la lavoratrice conserva la medesima retribuzione.
Accanto alle lavorazioni vietate predeterminate dal legislatore la terza via della tutela della lavoratrice e, quindi, diritto della stessa è la valutazione specifica cui è chiamato il datore di lavoro ex art. 12 cit. D.lgs. in sede di valutazione dei rischi. In altri termini il datore di lavoro deve effettuare una valutazione dei rischi specifica ed adottare tutte le misure affinché l'esposizione al rischio delle lavoratrici sia evitata (art. 12 co.1) modificando orario e condizioni di lavoro. Se ciò non sia possibile per motivi organizzativi allora opera il comma 3 (adibizione altre mansioni), 4 e 5 dell'art. 7 con obbligo datoriale di comunicazione scritta al servizio ispettivo del Ministero che può disporre l'interdizione dal lavoro per tutto il periodo.
Autonoma regolamentazione è riservata al **lavoro notturno art. 53** (ergo quello prestato tra le 24 e 6 del mattino e non già tra le 24 e le 5 come statuito

dall'art. 1 comma 2 lett. d) D.lgs. 66/2003. Al riguardo dobbiamo distinguere due ipotesi:

1. **Divieto assoluto di lavoro notturno** per le gestanti e le lavoratrici madri sino ad un anno di età del bambino;
2. Diritto della lavoratrice madre di bambino di età inferiore ad anni 3 o, alternativamente, del padre convivente ovvero del genitore affidatario unico di minore di età inferiore a 12 anni ovvero di lavoratrice o lavoratore che abbiano a carico un soggetto disabile ex lege 104/1992 e succ. modifiche.

Per completezza evidenziamo il lavoro notturno è vietato nel caso in cui il lavoratore abbia a proprio carico un soggetto disabile ai sensi della l. 104/92.

Il capo III del D.lgs. è dedicato specificamente al congedo di maternità, terminologia che ha superato la dizione "astensione obbligatoria" in precedenza impiegata atteso che il suo inizio è variabile e può essere fruito anche dal genitore padre.

L'art. 16 detta il divieto assoluto di adibire al lavoro la donna in determinati casi:

1. Nei due mesi antecedenti la data presunta del parto;
2. Nel caso in cui il parto avvenga oltre tale data, per il periodo intercorrente tra la data presunta e quella effettiva;
3. Nei tre mesi dopo il parto (o quattro nel caso di posticipazione del momento iniziale del congedo ex art. 20);
4. Nel caso di parto prematuro durante i giorni non goduti prima del parto da aggiungersi a quelli post anche superando nei due periodi i 5 mesi come precisato dalla Corte Costituzionale n. 270 del 24 giugno 1999

L'art. 17 individua le ipotesi di **anticipazione ed estensione del congedo**.
Il congedo è anticipato a tre mesi dalla data presunta del parto se le lavoratrici sono impiegate in lavorazioni gravose(co.1). La competenza è dell'Ispettorato del lavoro.
Il congedo è esteso:

a) nel caso in cui vi siano gravi complicanze della gestazione o preesistenti forme morbose (il provvedimento è predisposto dalla ASL previo accertamento medico co. 3);

b) quando le condizioni di lavoro siano pregiudizievoli per la salute della donna e del bambino;
c) quando la lavoratrice sia adibita a lavori pregiudizievoli o rischiosi e non sia trasferibile ad altre mansioni anche di livello inferiore

Nei casi sub b) e c) l'interdizione è disposta dall'Ispettorato nella propria attività ordinaria di vigilanza ed esula l'accertamento medico (vedi interpello del Ministero del lavoro del 01.06.2006 prot. n. 97).
L'art. 20 co. 1 contempla la possibilità di **posticipare** il congedo di maternità previo duplice accertamento medico attestante l'assenza di pregiudizi. La circ. Min. Lavoro n. 86 del 6.12.2000 prevede che il termine per la presentazione dell'istanza è prima della scadenza del settimo mese; l'Inps ha chiarito che la domanda è accoglibile anche oltre tale termine purché le attestazioni ginecologiche siano antecedenti (circ. Inps n. 8 del 2003) ma l'indennità di maternità non è riducibile né tantomeno il periodo di fruizione. Il congedo di maternità può essere sospeso in caso di ricovero del nascituro ai sensi dell'art. 16 bis.
L'art. 22 del D.lgs., norma cardine del trattamento economico e normativo, prevede che, per tutto il congedo di maternità la lavoratrice ha diritto ad un'indennità pari all'80% della retribuzione, che è a carico dell'INPS (co.2) o della stessa amministrazione per i lavoratori del settore pubblico. I contratti collettivi possono prevedere forme di integrazione in capo al datore di lavoro.
Tale copertura economica può spingersi fino a sette mesi dopo il parto nei casi in cui vi siano provvedimenti interdittivi adottati dall'Ispettorato del lavoro.
L'art. 23 detta una serie di criteri ai fini del calcolo dell'indennità prevista in caso di congedo. La retribuzione di riferimento è quella "media globale giornaliera del periodo di paga quadri-settimanale o mensile scaduto ed immediatamente precedente a quello nel corso del quale ha avuto inizio il periodo di maternità.
Secondo la giurisprudenza di legittimità (*Cass. sent. n. 9341 del 2007*) il beneficio va calcolato prendendo a **base la retribuzione media globale giornaliera percepita nel periodo di paga mensile scaduto ed immediatamente precedente quello nel corso del quale ha avuto inizio l'astensione obbligatoria dal lavoro per maternità senza ulteriori limitazioni.**
Significativa è anche la pronuncia della CGE del 30.03.2004 C-147/02 la quale ha statuito che il principio della parità di retribuzioni tra lavoratori e lavoratrici comporta che nella determinazione della retribuzione, assunta a riferimento dell'indennità di maternità, debbono essere considerati anche gli aumenti eventuali intervenuti fra l'inizio e la fine del congedo.

L'art. 24 disciplina il "**prolungamento del diritto alla corresponsione del trattamento economico**".
L'indennità di maternità deve essere corrisposta anche nel caso in vi sia la risoluzione del rapporto di lavoro in costanza di congedo di maternità (per le ipotesi di cui agli artt. 16 e 17) laddove si configuri una delle ipotesi di cui all'art. 54 comma 3 lett. a), b) e c) ovvero una delle ipotesi in cui il divieto di licenziamento non si applica e, segnatamente, nel caso sub a) colpa grave della lavoratrice costituente giusta causa di licenziamento, b) cessazione dell'attività di azienda cui è addetta, c) ultimazione della prestazione per la quale è stata assunta ovvero risoluzione del rapporto per scadenza del termine. Il riferimento alla lett. a) è stato inserito a seguito della sentenza della Corte costituzionale, 3 dicembre 2001, n. 405 che ne ha dichiarato l'illegittimità costituzionale poi emendata per effetto dell'art. 3 del D.lgs. 80/2015 che ha riscritto la disposizione.
L'indennità spetta anche nel caso in cui la gestante sia sospesa (CIG), assente dal lavoro senza retribuzione ovvero disoccupata purché non siano decorsi più di 60 giorni tra l'inizio della maternità e la causa di sospensione. Il termine di 60 giorni non è preclusivo nel caso in cui la lavoratrice abbia iniziato la maternità durante la sospensione per CIG (co.2). In tali casi, infatti, il co. 6 dell'art. 24 prevede il diritto della stessa all'indennità in luogo del trattamento di integrazione salariale.
Quanto ai profili previdenziali l'art. 25 prevede per i congedi di maternità fruiti in costanza di rapporto l'accreditamento pieno della contribuzione figurativa mentre al di fuori del rapporto di lavoro è necessario che la lavoratrice possa far valere al momento della domanda almeno cinque anni di contribuzione versata in costanza del rapporto.
Lo stesso regime sia economico che previdenziale spetta anche **al padre lavoratore**.
Il periodo di congedo va computato nell'anzianità di servizio a tutti gli effetti anche cioè in relazione alla 13^ mensilità, gratifica natalizia e ferie.
In ordine al rapporto di lavoro anche per la lavoratrice madre vige il **divieto di licenziamento ai sensi dell'art. 54 cit. D.lgs. 151/01.**
Il divieto è connesso allo stato oggettivo di gravidanza e la lavoratrice deve presentare idonea certificazione dalla quale risulti l'esistenza all'epoca del licenziamento delle condizioni che lo vietavano.
Se non vi è consegna del certificato ciò non preclude la nullità del licenziamento atteso che la lavoratrice ha comunque anche diritto al risarcimento laddove il datore fosse a conoscenza di fatto della gravidanza e del parto
La giurisprudenza di legittimità ha ribadito (*Cass. sent. n. 457 11.1.2017*) che

"Il licenziamento intimato alla lavoratrice nel periodo ricompreso tra l'inizio della gravidanza ed il compimento di un anno di età del bambino, in violazione del divieto di cui all'art. 54 del D.lgs. n. 151 del 2001, è nullo ed improduttivo di effetti, sicché il rapporto di lavoro va considerato come mai interrotto e la lavoratrice ha diritto alle retribuzioni dal giorno del licenziamento sino alla effettiva riammissione in servizio".

In ordine alla **maturazione delle retribuzioni pregresse** è stato precisato (*Cass. sent. 1° febbraio 2006, n. 2244*) che maturano dalla presentazione del certificato di gravidanza. *"Il divieto di licenziamento di cui all'art. 2 della legge n. 1204 del 1971 opera in connessione con lo stato oggettivo di gravidanza o puerperio e, pertanto, il licenziamento intimato nonostante il divieto comporta, anche in mancanza di tempestiva richiesta di ripristino del rapporto, il pagamento delle retribuzioni successive alla data di effettiva cessazione del rapporto, le quali maturano a decorrere dalla presentazione del certificato attestante lo stato di gravidanza (art.4 d.P.R. n.1026 del 1976). Ove la lavoratrice sia stata assunta con contratto di formazione e lavoro, la determinazione del risarcimento in misura corrispondente all'importo delle retribuzioni maturate fino al termine del rapporto di formazione e lavoro tiene conto dell'effetto sospensivo del termine contrattuale per il periodo di astensione obbligatoria dal lavoro, con conseguente proroga del termine medesimo per un periodo pari a quello della sospensione, essendo l'esecuzione del rapporto sospesa per fatti non riconducibili alla volontà delle parti."*

Il divieto di licenziamento subisce, tuttavia, **delle deroghe** nelle ipotesi di cui al comma 3 dell'art. 54.

1. **Lett. a) colpa grave della lavoratrice costituente giusta causa per la risoluzione del rapporto di lavoro.**

    Sul punto l'orientamento maggioritario della giurisprudenza di legittimità è rigoroso nel valutare la colpa grave ritenendo che la condotta debba essere particolarmente qualificata anche alla luce delle condizioni psico-fisiche della lavoratrice. La giurisprudenza di legittimità ha ritenuto che la colpa grave non può riscontrarsi nel caso di **giusta causa** di **licenziamento contemplata dalla contrattazione collettiva** (cfr. *Cass., 26 gennaio 2017, sent. n. 2004*).

2. **Lett. b) in caso di cessazione dell'attività dell'azienda**

    Ci si chiedeva se oltre effettiva la cessazione dovesse essere totale.

    Un orientamento giurisprudenziale più risalente aveva aderito all'approccio ermeneutico della totalità della cessazione dell'attività (cfr. Cass. 24 aprile 1990, n. 3431) mentre negli ultimi anni la giurisprudenza ha ritenuto che sia sufficiente la cessazione di un reparto autono-

mo a condizione che il datore di lavoro dimostri l'inutilizzabilità del lavoratore in altra struttura. (cfr. Cass., 16 febbraio 2007, n. 3620; 21 dicembre 2004, n. 23864).
3. **Lett. C) ultimazione della prestazione per la quale la lavoratrice è stata assunta o risoluzione del rapporto di lavoro per scadenza del termine;**
4. **Lett. D) licenziamento per esito negativo della prova, fermo il divieto di discriminazione** (secondo taluni trattasi di una previsione che integra il dato normativo).

In tutti questi casi il licenziamento è **nullo e la tutela è quella ripristinatoria piena di cui all'art. 18 della l. 300/70 analogamente a quanto accade per i lavoratori assunti con le tutele crescenti.**
Tutela rafforzata è riconosciuta anche nel caso di dimissioni o risoluzione consensuale del rapporto nell'ambito di questa finestra temporale (per la disciplina si rinvia al Cap. VIII sez. I).
Il lavoratore che fruisce del congedo di maternità/paternità ha, ai sensi **dell'art. 56, diritto alla conservazione del posto di lavoro sino al compimento di un anno di vita del bambino e, negli stessi limiti temporali e salvo che non vi rinuncino espressamente, diritto a rientrare nella stessa unità produttiva in cui erano occupati all'inizio del periodo di gravidanza ovvero di altra ubicata nello stesso comune ed hanno diritto di essere adibite alle mansioni da ultimo svolte ovvero a mansioni equivalenti.**
È evidente, quindi, come la disciplina della nullità involga tutti i licenziamenti che radicano il proprio fondamento eziologico nella richiesta o fruizione del congedo.
Il diritto alla conservazione del posto di lavoro è riconosciuto anche alla lavoratrice autonoma in maternità (art. 14 l. 81/2017). In tale ipotesi alla lavoratrice non spetta il compenso ma le sarà corrisposta l'indennità prevista dal suo Ente previdenziale.
Interessante misura a tutela della maternità e volta a promuovere l'occupazione è quella prevista dalla **legge di bilancio per il 2022** che ha decretato, nella misura del cinquanta per cento, l'esonero per un anno del versamento dei contributi previdenziali a carico delle lavoratrici madri dipendenti del settore privato a decorrere dal rientro nel posto di lavoro dopo la fruizione del congedo obbligatorio di maternità e per un periodo massimo di un anno a decorrere dalla data del predetto rientro. Resta ferma l'aliquota di computo delle prestazioni pensionistiche.

3.2. Il congedo di paternità.

Il congedo di paternità è regolato **dagli artt. 27 bis e art. 28 inserito nel CAPO IV omonimo, che hanno subito un restyling per effetto del decreto legislativo n. 105 del 30 giugno 2022.**
La ratio originaria del congedo di paternità è consentire al padre lavoratore l'accudimento del neonato quando non vi possa attendere la madre, perciò, non può essere riconosciuto nel periodo antecedente al parto.
Esso spetta al padre lavoratore, in luogo della madre. Non è, quindi, obbligatorio ma **ha la natura di diritto potestativo condizionato.** Spetta al lavoratore nei primi tre mesi dalla nascita del figlio o per la parte residua spettante alla madre nel caso di morte, abbandono o grave infermità o anche nei casi di affidamento esclusivo del bambino.
Nel 2012 la legge n. 92 all'art. 4 comma 4 ha previsto il congedo obbligatorio ed il congedo facoltativo di paternità fruibile entro il quinto mese di vita del bambino.
Il congedo obbligatorio di paternità è fruibile anche durante il congedo di maternità. Esso è stato incrementato a **10 dei giorni (conformemente al dettato europeo) e confermando la fruibilità entro il 5 mese di vita del bambino e la possibilità della fruizione, d'intesa con la madre, di un ulteriore giorno previa rinuncia materna di un giorno di astensione obbligatoria.**
In tali casi il trattamento economico è pari al 100% della retribuzione ed è a carico dell'INPS.
Il padre deve presentare richiesta al datore di lavoro almeno 5 giorni prima indicando i giorni in cui intende astenersi.
Il divieto di licenziamento previsto per la lavoratrice madre opera anche per il lavoratore padre nel caso in cui questi fruisca del congedo in applicazione dei principi di cui agli articoli 27 bis e 28 (congedo di paternità obbligatorio e facoltativo) e si estende fino al compimento di un anno di età del bambino.

3.3. Adozione e affidamento.

Al fine di rendere sostanzialmente equiparata la genitorialità naturale a quella adottiva la l. n. 244/2007 ha, sostanzialmente, equiparato le discipline prevedendo il congedo di maternità e di paternità anche **in caso di adozione ed affidamento**, fatta eccezione, ovviamente, per l'astensione obbligatoria dal lavoro stante, appunto, la mancata esigenza di tutela della gestante.

L'art. 26 del T.U., infatti, stabilisce che il congedo di maternità spetta alle lavoratrici che hanno adottato o hanno ricevuto in affidamento un minore per un periodo massimo di 5 mesi in caso di adozione e di 3 mesi in caso di affidamento.
Tale periodo deve essere fruito entro i primi 5 mesi successivi all'ingresso del minore nella famiglia della lavoratrice.
Il congedo per maternità in caso di **adozione internazionale** segue, invece, delle regole peculiari dovute alla particolare complessità dell'adozione internazionale.
Si prevede, infatti, che il periodo di congedo per maternità possa essere fruito prima dell'ingresso del minore in Italia e, quindi, può essere utilizzato nel periodo in cui la coppia è all'estero per il procedimento di adozione e per la fase di affidamento pre-adottivo. Nel caso in cui la lavoratrice non intenda usufruire del congedo di maternità all'estero può chiedere, invece, un periodo di congedo non retribuito e differire, invece, quello di maternità quando il minore farà ingresso in Italia.
Il padre può godere del congedo di paternità secondo il dettato dell'art. 26 commi 1-3 nel caso in cui anche la madre non abbia richiesto il godere del corrispondente congedo.

3.4. I congedi parentali.

L'art. 2 del D.lgs. 151/2001 definisce "congedo parentale" come l'astensione facoltativa della lavoratrice ovvero del lavoratore genitori di figli sino a **dodici anni di età**.
La disciplina giuridica dell'istituto è contenuta nel **CAPO V** del D.lgs. rubricato, appunto, congedo parentale. Tale figura costituisce un importante traguardo nel percorso di equiparazione del ruolo genitoriale, avviata con la legge del 1977 ma consacrata con la legge n. 53 del 2000 che ha introdotto l'istituto.
Ai sensi dell'art. 32 il congedo parentale "**spetta**" a ciascun genitore nei primi dodici anni di vita del bambino in una misura che, complessivamente, non può eccedere il limite dei **dieci mesi, salvo il disposto di cui al comma 2**.
I **beneficiari** della misura possono essere, quindi,

1. La madre lavoratrice per un periodo di sei mesi;
2. Il padre lavoratore per un periodo di sei mesi;
3. Qualora vi sia un solo genitore per un periodo non superiore a dieci mesi.

L'ipotesi sub 3) ha riguardo ai casi in cui vi sia un solo genitore che eserciti la potestà genitoriale e non già nel caso in cui vi sia un solo genitore avente diritto perché l'altro non è lavoratore o è lavoratore autonomo.
Tale disposizione segna una svolta perché supera quell'orientamento giurisprudenziale che escludeva l'aspettativa facoltativa per il padre (Corte Costituzionale n. 150 del 1994) laddove l'altro genitore non ne avesse diritto, restituendo pari dignità ad entrambi i genitori e prevedendo, quindi, che se uno solo dei due ne fruisce la misura è pari a sei mesi (sette per il padre nel caso di cui al comma 2).
In ordine alle **modalità di fruizione** giova evidenziare la novità introdotta con il comma 1 bis dell'art. 32: la possibilità che il congedo, richiedibile per un periodo continuativo ovvero frazionato, possa essere richiesto su base oraria. La legge di stabilità 2013 e segnatamente l'art. 1 comma 339 della l. 228/2012 ha introdotto il comma 1 bis secondo cui "La contrattazione collettiva di settore stabilisce le modalità di fruizione del congedo di cui al comma 1 su base oraria, nonché i criteri di calcolo della base oraria e l'equiparazione di un determinato monte ore della giornata lavorativa."
Se il genitore chiede ed ottiene il congedo orario per un figlio non può utilizzare il congedo parentale orario per l'altro figlio nell'ambito della stessa giornata o anche riposi orari per allattamento (artt. 39-40 D.lgs. 151/01).
La **natura potestativa** di tale diritto comporta che esso possa essere esercitato senza una preventiva autorizzazione datoriale. Ed infatti il co. 3 dell'art. 32 ha statuito che il genitore è tenuto, salvo i casi di oggettiva impossibilità, a preavvisare il datore di lavoro secondo le modalità ed i criteri previsti dai contratti collettivi e comunque **con un termine di preavviso non inferiore a cinque giorni** indicando l'inizio e la fine del periodo di congedo. Il termine di preavviso è pari a due giorni in caso di congedo parentale su base oraria. **La disposizione detta le modalità di esercizio ma esclude l'autorizzazione datoriale. Gli articoli 34 e 35 del D.lgs. 151/01 disciplinano il trattamento economico e previdenziale nel caso di congedo parentale.**
In ordine al **trattamento economico l'art. 34, riformato in alcuni commi dal d.lgs. n. 105 del 30 giugno 2022,** prevede che per i congedi di cui all'art. 32 spetta al genitore che fruisce del congedo, fino dodici anni di età del bambino, **il 30% della retribuzione per un periodo di tre mesi per ciascun genitore.** Ai **fini previdenziali** vi è accredito di **contribuzione figurativa piena**.
I periodi sono computati ai fini dell'anzianità di servizio, così come statuisce il comma 5 dell'art. 34 che, nella rinnovata formulazione (d.lgs. n. 105 del 30 giugno 2022), stabilisce che *non* comportano riduzione di ferie, riposi, tredicesima mensilità o gratifica natalizia, ad eccezione degli emolumenti accessori

connessi all'effettiva presenza in servizio, salvo quanto diversamente previsto dalla contrattazione collettiva.
Il legislatore per rendere effettiva la tutela nell'ipotesi di sospensione del rapporto correlata ad esigenze familiari ha previsto il riconoscimento del diritto di rientro e conservazione del posto di lavoro.
L'art. 56 del cit. D.lgs. 151/2001 al comma 3 prevede che il lavoratore o la lavoratrice hanno diritto alla **conservazione del posto di lavoro e al rientro nella stessa unità produttiva** ove erano occupati al momento della richiesta, o in altra ubicata nel medesimo comune nonché hanno diritto di essere adibiti alle mansioni da ultimo svolte ovvero a mansioni equivalenti.
La violazione datoriale del disposto normativo integra un illecito amministrativo (co. 4 bis art. 56).
Va evidenziato che **è ammessa la possibilità di rinuncia da parte del lavoratore.**
Contrariamente a quanto accade per il congedo di maternità non vi è obbligo datoriale di mantenimento in sede sino al primo anno di età del bambino sicché non è escluso che il datore di lavoro trasferisca il lavoratore che rientra dal congedo.
È fatta salva la possibilità, introdotta sempre dalla **legge di stabilità 2013, con il co. 4 *bis* dell'art. 32 che datore di lavoro e lavoratore concordino**, ove necessario, adeguate misure di ripresa dell'attività lavorativa tenendo conto della previsione della contrattazione collettiva.
Accomunata dall'esigenza di tutelare la genitorialità e la proficua crescita del minore è la disciplina, contenuta nel decreto, volta alla regolamentazione dei permessi e dei congedi per malattia del figlio.
La lavoratrice madre ha altresì diritto, entro il primo anno di vita del bambino, a godere di **riposi giornalieri** in misura pari a 2 ore, cumulabili e indennizzate dall'INPS in misura pari alla retribuzione piena (art. 39).
Entrambi i genitori possono infine astenersi dal lavoro nel caso di **malattia del figlio di età inferiore agli 8 anni** (ma se il figlio ha un'età compresa tra i 3 e gli 8 anni, la durata massima del congedo è pari a 5 giorni all'anno), ma il congedo non è in tal caso retribuito, essendo solo previsto il decorso dell'anzianità di servizio, esclusi gli effetti connessi alla maturazione delle ferie e della tredicesima mensilità (art. 47). Il genitore, per avvalersi di tale congedo deve trasmettere un certificato di malattia redatto da un medico del SSN o con esso convenzionato, all'INPS, e inoltrato da questo al datore di lavoro.

3.4.1. Congedi parentali e COVID-19.

Da ultimo è opportuno fare presente che, nel marzo 2020, in ragione dell'emergenza epidemiologica, COVID-19, lo stato italiano ha ritenuto opportuno inserire **nel Decreto c.d. "Cura Italia", D.L. 17.3.2020, n. 18, conv. con mod. L. 24.04.2020, n. 27, all'art. 23, successivamente modificato dal D.L. 19.5.2020, n. 34, conv. con mod. L. 17.7.2020, n. 77, all'art. 72**, temporaneamente, la possibilità di fruire in capo ai genitori lavoratori dipendenti del settore privato, nel rispetto di diverse condizioni, di uno specifico **congedo – c.d. COVID-19** – per un periodo continuativo o frazionato, comunque non superiore a 30 giorni complessivi, **a partire dal 5 marzo 2020 e sino al 31 agosto 2020**, in relazione al periodo di sospensione dei servizi educativi per l'infanzia e delle attività didattiche nelle scuole di ogni ordine e grado disposto con il D.P.C.M. 4.3.2020. Per effetto della l. **77/2020 il congedo COVID-19 dal 19 luglio al 31 agosto 2020** può essere fruito anche in modalità oraria. L'art. 21 bis d.l. n. 104/2020, conv. in l. 126/2020 ha riscritto la disciplina dei congedi per i genitori di figli di età minore di 14/16 anni posti in quarantena durante l'attività didattica. Il permanere dell'emergenza epidemiologica ha comportato, consequenzialmente, la necessità di prorogare ma anche di riscrivere, a più riprese, la normativa. Attualmente **l'art. 9 del d.l. 146/2021 conv. in l. 215/2021** ha previsto che il genitore di minore di anni 14 lavoratore dipendente pubblico e privato può astenersi dal lavoro, alternativamente all'altro genitore, per un periodo che corrisponde in tutto o in parte ai seguenti eventi:
1. **sospensione dell'attività didattica o educativa in presenza** del figlio, o alla chiusura dei centri diurni di carattere assistenziale in caso di disabilità;
2. **infezione da SARS-CoV-2** del figlio;
3. **quarantena** del figlio disposta dal Dipartimento di prevenzione della azienda sanitaria locale.

Il limite di età del figlio non opera **in caso di disabilità grave** accertata ai sensi della legge 104/92. I genitori che richiedono i **congedi COVID** hanno diritto a **un'indennità pari al 50 per cento della retribuzione**. Stesso trattamento spetta anche ai **lavoratori autonomi iscritti alle gestioni speciali INPS** ma il calcolo si effettua sulla retribuzione convenzionale giornaliera stabilita annualmente dalla legge a seconda della tipologia di lavoro autonomo svolto. Per i **lavoratori iscritti in via esclusiva alla Gestione separata INPS**, invece, l'indennità per ciascuna giornata è pari al **50 per cento di 1/365** del reddito individuato secondo la base di calcolo utilizzata per la determinazione dell'indennità di maternità. Accanto ai **congedi parentali COVID retribuiti** continuano ad essere previsti quelli **non retribuiti** in caso di figli di **età compresa fra 14 e 16 anni**, sussistendo le situazioni fattuali anzi dette. In tal caso oltre all'assenza di retribuzione non spetterà nemmeno la contribuzione figurativa ma sussisterà il divieto di licenziamento ed il diritto alla conservazione del posto di lavoro.

La proroga dello stato di emergenza al **marzo 2022** decretata il 14 dicembre 2021 ha determinato una conseguente proroga delle misure connesse tra cui questa (d.l. 221/2021 conv. in l. 11/2022), attualmente non più previsti.

4. I congedi personali.

Accanto alle ipotesi di sospensione del rapporto di lavoro collegate alla tutela della genitorialità e della gravidanza esistono ulteriori ipotesi previste dal legislatore in cui la preminenza dell'interesse tutelato giustifica gli effetti sospensivi del rapporto.

Tra le varie forme è possibile annoverare la figura

1. dei **congedi familiari**, in caso di decesso o malattia di parenti prossimi (l. 8 marzo 2000, n. 53 art. 4).
   Il lavoratore ha diritto ad un **permesso retribuito**, pari a 3 giorni nel corso dell'anno in caso di decesso, documentata infermità del coniuge o di un parente entro il 2° grado o convivente (purché la convivenza sia certificata anagraficamente). È possibile fruire del permesso entro 7 giorni dal decesso o dall'insorgenza della grave patologia o dall'intervento terapeutico.
   Il lavoratore, ai sensi del comma 2 dell'art. 4, può richiedere anche per un periodo massimo di due anni, un **congedo** se sussistano "**gravi e documentati motivi familiari**". In tal caso il congedo può essere richiesto e non dà diritto a retribuzione né alla decorrenza dell'anzianità lavorativa. Il prestatore ha diritto alla conservazione del posto di lavoro ma non può svolgere un nuovo lavoro;
2. del **congedo matrimoniale**, garantito nella misura di 15 giorni consecutivi (r.d.l. 24 giugno 1937, n. 1334). Questo congedo mira a garantire al lavoratore la possibilità di soddisfare le esigenze personali connesse al matrimonio. Il periodo di congedo richiesto dal lavoratore non deve comprendere necessariamente il giorno della celebrazione del matrimonio ma deve essere richiesto, comunque, per un

periodo non lontano dal giorno della celebrazione, onde evitare di vulnerare la sua funzione. I giorni previsti sono di calendario proprio in quanto il computo è consecutivo. Esso non sospende la maturazione delle ferie e del TFR

3. dei **congedi per la formazione** (ossia per il completamento della scuola dell'obbligo, per il conseguimento del titolo di studio di secondo grado, del diploma universitario o della laurea) ed i **congedi per la formazione continua** (finalizzati a percorsi formativi funzionali all'accrescimento di competenze e conoscenze professionali), ex l. 8 marzo 2000, n. 53. In particolare, i congedi per la formazione, regolati dall'art. 5 della l. n. 53/2000 possono essere anche negati dal datore di lavoro se sussistano esigenze organizzative specifiche. Il dipendente ha diritto alla conservazione del posto di lavoro ma non matura anzianità di servizio e non ha diritto alla retribuzione. I congedi per la formazione continua, invece, regolati dall'art. 6 della l. n. 53/2000 sono percorsi di formazione continua la cui concreta regolamentazione è lasciata alla contrattazione collettiva di categoria, nazionale e decentrata;

4. dei **permessi giornalieri** per **motivi di studio.** Nel tentativo di assicurare la conciliazione tra lavoro e studio la contrattazione collettiva, generalmente, riserva attenzione ai permessi per motivi di studio. Anche la l. 300/70 all'art. 10 contempla la figura. Il comma 1 ha un ambito di operatività limitato ad i corsi di formazione regionale mentre il co.2 prevede i permessi concessi anche agli studenti universitari per sostenere le prove d'esame. Trattasi di diritti potestativi ferma la prova della effettività dell'impiego delle ore anche mediante idonea certificazione.;

5. dei permessi mensili e congedi per l'**assistenza continuativa a congiunto con grave handicap** (l. 5 febbraio 1992, n. 104). **L'art. 33 della l. 104/92** disciplina **i permessi** che spettano al lavoratore affetto da grave disabilità o per l'assistenza a coniuge, convivente di fatto, parente o affine entro il secondo grado con grave disabilità non ricoverato a tempo pieno. La legge prevede il diritto di fruire di 3 giorni di permesso al mese. Secondo la giurisprudenza di legittimità l'impiego del permesso per finalità diverse dall'assistenza al disabile (non solo intesa in senso sanitario) costituisce un esercizio abusivo del diritto e, pertanto, giusta causa di licenziamento. Il coniuge convivente di disabile grave o di altro familiare ha diritto ad un **congedo biennale** (art. 42 co. 5 D.lgs. 151/2001) che, a diffe-

renza di quello di cui all'art. 4 l. 53/2000, è retribuito interamente a carico dell'INPS.
6. delle **aspettative non retribuite** per l'espletamento di **funzioni pubbliche elettive** in seno al Parlamento europeo, al Parlamento nazionale, ai consigli regionali o nell'ambito degli enti locali (art. 31 St. lav.; artt. 79 ss., D.lgs. 18 agosto 2000, n. 276). Trattasi di disposizioni che costituiscono attuazione dell'art. 51 comma 3 della Costituzione e consentono al lavoratore, limitatamente alla durata della carica elettiva, di essere assentarsi dal posto di lavoro. Il diritto ha natura potestativa per cui può essere esercitato previa comunicazione ed in ragione del mandato. L'aspettativa non è retribuita ma il lavoratore ha diritto alla conservazione del posto di lavoro. Dall'aspettativa si distinguono i permessi per funzioni pubbliche elettive, regolati dal D.lgs. 267/2000 art. 79. Essi sono retribuiti e la differenza dell'aspettativa.
7. dei permessi per assolvere alle **funzioni presso i seggi elettorali** (l. 21 marzo 1990, n. 53).
8. dei permessi e le aspettative in relazione alle **cariche sindacali** (artt. 23 ss. St. lav.).

5. Congedo per le donne vittime di violenze di genere.

Il congedo per le donne vittime di violenza di genere è stato introdotto **dal D.lgs. n. 80/2015, art. 24**. Può essere richiesto dalla lavoratrice dipendente (sia nel settore pubblico sia in quello privato) inserita nei percorsi di protezione relativi alla violenza di genere. Ha una durata massima di tre mesi e può essere fruito anche in maniera **frazionata, sia a giorni sia ad ore** (anche se il numero di ore giornaliere non può essere superiore alla metà del suo orario ordinario). Questo diritto è riconosciuto anche alle lavoratrici titolari di rapporti di collaborazione coordinata e continuativa, le quali hanno diritto alla sospensione del rapporto contrattuale per motivi connessi allo svolgimento del percorso di protezione, per il periodo corrispondente all'astensione, la cui durata non può essere superiore a tre mesi.
Sono invece **escluse** dal diritto **le lavoratrici domestiche**.
Trattasi di un diritto potestativo esercitabile a richiesta fermo l'onere posto in capo alla lavoratrice di comunicare al proprio datore di lavoro l'inizio del congedo con almeno **sette giorni di preavviso**, salvo casi di oggettiva impossibilità. Nella comunicazione la lavoratrice dovrà indicare la data di inizio e di

fine del periodo di congedo e dovrà allegare la documentazione rilasciata dai servizi sociali del comune di residenza o dai centri antiviolenza o dalle case rifugio comprovante l'inserimento della stessa negli appositi percorsi di protezione relativi alla violenza di genere.

La legge demanda alla contrattazione collettiva nazionale la disciplina di dettagli ulteriori sulle modalità di fruizione del congedo.

Durante il periodo di congedo, la lavoratrice ha diritto a percepire **un'indennità corrispondente all'ultima retribuzione**, con riferimento alle voci fisse e continuative del trattamento.

L'indennità è corrisposta dal datore di lavoro secondo le modalità previste per la corresponsione dei trattamenti economici di maternità. I datori di lavoro privati, nella denuncia contributiva, detraggono l'importo dell'indennità dall'ammontare dei contributi previdenziali dovuti all'ente previdenziale competente.

Il periodo di congedo è coperto da contribuzione figurativa ed è computato ai fini dell'anzianità di servizio a tutti gli effetti, nonché ai fini della maturazione delle ferie, della tredicesima mensilità e del trattamento di fine rapporto.

6. La Cassa integrazione guadagni: cenni.

La Cassa integrazione guadagni è un'ipotesi di **sospensione della prestazione lavorativa in quanto il lavoratore non adempie in tutto o in parte alla prestazione lavorativa per ragioni connesse all'impresa.**

Al tema è dedicato il *cap. VIII, sez. III* cui si rinvia.

QUESTIONARIO

1. Quali sono le cause di sospensione del rapporto di lavoro? **1.**
2. Quali conseguenze comporta lo stato di malattia sul rapporto di lavoro? **2.**
3. Cosa si intende per periodo di comporto, secco e frazionato? **2.1.**
4. Cosa si intende per congedo parentale? **3.4.**
5. Qual è la differenza tra congedo di maternità e di paternità? **3.**
6. A quali mansioni non può essere adibita la lavoratrice madre? **3.1.**
7. In quali casi spetta il congedo obbligatorio ed in quali quello facoltativo? **3.**
8. Quali sono le deroghe al divieto di licenziamento della lavoratrice madre? **3.1.**
9. Quali misure sono previste in caso di adozione? **3.3.**
10. Qual è la disciplina in tema di congedi prevista in occasione dell'emergenza COVID-19? **3.4.1.**
11. Cosa sono i congedi personali? **4.**

CAPITOLO VI | LA SOSPENSIONE DEL RAPPORTO DI LAVORO

12. Cosa si intende per congedo delle vittime di violenza di genere? **5.**
13. Come si calcola il congedo matrimoniale? **4.**
14. Il congedo matrimoniale incide sulle ferie e sul TFR? **4.**

SCHEDA DI SINTESI

Il rapporto di lavoro può subire delle sospensioni involontarie ergo indipendenti dalla volontà delle parti che, pur determinando una sospensione del sinallagma contrattuale danno comunque diritto alla retribuzione per il lavoratore. Trattandosi di ipotesi eccentriche rispetto al sistema generale esse integrano un numero chiuso e sono insuscettibili di applicazione in via analogica. Tra le ipotesi imputabili alla sfera del lavoratore vanno annoverate l'infortunio e la malattia, i congedi di maternità, paternità, parentali e personali. Tra le ipotesi imputabili alla sfera datoriale vi è la Cassa integrazione guadagni.

Gli eventi dell'infortunio e della malattia radicano il loro fondamento nella tutela del diritto alla salute. Se le cause determinanti tali vicende sono riconducibili alla sfera lavorativa del lavoratore, hanno cioè una genesi professionale allora le prestazioni rientrano nella competenza dell'INAIL, nel caso in cui siano riconducibili alla sfera extralavorativa del lavoratore rientreranno nell'ambito della competenza dell'INPS.

I congedi di maternità e di paternità radicano il loro fondamento nell'art. 37 della costituzione e sono compiutamente disciplinati da un testo unico volto a tutelare la figura del genitore lavoratore ed assicurare la conciliazione dei tempi di vita-lavoro.

La tutela della lavoratrice è garantita sin dalla fase della gravidanza attraverso divieti per quelle lavorazioni o per le modalità di svolgimento della prestazione che possano pregiudicare la condizione di gestante, attraverso il divieto di licenziamento (fatta eccezione per le ipotesi tassative di colpa grave della lavoratrice, cessazione dell'attività, esito negativo della prova, ultimazione della lavorazione per la quale la lavoratrice è stata assunta ovvero scadenza del termine) e la possibilità di richiedere congedi, obbligatori nel caso di prossimità al parto ovvero facoltativi.

I congedi parentali sono facoltativi, sono esercitabili da entrambi i genitori in via alternativa quanto al periodo di fruizione, sono espressione dell'esercizio di un diritto potestativo. La retribuzione percepita non è piena mentre la contribuzione figurativa è piena.

I congedi personali possono essere accordati per motivi che trovano nella legge il loro fondamento: familiari, matrimoniali, per la formazione, per motivi di studio, per motivi sindacali, per assistenza continuativa a soggetti portatori di handicap, per l'essere vittima di violenza di genere.

PARTE PRIMA | IL DIRITTO DEL LAVORO

Capitolo VII
La disciplina antidiscriminatoria

Sommario:
1. Disciplina antidiscriminatoria: cenni generali. – **2.** La discriminazione di genere: la tutela del lavoro femminile. – **3.** La discriminazione collegata all'età: la tutela del lavoro minorile. – **4.** La tutela della genitorialità: *rinvio.* – **5.** Le altre ipotesi di discriminazione: cenni – **6.** La tutela delle discriminazioni in ambito giurisdizionale. – **7.** Le azioni positive.

1. Disciplina antidiscriminatoria: cenni generali.

La disciplina antidiscriminatoria nell'ambito del diritto del lavoro costituisce attuazione del principio di uguaglianza, sia formale che sostanziale, che radica il suo addentellato direttamente **nell'art. 3 della Costituzione**. I lavoratori devono essere trattati in maniera analoga in situazioni analoghe. È evidente, quindi, come tale garanzia costituisca un limite per l'esercizio della potestà datoriale anche a livello negoziale ma va precisato che, attualmente, è dominante l'orientamento sia in dottrina (Del Punta) che in giurisprudenza secondo cui la non discriminazione non costituisce il mero rovescio della **parità di trattamento** da garantirsi sempre e comunque a tutti i lavoratori ma è un principio che si afferma in presenza dei c.d. fattori protetti ovvero allorquando emergono quei beni a rilevanza costituzionale a cui l'ordinamento attribuisce una tutela speciale vietando che il datore di lavoro possa assumere trattamenti sfavorevoli proprio in ragione del **fattore protetto** limitando, così, la dignità della persona (orientamento sessuale, etnia) o anche il libero esercizio di valori costituzionalmente rilevanti (orientamento religioso, politico).

Il principio di uguaglianza e quello di non discriminazione oggi sono spesso associati fra loro ed intesi unitariamente, anche se non possiedono una identica funzione. Come afferma la Corte di giustizia, «il principio della parità di trattamento, sancito dall'articolo 20 della Carta, è un principio generale del diritto dell'Unione e il principio di non discriminazione enunciato all'articolo 21 paragrafo 1 della Carta ne è una particolare espressione» (*caso Glatze vs. Freistaat Bayern, 22 maggio 2014, causa C-356/12*).

La **tutela antidiscriminatoria** può essere **definita multilivello** perché accanto a disposizioni europee si collocano quelle interne che, nel corso del tempo, sulla spinta del diritto europeo ed internazionale sono state progressivamente incise.

A) In ambito europeo

1. **Il Trattato istitutivo della Comunità europea** contiene numerose e rilevanti norme con portata antidiscriminatoria, in primis per ragioni di nazionalità, e per la promozione della parità uomo donna **l'art. 13 attribuisce al Consiglio la competenza** in materia di *"provvedimenti opportuni per combattere le discriminazioni fondate sul sesso, la razza o l'origine etnica, la religione o le convinzioni personali, gli handicap, l'età o le tendenze sessuali"*;
2. **l'art 21 della Carta dei diritti fondamentali dell'Unione Europea (Carta di Nizza)**, per il quale "è vietata qualsiasi forma di discriminazione fondata, in particolare, sul sesso, la razza, il colore della pelle o l'origine etnica o sociale, le caratteristiche genetiche, la lingua, la religione o le convinzioni personali, le opinioni politiche o di qualsiasi altra natura, l'appartenenza ad una minoranza nazionale, il patrimonio, la nascita, gli handicap, l'età o le tendenze sessuali" ad esso si associa la previsione **dell'art 20 della stessa Carta**, che afferma il più generale ed onnicomprensivo diritto alla parità di trattamento;
3. **Tre direttive specifiche, la 2000 43 /CE in materia di "parità di trattamento fra le persone indipendentemente dalla razza e dall'origine etnica"**, la **2000 78 /CE "che stabilisce un quadro generale per la parità di trattamento in materia di occupazione e di condizioni di lavoro"**, e la **2002 73 /CE compendio delle preceden**ti in materia di "parità di trattamento tra gli uomini e le donne per quanto riguarda l'accesso al lavoro, alla formazione ed alla promozione professionale e le condizioni di lavoro" **A questa segue la direttiva 2006 54 /CE** riguardante "l'attuazione del principio delle pari opportunità e della parità di trattamento fra uomini e donne in materia di occupazione ed impiego", una sorta di testo unico in materia.

B) In ambito interno

- Vi sono numerose disposizioni volte a sanzionare la condotta antidiscriminatoria tra cui:

1. **l'art. 15 St.Lav.**, è "nullo qualsiasi patto od atto diretto a: a) subordinare l'occupazione di un lavoratore alla condizione che aderisca o non aderisca ad una associazione sindacale ovvero cessi di farne parte; b) licenziare un lavoratore, discriminarlo nella assegnazione di qualifiche o mansioni, nei trasferimenti, nei provvedimenti disciplinari, o recargli altrimenti pregiudizio a causa della sua affiliazione o attività sindacale ovvero della sua partecipazione ad uno sciopero. Le disposizioni di cui al comma precedente si applicano altresì ai patti o atti diretti a fini di discriminazione politica, religiosa, razziale, di lingua o di sesso, di handicap, di età o basata sull'orientamento sessuale o sulle convinzioni personali;
2. **l'art. 4 Legge 604/1966,** "il licenziamento determinato da ragioni di credo politico o fede religiosa, dell'appartenenza ad un sindacato e dalla partecipazione ad attività sindacabili è nullo, indipendentemente dalla motivazione adottata";

- Accanto a tali singoli divieti si pongono i **decreti legislativi** che, in attuazione delle direttive comunitarie summenzionate, hanno fornito una regolamentazione ad hoc dei singoli fattori protetti.
  1. **Decreto Legislativo n. 215 del 2003** (recepimento della Direttiva 200/43/CE), "per la parità di trattamento tra le persone indipendentemente dalla razza e dall'origine etnica", **ai sensi dell'art. 2, co. 1** "per principio di parità di trattamento si intende l'assenza di qualsiasi discriminazione diretta o indiretta a causa della **razza** o **dell'origine etnica**…";
  2. **Decreto Legislativo n. 216 del 2003** (recepimento della Direttiva 200/78/CE), "per la parità di trattamento in materia di occupazione e di condizioni di lavoro", ai **sensi dell'art. 2, co. 1**, "per principio di parità di trattamento si intende l'assenza di qualsiasi discriminazione diretta o indiretta a causa della religione, delle convinzioni personali, degli handicap, dell'età o dell'orientamento sessuale. Tale principio comporta che non sia praticata alcuna discriminazione diretta o indiretta, così come di seguito definite…";
  3. **Decreto legislativo n. 198 del 2006 (c.d. "Codice delle pari opportunità tra uomo e donna")** ha sancito il divieto di discriminazioni fondate su ragioni di genere, tra uomini e donne, apprestando una tutela rinforzata rispetto ad eventuali comportamenti o trattamenti discriminatori serbati dal datore di lavoro;

4. **Decreto Legislativo 150/2011**, procedura speciale per le controversie in materia di discriminazione.
5. **Legge n. 162 del 2021 che ha modificato il c.d. Codice delle pari opportunità** attraverso una serie di previsioni: a) è stato modificato l'art. 25 cit. codice e, quindi, ampliata la nozione di discriminazione; b) è stato modificato l'art. 46 del codice delle pari opportunità con la previsione dell'obbligo di redazione del rapporto biennale ai datori di lavoro con oltre 50 dipendenti (anziché con più di 100, come in passato). Il rapporto è redatto in modalità esclusivamente telematica, attraverso la compilazione di un modello pubblicato nel sito del Ministero del lavoro e delle politiche sociali e trasmesso alle rappresentanze sindacali aziendali. Sono previste sanzioni in caso di mancato adempimento dell'obbligo; c) l'inserimento dell'art. 46 bis nel codice citato che prevede, a partire dal 1° gennaio 2022, l'istituzione della certificazione della Parità di genere che è volta a riconoscere le misure adottate dai datori di lavoro per ridurre il divario di genere in relazione alle opportunità di crescita in azienda, alla parità salariale a parità di mansioni, alle politiche di gestione delle differenze di genere e alla tutela della maternità. Uno o diversi Decreti ministeriali definiranno i requisiti per ottenere la certificazione. Al possesso della Certificazione della parità di genere è legata una premialità consistente in un esonero dal versamento dei contributi a carico del datore di lavoro per l'anno 2022 (eventualmente prorogabile), ferma restando l'aliquota di computo delle prestazioni pensionistiche, entro un importo massimo annuo.

- **Dal punto di vista oggettivo,** la normativa qualifica due tipi di discriminazione:
  1. quella effettuata **in forma diretta**, che si ha quando a causa della presenza di uno dei fattori evocati, una persona è trattata meno favorevolmente di quanto lo sarebbe stata un'altra in situazione analoga,
  2. quella **definita indiretta**, che ricorre "quando una disposizione, un criterio, una prassi, un atto, un patto o un comportamento apparentemente neutri" possono mettere le persone appartenenti alle categorie individuate "in una situazione di particolare svantaggio" (salva la presenza di "finalità legittima" ed il carattere di appropriatezza e necessità dei mezzi impiegati per conseguirla, come prescritto dalla normativa europea).

Potremmo diversamente affermare, di fatto, che mentre nel caso della **discriminazione diretta** vengono impiegati due trattamenti diversi e quello impiegato nei confronti del portatore del fattore protetto è penalizzante; nella **discriminazione indiretta** la discriminazione sta negli effetti atteso che viene assunto un comportamento eguale nei confronti di soggetti che si trovano in situazioni diverse.

La **legge definisce come discriminazioni anche le molestie**, definite quale comportamento indesiderato adottato per motivi connessi al fattore di rischio e avente lo scopo o l'effetto di violare la dignità di una persona e di creare un clima intimidatorio, ostile, degradante, umiliante od offensivo; e **le molestie sessuali**, ossia quei comportamenti indesiderati a connotazione sessuale, espresso in forma verbale, non verbale o fisica, aventi medesimo scopo od l'effetto di violare la dignità di una persona e di creare un clima intimidatorio. (sul punto vedi funditus par. tutela delle donne).

Profilo comune della discriminazione è senza dubbio il carattere **oggettivo** della stessa e l'inconferenza del profilo soggettivo dell'autore della discriminazione. Su tale aspetto anche la giurisprudenza di legittimità, sostanzialmente, granitica ha chiarito che *"La nullità del licenziamento discriminatorio discende direttamente dalla violazione di specifiche norme di diritto interno, quali l'art. 4 della l. n. 604 del 1966, l'art. 15 st.lav. e l'art. 3 della l. n. 108 del 1990, nonché di diritto europeo, quali quelle contenute nella direttiva n. 76/207/CEE sulle discriminazioni di genere, sicché, diversamente dall'ipotesi di licenziamento ritorsivo, non è necessaria la sussistenza di un motivo illecito determinante ex art. 1345 c.c., né la natura discriminatoria può essere esclusa dalla concorrenza di un'altra finalità, pur legittima, quale il motivo economico"* (cfr. Cass. n. 6575 del 2016).

Premesso tale inquadramento estremamente generale si procederà alla trattazione delle discriminazioni fondate sul genere, l'età, la genitorialità che, espressione della tutela della persona, mirano ad assicurare il corretto sviluppo dell'integrità psico-fisica e, al contempo, a favorire il ruolo svolto nell'ambito della dimensione socio-economica.

2. La discriminazione di genere: tutela del lavoro femminile.

Tra le forme di discriminazione che trovano maggiore ricorrenza nell'ambito della prassi applicativa vi è la discriminazione di genere. Essa radica il suo addentellato nell'art. 3 della costituzione che va letto in combinato disposto con l'art. 37 della Carta che è stato precursore di una tutela "rafforzata" nei

CAPITOLO VII | LA DISCIPLINA ANTIDISCRIMINATORIA

confronti della donna vittima di disparità di trattamento. L'art. 37 Cost. recita, infatti, che "la donna lavoratrice ha gli stessi diritti e, a parità di lavoro, le stesse retribuzioni che spettano al lavoratore".

Il principio costituzionale è stato attuato, successivamente, da molteplici leggi, in primis la l. 9 dicembre **1977, n. 903** che ha costituito il primo intervento organico in materia di discriminazioni tra i generi; seguito, successivamente dal D.lgs. 26 marzo **2001, n. 151** (**"Testo unico in materia di sostegno della maternità e della paternità"**) e dal D.lgs. 11 aprile **2006, n. 198** (**"Codice delle pari opportunità tra uomo e donna"**) **che ha consacrato l'attuazione del principio di uguaglianza in senso sostanziale.**

Il Codice delle pari opportunità fornisce precise definizioni dei **concetti di discriminazione e molestia** (artt. 25 – 26).

In particolare, **l'art. 25, novellato dalla legge n. 162 del 2021,** definisce la **discriminazione diretta** "qualsiasi **disposizione, criterio, prassi, atto, patto o comportamento**, nonché l'ordine di porre in essere un atto o un comportamento, che produca un effetto pregiudizievole discriminando *le candidate e i candidati, in fase di selezione del personale*, le lavoratrici o i lavoratori in ragione del loro sesso e, comunque, il trattamento meno favorevole rispetto a quello di un'altra lavoratrice o di un altro lavoratore in situazione analoga."

Il **comma 2 dell'art. 25, anch'esso modificato dalla legge n. 162 del 2021,** con riguardo alla **discriminazione indiretta** chiarisce che "Si ha discriminazione indiretta, ai sensi del presente titolo, quando una disposizione, un criterio, una prassi, un atto, un patto o un comportamento*, compresi quelli di natura organizzativa o incidenti sull'orario di lavoro,* apparentemente neutri mettono o possono mettere *i candidati in fase di selezione e* i lavoratori di un determinato sesso in una posizione di particolare svantaggio rispetto a lavoratori dell'altro sesso, salvo che riguardino requisiti essenziali allo svolgimento dell'attività lavorativa, purché l'obiettivo sia legittimo e i mezzi impiegati per il suo conseguimento siano appropriati e necessari". Ai sensi del **comma 2-bis, integralmente novellato,** "*Costituisce discriminazione, ai sensi del presente titolo, ogni trattamento o modifica dell'organizzazione delle condizioni e dei tempi di lavoro che, in ragione del sesso, dell'età anagrafica, delle esigenze di cura personale o familiare, dello stato di gravidanza nonché di maternità o paternità, anche adottive, ovvero in ragione della titolarità e dell'esercizio dei relativi diritti, pone o può porre il lavoratore in almeno una delle seguenti condizioni: a) posizione di svantaggio rispetto alla generalità degli altri lavoratori; b) limitazione delle opportunità di partecipazione alla vita o alle scelte aziendali; c) limitazione dell'accesso ai meccanismi di avanzamento e di progressione nella carriera.*

Costituisce discriminazione, ai sensi del presente titolo, ogni trattamento meno favorevole in ragione dello stato di gravidanza, nonché di maternità o paternità, anche adottive, ovvero in ragione della titolarità e dell'esercizio dei relativi diritti.

L'incidenza del diritto comunitario ha indotto il legislatore, all'art. **26 del cit. D.lgs.**, a ricomprendere nel concetto di discriminazioni anche le **molestie di genere**.

La Direttiva 2002/73/CE – che modifica la Direttiva 76/207/CEE del Consiglio relativa all'attuazione del principio della parità di trattamento tra gli uomini e le donne per quanto riguarda l'accesso al lavoro, alla formazione e alla promozione professionali e le condizioni di lavoro – chiarisce, all'Ottavo Considerando, che "le molestie legate al sesso di una persona e le molestie sessuali sono contrarie al principio della parità di trattamento fra uomini e donne; è pertanto opportuno definire siffatte nozioni e vietare siffatte forme di discriminazione. A tal fine va sottolineato che queste forme di discriminazione non si producono soltanto sul posto di lavoro, ma anche nel quadro dell'accesso all'impiego ed alla formazione professionale, durante l'impiego e l'occupazione". Sicché, "occorrerebbe incoraggiare i datori di lavoro e i responsabili della formazione professionale a prendere misure per combattere tutte le forme di discriminazione sessuale e, in particolare, a prendere misure preventive contro le molestie e le molestie sessuali sul posto di lavoro, in conformità del diritto e della prassi nazionali" (Nono Considerando). Il Sesto Considerando della Direttiva 2006/54/CE – riguardante l'attuazione del principio delle pari opportunità e della parità di trattamento fra uomini e donne in materia di occupazione e impiego – chiarisce che "le molestie e le molestie sessuali sono contrarie al principio della parità di trattamento fra uomini e donne e costituiscono forme di discriminazione fondate sul sesso ai fini della presente direttiva. **Queste forme di discriminazione non si producono soltanto sul posto di lavoro, ma anche nel quadro dell'accesso al lavoro, alla formazione professionale nonché alla promozione professionale. Queste forme di discriminazione dovrebbero pertanto essere vietate e soggette a sanzioni efficaci, proporzionate e dissuasive**".

L'art. 2, co. 2, Direttiva 2002/73/CE definisce molestia la "situazione nella quale si verifica un comportamento indesiderato connesso al sesso di una persona avente lo scopo o l'effetto di violare la dignità di tale persona e di creare un clima intimidatorio, ostile, degradante, umiliante od offensivo", e molestia sessuale la "situazione nella quale si verifica un comportamento indesiderato a connotazione sessuale, espresso in forma fisica, verbale o non verbale, avente lo scopo o l'effetto di violare la dignità di una persona, in particolare creando un clima intimidatorio, ostile, degradante, umiliante o offensivo" (cfr. anche art. 2, co. 1, lett. c e d, Direttiva 2006/54/CE). **Ai sensi dell'art. 3 Direttiva 2002/73/CE,** "le molestie e le molestie sessuali, ai sensi della presente direttiva, sono considerate discriminazioni fondate sul sesso e sono pertanto vietate. Il rifiuto di, o la sottomissione a, tali comportamenti da parte di una persona non possono essere utilizzati per prendere una decisione riguardo a detta persona".

L'art. 26, co. 1-2 *bis*, D.lgs. 198/2006 stabilisce che "sono considerate come discriminazioni anche le molestie, ovvero quei comportamenti indesiderati, posti in essere per ragioni connesse al sesso, aventi lo scopo o l'effetto di violare la dignità di una lavoratrice o di un lavoratore e di creare un clima intimidatorio, ostile, degradante, umiliante o offensivo. Dalle molestie di genere vanno distinte le **molestie sessuali** che **sono comunque considerate come discriminazioni, trattasi di quei comportamenti indesiderati a connotazione sessuale**, espressi in forma fisica, verbale o non verbale, aventi lo scopo o l'effetto di violare la dignità di una lavoratrice o di un lavoratore e di creare un clima intimidatorio, ostile, degradante, umiliante o offensivo. **2-bis.** Sono, altresì, considerati come discriminazione i trattamenti meno favorevoli subiti da una lavoratrice o da un lavoratore per il fatto di aver rifiutato i comportamenti di cui ai commi 1 e 2 o di esservisi sottomessi".

Nell'ambito del rapporto di lavoro, la **discriminazione** può essere attuata nella fase di **accesso** a una nuova occupazione, nel corso dello **svolgimento** del rapporto di lavoro, o al momento e quale causa di **risoluzione del rapporto di lavoro** ed è per questo che il decreto legislativo in commento contempla una pluralità di disposizioni volte a contrastare condotte discriminatorie in ogni fase del rapporto:

1. **Art. 27:** vieta qualsiasi discriminazione legata alla fase dell'accesso al lavoro anche se riferita allo stato matrimoniale, di famiglia o di gravidanza. Costituiscono deroghe sia il comma 6 che basa sul sesso l'assunzione nel settore della moda o dello spettacolo sia il comma 4 che prevede deroghe al divieto per le assunzioni finalizzate allo svolgimento di mansioni pesanti così come individuate dalla contrattazione collettiva;
2. **Art. 28:** ribadisce il principio di parità relativo al **trattamento retributivo** e l'impiego di criteri analoghi per la classificazione di uomini e donne;
3. **Art. 29:** ribadisce il principio di parità di trattamento in ordine alle

progressioni di carriera anche se in quest'ambito è centrale la discrezionalità datoriale. L'onere di allegazione dovrà essere specifico e completo;
4. **Artt. 30-30 bis**: che regolamentano le forme della **previdenza sociale**, in materia di età pensionabile, assegni familiari, prestazioni ai superstiti, forme pensionistiche complementari;
5. **Art. 35**: il **divieto di licenziamento** non solo **per ragioni di genere**, ma anche **per causa di matrimonio** della lavoratrice, che opera dal giorno della richiesta delle pubblicazioni di matrimonio, fino ad 1 anno dalla celebrazione stessa. In entrambi i casi il licenziamento è **presunto dalla legge come illecito** e, dunque, nullo, con la conseguenza che la donna lavoratrice ha diritto ad essere riammessa in servizio ed a ottenere la retribuzione dalla data del licenziamento a quella della sua reintegrazione.

L'art. 1, comma 218, della legge di stabilità per il 2018 (legge n. 205 del 2017), ha implementato le tutele per i lavoratori che siano stati molestati dal datore di lavoro, **aggiungendo all'articolo 26 del c.d. "Codice delle pari opportunità" (D.lgs. 198/2006) i commi 3-bis e 3-ter**.

Il nuovo comma 3-bis, infatti, stabilisce che "la lavoratrice o il lavoratore che agisce in giudizio per la dichiarazione delle discriminazioni per molestia o molestia sessuale poste in essere in violazione dei divieti di cui al presente capo **non può essere sanzionato, demansionato, licenziato, trasferito o sottoposto ad altra misura organizzativa avente effetti negativi, diretti o indiretti, sulle condizioni di lavoro, determinati dalla denuncia stessa. Il licenziamento ritorsivo o discriminatorio del soggetto denunciante è nullo. Sono altresì nulli il mutamento di mansioni ai sensi dell'articolo 2103 del codice civile, nonché qualsiasi altra misura ritorsiva o discriminatoria adottata nei confronti del denunciante**. Le tutele di cui al presente comma non sono garantite nei casi in cui sia accertata, anche con sentenza di primo grado, la responsabilità penale del denunciante per i reati di calunnia o diffamazione ovvero l'infondatezza della denuncia".

Nella medesima linea direttrice si colloca **il comma 3-ter**, che prevede che "**i datori di lavoro sono tenuti, ai sensi dell'articolo 2087 del codice civile, ad assicurare condizioni di lavoro tali da garantire l'integrità fisica e morale e la dignità dei lavoratori**, anche concordando con le organizzazioni sindacali dei lavoratori le iniziative, di natura informativa e formativa, più opportune al fine di prevenire il fenomeno delle molestie sessuali nei luoghi di lavoro.

Le imprese, i sindacati, i datori di lavoro e i lavoratori e le lavoratrici si impe-

gnano ad assicurare il mantenimento nei luoghi di lavoro di un ambiente di lavoro in cui sia rispettata la dignità di ognuno e siano favorite le relazioni interpersonali, basate su principi di eguaglianza e di reciproca correttezza".
Per quanto concerne la **tutela giudiziaria** va precisato che sono previsti strumenti di tutela ad hoc ai sensi degli artt. 36 ss. su cui si rinvia al par. 6.
Va in questa sede precisato che figura centrale per l'azione a tutela della disparità è proprio quella della Consigliera di parità che può agire su delega della persona offesa per la tutela contro le discriminazioni individuali mentre autonomamente per quelle collettive.

3. La discriminazione collegata all'età: tutela del lavoro minorile.

La tutela del lavoro minorile così come quella della donna radica il suo fondamento nella Carta costituzionale e, segnatamente, **nell'art. 37 che ai commi 2 e 3** tiene conto della peculiarità soggettiva del minore, dovuta alle sue caratteristiche fisio-psichiche, a tal fine affidando al legislatore il compito di fissare l'età minima per l'accesso al lavoro dipendente e di introdurre speciali norme di tutela (c.d. **tutela differenziata**). Se, quindi, nel caso della tutela della donna, l'esigenza di affermazione della parità di trattamento rispetto al lavoro prestato dagli uomini si impone come primaria, nel caso dei minori, invece, la necessità di garantire lo sviluppo psico-fisico impone il rafforzamento del piano delle tutele con disposizioni proibitive per l'accesso al lavoro in particolari condizioni.
La materia è stata oggetto di plurimi interventi: sul piano internazionale vigono diverse Convenzioni ONU ed OIL, nell'ambito del diritto europeo è stata adottata la direttiva 94/33/CE, nel diritto interno il legislatore è intervenuto dapprima con la l. 17 ottobre **1967, n. 977**, poi modificata dal D.lgs. 3 agosto **1999, n. 345** e dal D.lgs. **n. 262** del 18 agosto **2000**.
In linea generale vige il divieto di adibizione ad attività lavorativa per i **bambini** (cioè i soggetti minori di anni quindici) fatta eccezione per le ipotesi di cui all'art. 3 l. 977/1967 e cioè attività culturali, artistiche, sportive e pubblicitarie o nel settore dello spettacolo che non pregiudichino la loro sicurezza ed integrità fisica e l'assolvimento degli obblighi scolastici, a condizione che vi sia l'assenso dei titolari della potestà genitoriale ed autorizzazione della Direzione provinciale del lavoro (art. 4).
Per gli adolescenti (ricompresi tra i quindici ed i diciotto anni) sono stabiliti specifici divieti di assunzione al lavoro per **attività insalubri, pericolose, nocive o pesanti**, a meno che non siano autorizzate dalla Direzione provinciale del lavoro per indispensabili motivi didattici o di formazione professionale.

Il legislatore impone che il datore di lavoro effettui **specifiche valutazioni dei rischi** (art. 7) e sottoponga i minori a **visite mediche**, preventive e periodiche (art. 8).
Il carattere rafforzato della tutela si invera anche in ordine a specifici aspetti del rapporto di lavoro laddove instaurato per quanto concerne:

1. **orario di lavoro:** per i bambini, l'orario di lavoro non può superare le 7 ore giornaliere e le 35 settimanali; per gli adolescenti, il limite è invece di 8 ore giornaliere e 40 settimanali (art. 18);
2. **lavoro notturno:** è fatto esplicito divieto di adibire i minori al lavoro notturno, salvo che per prestazioni culturali, artistiche, sportive e nel campo dello spettacolo (artt. 15 – 17);
3. **riposi intermedi e settimanali:** se l'orario di lavoro ha una durata superiore alle 4 ore e mezzo, deve essere garantito un riposo intermedio della durata minima di 1 ora (art. 20). Deve inoltre essere assicurato un riposo settimanale di almeno 2 giorni, possibilmente consecutivi, e comprensivo della domenica (art. 22);
4. **ferie annuali:** è previsto il diritto ad almeno 30 giorni di ferie annuali retribuite per i minori di sedici anni, e ad almeno 28 giorni per i soggetti tra i sedici ed i diciotto anni (art. 23).

4. La tutela della genitorialità: *rinvio*.

La genitorialità trova una regolamentazione autonoma ed unitaria nel D.lgs. 151 del 2001 (c.d. testo unico della maternità) che offre una disciplina organica ai fini della tutela della madre-lavoratrice, in attuazione dell'art. 37 della Costituzione e dell'esigenza avvertita dal Costituente di assicurare forme idonee a rendere effettiva la conciliazione lavoro-famiglia, e del padre-lavoratore.
In ordine alla disciplina "speciale" prevista per la madre durante la gravidanza ed il puerperio si rinvia *funditus* al cap. VIII sez. I per la disciplina delle dimissioni e del licenziamento e al cap. VII per la disciplina giuridica.

5. Le altre ipotesi di discriminazione: cenni.

La discriminazione può essere incentrata anche **su altri fattori di rischio** oltre il genere che sono la razza e l'origine etnica (regolate dal D.lgs. n. 215 del

2003) e la religione, le convinzioni personali, l'handicap, l'età e l'orientamento sessuale (regolati dal D.lgs. n. 216 del 2003), centrale sul piano della tutela è anche l'art. 15 della l. 300/70 summenzionato.

Ciascuno dei decreti in commento oltre a contemplare il distinguo tra discriminazione diretta ed indiretta innanzi evidenziato ha anche il pregio di specificare le c.d. "clausole di esclusione" che sono ipotesi in cui l'impiego del fattore di rischio non assume valenza discriminatoria.

Trattasi di ipotesi non tipizzate ma indicate genericamente come differenze di trattamento in cui è lo stesso fattore di rischio ad assumere rilevanza perché costituisce un requisito essenziale e determinante ai fini dello svolgimento dell'attività stessa e, quindi, non assumono carattere discriminatorio (art. 3 comma 4 D.lgs. 215/2003 ovvero art. 3 comma 3 D.lgs. 216/2003).

La **tutela giurisdizionale è quella di cui all'art. 28 di cui al D.lgs. 150/2011** che è esaminata nel par. 6 di seguito riportato.

6. La tutela delle discriminazioni in ambito giurisdizionale.

La necessità di assicurare una tutela che fosse effettiva al soggetto discriminato il legislatore ha previsto una pletora di rimedi sostanziali ed un rito speciale con regole anche eccentriche rispetto al sistema ordinario di distribuzione dell'onere probatorio.

Dal punto di **vista sostanziale** va precisato che:

1. l'atto discriminatorio deve essere considerato sempre **nullo (art. 15 l. 300/70);**
2. il soggetto discriminato può formulare domanda di **risarcimento** per equivalente del danno subito, sia patrimoniale che non patrimoniale;
3. il soggetto discriminato può richiedere la tutela **inibitoria** e **ripristinatoria**, consistente in un ordine giurisdizionale di cessazione della condotta discriminatoria e di rimozione degli effetti lesivi conseguenti.

Dal punto di **vista processuale** il legislatore ha contemplato una serie di riti accelerati speciali che si collocano accanto al rito ordinario e sono strumentali per la garanzia di effettività della tutela attesa l'esigenza di porre fine, tempestivamente, alla condotta discriminatoria.

L'azione può essere proposta **individualmente** dal soggetto discriminato

ovvero, nei casi di discriminazione collettiva, dalle **organizzazioni rappresentative** del diritto o dell'interesse leso (es. le organizzazioni sindacali o i consiglieri di parità).
La **tutela è garantita anche se non è individuabile uno specifico soggetto danneggiato**. Infatti, l'art. 5, co. 1 e 2, Decreto Legislativo 216/2003 – attuazione della Direttiva 2000/78/CE per la parità di trattamento in materia di occupazione e di condizioni di lavoro – prevede che "le organizzazioni sindacali, le associazioni e le organizzazioni rappresentative del diritto o dell'interesse leso, in forza di delega, rilasciata per atto pubblico o scrittura privata autenticata, a pena di nullità, sono legittimate ad agire ai sensi dell'articolo 4 (per la tutela giurisdizionale), in nome e per conto o a sostegno del soggetto passivo della discriminazione, contro la persona fisica o giuridica cui è riferibile il comportamento o l'atto discriminatorio... i soggetti di cui al comma 1 sono altresì legittimati ad agire nei casi di discriminazione collettiva qualora non siano individuabili in modo diretto e immediato le persone lese dalla discriminazione".

È importante evidenziare come ciò che caratterizza queste **associazioni** non è necessariamente l'appartenenza dei singoli associati alla categoria dei soggetti lesi dalla discriminazione collettiva, bensì lo **scopo che le stesse si prefiggono** e per il quale sono state costituite dai singoli associati. Quindi, per essere legittimate ad agire giudizialmente **non devono essere costituite da soggetti portatori dell'interesse che difendono**, ma devono avere quale fine da perseguire quello della tutela di questo interesse; si deve trattare di soggetti collettivi che operano sul territorio nazionale a difesa dell'effettività del principio di non discriminazione e che, appunto, si prefiggono di **spiegare la loro azione con riferimento a uno dei fattori possibile fonte di discriminazione** e che, da questo punto di vista, aggrega una determinata categoria di soggetti.

Le azioni previste dal legislatore sono due:

1. **art. 28 D.lgs. 150/2011**. La disposizione prevede che nel caso di controversie in materia di discriminazione di cui all'art. 44 D.lgs. 286/1998 (T.U. di disciplina in materia di immigrazione e tutela dello straniero), art. 4 D.lgs. n. 215 del 2003 (attuazione della direttiva in tema di parità di trattamento per ragioni di etnia e razziali), art. 4 D.lgs. n. 216 del 2003 (parità di trattamento in materia di condizioni di lavoro), art. 3 l. n. 67 del 2006 (Misure per la tutela giudiziaria delle persone con disabilità vittime di discriminazioni), art. 55 quinquies D.lgs. 198 del 2006 (codice delle pari opportunità) il **rito sia quello sommario di cognizione.**

La competenza del tribunale è quella del luogo in cui il ricorrente ha il domicilio e se il ricorrente deduce fatti, anche attraverso dati statistici, da cui sia possibile desumere l'esistenza di atti, patti, comportamenti discriminatori allora il giudice, con ordinanza oltre ad adottare provvedimenti di condanna al pagamento di somme a titolo risarcitorio, può ordinare la cessazione del comportamento nonché una serie di comportamenti a carattere inibitorio.
2. **Artt. 36-40 del D.lgs. 198/2006** (codice delle pari opportunità) che contemplano **un rito ad hoc per le discriminazioni di genere.**

La **legittimazione processuale** spetta:

1. in caso di **discriminazione individuale**, al diretto interessato od al consigliere o consigliera di parità regionale o nazionale, su delega dell'interessato;
2. in caso di **discriminazione collettiva**, in via diretta ai consiglieri di parità; resta fermo, comunque, il diritto del lavoratore o della lavoratrice di agire in giudizio individualmente.

   Il giudice adito, nei **due giorni** successivi alla presentazione del ricorso, convocate le parti ed assunte sommarie informazioni, ove ritenga sussistente la violazione di cui al ricorso, emette **decreto motivato ed immediatamente esecutivo,** con cui (art. 37, co. 3 – 4):
   - provvede al **risarcimento** del danno, se del caso anche non patrimoniale;
   - ordina all'autore della discriminazione la **cessazione** del comportamento pregiudizievole e l'adozione di ogni provvedimento idoneo a **rimuoverne gli effetti.** Contro il decreto è ammessa, entro **quindici giorni** dalla comunicazione, **opposizione** avanti alla medesima autorità giudiziaria territorialmente competente, che decide con sentenza immediatamente esecutiva.

In caso di processi instaurati per la tutela avverso **discriminazioni di natura collettiva**, il giudice, qualora ravvisi gli estremi della violazione lamentata, condanna il datore di lavoro al **risarcimento dei danni (patrimoniali e non), ordina immediatamente all'autore della discriminazione di cessare il comportamento illecito** e di **predisporre un piano di rimozione della stessa**, sentite le RSA o, ove queste manchino, gli organismi locali aderenti alle organizzazioni sindacali di categoria più rappresentative a livello nazionale oppure il consigliere o la consigliera di parità, competente per territorio o a livello nazionale.

La specialità dei riti azionati presenta dei riflessi anche in ordine alla **distribuzione degli oneri probatori**, in particolare:

1. **Art. 28, co. 4 D.lgs. 150/2011**: Quando il ricorrente fornisce elementi di fatto, desunti anche da dati di carattere statistico, dai quali si può presumere l'esistenza di atti, patti o comportamenti discriminatori, spetta al convenuto l'onere di provare l'insussistenza della discriminazione I dati di carattere statistico possono essere relativi anche alle assunzioni, ai regimi contributivi, all'assegnazione delle mansioni e qualifiche, ai trasferimenti, alla progressione in carriera e ai licenziamenti dell'azienda interessata;
2. **Art. 40 D.lgs. n. 198/2006**: Quando il ricorrente fornisce elementi di fatto, desunti anche da dati di carattere statistico relativi alle assunzioni, ai regimi retributivi, all'assegnazione di mansioni e qualifiche, ai trasferimenti, alla progressione in carriera ed ai licenziamenti, idonei a fondare, in termini precisi e concordanti, la presunzione dell'esistenza di atti, patti o comportamenti discriminatori in ragione del sesso, spetta al convenuto l'onere della prova sull'insussistenza della discriminazione.

Queste disposizioni, attuazione del diritto comunitario, atteso che in passato la prova si fondava su presunzioni semplici **non postulano un'inversione netta dell'onere probatorio ma un alleggerimento dell'onere probatorio per il lavoratore discriminato che dovrà allegare fatti desunti anche da dati di natura statistica relativi a comportamenti discriminatori lamentati purché idonei a fondare in termini precisi e concordanti la presunzione di atti e comportamenti discriminatori (cfr. Cass. n. 23286 del 2016). Sarà poi onere del datore di lavoro resistente quello di dover dimostrare, sulla base di tale compiuta allegazione, l'inesistenza della discriminazione.**
In particolare va rimarcato che l'art. 40 cit. è attuazione dell'art. 19 Direttiva CE 2006/54 che stabilisce che "gli Stati membri, secondo i loro sistemi giudiziari, adottano i provvedimenti necessari affinché spetti alla parte convenuta provare l'insussistenza della violazione del principio della parità di trattamento ove chi si ritiene leso dalla mancata osservanza nei propri confronti di tale principio abbia prodotto dinanzi ad un organo giurisdizionale, ovvero dinanzi ad un altro organo competente, elementi di fatto in base ai quali si possa presumere che ci sia stata discriminazione diretta o indiretta", in quanto "l'adozione di norme sull'onere della prova contribuisce in modo significativo a che il principio della parità di trattamento possa essere applicato

efficacemente. Pertanto, come dichiarato dalla Corte di giustizia, occorre adottare provvedimenti affinché l'onere della prova sia a carico della parte convenuta quando si può ragionevolmente presumere che vi sia stata discriminazione, a meno che si tratti di procedimenti in cui l'istruzione dei fatti spetta all'organo giurisdizionale o ad altro organo nazionale competente. Occorre tuttavia chiarire che la valutazione dei fatti in base ai quali si può presumere che ci sia stata discriminazione diretta o indiretta rimane di competenza dell'organo nazionale competente, secondo il diritto e/o la prassi nazionali. Inoltre, spetta agli Stati membri prevedere, in qualunque fase del procedimento, un regime probatorio più favorevole alla parte attrice" (Trentesimo Considerando).

L'alleggerimento dell'onere probatorio si atteggia diversamente a seconda che la discriminazione sia diretta ovvero indiretta.

Nel caso di **discriminazione diretta** il **lavoratore deve allegare**: a) il fattore di rischio, che deve essere uno di quelli tassativamente previsti dal legislatore; b) il trattamento che si assume meno favorevole nei suoi confronti; c) il trattamento che si assume più favorevole nei confronti dei soggetti non titolari del fattore di rischio; d) la compatibilità del trattamento meno favorevole con il fattore di rischio.

Nel cado di **discriminazione indiretta** il **lavoratore deve allegare**: a) il fattore di rischio; b) la disposizione, il criterio o la prassi di cui si deduce la discriminatorietà; c) gli effetti di queste misure sul gruppo portatore del fattore di rischio; d) gli effetti sui gruppi non portatori di rischio; e) il particolare svantaggio che risulta dal confronto degli effetti sul primo gruppo e sugli altri gruppi (caso tipico di discriminazione indiretta per sesso, l'adozione di standard fisici che penalizzano maggiormente le appartenenti al genere femminile). Il datore di lavoro a cui si imputa la discriminazione dovrà provare l'esistenza di una ragione obbiettiva lecita alternativa avente esclusiva efficienza causale, **stante la dimostrata irrilevanza del fattore causale.**

7. Le azioni positive.

Con l'espressione **azioni positive** si intende fare riferimento a quelle misure che sono volte a rimuovere gli squilibri in cui versano determinate categorie di lavoratori che sono, in partenza, in una condizione di disuguaglianza o comunque di svantaggio: le lavoratrici ed i lavoratori con handicap.

Esse costituiscono, quindi, attuazione del principio di uguaglianza in senso sostanziale di cui al comma 2 dell'art. 3 cost.

La regolamentazione e le finalità delle stesse sono contenute **nell'art. 42 del D.lgs. 198 del 2006** secondo cui esse sono dirette a favorire l'occupazione femminile e realizzare l'uguaglianza sostanziale tra uomini e donne nel rapporto di lavoro. In particolare, scopi delle azioni positive sono tra gli altri quello di eliminare la disparità scolastica nella formazione scolastica e professionale, nell'accesso al lavoro, nella progressione di carriera, nella vita lavorativa; valorizzare le mansioni caratterizzate da una maggiore presenza femminile; conciliare i tempi di vita-lavoro.

Le azioni positive possono essere promosse dal **Comitato nazionale** per l'attuazione dei principi di parità di trattamento ed uguaglianza di opportunità tra lavoratori e lavoratrici (CNP, istituito presso il Ministero del lavoro), dai **Consiglieri e consigliere di parità**, dai sindacati, dai datori di lavoro, dai vari centri e commissioni per le pari opportunità dislocati sul territorio. Il **D.lgs. n. 151 del 14 settembre 2015** ha previsto, all'art. 40 del Codice delle pari opportunità, la possibilità, anche per i **Centri per l'Impiego**, di promuovere le azioni positive.

Il D.lgs. n. 151 del 2015 agli articoli dal 27 al 42 ha sostanzialmente ridisegnato le competenze della Consigliera Nazionale delle pari opportunità (art. 33), del Comitato Nazionale di Parità (art. 30), ed introdotta la Conferenza Nazionale delle Consigliere e dei Consiglieri di Parità (art. 36) snellendo la loro attività. Contrariamente al settore pubblico dove le azioni positive sono obbligatorie, nel settore privato esse possono essere promosse e le imprese che le adottano possono beneficiare di incentivi (art. 44).

Nell'ambito del ventaglio delle tutele ed al fine di garantire effettività al principio di parità uomo-donna è stata prevista la figura del consigliere e della consigliera di parità. A tale figura il capo V del d.lgs. 198/2006 dedica la regolamentazione e statuisce che trattasi di organi monocratici, con funzioni di pubblico ufficiale, di nomina governativa, deputati a garantire la parità effettiva delle condizioni di lavoro e di denunciare eventuali fatti costituenti reato. Tra i compiti vi sono anche azioni positive e propulsive, art. 15, idonee a scongiurare le discriminazioni.

QUESTIONARIO

1. Cosa si intende per disciplina multilivello in materia di discriminazioni? **1.**
2. Chi sono i bambini e chi sono gli adolescenti ai sensi della legge? A quali attività non possono essere adibiti? **3.**
3. Cosa stabilisce la legge in materia di lavoro dei minori? **3.**

CAPITOLO VII | LA DISCIPLINA ANTIDISCRIMINATORIA

4. Cosa si intende per discriminazioni dirette, discriminazioni indirette e molestie ai sensi del Codice delle pari opportunità? **2.**
5. In cosa consiste la tutela di genere e quali sono le fonti che ne regolano la disciplina? **2.**
6. Cosa si intende per azioni positive? **7.**
7. Quali peculiarità presenta il rito speciale avverso le discriminazioni? **6.**
8. Come si ripartisce l'onere della prova in caso di tutela giurisdizionale avverso le discriminazioni di genere? **6.**
9. Chi è la consigliera di parità e di cosa si occupa? **6.**

SCHEDA DI SINTESI

La disciplina discriminatoria, di derivazione comunitaria, ha trovato regolamentazione interna in molteplici leggi speciali accomunate dal riconoscimento della nullità dell'atto, fatto o comportamento che ponga in essere una discriminazione sulla base di uno dei fattori tipizzati: età, sesso, lingua, orientamento sessuale, handicap, origini etniche o razziali, orientamento religioso e convinzioni personali.

Le discriminazioni possono essere dirette ovvero indirette. Le discriminazioni dirette si configurano allorquando un soggetto è trattato meno favorevolmente di un altro in conseguenza del fattore di discriminazione. Le indirette, invece, hanno ad oggetto un comportamento analogo per disciplinare due situazioni diverse.

Con riferimento alle discriminazioni di genere è stato codificato anche il concetto di molestia e di molestia sessuale condotte per le quali è ininfluente il profilo dell'elemento soggettivo.

La tutela rafforzata riconosciuta al privato si esplica anche in ordine al regime processuale perché si ha un alleggerimento dell'onere probatorio in favore del lavoratore che, nelle discriminazioni dirette, deve allegare il fattore di rischio indicandolo tra quelli tassativamente previsti dal legislatore; il trattamento che si assume meno favorevole; il trattamento che assume più favorevole nei confronti del soggetto non portatore del fattore di rischio; la compatibilità del trattamento meno favorevole con il fattore di rischio.

Nel caso di discriminazioni indirette il lavoratore deve allegare il fattore di rischio, la disposizione o la prassi che si assume discriminatoria, gli effetti di queste misure sul gruppo portatore del rischio e su quello non portatore.

Il datore di lavoro deve dimostrare l'esistenza di una ragione obiettiva, lecita, alternativa avente esclusiva efficienza causale.

Accanto a riti semplificati sono previste, al fine di promuovere l'effettiva parità delle condizioni di lavoro tra uomini e donne, anche le cd. azioni positive dove un ruolo propulsivo è offerto dai consiglieri/e di parità.

Capitolo VIII
L'estinzione del rapporto di lavoro

SEZIONE I – DIMISSIONI E LICENZIAMENTO INDIVIDUALE

SOMMARIO:
1. Introduzione. – **2.** La disciplina del recesso nel codice civile. – **3.** L'area della libera recedibilità. – **4.** La risoluzione consensuale del contratto di lavoro. – **5.** Le dimissioni. – **6.** Il licenziamento individuale: requisiti formali e regime sanzionatorio per vizi formali e procedurali. – **7.** Licenziamenti nulli. – **8.** Licenziamenti disciplinari: giusta causa e giustificato motivo soggettivo. – **8.1.** Regime giuridico dei licenziamenti disciplinari: tutela reale e tutela obbligatoria. – **8.2.** Regime giuridico dei licenziamenti disciplinari nel contratto a tutele crescenti: D.lgs. 23/2015. – **9.** I licenziamenti per giustificato motivo oggettivo. – **9.1.** Regime giuridico del licenziamento per giustificato motivo oggettivo. – **9.1.1.** Divieto di licenziamento e COVID-19. – **9.2.** Regime giuridico del licenziamento per giustificato motivo oggettivo nel contratto a tutele crescenti. – **9.3.** Il licenziamento per inidoneità psico-fisica del lavoratore e superamento del comporto: nozione e regime giuridico delle tutele. – **10.** L'offerta transattiva: le novità introdotte dal D.lgs. 4 marzo 2015, n. 23. – **11.** La revoca del licenziamento. – **12.** Le azioni esperibili. – **12.1.** I termini di impugnazione. – **12.2.** L'onere della prova.

1. Introduzione.

Il rapporto di lavoro, come tutti i rapporti di durata, può estinguersi.
Le cause di estinzione possono essere sia **imputabili** alla volontà dei contraenti che **non imputabili**. Tra le ipotesi di estinzione del contratto di lavoro **non imputabili** alla volontà dei contraenti è possibile annoverare la **scadenza del termine** nel caso di contratto a tempo determinato, la **morte del lavoratore**, l'**impossibilità sopravvenuta della prestazione**.
Nel caso di **contratto a tempo determinato** a seguito della **scadenza del termine** di durata apposto dalle parti il contratto cessa i suoi effetti giuridici.
La **morte del lavoratore** determina l'estinzione del contratto trattandosi di un rapporto fondato sull'*intuitu personae* mentre nel caso di morte del datore di

lavoro il rapporto prosegue, nel caso dei rapporti di impresa, con gli eredi che sono successori nella titolarità dell'impresa. Agli eredi del lavoratore deceduto (segnatamente al coniuge e ai figli e, se vivevano a suo carico, ai parenti entro il terzo grado e gli affini entro il secondo grado), ai sensi dell'art. 2122 c.c., spetteranno le indennità di preavviso (art. 2118 comma 3 c.c.) ed il trattamento di fine rapporto (art. 2120 c.c.).

Altra causa di estinzione del rapporto di lavoro è **l'impossibilità sopravvenuta della prestazione** che può riguardare la persona del lavoratore (come ricorre ad esempio nel caso di sopravvenuta assoluta inidoneità fisica del prestatore di lavoro) oppure l'imprenditore stesso nei casi di forza maggiore (ad esempio la distruzione dell'azienda).

Altre ipotesi previste direttamente dalla **legge** di estinzione del rapporto di lavoro sono ad esempio, la mancata ripresa del servizio da parte del lavoratore dopo la reintegrazione giudiziale o dopo l'espletamento del servizio militare, la condanna definitiva del dipendente pubblico ad almeno 3 anni di reclusione per reati contro la p.a. o alla pena accessoria dell'interdizione dai pubblici uffici. Ipotesi di **estinzione del rapporto** di lavoro riconducibili alle parti sono la **risoluzione per mutuo consenso** ed il **recesso**.

2. La disciplina del recesso nel codice civile.

Il **recesso** è un atto unilaterale recettizio, espressione dell'esercizio di un diritto potestativo, che può essere attribuito alle parti del contratto (c.d. "recesso contrattuale") o dalla legge (c.d. "recesso legale").

Nell'ambito del contratto di lavoro l'ordinamento distingue tra ipotesi di *recesso ad nutum* e ipotesi di recesso motivato, nonché tra ipotesi di recesso con obbligo di preavviso e possibilità di recesso senza preavviso.

> 1. **Casi di recesso *ad nutum***: sono quelli nei quali il rapporto di lavoro può essere risolto senza una specifica motivazione, fermo l'obbligo del preavviso. È il caso dei rapporti con lavoratori domestici, di coloro che hanno raggiunto l'età pensionabile, dei lavoratori assunti in prova, per tutto il periodo di prova, dei dirigenti, degli sportivi professionisti.
> 2. **Recesso con preavviso (art. 2118 c.c.).**
>   La disciplina codicistica è fondata sul **principio di libera recedibilità** delle parti dal contratto a tempo indeterminato, con l'unico vincolo del rispetto del **termine di preavviso** (fissato nei contratti

collettivi o, in mancanza, secondo gli usi o l'equità) ovvero, in alternativa, della corresponsione della relativa **indennità sostitutiva** che è dovuta dalla parte che recede, sia essa il datore di lavoro ovvero il prestatore.

L'indennità, pari alla retribuzione che sarebbe spettata alla parte se avesse lavorato durante il preavviso, è calcolata sulla base di tutti i compensi di carattere continuativo attribuiti al lavoratore, con esclusione dei meri rimborsi spese (art. 2121 c.c.).

3. **Recesso per giusta causa e senza preavviso (art. 2119 c.c.).**
Le parti possono altresì recedere **con effetto immediato** (senza obbligo di preavviso nei rapporti a tempo indeterminato, prima della scadenza del termine finale in quelli a tempo determinato) in presenza di una *"**giusta causa**"*, ossia di un motivo tale da non consentire la prosecuzione, nemmeno provvisoria, del rapporto.

Nel caso in cui il recesso sia esercitato dal datore di lavoro l'atto unilaterale è il **licenziamento** che deve essere necessariamente sorretto da una motivazione (giusta causa, giustificato motivo soggettivo o oggettivo). Il licenziamento deve essere sempre sorretto da una causa giustificatrice che ne costituisce il limite. Con la conseguenza, quindi, che **l'art. 2118 c.c. ha portata residuale.**

Nel caso in cui, invece, il **recesso sia effettuato dal lavoratore** si parlerà di **dimissioni**.

Il **termine di preavviso** costituisce un lasso temporale che deve essere osservato onde tutelare la controparte in quanto mediante il preavviso si consente al datore di lavoro, in caso di dimissioni del lavoratore, di individuare un'altra unità lavorativa sul mercato e, al prestatore, in caso di licenziamento, di ricercare altra occupazione. La durata del preavviso è generalmente stabilita, nel suo minimo, dai contratti collettivi e varia in relazione all'anzianità di servizio e alla qualifica.

Le parti hanno la possibilità di **derogarvi** come statuito dalla giurisprudenza di legittimità (cfr. Cass. n. 16527 del 21 maggio 2015) stabilendo un termine più lungo o anche più breve.

Durante il periodo di preavviso il contratto di lavoro continua a produrre i suoi effetti giuridici (ne consegue, pertanto, che se ad esempio il lavoratore dimissionario assuma una condotta integrante giusta causa di licenziamento il datore di lavoro potrà procedere allo stesso – cfr. Cass. sent. n. 13883 del 23 luglio 2004) ma è ben possibile che le parti decidano di far cessare gli effetti del contratto e la parte recedente corrisponda all'altra **un'indennità sostitutiva**. Trattasi di un'indennità equivalente all'importo della retribuzione che sarebbe spettata, calcolata considerando tutte le voci della retribuzione corrisposte a carattere "continuativo" che non entra, tuttavia, a far parte della base imponibile ai fini del computo del TFR.

Per quanto concerne la **natura del preavviso**, si è a lungo dibattuto in ordine alla sua **efficacia reale** od **obbligatoria**.

Per i fautori della prima tesi, il pagamento dell'indennità sostitutiva non può comportare l'estinzione anticipata del rapporto lavorativo, così che eventuali vantaggi normativi e retributivi intervenuti nelle more del periodo di preavviso sono idonei a produrre effetti favorevoli in capo al lavoratore (*Cass., 13 dicembre 1988, n. 6798*). Per i fautori del secondo orientamento, il recedente può scegliere se osservare il termine di preavviso ovvero corrispondere l'indennità (obbligazione alternativa), con effetti di immediata risoluzione del rapporto contrattuale (*Cass., 3 luglio 2012, n. 11086*).

L'orientamento prevalente e consolidato è quello per cui "l'art. 2118 c.c. attribuisce al preavviso di licenziamento efficacia meramente obbligatoria e non reale, con la conseguenza che, se una delle parti esercita la facoltà di recedere con effetto immediato, il rapporto si risolve altrettanto immediatamente, con l'unico obbligo della parte recedente di corrispondere l'indennità sostitutiva e senza che da tale momento possano avere influenza eventuali avvenimenti sopravvenuti" (*Cass., 26 ottobre 2018, n. 27294; conf. Cass. n. 27934/2021*).

3. L'area della libera recedibilità.

La libera recedibilità si sostanzia nella possibilità di risolvere il rapporto di lavoro senza una specifica motivazione, fermo l'obbligo del preavviso così come statuisce l'art. 2118 c.c. innanzi illustrato.

Dal momento che nel nostro ordinamento il licenziamento è un atto che deve necessariamente essere **motivato**, le ipotesi di libera recedibilità sono residuali. Trattasi dei rapporti con lavoratori domestici, di coloro che hanno raggiunto l'età pensionabile, dei lavoratori assunti in prova, per tutto il periodo di prova, dei dirigenti, degli sportivi professionisti.

L'art. 4 della l. n. 108 del 11 maggio 1990 al co. 1 contempla il recesso *ad nutum* per il **lavoratore domestico** statuendo, al comma 1, che "*Fermo restan-*

do quanto previsto dall'articolo 3, le disposizioni degli articoli 1 e 2 non trovano applicazione nei rapporti disciplinati dalla legge 2 aprile 1958, n. 339."
Ne consegue, quindi, che il licenziamento, fermo l'obbligo del preavviso, in tale ambito non deve essere sorretto da giusta causa/giustificato motivo e non ha quale conseguenza il regime sanzionatorio che sarà innanzi illustrato, salvo che si tratti di licenziamento per motivi discriminatori.

L'art. 10 della l. n. 604 del 15 luglio 1966 nel prevedere che il licenziamento debba essere motivato per i lavoratori assunti definitivamente e comunque quando siano decorsi sei mesi dall'inizio del rapporto di lavoro, sostanzialmente riconosce che il **lavoratore possa essere licenziato liberamente durante il periodo di prova** per mancato superamento della stessa.

Il licenziamento è libero anche per **un lavoratore ultrasessantenne che non abbia optato per la prosecuzione del rapporto di lavoro, salvo i casi in cui il licenziamento sia discriminatorio.** Al riguardo **l'art. 4 della l. n. 108 del 11 maggio 1990 al comma 2** statuisce che *"2. Le disposizioni di cui all'articolo 18 della legge 20 maggio 1970, n. 300, come modificato dall'articolo 1 della presente legge, e dell'articolo 2 non si applicano nei confronti dei prestatori di lavoro ultrasessantenni, in possesso dei requisiti pensionistici, sempre che non abbiano optato per la prosecuzione del rapporto di lavoro ai sensi dell'articolo 6 del decreto-legge 22 dicembre 1981, n. 791, convertito, con modificazioni, dalla legge 26 febbraio 1982, n. 54. Sono fatte salve le disposizioni dell'articolo 3 della presente legge e dell'articolo 9 della legge 15 luglio 1966, n. 604."*

Va chiarito che, con la maturazione dell'età pensionabile, affinché il rapporto sia risolto è necessario intimare il licenziamento atteso che la maturazione dell'età pensionabile non comporta un'estinzione automatica del rapporto stesso.

È controverso cosa debba intendersi per "requisiti pensionistici". Sul punto l'art. 24 co. 4 del d.l. n. 201 del 6 dicembre 2011, conv. in l. 214 del 22 dicembre 2011, per quanto qui rileva ha statuito che *"2. Le disposizioni di cui all'articolo 18 della legge 20 maggio 1970, n. 300, come modificato dall'articolo 1 della presente legge, e dell'articolo 2 non si applicano nei confronti dei prestatori di lavoro ultrasessantenni, in possesso dei requisiti pensionistici, sempre che non abbiano optato per la prosecuzione del rapporto di lavoro ai sensi dell'articolo 6 del decreto-legge 22 dicembre 1981, n. 791, convertito, con modificazioni, dalla legge 26 febbraio 1982, n. 54. Sono fatte salve le disposizioni dell'articolo 3 della presente legge e dell'articolo 9 della legge 15 luglio 1966, n. 604."* Le Sezioni Unite della Corte di Cassazione, intervenendo con la sentenza n. 17589 del 4 settembre 2015, hanno ritenuto che tale disposizione non attribuisca un **diritto potestativo** al lavoratore di rimanere in servizio fino al raggiungimento del 70esimo anno di età ma la norma crea le condizioni che consentono al lavoratore di poter lavorare sino a tale limite (in senso conforme si veda anche *Cass. n. 20458 del 2018*). Ne consegue, quindi, che in presenza di manifestata volontà e sussistenza delle condizioni non può operare il recesso *ad nutum*. Inoltre, nel caso in cui il lavoratore impugni il licenziamento l'eventuale conseguenza sanzionatoria opererà fino al raggiungimento dell'età da parte del lavoratore.

La regola della libertà di recesso vige in astratto anche per i dirigenti anche se con diversi correttivi.

Giova premettere che la normativa sul punto, di seguito esaminata, ha superato il vaglio della Corte Costituzionale che l'ha ritenuta conforme all'art. 3 della costituzione stante lo "stretto vincolo fiduciario che caratterizza il rapporto di lavoro del dirigente" (cfr. sent. Corte Costituzionale n. 404 del 19 ottobre 1992).

La disciplina giuridica relativa al recesso del dirigente è rinvenibile **nell'art. 10 della legge n. 604 del 1966** che, espressamente, esclude l'applicazione della disciplina dei licenziamenti individuali a tale categoria; nonché **nell'art. 2** della citata legge che contempla l'applicazione ai dirigenti **esclusivamente delle disposizioni di cui al comma 1 dell'art.2 e dell'art. 9**.

Dalle disposizioni innanzi evidenziate, quindi, emerge che ai dirigenti si applicano le disposizioni concernenti i licenziamenti nulli perché discriminatori e comunque privi della forma scritta. I primi tre commi dell'art. 18 della l. 300/70, così come riformata, richiamano espressamente la categoria ed operano anche con riferimento ai dirigenti assunti dopo il 7 marzo 2015 stante l'inapplicabilità del d.lg. 23/2015 a tale categoria. Esclusivamente in tali casi troverà applicazione la tutela reintegratoria piena.

Sebbene la legge richiami solo la forma scritta del licenziamento va chiarito che il rinvio alle disposizioni della contrattazione collettiva comporta quale regola "generale", per i diversi contratti, quella della giustificatezza del licenziamento con la conseguenza che la mancanza di una causa giustificatrice fonda la tutela indennitaria generalmente prevista per i licenziamenti dei dirigenti.

La giurisprudenza di legittimità nel corso del tempo ha esteso anche alla categoria dirigenziale le garanzie del procedimento disciplinare di cui all'art. 7, co. 2 e 3 della l. 300/70 (cfr. Cass., Sez. un., 30 marzo 2007, n. 7889) con la conseguente previsione della necessaria causalità dello stesso nonché contiguità temporale tra i fatti posti alla base del licenziamento ed il licenziamento stesso. In questi casi le conseguenze sono quelle indennitarie previste dalla contrattazione collettiva di riferimento.

Rientrano nell'area della libera recedibilità anche gli **sportivi professionisti**, elencati nell'art. 2 della l. n. 91 del 23 marzo 1981. La tutela si realizza, tuttavia, solo in presenza di contratto a tempo indeterminato, ipotesi alquanto marginale.

> **TI RICORDI CHE...**
>
> È potestativo il diritto che attribuisce al soggetto giuridico la potestà di tutelare con l'esercizio del diritto stesso la propria sfera giuridica.

4. La risoluzione consensuale del contratto di lavoro.

La **risoluzione per mutuo consenso,** quale espressione del principio generale della **libera recedibilità** dei rapporti giuridici, radica il suo fondamento giuridico **nell'art. 1372 c.c.,** per cui le parti posso, di comune accordo, risolvere il contratto.

Prima dell'avvento della l. 92/2012 e della successiva riforma ad opera del D.lgs. 151/2015 si riteneva che non vi fossero prescrizioni di ordine formale per cui il rapporto poteva essere risolto anche attraverso un comportamento concludente delle parti purché dallo stesso fosse desumibile una volontà inequivoca.

Del resto, la giurisprudenza di legittimità intervenendo sul punto ha evidenziato che non può attribuirsi valenza significativa alla mera inerzia delle parti nei casi in cui la decorrenza del tempo non sia accompagnata da altre circostanze oggettive da cui sia desumibile la volontà delle stesse di porre definitivamente fine ad ogni rapporto (cfr. Cass., ord., 7 dicembre 2017, n. 29427).

L'art. **26 del D.lgs. 151/2015,** come innanzi evidenziato, ha definitivamente accantonato il principio della libertà delle forme estendendo anche alla risoluzione consensuale il **regime giuridico previsto per le dimissioni** determinando, quindi, definitivamente l'abbandono della possibilità della risoluzione del rapporto per mutuo consenso tacito.

In ordine alle forme dell'esercizio del diritto si rinvia al paragrafo sulle dimissioni.

5. Le dimissioni.

La presentazione delle **dimissioni** costituisce l'esercizio di un diritto potestativo del lavoratore, che, attraverso un **atto unilaterale recettizio**, comunica al datore di lavoro la sua intenzione di sciogliersi il rapporto.
Relativamente al regime giuridico delle dimissioni del lavoratore occorre distinguere a seconda che esse intervengano rispetto ad un rapporto di lavoro a tempo indeterminato, piuttosto che a tempo determinato.

1. Nel caso di contratto di lavoro **a tempo indeterminato**, la regola generale è quella della libera recedibilità *ad nutum*. Il lavoratore, infatti, conformemente alla normativa codicistica, non è tenuto a fornire alcuna motivazione di tale scelta, ma deve soltanto rispettare il termine di preavviso, fatti salvi i casi di gravi inadempimenti datoriali che configurino una "giusta causa" (vedi *infra* "giurisprudenza in materia di dimissioni per giusta causa").
2. Rispetto al contratto di lavoro **a tempo determinato**, invece, il recesso unilaterale del prestatore di lavoro è ammesso prima della scadenza del termine finale pattuito solo ed esclusivamente laddove ricorrano gli estremi di una "giusta causa". In caso contrario, infatti, le dimissioni avranno sì comunque effetto, ma il lavoratore sarà obbligato a risarcire il danno cagionato al datore di lavoro per il recesso esercitato *ante tempus*.

Il **principio della libertà delle forme** aveva, in passato, consentito sia alla giurisprudenza che alla dottrina di qualificare le dimissioni quale atto giuridico unilaterale recettizio idoneo a produrre effetti giuridici nel momento in cui giungeva nella sfera giuridica del destinatario, senza che fosse osservata una forma determinata. Era, quindi, possibile che le dimissioni fossero rassegnate oralmente ovvero *per facta concludentia* con necessità, in concreto, di verificare se effettivamente fosse tale la volontà del prestatore.
Onde arginare il fenomeno delle c.d. **dimissioni in bianco** cioè dei fogli sottoscritti preventivamente dal prestatore che, nel caso del verificarsi di eventi infausti erano poi completati dal datore di lavoro (basti pensare ad esempio al caso di gravidanza o anche infortunio), la **legge 188/2007**, successivamente abrogata dall'art. 39 comma 10 lett. i) d.l. 112/2008 prevedeva che la lettera di dimissioni doveva essere presentata su appositi moduli predisposti e resi disponibili dalle allora direzioni provinciali del lavoro e dagli uffici comunali, nonché dai centri per l'impiego. Abrogato l'art. 1 della citata legge, è nuova-

mente riemerso il principio della libertà delle forme, superato dalla la l. **92/2012 art. 4 commi 17 e ss.**
Tale normativa, in analogia con quanto previsto dall'art. 55 co. 4 D.lgs. 151/2001 in tema di dimissioni dei genitori, ha reso le dimissioni un **negozio giuridico unilaterale sospensivamente condizionato** in quanto prevedeva che l'efficacia delle dimissioni fosse subordinata alla convalida da effettuarsi, in via alternativa, o presso la Direzione territoriale del lavoro o presso il Centro per l'impiego territorialmente competenti, o, ancora, presso una sede sindacale individuata dalla contrattazione collettiva nazionale sottoscritta dalle organizzazioni comparativamente più rappresentative (così come previsto dall'Accordo interconfederale del 3 agosto 2012). Il datore di lavoro era tenuto, nel termine di trenta giorni dalla manifestazione di volontà di dimettersi del lavoratore, ad inviare allo stesso la comunicazione contenente l'invito a presentarsi in una delle sedi di cui al comma 17 ovvero l'invito ad apporre la sottoscrizione sulla ricevuta della comunicazione di cessazione del rapporto.

Qualora il lavoratore non avesse aderito all'invito trasmessogli dal datore di lavoro **entro sette giorni dalla sua ricezione**, il rapporto si intendeva risolto. In alternativa, il lavoratore poteva confermare la sua volontà di dimettersi mediante una dichiarazione sottoscritta sulla ricevuta della comunicazione di cessazione del rapporto di lavoro effettuata in via telematica al Centro per l'impiego.

Laddove, viceversa, il datore di lavoro non avesse provveduto a trasmettere la comunicazione al lavoratore contenente l'invito a presentarsi entro il prescritto termine di trenta giorni, le dimissioni si consideravano definitivamente **prive di effetto.**

Orbene, a partire dal 12 marzo 2016, per effetto del decreto ministeriale contenente le norme di attuazione è entrata in vigore la nuova disciplina di cui al **decreto legislativo 151/2015 che,** all'**art. 26,** ha radicalmente mutato la disciplina giuridica in tema di **dimissioni e risoluzione consensuale, abrogando, peraltro, i commi da 17 a 23-bis dell'articolo 4 della legge 28 giugno 2012, n. 92 (innanzi evidenziati).**

La disposizione summenzionata ha introdotto un **requisito formale** statuendo che le dimissioni e la risoluzione consensuale del rapporto di lavoro sono fatte, a pena di **inefficacia**, esclusivamente con **modalità telematiche su appositi moduli** resi disponibili dal Ministero del lavoro e delle politiche sociali attraverso il sito www.lavoro.gov.it e trasmessi al datore di lavoro e alla ITL competente con le modalità individuate con il decreto del Ministro del lavoro 15 dicembre 2015.

La procedura per la **trasmissione del modulo** varia a seconda che il lavoratore operi in autonomia o sia assistito da un soggetto abilitato.

Se opera in autonomia per accedere al sistema deve essere dotata del PIN INPS dispositivo ovvero utilizzare l'identità digitale SPID. Effettuato l'accesso al portale lavoro.gov.it compilerà il modulo che sarà inoltrato, automaticamente, all'indirizzo di posta elettronica del datore di lavoro e all'ITL.

Il lavoratore può anche farsi assistere da un soggetto abilitato che curerà la procedura. Sono abilitati alla trasmissione del modulo i soggetti "intermediari" (patronati, organizzazioni sindacali, consulenti del lavoro, ITL, enti bilaterali e commissioni di certificazione ex artt. 2 co.1 lett. h e art. 76 D.lgs. 276/2003; art. 5 co. 3 lett. b) D.lgs. 185/2016). In questo caso non è richiesto al lavoratore il PIN INPS dispositivo ma il lavoratore dovrà solo firmare digitalmente con l'assistenza del soggetto abilitato il file PDF prodotto con i propri dati.

Il lavoratore può esercitare il cd. **diritto di ripensamento, ex art. 26 co. 2 del D.lgs. 151/2015,** revocando le dimissioni rese nel termine di sette giorni decorrenti dalla data di trasmissione del modulo originario con le stesse modalità osservate per la trasmissione. Nel caso in cui il lavoratore si ammali durante il periodo di preavviso questi resta sospeso e non dovrà reinviare il modulo di dimissioni salvo l'obbligo per il datore di lavoro di comunicare ai Servizi per l'impiego la data effettiva cessazione del rapporto. Parimenti accade nel caso in cui le parti decidano di modificare il periodo di preavviso spostando la data di decorrenza rispetto a quella indicata nel modello telematico; in tal caso sarà sempre il datore di lavoro ad indicare l'effettiva data di cessazione al momento dell'invio della relativa comunicazione.

La procedura telematica ha un **ambito di operatività** alquanto ampio perché opera per tutti i lavoratori subordinati fatta eccezione, così come precisato anche dalla **circolare emanata dal Ministero del lavoro n. 12 del 4 marzo 2016,** per determinate categorie di lavoratori quali i lavoratori domestici, marittimi, i lavoratori in prova, le lavoratrici durante la gravidanze e per i lavoratori genitori con prole di età inferiore a tre anni; nonché per quelle dimissioni rassegnate in sedi ove è presunta una "tutela rafforzata" ergo nel caso di sedi protette, ex art. 2113 co. 4 c.c., ovvero dinnanzi alle commissioni di certificazione ex art. 76 D.lgs. 276/2003.

Il requisito formale della modalità della comunicazione delle dimissioni desta perplessità con riguardo alla sanzione prevista nel caso di inosservanza *ergo* l'inefficacia perché ci si chiede cosa accada nelle ipotesi in cui il lavoratore non osservi tale modalità e non si presenti più al lavoro. In tal caso non resta al datore di lavoro che recedere dal contratto, licenziando il lavoratore, stante la sua assenza ingiustificata.

Nel caso in cui la procedura sia regolare il datore di lavoro deve entro **cinque giorni** dalla risoluzione del contratto comunicare ai Servizi per l'impiego con

UNILAV la cessazione del rapporto di lavoro e, in caso di revoca delle dimissioni, vi sarà l'obbligo di procedere ad annullamento della precedente comunicazione.
Gli articoli 21 co. 1 l. 264/49 e art. 19 co. 3 D.lgs. 276/2003 contemplano una sanzione amministrativa (da 100 a 500 euro) per ogni lavoratore interessato nel caso in cui il datore di lavoro ometta o ritardi di inviare ai Servizi per l'impiego la comunicazione di risoluzione del rapporto di lavoro.
Come innanzi evidenziato non sono soggetti alla procedura telematica summenzionata i **genitori lavoratori** per i quali opera la disciplina di cui **all'art. 55 D.lgs. 151/2001 e art. 4 co. 16 l. 92/2012**.
I **genitori con prole di età inferiore ad anni tre** ovvero la **lavoratrice in gravidanza** in caso di dimissioni devono presentare la comunicazione al datore di lavoro e procedere alla convalida esclusivamente dinnanzi al servizio ispettivo del ministero del lavoro (istituito presso la ITL) competente per territorio; quest'ultimo dovrà convocare le parti e valutare l'effettiva e consapevole volontà del prestatore di rassegnare le dimissioni (cfr. sul punto circ. Min. Lav. 4 luglio 2007 n. 7001), rilasciando, entro 45 giorni dalla richiesta, un provvedimento di convalida inviata anche al datore di lavoro che potrà procedere alla risoluzione del rapporto.
L'esigenza di approntare misure protezionistiche nei confronti dei lavoratori che versano in tali situazioni soggettive ha comportato che, al di là della causa delle dimissioni, a tali lavoratori fossero corrisposte le indennità previste nelle ipotesi di licenziamento come ad esempio l'indennità di disoccupazione (cfr. circolare Inps n. 128 del 5 luglio 2000, n. 8 del 17 gennaio 2003 e Interpello Min. Lav. n. 6 del 5 febbraio 2013) e l'indennità sostitutiva del preavviso nella misura prevista nel caso di licenziamento.
La giurisprudenza di legittimità è divisa sulla debenza dell'indennità nel caso in cui il soggetto trovi una nuova occupazione perché secondo parte della giurisprudenza l'indennità non è dovuta in caso di nuovo impiego a meno che il lavoratore non dimostri che il nuovo impiego sia meno vantaggioso del pregresso (cfr. Cass., 18 agosto 2000, sent. n. 10994).
Viceversa, altra parte della giurisprudenza ritiene sempre dovuta l'indennità sostitutiva (cfr. Cass., 3 marzo 2014, sent. n. 4919).
Regime giuridico specifico è previsto anche per le dimissioni in caso di **matrimonio** regolate dall'art. **35 comma 4 D.lgs. 198/2006**. Il periodo "protetto" è quello ricompreso tra la data in cui sono effettuate le pubblicazioni ed un anno dopo la celebrazione delle nozze. Secondo parte della dottrina la disciplina rafforzata opera anche nel caso di unioni civili ma il periodo tutelato è quello dell'anno decorrente dall'unione stessa. Le dimissioni sono comunicate

al datore di lavoro e devono essere **confermate** presso la ITL entro un mese. La conferma può avvenire o attraverso diretta presentazione della lavoratrice alla ITL oppure attraverso convocazione presso la ITL su iniziativa datoriale oppure, nel caso di mancata comparizione presso la ITL, sarà un funzionario incaricato che si recherà presso il domicilio dell'interessata per raccogliere la volontà definitiva e trasmetterla, successivamente, al datore di lavoro.

La **mancata conferma** delle dimissioni rende le stesse **nulle**.
Le dimissioni possono, tuttavia, essere "indotte" dal datore di lavoro ed essere soggette ad una disciplina giuridica "speciale" come accade, ad esempio, nel caso delle dimissioni cd. **incentivate**.
Trattasi di dimissioni favorite dal datore di lavoro che eroga un incentivo economico ai dimissionari nei casi, ad esempio, di esubero del personale onde scongiurare i licenziamenti ovvero nei casi di prossimità al pensionamento. Alla base delle dimissioni incentivate vi è, generalmente, un accordo scritto in cui il lavoratore aderisce alla proposta formulata dal datore di lavoro e, a seguito dello stesso, il datore di lavoro elabora una lettera di accettazione in cui indica la data di cessazione del rapporto stesso. È indubbio che in quest'ipotesi al lavoratore non competeranno i trattamenti economici conseguenti la disoccupazione, né sarà conteggiato nel novero dei lavoratori nel caso di licenziamenti collettivi.

Le dimissioni quale atto unilaterale in quanto manifestazione di volontà possono **annullate** nell'ipotesi in cui ricorrano i vizi della volontà nelle ipotesi di errore o anche di incapacità dell'istante.
In caso di errore affinché si abbia l'annullamento delle dimissioni ed il ripristino del rapporto è necessario che esso sia essenziale e riconoscibile da parte del datore di lavoro mentre nel caso in cui l'errore ricada sul motivo le dimissioni non saranno annullabili.
In caso di incapacità di intendere e di volere è il lavoratore che deve dimostrare lo stato di minorata capacità intellettiva e/o volitiva affinché le dimissioni possano essere annullate. Sono parimenti annullabili le dimissioni che siano conseguenza di una minaccia esercitata nei confronti del lavoratore quale coazione psicologica come, ad esempio, nel caso di minaccia di licenziamento. Nell'ipotesi di annullamento delle dimissioni il rapporto viene ripristinato ed il lavoratore ha diritto al risarcimento del danno ma non già alle retribuzioni atteso che il lavoratore non ha eseguito la prestazione per cui il diritto al pagamento delle retribuzioni sorge solo a partire dalla sentenza che dichiara l'illegittimità delle dimissioni.

Da ultimo, poi, il **D.lgs. 14 settembre 2016 n. 185** (entrato in vigore il **7 ottobre 2016**), ha stabilito **che la procedura delle dimissioni con modalità telematiche non si applica ai rapporti di pubblico impiego.**
Viene previsto che anche i consulenti del lavoro e le sedi territoriali dell'Ispettorato nazionale del lavoro possano trasmettere, per conto del lavoratore, gli appositi moduli ministeriali; tale facoltà era in precedenza riconosciuta solo ai patronati, alle organizzazioni sindacali, agli enti bilaterali ed alle commissioni di certificazione.
Laddove il lavoratore rassegni le dimissioni per il verificarsi di un evento che rende impossibile la prosecuzione anche temporanea del rapporto si configurerà **giusta causa di dimissioni** che, ai sensi dell'art. 2119 c.c., legittima la mancata osservanza del preavviso.
Il legislatore, tuttavia, non definisce la giusta causa per cui la giurisprudenza di legittimità ha individuato, nel corso del tempo, le ipotesi integranti giusta causa di dimissioni, ravvisandole nella mancata o irregolare corresponsione della retribuzione e dell'adempimento degli obblighi contributivi (cfr. Cass., sent., 23 maggio 1998, n. 5146); imposizione al lavoratore di godere delle ferie durante il cd. preavviso lavorato (cfr. Cass., sent., 17 gennaio 2017, n. 985); svuotamento delle mansioni tale da creare un pregiudizio al bagaglio professionale del lavoratore (cfr. Cass., sent., 13 giugno 2014, n. 13485).
Anche nelle ipotesi di dimissioni per giusta causa la procedura da seguire per la comunicazione è quella prevista per le dimissioni volontarie con obbligo di compilazione del campo "dimissioni per giusta causa". Il datore di lavoro deve corrispondere l'indennità sostitutiva del preavviso ed è tenuto al contributo aziendale del recesso mentre il lavoratore, laddove ricorrano gli estremi, può richiedere sia l'indennità di disoccupazione che il reddito di cittadinanza (art. 2 co. 3 d.l. 4/2009). Dalla disamina della disciplina sul punto può conclusivamente affermarsi che è evidente la *ratio legis* di approntare una tutela rafforzata al prestatore, parte debole del rapporto, non solo attraverso vincoli formali e procedurali idonei a scongiurare dimissioni simulate ma anche mediante interventi assistenziali-previdenziali nelle ipotesi in cui esse siano sorrette da giusta causa.

6. Il licenziamento individuale: requisiti formali e regime sanzionatorio per vizi formali e procedurali.

Il licenziamento deve essere conforme **ai requisiti formali e procedurali indicati dalla legge** onde garantire al lavoratore di poter esercitare compiuta-

mente il diritto di difesa e, al datore, di compiere consapevolmente, un atto radicale per gli effetti prodotti sul rapporto di lavoro stesso.
Il licenziamento deve essere **intimato per iscritto** ai sensi dell'art. 2 co. 1 l. 604/66.
La necessità della forma scritta è conseguenza della possibilità di operare un controllo sul legittimo esercizio del potere datoriale.
La norma **non prescrive specificamente la forma** da osservarsi ma che esso sia effettuato per iscritto dal datore di lavoro (si considera equipollente anche l'atto espulsivo su carta intestata con in calce la denominazione dell'impresa inviato a mezzo raccomandata se non espressamente contestata la forma) e sia comunicato al lavoratore.
La giurisprudenza di merito ha ritenuto assolto il requisito della forma scritta anche nel caso in cui il licenziamento sia comunicato a **mezzo messaggio *whatsapp* o anche via sms**, equiparando, sostanzialmente la messaggistica telefonica al mezzo del fax.
Sul punto è intervenuto il Tribunale di Catania che ha ritenuto rispettato il requisito della forma scritta per un licenziamento intimato tramite il sistema di **messaggistica istantanea *WhatsApp***: "il recesso intimato a mezzo «whatsapp» appare assolvere l'onere della forma scritta, allorché parte ricorrente abbia con certezza imputato al datore di lavoro il documento informatico, tanto da provvedere a formulare tempestiva impugnazione stragiudiziale", ciò in quanto "l'onere di intimare il licenziamento in forma scritta ex art. 2, comma 1, l. 15 luglio 1966, n. 604 a pena di nullità dello stesso può essere assolto tramite qualsiasi mezzo, anche informatico, che permetta al lavoratore di imputare con certezza la comunicazione al datore di lavoro" (*Trib. Catania, 27 giugno 2017*). La pronunzia si colloca nel solco di precedenti che avevano escluso di poter configurare un licenziamento orale a fronte della risoluzione del rapporto **intimata via *sms***: "*il licenziamento intimato tramite sms non è assimilabile al licenziamento intimato oralmente ma piuttosto a quello comunicato a mezzo telefax ed al pari di questo possiede certamente il requisito della forma scritta. Conseguentemente occorrerà rispettare i termini di decadenza dal diritto di proporre l'azione di impugnazione di cui all'art. 32 l. n. 183 del 2010*" (*Trib. Torino, 23 luglio 2014*); "il licenziamento intimato per sms è munito di forma scritta, qualora non ne sia contestata la provenienza dal mittente", nello specifico "nel caso di licenziamento comunicato via sms non può configurarsi una violazione dell'art. 2, comma 1, l. n. 604/1966. Il messaggio sms può assimilarsi al telegramma dettato per telefono o ad una comunicazione e-mail da valutare ai sensi dell'art. 20, comma 1 bis, d.lg. n. 82/2005" (*C.d.A. Firenze, 5 luglio 2016, n. 629*). La giurisprudenza di legitti-

mità, sul punto è stata più rigorosa affermando che il messaggio "sms" può essere equiparato al documento informatico privo di firma digitale e, nel caso di contestazione della trascrizione in giudizio, il giudice potrà valutare la conformità all'originale sulla base anche di altri mezzi di prova a carattere presuntivo (cfr. Cass. sent. n. 5141 del 2019; conf. ord. n. 17810 del 2020). In tutti questi casi è necessario che sia **certa la provenienza dell'autore della dichiarazione**.

Sul punto la giurisprudenza di legittimità già aveva evidenziato che *"Con riguardo al caso di utilizzazione di un telegramma dettato attraverso l'apposito servizio telefonico per l'intimazione del licenziamento, il requisito della forma scritta deve ritenersi sussistente qualora – in caso di contestazione – sia provata, anche per mezzo di testimoni o presunzioni, la effettiva provenienza del telegramma dall'apparente autore della dichiarazione, così come la forma scritta richiesta per il licenziamento (e per l'impugnazione stragiudiziale dello stesso) è integrata dalla consegna dell'ordinario telegramma all'ufficio postale, da parte del mittente o per suo incarico, oppure dalla sottoscrizione da parte del mittente."* (cfr. Cass., 17 maggio 2005, sent. n. 10291).

Il licenziamento intimato non per iscritto ergo **oralmente** deve ritenersi **inefficace**.

La sanzione dell'inefficacia e l'applicazione della tutela reintegratoria cioè della reintegra nel posto di lavoro e condanna del datore di lavoro al pagamento delle retribuzioni dal giorno del licenziamento sino alla reintegra stessa costituisce una regola comune sia per il contratto di lavoro subordinato (art. 18 co. 1 l. 300/70 così come novellato dalla l. 92/12) sia per il contratto a tutele crescenti (art. 2 D.lgs. 23/2015). Il licenziamento orale è considerato dalla giurisprudenza unanime un *tanquam non esset*. Nei paragrafi seguenti sarà esaminata la questione concernente le modalità di impugnazione ed il regime di ripartizione dell'onere probatorio.

Il licenziamento deve essere **motivato.** Le ragioni che sorreggono il licenziamento ai sensi del comma 2 dell'art. 2 della l. 604/66 (novellato nel 2012) devono essere contenuti nell'atto scritto con il quale viene intimato che, per espressa volontà normativa, deve sempre contenere i **motivi.**

Il licenziamento deve essere intimato all'esito della **procedura** di cui all'art. 7 **della l. 300/70** (sul punto vedi par. 4.1, sez.II, cap. V) ovvero, nel caso di licenziamento per giustificato motivo oggettivo nell'osservanza di quella di **cui all'art. 7 della l. 604/66.**

La **violazione** dei criteri **formali e procedurali** è prevista **dall'art. 18 comma 6 della legge 300/70** secondo cui *"Nell'ipotesi in cui il licenziamento sia dichiarato inefficace per violazione del requisito di motivazione di cui all'artico-*

lo 2, comma 2, della legge 15 luglio 1966, n. 604, e successive modificazioni, della procedura di cui all'articolo 7 della presente legge, o della procedura di cui all'articolo 7 della legge 15 luglio 1966, n. 604, e successive modificazioni, si applica il regime di cui al quinto comma, ma con attribuzione al lavoratore di un'indennità risarcitoria onnicomprensiva determinata, in relazione alla gravità della violazione formale o procedurale commessa dal datore di lavoro, tra un minimo di sei e un massimo di dodici mensilità dell'ultima retribuzione globale di fatto, con onere di specifica motivazione a tale riguardo, a meno che il giudice, sulla base della domanda del lavoratore, accerti che vi è anche un difetto di giustificazione del licenziamento, nel qual caso applica, in luogo di quelle previste dal presente comma, le tutele di cui ai commi quarto, quinto o settimo."

Nel caso di lavoratori assunti con il contratto a tutele c.d. "crescenti" il **D.lgs. 23/2015 all'art. 4**, rubricato vizi formali e procedurali, stabilisce che *"Nell'ipotesi in cui il licenziamento sia intimato con violazione del requisito di motivazione di cui all'articolo 2, comma 2, della legge n. 604 del 1966 o della procedura di cui all'articolo 7 della legge n. 300 del 1970, il giudice dichiara estinto il rapporto di lavoro alla data del licenziamento e condanna il datore di lavoro al pagamento di un'indennità non assoggettata a contribuzione previdenziale di importo pari a una mensilità dell'ultima retribuzione di riferimento per il calcolo del trattamento di fine rapporto per ogni anno di servizio, in misura comunque non inferiore a due e non superiore a dodici mensilità, a meno che il giudice, sulla base della domanda del lavoratore, accerti la sussistenza dei presupposti per l'applicazione delle tutele di cui agli articoli 2 e 3 del presente decreto"*. La disposizione è stata dichiarata illegittima dalla Corte costituzionale **con sentenza del 24 giugno - 16 luglio 2020, n. 150**, che ha affermato l'illegittimità costituzionale della norma limitatamente alle parole "di importo pari a una mensilità dell'ultima retribuzione di riferimento per il calcolo del trattamento di fine rapporto per ogni anno di servizio". Indennizzo dimezzato per le imprese con meno di 16 dipendenti, ai sensi dell'art. 9, ma non superiore alle sei mensilità.

I vizi formali e procedurali fonte della tutela risarcitoria sono così enucleati dalla disposizione ma la complessità del procedimento disciplinare ha indotto l'interprete a risolvere una serie di dubbi ermeneutici.

Sicuramente costituisce un vizio formale rilevante la violazione del requisito motivazionale ai sensi dell'art. 2 comma 2 l. 604/66. Tale ipotesi ricorre allorquando la motivazione è incompleta mentre dubbi sono stati posti in caso di mancanza.

In ordine ai **vizi del procedimento di cui all'art. 7 l. 300/70, che rilevano in**

caso di licenziamento disciplinare essi possono essere enucleati in: mancata affissione del codice disciplinare, omessa o carente specificità della contestazione disciplinare, intempestività della contestazione disciplinare rispetto al fatto disciplinarmente rilevante ovvero rispetto alla previsione contenuta nella contrattazione collettiva, inosservanza del termine a difesa, violazione del principio della immutabilità della contestazione.

Nel caso di licenziamento per **giustificato motivo oggettivo la procedura da osservare è quella di cui all'art. 7 della l. 604/66** la cui inosservanza è fonte di vizio formale/procedurale.

Per i lavoratori assunti **con il contratto a tutele crescenti permane la tutela meramente indennitaria** per le violazioni formali/procedurali, innanzi evidenziate, con la precisazione che nel caso di licenziamento per giustificato motivo oggettivo la mancata previsione della procedura formale di cui all'art. 7 della l. 604/66 comporta l'espunzione della violazione procedurale.

Diverso è il regime delle tutele per i lavoratori assunti prima del 7 marzo 2015 ma soggetti alla tutela obbligatoria perché dipendenti di imprese fino a 15 dipendenti. In tal caso opera il regime di cui all'art. 8 della l. 604/66 ergo quella della riassunzione o, in alternativa, del risarcimento tra una misura minima (2,5) e massima (6).

7. Licenziamenti nulli.

Nel novero dei **licenziamenti nulli sono** ricompresi tutti i licenziamenti che l'art. 18 "sanziona" con tale declaratoria nell'ipotesi in cui il giudice accerti l'illegittimità. Recita, infatti, **l'art. 18 co. 1 della l. 300/70** (così come novellato dalla riforma del 2012) al comma 1 che *"Il giudice, con la sentenza con la quale dichiara la nullità del licenziamento perché discriminatorio ai sensi dell'articolo 3 della legge 11 maggio 1990, n. 108, ovvero intimato in concomitanza col matrimonio ai sensi dell'articolo 35 del codice delle pari opportunità tra uomo e donna, di cui al decreto legislativo 11 aprile 2006, n. 198, o in violazione dei divieti di licenziamento di cui all'articolo 54, commi 1, 6, 7 e 9, del testo unico delle disposizioni legislative in materia di tutela e sostegno della maternità e della paternità, di cui al decreto legislativo 26 marzo 2001, n. 151, e successive modificazioni, ovvero perché riconducibile ad altri casi di nullità previsti dalla legge o determinato da un motivo illecito determinante ai sensi dell'articolo 1345 del codice civile, ordina al datore di lavoro, imprenditore o non imprenditore, la reintegrazione del lavoratore nel posto di lavoro, indipendentemente dal motivo formalmente addotto e quale che sia il numero* *dei dipendenti occupati dal datore di lavoro. La presente disposizione si applica anche ai dirigenti.*" Accanto alla reintegra la disposizione prevede anche il risarcimento che è pieno perché la norma dispone che il giudice, con la sentenza di cui al primo comma, condanna altresì il datore di lavoro al risarcimento del danno subito dal lavoratore per il licenziamento di cui sia stata accertata la nullità, stabilendo a tal fine un'indennità commisurata all'ultima retribuzione globale di fatto maturata dal giorno del licenziamento sino a quello dell'effettiva reintegrazione, dedotto quanto percepito, nel periodo di estromissione, per lo svolgimento di altre attività lavorative. In ogni caso la misura del risarcimento non potrà essere inferiore a cinque mensilità della retribuzione globale di fatto. Il datore di lavoro è condannato inoltre, per il medesimo periodo, al versamento dei contributi previdenziali e assistenziali.

Va evidenziato che la **disciplina della nullità opera a prescindere dal regime dimensionale aziendale ed involge tutti i lavoratori, anche i dirigenti,** per i quali come innanzi detto (cfr. *par. 3 questo capitolo*), non opera il regime sanzionatorio di cui alla legge in commento.

Dal punto di vista sostanziale le ipotesi in cui il licenziamento possa essere dichiarato nullo sono le seguenti:

1. Licenziamento discriminatorio;
2. Licenziamento per causa di matrimonio;
3. Licenziamento legato alla genitorialità;
4. Licenziamento per motivo illecito determinante;
5. Licenziamento nullo nelle ipotesi previste dalla legge.

Per i soggetti assunti dopo il 7 marzo 2015, il **D.lgs. 23/2015 all'art. 2 contempla la declaratoria di nullità del licenziamento** limitandolo, essenzialmente, a tre ipotesi:

6. Licenziamento discriminatorio ai sensi dell'art. 15 della l. 300/70;
7. Licenziamento nullo nelle ipotesi previste dalla legge
8. Licenziamento il cui difetto di giustificazione trova origine nella disabilità fisica o psichica del lavoratore (ai sensi degli artt. 4 co. 4 e 10 co. 3 della l. 68/99).

Al pari di quanto accade per il regime giuridico dettato dall'art. 18 in questi casi la tutela reintegratoria è affiancata anche dalla corresponsione del risarcimento parametrato alla retribuzione per il calcolo del trattamento di fine rapporto corrispondente al periodo dal giorno di licenziamento alla reintegra detratto l'*aliunde perceptum* per l'espletamento di altre attività lavorative durante l'estromissione (e comunque non inferiore a cinque mensilità) oltre la regolarizzazione contributiva previdenziale e assicurativa.

Va precisato che per la categoria dei dirigenti opera sempre, in caso di nullità del licenziamento nelle ipotesi summenzionate, il regime sanzionatorio di cui all'art. 18 della l. 300/70, così come novellata, non essendo i dirigenti ricompresi nell'ambito di operatività del D.lgs. 23/2015.

Venendo alla disamina delle ipotesi di nullità è opportuno procedere ad un'analisi differenziata.

A) Licenziamento discriminatorio

Alla disciplina antidiscriminatoria è riservata una trattazione completa nel cap. VII della parte I all'uopo dedicato cui si rinvia. In tale ambito si evidenzia con riferimento al licenziamento c.d. discriminatorio che al di là delle singole ipotesi di discriminazione disciplinate dalla legislazione speciale ai fini della ricostruzione unitaria della categoria è necessario verificare:

1. **Tipicità del fattore di rischio**: è necessario cioè che il fattore di rischio (esempio età, orientamento sessuale, credo religioso, etc.) sia tipizzato per cui esulano dalla categoria le ipotesi in cui vi sia una disparità di trattamento da parte datoriale non riconducibile ad una fattispecie tipizzata;
2. **Carattere oggettivo della situazione svantaggiosa**: è necessario che l'effetto svantaggioso che la discriminazione realizza sia oggettivamente verificabile per cui è irrilevante l'intento perseguito della parte;
3. **Comparazione**: è necessario che si proceda ad una verifica comparativa tra il trattamento riservato al soggetto che è portatore del fattore e quello riservato ad altro lavoratore che non lo è per verificare obiettivamente lo svantaggio. Questi due ultimi elementi sono tra loro correlati.

In ordine alla distribuzione degli oneri probatori si rinvia integralmente al par. 6 del cap. II parte I con riguardo al distinguo anche tra discriminazione diretta ed in diretta

B) Licenziamento per causa di matrimonio

L'art. 18 richiama l'art. **35 del D.lgs. 198/2006** che sanziona con la nullità il

licenziamento che viene intimato nel periodo intercorrente tra la richiesta delle pubblicazioni sino ad un anno dopo la celebrazione del matrimonio perché si presume che sia intimato a causa del matrimonio.
Trattasi di una **presunzione assoluta**. La disposizione, attuazione dell'art. 31 Cost., non è richiamata espressamente nell'art. 2 del D.lgs. 23/2015 ma è indubbio, trattatosi di nullità testuale, che sia ivi ricompresa.
Il carattere assoluto della presunzione comporta l'irrilevanza della conoscenza da parte datoriale delle pubblicazioni. (cfr. Cass. sent. n. 27055 del 3 dicembre 2013).
Il divieto, peraltro, **opera solo per le lavoratrici** e non deve essere inteso come discriminatorio secondo la giurisprudenza di legittimità. Sul punto la Suprema Corte ha recentemente affermato che *"In tema di divieto di licenziamento per causa di matrimonio, la limitazione alle sole lavoratrici madri della nullità prevista dall'art. 35 del D.lgs. n. 198 del 2006 non ha natura discriminatoria, in quanto la diversità di trattamento non trova la sua giustificazione nel genere del soggetto che presta l'attività lavorativa, ma è coerente con la realtà sociale, che ha reso necessarie misure legislative volte a garantire alla donna la possibilità di coniugare il diritto al lavoro con la propria vita coniugale e familiare, ed è fondata su una pluralità di principî costituzionali posti a tutela dei diritti della donna lavoratrice."* (cfr. Cass. n. 28926 del 12 novembre 2018).

C) Licenziamenti legati alla genitorialità

Per tale categoria compresi i limiti e le deroghe si rinvia *funditus* al cap. VI, par. 3.1.

D) Licenziamento per motivo illecito determinante

È nullo il licenziamento che sia sorretto da un motivo illecito che sia l'unico e, perciò determinante, a fondare l'espulsione dal rapporto di lavoro. L'unicità, in altri termini, è esclusa nei casi in cui il licenziamento sia sorretto da una giusta causa ovvero da un giustificato motivo soggettivo o oggettivo.
Generalmente rientrano in tale dizione i **licenziamenti c.d. ritorsivi** cioè quei licenziamenti che sono intimati a seguito di un comportamento (diretto o indiretto) legittimo tenuto dal lavoratore (ad esempio proposizione di azione giudiziaria per rivendicazione di diritti in costanza di rapporto di lavoro).
La circostanza che il richiamo all'art. 1345 c.c., rubricato motivo illecito, non sia contenuto nell'art. 2 del D.lgs. 23/2015 non esclude che tale categoria non

integri un'ipotesi di nullità per il contratto a tutele crescenti ma rientrerebbe nel rinvio alle ipotesi previste dalla legge.
Peculiare è il regime di ripartizione degli oneri probatori come si vedrà in seguito.

E) Altre ipotesi di nullità previste dalla legge

Rientra in tale ipotesi, a titolo esemplificativo, la frode alla legge che sussiste nei casi di applicazione illegittima del dettato di cui all'art. 2112 c.c.; il licenziamento intimato in violazione del numero percentuale di manodopera femminile impiegata (art. 5 l. 223/91), lo stato di sieropositività, il licenziamento del dipendente che segnala illeciti c.d. *"whitstelblower"* ed altre.
Va precisato che il **licenziamento orale** sanzionato con l'inefficacia dal dato normativo sia dell'art. 18 l. 300/70 che dell'art. 2 del D.lgs. 23/2015, il cui regime giuridico sanzionatorio è analogo alle ipotesi di nullità di cui sopra, è il licenziamento privo della forma scritta che fonda una peculiare ripartizione degli oneri probatori su cui si ritornerà *infra*.

8. Licenziamenti disciplinari: giusta causa e giustificato motivo soggettivo.

La **nozione di licenziamento disciplinare** non è contenuta nel dato normativo. Un riferimento è rinvenibile solo nella legge delega n. 183/2014 che all'art.1, co. 7 lett. c) pone quale obiettivo per il legislatore delegato la *"previsione, per le nuove assunzioni, del contratto a tempo indeterminato a tutele crescenti in relazione all'anzianità di servizio, escludendo per i licenziamenti economici la possibilità della reintegrazione del lavoratore nel posto di lavoro, prevedendo un indennizzo economico certo e crescente con l'anzianità di servizio e limitando il diritto alla reintegrazione ai licenziamenti nulli e discriminatori e a specifiche fattispecie di licenziamento disciplinare ingiustificato, nonché prevedendo termini certi per l'impugnazione del licenziamento"*.
La dottrina e la giurisprudenza hanno da sempre considerato disciplinare il licenziamento intimato quale sanzione avverso una condotta del lavoratore avente rilevanza, appunto, disciplinare.
Nell'ambito della categoria dei licenziamenti disciplinari è possibile annoverare il licenziamento per giusta causa ed il licenziamento per giustificato motivo soggettivo che costituiscono la sanzione avverso l'inadempimento del prestatore modulabile in ordine alla gravità dell'inadempimento.

CAPITOLO VIII | L'ESTINZIONE DEL RAPPORTO DI LAVORO

Il licenziamento per **giusta causa** radica il suo addentellato nell'art. 2119 c.c. che definisce la giusta causa quale fattore che **non consenta la prosecuzione, nemmeno provvisoria, del rapporto** di lavoro, poiché comporta il **venir meno dell'affidamento** del datore di lavoro **sull'esattezza** dei successivi **adempimenti** da parte del dipendente (GHERA).

Nel caso di licenziamento per giusta causa il datore di lavoro **non è tenuto ad osservare il termine di preavviso**.

Rientrano in tale nozione, in primo luogo, gli **inadempimenti contrattuali particolarmente gravi**, imputabili a titolo di dolo o colpa al lavoratore (la casistica contempla i casi di assenze ingiustificate, di distruzione o sottrazione di beni aziendali, di falsificazione della documentazione delle spese ai fini del rimborso, di grave e reiterata negligenza nell'esecuzione della prestazione, ecc.); in secondo luogo, gli **atti o fatti attinenti la sfera privata** del prestatore di lavoro idonei a **minare il rapporto di fiducia personale tra le parti** (come la commissione di fatti di reato, se di natura tale da incidere sulle aspettative creditorie, *Cass., 19 dicembre 2000, n. 15919*). La Suprema Corte, infatti, ha affermato che "anche una condotta illecita estranea all'esercizio delle mansioni del lavoratore subordinato può avere rilievo disciplinare poiché egli è assoggettato non solo all'obbligo di rendere la prestazione bensì anche agli obblighi accessori di comportamento extralavorativo tale da non ledere né gli interessi morali o patrimoniali del datore né la fiducia che, in diversa misura e in diversi modi, lega le parti di un rapporto di durata" (*Cass., 17 febbraio 2015, n. 3136*).

La verifica della sussistenza della giusta causa deve essere effettuata dal giudice **in concreto**, tenendo in considerazione tutto il complesso delle circostanze fattuali verificatesi (natura del rapporto, mansioni espletate, grado di fiducia tra le parti) e le condizioni soggettive del datore di lavoro (nelle organizzazioni c.d. "di tendenza", ad esempio, integra eccezionalmente la giusta causa di licenziamento anche la semplice incompatibilità personale del lavoratore rispetto all'indirizzo ideologico dell'ente).

Qualora i contratti collettivi o individuali certificati nelle sedi competenti prevedano apposite **tipizzazioni** del **concetto di "giusta causa"** (così come di quello di "giustificato motivo"), **il giudice deve tenerne conto** nel valutare le motivazioni poste alla base del licenziamento (art. 30, co. 3, l. 4 novembre 2010, n. 183**), ma non ne è comunque vincolato**: "*l'elencazione delle ipotesi di giusta causa di licenziamento contenuta nei contratti collettivi, al contrario che per le sanzioni disciplinari con effetto conservativo, ha valenza meramente esemplificativa e non esclude, perciò, la sussistenza della giusta causa per un grave inadempimento o per un grave comportamento del lavoratore contrario alle norme della comune etica o del comune vivere civile alla sola condizione che tale grave* inademimento o tale grave comportamento, con apprezzamento di fatto del giudice di merito non sindacabile in sede di legittimità se congruamente motivato, abbia fatto venire meno il rapporto fiduciario tra datore di lavoro e lavoratore" (*Cass.*, 12 febbraio 2016, n. 2830). Recentemente la S.C. ha affermato che "*In tema di licenziamento per giusta causa, ai fini della valutazione di proporzionalità è insufficiente un'indagine che si limiti a verificare se il fatto addebitato è riconducibile alle disposizioni della contrattazione collettiva che consentono l'irrogazione del licenziamento, essendo sempre necessario valutare in concreto se il comportamento tenuto, per la sua gravità, sia suscettibile di scuotere la fiducia del datore di lavoro e di far ritenere che la prosecuzione del rapporto si risolva in un pregiudizio per gli scopi aziendali, con particolare attenzione alla condotta del lavoratore che denoti una scarsa inclinazione ad attuare diligentemente gli obblighi assunti e a conformarsi ai canoni di buona fede e correttezza.* (Cass., sent. n. 13411 del 1° luglio 2020).

Il **giustificato motivo soggettivo** è integrato da quegli **inadempimenti degli obblighi contrattuali** – tanto principali quanto accessori – **notevoli** ed imputabili a **colpa** del lavoratore. La nozione di giustificato motivo è contenuta nell'art. 3 della l. 604/66 che, nel primo alinea, definisce il giustificato motivo, definito dagli interpreti soggettivo, perché riconducibile a ragioni imputabili al singolo proprio come inadempimento notevole degli obblighi contrattuali.

La **differenza tra giusta causa e giustificato motivo soggettivo** è, quindi, tanto di natura **quantitativa** (maggiore gravità dell'inadempimento nella prima ipotesi) quanto di natura **qualitativa** (la "giusta causa" può essere rinvenuta anche in condotte del lavoratore estranee agli obblighi di origine contrattuale, lo stesso non può dirsi in relazione al "giustificato motivo soggettivo", che è invece ancorato alla non corretta esecuzione, da parte del prestatore di lavoro, degli obblighi nascenti *ex contractu*)

Se nel caso del licenziamento per "giusta causa" non occorre alcun preavviso (c.d. "licenziamento in tronco") per via della gravità delle situazioni che lo legittimano, altrettanto non può dirsi per il caso di licenziamento per "giustificato motivo soggettivo", che impone al datore di lavoro il rispetto dell'obbligo di preavviso.

8.1. Regime giuridico dei licenziamenti disciplinari: tutela reale e tutela obbligatoria.

Il regime delle tutele nelle ipotesi di licenziamento per ragioni disciplinari si distingue sia in ragione del requisito dimensionale dell'azienda.
Per quel che attiene al **requisito dimensionale il distinguo è tra aziende che**

CAPITOLO VIII | L'ESTINZIONE DEL RAPPORTO DI LAVORO

occupano più di 15 dipendenti (per le quali opera la tutela c.d. reale ed aziende che occupano meno di 15 dipendenti per le quali opererà la tutela c.d. obbligatoria.

L'accertamento della illegittimità del licenziamento disciplinare comporta, per le realtà aziendali soggette alla **tutela obbligatoria,** ai sensi dell'art. 8 legge 604/1966, la condanna del datore di lavoro alla riassunzione entro il termine di tre giorni o, in mancanza al risarcimento del danno versando al lavoratore un'indennità di importo compreso fra un minimo di 2,5 ed un massimo di 6 mensilità dell'ultima retribuzione globale di fatto, considerato il numero dei dipendenti occupato, le dimensioni dell'impresa, l'anzianità di servizio, il comportamento e le condizioni delle parti.

Per le aziende per le quali opera la tutela reale, invece, la **tutela c.d. reale** è contenuta **nell'art. 18 della l. 300/70 così come innovato dalla l. 92/2012,** ed è differenziata nel senso che accanto a quella di carattere reintegratorio (co. IV art. 18), degradata da regola ad eccezione, dopo la riforma del 2012 (c.d. riforma Fornero), si colloca quella esclusivamente indennitaria (co. V art. 18).

Prima di procedere all'analisi della gamma di ipotesi configurabili è opportuno chiarire quali siano i criteri per la determinazione del c.d. **requisito dimensionale.**

La tutela c.d. reale opera per le imprese che occupano:

1. **più di 15 dipendenti nell'unità produttiva** (sede, stabilimento, filiale, ufficio o reparto autonomo) in cui ha avuto luogo il licenziamento;
2. **più di 15 dipendenti nell'ambito dello stesso Comune**, anche se dislocati in più unità produttive;
3. **più di 60 dipendenti nel complesso della propria azienda.**

Ai fini del computo degli addetti, si tiene conto dei lavoratori assunti *part–time* limitatamente alla quota di orario da essi effettivamente svolto, mentre **non si computano** invece il coniuge, i parenti entro il secondo grado del datore di lavoro, gli apprendisti, i lavoratori assunti con contratto di somministrazione, i lavoratori a domicilio. L'art. 4, co. 1, l. 11 maggio 1990, n. 108 esclude altresì dall'ambito della tutela reale di cui all'art. 18 i datori di lavoro non imprenditori che svolgono, senza fini di lucro, attività di natura politica, sindacale, culturale, di istruzione, di religione, di culto (c.d. organizzazioni di tendenza).

Nell'ambito di applicazione dell'art. 18 St.Lav., l'illegittimità del licenziamento consente la **reintegrazione** (ai sensi del comma 4) "**per insussistenza del fatto contestato ovvero perché il fatto rientra tra le condotte punibili** con una sanzione conservativa sulla base delle previsioni dei contratti collettivi ovvero dei codici disciplinari applicabili" (c.d. **tutela reintegratoria ridotta**).

In ordine alla qualificazione giuridica da attribuire al concetto di "**fatto contestato**", deve ritenersi superata la distinzione tra "**fatto materiale**" e "**fatto giuridico**" operata in tempi meno recenti da una parte della giurisprudenza di merito in quanto il fatto "materiale", alla luce anche degli ultimi orientamenti della giurisprudenza di legittimità, deve pur sempre essere **un fatto giuridicamente qualificabile come inadempimento degli obblighi nascenti dal rapporto di lavoro, dunque un fatto prima di tutto imputabile** al lavoratore ed in ogni caso astrattamente rilevante sotto il profilo disciplinare proprio perché giuridicamente qualificabile in termini di inadempimento, pertanto deve conclusivamente affermarsi che il fatto contestato di cui alla disposizione deve essere interpretato come fatto "**disciplinarmente rilevante**".

La giurisprudenza di legittimità ha recentemente affermato che "*Quanto alla tutela reintegratoria, non è plausibile che il Legislatore, parlando di "insussistenza del fatto contestato", abbia voluto negarla nel caso di fatto sussistente, ma privo del carattere di illiceità, ossia non suscettibile di alcuna sanzione, restando estranea al caso presente la diversa questione della proporzione tra fatto sussistente e di illiceità modesta, rispetto alla sanzione espulsiva (Cass. 6 novembre 2014 n. 23669, che si riferisce ad un caso di insussistenza materiale del fatto contestato). In altre parole, la completa irrilevanza giuridica del fatto equivale alla sua insussistenza materiale e dà perciò luogo alla reintegrazione ai sensi dell'art. 18, quarto comma, cit.*" (cfr., in motivazione, Cass., sez. lav., 13 ottobre 2015, n. 20540).

Ancor più di recente, in senso conforme, la Corte di Cassazione ha statuito che "*L'"insussistenza del fatto contestato", di cui all'art. 18, comma 4, st. lav., come modificato dall'art. 1, comma 42, lett. b), della l. n. 92 del 2012, comprende sia l'ipotesi del fatto materiale che si riveli insussistente, sia quella del fatto che, pur esistente, nondimeno non presenti profili di illiceità, sicché, in tale ipotesi, si applica la tutela reintegratoria cd. attenuata*" (così Cass., sez. lav., 26 maggio 2017, n. 13383; conf. Cass., 5 dicembre 2017, n. 29062; Cass., 7 febbraio 2019, n. 3655).

Nell'ipotesi **della condotta punibile con una sanzione conservativa**, invece, il giudice è tenuto a verificare se la condotta posta in essere è "tipicamente" ricompresa tra quelle per le quali il CCNL contempli una sanzione conservativa, solo in questo caso opererà la reintegra (c.d. rete di sicurezza del CCNL – F. Carinci).

In questi casi il giudice accerta l'illegittimità del licenziamento e condanna il datore di lavoro alla **reintegra del lavoratore** nel posto di lavoro e al pagamento, in favore dello stesso, di **un'indennità risarcitoria** pari all'ultima retribuzione globale di fatto da cui dovrà essere decurtato l'*aliquid perceptum* cioè quanto ha percepito nel periodo di estromissione dal rapporto e l'*aliquid percipiendum* cioè quanto avrebbe dovuto percepire dedicandosi, con diligenza, alla ricerca di una nuova occupazione, la cui misura non può comunque superare **le 12 mensilità della retribuzione globale di fatto**.

La **tutela indennitaria piena** (co. **V art. 18**) troverà applicazione quando, **sussistendo la condotta disciplinarmente rilevante imputabile al lavoratore**, la sanzione risulti illegittima o sproporzionata, a seguito della valutazione di aspetti esterni al fatto, ma propri della valutazione prognostica propriamente intesa. Si tratta di circostanze che consentono di concludere positivamente o negativamente l'indagine circa la possibilità per il prestatore di lavoro di tenere una condotta conforme agli obblighi di legge e di contratto: eventuali precedenti disciplinari, recidiva, circostanze proprie del fatto in esame, anzianità del lavoratore, ruolo e responsabilità allo stesso attribuiti, affidamento dallo stesso maturato nell'ambito dell'organizzazione aziendale. In tali ipotesi il giudice **dichiara risolto il rapporto di lavoro e condanna il datore di lavoro al pagamento di un'indennità risarcitoria ricompresa** tra **le 12 e le 24 mensilità della retribuzione globale di fatto** tenuto conto **dell'anzianità di servizio** del lavoratore, delle dimensioni aziendali, del comportamento e delle condizioni delle parti. La determinazione dell'ammontare dell'indennizzo è demandata, in concreto, al giudice che deve compierla tenendo conto dei parametri legali ed illustrando, in motivazione le ragioni fondanti la stessa.

8.2. Regime giuridico dei licenziamenti disciplinari nel contratto a tutele crescenti: D.lgs. 23/2015.

La tutela reintegratoria da eccezione a seguito della riforma operata sull'art. 18 dalla l. 92/2012 è diventata ancor più eccezionale per i lavoratori assunti a partire dal 7 marzo 2015 con il contratto c.d. a tutele crescenti.
Ed invero **l'art. 3** del **D.lgs. 4 marzo 2015, n. 23** ha circoscritto la tutela reintegratoria con indennizzo esclusivamente alle ipotesi di **licenziamento per giustificato motivo soggettivo o per giusta causa in cui sia direttamente dimostrata in giudizio l'insussistenza del fatto materiale contestato al lavoratore**.
In ordine all'interpretazione del significato da attribuire all'inciso "**direttamente dimostrata in giudizio l'insussistenza del fatto materiale contestato**" la giurisprudenza di legittimità si è recentemente pronunciata.

Il **"fatto materiale"** è lo stesso **fatto giuridicamente rilevante qualificabile** quale mancanza imputabile al lavoratore di cui all'art. 18 St.Lav. Sul punto la giurisprudenza di legittimità è recentemente intervenuta affermando che *"In tema di licenziamento disciplinare, l'insussistenza del fatto materiale contestato al lavoratore, ai fini della pronuncia reintegratoria di cui all'art. 3, comma 2, del D.lgs. n. 23 del 2015, rispetto alla quale resta estranea ogni valutazione circa la sproporzione del licenziamento, comprende non soltanto i casi in cui il fatto non si sia verificato nella sua materialità, ma anche tutte le ipotesi in cui il fatto, materialmente accaduto, non abbia rilievo disciplinare* (Cass., 8 maggio 2019, sent. n. 12174).

Sul valore da attribuire all'inciso **"direttamente dimostrata in giudizio"** vi era stata molta incertezza. Non si tratta di un'inversione dell'onere della prova, come l'interpretazione letterale suggerirebbe, con la conseguenza che **spetta sempre e comunque al datore di lavoro provare la legittimità del licenziamento e, quindi, la fondatezza della contestazione disciplinare.**

La norma parrebbe far riferimento alla prova in senso proprio sotto due distinti profili:

1. quello **oggettivo**, quale necessità di acquisire al giudizio la prova contraria che è quella che ha sempre ad oggetto l'inesistenza del fatto che deve essere provato dalla controparte;
2. quello **qualitativo**, quale esclusione della possibilità di inferire la prova contraria da un fatto diverso, ossia di compiere quel percorso logico che consente di conoscere il fatto ignoto che deve essere provato da una prova indiretta acquisita al giudizio.

Dunque, sembrerebbe esclusa la possibilità di riconoscere tutela reintegratoria in tutti i casi in cui l'insussistenza del fatto è desunta da argomenti di prova (art. 116, co. 2, c.p.c., art. 310, co. 3, c.p.c., art. 420, co. 1 e co. 2, c.p.c.), così come la possibilità di operare per presunzioni, in quanto la presunzione è un'inferenza che, in applicazione di una massima di esperienza, porta a una conclusione su un fatto ignoto partendo da una premessa relativa a un fatto diverso noto. Si tratterebbe, dunque, della **necessaria acquisizione al giudizio della piena prova contraria**.

Quanto alle conseguenze, ferma l'impossibilità per il giudice di effettuare valutazioni di sorta circa la sproporzione del licenziamento (che è vizio cui può conseguire la sola tutela di cui all'art. 3, co. 1), questi **annulla** il licenziamento e **condanna** il datore di lavoro **alla reintegrazione del lavoratore nel posto di lavoro, nonché al pagamento di un'indennità risarcitoria commisurata**

all'ultima retribuzione di riferimento per il calcolo del trattamento di fine rapporto, corrispondente al periodo dal giorno del licenziamento fino a quello dell'effettiva reintegrazione, dedotto quanto il lavoratore abbia percepito per lo svolgimento di altre attività lavorative, nonché quanto avrebbe potuto percepire accettando una congrua offerta di lavoro ai sensi dell'art. 4, co. 1, lett. C, del D.lgs. 21 aprile 2000, n. 181. In ogni caso, la misura dell'indennità risarcitoria relativa al periodo antecedente alla pronuncia di reintegrazione non può essere superiore a 12 mensilità dell'ultima retribuzione di riferimento per il calcolo del trattamento di fine rapporto. Il datore di lavoro è condannato, altresì, al versamento dei contributi previdenziali e assistenziali dal giorno del licenziamento fino a quello dell'effettiva reintegrazione, senza applicazione di sanzioni per omissione contributiva. Al lavoratore è attribuita la facoltà di chiedere al datore di lavoro, in sostituzione della reintegrazione nel posto di lavoro, un'indennità pari a quindici mensilità dell'ultima retribuzione di riferimento per il calcolo del trattamento di fine rapporto.

La tutela **reintegratoria per l'insussistenza del fatto materiale contestato** al lavoratore si applica **solo per le imprese con più di 15 dipendenti** mentre per le imprese prive di tale requisito dimensionale l'insussistenza del fatto materiale su cui si basa **il licenziamento comporterà soltanto un indennizzo economico dimezzato, come previsto dall'art. 9**.

In tutti gli altri casi in cui il giudice accerti che **non sussistono gli estremi della giusta causa o del giustificato motivo soggettivo,** ai sensi del comma 1 dell'art. 3 del D.lgs. 23/2015 il giudice è tenuto a dichiarare estinto il rapporto di lavoro dalla data del licenziamento e condannare il datore di lavoro al pagamento di un'indennità, non soggetta a contribuzione previdenziale pari a due mensilità dell'ultima retribuzione di riferimento per il calcolo del TFR per ogni anno di servizio e, comunque, non inferiore a sei mensilità e non superiore a 36 mensilità (così come statuito dal decreto dignità - d.l. n. 87/2018 conv. in l. 96/2018 che ha innalzato il minimo (quattro mensilità) ed il massimo (ventiquattro mensilità). La disposizione recava, prima dell'intervento della Corte Costituzionale, l'elemento di continuità con l'art. 18 della tutela esclusivamente indennitaria ma **la differenza** risiedeva nella determinazione dell'indennizzo perché, nel tentativo di "predeterminare" il costo del licenziamento, esso non era calcolato dal giudice ma costituiva la risultante di un calcolo aritmetico proporzionale all'anzianità di servizio (2 mensilità per ogni anno ricompreso in un minimo e massimo). La **Corte costituzionale con la sentenza n. 194/2018** ha dichiarato "l'illegittimità costituzionale dell'art. 3, comma 1, del decreto legislativo 4 marzo 2015, n. 23** (Disposizioni in materia di contratto di lavoro a tempo indeterminato a tutele crescenti, in attuazione della legge 10 dicembre 2014, n. 183) sia nel testo originario sia nel testo modificato dall'art. 3, comma 1, del decreto-legge 12 luglio 2018, n. 87, convertito, con modificazioni, nella legge 9 agosto 2018, n. 96 **limitatamente alle parole** *"di importo pari a due mensilità dell'ultima retribuzione di riferimento per il calcolo del trattamento di fine rapporto per ogni anno di servizio"*". Ciò, in quanto, la previsione di una misura risarcitoria uniforme, indipendente dalle peculiarità e dalla diversità delle vicende dei licenziamenti intimati dal datore di lavoro, si traduce in un'indebita omologazione di situazioni che possono essere, e sono, nell'esperienza concreta diverse.

Quindi, nel prevedere una tutela economica che può non costituire un adeguato ristoro del danno prodotto, né un'adeguata dissuasione del datore di lavoro dal licenziare ingiustamente, la disposizione censurata comprime l'interesse del lavoratore in misura eccessiva.

In altri termini, secondo la Consulta è il giudice che deve determinare l'ammontare dell'indennizzo, sicuramente secondo criteri razionali ed oggettivi quali in primis l'anzianità di servizio, il numero dei dipendenti occupati, le dimensioni dell'attività economica ed il comportamento e le condizioni delle parti.

9. I licenziamenti per giustificato motivo oggettivo.

Il licenziamento per ragioni obiettive è estrinsecazione della libertà di iniziativa economica tutelata dall'art. 41 Costituzione.

Il **giustificato motivo oggettivo radica il suo fondamento nell'art. 3 della legge n. 604 del 1966** e ricomprende tutte le **ragioni inerenti all'attività produttiva**, all'**organizzazione del lavoro** e al **regolare funzionamento** della stessa.

Trova normalmente causa nella necessità di sopprimere un posto di lavoro in conseguenza di scelte che riguardano l'attività produttiva, l'organizzazione del lavoro o il regolare funzionamento dell'azienda: la risoluzione del rapporto è intimata se non vi è la possibilità di reimpiegare il lavoratore.

Le ragioni che possono fondare questo tipo di risoluzione del rapporto possono essere, quindi, di **carattere propriamente economico** (finalizzate a garantire una riduzione dei costi o un incremento di profitti), o **di carattere tecnico-produttivo** (finalizzate a garantire un aumento dell'efficienza del lavoro e della produzione).

Si osservi che, a dispetto dei contrastanti orientamenti giurisprudenziali di merito e di **legittimità**, deve ritenersi dato acquisito la legittimità di un licenziamento

intimato per una **scelta funzionale a una più remunerativa gestione dell'impresa** e, nello specifico, anche in assenza di una situazione di crisi aziendale (*Cass., 7 dicembre 2016, n. 25201*; conf. Cass. n. 10699 del 2017).
La soppressione può consistere nella c.d. "**soppressione del posto**" derivante, non dalla integrale eliminazione di tutte le tipologie di mansioni originariamente attribuite al prestatore licenziato, ma dalla diversa distribuzione delle stesse tra personale già in forze; oppure nella c.d. "**soppressione delle mansioni**", ossia nella soppressione di tutte le mansioni del lavoratore licenziato o, comunque, nella soppressione della parte prevalente delle stesse (lavoratore parzialmente eccedentario) (cfr. *Cass. n. 24882 del 2017*).
In caso di contestazioni circa la sussistenza del motivo oggettivo del licenziamento, il giudice, fermo il divieto di sindacare il **merito** delle scelte imprenditoriali considerata la riserva costituzionale, deve limitarsi ad un'analisi estrinseca cioè verificare che le **esigenze aziendali siano effettive** e che sussista un **nesso di causalità** fra le stesse ed il recesso del datore di lavoro. La ricorrenza del motivo oggettivo di licenziamento si fonda, nello specifico, su tre presupposti:

1. effettività della scelta organizzativa che comporti una riduzione della forza lavoro impiegata;
2. sussistenza del nesso causale tra scelta organizzativa e licenziamento;
3. impossibilità di adibire il lavoratore ad altre mansioni, ovverosia dell'impossibilità del c.d. "*repêchage*".

Al fine di delineare con maggiore certezza l'ambito del sindacato giurisdizionale in materia, il legislatore ha sancito, con l'art. 30 legge 183/2010 che "in tutti i casi nei quali… ivi comprese le norme in tema di… recesso, il **controllo giudiziale è limitato** esclusivamente, in conformità ai princìpi generali dell'ordinamento, all'**accertamento del presupposto di legittimità** e **non può essere esteso al sindacato di merito** sulle valutazioni tecniche, organizzative e produttive che competono al datore di lavoro o al committente".
Invero, l'insindacabilità nel merito delle decisioni del datore di lavoro, l'irrilevanza dei motivi sottesi alla riorganizzazione aziendale, era già stata reiteratamente affermata in giurisprudenza di legittimità, tanto che a seguito dell'introduzione della suddetta disposizione, la Corte di Cassazione ha chiarito che "…anche dopo l'entrata in vigore dell'art. 30 legge n. 183 del 2010, in tema di licenziamento per giustificato motivo oggettivo, resta insindacabile, nell'*an* e nel *quomodo*, la scelta effettuata dall'imprenditore per far fronte alle esigenze obiettive che si presentino all'impresa, potendo il giudice solo vagliare il

rapporto causa-effetto tra le ragioni economiche ed il licenziamento" (*Cass., 4 aprile 2016, n. 6501*; vedi anche *Cass., 30 novembre 2010, n. 24235*). (Cass. Civ., Sez. Lav., 4 aprile 2016, n. 6501 – parte motiva).
Con l'art. 1, **co. 43, Legge 92/2012**, peraltro, il legislatore ha ulteriormente rafforzato l'art. **30 legge 183/2010 stabilendo che "l'inosservanza delle disposizioni di cui al precedente periodo, in materia di limiti al sindacato di merito sulle valutazioni tecniche, organizzative e produttive che competono al datore di lavoro, costituisce motivo di impugnazione per violazione di norme di diritto":** una piana e rigorosa applicazione dell'art. 30 Legge 183/2010 deve far ritenere preclusa al Giudice ogni valutazione in merito.
In ordine all'obbligo dell'impossibilità del *"repêchage"* va chiarito che esso incombe sul datore di lavoro che, secondo il *renvirement* della Suprema Corte, è tenuto a provare, anche senza l'allegazione del lavoratore la possibilità di reimpiegare lo stesso in posizioni disponibili in azienda che presuppongano l'espletamento di mansioni secondo taluni anche inferiori. Trattandosi di una prova negativa diabolica essa si intende assolta attraverso fatti positivi come, ad esempio, non aver effettuato assunzioni in mansioni astrattamente assegnabili a quel lavoratore.
La giurisprudenza di legittimità, anche alla luce della possibile dilatazione dell'obbligo datoriale di verificare la compatibilità con tutte le mansioni inferiori ha, essenzialmente, cercato di circoscrivere tale onere statuendo che *"….ai fini dell'obbligo del "repechage", non vengono in rilievo tutte le mansioni inferiori dell'organigramma aziendale ma solo quelle che siano compatibili con le competenze professionali del lavoratore, ovvero quelle che siano state effettivamente già svolte, contestualmente o in precedenza, senza che sia previsto un obbligo del datore di lavoro di fornire un'ulteriore o diversa formazione del prestatore per la salvaguardia del posto di lavoro."* (cfr. Cass., 3 dicembre 2019, n. 31520).
Rientrano nella dizione di licenziamento per giustificato motivo oggettivo anche le **ipotesi che prescindono da comportamenti del lavoratore** ma possono anche riguardare la sua **persona** come nel caso di licenziamento per sopravvenuta impossibilità per sopravvenuta infermità permanente e per impossibilità temporanea (pensiamo alla carcerazione).

9.1. Regime giuridico del licenziamento per giustificato motivo oggettivo.

Analogamente a quanto statuito per i licenziamenti disciplinari il regime delle tutele nelle ipotesi di impugnativa di licenziamento per giustificato motivo oggettivo si distingue in ragione del requisito dimensionale dell'azienda.

Rimandando alle considerazioni svolte nel precedente paragrafo per il distinguo tra tutela reale e tutela obbligatoria va chiarito quali sono le tutele accordabili in caso di acclarata illegittimità del licenziamento.
L'accertamento della illegittimità del licenziamento per giustificato motivo oggettivo comporta:

1. per le realtà aziendali soggette alla **tutela obbligatoria,** ai sensi dell'art. 8 legge 604/1966, la condanna del datore di lavoro alla riassunzione entro il termine di tre giorni o, in mancanza al risarcimento del danno versando al lavoratore un'indennità di importo compreso fra un minimo di 2,5 ed un massimo di 6 mensilità dell'ultima retribuzione globale di fatto, considerato il numero dei dipendenti occupato, le dimensioni dell'impresa, l'anzianità di servizio, il comportamento e le condizioni delle parti;
2. per le aziende per le quali opera **la tutela c.d. reale**, invece, il regime giuridico è contenuto **nell'art. 18 della l. 300/70 così come innovato dalla l. 92/2012**, ed è differenziata nel senso che accanto a quella di carattere reintegratorio (co. VII art. 18 che richiama il comma IV dello stesso articolo) nei casi in cui si **accerti la manifesta insussistenza del fatto posto alla base del licenziamento per giustificato motivo oggettivo**, si colloca quella esclusivamente indennitaria (ultima parte del comma VII dell'art. 18 che richiama il comma V) in tutti gli altri casi in cui si accerti l'insussistenza degli estremi del giustificato motivo oggettivo.

Dubbi interpretativi sono sorti in ordine al requisito della **manifesta insussistenza del fatto posto alla base del licenziamento per giustificato motivo oggettivo**. Secondo parte della giurisprudenza l'insussistenza del fatto deve porsi in **relazione al nucleo essenziale**, e oggettivamente autonomo, del licenziamento: **la ragione produttiva od organizzativa addotta dal datore di lavoro e il nesso di causalità**. Ogni altra questione dovrebbe appartenere al diverso capitolo delle "altre ipotesi" per le quali il Giudice deve concludere per la tutela meramente indennitaria, pur avendo accertato la sussistenza del motivo oggettivo posto a giustificazione del recesso, per aver verificato la sussistenza di ragioni di illegittimità "esterne" al fatto quali: casi di violazione dei principi di correttezza e buona fede nella selezione del lavoratore da licenziare tra posizioni fungibili (*Cass., 25 luglio 2018, n. 19732*); la violazione dell'obbligo di *repêchage*, che è obbligo che sorge in conseguenza della sussistenza del fatto posto a giustificazione del licenziamento (il datore di lavoro è obbligato ad adibire il lavoratore licenziato ad altre mansioni reperibili in azienda, solo ove la ragione addotta a fondamento del recesso effettivamente sussista e risulti causalmente connessa alla posizione lavorativa in esame; è un aspetto conseguente e successivo alla vicenda fondante il recesso propriamente considerato).

Contra altra parte della giurisprudenza di legittimità che **colloca all'interno del fatto posto alla base del licenziamento e, quindi, alla manifesta insussistenza anche la violazione dell'obbligo del** *repêchage*.

In tema di licenziamento per giustificato motivo oggettivo, la verifica del requisito della "manifesta insussistenza del fatto posto a base del licenziamento" previsto dall'art. 18, comma 7, st.lav., come novellato dalla l. n. 92 del 2012, concerne entrambi i presupposti di legittimità del recesso e, quindi, sia le ragioni inerenti all'attività produttiva, all'organizzazione del lavoro e al regolare funzionamento di essa sia l'impossibilità di ricollocare altrove il lavoratore (cd. "repêchage"); fermo l'onere della prova che grava sul datore di lavoro ai sensi dell'art. 5 della l. n. 604 del 1966, la "manifesta insussistenza" va riferita ad una evidente, e facilmente verificabile sul piano probatorio, assenza dei suddetti presupposti, che consenta di apprezzare la chiara pretestuosità del recesso. (*Cass., 11 novembre 2019, n. 29102*).

È indubbio, tuttavia che per manifesta insussistenza debba intendersi un'evidente e chiara pretestuosità del recesso. In tali casi l'applicazione della tutela di cui al comma IV dell'art. 18 è demandata alla discrezionalità del giudice atteso che la norma recita "può".

La Corte Costituzionale con sentenza n. 125 del 19 maggio 2022 ha dichiarato **l'illegittimità costituzionale** della disposizione nella parte in cui prevede la reintegra solo se l'insussistenza del fatto sia manifesta. Ebbene la Suprema Corte ha evidenziato che la disposizione è contraria al canone della ragionevolezza di cui all'art. 3 cost. allorquando parla di "manifesta" trattandosi di requisito indefinito perché si presta ad incertezze interpretative; non ha attinenza con il disvalore del licenziamento; è eccentrico rispetto all'apparato delle tutele e dei vizi del licenziamento; appesantisce il processo a causa della vaghezza e incoerenza.

In tutti quanti gli altri casi, come anzidetto residua la tutela esclusivamente indennitaria di cui al comma V dell'art. 18.

Limitatamente alle imprese soggette alla tutela c.d. reale, l'art. 7 della l. 604/66, così come disposto dalla l. 92/2012, contempla una procedura conciliativa preventiva, scandita in più fasi dinnanzi alla Direzione territoriale del lavoro, che opera esclusivamente nei casi in cui il licenziamento sia intimato per ragioni inerenti all'attività produttiva, all'organizzazione del lavoro e al regolare funzionamento di essa, con la conseguente ed espressa esclusione della violazione dell'art. 2110 c.c., del cambio appalto – se garantita la continuità dell'occupazione, nel settore edile per completamento del cantiere.

9.1.1. Divieto di licenziamento e COVID-19.

Il **divieto di licenziamento posto dalla normativa COVID a partire dal marzo 2020 è stato reiterato a più riprese.** La **legge di bilancio per il 2022** ha previsto un'ulteriore proroga del **divieto di licenziamento** che di fatto opererà sino ad **aprile 2022,** mutando tuttavia, i termini per l'irrogazione: il datore di lavoro dovrà comunicarlo 90 giorni e la comunicazione dovrà contenere le ragioni economiche, finanziarie, tecniche e organizzative dei licenziamenti; il numero e i profili dei dipendenti interessati dalla riduzione dell'organico o dalla chiusura dello stabilimento; il termine entro il quale è prevista la cessazione dell'attività.

È presente, inoltre, un ulteriore passo da compiere, laddove l'impresa intenda procedere alla chiusura di "sede, filiale, ufficio, stabilimento o reparto autonomo situato nel territorio nazionale, con cessazione definitiva della relativa attività con licenziamento di un numero di lavoratori non inferiore a 50" dovrà inoltrare la comunicazione ufficiale, a: – rappresentanze sindacali aziendali o unitarie (RSA o RSU), – sedi territoriali delle associazioni sindacali di categoria (quelle più rappresentative a livello nazionale), – regioni interessate, – Ministero del Lavoro, – Ministero dello Sviluppo economico – ANPAL. Entro 60 giorni, invece, il datore di lavoro sarà tenuto a redigere un piano, da inoltrare ai suddetti enti, con le misure necessarie a contenere ricadute occupazionali ed economiche in seguito alla chiusura dell'attività. Tale procedura è valida ed operativa per le imprese che contavano nel 2021 almeno 250 dipendenti compresi i dirigenti e gli apprendisti.

9.2. Regime giuridico del licenziamento per giustificato motivo oggettivo nel contratto a tutele crescenti.

Per i lavoratori assunti a partire dal 7 marzo del 2015 nel caso di licenziamento per giustificato motivo oggettivo di cui il giudice accerti l'illegittimità **opera sempre la tutela di tipo indennitario di cui all'art. 3, co. 1 D.lgs. 23/2015.** A seguito **della modifica introdotta dall'articolo 3, co. 1, D.L. 87/2017, convertito con modificazioni dalla Legge 96/2018, e dell'intervento della Corte Costituzionale, 8 novembre 2018, n. 194,** il Giudice è chiamato a stabilire e liquidare l'indennità tra un **minimo di sei e un massimo di trentasei** mensilità, "nel rispetto dei limiti, minimo e massimo, dell'intervallo in cui va quantificata l'indennità spettante al lavoratore illegittimamente licenziato, il giudice terrà conto innanzi tutto dell'anzianità di servizio – criterio che è prescritto dall'art. 1, comma 7, lett. c) della legge n. 184 del 2013 e che ispira il disegno riformatore del D.lgs. n. 23 del 2015 – nonché degli altri criteri già prima richiamati, desumibili in chiave sistematica dalla evoluzione della disciplina limitativa dei licenziamenti (numero dei dipendenti occupati, dimensioni dell'attività economica, comportamento e condizioni delle parti)".

È evidente, quindi, come non sia stato riprodotto il distinguo "manifesta insussistenza del fatto" contenuto nella previsione di cui all'art. 18 co. VII della l. 300/70 (così come novellato).

La procedura di cui all'art. 7 della l. 604/66 innanzi evidenziata prodromica all'intimazione del licenziamento per giustificato motivo oggettiva **non è prevista** come emerge dall'art. 3 co. 3 D.lgs. 604/66.

9.3. Il licenziamento per inidoneità psico-fisica del lavoratore e superamento del comporto: nozione e regime giuridico delle tutele.

Come anzidetto integra un'ipotesi di licenziamento per giustificato motivo oggettivo il licenziamento per impossibilità sopravvenuta della prestazione riferibile alla persona del lavoratore che radichi il suo fondamento non già nella condotta del prestatore ma in un'impossibilità dello stesso di rendere la prestazione lavorativa ovvero per un'assenza riconducibile a malattia che travalichi il limite temporale previsto dalla contrattazione collettiva (c.d. periodo di comporto).

L'impossibilità sopravvenuta può essere riconducibile ad **un'infermità sopravvenuta** che comporti un'incapacità totale o parziale di rendere la prestazione lavorativa con riguardo alle mansioni assegnate.

La giurisprudenza individuava il limite al potere di recesso datoriale nella contestuale sussistenza **di tre condizioni**:

1. che vi sia la possibilità di adibire il lavoratore a mansioni diverse,
2. che ciò possa avvenire senza che risultino necessari mutamenti dell'assetto organizzativo insindacabilmente stabilito dall'imprenditore,
3. che vi sia il consenso dell'interessato.

Per effetto della disciplina comunitaria la giurisprudenza di legittimità è ritornata di nuovo sul punto con due arresti importanti il cui principio è stato così massimato *"In tema di licenziamento per inidoneità fisica sopravvenuta del lavoratore, derivante da una condizione di "handicap", sussiste l'obbligo della previa verifica, a carico del datore di lavoro, della possibilità di* **adattamenti organizzativi ragionevoli** *nei luoghi di lavoro ai fini della legittimità del recesso, che discende, pur con riferimento a fattispecie sottratte "ratione temporis" all'applicazione dell'art. 3, comma 3 bis, del D.lgs. n. 216 del 2003, di recepimento dell'art. 5 della Dir. 2000/78/CE, dall'interpretazione del diritto nazionale in modo conforme agli obiettivi posti dal predetto art. 5, considerato l'obbligo del giudice nazionale di offrire una interpretazione del diritto interno conforme agli obiettivi di una direttiva anche prima del suo concreto recepimento e della sua attuazione."* (cfr. Cass. 13649/2019).

È indubbio, che **l'onere probatorio** di aver tentato di adottare gli **accomodamenti ragionevoli** cioè misure necessarie per organizzare il luogo di lavoro che non comportino un'apprezzabile modifica dell'organizzazione lavorativa e che siano sia pure incidenti sulle altrui posizioni lavorative in un'ottica di bilanciamento, **gravi sul datore di lavoro**.

Diverso è il discorso nel caso in cui il soggetto sia disabile ovvero inabile a seguito di malattia o infortunio.

In tal caso **l'art. 1 comma 7 della l. 68/99** per quanto qui rileva, nello statuire che *"I datori di lavoro, pubblici e privati, sono tenuti a garantire la conservazione del posto di lavoro a quei soggetti che, non essendo disabili al momento dell'assunzione, abbiano acquisito per infortunio sul lavoro o malattia professionale eventuali disabilità"*, postula, sostanzialmente, il diritto del lavoratore alla conservazione del posto di lavoro.

Nel caso in cui la disabilità è collegata a ragioni extralavorative opera il comma 4 dell'art. 4 cit. legge che pone in capo al datore di lavoro l'onere di verificare la possibilità di adibizione del lavoratore a diverse mansioni ovvero equivalenti o inferiori e, solo in caso di impossibilità, il datore di lavoro può licenziare il lavoratore.

Residua, infine, l'ulteriore ipotesi della **inidoneità dell'invalido assunto obbligatoriamente**.

Se vi è un aggravamento delle patologie che hanno determinato il riconoscimento dello status di invalido ovvero di altre patologie la perdita totale della capacità lavorativa è fonte di licenziamento se il datore di lavoro dimostri di aver adottato tutti gli accomodamenti "ragionevoli" per l'impiego del lavoratore.

Sussumibile nell'area del licenziamento per giustificato motivo oggettivo è il **licenziamento per superamento del periodo di comporto. Esso si configura allorquando il lavoratore totalizza un numero di assenze dal lavoro che**

superano la soglia della tollerabilità prevista dalla contrattazione collettiva.
Il licenziamento per superamento del periodo di comporto è soggetto alle regole dettate **dall'art. 2110 c.c.**, che prevalgono, per la loro specialità, sia sulla disciplina generale della risoluzione del contratto per sopravvenuta impossibilità parziale della prestazione lavorativa, sia sulla disciplina limitativa dei licenziamenti individuali, con la conseguenza che, in dipendenza di tale specialità e del contenuto derogatorio di suddette regole, il superamento del limite di tollerabilità dell'assenza (cosiddetto periodo di comporto) è condizione sufficiente di legittimità del recesso.
Il datore di lavoro non ha l'onere di indicare le singole giornate di assenza potendosi ritenere sufficienti indicazioni più complessive come la determinazione del numero totale delle assenze verificatesi in un determinato periodo, fermo restando l'onere, nell'eventuale sede giudiziaria, di allegare e provare, compiutamente, i fatti costitutivi del potere esercitato (cfr., *ex multis*, Cass. n. 23920/2010).
Va comunque chiarito che l'esercizio del potere di recesso resta una facoltà e non già un obbligo per il datore per cui esso deve esercitarlo nell'osservanza delle condizioni e limiti previsti dalla legge.
L'art. 2110 c.c. si applica comunque non solo al caso di malattia ininterrotta ma anche al caso in cui la malattia sia frazionata o comunque intermittente nel tempo.
Il licenziamento per superamento del periodo di comporto può essere intimato solo a seguito della scadenza dello stesso perché, nel caso in cui fosse intimato prima, vi sarebbe la declaratoria di nullità dello stesso per violazione della norma imperativa di cui all'art. 2110 c.c.
Per giurisprudenza costante non rientrano nel computo dei giorni utili ai fini del comporto le assenze del lavoratore – determinate da malattia o infortunio – ove l'infermità sia, comunque, imputabile a responsabilità dello stesso datore di lavoro, in dipendenza della nocività delle mansioni o dell'ambiente di lavoro, che il datore abbia omesso di prevenire o eliminare, in violazione dell'obbligo di sicurezza o di norme specifiche, incombendo, peraltro, sul lavoratore l'onere di provare il collegamento causale fra l'infermità, che ha determinato l'assenza (e, segnatamente, il superamento del periodo di comporto) ed il carattere morbigeno dell'ambiente di lavoro o delle mansioni espletate (in tal senso, vedi, tra le altre Cass., sez. lav., 11 giugno 2013, n. 14643).
Limitatamente alle imprese soggette alla tutela reale l'art. 18 della l. 300/70, nella riscrittura operata dalla legge 92/12, al comma VII prevede che il licenziamento intimato in violazione dell'art. 2110 c.c., in commento,

comporti **l'applicazione della tutela di cui al comma IV dell'art. 18: reintegra ed indennizzo forfettizzato.**
Il riferimento alla violazione dell'art. 2110 co. 2 c.c. manca con riferimento al regime delle tutele c.d. crescenti. Non vi è una disposizione speculare al comma VII dell'art. 18 l. cit. di conseguenza è aperto il dibattito su quale sia la tutela *applicanda* nel caso in cui vi sia violazione da parte del datore di lavoro della disciplina di cui all'art. 2110 co. 2 c.c. per i lavoratori assunti dal 7 marzo 2015.
Secondo taluni si applicherebbe il regime di cui all'art. 2 del D.lgs. 23/2015 e, quindi, l'applicazione del regime della reintegra.
Secondo altri, invece, non trattandosi di un'ipotesi di nullità testuale del licenziamento non sarebbe ivi sussumibile stante l'impiego dell'avverbio "espressamente" e, quindi, troverebbe applicazione il regime civilistico ordinario con applicazione dell'art. 1418 c.c. e risarcimento del danno subito, non avendo percepito altri redditi, dalla data dell'offerta della prestazione lavorativa.

10. L'offerta transattiva nei licenziamenti: le novità introdotte dal D.lgs. 4 marzo 2015 n. 23.

L'art. 6 del D.lgs. 4 marzo 2015, n. 23 introduce uno strumento di risoluzione delle controversie in materia di licenziamento che appare davvero innovativo. Si prevede ora infatti che, in caso di licenziamento, al fine di evitare il giudizio, il datore di lavoro può offrire al lavoratore, **entro i termini di impugnazione stragiudiziale del licenziamento**, in una delle **sedi c.d. "protette"** di cui all'art. 2113, co. quarto, del codice civile, e 82, co. 1, del D.lgs. n. 276 del 2003, una indennità di importo pari a 1 mensilità dell'ultima retribuzione di riferimento per il calcolo del trattamento di fine rapporto per ogni anno di servizio, in misura, comunque, non inferiore a 2 e non superiore a 18 mensilità, mediante consegna al lavoratore di un assegno circolare.
L'accettazione dell'assegno nella sede "protetta" (quale, ad esempio, la Commissione provinciale di conciliazione presso la Direzione Territoriale del Lavoro, oggi "Ispettorato territoriale del lavoro") da parte del lavoratore comporta **l'estinzione del rapporto alla data del licenziamento e la rinuncia alla impugnazione del licenziamento** anche qualora sia già stata proposta. Questa specifica modalità di conciliazione e le connesse finalità deflattive del contenzioso sono incentivate dal legislatore attraverso **la totale esenzione fiscale, oltre che contributiva**, della indennità prevista, nonché mediante la predeterminazione per legge del criterio di calcolo dell'importo, vincolato al parametro

oggettivo dell'anzianità di servizio e, dunque, sottratto alla disponibilità delle parti.
Al co. 3 dell'art. 6 il D.lgs. 4 marzo 2015, n. 23 ha previsto una integrazione alla comunicazione obbligatoria telematica di cessazione del rapporto di lavoro consistente nell'obbligo, per il datore di lavoro, di comunicare nei 65 giorni successivi alla cessazione del rapporto di lavoro l'avvenuta o la non avvenuta conciliazione ai sensi dell'art. 6, co. 1, del D.lgs. 4 marzo 2015, n. 23.
Va precisato che dopo la sentenza della **Corte Costituzionale n. 194/2018** che ha inciso, come innanzi evidenziato sull'art. 3 co. 1 del D.lgs. 23/2015 non ancorando più l'indennizzo alla mera anzianità di servizio, come previsto originariamente dal legislatore, l'offerta conciliativa che resta ancorata all'anzianità sarebbe uno strumento scarsamente appetibile per il lavoratore che otterrebbe un indennizzo inferiore per cui cuore dell'appetibilità dello strumento è solo l'esonero fiscale e contributivo.

11. La revoca del licenziamento.

Il licenziamento è altresì passibile di revoca, che, se effettuata tempestivamente, ovvero entro 15 quindici giorni dalla comunicazione di impugnazione dello stesso, comporta (art. 18, co. 10 St. lav., ripreso dall'art. 5, co. 1, del D.lgs. n. 23/15):

1. il ripristino senza soluzione di continuità del rapporto di lavoro;
2. il diritto del lavoratore alla retribuzione nelle more maturata;
3. la non operatività dei regimi sanzionatori di cui all'art. 18 St. lav.

Con riferimento alla normativa antiCOVID-19 l'art. 46 del d.l. 18/2020 conv. con mod. dalla l. 27/2020 ha previsto che il datore di lavoro possa revocare il licenziamento per g.mo. disposto a far data dal 17 marzo 2020 purché si accompagni alla revoca la richiesta della Cassa integrazione speciale dalla data in cui ha efficacia il licenziamento; in tal caso il rapporto di lavoro si intende ripristinato senza oneri né sanzioni per il datore di lavoro. L'art. 14 co. 4 del d.l. n. 104 del 2020 ha esteso l'ambito temporale della revoca a tutto il 2020 ma la legge di conversione n. 126 del 2020 ha eliminato la possibilità della revoca eliminandola.

12. Le azioni esperibili.

Per l'impugnazione dei licenziamenti regolati dall'art. 18 St. lav., la legge Fornero ha introdotto un **rito speciale** (art. 1, co. 47 – 68, l. 28 giugno 2012, n. 92), costituito da **una prima fase sommaria** e da **una successiva, eventuale, di opposizione, a cognizione piena**. La giurisprudenza di legittimità è salda nel ritenere che il giudizio Fornero di primo grado sia unico ma a struttura "bifasica".

La domanda si propone **con ricorso** al Tribunale competente in funzione di giudice del lavoro.

Il giudice, fissata l'udienza di comparizione, sentite le parti ed **omessa ogni formalità non essenziale al contraddittorio**, procede nel modo che ritiene più opportuno agli **atti di istruzione indispensabili**, sia su richiesta di parte che d'ufficio, ed accoglie o rigetta la domanda con un'**ordinanza immediatamente esecutiva**, non revocabile fino alla sentenza del giudizio di opposizione ed idonea a formare giudicato.

La deformalizzazione e destrutturazione della fase c.d. sommaria comporta il riconoscimento di ampli poteri al giudice con conseguente libertà delle prove. L'accertamento della **natura giuridica del rapporto di lavoro**, così come l'individuazione del soggetto che si assume essere datore di lavoro, è compatibile con il rito speciale previsto dall'art. 1, comma 48, della l. n. 92 del 2012, rientrando le relative questioni tra quelle che il giudice deve affrontare e risolvere nel percorso per giungere alla decisione di merito sulla domanda concernente la legittimità o meno del licenziamento. La domanda può essere azionata anche nei confronti di **un datore di lavoro diverso** da colui che ha la titolarità formale del rapporto e nei confronti del quale si chiede la costituzione dello stesso.

Recentemente la giurisprudenza di legittimità, intervenendo sul punto, ha ritenuto che *"Il rito speciale previsto dalla l. n. 92 del 2012 si applica anche alla domanda proposta nei confronti di un soggetto diverso dal formale datore di lavoro, rispetto al quale si chiede di accertare la effettiva titolarità del rapporto, dovendo il giudice individuare la fattispecie secondo il canone della prospettazione, con il solo limite di quelle artificiose; pertanto, una volta azionata dal lavoratore una impugnativa di licenziamento con riconoscimento delle tutele previste dall'art. 18 della l. n. 300 del 1970, il procedimento speciale deve trovare ingresso a prescindere dalla fondatezza delle allegazioni, senza alcun effetto preclusivo in ragione della veste formale assunta dalle relazioni giuridiche tra le parti."* (cfr. Cass., 1° giugno 2020, sent. n. 10415).

Contro l'ordinanza è possibile proporre **opposizione,** con ricorso da depositarsi dinanzi al medesimo tribunale nel termine perentorio di 30 giorni; il giudizio instaurato a seguito dell'eventuale opposizione si conclude con **sentenza provvisoriamente esecutiva**, reclamabile entro 30 giorni innanzi alla Corte d'Appello (si tratta, in buona sostanza, di un appello). Secondo la Corte Costituzionale giudice dell'opposizione può essere la stessa persona fisica che ha trattato la fase sommaria del rito speciale (*Corte Cost., 13 maggio 2015, n. 78*). La struttura bifasica nell'ambito della natura unitaria del rito impone all'interprete di escludere che siano ammissibili domande nuove, per cui la deduzione di ulteriori motivi di invalidità del recesso, ove fondata sui medesimi fatti costitutivi, è ammissibile ma se implica il coinvolgimento di fatti costitutivi diversi è inammissibile perché integra una modifica della *causa petendi*. Nel procedimento di **reclamo non** sono ammessi nuovi **mezzi di prova o documenti**, salvo che siano indispensabili per la decisione ovvero la parte dimostri di non aver potuto proporli per causa ad essa non imputabile. L'istruttoria viene condotta nel rispetto del contraddittorio e senza formalità; il procedimento è concluso con **sentenza ricorribile per cassazione**.

Il rito speciale non trova applicazione per le controversie relative ai licenziamenti che saranno disciplinati dal decreto legislativo, 4 marzo 2015, n. 23. L'art. 11 del decreto in esame stabilisce infatti che le controversie riguardanti i licenziamenti disciplinati dalla normativa contenuta nel decreto legislativo non siano più soggette al rito speciale ex art. 1, co. 48 ss., della legge 92/2012 per cui, a regime, questo rito scomparirà dal mondo giuridico. Ne consegue, quindi, che per i licenziamenti dei lavoratori assunti con contratto a tutele crescenti opera la tutela ordinaria ex art. 414 c.p.c. e, nei casi di urgenza, sussistendo i presupposti per la tutela cautelare sarà azionato ricorso ex art. 700 c.p.c. Per le azioni esperibili in caso di licenziamenti discriminatori si rinvia al cap. VII.

A seguito della riforma c.d. Cartabia – d. lgs. 149/2022 – è stato introdotto nel c.p.c. l'art. 441 bis c.p.c., che entrerà in vigore il 1 luglio 2022, che ha previsto il rito ordinario per l'impugnativa di licenziamento allorquando sia richiesta la reintegra nel posto di lavoro. La garanzia di celerità nella trattazione è offerta dalla possibilità per il giudice di prevedere termini dimezzati e, al contempo, procedere ad una trattazione più spedita di tali procedimenti rispetto agli altri.

12.1. I termini di impugnazione.

L'art. 6, co. 2, legge 15 luglio 1966, n. 604 (come modificato dalla l. 4 novembre 2010, n. 183 e dalla legge 28 giugno 2012, n. 92) stabilisce che:

1. il licenziamento deve essere **impugnato**, a pena di **decadenza**, nel termine di **60 giorni** dalla sua comunicazione in forma scritta. L'impugnativa potrà consistere in qualsiasi atto scritto, **anche stragiudiziale**, con cui si manifesti al datore di lavoro la volontà di contestare l'atto di licenziamento;
2. a pena di **inefficacia** dell'impugnazione, nei successivi **180 giorni** il lavoratore deve promuovere **ricorso giurisdizionale** o procedere al **tentativo di conciliazione**. Se la conciliazione o l'arbitrato vengono rifiutati o se non si raggiunge l'accordo, il ricorso al giudice del lavoro deve essere proposto nel termine di 60 giorni dal rifiuto o dal mancato accordo.

Siffatti termini si applicano **ad ogni fattispecie di licenziamento invalido, sia se affetto da nullità, sia se illegittimo per motivi procedurali, sia se carente di giustificazione tranne che per il licenziamento orale**.

Il licenziamento orale è un *tamquam non esset* e la giurisprudenza di legittimità ha ritenuto che, "l'azione per far valere l'inefficacia del licenziamento verbale non è subordinata, anche a seguito delle modifiche all'art. 6 della l. n. 604 del 1966 apportate dall'art. 32 della l. n. 183 del 2010, all'impugnazione stragiudiziale, mancando l'atto scritto da cui la norma fa decorrere il termine di decadenza" (*Cass., 9 novembre 2017, n. 22825*; conforme, *Cass., 9 novembre 2015, n. 22825*).

In ordine ai **profili formali dell'impugnativa stragiudiziale** va precisato che, secondo la giurisprudenza di legittimità "costituisce principio consolidato e condiviso nell'elaborazione di questa Corte quello secondo cui **all'impugnativa del licenziamento (L. n. 604 del 1966, ex art. 6), che costituisce un atto giuridico (non negoziale) unilaterale tra vivi a carattere patrimoniale**, si applicano le norme sui contratti in quanto compatibili. Ne consegue che la procura deve essere anteriore all'atto compiuto in nome e per conto del rappresentato, mentre **deve escludersi la retroattività della ratifica dell'impugnativa fatta dal rappresentante senza poteri** (Sez. L, Sentenza n. 8412 del 20 giugno 2000, Sez. L, Sentenza n. 15888 del 20 settembre 2012, Sez. L, Sentenza n. 7866 del 18 maggio 2012)" (*Cass., 18 giugno 2014, n. 13857*).

Per l'impugnazione stragiudiziale del licenziamento da parte del procuratore del lavoratore licenziato è necessario, quindi, che vi sia una procura che sia stata rilasciata prima del momento in cui viene impugnato il licenziamento.

Altra tematica che, recentemente, è stata posta al vaglio della giurisprudenza è quella relative **al *dies a quo* da cui far decorrere il termine di 180 giorni per**

depositare il ricorso in sede giudiziaria a seguito dell'impugnazione stragiudiziale del licenziamento.
La Cassazione ha ritenuto che "l'art. 32, comma 1, della legge 4 novembre 2010, n. 183, modificato dall'art. 1, comma 38, della legge 28 giugno 2012, n. 92, nel prevedere l'inefficacia "dell'impugnazione" extragiudiziale non seguita da tempestiva azione giudiziale, comporta che **il termine per proporre l'azione giudiziale decorre dal compimento della prima – da identificarsi, per esigenze di celerità e certezza, con il momento di spedizione dell'atto – e non dalla scadenza dei sessanta giorni concessi per l'impugnazione stragiudiziale**" (*Cass., 20 marzo 2015, n. 5717*).
Le pronunce in esame hanno dunque identificato il *dies a quo* per il computo del termine perentorio di 180 giorni per avviare il contenzioso non già con la data di scadenza del termine previsto per l'espletamento dell'impugnativa stragiudiziale, bensì con il momento nel quale il lavoratore ha provveduto alla spedizione dell'impugnativa. L'esatta individuazione del momento a partire dal quale decorrono i termini per impugnare in via giudiziale l'atto di recesso ha rilevanti ricadute consente al contempo sia la pienezza del diritto d'azione del lavoratore sia l'effettività del diritto di difesa del datore di lavoro.

12.2. L'onere della prova.

La distribuzione degli oneri probatori si atteggia diversamente a seconda della natura del licenziamento per cui, sebbene già nei paragrafi all'uopo dedicati si è fatto cenno alla stessa è opportuno, in tale sede richiamare in maniera più analitica i principi che sottendono la ripartizione degli oneri probatori.
In caso di **licenziamento disciplinare e di licenziamento per giustificato motivo oggettivo** l'art. 5 della l. 604/66 pone in capo al datore di lavoro l'onere della prova della sussistenza della giusta causa o del giustificato motivo di licenziamento.
Volendo quindi schematizzare:

1. al lavoratore spetta provare la sola sussistenza del **rapporto di lavoro**;
2. il datore di lavoro dovrà fornire la prova della **legittimità del licenziamento**:
3. della **giusta causa** o del **giustificato motivo,**
4. del **nesso di causalità** tra tali motivazioni e l'intimato recesso,
5. dell'inutilizzabilità **in altre mansioni del lavoratore,** nei casi di giustificato motivo oggettivo. Al riguardo è opportuno precisare

che, a seguito del renvirement della giurisprudenza di legittimità, la prova dell'assolvimento dell'obbligo di repechage grava interamente in capo al datore di lavoro senza il riconoscimento di alcun onere di allegazione da parte del lavoratore. È, quindi, il datore che dovrà provare di non poter impiegare il lavoratore in una delle posizioni disponibili nell'organigramma aziendale se compatibili con le competenze acquisite dal lavoratore stesso.

Secondo la giurisprudenza della Suprema Corte, anche a Sezioni Unite, compete al datore di lavoro dimostrare altresì l'assenza dei **requisiti dimensionali** di cui all'art. 18, al fine di sottrarsi all'applicazione della disciplina relativa, in quanto fatto impeditivo. *(Cass., SS.UU., 10 gennaio 2006, n. 141).* Proprio in tale sentenza le Sezioni Unite della S.C. hanno evidenziato che: *"secondo questa giurisprudenza* **fatti costitutivi** *del diritto soggettivo del lavoratore a riprendere l'attività e, sul piano processuale, dell'azione di impugnazione del licenziamento sono esclusivamente* **l'esistenza del rapporto di lavoro subordinato** *e* **l'illegittimità dell'atto espulsivo***, mentre* **le dimensioni dell'impresa***, inferiori ai limiti dell'art. 18 sopra detto, costituirebbero, insieme al* **giustificato motivo del licenziamento** *(L. n. 604 del 1966, art. 5),* **fatti impeditivi** *del diritto soggettivo dedotto in giudizio e dovrebbero essere perciò* **provati dal datore di lavoro***. Con l'assolvimento di quest'onere probatorio il datore dimostrerebbe che l'inadempimento degli obblighi derivantigli dal contratto di lavoro non è a lui imputabile (art. 1218, c.c.) e che, comunque, il diritto del lavoratore a riprendere il suo posto non sussiste, con conseguente necessità di ridurre il rimedio al risarcimento pecuniario".*

Nel caso di **licenziamento orale** trattandosi di un licenziamento inefficace ci si è interrogati su quale fosse l'onere di allegazione del prestatore e quale fosse l'onere probatorio datoriale.

Ebbene, partendo dalla premessa maggiore che il licenziamento orale deve essere qualificato un **tamquam non esset,** l'onere di allegazione e prova del lavoratore presenta una specifica caratterizzazione a seconda che le ipotesi contrapposte in giudizio attengano alla diade licenziamento orale – dimissioni ovvero licenziamento orale-licenziamento scritto.

Laddove il lavoratore alleghi di essere stato licenziato oralmente, il datore di lavoro assolve il suo onere probatorio fornendo la prova scritta del licenziamento (cfr. Cass. n. 5061 del 15 marzo 2016).

Nel caso in cui il lavoratore deduca di essere stato licenziato oralmente e, invece, il datore di lavoro eccepisca le dimissioni, secondo la recente giurisprudenza di legittimità il lavoratore ha l'onere di provare, quale fatto costitutivo della domanda, che la risoluzione del rapporto è ascrivibile alla volontà datoriale, seppure manifestata con comportamenti concludenti, non essendo sufficiente la prova della mera cessazione dell'esecuzione della prestazione lavorativa; per cui nell'ipotesi in cui il datore eccepisca che il rapporto si è risolto per le dimissioni del lavoratore e all'esito dell'istruttoria – da condurre anche tramite i poteri officiosi ex art. 421 c.p.c. – perduri l'incertezza probatoria, la domanda del lavoratore andrà respinta in applicazione della regola residuale desumibile dall'art. 2697 c.c. (Cass., 3 febbraio 2019, n. 3822).

Nel caso di **licenziamento discriminatorio** si rinvia *funditus* al cap. VII, parte I, par. 6.

Nel caso di **licenziamento per motivo ritorsivo**, invece, l'onere probatorio grava interamente sul lavoratore. Trattandosi, spesso, di una prova diabolica, la giurisprudenza di legittimità ha riconosciuto la possibilità di fare ricorso agli indici presuntivi. Sul punto si segnala la recente sentenza della Suprema Corte secondo cui *"L'onere della prova del carattere ritorsivo del licenziamento grava sul lavoratore, ben potendo, tuttavia, il giudice di merito valorizzare a tal fine tutto il complesso degli elementi acquisiti al giudizio, compresi quelli già considerati per escludere il giustificato motivo oggettivo, nel caso in cui questi elementi, da soli o nel concorso con altri, nella loro valutazione unitaria e globale consentano di ritenere raggiunta, anche in via presuntiva, la prova del carattere ritorsivo del recesso."* (cfr. Cass., 23 settembre 2019, sent. n. 23583).

QUESTIONARIO

1. Cosa è disposto in materia di dimissioni del lavoratore? **3.**
2. Licenziamento per giusta causa e per giustificato motivo soggettivo: quali i presupposti e quali le differenze? Nel caso di licenziamento per giusta causa, il datore di lavoro deve dare il preavviso? **8. - 4.**
3. Quali effetti producono nei confronti del giudice le tipizzazioni contrattuali dei concetti di giusta causa e di giustificato motivo? **8.**
4. Cosa si intende per giustificato motivo oggettivo di licenziamento e come opera il repechage? **9.**
5. Quale forma è richiesta per l'atto di licenziamento? **6.**
6. Cosa si intende per offerta conciliativa? **10.**
7. Qual è la tutela che opera in caso di licenziamento per giustificato motivo oggettivo? **9.**
8. Cosa si intende per "blocco dei licenziamenti COVID-19"? **9.1.1.**
9. Cosa si intende per licenziamento discriminatorio? **7.**
10. Quali sono le differenze nell'ipotesi di licenziamento disciplinare sul piano delle tutele? **8.1, 8.1.2.**

11. È possibile revocare il licenziamento? **11.**
12. Come sono ripartiti gli oneri probatori in caso di impugnazione del licenziamento? **12.2.**
13. Quali oneri probatori devono essere assolti in caso di licenziamento ritorsivo? **12.2.**
14. Vi sono dei rapporti di lavoro cui non si applica la regola della necessaria giustificazione del licenziamento? **5.**
15. Quali sono i termini per impugnare? **12.1.**
16. Quali sono le differenze in tema di onere probatorio tra licenziamenti nulli e licenziamenti illegittimi? **7. - 12.2.**
17. Tutela reale e tutela obbligatoria nel licenziamento disciplinare. **8.1.**

SEZIONE II – LICENZIAMENTI COLLETTIVI

SOMMARIO:
1. I licenziamenti collettivi. – **1.1.** I licenziamenti collettivi per messa in mobilità. – **1.2.** I licenziamenti collettivi per riduzione di personale. – **1.3.** La procedura. – **1.4.** Il sistema sanzionatorio. – **1.5.** Il licenziamento collettivo dei dirigenti. – **1.6.** Il licenziamento collettivo e la crisi d'impresa. – **1.7.** Il licenziamento collettivo e la normativa COVID-19.

1. Licenziamenti collettivi.

Il licenziamento collettivo è una categoria di licenziamento che rientra nella macrocategoria del licenziamento oggettivo atteso che, così come il licenziamento per giustificato oggettivo anche il licenziamento collettivo viene comminato in presenza di ragioni che attengono all'impresa e, segnatamente una riduzione non temporanea dell'attività produttiva ovvero una trasformazione dell'azienda.

È possibile, quindi, ritenere che la distinzione principale tra le due categorie non è tanto ontologica quanto quantitativa cioè il licenziamento collettivo interessa una pluralità di dipendenti (almeno 5).

La giurisprudenza evidenzia che la differenza tra il licenziamento collettivo e quello per giustificato motivo oggettivo plurimo consista proprio nel profilo quantitativo e temporale (l'intimazione del licenziamento ad almeno 5 dipendenti nell'arco di 120 giorni).

È possibile che il datore di lavoro intenda mettere in atto una procedura di licenziamento collettivo per riduzione o trasformazione dell'attività ma, poi, non licenzi più di 5 dipendenti nell'arco dei 120 giorni.

In tal caso il regime giuridico che si applica è quello del **licenziamento per giustificato motivo oggettivo ed avremo, appunto un licenziamento per giustificato motivo oggettivo plurimo, giustificato dalle medesime ragioni obiettive.**

Ai fini della legittimità il datore di lavoro dovrà provare l'esistenza della ragione obiettiva, la sua effettività e l'impossibilità di impiegare in diverse posizioni il lavoratore (cfr. Cass., 2 ottobre 2001, n. 5, Cass., 1° febbraio 2003, n. 1526).

Il licenziamento collettivo ha avuto la sua prima regolamentazione nella **direttiva europea n. 75/129** avente ad oggetto il riavvicinamento delle legislazioni

degli stati membri proprio in materia di licenziamenti collettivi, la quale ha posto una serie di regole che sono poi confluite nella **direttiva n. 98/59 del Consiglio dell'Unione Europea**.
Fino al 1991 nell'ordinamento interno la materia era regolata soltanto da previsioni di natura collettiva (in particolare due accordi interconfederali del 1950 e 1965) e dai principi elaborati dalla giurisprudenza. La legge e, segnatamente, l'art. 11 comma 2 l. 604/1966, escludeva l'applicabilità delle sue previsioni ai licenziamenti collettivi per riduzione di personale.
La legge n. 223/1991, venuta alla luce molti anni dopo la direttiva del 1975, ha offerto una prima regolamentazione al licenziamento collettivo ma il testo della legge si occupa non solo di licenziamento collettivo ma, più in generale, della **crisi aziendale e della gestione degli esuberi** senza tralasciare gli ammortizzatori sociali previsti all'uopo. La legge è, infatti, titolata "**norme in materia di Cassa integrazione, mobilità, trattamenti di disoccupazione, avviamento al lavoro e altre disposizioni in materia di mercato del lavoro**".
Le disposizioni contenute nella legge che si occupano del licenziamento collettivo in via "principale" sono, essenzialmente, **l'art. 4** (che regolamenta il licenziamento successivo alla Cassa integrazione), **l'art. 5** (che fissa i criteri legali di scelta per la individuazione dei lavoratori da licenziare), **l'art. 17** (che disciplina la reintegrazione dei lavoratori per la violazione dei criteri di scelta) e, infine, **l'art. 24** (che regolamenta il licenziamento per riduzione di personale. La legge sui licenziamenti collettivi è stata definita un "cantiere aperto" perché soggetta a molteplici riforme nel corso del tempo. Le più significative sono sicuramente **la l. 110/2004** (che ha esteso la procedura anche ai datori di lavoro non imprenditori), la l. **161/2014** (che ha esteso la procedura di licenziamento collettivo ai dirigenti), la l. **92/12** (che ha riformato il regime sanzionatorio ed ha previsto anche un mutamento nominale atteso che la scomparsa dell'indennità di mobilità ha comportato l'espunzione del riferimento alla stessa e l'impiego, esclusivamente, della dizione licenziamento collettivo), il **D.lgs. 23/15** che "affianca" la l. 223/91 in quanto contempla un regime che opera esclusivamente per i soggetti assunti a partire dal 7 marzo 2015. Ai fini classificatori possiamo, quindi, ritenere che nell'ambito dei licenziamenti collettivi possono essere ravvisate due distinte fattispecie:

1. il licenziamento collettivo **per messa in mobilità** (art. 4);
2. il licenziamento collettivo **per riduzione di personale** (art. 24).

Entrambe le ipotesi sono accomunate dall'esubero di personale ma mentre il licenziamento per riduzione di personale di cui all'art. 24 è ipotesi generale, quella di cui all'art. 4 opera solo nel caso in cui, a seguito della Cassa integrazione guadagni non sia più possibile reimpiegare i dipendenti.

1.1. I licenziamenti collettivi per messa in mobilità.

Gli artt. 4 e 5 della l. 223/1991 disciplinano la procedura di licenziamento collettivo prevista per l'impresa che sia stata ammessa al trattamento straordinario di integrazione salariale qualora, nel corso di attuazione del programma relativo a quest'ultima o al termine della stessa, ritenga di *"non essere in grado di garantire il reimpiego a tutti i lavoratori sospesi e di non poter ricorrere a misure alternative"*. Va precisato che in tale ipotesi non ricorrono le condizioni di cui all'art. 24 (almeno 5 lavoratori nell'arco dei 120 giorni) affinché il licenziamento possa ritenersi legittimo perché esso costituisce l'epilogo del collocamento in mobilità. È indubbio che quest'ipotesi di licenziamento può configurarsi esclusivamente nei casi di imprese ammesse al trattamento di integrazione salariale (cioè imprese che svolgono una determinata attività, su cui si tornerà in seguito, e che occupano più di 15 dipendenti). **Comune al licenziamento per riduzione di personale** è il fatto oggettivo dell'esubero di personale e la necessità aziendale di procedere alla riduzione dello stesso ma, nel momento in cui all'esito della Cassa integrazione guadagni il datore di lavoro debba individuare i soggetti da licenziare, ricorrerà ai criteri di scelta di cui all'art. 5 per cui è ben possibile che siano legittimamente licenziati anche lavoratori non coinvolti nella precedente procedura di Cassa integrazione.

In ordine al profilo numerico, tuttavia, va precisato che i lavoratori interessati dalla procedura di licenziamento a seguito della Cassa integrazione guadagni possono essere numericamente inferiori ma non superiori.

1.2. I licenziamenti collettivi per riduzione di personale.

Il licenziamento collettivo per riduzione di personale, previsto dall'**art. 24 della l. 223/91**, opera nei casi in cui l'impresa che occupa più di 15 dipendenti intenda operare almeno 5 licenziamenti, nell'arco di 120 giorni, per riduzione di personale o trasformazione dell'attività.

In ordine **all'ambito soggettivo** va precisato che i datori di lavoro legittimati a ricorrere a tale forma di licenziamento, dopo la l'introduzione del **comma 1 bis all'art. 24 per** effetto della l. 110/2004, sono non solo gli imprenditori che occupino più di 15 dipendenti anche i datori di lavoro non imprenditori che abbiano sempre il requisito numerico innanzi indicato. Sono, quindi, annove-

rabili, le cooperative di produzione e lavoro ma anche coloro che, senza fini di lucro, svolgono attività di natura politica, religiosa o di culto, sindacale, culturale e di istruzione (per la seconda categoria non trova applicazione la disciplina sanzionatoria così come statuito dal comma 1 ter dell'art. 24).
Va chiarito che **il requisito dimensionale aziendale** previsto non è analogo a quello di cui all'art. 18 della l. 300/70. I **15 dipendenti** contemplati dalla disposizione **vanno calcolati considerata l'azienda nel suo complesso** e non già facendo riferimento alla collocazione territoriale. Nel computo devono essere ricompresi anche i **dirigenti** e tutti coloro che hanno un contratto di lavoro subordinato (sarebbero esclusi i somministrati).
Il requisito numerico deve essere riferito al semestre antecedente l'apertura del licenziamento.
Prima di avviare il licenziamento (sulla procedura si tornerà nel par. 1.3.) il datore di lavoro deve operare una **valutazione prognostica** del numero dei dipendenti da licenziare per riduzione o ristrutturazione atteso che nella comunicazione di avvio della procedura è tenuto ad indicare il numero di soggetti (potrà licenziare un numero inferiore di lavoratori ma non superiore).
I **5 lavoratori** da licenziare **devono** appartenere alla stessa unità produttiva ovvero alla **stessa provincia ed i licenziamenti devono essere sorretti dalla stessa ragione giustificatrice**. Ciò significa che non possono essere equiparate ipotesi diverse di cessazione del rapporto (es. dimissioni, risoluzioni consensuali) ai fini della maturazione del requisito numerico e, al contempo, licenziamenti riconducibili alla persona del lavoratore (es. disciplinari, per superamento del comporto).
Il **requisito temporale dei 120 giorni** va considerato con riguardo all'**intimazione** dei 5 licenziamenti e non già alla loro efficacia. Secondo l'interpretazione autentica dell'art. 8 co. 4 d.l. 148/93, conv. in l. 236/93, il termine di 120 giorni entro il quale devono essere intimati si calcola dalla conclusione della procedura (dall'accordo sindacale o, in assenza, dalla comunicazione inviata dal datore ai sensi del comma 9 art. 4).
Tale disciplina **non si applica** invece, ai sensi del **comma 4 dell'art. 24**, alle ipotesi di scadenza dei **rapporti di lavoro a termine o di conclusione dell'attività lavorativa nelle costruzioni edili o di attività stagionali o saltuarie**.
Ai sensi del comma 2 dell'art. 24 l. 223/91 la disciplina del licenziamento per riduzione della personale opera anche nei casi di **cessazione dell'attività**.
Premesso che la cessazione dell'attività d'impresa costituisce una prerogativa costituzionalmente garantita, il legislatore ha esteso la procedura anche a quest'ipotesi nel caso in cui l'attività debba cessare. L'interprete è chiamato, in tal caso, a verificare che l'attività sia effettivamente cessata.

1.3. La procedura.

Il licenziamento collettivo può essere definito come una fattispecie a formazione progressiva perché la procedura si articola in una pluralità di fasi scandite ma collegate il cui vizio può inficiare l'intera procedura. Le **varie fasi** sono disciplinate **dall'art. 4, co. 2 e ss.**, e prevedono il coinvolgimento delle parti sociali e della parte pubblica nel tentativo di comporre la crisi aziendale escogitando soluzioni alternative. Le **fas**i sono, essenzialmente, tre:

1. la **comunicazione preventiva**. Il datore di lavoro deve comunicare, preventivamente e per iscritto, alle **rappresentanze sindacali aziendali (ovvero, se presenti, alle RSU)** ed alle rispettive **associazioni di categoria** (o, in mancanza delle RSA, alle associazioni di categoria aderenti alle confederazioni maggiormente rappresentative sul piano nazionale) ed alla **Direzione provinciale del lavoro, secondo quanto disposto dal co. 3**:
2. **i motivi** che determinano la situazione di eccedenza e **le ragioni tecniche, organizzative e produttive** per cui non è possibile evitare il licenziamento collettivo;
3. **il numero, la collocazione aziendale ed i profili professionali del personale eccedente e di quello normalmente impiegato**;
4. i tempi di attuazione del programma e le eventuali misure per fronteggiarne le ripercussioni sociali;
5. il metodo di calcolo delle attribuzioni patrimoniali diverse da quelle previste per legge o dalla contrattazione collettiva (cd. incentivo all'esodo).

La **comunicazione,** che deve essere completa dei requisiti previsti dalla norma, ha lo **scopo** di permettere alle organizzazioni sindacali di formulare delle proposte atte ad evitare i licenziamenti o almeno limitarne il numero.
Va precisato che nella comunicazione preventiva non deve essere prevista l'illustrazione dei criteri di scelta dei lavoratori da licenziare, profilo demandato ad un momento successivo.

1. la **fase sindacale ed amministrativa.** L'organizzazione sindacale, entro 7 giorni dal ricevimento della comunicazione, può chiedere che si proceda ad un **esame congiunto** (della durata di non più di 45 giorni, anche se tale termine non è perentorio potendo le trattative durare anche di più) per esaminare le cause dell'eccedenza di

personale e la possibilità di reimpiegare i lavoratori in altre occupazioni nell'ambito dell'impresa, anche mediante contratti di solidarietà e forme flessibili di gestione del tempo di lavoro, o di ricorrere a misure sociali di accompagnamento volte a riqualificare i lavoratori licenziati. **Ove non venga raggiunto un accordo**, la Direzione provinciale del lavoro (oggi Ispettorato territoriale del lavoro) può promuovere un'ulteriore fase conciliativa in sede amministrativa che deve esaurirsi entro 30 giorni. I termini sono la metà se i lavoratori da licenziare sono meno di 10. Nel caso in cui **l'accordo sia raggiunto**, invece, come dispone il co. 11 dell'art. 4, se prevedo il riassorbimento totale o parziale dei lavoratori ritenuti eccedenti, può stabilire anche in deroga al secondo comma dell'articolo 2103 del codice civile la loro assegnazione a mansioni diverse da quelle svolte.
2. l'**intimazione dei licenziamenti**. Esaurita la procedura, l'impresa ha la facoltà di licenziare un numero di lavoratori pari a quelli indicati nella comunicazione iniziale, se del caso decurtato di quelli per cui un eventuale accordo possa aver trovato una soluzione alternativa.

La scelta dei lavoratori da licenziare è rimessa al datore di lavoro che, secondo quanto prevede l'art. 5, deve tuttavia compierla in modo oggettivo facendo applicazione di appositi **criteri di scelta** *"previsti dai contratti collettivi stipulati con i sindacati di cui all'art. 4 comma 2"* (cioè aderenti alle confederazioni maggiormente rappresentative sul piano nazionale) ovvero, in mancanza di questi contratti, nel rispetto di **tre criteri posti dal medesimo art. 5, da utilizzare in concorso tra loro**. **I criteri legali di scelta** sono:

1. i **carichi di famiglia** (rappresentati dai congiunti per i quali è prevista l'erogazione degli assegni familiari);
2. l'**anzianità** (non anagrafica, ma di servizio);
3. le **esigenze tecnico – produttive od organizzative**.

Va precisato che gli accordi sindacali devono prevedere parametri obiettivi, impersonali, non discriminatori (ad es. la particolare vicinanza al pensionamento) per poter essere applicati in sostituzione di quelli legali.
Al fine di evitare che il licenziamento possa costituire, proprio in applicazione dei criteri di scelta di matrice convenzionale, uno strumento fraudolento per poter pregiudicare talune categorie di lavoratori la legge ha previsto che il

datore di lavoro non può modificare attraverso licenziamenti collettivi la percentuale di manodopera femminile occupata nelle mansioni in esubero, né licenziare un numero di lavoratori disabili tale da lasciare scoperta la quota di riserva.
Il licenziamento va comunicato ai lavoratori in forma scritta, con rispetto del periodo di preavviso. L'inosservanza di tale termine produce gli stessi effetti che per la procedura di licenziamento individuale e non può costituire un vizio formale che, sostanzialmente, altera la procedura del licenziamento collettivo.

- La **comunicazione finale (art. 4 comma 9)**. Nei successivi 7 giorni, il datore di lavoro deve comunicare **alle organizzazioni sindacali ed all'autorità amministrativa** i nominativi, le generalità, le caratteristiche professionali dei lavoratori licenziati e le modalità di applicazione dei criteri di scelta degli stessi. Tale comunicazione è ulteriore rispetto al licenziamento ed ha la finalità di garantire il controllo da parte degli organismi coinvolti nella procedura sulla conformità di quanto realizzato rispetto a quanto originariamente previsto.

1.4. Il sistema sanzionatorio.

La **disciplina dei vizi** del licenziamento collettivo è stata interessata sia dalla riforma della l. 92/12 (che è intervenuta sull'art. 5 co. 3 della l. 223/1991), sia della l. 183/2014 e del D.lgs. 23/2015 che, attraverso l'art. 10, ha introdotto un regime sanzionatorio applicabile ai soggetti assunti con il contratto c.d. a tutele crescenti (impiegati cioè dopo il 7 marzo 2015).
Prima della riforma Fornero (l. 92/12) l'art. 5 della l. 223/91 prevedeva che nel caso di inosservanza della procedura di cui all'art. 4 della cit. legge il licenziamento era **annullabile e la sanzione conseguente era quella di cui all'art. 18 della l. 300/70 ergo la reintegra nel posto di lavoro.**
La riforma dell'art. 18 e la "moltiplicazione" delle tutele con la degradazione della reintegra da regola generale ad eccezione ha comportato, anche con riguardo ai licenziamenti collettivi, la necessità di contemplare un trattamento differenziato a seconda che i vizi siano meramente formali ovvero sostanziali. Secondo l'attuale co. 3 dell'art. 5 "3. *Qualora il licenziamento sia intimato senza l'osservanza della forma scritta, si applica il regime sanzionatorio di cui all'articolo 18, primo comma, della legge 20 maggio 1970, n. 300, e successive modificazioni. In caso di violazione delle procedure richiamate all'ar-*

ticolo 4, comma 12 nonché di violazione delle procedure di cui all'articolo 189, comma 6, del codice della crisi e dell'insolvenza, si applica il regime di cui al terzo periodo del settimo comma del predetto articolo 18. In caso di violazione dei criteri di scelta previsti dal comma 1, si applica il regime di cui al quarto comma del medesimo articolo 18. Ai fini dell'impugnazione del licenziamento si applicano le disposizioni di cui all'articolo 6 della legge 15 luglio 1966, n. 604, e successive modificazioni".

Riassumendo il licenziamento collettivo è **viziato** se:

1. è stato intimato **senza l'osservanza della forma scritta:** il lavoratore in tal caso ha diritto alla **tutela reintegratoria piena** di cui all'art. 18, co. 1 St. lav. Tale regime giuridico opera anche per i lavoratori assunti dopo il 7 marzo con richiamo da parte dell'art. 10 D.lgs. 23/2015 dell'art.2 del medesimo decreto;
2. **non sono state rispettate le procedure di cui all'art. 4, co. 12**, l. n. 223 del 1991: in tal caso, il lavoratore assunto prima del 7 marzo 2015 è garantito attraverso la tutela indennitaria c.d. "piena" di cui all'art. 18, co. 7 St. lav., mentre per il lavoratore assunto successivamente si applica la tutela indennitaria dell'art. 3 comma 1 D.lgs. 23/2015. Eventuali vizi della comunicazione preventiva possono in ogni modo essere sanati attraverso un accordo sindacale concluso nel corso della procedura.
3. **sia violata la procedura prevista per le imprese in caso di liquidazione giudiziale dall'art. 189 comma 1 del d.lgs. n. 14 del 2019 c.d. Codice della Crisi.**
4. **sono stati violati i criteri di scelta dei lavoratori**: in questa evenienza, il regime precedente prevede la tutela reintegratoria depotenziata di cui all'art. 18, co. 4 St. lav., mentre il D.lgs. 23/2015 prevede la sola tutela indennitaria dell'art. 3 comma 1.

A seguito dell'intervento della **Consulta con la sentenza n. 194/2018,** innanzi commentata, non sussistono più le sostanziali disparità di trattamento che potevano, in concreto, configurarsi tra lavoratori coinvolti nella stessa procedura di licenziamento collettivo (solo in ragione della diversa data di assunzione). Oltre all'intervento della Corte Costituzionale si segnala **anche la decisione dell'11.02.2020 del Comitato europeo dei diritti sociali** che ha ritenuto la disciplina contenuta nell'art. 10 del D.lgs. 23/2015, nel rinvio compiuto alla tutela di cui all'art. 3 del D.lgs. 23/2015, contrastante con l'art. 24 della Carta sociale in quanto incapace di offrire un'adeguata "compensazione" al licen-

ziamento e, comunque, misura inidonea a dissuadere il ricorso al licenziamento.
In ordine ai profili di **natura processuale** va precisato che il licenziamento collettivo deve essere, al pari di quello individuale, impugnato nel termine di 60 giorni in via stragiudiziale e 180 in via giudiziale. La decadenza essendo sostanziale comporta la preclusione per la parte di richiedere l'accertamento del risarcimento del danno conseguente non potendo il giudice sindacare la legittimità del recesso.
In ordine **al rito** opera solo per gli assunti ante 7 marzo 2015 il c.d. rito Fornero innanzi illustrato.

1.5. Il licenziamento collettivo dei dirigenti.

Originariamente la l. n. 223/1991 non comprendeva i dirigenti tra i destinatari della normativa in materia di licenziamenti collettivi e di Cassa integrazione guadagni straordinaria.
A causa di tale limitazione soggettiva, la Corte di Giustizia dell'Unione Europea ne ha affermato il contrasto con la direttiva 98/59/CE.
L'art. 16 della legge n. 161 del 30 ottobre 2014 ha quindi inserito nell'art. 24 il riferimento ai dirigenti, stabilendo al comma 1 *quinquies* **che, quando l'impresa o il datore di lavoro intenda procedere al licenziamento di uno o più dirigenti, trovano applicazione le norme relative alle procedure sopra esaminate** e che, qualora non vengano rispettate le procedure previste da tale normativa, l'impresa o il datore di lavoro non imprenditore sarà tenuto al pagamento di una indennità in misura compresa tra 12 e 24 mensilità dell'ultima retribuzione globale di fatto, avuto riguardo alla natura e alla gravità della violazione, fatte salve le diverse previsioni sulla misura dell'indennità contenute nei contratti e negli accordi collettivi applicati al rapporto di lavoro. Mentre nel caso in cui non sia osservata la forma scritta opererà comunque il co. 1 dell'art. 18.
Stante l'**esclusione** dal novero delle tutele crescenti dei dirigenti essi sarebbero soggetti al regime giuridico sanzionatorio in commento.

1.6. Il licenziamento collettivo e la crisi d'impresa.

Il licenziamento collettivo nel caso di **procedura di liquidazione giudiziale** deve seguire la disciplina di cui **all'art. 189 co. 1 del d.lgs. n. 14 del 2019** che ha carattere speciale e derogatoria rispetto a quella ordinaria ed è più snella. Essa opera anche nel caso dei dirigenti. È esclusa la sua operatività nel caso di procedura di amministrazione straordinaria delle grandi imprese in crisi. Il codice della crisi, tuttavia, per effetto del differimento della sua entrata in vigore sarà operativo a partire dal 16 maggio 2022.

1.7. Il licenziamento collettivo e la normativa COVID-19.

Il divieto di licenziamento introdotto per i licenziamenti individuali a causa dell'emergenza epidemiologica da COVID-19 opera anche per i licenziamenti collettivi. Introdotto dal **D.L. 17 marzo 2020, n. 18, convertito con modificazioni dalla L. 24 aprile 2020, n. 27, come modificato dal D.L. 19 maggio 2020, n. 34, che con l'art. 46** ha sancito, per il periodo dal 17 marzo sino al 19 agosto 2020 il blocco dei licenziamenti collettivi e per GMO per tutti i datori di lavoro, indipendentemente dal requisito dimensionale. Il divieto è stato reiterato sino alla **legge di bilancio per il 2022** ha previsto un'ulteriore proroga del **divieto di licenziamento** che di fatto opererà sino ad **aprile 2022,** mutando tuttavia, i termini per l'irrogazione: il datore di lavoro dovrà comunicarlo 90 giorni e la comunicazione dovrà contenere le ragioni economiche, finanziarie, tecniche e organizzative dei licenziamenti; il numero e i profili dei dipendenti interessati dalla riduzione dell'organico o dalla chiusura dello stabilimento; il termine entro il quale è prevista la cessazione dell'attività. È presente, inoltre, un ulteriore passo da compiere, laddove l'impresa intenda procedere alla chiusura di "sede, filiale, ufficio, stabilimento o reparto autonomo situato nel territorio nazionale, con cessazione definitiva della relativa attività con licenziamento di un numero di lavoratori non inferiore a 50" dovrà inoltrare la comunicazione ufficiale, a: – rappresentanze sindacali aziendali o unitarie (RSA o RSU), – sedi territoriali delle associazioni sindacali di categoria (quelle più rappresentative a livello nazionale), – Regioni interessate, – Ministero del Lavoro, – Ministero dello Sviluppo economico – ANPAL. Entro 60 giorni, invece, il datore di lavoro sarà tenuto a redigere un piano, da inoltrare ai suddetti enti, con le misure necessarie a contenere ricadute occupazionali ed economiche in seguito alla chiusura dell'attività. Tale procedura è valida ed operativa per le imprese che contavano nel 2021 almeno 250 dipendenti compresi i dirigenti e gli apprendisti.

QUESTIONARIO

1. Quali sono i presupposti di operatività dei licenziamenti collettivi? **1.**
2. I licenziamenti collettivi possono applicarsi a tutti i tipi di imprese? **1.**
3. Cosa si intende per messa in mobilità? **1.1.**

4. Quali sono i presupposti dei licenziamenti collettivi per riduzione di personale? **1.2.**
5. Qual è il regime giuridico sanzionatorio che opera nel caso di vizi di forma? **1.4.**
6. Cosa succede se non è osservata la procedura? **1.4.**
7. Come si svolge l'individuazione dei lavoratori da licenziare? **1.3.**
8. La disciplina delle tutele c.d. crescenti ha inciso sui licenziamenti collettivi? **1.4.**
9. Nel computo rientrano anche i dirigenti? **1.2.**

SCHEDA DI SINTESI

Il rapporto di lavoro può estinguersi per causa imputabili alla volontà del prestatore di lavoro e cause imputabili al datore di lavoro. entrambe le ipotesi sono regolamentate atteso che, fatta eccezione per i rapporti ove vige la regola della c.d. libera recedibilità (lavoro domestico ad esempio), è necessario che, salvo deroghe, vi sia il consenso del prestatore.

Il recesso del lavoratore assume la denominazione di dimissioni. le dimissioni per essere valide devono essere effettuate secondo le modalità statuite ex lege, devono essere rassegnate mediante l'impiego di moduli predisposti, possono essere revocate dal lavoratore e devono essere confermate dal datore di lavoro. seguono una procedura innanzi alla itl le ipotesi in cui a rassegnarle siano lavoratori/trici per i quali opera il divieto di licenziamento. le dimissioni implicano la trattenuta dell'indennità di preavviso in capo al datore di lavoro tranne l'ipotesi in cui essi siano per giusta causa.

Se la risoluzione del rapporto è su iniziativa datoriale si avrà il licenziamento. esso in relazione alla causa genetica si distingue in disciplinare e per giustificato motivo oggettivo. i primi, a loro volta, si suddividono in licenziamenti per giusta causa allorquando si verifica un inadempimento del prestatore di gravità tale da determinare la risoluzione del rapporto senza l'osservanza del preavviso mentre nel caso di licenziamento per giustificato motivo soggettivo l'inadempimento è notevole e dovrà essere corrisposta l'indennità di preavviso o osservato il termine. se il licenziamento è giustificato da ragioni organizzative dell'impresa allora si avrà il licenziamento per giustificato motivo oggettivo.

nel caso di licenziamenti disciplinari il datore di lavoro deve seguire l'iter di cui all'art. 7 dello statuto dei lavoratori per l'intimazione mentre per quelli per gmo segue il disposto di cui alla legge 604/66. la violazione di fasi della procedura dal punto di vista sostanziale è genetica di vizi formali/procedurali che, dopo la novella dell'art. 18 della l. 300/70, implica l'applicazione della sola tutela economica.

È il datore di lavoro che deve dimostrare la giusta causa del licenziamento mentre nel caso di gmo deve limitarsi ad allegare la scelta organizzativa fondante e l'impossibilità di reimpiego del prestatore di lavoro. Dal licenziamento per gmo si distingue il licenziamento per inidoneità psico-fisica del prestatore di lavoro che si configura allorquando il lavoratore per cause sopravvenute presenta una totale o parziale

CAPITOLO VIII | L'ESTINZIONE DEL RAPPORTO DI LAVORO

inidoneità all'impiego nelle mansioni per le quali è assunto (in tale caso l'onere del repechage si declinerà in senso peculiare alla luce dei c.d. adattamenti ragionevoli, cioè sarà necessario verificare se il lavoratore possa essere reimpiegato in ambito aziendale operando adattamenti esigibili al complesso aziendale).
I vizi sostanziali del licenziamento sono tutelati attraverso la reintegra e la tutela c.d. forte e piena solo nel caso di nullità del licenziamento (perché discriminatorio, ritorsivo, orale), la reintegra ed un'indennità che non superi comunque le 12 mensilità è prevista nel caso di insussistenza del fatto contestato ovvero nel caso in cui lo stesso sia punibile con sanzioni conservative dal Ccnl ovvero dai codici disciplinari ovvero nel caso di gmo o di inidoneità psico-fisica in cui si accerti l'infondatezza. Negli altri casi opera esclusivamente la tutela indennitaria. Quest'ultima è diventata la tutela per eccellenza per i lavoratori assunti dopo il 7 marzo del 2015 ai quali si applica il regime giuridico del contratto c.d. a tutele crescenti che contempla, in ordine al licenziamento, la regola della reintegra solo in caso di nullità ovvero in caso di insussistenza del fatto materiale contestato.
Se i licenziamenti riguardano più di 5 dipendenti e sono resi nell'arco di 120 giorni avremo un licenziamento collettivo. Esso può essere reso per cause collegate alla riduzione di personale ovvero alla messa in mobilità e si realizza mediante una fattispecie a formazione progressiva che si articola in tre fasi e vede il coinvolgimento anche dei sindacati e degli organi amministrativi. Deve, così come quelli individuali, essere comunicato per iscritto, deve essere motivato e vanno osservati i criteri di scelta che, in assenza di indicazioni pattizie, sono quelli legali. Il licenziamento collettivo determina la reintegra solo in caso di violazione della forma scritta e, per gli assunti ante marzo 2015 per la violazione della procedura ex art. 4 co. 12 l. 223/1991 ovvero nel caso in cui siano stati violati i criteri di scelta mentre per gli assunti con il regime delle tute crescenti tali vizi fondano la tutela indennitaria.
In ordine al rito il c.d. rito Fornero, applicabile ai lavoratori soggetti al regime di cui all'art. 18 l. 300/70 richiedenti la reintegra, sarà abrogato per effetto dell'introduzione dell'art. 414 bis c.p.c. che contempla un unico rito sul licenziamento.
Il licenziamento deve essere impugnato nell'osservanza di termini decadenziali.

SEZIONE III – GLI AMMORTIZZATORI SOCIALI NELLA CRISI D'IMPRESA

SOMMARIO:
1. Gli ammortizzatori sociali: nozione. – **2.** Cassa integrazione guadagni ordinaria. – **2.1.** La Cassa integrazione guadagni straordinaria. – **3.** I contratti di solidarietà. – **4.** Gli ammortizzatori sociali per le imprese escluse dalla Cassa integrazione guadagni. – **5.** Le prestazioni legate alla disoccupazione: evoluzione normativa. – **5.1.** Presupposti, requisiti e condizioni della NASpI. – **5.2.** Assegno di ricollocazione. – **5.3.** La DIS-COLL. – **6.** Gli ammortizzatori sociali in deroga. – **6.1.** Cassa integrazione guadagni e COVID-19. – **7.** I lavoratori socialmente utili.

1. Gli ammortizzatori sociali: nozione.

L'ordinamento giuridico, in attuazione **dell'art. 38 della Costituzione** che tutela il lavoratore affinché siano assicurati mezzi adeguati alle esigenze di vita in caso, tra le ipotesi varie, anche di disoccupazione involontaria, contempla gli **ammortizzatori sociali.** Con quest'espressione si fa riferimento ad un complesso eterogeneo di istituti impiegati essenzialmente per due obiettivi: a) **consentire al lavoratore di conservare il posto di lavoro ovvero recuperarlo** (in tale direzione operano la Cassa integrazione, i fondi di solidarietà ed i contratti di solidarietà); b) **assicurare al lavoratore i mezzi indispensabili per le esigenze di vita a seguito di disoccupazione** (la NASpI, la DIS-COLL, mobilità in deroga).

Il settore degli ammortizzatori sociali, così come quello dei licenziamenti collettivi, costituisce un "cantiere aperto" e le figure summenzionate in parte contemplate dalla l. 223/91 nella loro originaria formulazione (mobilità, indennità di disoccupazione, etc.) è stato oggetto di un importante ripensamento complessivo ad opera dapprima della l. 28 giugno 2012, n. 92 e poi per effetto della riorganizzazione operata con il D.lgs. 4 marzo 2015 n. 22 e dal D.lgs. 150/2015 ed infine la normativa emergenziale che ha inciso, soprattutto, su tali forme di intervento. La **legge n. 234 del 2021 (legge di bilancio per il 2022)** ha inciso in maniera significativa sugli ammortizzatori sociali secondo un modello di welfare inclusivo, seguendo il principio dell'universalismo differenziato (in tal senso anche la circ. Min. lav. n. 1/2022). La necessità è quella di coniugare il

CAPITOLO VIII | L'ESTINZIONE DEL RAPPORTO DI LAVORO

sistema degli ammortizzatori sociali con il sostegno di mirate politiche industriali, integrandolo con efficaci politiche attive del lavoro.

2. Cassa integrazione guadagni ordinaria.

CIGO o CIG costituiscono gli acronimi di Cassa integrazione guadagni ordinaria.
La **Cassa integrazione guadagni** è una sospensione del rapporto di lavoro. Il datore di lavoro sospende per un certo lasso temporale gli effetti del rapporto di lavoro non ricevendo per tutto (CIG 0 ore) o parte dell'orario lavorativo la prestazione e, al contempo, non corrispondendo la retribuzione. La **scelta** di ricorrere alla CIG non è demandata esclusivamente al datore di lavoro ma questi deve esperire una **procedura di consultazione sindacale seguita da un provvedimento amministrativo di ammissione**.
È possibile ritenere, quindi, che **condizioni** per l'accesso alla Cassa integrazione siano:
1. che l'impresa rientri nel suo campo di applicazione;
2. che si verifichi i presupposti legali;
3. che vi sia il provvedimento autorizzatorio.

La disciplina giuridica era, originariamente, contenuta nella l. n. **164 del 1975** e nella l. **223 del 1991**. Per effetto della legge delega **n. 183 del 2014** si è avuta una riforma del settore culminata con il **D.lgs. 148 del 2015** che, attualmente, regola l'istituto.
Il trattamento di **Cassa integrazione ordinaria (CIGO)** si applica, ai sensi **dell'art. 10** cit. D. Lgs., agli operai, impiegati e quadri del**le imprese industriali (senza limiti connessi al numero di dipendenti occupati), cooperative agricole, aziende industriali, artigiane dell'edilizia ed affini. È la disposizione che ricomprende le singole categorie di imprese con esclusione di quelle agricole e le imprese del credito, delle assicurazioni e dei servizi tributari, del turismo.**
In ordine ai **lavoratori beneficiari, l'art. 1** del citato D.lgs., ha enucleato le categorie contemplando il trattamento per i lavoratori subordinati e gli apprendisti con un'anzianità di effettivo lavoro, presso l'unità ove richiedono il trattamento, di almeno novanta giorni alla data di presentazione della relativa domanda di concessione. Dal 1° gennaio 2022 l'anzianità minima di effettivo lavoro è pari a 30 giorni. Tale condizione non è necessaria per le domande relative a trattamenti ordinari di integrazione salariale per eventi oggettivamente non evitabili.

343

Sono **esclusi** i dirigenti, i lavoratori a domicilio fino al dicembre 2021 perché a partire dal 1° gennaio 2022 sono espressamente ricompresi. Sono esclusi i lavoratori somministrati.

Le cause integrabili sono costituite da "**situazioni aziendali dovute a eventi transitori e non imputabili all'impresa o ai dipendenti, incluse le intemperie stagionali**" o di "**situazioni temporanee di mercato**" (art. 11 D.lgs. n. 148/2015).

La giurisprudenza di merito ha evidenziato che l'evento è imputabile al datore anche quando esso è frutto di errate scelte imprenditoriali e, pertanto, non integrante il trattamento. In ordine, invece, agli eventi che non possono essere qualificati come transitori ai fini del riconoscimento della CIGO è stato ritenuto che essi possano essere, tra gli altri, la riduzione dei lavoratori e la mancata ripresa delle attività, ipotesi ordinarie di inadempimento contrattuale del committente.

Quanto alla **durata**, **l'art. 12** stabilisce che l'integrazione salariale ordinaria è corrisposta fino a un periodo massimo di **13 settimane continuative**, prorogabile trimestralmente fino a un massimo complessivo di **52 settimane**. Con riferimento alla **durata massima del trattamento ordinario l'art. 4**, ha stabilito che "*per ciascuna unità produttiva, il **trattamento ordinario** e quello straordinario di integrazione salariale non possono superare la durata massima complessiva di **24 mesi** in un quinquennio mobile, fatto salvo quanto previsto all'articolo 22, comma 5*". Al secondo comma, invece, si prevede che "***per le imprese industriali e artigiane** dell'edilizia e affini, nonché per le imprese di cui all'articolo 10, comma 1, lettere n) e o), per ciascuna unità produttiva il **trattamento ordinario** e quello straordinario di integrazione salariale non possono superare la durata massima complessiva di **30 mesi** in un quinquennio mobile*".

Per le imprese agricole va chiarito che non opera la CIGO ma un trattamento di integrazione simile previsto dalla l. n. 457/1972 nei casi in cui si verifichino: intemperie stagionali o altre cause non imputabili al datore di lavoro o ai lavoratori nel limite massimo di 90 giorni; per esigenze di riconversione e ristrutturazione aziendale; per i lavoratori agricoli di imprese site in aree colpite da avversità atmosferiche eccezionali nella misura di 90 giorni annui.

La procedura per accedere alla Cassa integrazione guadagni ordinaria si compone di due fasi: **una prima sindacale e una seconda amministrativa**.

L'art. 14 cit. D.lgs. impone anzitutto una procedura **preventiva** di **informativa sindacale**, che indichi le cause della sospensione o della riduzione dell'orario di lavoro, l'entità e la durata prevedibile della sospensione, il numero dei lavoratori interessati quale **condizione di procedibilità** della domanda di accesso alla Cassa integrazione; tale procedura può essere **successiva** in caso di eventi oggettivamente inevitabili che rendano non differibile la contrazione o la sospensione dell'attività.

A tale comunicazione può seguire, su richiesta di una delle parti, un **esame congiunto** della situazione produttiva e delle soluzioni prospettabili.

Tale procedura deve esaurirsi **entro 25 giorni dalla data di comunicazione alle rappresentanze sindacali**, ridotti a 10 per le imprese che hanno alle loro dipendenze fino a 50 lavoratori.

La fase amministrativa, tesa ad ottenere l'ammissione al trattamento di integrazione salariale, ha inizio con la presentazione della domanda **in via telematica all'INPS (art. 15 cit. D.lgs.)** da effettuarsi entro 15 giorni dall'inizio della sospensione/riduzione dell'attività.

Il trattamento è concesso, qualora la domanda superi il vaglio di legittimità e la verifica di effettività delle ragioni addotte, dalla sede INPS territorialmente competente (art. 16, co.1).

Il trattamento integrativo del salario retributivo corrisponde all'**80% della retribuzione globale** che sarebbe spettata al lavoratore per le ore non lavorate, entro il limite delle 40 ore settimanali (art. 2).

Nella base di calcolo per la determinazione dell'indennità sono comprese solo le voci fisse della retribuzione, mentre le eventuali indennità accessorie corrisposte al lavoratore sono computate solo se previste dalla legge o dal contratto collettivo. La legge di bilancio per il 2022 ha introdotto un nuovo comma 5 bis all'art.3 del d.lgs. 148/2015 statuendo che per i trattamenti di integrazione salariale relativi a periodi di sospensione o riduzione dell'attività lavorativa decorrenti dal 1 gennaio 2022, il massimale non è più differenziato in base alla retribuzione mensile ma è unico e prescinde dalla stessa.

Al lavoratore in CIGO spettano altresì i **contributi figurativi**, di cui si tiene conto sia al fine dell'insorgenza del diritto alla pensione anticipata o di vecchiaia, sia per la determinazione del relativo ammontare.

Il pagamento dell'integrazione salariale ordinaria è effettuato dall'impresa ai dipendenti aventi diritto alla fine di ogni periodo di paga. L'importo delle integrazioni è rimborsato dall'INPS all'impresa o conguagliato da questa secondo le norme per il conguaglio fra contributi dovuti e prestazioni corrisposte (art. 7). Nel caso delle integrazioni salariali ordinarie, la sede dell'INPS territorialmente competente può autorizzare il **pagamento diretto**, con il connesso assegno per il nucleo familiare, laddove spettante, in presenza di serie e documentate difficoltà finanziarie dell'impresa, su espressa richiesta di questa.

2.1. La Cassa integrazione guadagni straordinaria.

La Cassa integrazione guadagni si dice **"straordinaria" (CIGS)** se è volta a fronteggiare situazioni di sospensione o riduzione dell'attività dovuta, così come statuisce l'art. 21 co. 1 D.lgs. 148/2015 ad una delle seguenti causali:

1. Riorganizzazione aziendale (lett. a) art. 21 co. 1 cit. decreto) – comprensiva anche dei processi di transizione;
2. Crisi aziendale purché reversibile (lett. b) art. 21 co. 1 cit. decreto);
3. Contratto di solidarietà (lett. c) art. 21 co.1 cit. decreto).

Per effetto della novella introdotta dalla legge di bilancio 2022, che contempla la possibilità di ricorrere ad **accordi di transizione occupazionale ex art. 22 ter del d.lgs. 148/2015**, le parti possono, nell'ambito di una situazione di crisi aziendale, procedere alla stipula di un accordo finalizzato a transizioni occupazionali in altri termini viene autorizzata l'integrazione salariale per ulteriori 12 mesi nei casi in cui le imprese, all'esito di programmi di riorganizzazione o di crisi aziendale debbano gestire lavoratori in esubero.

Sebbene la **cessazione dell'attività** non sia stata più prevista quale causa integrante la CIGS il **co. 4 dell'art. 21** ha previsto una **deroga** statuendo, sino al 2020, la possibilità di ricorrere alla CIGS anche per cessazione di attività, entro un determinato tetto di spesa e previo accordo ministeriale volto a verificare che la cessazione di attività sia seguita da un riassorbimento della forza lavoro per effetto della cessione aziendale. Il periodo è autorizzabile per un massimo di 12 mesi.

Un ulteriore intervento di CIGS per cessazione attività, della durata massima di 12 mesi, è stato altresì introdotto dall'art. 44 del d.l. n. 109/2018, conv. in l. n. 130/2018, con efficacia fino al 2020, ove siano individuate condizioni riferite a:

- concrete prospettive di cessione dell'attività in cessazione, con riassorbimento del relativo personale;
- piani di reindustrializzazione, anche presentati dalla medesima impresa in cessazione;
- specifici percorsi di politica attiva del lavoro presentati dalla Regione interessata o dalle Regioni nei cui territori sono dislocate le unità produttive in cessazione.

A tal fine è richiesta la stipula di un accordo in sede ministeriale.
In ordine **all'ambito di applicazione** l'art. 20 del D.lgs. 23/2015 delinea le imprese che possono avere accesso al trattamento che sono:

1. Imprese industriali comprese quelle edili e affini;
2. Imprese artigiane che procedono alla sospensione dei lavoratori in conseguenza di sospensioni o riduzioni dell'attività dell'impresa che esercita l'influsso gestionale prevalente;
3. imprese appaltatrici di servizi di mensa o ristorazione, che subiscano una riduzione di attività in dipendenza di situazioni di difficoltà dell'azienda appaltante, che abbiano comportato per quest'ultima il ricorso al trattamento ordinario o straordinario di integrazione salariale;
4. imprese appaltatrici di servizi di pulizia, anche se costituite in forma di cooperativa, che subiscano una riduzione di attività in conseguenza della riduzione delle attività dell'azienda appaltante, che abbia comportato per quest'ultima il ricorso al trattamento straordinario di integrazione salariale;
5. imprese dei settori ausiliari del servizio ferroviario, ovvero del comparto della produzione e della manutenzione del materiale rotabile;
6. imprese cooperative di trasformazione di prodotti agricoli e loro consorzi;
7. imprese di vigilanza.

Per tutte queste imprese è richiesto anche il requisito dimensionale, in quanto come prescritto dalla legge di bilancio del 2022 all'art. 2 bis al d.lgs. 148 del 2015, devono aver **occupato più di 15 dipendenti nel semestre antecedente la data di presentazione della domanda**, inclusi apprendisti e dirigenti.
Sono, invece, **50 i dipendenti occupati**, inclusi sempre dirigenti ed apprendisti nel semestre antecedente per le imprese esercenti attività commerciali, comprese quelle della logistica e le agenzie di viaggio e turismo, compresi gli operatori turistici (**co. 2 art. 20**).
È erogabile la CIG, **indipendentemente dal numero di occupati**, per le imprese del trasporto aereo e di gestione aeroportuale e società da queste derivate, nonché imprese del sistema aereoportuale e per partiti e movimenti politici e loro rispettive articolazioni e sezioni territoriali (entro determinati limiti di spesa) a condizione che risultino iscritti nel registro di cui all'articolo 4, comma 2, del **decreto**-legge 28 dicembre 2013, n. 149, convertito, con modificazioni, dalla legge 21 febbraio 2014, n. 13.

Il carattere universalistico della **riforma di bilancio per il 2022** ha previsto un'estensione della CIG alle imprese di tutti i settori che occupino più di quindici dipendenti.

Possono beneficiare della CIGS tutti i lavoratori subordinati non dirigenti inclusi gli apprendisti con **contratto di apprendistato professionalizzante** che possono far valere almeno 90 giorni di effettivo lavoro alla data di presentazione della domanda di concessione della CIG (artt. 1-2).

Comune alla CIGO è il carattere bifasico della procedura che si compone rispettivamente di una parte sindacale e di una amministrativa.

La legge assoggetta l'ammissione al trattamento di integrazione salariale straordinario al previo adempimento degli obblighi di **comunicazione preventiva** nei confronti delle **rappresentanze sindacali, in cui siano indicate le cause di sospensione o di riduzione dell'orario di lavoro, l'entità e la durata prevedibile, il numero dei lavoratori interessati**. A tale comunicazione segue, su facoltativa richiesta, generalmente della parte sindacale un esame congiunto della situazione che deve esaurirsi entro 25 giorni dalla richiesta di esame.

Tale consultazione deve riguardare, specificamente, l'individuazione dei **criteri di individuazione** dei lavoratori da sospendere (deve trattarsi di parametri obiettivi, razionali, non discriminatori e conformi a correttezza e buona fede) e le **modalità di rotazione** dei lavoratori sospesi.

Se all'esito vi è un accordo con le parti sociali l'impresa ne dà atto nella domanda amministrativa di CIG che è proponibile anche senza previo accordo.

La domanda dev'essere inoltrata al **Ministero del lavoro** (all'Ispettorato territoriale nei casi di ristrutturazione, riorganizzazione o conversione aziendale), entro 7 giorni dalla data di conclusione della procedura di consultazione sindacale (art. 25 cit. D.lgs.), previo parere motivato della Regione, e deve contenere il **programma di risanamento** che l'impresa intende attuare (art. 21 co. 3) ovvero il **programma di riorganizzazione aziendale** volto a prevedere strumenti per contrastare le inefficienze strutturali e/o organizzative (art. 21 co. 2).

Il Ministero approva il programma con **decreto** e concede il trattamento di integrazione salariale, che viene anticipato dall'impresa richiedente e dalla stessa recuperato tramite conguagli sui contributi da versare all'INPS.

L'impresa che intende accedere alla CIGS deve presentare domanda all'INPS entro è presentata entro 7 giorni dalla data di conclusione della procedura di consultazione sindacale o dalla data di stipula dell'accordo collettivo aziendale relativo al ricorso all'intervento e deve essere corredata dell'**elenco nominativo dei lavoratori interessati** dalle **sospensioni o riduzioni di orario**.

Per le causali di riorganizzazione aziendale e crisi aziendale, nella domanda di concessione dell'integrazione salariale, l'impresa deve inoltre comunicare **il numero dei lavoratori** mediamente occupati presso l'unità produttiva oggetto dell'intervento nel semestre precedente, distinti per orario contrattuale.

La domanda di concessione del trattamento straordinario di integrazione salariale deve essere presentata, normalmente **in via telematica**, in unica soluzione contestualmente al Ministero del lavoro e delle politiche sociali e alle Direzioni territoriali del lavoro competenti.

L'eventuale concessione del predetto trattamento avviene **con decreto del Ministero del lavoro** e delle politiche sociali per l'intero periodo richiesto.

Fatte salve eventuali sospensioni del procedimento amministrativo che si rendano necessarie a fini istruttori, il decreto di cui al secondo periodo è adottato entro **90 giorni** dalla presentazione della domanda da parte dell'impresa.

L'art. 25 del decreto contempla anche la possibilità che siano effettuate verifiche ispettive sull'osservanza dei programmi presentati con la CIGS. In ordine alla **durata** va precisato che essa varia in relazione alla causa integrante:

1. **ristrutturazione, riorganizzazione, conversione aziendale** (art. 1, n. 2, l. 20 maggio 1975, n. 164), per un periodo di **24 mesi**, prorogabili per **2 volte per 12 mesi** per programmi di particolare complessità od in ragione della rilevanza delle conseguenze occupazionali (art. 22 co.1);
2. **crisi aziendali di particolare rilevanza sociale**, in relazione alla situazione territoriale e settoriale (art. 2, co. 5, l. 12 agosto 1977, n. 675), per **12 mesi**, con possibilità di una nuova erogazione non prima che sia trascorso un periodo pari ai 2/3 di quello relativo alla precedente concessione (art. 22 co. 2);
3. **contratti di solidarietà interna** (art. 1, d.l. 30 ottobre 1984, n. 726, conv. in l. 19 dicembre 1984, n. 863), per **24 mesi**, estensibili fino a 36 (art. 22 co. 3).

Tuttavia, in ciascuna unità produttiva, i trattamenti straordinari non possono comunque superare il limite massimo dei **24 mesi nell'arco di un quinquennio mobile** (art. 4).

Non può richiedersi, invece, il trattamento straordinario per le unità produttive per le quali è stato richiesto (e concesso) il trattamento ordinario.

La legge di stabilità per il 2018 (l. 205 del 27 dicembre 2017), **all'art. 1, comma 133**, ha inserito nel corpo del D.lgs. n. 148/15, **il nuovo articolo 22-bis** rubricato "Proroga del periodo di Cassa integrazione guadagni straordinaria per riorganizzazione o crisi aziendale". Tale norma, attualmente, stabilisce che, **per gli anni 2018,2019, 2020** in deroga agli articoli 4 e 22, comma 1, del predetto decreto legislativo, **entro il limite complessivo massimo di spesa indicati per ciascuno di tali anni, per imprese con organico superiore alle 100 unità lavorative ed a rilevanza economica strategica** anche a livello regionale **che presentino rilevanti problematiche occupazionali con esuberi significativi nel contesto territoriale**, previo accordo stipulato in sede governativa presso il Ministero del lavoro e delle politiche sociali con la presenza della regione interessata (o delle regioni interessate in caso di imprese con unità produttive coinvolte ubicate in due o più regioni), **può essere concessa la proroga dell'intervento straordinario di integrazione salariale, entro il limite massimo di 12 mesi**; ciò qualora il programma di riorganizzazione aziendale di cui all'art. 21, co. 2, sia caratterizzato da investimenti complessi non attuabili nel limite temporale di 24 mesi di cui all'art. 22, co. 1, o qualora il programma di riorganizzazione aziendale di cui all'art. 21, co. 2, presenti piani di recupero occupazionale per la ricollocazione delle risorse umane e azioni di riqualificazione non attuabili nel medesimo limite temporale. Alle stesse condizioni, e sempre nel limite delle risorse finanziarie stanziate per gli anni, in deroga ai limiti temporali degli artt. 4 e 22, co. 2, **può essere concessa la proroga dell'intervento di integrazione salariale straordinaria, sino al limite di 6 mesi,** laddove il risanamento di cui all'art. 21, co. 3, presenti interventi correttivi complessi volti a garantire la continuazione dell'attività aziendale e la salvaguardia occupazionale, non attuabili nel limite temporale di 12 mesi di cui all'art. 22, co. 2.

In ordine **alla misura dell'erogazione** va precisato che anche il trattamento di integrazione salariale straordinario ammonta all'**80% della retribuzione** perduta in seguito alla contrazione di orario (ridotto alla misura del 70% nell'ipotesi dei contratti di solidarietà). Il pagamento dell'integrazione salariale è effettuato alla fine di ogni mese dal datore di lavoro ai dipendenti aventi diritto, salvo chiedere il rimborso all'INPS mediante conguaglio con i contributi dovuti al predetto ente previdenziale.

Se l'azienda fallisce o si trova nell'impossibilità di pagare per assenza di liquidità il pagamento dell'indennità ai lavoratori beneficiari sarà effettuato dall'INPS.

Con riferimento all'importo da corrispondere, occorre rilevare che esso è soggetto ad un limite mensile rivalutato annualmente in base alle variazioni dell'indice dei prezzi al consumo accertate dall'ISTAT; peraltro, nel caso delle integrazioni salariali straordinarie, il Ministero del lavoro e delle politiche sociali può autorizzare, contestualmente al trattamento di integrazione salariale, il pagamento diretto da parte dell'INPS, con il connesso assegno per il nucleo familiare, ove spettante, in presenza di serie e documentate difficoltà finanziarie dell'impresa, fatta salva la successiva revoca nel caso in cui il servizio competente accerti l'assenza di difficoltà di ordine finanziario della stessa (**art. 7, comma 5, del D.lgs. 148/15**). Anche la norma relativa al pagamento diretto riproduce quanto già statuito in precedenza.

Se l'integrazione salariale non sia percepita per tardiva o omessa presentazione della domanda da parte del datore di lavoro risponde l'imprenditore che è tenuto a corrispondere la somma di integrazione salariale all'uopo prevista.

3. I contratti di solidarietà.

I contratti di solidarietà sono accordi collettivi stipulati tra sindacati e datore di lavoro che radicano il loro **fondamento nell'art. 2 della costituzione** perché perseguono finalità di solidarietà sociale e sono volti a **mantenere inalterati ovvero incrementare i livelli occupazionali**. Proprio in relazione alla finalità perseguita essi si distinguono **in difensivi ed espansivi**.

È opportuno procedere ad una disamina distinta delle due figure diverse nei presupposti e per le finalità perseguite onde procedere, all'esito dell'analisi, ad un raffronto.

I contratti di solidarietà difensivi, come è emerso già dalla trattazione della CIGS, sono accordi sindacali che, **attraverso una riduzione dell'orario di lavoro, mirano a gestire gli esuberi di personale e garantire i livelli occupazionali**. La valutazione prognostica dell'efficienza dello strumento ne esclude la praticabilità laddove sia evidente che la riduzione dell'orario non possa comportare il mantenimento del livello occupazionale.

Per effetto del D.lgs. 148/2015 i contratti di solidarietà difensivi costituiscono (cfr. par. 2.1.) una terza ipotesi per l'accesso alla CIGS (art. 21 co.1 cit. decreto).

Per poter accedere al contratto di solidarietà difensivo è necessario che l'impresa rientri **nel campo di applicazione della CIGS**.

La riduzione dell'orario non può essere superiore al 80% dell'orario giornaliero, settimanale o mensile dei lavoratori coinvolti (art. 21 co. 5).

I lavoratori coinvolti hanno diritto all'integrazione salariale nella misura dell'80%.

La durata, come statuisce l'art. 22 co. 3, è **pari a 24 mesi** anche continuativi che possono essere estesi fino ad un massimo di 36 mesi, in un quinquennio mobile, per ciascuna unità produttiva.

I contratti di solidarietà espansiva sono accordi collettivi aziendali, conclusi

tra sindacati e imprese, attraverso i quali da un lato viene stabilita la riduzione stabile dell'orario di lavoro, con la relativa riduzione della retribuzione, mentre dall'altro lato si provvede ad **assumere nuovo personale all'interno dell'azienda, necessariamente con contratti a tempo indeterminato.**
Il D.lgs. n. 148 del 2015 ha introdotto una serie di agevolazioni ed incentivi economici (es. sgravi contributivi) per i datori di lavoro che aderiscono alla stipulazione di questi contratti di solidarietà.
Inoltre, **l'art. 41 del** sopracitato decreto legislativo prevede anche degli incentivi normativi per il datore di lavoro, ossia la possibilità di non includere i lavoratori assunti con il contratto di solidarietà nelle soglie numeriche previste dalle leggi e dai contratti collettivi per alcuni istituti (come, ad esempio, per la disciplina dei licenziamenti).
Il decreto legislativo n. 185 del 24 settembre 2016 ha previsto la possibilità che i contratti di solidarietà difensivi vengano trasformati in espansivi, così da favorire la crescita degli organici e l'inserimento di competenze nuove e aggiornate.
L'introduzione di questa facoltà non è però priva di condizioni. Viene inoltre previsto che la trasformazione del contratto di solidarietà deve garantire, comunque, un trattamento di integrazione salariale di importo pari al 50% della misura dell'integrazione salariale prevista prima della trasformazione del contratto e il datore di lavoro integra tale trattamento almeno sino alla misura dell'integrazione originaria.
L'art. 43-bis del d.l. n. 34/2020 conv. in Legge 17 luglio 2020 n. 77, ha introdotto la nuova figura del **"contratto di rete con causale di solidarietà"**. La misura dà un impulso decisivo all'attuazione dell'istituto della codatorialità per consentire alle imprese in rete di condividere il personale in funzione degli obiettivi comuni da raggiungere con il contratto di rete, collaborando in filiera per tutelare l'occupazione. Esso **alle imprese di filiere colpite da crisi economiche o stati di emergenza dichiarati con provvedimento delle autorità competenti (es. epidemie, catastrofi naturali, crisi di indotti industriali) di impiegare i lavoratori delle aziende partecipanti alla rete che sono a rischio di perdita del posto di lavoro, di inserire persone che hanno perso il posto di lavoro per chiusura di attività o crisi d'impresa o di assumere nuove figure professionali necessarie a rilanciare le attività nelle fasi di uscita dalla crisi, rendendo più agevole e flessibile l'utilizzo del personale nella rete attraverso il ricorso agli istituti del distacco semplificato e della codatorialità.** In particolare, la nuova norma rimette a un decreto del Ministero del lavoro e delle politiche sociali, da emanarsi entro 60 giorni dall'entrata in vigore della legge di conversione del DL Rilancio, la definizione delle

necessarie procedure di comunicazione agli Enti competenti (Inail e Inps) da parte dell'impresa della rete individuata quale referente nel contratto per tali adempimenti. A completare il percorso di semplificazione, si prevede una forma semplificata di pubblicità del contratto di rete di solidarietà, in deroga alle regole generali, attraverso la firma digitale ai sensi dell'articolo 24 del Codice dell'Amministrazione Digitale e l'assistenza qualificata delle parti ad opera delle Organizzazioni datoriali maggiormente rappresentative a livello nazionale nelle fasi di redazione finale e sottoscrizione del contratto La norma limita inizialmente la possibilità di costituire reti di impresa per finalità di solidarietà al solo 2020, efficace dal 19 Luglio 2020.

La differenza tra i contratti di solidarietà risiede, essenzialmente, **nel profilo causale** perché mentre per quelli espansivi l'obiettivo è ampliare i posti di lavoro disponibili attraverso una rideterminazione dell'orario di lavoro, viceversa quelli difensivi sono volti a contenere gli effetti della crisi sulla forza lavoro proprio attraverso una riduzione dell'orario di lavoro ed un intervento statale al fine di poter garantire i livelli retributivi.

4. Gli ammortizzatori sociali per le imprese escluse dalla Cassa integrazione guadagni.

I fondi di solidarietà sono strumenti di sostegno al reddito erogati a quei lavoratori privi di un sistema di ammortizzatori sociali in quanto dipendenti di imprese **non rientranti nel campo della Cassa integrazione guadagni.**
Previsti dalla l. 92/2012, essi sono stati interessati dalla novella introdotta **dal D.lgs. 148/2015 (artt. 26-40)** che ha reso **obbligatoria l'istituzione dei fondi per tutti quei settori che non rientrano nell'ambito di applicazione del Titolo I del presente decreto, per i datori di lavoro che occupano mediamente più di 5 dipendenti** (laddove la legge n. 92 del 2012 prevedeva che le imprese dovevano avere più di 15 dipendenti).
Ai fini del raggiungimento **della soglia dimensionale legale** vengono computati anche gli apprendisti; le prestazioni e i relativi obblighi contributivi non si applicano al personale dirigente se non espressamente previsto.
I modelli di fondi, che non hanno personalità giuridica e che sono una gestione INPS, sono essenzialmente **tre:**
1. costituzione del Fondo presso l'Inps, tramite accordi collettivi stipulati con le organizzazioni sindacali dei lavoratori e dei datori di lavoro comparativamente più rappresentative a livello nazionale (art. 26) (**c.d. fondi di solidarietà obbligatori**);

2. adeguamento dei fondi bilaterali già esistenti (art. 27) nei settori di artigianato e somministrazione di lavoro stipulati con i soggetti sindacali comparativamente più rappresentativi (c.d. **fondi di solidarietà alternativi**);
3. adesione al fondo c.d. residuale, per coloro che non aderiscono ai fondi sub a) e b), costituito presso il Ministero del Lavoro (art. 28-29) (cd. **fondo di integrazione salariale**).

Gli oneri di amministrazione di ciascun fondo di cui di solidarietà sono determinati secondo i criteri definiti dal regolamento di contabilità dell'INPS.

I fondi di solidarietà, oltre a garantire un sostegno al reddito in costanza di rapporto di lavoro, **possono perseguire, così come statuito dall'art. 11 le seguenti finalità**:
1. assicurare ai lavoratori prestazioni integrative, in termini di importi o durate, rispetto alle prestazioni previste dalla legge in caso di cessazione del rapporto di lavoro, ovvero prestazioni integrative, in termini di importo, rispetto a trattamenti di integrazione salariale previsti dalla normativa vigente;
2. prevedere un assegno straordinario per il sostegno al reddito, riconosciuto nel quadro dei processi di agevolazione all'esodo, a lavoratori che raggiungano i requisiti previsti per il pensionamento di vecchiaia o anticipato nei successivi cinque anni;
3. contribuire al finanziamento di programmi formativi di riconversione o riqualificazione professionale, anche in concorso con gli appositi fondi nazionali o dell'Unione europea.

I **fondi di solidarietà c.d. obbligatori** di cui alla lett. a) erogano un **assegno ordinario**, previsto e disciplinato dall'art. 30 il cui importo è almeno pari all'integrazione salariale ordinaria ed è erogabile per una durata massima di 26 settimane in un biennio mobile.

La domanda per l'accesso all'assegno ordinario deve essere presentata non prima di 30 giorni dall'inizio della sospensione o riduzione dell'attività lavorativa eventualmente programmata e non oltre il termine di 15 giorni dall'inizio della sospensione o riduzione dell'attività lavorativa.

Va evidenziato che per effetto **del D.lgs. 148 del 2015 l'art. 26** ha previsto la possibilità della costituzione del Fondo di solidarietà bilaterale per le imprese escluse dalla CIGS che occupino più di 5 dipendenti con onere di adeguamento per i Fondi già costituiti con termine sino al 31.12.2015. Decorso infruttuosamente tale termine, i datori di lavoro occupanti tra 6 e 15 dipendenti conflui-

scono nel fondo di integrazione salariare di cui all'art. 29 con trasferimento dei contributi già versati.
Per tali fondi non opera il principio di automaticità delle prestazioni con intervento dell'INPS.
Sono soggetti alla disciplina del fondo di integrazione salariale i datori di lavoro che occupano mediamente più di 5 dipendenti (per il cui calcolo si computano anche gli apprendisti) appartenenti a settori, tipologie e classi dimensionali non rientranti nell'ambito di applicazione del Titolo I del presente decreto e che **non hanno costituito fondi di solidarietà bilaterali di cui all'articolo 26 o fondi di solidarietà bilaterali alternativi di cui all'articolo 27. Per effetto dell'art.1 comma 207 della legge di bilancio sono soggetti, dal 2022, al FIS i datori di lavoro con almeno 1 dipendente non rientranti nella CIGO e non ricompresi nei fondi di solidarietà bilaterali di cui agli artt. 26, 27 e 40 del d.lgs. 148/2015.**

Il Fondo di integrazione salariale, finanziato mediante i contributi dei datori di lavoro e dei lavoratori da questi occupati, secondo quanto definito dall'articolo 33, commi 1, 2 e 4, garantisce **l'erogazione di una prestazione a sostegno del reddito** per il caso di riduzione o sospensione dell'attività lavorativa a favore dei lavoratori con un'anzianità di servizio di almeno 90 giorni di lavoro effettivo. **Il Fondo di integrazione salariale** eroga, quali prestazioni, **l'assegno ordinario e l'assegno di solidarietà.**

L'assegno ordinario è erogato, nei casi di riduzione o sospensione dell'attività lavorativa che legittimano l'accesso alle integrazioni salariali ordinarie (CIGO) e straordinarie (CIGS), sia pure soltanto per le ipotesi di riorganizzazione e crisi aziendale. Tale prestazione può essere erogata nel caso di datori di lavoro che occupano **mediamente più di 15 dipendenti, per una durata massima di 26 settimane in un biennio mobile.**

L'assegno di solidarietà viene erogato in caso di esuberi di personale, qualora sia stato stipulato un contratto collettivo aziendale diretto a far fronte ai casi di eccedenza di personale. L'assegno di solidarietà può essere corrisposto per un massimo di 12 mesi nell'ambito del biennio mobile.

Per effetto della l. 234 del 2021 i fondi di solidarietà bilaterali vengono **estesi a tutti i datori di lavoro**, indipendentemente dal numero di dipendenti. L'importo dell'assegno non può essere più basso della Cassa integrazione. L'assegno ordinario sarà garantito per un massimo di **13 settimane** per le imprese fino a **5 dipendenti, 26 settimane** per le imprese da **6 a 15 dipendenti** e fino a un massimo di **26 settimane** per le imprese con **più di 15 dipendenti**. Per le imprese con più di *15 dipendenti* i Fondi assicureranno anche l'**erogazione della CIGS**.

È prevista una **premialità** per le piccole imprese (datori di lavoro fino a 5 dipendenti): se non utilizzano il Fis per almeno **24 mesi**, con la riforma e regime (**1° gennaio 2025**) c'è una riduzione dell'aliquota contributiva del **40%**.

5. Le prestazioni legate alla disoccupazione: evoluzione della normativa.

Fino all'agosto 2012, quando entrò in vigore la cd. legge Fornero (n. 92/2012), la tutela per il lavoratore che perdeva il posto di lavoro era offerta dal R.D.L. 19 ottobre 1919 n. 2214 attraverso una prestazione economica chiamata "**indennità di disoccupazione**".
Il trattamento ordinario di disoccupazione era garantito ai lavoratori:

1. in stato di **disoccupazione involontaria**;
2. in possesso di **2 anni di anzianità assicurativa** e di **1 anno di contribuzione nel biennio antecedente** la domanda;
3. con una **residua capacità lavorativa**.

Ne erano esclusi gli **inoccupati** (ossia i soggetti in cerca di prima occupazione), i **pensionati** di vecchiaia o anzianità, i soggetti in **prepensionamento**, i lavoratori che avessero rassegnato le **dimissioni** (ma Corte cost., 24 giugno 2002, n. 269 ne ha consentito l'erogazione in caso di dimissioni per giusta causa), coloro che avessero **risolto consensualmente** il rapporto, i lavoratori con contratto a *part–time* **verticale** per i periodi di inattività.
Ove poi il lavoratore perdesse il posto per effetto di licenziamento collettivo, la legge n. 223/1991 ne prevedeva:

1. l'iscrizione in apposite **liste di mobilità** volte a garantire un rapido reinserimento nel mondo del lavoro attraverso la previsione di vari benefici in caso di riassunzione da parte di un altro datore di lavoro (come ad es. agevolazioni contributive);
2. una contestuale prestazione economica denominata "**Indennità di mobilità**", subordinata al possesso di un'anzianità aziendale minima a tempo indeterminato di 12 mesi, di cui 6 di lavoro effettivo, che veniva erogata per un periodo variabile a seconda di età, provenienza geografica e anno di collocamento in mobilità, in misura pari al 100% dell'indennità di CIGS nei primi 12 mesi e poi all'80%.

CAPITOLO VIII | L'ESTINZIONE DEL RAPPORTO DI LAVORO

Per effetto di numerose successive proroghe di una disciplina temporanea introdotta dal d.l. 148/1993, tra il 1993 ed il 2013 l'iscrizione nelle liste di mobilità è stata prevista anche per i lavoratori licenziati individualmente per giustificato motivo oggettivo (**cd. piccola mobilità**).

A partire dal 2012 il settore è stato oggetto di due riforme a breve distanza l'una dall'altra che, passando attraverso un periodo di sovrapposizione che le ha viste coesistere, hanno condotto alla progressiva sostituzione dell'indennità di disoccupazione e dell'indennità di mobilità con l'attuale Nuova Prestazione di Assicurazione Sociale per l'impiego (**NASpI**).

La prima di tali riforme è stata attuata dalla l. 92/2012 (cd. legge Fornero) che ha istituito una nuova prestazione denominata **Assicurazione Sociale per l'Impiego (ASpI),** che ha sostituito l'indennità di disoccupazione con decorrenza dall'1° gennaio 2013 ed era destinata a sostituire l'indennità di mobilità con decorrenza dall'1° gennaio 2017.

La prestazione era riconosciuta ai **lavoratori privati subordinati,** sia a tempo indeterminato sia a termine (compresi apprendisti e soci lavoratori di cooperativa) e ai dipendenti pubblici a termine.

I suoi presupposti principali erano: 1) trovarsi in **stato di disoccupazione per ragioni non imputabili,** con esclusione dunque delle dimissioni (salvo che per giusta causa o nel periodo tutelato di maternità) o della risoluzione consensuale (salvo che avvenuta nell'ambito della procedura conciliativa presso la Direzione territoriale del lavoro ex art. 7, l. 15 luglio 1966, n. 604, oggi "Ispettorato territoriale del lavoro"); 2) **2 anni di anzianità assicurativa** ed **1 anno di contribuzione effettiva nel biennio precedente** l'inizio dello stato di disoccupazione.

La sua erogazione avveniva in misura proporzionale alla retribuzione media mensile degli ultimi 2 anni e per un periodo non superiore a 12 mesi (18 per gli ultrasessantacinquenni).

La legge n. 183/2014 ha quindi delegato il Governo a rivedere il settore degli strumenti di sostegno al reddito in caso di disoccupazione involontaria secondo vari criteri tra cui, in particolare: omogeneizzare la disciplina relativa ai trattamenti ordinari e ai trattamenti brevi (come la cd. mini-ASpI); rapportare la durata dei trattamenti alla precedente storia contributiva del lavoratore, incrementando la durata massima per i lavoratori con carriere contributive più rilevanti; universalizzarne il campo di applicazione, con estensione ai lavoratori con contratto di collaborazione coordinata e continuativa, fino al superamento di tale tipologia contrattuale; eliminare lo stato di disoccupazione come requisito per l'accesso ai servizi di carattere assistenziale.

Alla delega ha dato attuazione il **D.lgs. 4 marzo 2015, n. 22** contenente *"Disposizioni per il riordino della normativa in materia di ammortizzatori sociali*

in caso di disoccupazione involontaria e di ricollocazione dei lavoratori disoccupati", successivamente integrato dal D.lgs. 150/2015.
Le principali novità consistono nell'istituzione:

1. di una nuova indennità mensile di disoccupazione, denominata **Nuova Prestazione di Assicurazione Sociale per l'impiego (NASpI)**, che ha sostituito le prestazioni di ASpI e mini-ASpI con riferimento agli eventi di disoccupazione verificatisi dal 1° maggio 2015 in poi e la mobilità ordinaria per i licenziamenti intervenuti dall'1° gennaio 2017 in poi (per gli eventi precedenti è continuata l'erogazione delle prestazioni precedenti);
2. di un **assegno di disoccupazione** (ASDI) destinato a coloro che si trovassero ancora in stato di disoccupazione ed in condizione economica di bisogno al termine della percezione della NASpI (art. 16), erogato per una durata massima di 6 mesi ed in misura pari al 75% dell'ultima indennità NASpI percepita e, comunque, in misura non superiore all'ammontare dell'assegno sociale, di cui all'art. 3, co. 6, della l. n. 335 del 1995; tale prestazione non è più in vigore, essendo stata sostituita con decorrenza dall'1° gennaio 2018 dal REI (reddito di inclusione) che a sua volta è già stato sostituito dal reddito di cittadinanza;
3. del **contratto di ricollocazione** (art. 17) poi sostituito dal patto di servizio personalizzato previsto dal D.lgs. 150/2015;
4. di un'**indennità di disoccupazione per i lavoratori a progetto e CO.CO.CO.** (cd. DIS-COLL) destinata agli appartenenti a tali categorie di lavoratori parasubordinati che perdano il lavoro (art. 15).

5.1. Presupposti, requisiti e condizioni della NASpI.

La NASpI introdotta dal **D.lgs. 22/2015** ha sostituito la vecchia ASpI.
Ai sensi dell'**art. 2 cit**. decreto sono destinatari tutti **i lavoratori dipendenti**, con esclusione dei dipendenti a tempo indeterminato delle pubbliche amministrazioni di cui all'art. 1, co. 2, del D.lgs. n. 165 del 2001 (ne godono invece i dipendenti pubblici a termine), nonché degli operai agricoli a tempo determinato o indeterminato (per i quali trovano applicazione altre tutele previste da specifiche normative di settore come ad es. la l. n. 160 del 20 maggio 1988, art. 1 della legge n. 247 del 2007, ecc.). Ne consegue, quindi, che possono essere beneficiari del trattamento i lavoratori a domicilio, i lavoratori del settore edile nonché i lavoratori a termine del pubblico impiego.

Come statuito dall'art. 3 la NASpI è riconosciuta ai lavoratori che **abbiano perduto involontariamente la propria occupazione** e che presentino **congiuntamente i** seguenti requisiti:

1. siano in stato di **disoccupazione;**
2. possano far valere, nei 4 anni precedenti l'inizio del periodo di disoccupazione, **almeno un anno di contribuzione;**
3. possano far valere **30 giornate di lavoro effettivo**, a prescindere dal minimale contributivo, nei 12 mesi che precedono l'inizio del periodo di disoccupazione.
4. **Per effetto della legge di bilancio per il 2022 è** stato previsto **che** sufficiente avere almeno 13 settimane di contributi negli ultimi 4 anni. Il meccanismo di décalage non opererà più dal quarto mese ma dal sesto e, in caso di percettori ultracinquantacinquenni, dall'ottavo mese. Interessante è l'estensione della NASpI agli operai agricoli a tempo indeterminato e ai dipendenti di cooperative e loro consorzi che trasformano, manipolano e commercializzano **prodotti agricoli e zootecnici.**

Lo stato di disoccupazione fino al 2015 è stato definito dall'art. 1, co. 2, lett. c del D.lgs. n. 181 del 21 aprile 2000 come quello dei soggetti privi di lavoro ed immediatamente disponibili allo svolgimento e alla ricerca di un'attività lavorativa secondo le modalità definite dai servizi competenti. Il **D.lgs. 150/2015** ha abrogato la norma e definito direttamente lo stato di disoccupazione **all'art. 19** facendo riferimento **ai soggetti** *"privi di impiego che dichiarano, in forma telematica, al sistema informativo unitario delle politiche del lavoro di cui all'articolo 13, la propria immediata disponibilità allo svolgimento di attività lavorativa e alla partecipazione alle misure di politica attiva del lavoro concordate con il centro per l'impiego"*.
Lo stato di disoccupazione deve essere involontario. Anche la NASpI è infatti riconosciuta a tutti i lavoratori licenziati e a coloro che hanno rassegnato dimissioni per giusta causa.
Non è prevista, invece, negli altri casi di dimissioni, né in caso di risoluzione consensuale del rapporto di lavoro, tranne che in quella intervenuta nell'ambito della procedura di cui all'art. 7 della legge n. 604 del 1966.
Va precisato che a seguito dell'emergenza indotta dalla pandemia è stato previsto il divieto dei licenziamenti per giusto motivo nonché collettivi, tuttavia, il **d.l. 104/2020 all'art. 14** prevede quale **eccezione la stipula di un accordo collettivo aziendale dalle OO.SS. comparativamente più rappresentative**

a livello nazionale di incentivo alla risoluzione del rapporto di lavoro con conseguente adesione da parte del lavoratore stesso. **La misura è stata preservata dall'art. 8 co. 11 d.l. 41/2021 conv. in l. 69/2021 art. 1 co. 311 l. 178/2020.** In tal caso, pur essendo lo stato di disoccupazione volontaria, il lavoratore ha comunque diritto alla NASpI.

Tra le condizioni necessarie per poter beneficiare della prestazione occorre che la persona partecipi alle iniziative di attivazione lavorativa nonché ai percorsi di riqualificazione professionali proposti dai Servizi per l'Impiego (c.d. **principio di condizionalità**).

La NASpI è corrisposta mensilmente per una **durata** pari alla metà delle settimane di contribuzione degli ultimi 4 anni (art. 5 co.1), vale a dire per un periodo massimo di 2 anni.

Per i lavoratori stagionali dei settori produttivi del turismo e degli stabilimenti termali, in presenza di certe condizioni, la durata può essere incrementata di un mese.

Nel caso in cui la **NASpI "scada" nel periodo ricompreso tra il 01.03.2020 ed il 30.04.2020 è prevista un'estensione del trattamento ai sensi dell'art. 92 dl. 34/2020 conv. in l. 77/2020** senza che sia necessario presentare alcuna domanda.

La proroga della NASpI, durante la pandemia, è **saldata con il divieto di licenziamenti che ha operato in via generalizzata sino al 30 giugno 2021 e con limitazioni (*vedi infra*) a partire dalla data** sino al **31 ottobre 2021** per le aziende non rientranti nella CIG ordinaria che hanno presentato domanda per CIGD, ASO o CISOA con causale COVID-19 per periodi temporali successivi al 1° aprile 2021 (art. 8, co. 2 e 8 del dl n. 41/2021). È stato prorogato ulteriormente sino al **massimo al 31 dicembre 2021 e, fattualmente, sino ad aprile 2022 per altre aziende.**

Il diritto alla proroga non può riconoscersi per coloro che siano beneficiari di altre indennità c.d. COVID secondo quanto previsto dalla legge e dalle circolari INPS n. 76/2020, 49/2020, 67/2020 di raccordo.

Con il decreto rilancio **d.l. n. 104/2020** è stata prevista una proroga di due mesi dei trattamenti NASpI e DIS-COLL.

La **misura** della prestazione è rapportata alla retribuzione imponibile a fini previdenziali percepita dall'interessato negli ultimi quattro anni divisa per il totale delle settimane di contribuzione e moltiplicata per 4,33 e viene ridotta del 3% mensile a partire dal quarto mese di erogazione. Se la retribuzione mensile così determinata è pari o inferiore all'importo di € 1195,00 rivalutato sulla base della variazione dell'indice ISTAT intervenuta dal 2015 al momento del calcolo, la NASpI è pari al 75% della stessa; se è superiore è pari al 75% del predetto importo incrementato di una somma pari al 25% della differenza tra la retribuzione mensile e il predetto importo. In ogni caso, la NASpI non può superare un **importo massimo mensile** pari ad € 1300,00 anch'esso rivalutato sulla base della variazione dell'indice ISTAT dal 2015.

Nel periodo di erogazione della NASpI viene altresì accreditata la corrispondente contribuzione figurativa ai fini sia del diritto a pensione sia della sua misura.

L**a domanda** di NASpI va presentata **all'INPS esclusivamente in via telematica**, entro il termine di **decadenza** di **68 giorni dalla cessazione del rapporto di lavoro**. A seguito dell'emergenza COVID-19 il termine per la presentazione della domanda, per agevolare il lavoratore, è stato portato **a 128 giorni (art. 33 d.l. 18/2020 conv. in l. 27/2020)**.

Il trattamento spetta a decorrere dall'ottavo giorno successivo alla cessazione del rapporto di lavoro o, nel caso in cui la domanda sia presentata successivamente a tale data, dal primo giorno successivo alla data di presentazione della domanda. È prevista la possibilità di richiedere la **liquidazione anticipata, in unica soluzione**, dell'importo complessivo del trattamento spettante ancora non erogato, a titolo di incentivo all'avvio di un'attività di lavoro autonomo o di impresa individuale o per la sottoscrizione di una quota di capitale sociale di una cooperativa nella quale il rapporto mutualistico ha ad oggetto la prestazione di attività lavorative da parte del socio, entro 30 giorni da tali momenti.

L'erogazione in una unica soluzione della NASpI non dà diritto alla contribuzione figurativa, né all'assegno al nucleo familiare ed il lavoratore è tenuto a restituire per intero la somma anticipata se instaura un rapporto di lavoro subordinato prima della scadenza del periodo per cui è riconosciuta la liquidazione anticipata della NASpI, a meno che esso non sia conseguenza della sottoscrizione della quota di capitale sociale della cooperativa.

Si tratta di una disposizione che mira ad incentivare i lavoratori disoccupati ad intraprendere una attività economica autonoma od imprenditoriale ovvero a divenire soci di una cooperativa, offrendo loro un capitale da investire per la nuova attività.

Lo stato di disoccupazione non è soltanto condizione per l'accoglimento della domanda di NASpI, ma anche per il mantenimento della sua erogazione.

Il lavoratore che stipuli un nuovo contratto di lavoro subordinato, quindi, **perde il diritto alla prestazione**. Essendo la NASpI una prestazione di sostegno al reddito, hanno analogo effetto, come statuito dall'art. 11, anche:

1. il conseguimento dei requisiti per la pensione di vecchiaia o anzianità;
2. l'acquisizione del diritto all'assegno ordinario di invalidità, a meno che il lavoratore non opti per la NASpI.

La legge consente tuttavia alcune **attività lavorative marginali**.

1. Se il lavoratore stipula un rapporto di lavoro subordinato di durata non superiore a 6 mesi, infatti, la prestazione viene soltanto sospesa per riprendere poi alla sua scadenza (art. 9).
2. Se il lavoratore avvia un'attività di lavoro autonomo o d'impresa da cui ricava un reddito inferiore ad un certo limite, conserva il trattamento in misura ridotta di un importo parti all'80% del reddito previsto. La riduzione è poi ricalcolata d'ufficio al momento della presentazione della dichiarazione dei redditi, sulla base del reddito effettivamente percepito e risultante dalla dichiarazione stessa (ovvero, per coloro che non sono tenuti a presentarla, da apposita autodichiarazione richiesta a pena di decadenza dalla prestazione sin dall'inizio dell'attività autonoma o d'impresa). (art.10).

In entrambi i casi il lavoratore deve effettuare apposita comunicazione all'INPS, in mancanza della quale **decade dal diritto alla prestazione**.

5.2. Assegno di ricollocazione.

Nell'ottica di favorire la ricollocazione sul mercato del lavoro il D.lgs. 22/2015 prevedeva un'assistenza attiva per i lavoratori in cerca di occupazione. Il **D.lgs. 150/2015** ha, sostanzialmente, abrogato il vecchio sistema prevedendo che il lavoratore può scegliere di farsi assistere per la ricerca di una nuova occupazione dai centri per l'impiego ovvero dagli enti accreditati, rendendosi disponibile ad iniziative di carattere formativo ed accettare offerte di lavoro ricevendo un **assegno di ricollocazione che può impiegare per tale finalità**. L'importo, riconosciuto all'ente che presta assistenza per la ricollocazione, varia da un minimo di euro 250,00 ad un massimo di euro 5000,00 a seconda del profilo di occupabilità del soggetto.
Per effetto del **d.l. 4/2019** non è possibile richiedere **a partire dal 29 gennaio 2019 e fino al 31 dicembre 2021** assegni di ricollocazione per i soggetti fruitori di NASpI. Non ci sono, viceversa, novità, per assegno di ricollocazione percepito dai lavoratori in CIGS per riorganizzazione aziendale o crisi. **L'art.**

CAPITOLO VIII | L'ESTINZIONE DEL RAPPORTO DI LAVORO

1 commi 325-326 l. 178/2020 ha previsto un ampliamento delle ipotesi in cui è riconoscibile l'assegno di ricollocazione ricomprendendo:

1. i lavoratori in CIGS che lo richiedono a valle di un accordo di collocazione;
2. i lavoratori in CIGS per crisi aziendale, qualora l'azienda abbia cessato o cessi l'attività produttiva e sussistano concrete prospettive di cessione dell'attività con conseguente riassorbimento occupazionale, oppure sia possibile realizzare interventi di reindustrializzazione del sito produttivo o in alternativa siano esperibili percorsi specifici di politica attiva del lavoro posti in essere dalla Regione;
3. i lavoratori disoccupati che fruiscono della NASpI da oltre 4 mesi.

5.3. La DIS-COLL.

L'art. 15 del D.lgs. 22/2015 di riforma degli ammortizzatori sociali ha introdotto, in via sperimentale per il 2015, una **indennità di disoccupazione per i lavoratori a progetto ed i CO.CO.CO.** (collaboratori coordinati e continuativi) che hanno perso involontariamente il lavoro che è stata poi prorogata per il 2016 ed il 2017 e quindi stabilizzata con la modifica del D.lgs. 22/2015 da parte della **legge n. 81/2017** ed estesa, per gli eventi di disoccupazione verificatisi dal 1° luglio 2017, anche agli assegnisti ed ai dottorandi di ricerca con borsa di studio.

La DIS-COLL è riconosciuta ai soggetti suindicati che, al momento della presentazione della domanda, abbiano i seguenti requisiti:

1. siano in stato di disoccupazione al momento della domanda di prestazione;
2. possano far valere almeno 1 mese di contribuzione nel periodo che va dal 1° gennaio dell'anno solare precedente alla cessazione dal lavoro al predetto evento;
3. possano far valere, nell'anno solare in cui si verifica l'evento di cessazione dal lavoro, 1 mese di contribuzione o un rapporto di collaborazione di durata pari ad almeno 1 mese e che abbia dato luogo ad un reddito almeno pari alla metà dell'importo che dà diritto all'accredito di 1 mese di contribuzione.

La misura dell'indennità è determinata come quella della NASpI, facendo riferimento al **reddito medio mensile**.
La DIS-COLL può essere erogata al massimo per un numero di mesi pari alla

metà dei mesi di contribuzione presenti dal primo gennaio dell'anno solare precedente la cessazione della collaborazione e, in ogni caso, per un **periodo massimo di 12 mesi per gli eventi di disoccupazione verificatisi a partire dal 1° gennaio 2022** (in precedenza i mesi erano 6).
Anch'essa è condizionata al permanere dello stato di disoccupazione ed alla partecipazione attiva del beneficiario alle iniziative di attivazione lavorativa e ai percorsi di riqualificazione professionale proposti dai servizi competenti (Centri per l'Impiego ad esempio); a determinate condizioni è sospesa d'ufficio in caso di nuova occupazione del lavoratore con un contratto di lavoro subordinato e comporta obblighi di comunicazione all'Inps nel caso in cui si intraprenda un'attività di lavoro autonomo.
La domanda di DIS-COLL è presentata all'INPS, in via telematica, entro il termine di decadenza di sessantotto giorni dalla cessazione del rapporto di lavoro. Il **D.L. 17 marzo 2020, n. 18, convertito con modificazioni dalla L. 24 aprile 2020, n. 27, ha disposto (con l'art. 33, comma 1)** che "Al fine di agevolare la presentazione delle domande di disoccupazione NASpI e DIS-COLL, in considerazione dell'emergenza epidemiologica da COVID-19, per gli eventi di cessazione involontaria dall'attività lavorativa verificatisi a decorrere dal 1° gennaio 2020 e fino al 31 dicembre 2020, i termini di decadenza previsti dall'articolo 6, comma 1, e dall'articolo 15, comma 8, del **decreto legislativo** 4 marzo **2015,** n. **22,** sono ampliati **da sessantotto a centoventotto giorni**".
L'art. 1 comma 223 della legge di bilancio per il 2022 ha previsto importanti novità sul punto statuendo:
1. la riduzione dell'indennità del 3% ogni mese a decorrere dal primo giorno del sesto mese di fruizione in luogo del quarto,
2. l'erogazione mensile della DIS-COLL per un numero di mesi pari a quelli di contribuzione nel periodo che va dal 1° gennaio dell'anno precedente l'evento di cessazione sino al verificarsi dello stesso,
3. l'indennità non può essere corrisposta per un periodo superiore a 12 mesi in luogo di 6,
4. la contribuzione figurativa è rapportata al reddito medio mensile. L'Inps è intervenuto con la circolare n. 3 del 4 gennaio 2022 fornendo indicazioni in merito.

6. Gli ammortizzatori sociali in deroga.

Attraverso gli **ammortizzatori sociali in deroga,** i trattamenti di sostegno al reddito (sia la Cassa integrazione sia la mobilità) vengono applicati anche al di

fuori dei presupposti di legge ad essi relativi ovvero estesi anche a soggetti privi dei requisiti ordinari per beneficiarne.
Si tratta di **regimi transitori e contingenti** che, di fatto, vengono di anno in anno rinnovati. Tale strumento, in particolare, è stato ed è tuttora utilizzato anche per accompagnare la transizione dalla mobilità alla NASpI, ammettendo i lavoratori a godere della cd. **mobilità in deroga** anche dopo la data dell'1° gennaio 2017 a partire dalla quale la mobilità ordinaria è stata abrogata. Da ultimo ciò è ancora accaduto con l'art. art. 25 *ter* del d.l. 119/2018 conv. in l. 136/2018 in favore dei lavoratori che hanno cessato la mobilità ordinaria o in deroga tra il 22 novembre 2017 ed il 31 dicembre 2018. Con riferimento alla **Cassa integrazione guadagni in deroga** uno degli esempi è offerto **dall'art. 22 bis D.lgs. 148/2015 che prevede il trattamento di Cassa integrazione per le imprese a rilevanza economica strategica** anche a livello regionale che presentino problematiche occupazionali ed esuberi nonché organico superiore alle 100 unità.
Il trattamento di integrazione opera in deroga cioè senza soluzione di continuità rispetto all'esecuzione di un programma di riorganizzazione o di un progetto di risanamento. Il d.l. 119/2018 conv. in l. 136/2018 ha inciso sul dato normativo prevedendo la proroga della CIGS di cui all'art. 22 bis per la durata massima di 12 mesi ed anche in caso di sottoscrizione di accordo di solidarietà difensivo e l'operatività della proroga anche per le imprese con meno di 100 dipendenti.
L'art. 1 comma 285 della legge 178/2020 ha previsto la proroga della CIGS in commento per gli anni 2021 e 2022, la proroga può avere una durata di 12 mesi nel caso di riorganizzazione aziendale ovvero di 6 mesi nel caso di crisi aziendale.

6.1. Cassa integrazione guadagni e COVID-19.

A seguito dell'emergenza COVID-19 e della crisi produttiva che ne è seguita il legislatore ha previsto che fosse riconosciuta all'impresa la misura della Cassa integrazione guadagni ovvero l'assegno ordinario recanti quale causale "emergenza COVID-19". Trattasi di misure a sostegno derogatorie delle regole generali e limitate al periodo dell'emergenza a cui sono eziologicamente connesse.
La prima disposizione che si è occupata della misura è stata l'art. 19 del d.l. 18/2020 e l'art. 22 che ha previsto il trattamento propriamente definito della Cassa integrazione in deroga operante previo riconoscimento da parte della Regione e delle Province autonome a tutti i datori di lavoro del settore privato

sempre nella misura di 9 settimane da fruire entro aprile 2020 e, a seguito della legge di conversione n. 77/2020, entro il 31 agosto.
L'art. 1 del d.l. 104/2020 ha previsto la proroga di tutti gli strumenti innanzi indicati per una durata massima di 18 mesi nel periodo ricompreso tra il 13 luglio 2020 ed il 31 dicembre 2020. Le 18 settimane sono suddivise in due periodi di 9 settimane.
La domanda, da presentarsi all'INPS, a pena di decadenza entro un mese da quello in cui ha avuto inizio la riduzione o sospensione dell'attività innesca una procedura semplificata. La fase sindacale, che si svolge telematicamente, entro tre giorni dalla comunicazione preventiva e la fase amministrativa successiva.
Il datore di lavoro, alternativamente alla fruizione della Cassa integrazione guadagni, può ottenere, per un periodo massimo di 4 mesi, fruibile entro il dicembre 2020, dell'esonero contributivo.
La legge di Bilancio ha prorogato le misure statuendo nei **commi 299-305 e 312-314** dell'unico articolo che la compone che sono concesse **ulteriori 12 settimane di Cassa integrazione guadagni ordinaria, Assegno ordinario e Cassa integrazione in deroga.** Le 12 settimane devono collocarsi tra il 1° gennaio 2021 ed il 31 marzo 2021 per i trattamenti di CIGO mentre tra il 1° gennaio 2021 ed il 30 giugno 2021 per i trattamenti di Assegno ordinario e di Cassa integrazione guadagni in deroga. I trattamenti sono riconosciuti ai lavoratori in forza anche se assunti dopo il 25 marzo 2020.
Nel caso in cui il datore di lavoro rinunci a tali strumenti può optare, come statuito dai **commi 306-308 dell'art. 1** per **l'esonero contributivo per un periodo massimo di 8 settimane fruibili entro il 31 marzo 2021, nei limiti delle ore di integrazione salariale fruite nei mesi di maggio e giugno 2020.**

7. I lavoratori socialmente utili.

A partire dagli anni '80 (in particolare con l'art. 1 bis del d.l. 244/1981 conv. in l. 390/1981) è stata prevista la possibilità di impiegare soggetti inattivi, poiché in mobilità o in CIGS o in cerca di prima occupazione, per la **realizzazione di opere** o la **fornitura di servizi di utilità collettiva** presso:

1. pubbliche amministrazioni;
2. enti pubblici economici;
3. società a prevalente partecipazione pubblica;
4. cooperative sociali.

Il rapporto tra lavoratore ed ente utilizzatore **non è riconducibile ad un rapporto di lavoro** e dà unicamente diritto ad un **assegno mensile** erogato dall'INPS. Il d.l. 31 agosto 2013, n. 101, conv. in l. 30 ottobre 2013, n. 125 ha introdotto una **procedura di stabilizzazione** dei soggetti impiegati in lavori socialmente utili **nell'ambito delle pubbliche amministrazioni** (art. 4, co. 8). Si è infatti stabilito che, limitatamente a quelle posizioni per le quali è richiesto il solo titolo della scuola dell'obbligo, gli enti territoriali che presentino vuoti di organico possono assumere a tempo indeterminato lavoratori socialmente utili attingendo ad appositi elenchi all'uopo compilati dalle Regioni, secondo criteri di anzianità anagrafica, anzianità di servizio e carichi familiari. Il processo è ancora in corso, essendovi previsioni in tal senso anche nella l. 145/2018 (legge di Bilancio 2019). In tal senso si è diretta anche la legge 160/2019 (legge di bilancio 2020), che ha introdotto alcune novità in materia di stabilizzazioni. In particolare, l'**articolo 1, commi 495 e 497** prevede che le p.a. possano assumere LSU anche con contratti a tempo parziale, eventualmente in deroga al piano del fabbisogno di personale e ai vincoli assunzionali vigenti per il solo anno 2020, in qualità di lavoratori sovrannumerari alla dotazione organica, al fine di semplificare le assunzioni degli LSU. Le stabilizzazioni in deroga saranno finanziate con le risorse del Fondo per l'occupazione, ripartite secondo quanto previsto da un d.p.c.m. da emanarsi entro il 31 marzo 2020. Per poter beneficiare del riparto, le p.a. interessate dovranno presentare entro il 31 gennaio 2020 apposita istanza alla Funzione Pubblica. Le Regioni potranno, al contrario, utilizzare soltanto le risorse stanziate a tal fine con le rispettive disposizioni, nel rispetto di quanto previsto dall'art. 33 del d.l. 34/2019. Con **la legge di bilancio per il 2021 (legge n. 178/2020)** le misure introdotte modificano l'articolo 1, comma 495, della legge n. 160 del 2019 e prorogano, fino al **31 marzo 2021**, le deroghe alla dotazione organica, al piano di fabbisogno del personale e ai vincoli assunzionali previsti dalla vigente normativa per l'anno 2020.
Sempre la legge di bilancio per il 2021 all'art. 1 commi da 292 a 294 contempla, segnatamente il comma 292, una procedura per la stabilizzazione dei lavoratori socialmente utili da inquadrare nei profili professionali delle aree o categorie per i quali non è richiesto il titolo di studio superiore a quello della scuola dell'obbligo che abbiano la professionalità richiesta, in relazione all'esperienza effettivamente maturata, e i requisiti previsti per l'accesso al pubblico impiego, a condizione che ricorrano questi requisiti:
1. possesso da parte dei lavoratori dei requisiti di anzianità previsti dall'articolo 4, comma 6, del decreto-**legge** 31 agosto 2013, n. 101, convertito, con modificazioni, dalla **legge** 30 ottobre 2013, n. 125, ovvero dall'ar-

ticolo 20, commi 1 e 2, del decreto legislativo 25 maggio 2017, n. 75, o svolgimento delle attività socialmente utili o di pubblica utilità per il medesimo periodo di tempo (3 anni di servizio nell'amministrazione conteggiati negli ultimi otto anni)
2. assunzione secondo le modalità previste dall'articolo 20, comma 1, del decreto legislativo 25 maggio 2017, n. 75, dei lavoratori che siano stati previamente individuati, in relazione alle medesime attività svolte, con procedure selettive pubbliche anche espletate presso amministrazioni diverse da quella che procede all'assunzione, salvo quanto previsto dalle lettere a), c) e d) del presente comma;
3. espletamento di selezioni riservate, mediante prova di idoneità, ai lavoratori che non siano stati previamente individuati, in relazione alle medesime attività svolte, con procedure selettive pubbliche anche espletate presso amministrazioni diverse da quella che procede all'assunzione, salvo quanto previsto dalle lettere a), b) e d) del presente comma;
4. assunzione secondo le modalità previste dall'articolo 20, commi 1 e 2, del decreto legislativo 25 maggio 2017, n. 75, dei lavoratori utilizzati mediante contratti di lavoro a tempo determinato o contratti di collaborazione coordinata e continuativa nonché mediante altre tipologie contrattuali, fermo restando quanto disposto dalle lettere a), b) e c) del presente comma.

L'articolo 6, comma 8, del Decreto-legge n. 36 del 30 aprile 2022 in sede di conversione in Legge n. 79 del 29 giugno 2022, ha previsto la proroga al 30 settembre 2022 delle stabilizzazioni per LSU di cui all'articolo 1, comma 495, della Legge 27 dicembre 2019, n. 160.

QUESTIONARIO

1. Quali tipi di Cassa integrazione sono previsti nel nostro ordinamento? **1.**
2. Quali sono le differenze tra Cassa integrazione ordinaria e straordinaria? **1.1.**
3. È possibile ricorrere alla Cassa integrazione in caso di cessazione totale dell'attività aziendale? **1.1.**
4. Parli dei presupposti e procedimento di concessione della Cassa integrazione guadagni? **2. - 2.1.**
5. Cosa sono i Fondi di solidarietà? Quando è che sono obbligatori? **4.**
6. Quali sono le misure di integrazione salariale per l'emergenza epidemiologica? **6.1.**
7. Quali sono i presupposti per la NASpI? **5.1.**

CAPITOLO VIII | L'ESTINZIONE DEL RAPPORTO DI LAVORO

8. Quando opera la DIS-COLL? **5.2**.
9. Cosa si intende per ammortizzatori sociali in deroga? **6**.
10. Qual è la ratio dell'assegno di ricollocazione? **5.2**.

SCHEDA DI SINTESI

Gli ammortizzatori sociali sono un complesso eterogeneo di istituti che può assolvere, essenzialmente, a due diverse finalità: consentire al lavoratore di conservare il posto di lavoro ovvero di recuperarlo e, al contempo, assicurare al lavoratore gli strumenti indispensabili per le esigenze di vita a seguito di disoccupazione.
entrambe le categorie radicano il loro fondamento nell'art. 38 cost.
Nel primo ambito sono sussumibili gli istituti della Cassa integrazione guadagni ordinaria, fondi di solidarietà e contratti di solidarietà.
Nel secondo ambito sono sussunti la NASpI e la DIS-COLL.
La Cassa integrazione guadagni è una sospensione temporanea del rapporto di lavoro per vicende che riguardano legate ad eventi transitori non imputabili all'impresa ovvero situazioni temporanee di mercato. Il lavoratore non rende la prestazione ma riceve la retribuzione anticipata dal datore e conguagliata dall'INPS. la procedura di CIG impone una preventiva consultazione sindacale seguita poi dalla fase amministrativa vera e propria e, quindi, dall'erogazione del trattamento.
La CIGS, invece, è volta a fronteggiare situazioni di sospensione o di riduzione dell'attività nei casi di riorganizzazione aziendale, di crisi aziendale purché reversibile, di contratti di solidarietà interna. Condivide con la cigo la struttura bifasica della procedura e le modalità di erogazione del trattamento economico.
I contratti di solidarietà possono essere difensivi se, attraverso una riduzione oraria, gestiscono gli esuberi di personale. Sono espansivi nel caso in cui ricorrano accordi collettivi aziendali volti all'assunzione di nuovo personale a tempo indeterminato.
I fondi di solidarietà sono previsti per tutte le imprese che non rientrano tra quelle per le quali operi la Cassa integrazione guadagni ed assolvono, in via principale, la funzione di sostegno al reddito in costanza di rapporto di lavoro.
La NASpI è una prestazione erogata dall'INPS in favore dei lavoratori dipendenti, che versino in stato di disoccupazione ed abbiano perduto, involontariamente, la propria occupazione e possano far valere requisiti contributivi e di lavoro effettivo normativamente previsti. La DIS-COLL è un trattamento di disoccupazione previsto per i titolari di contratti di collaborazione alle condizioni previste ex lege.

SEZIONE IV – TUTELE DEI DIRITTI DEL LAVORATORE

SOMMARIO:
1. Le rinunzie e le transazioni del lavoratore. – **1.1** Impugnazione delle rinunzie e delle transazioni. – **1.2**. L'art. 2113, co. 4, c.c. – **2**. La prescrizione nei rapporti di lavoro: classificazioni. – **2.1**. La prescrizione dei crediti di lavoro e gli atti interruttivi. – **3**. La decadenza: cenni. – **4**. Le garanzie dei crediti dei lavoratori: cenni.

1. Le rinunzie e le transazioni del lavoratore.

La **rinuncia** è un negozio **unilaterale** con il quale il lavoratore abbandona, consapevolmente, un diritto.
La **transazione**, invece, è un negozio **bilaterale** con il quale le parti del negozio, attraverso reciproche concessioni, prevengono o estinguono una lite.
L'**art. 2113 c.c.**, rubricato rinunzie e transazioni, allo scopo di fornire una tutela "rafforzata" al prestatore di lavoro, parte debole del contratto ed evitare che mediante atti dispositivi possa negoziare **diritti indisponibili** stabilisce che "*Le rinunzie e le transazioni che hanno ad oggetto diritti del prestatore di lavoro derivanti da disposizioni inderogabili della legge e dei contratti o accordi collettivi concernenti i rapporti di cui all'art. 409 del codice di procedura civile non sono valide*".
Dal primo comma della disposizione è possibile enucleare sia l'ambito soggettivo che oggettivo di applicazione.
L'**ambito soggettivo** è suggerito dalla stessa lettera della legge che fa riferimento ai rapporti di lavoro di cui all'art. 409 c.p.c., pertanto non solo il lavoro subordinato ma anche il rapporto di agenzia e, dopo la riforma della disposizione anche i rapporti di collaborazione che si concretino in una collaborazione coordinata e continuativa.
L'**ambito oggettivo** di applicazione della disposizione non è di immediata individuazione atteso che la disposizione definisce invalide le rinunzie e le transazioni aventi ad oggetto diritti del prestatore di lavoro derivanti da disposizioni inderogabili della legge o degli accordi collettivi.
L'inderogabilità, quindi, attiene alla fonte costitutiva del diritto e non già alla natura dello stesso.
Se per le norme di legge il carattere inderogabile è facilmente evincibile lo

stesso non può dirsi per le pattuizioni contenute nel contratto collettivo per cui sarà compito dell'interprete verificare, in primis, se la fonte costitutiva del diritto di cui si dispone sia o meno inderogabile.
Volendo fare un esempio il lavoratore può prestare il consenso alla **riduzione della retribuzione** senza scendere al di sotto dei limiti contrattualmente previsti che, presuntivamente, sono rispettosi del dettato di cui all'art. 36 cost.
Ne consegue, quindi, che è nella **disponibilità delle parti** e, quindi, del lavoratore la quota di retribuzione che "eccede" il minimo costituzionalmente garantito e previsto dalla contrattazione collettiva per cui non sarà invalida una rinuncia avente tale oggetto.
Altro esempio è il **diritto alle ferie**. Le ferie o il riposo giornaliero, radicando il loro fondamento nell'art. 36 co. 3 cost., costituiscono un diritto irrinunciabile quanto a fonte ma rientra nella disponibilità delle parti, come sostenuto dalla giurisprudenza di legittimità, il diritto di rinunciare, nel caso di violazione, al risarcimento dei danni conseguenti la stessa. (cfr. Cass. n. 12556/1998).
È evidente, quindi, come sia insufficiente, ai fini della validità/invalidità della transazione asserire la natura retributiva o risarcitoria correlata alla lesione di diritti fondamentali della persona ma debba, viceversa, farsi riferimento alla fonte.
Affinché la rinuncia sia valida è necessario, quindi, che sussistano una serie di requisiti sia **sostanziali che formali**.

Premessa la **indisponibilità di diritti provenienti da fonte inderogabile: legale o contrattazione collettiva,** è necessario che l'atto manifesti **una chiara ed inequivoca volontà del lavoratore di disporre del proprio diritto.**
Al riguardo va, quindi, ribadito che sono legittime le rinunzie e le transazioni aventi ad oggetto diritti derivanti da contratti individuali nonché manifestazioni di volontà estintiva del rapporto atteso che trattasi di accordo estintivo che rientra, a pieno titolo, nel disposto di cui all'art. 1321 c.c.
La **consapevolezza** del diritto di cui si sta disponendo comporta che esso deve necessariamente essere **determinato** per cui è necessario che si tratti di **diritti maturati** (con esclusione dei diritti futuri, per cui, ad esempio è invalida la rinuncia avente ad oggetto il TFR se il rapporto è ancora in corso).
Questo elemento è decisivo e dirimente per distinguere la rinunzia dalla **cd. quietanza liberatoria o "a saldo"** (in cui il lavoratore, nell'attestare la ricezione di un pagamento, dichiara di non aver altro a pretendere).
La quietanza non ha il valore di rinuncia ma è **una mera dichiarazione di scienza** che può assumere il valore di atto unilaterale abdicativo, e quindi, di

rinuncia, solo ed esclusivamente se vi è chiara e piena consapevolezza dei diritti da abdicare; ne consegue, quindi, che le quietanze predisposte su **moduli standardizzati** da parte del datore di lavoro non hanno efficacia dispositiva e non costituiscono rinunzia, in tal caso anche la decorrenza del termine semestrale non produce effetti sananti per la stessa.

1.1. Impugnazione delle rinunzie e delle transazioni.

La rinuncia e la transazione realizzata in violazione dell'**art. 2113 c.c.** è **invalida**. Secondo la giurisprudenza consolidata la **sanzione** è quella dell'**annullabilità** e **non** già della **nullità**.

Il lavoratore, unico legittimato ad impugnare, atteso che nel suo interesse è prevista la disposizione, può farlo nell'osservanza del termine **semestrale**.

Il semestre **decorre** dalla data di cessazione del rapporto o dal negozio dispositivo se successivo alla cessazione del rapporto ciò in considerazione della soggezione in cui versa il prestatore di lavoro e la necessità di consentirgli di impugnare, liberamente, l'atto.

L'**impugnazione** può essere effettuata mediante **qualsiasi atto scritto**, anche stragiudiziale, da cui emerga in maniera chiara ed inequivoca **la volontà del lavoratore di invalidare la rinuncia impugnata**.

Se il lavoratore non impugna la rinunzia o la transazione entro il breve termine di 6 mesi, tali atti restano **definitivamente validi ed incontestabili** (salvo che non siano affetti dai tradizionali vizi della volontà, che possono essere fatti valere nel termine di prescrizione dell'azione di annullamento e nei limiti previsti in generale per questi tipi di atti – ad es. in materia di errore di diritto per le transazioni).

Giova precisare che in caso di violazione del termine decadenziale semestrale il **giudice non può rilevare d'ufficio la decadenza** essendo la stessa nella disponibilità delle parti private.

1.2. L'art. 2113 co. 4 c.c.

Il co. IV dell'art. 2113 c.c. stabilisce che le conciliazioni raggiunte davanti alla commissione di conciliazione istituita presso l'Ispettorato del lavoro (art. 410 c.p.c.), in sede sindacale (art. 412 *ter* c.p.c.), davanti ad un collegio di conciliazione ed arbitrato irrituale (art. 412 *quater* c.p.c.) o innanzi al giudice (art. 185 c.p.c.), sono **pienamente valide** e, dunque, non sono suscettibili di essere impugnate, derogando la regola generale.

La ratio della previsione risiede nella circostanza che, la sede protetta ove

viene effettuata la rinunzia o la transazione, garantendo la genuinità della volontà manifestata costituisce libera determinazione volitiva.
Le **sedi indicate** dalla disposizione **sono**, secondo giurisprudenza consolidata, **tassative** per cui sono insuscettibili di applicazione analogica.
È **controversa la portata dell'art. 82 comma 1** del D.lgs. 276/2003 in base al quale le commissioni di certificazione possono certificare le "rinunzie e transazioni di cui all'art. 2113 c.c. a conferma della volontà abdicativa o transattiva delle parti stesse".
Tali conciliazioni anche se sottratte alla disciplina dell'art. 2113 c.c. (co.1-3) possono essere impugnate secondo le regole generali.

2. La prescrizione nei rapporti di lavoro: classificazioni.

La **prescrizione è l'estinzione del diritto** per effetto della decorrenza del tempo previsto dalla legge (art. 2943 c.c. co. 1).
L'**art. 2934 c.c.** al comma 2 **sottrae** alla prescrizione i soli diritti indisponibili e quelli che ex lege sono sottratti alla stessa.
Dal momento che il lavoratore che agisce in giudizio può formulare molteplici domande non solo di condanna al pagamento di crediti di lavoro ma anche di accertamento di fatti e situazioni giuridiche da cui scaturiscono i diritti è opportuno procedere ad una distinzione.
La prescrizione può incidere esclusivamente sui **diritti** scaturenti dal rapporto di lavoro e non già sulle **situazioni giuridiche di fatto** da cui i diritti possono derivare. Un **esempio è l'anzianità di servizio** che, secondo giurisprudenza consolidata, costituisce un fatto giuridico da cui scaturisce il riconoscimento degli incrementi retributivi. In quanto fatto giuridico essa è imprescrittibile mentre sono soggetti a prescrizione quinquennale gli incrementi economici collegati (cfr. Cass. n. 4076/2004, ord. Cass. n. 2232/2020).
Altro accertamento di situazione giuridica è il riconoscimento della natura subordinata del rapporto o anche il diritto a mansioni superiori. In relazione al riconoscimento del diritto a mansioni superiori la giurisprudenza consolidata ritiene che esso si prescriva nell'ordinario termine decennale così come statuisce l'art. 2946 c.c.
I crediti di lavoro sono soggetti all'ordinaria **prescrizione quinquennale (art. 2946 c.c.).** La prescrizione ha carattere estintivo.
Va precisato che **nel rapporto di lavoro la prescrizione "ordinaria" è quella quinquennale mentre quella decennale e le forme di prescrizione presuntiva hanno carattere residuale.**

Ai sensi **dell'art. 2948 n. 4 c.c.**, si prescrive in cinque anni tutto ciò che viene corrisposto con periodicità annuale o infra-annuale mentre la **prescrizione annuale opera, ai sensi dell'art. 2955 n. 2 c.c.**, per le retribuzioni corrisposte a periodi non superiori al mese mentre la **prescrizione triennale** per le retribuzioni corrisposte a periodi superiori al mese, **ai sensi dell'art. 2956 n. 1 c.c.** La prescrizione triennale ed annuale ha carattere presuntivo, l'inerzia non estingue il diritto ma ha valenza di quietanza cioè si presume che il debito sia estinto. I crediti di lavoro generalmente si prescrivono in cinque anni mentre i crediti contributivi sono soggetti ad un regime differenziato, legalmente predeterminato.

Si prescrivono generalmente in cinque anni i crediti contributivi con riferimento alle contribuzioni di pertinenza del fondo pensioni lavoratori dipendenti o altre gestioni pensionistiche obbligatorie; si prescrivono in un anno le prestazioni dovute dagli Enti previdenziali in caso di maternità o malattia (art. 6 l. 138/1943); si prescrivono in tre anni i diritti del lavoratore alle prestazioni dovute dall'INAIL nel caso di infortunio o malattia professionale (art. 112 d.p.r. n. 1124/1965); si prescrivono in cinque anni le rate di pensione non riscosse (art. 129 r.d.l. n. 1827/1935).

2.1. La prescrizione dei crediti di lavoro e gli atti interruttivi.

La **prescrizione generalmente decorre a partire dal momento in cui il diritto può essere fatto valere**. L'ontologico sbilanciamento dei rapporti di forza nel rapporto di lavoro ha comportato l'applicazione di un regime differenziato in relazione alla tutela che garantiva il rapporto di lavoro se reale o obbligatoria.

La decorrenza del termine prescrizionale varia a seconda che il rapporto sia garantito dalla tutela reale ovvero dalla tutela obbligatoria.

In altri termini nelle realtà imprenditoriali ove il rapporto di lavoro è garantito dalla tutela di cui all'art. 18 l. 300/70, così come novellato dalla l. 92/2012, il *dies a quo* della prescrizione corre in costanza di rapporto. Viceversa, nei rapporti garantiti dalla tutela di cui all'art. 8 della l. 604/66 e il *dies a quo* della prescrizione decorre a partire dal momento della cessazione del rapporto di lavoro onde evitare che il lavoratore non rivendichi i suoi diritti per il timore di essere licenziato arbitrariamente. Tale soluzione sposata dalla Corte Costituzionale a partire dalla **sentenza n. 63 del 1966** è stata confermata, dopo l'entrata in vigore dello Statuto dei lavoratori, da molteplici interventi della Corte Costituzionale (tra cui la sent. 174/72) che hanno "ridisegnato" i confini della questione statuendo il restringimento del differimento della decorrenza dei

termini prescrizionali, alla scadenza del rapporto di lavoro, solo ed esclusivamente ai crediti aventi natura retributiva di cui all'art. 36 cost.
È indubbio che la **ratio del trattamento differenziato** debba essere sottoposta a riconsiderazione sia per effetto della degradazione della tutela reale da regola ad eccezione dopo la riforma dell'art. 18 della l. 300/70 ad opera della l. 92/12 sia, al contempo, per l'introduzione delle nuove tutele crescenti con il D.lgs. 23/2015 che, progressivamente, ha ancor di più depotenziato il regime della tutela reale per cui potremmo dire che oggi la prescrizione dei crediti retributivi non corre più in pendenza del rapporto di lavoro ma solo a partire dalla cessazione del rapporto stesso. Recentemente, infatti, la giurisprudenza di legittimità ha sposato l'orientamento di merito secondo cui la degradazione da regola ad eccezione della reintegra ha determinato la decorrenza della prescrizione a far data dalla cessazione del rapporto di lavoro (vedi *infra cap. V, sezione IV, par. 5*)

La decorrenza della prescrizione può essere **interrotta** dal lavoratore.

L'interruzione della prescrizione può aversi attraverso una molteplicità di atti:

1. ai sensi dell'art. 2943 c.c., attraverso la notifica dell'atto introduttivo del giudizio;
2. la costituzione in mora;
3. la dichiarazione resa in giudizio nei confronti del difensore di controparte di insistere nelle proprie ragioni.

L'interruzione della prescrizione comporta la decorrenza di un nuovo termine.

3. La decadenza: cenni.

La decadenza può essere definita come la **perdita della possibilità dell'esercizio di un diritto per la decorrenza del termine perentorio previsto per poter esercitare il diritto stesso.**

Essa si distingue dalla prescrizione perché *"i termini di decadenza decorrono per il solo fatto materiale del trascorrere del tempo, indipendentemente dalle situazioni soggettive ed oggettive verificatesi "medio tempore" e dalle quali sia dipeso l'inutile decorso del termine, salve le eccezioni tassativamente previste dalla legge, atteso che, mentre il fondamento della prescrizione consiste nella presunzione di abbandono di un diritto per inerzia del titolare, il fondamento della decadenza si coglie nell'esigenza obiettiva del compimento di particolari atti entro un termine perentorio stabilito dalla legge o dalla volontà*

dei privati. Ne deriva che detti termini non devono essere intesi in modo elastico e che la loro violazione rileva comunque, anche se è di modesta entità." (cfr. Cass. n. 3078/2010).
Gli articoli 2964 e ss. c.c. disciplinano l'istituto e ne dettano la regolamentazione giuridica.
Nel diritto del lavoro, generalmente, la decadenza si ricollega a **disposizioni di legge** ma **non è escluso che essa possa avere fonte convenzionale.** L'autonomia privata può, infatti, statuire un termine decadenziale a condizione che l'esercizio del diritto non sia eccessivamente gravoso. In tal caso la sanzione è quella della nullità della previsione negoziale.
Centrale nella materia lavoristica è la previsione generale di cui **all'art. 2968 c.c.** per cui la decadenza non può essere modificata, per quanto concerne la disciplina legale, se essa è stabilità in materia sottratta alla disponibilità delle parti.
La decadenza è impedita dal compimento dell'atto che la legge prevede affinché la stessa non si produca (art. 2967 c.c.) e **non è rilevabile d'ufficio** a meno che il giudice non debba rilevare le cause di improponibilità dell'azione.

4. Le garanzie dei crediti dei lavoratori: cenni.

Ascrivibili sempre al tentativo di preservare la posizione del lavoratore quale parte debole del contratto sono le garanzie che assistono il credito di lavoro.
I crediti da lavoro individuati **dall'art. 2751 bis n. 1 c.c.** sono garantiti da privilegio sui beni mobili del datore di lavoro.
In caso di insolvenza dell'imprenditore i crediti dei lavoratori, in quanto assistiti da privilegio generale, prevalgono su quelli di altri creditori c.d. "chirografari".
Il **privilegio,** in quanto garanzia, così come disposto dalla disposizione e dalle numerose pronunce della Corte Costituzionale che ha ampliato la pletora di ipotesi assiste:
   1. le retribuzioni dei lavoratori subordinati dovute a qualsiasi titolo;
   2. le indennità dovute per effetto della cessazione del rapporto di lavoro;
   3. il risarcimento del danno a seguito di licenziamento inefficace, nullo e annullabile;
   4. crediti riconducibili a danni da omissioni contributive previdenziali e assicurative obbligatorie;
   5. danni conseguenti a malattia professionale (Corte Cost., 29 maggio 2002, n. 220);

6. danno da demansionamento per comportamento illegittimo del datore di lavoro (Corte Cost., 6 aprile 2004, n. 113);
7. danno conseguente ad infortunio sul lavoro del quale sia responsabile il datore di lavoro (Corte Cost., 17 novembre 1983, n. 326).

Sempre sussumibili nell'esigenza di assicurare la funzione alimentare della retribuzione vanno annoverati i limiti posti alla pignorabilità delle retribuzioni e degli altri crediti originati dal rapporto di lavoro.
Questi crediti **possono essere pignorati nella misura determinata dal giudice per i crediti di natura alimentare. Per i crediti di ogni altro genere sono pignorabili nella misura del quinto** (art. 545 co. 3-4 c.p.c.) e sono cedibili sempre nella misura del quinto e per periodi non superiori a dieci anni.
Pari limiti incontrano la misura del **sequestro conservativo ex art. 671 c.p.c.**

QUESTIONARIO

1. Cosa si intende per rinunzia e transazioni? **1**.
2. Che effetti produce la cd. quietanza liberatoria? **1**.
3. Possono essere impugnate le rinunzie e le transazioni? **1.1**.
4. Cosa si intende per sede protetta? **1.2**.
5. Quali i termini di prescrizione ed i termini di decadenza dei diritti del lavoratore? Qual è il regime della prescrizione dei crediti retributivi a seguito dell'intervento della Corte costituzionale? **2.1**.
6. Cosa si intende per decadenza? **3**.
7. Quali sono le garanzie dei crediti di lavoro? **4**.
8. Quali rapporti di lavoro beneficiano del regime delle rinunzie e transazioni? **1**.
9. Quali sono i diritti inderogabili? **1**.

SCHEDA DI SINTESI

La rinuncia è un negozio unilaterale attraverso il quale il lavoratore abbandona un diritto mentre la transazione è un negozio bilaterale attraverso il quale le parti si fanno reciproche concessioni per prevenire o estinguere una lite. Sono invalide le rinunzie e le transazioni aventi ad oggetto diritti del prestatore di lavoro derivanti da disposizioni inderogabili della legge o degli accordi collettivi. L'inderogabilità risiede nella fonte e non già nel diritto.
La rinuncia si distingue dalla quietanza a saldo perché quest'ultima è una mera dichiarazione di scienza.
Le rinunzie e le transazioni se siglate in violazione dell'art. 2113 c.c. sono invalide ed impugnabili nel termine semestrale decorrente dalla cessazione del rapporto

ovvero dal negozio dispositivo; l'eccezione di decadenza è proponibile solo su istanza di parte e non già dal giudice. Non sono impugnabili le conciliazioni siglate nelle sedi di cui al comma IV art. 2113 c.c.
I crediti retributivi sono soggetti, generalmente a prescrizione quinquennale, taluni a quella triennale ed annuale che ha carattere presuntivo (art. 2955 n. 2 c.c. e 2956 n.1 c.c.) mentre quelli contributivi seguono un regime differenziato.
Sono atti interruttivi della prescrizione la costituzione in mora, la notifica dell'atto introduttivo, la dichiarazione resa in giudizio nei confronti del difensore di controparte di insistere nelle proprie ragioni. Essa decorre a partire dalla cessazione del rapporto di lavoro.
La decadenza è la perdita della possibilità di esercitare un diritto per la decorrenza di un termine perentorio previsto per il suo esercizio. Esso può radicare la sua fonte nella legge o anche nel contratto e, quando è prevista, è sottratta alla disponibilità delle parti.

Capitolo IX
Il pubblico impiego

Sommario:
1. Evoluzione della normativa in materia di impiego pubblico ed ambito di operatività della disciplina. – **2.** La contrattazione collettiva e le fonti del rapporto di lavoro. – **3.** La costituzione del rapporto di lavoro. – **4.** Lo svolgimento del rapporto di lavoro: diritti e doveri del pubblico dipendente. – **4.1.** La retribuzione. – **4.2.** Le mansioni. – **4.3.** La dirigenza. – **4.4.** I doveri del pubblico dipendente e la responsabilità disciplinare. – **4.5.** Esercizio del potere disciplinare, procedimento e sanzioni. – **5.** La mobilità. – **6.** Il lavoro c.d. flessibile nella Pubblica Amministrazione. – **7.** L'estinzione del rapporto di lavoro. – **8.** Cenni sul riparto di giurisdizione ed i poteri del giudice ordinario. – **9.** Le tutele sindacali nel pubblico impiego.

1. Evoluzione della normativa in materia di impiego pubblico ed ambito di operatività della disciplina.

Il lavoro alle dipendenze della Pubblica Amministrazione è disciplinato dal decreto legislativo **n. 165 del 2001**.

Il Testo Unico ha costituito l'approdo di un lungo processo di trasformazione che, partito dagli anni '90, ha comportato la progressiva ed integrale privatizzazione del rapporto di lavoro pubblico. Questo processo evolutivo, scandito in diverse fasi che saranno di seguito esaminate, non ha, tuttavia, determinato una sovrapposizione del lavoratore privato a quello pubblico ma, come sarà nel dettaglio precisato, lo statuto giuridico del pubblico dipendente preserva delle **specificità** rispetto al lavoratore privato.

Volendo partire dall'epoca post-unitaria la prima regolamentazione unitaria dei pubblici dipendenti era contenuta nel **D.P.R. 10 gennaio 1957, n. 3, Statuto degli impiegati civili dello Stato,** caratterizzato dal riconoscimento esclusivamente pubblicistico della fonte regolatrice del rapporto di lavoro e degli atti gestori del rapporto diretti alla realizzazione dell'interesse pubblico. La giurisdizione era ovviamente assegnata al giudice amministrativo ed era pubblica la legislazione e l'amministrazione.

La regolamentazione integralmente pubblicistica del rapporto di lavoro è stata incisa, in un primo momento, dalla **legge quadro n. 93/ 1983** che prevede

significativi spazi di intervento per la contrattazione collettiva, che tuttavia poteva acquisire efficacia solo a seguito del recepimento in un Decreto del Presidente della Repubblica.
Il processo di **privatizzazione del pubblico impiego** ha avuto inizio nel corso degli anni '90 ed il fenomeno evolutivo del rapporto di lavoro è stato affiancato anche dal processo di **privatizzazione di alcuni enti pubblici** (come quella delle Ferrovie dello stato nel 1985, a cui fa seguito quella delle Poste nel 1993) ove, tuttavia, l'assoggettamento del rapporto di lavoro alle regole privatistiche è mera conseguenza della trasformazione del datore di lavoro che diventa soggetto privato.
Con riferimento al rapporto di lavoro le **fasi della privatizzazione sono le seguenti:**

1. **La prima privatizzazione è stata** attuata dalla **legge delega n. 421/1992** cui è seguito il **D.lgs. n. 29/1993.** Mossa dalla fondamentale esigenza di realizzare un controllo centralistico della spesa pubblica concentrando in sede di contrattazione collettiva nazionale le decisioni sul costo del personale, tale riforma si caratterizza per aver realizzato **una netta contrapposizione di regime giuridico tra l'organizzazione,** tutta rientrante nel diritto pubblico, **ed il rapporto di lavoro**, regolato (tranne che per i dirigenti apicali, ancora soggetti ad un regime pubblicistico) tramite rinvio alle disposizioni legislative del settore privato, pur applicabili in quanto compatibili con la specialità del rapporto, e alla disciplina della fonte collettiva, seppure anch'essa assoggettata a regole peculiari quanto a soggetti negoziali, procedimento di contrattazione ed efficacia del contratto.
2. **La cd. seconda privatizzazione** attuata con **la legge delega n. 59/1997 e con 3 decreti delegati,** tra cui in particolare il **D.lgs. n. 80/1998.** Questo nuovo intervento legislativo è stato mosso da difficoltà interpretative ed applicative della prima riforma e dall'obiettivo di riformulare la disciplina del pubblico impiego in modo da privilegiare la flessibilità nell'organizzazione della struttura e nella gestione del personale. Gli aspetti di maggiore novità sono costituiti dalla **unificazione del regime della dirigenza** (con l'introduzione, però, della scissione tra contratto di assunzione a tempo indeterminato ed incarico a termine), dallo **spostamento della linea di confine tra diritto pubblico e diritto privato all'interno dell'organizzazione** (lasciando cioè al diritto pubblico la sola c.d. macro-organizzazione, ovvero l'organizzazione nelle sue linee essenziali, e riconducendo al

diritto privato, oltre al rapporto di lavoro, anche la cd. micro-organizzazione, comprendente tutte le decisioni di organizzazione e di gestione dell'apparato di competenza dei dirigenti) e dal **definitivo passaggio di giurisdizione** per le controversie di lavoro pubblico privatizzato dal giudice amministrativo al giudice del lavoro a far data dal 30 giugno 1998. Questi decreti sono confluiti, qualche anno dopo, nel **D.lgs. n. 165/2001** (il cd. Testo Unico sul pubblico impiego) con cui il legislatore ha provveduto ad una razionalizzazione della produzione normativa precedente che è divenuta la **legge generale sul rapporto di lavoro alle dipendenze delle pubbliche amministrazioni** e che ha formato poi oggetto di vari interventi successivi, tra cui ad esempio la l. n. 145/2002 sulla dirigenza.

3. **La terza fase si è avuta con** la legge delega n. 15/2009 attuata con il **D.lgs. n. 150/2009 (c.d. riforma Brunetta)** che **trova** la sua genesi nella volontà di riformare il rapporto di lavoro dei pubblici dipendenti secondo una spiccata visione aziendale della pubblica amministrazione. Essa ha modificato il D.lgs. n 165/2001 ridisegnando i rapporti tra legge e contrattazione collettiva (attraverso una c.d. "legificazione" del rapporto di lavoro), riscrivendo le disposizioni in tema di illecito disciplinare ed introducendo nuove regole in materia di misurazione, valutazione e trasparenza della performance (la cui disciplina è contenuta nello stesso D.lgs. 150/2009).

4. **La quarta fase si è avuta con la legge delega n. 124/2015 (c.d. riforma Madia) ed ai suoi tre decreti delegati:** il n. **116/2016** in materia di licenziamento disciplinare dei c.d. "furbetti del cartellino", il n. **74/2017**, recante modifiche al D.lgs. n. 150/2009 in tema di misurazione e di valutazione della performance e il **D.lgs. n. 75/2017**, recante modifiche e integrazioni al D.lgs. n. 165/2001, che ha riguardato sia il sistema delle fonti e le relazioni sindacali, sia le disposizioni inerenti il rapporto individuale di lavoro (in particolare in materia disciplinare). La Corte Costituzionale con **sentenza n. 251 del 2016** ha dichiarato l'incostituzionalità della legge delega nella parte in cui non ha previsto che l'adozione dei decreti delegati doveva essere preceduta non dal mero parere ma dall'intesa con le Regioni.

Il processo di privatizzazione del rapporto di lavoro alle dipendenze della Pubblica amministrazione **non ha**, tuttavia, interessato tutte le categorie di **dipendenti pubblici**.

L'art. 3 del D.lgs. 165/2001 circoscrive **l'ambito soggettivo** del decreto legislativo in commento enucleando i soggetti il cui rapporto di lavoro rimane **pubblico,** ed è governato dai rispettivi ordinamenti, che sono:

1. i **magistrati** ordinari, amministrativi e contabili;
2. gli **avvocati e procuratori dello Stato**;
3. il personale **militare** e delle **Forze di polizia**;
4. il personale **diplomatico e prefettizio**;
5. i dipendenti delle **Autorità Amministrative Indipendenti**;
6. il personale del **Corpo nazionale dei vigili del fuoco**;
7. il personale della **carriera dirigenziale penitenziaria**;
8. i **professori e ricercatori universitari**.

Escluse le categorie enucleate dall'art. 3 del cit. D.lgs. tuti gli altri **rapporti di lavoro alle dipendenze delle pubbliche amministrazioni** sono regolati ai sensi **dell'art. 2 comma 2** dalle *"disposizioni del capo I, titolo II, del libro V del codice civile e dalle leggi sui rapporti di lavoro subordinato nell'impresa"*, nonché, ai sensi dell'art. 51 del T.U. dalla *"La legge 20 maggio 1970, n. 300, e successive modificazioni ed integrazioni, si applica alle pubbliche amministrazioni a prescindere dal numero dei dipendenti"*.

Resta da chiarire **cosa si intenda per amministrazione pubblica datrice di lavoro. Ai sensi dell'art. 1 del T.U. sono amministrazioni pubbliche datrici di lavoro:**

1. **tutte le amministrazioni dello Stato**, ivi compresi gli istituti di ogni ordine e grado, le istituzioni educative, le aziende ed amministrazioni dello Stato ad ordinamento autonomo;
2. le **Regioni**, le **Province**, i **Comuni**, le **Comunità montane**;
3. le **istituzioni universitarie**;
4. gli **Istituti autonomi case popolari**;
5. le **Camere di commercio**;
6. tutti gli **enti pubblici non economici** nazionali, regionali e locali;
7. le amministrazioni, aziende ed enti del **Servizio Sanitario Nazionale**;
8. l'Agenzia per la Rappresentanza Negoziale delle Pubbliche amministrazioni (**ARAN**);
9. il **CONI**, fino alla revisione organica della disciplina di settore.

2. La contrattazione collettiva e le fonti del rapporto di lavoro.

Come statuisce l'art. 2 commi 2 e 3 del D.lgs. 165/2001 il rapporto di lavoro alle dipendenze della pubblica amministrazione analogamente al rapporto di lavoro privato radica la sua **fonte** nel contratto di lavoro ed è disciplinato, dalle **previsioni contenute nel D.lgs. 165/2001** che hanno carattere imperativo nonché dalle **disposizioni del capo I, titolo II, del libro V del codice civile e dalle leggi sui rapporti di lavoro subordinato nell'impresa** ed infine dalla **contrattazione collettiva**.

La contrattazione collettiva nella gerarchia delle fonti del rapporto di lavoro alle dipendenze della pubblica amministrazione ha avuto, storicamente, un ruolo diverso nei rapporti con la legge che può essere distinto in tre momenti:

1. l'originaria previsione sanciva la **regola della generale derogabilità** delle "speciali disposizioni" normative (leggi, regolamenti e statuti) "che introducano discipline dei rapporti di lavoro la cui applicabilità sia limitata ai dipendenti delle amministrazioni pubbliche, o a categorie di essi", da parte di successivi contratti o accordi collettivi a meno di una espressa disposizione di segno contrario da parte della disposizione normativa medesima;
2. la cd. **riforma Brunetta del 2009** ha ribaltato tale regola, ammettendo la **deroga solo qualora le disposizioni normative ne prevedessero espressamente la possibilità (si parlava al riguardo di legificazione** del rapporto alle dipendenze della pubblica amministrazione);
3. **Il D.lgs. n. 75/2017** ha segnato un ritorno alle origini, tornando a consentire **in via generalizzata la deroga** da parte dei contratti collettivi (ma solo di quelli nazionali) alle disposizioni di legge, regolamento e statuto anche precedenti, **ma nelle sole materie affidate alla contrattazione collettiva dall'articolo 40, comma 1 e nel rispetto dei principi stabiliti dal T.U.**

Essa concorre a regolamentare il rapporto di lavoro e le previsioni contenute nel D.lgs. 165/2001 ne regolamentano la disciplina e la portata. In particolare, **l'art. 40 comma 1 del T.U.** stabilisce in generale che "**La contrattazione collettiva disciplina il rapporto di lavoro e le relazioni sindacali**", mentre il **comma 3** prevede che "La contrattazione collettiva disciplina, in coerenza con il settore privato, la struttura contrattuale, i rapporti tra i diversi livelli e la durata dei contratti collettivi nazionali e integrativi".

Il comma 1, per effetto della novella introdotta con il D.lgs. 75/2017, individua una serie di materie che sono invece **escluse** dalla contrattazione collettiva e precisamente: le materie attinenti all'organizzazione degli uffici, quelle oggetto di partecipazione sindacale ai sensi dell'articolo 9, quelle afferenti alle prerogative dirigenziali ai sensi degli articoli 5, comma 2, 16 e 17, la materia del conferimento e della revoca degli incarichi dirigenziali, nonché quelle di cui all'articolo 2, comma 1, lettera c), della legge 23 ottobre 1992, n. 421" (tra cui figurano organi, uffici e modalità di conferimento; i ruoli e le dotazioni organiche; i procedimenti di selezione per l'accesso al lavoro; responsabilità ed incompatibilità). Per **un ulteriore gruppo di materie** – e precisamente per le "materie relative alle sanzioni disciplinari, alla valutazione delle prestazioni ai fini della corresponsione del trattamento accessorio, della mobilità", le quali sono regolate direttamente dalle norme imperative del T.U. – **la contrattazione collettiva può intervenire soltanto "nei limiti previsti dalle norme di legge" ovvero soltanto a fronte di un esplicito richiamo operato dalla fonte legislativa e nei limiti di quest'ultima.**

L'ambito contrattabile del rapporto di lavoro pubblico non coincide dunque con quello privatistico, essendo decisamente più ristretto.

Conclusivamente può ritenersi che nelle materie affidatele in via generale dall'art. 40 (es. relazioni sindacali), la contrattazione collettiva può derogare alla legge con l'**unico limite del rispetto dei principi di cui al T.U.** mentre per le materie disciplinate direttamente dal D.lgs. n. 165/2001 (es. disciplinare), invece, l'intervento della fonte negoziale è ammesso **soltanto se e nei limiti in cui sia espressamente previsto**.

La contrattazione collettiva si articola, in ambito pubblico, su **due livelli**:

1. **i contratti nazionali di comparto**, che dettano regole comuni ad ampi settori che **l'art. 40, comma 2,** come modificato dalla riforma Brunetta, ha ridotto a quattro (in precedenza erano 10) e che sono attualmente individuati dal Contratto Collettivo Nazionale Quadro del 13 luglio 2016 in Funzioni centrali, Funzioni locali, Istruzione e ricerca, Sanità;
2. **i contratti integrativi**, che adeguano le previsioni della contrattazione nazionale di comparto ai contesti specifici a cui si riferiscono (ad es. per il personale dei singoli ministeri), ma soltanto nelle materie, con i vincoli e con i limiti stabiliti dalla contrattazione nazionale; **l'art. 40 comma 3 quinquies** stabilisce che "*in caso di violazione dei vincoli e dei limiti di competenza imposti dalla contrattazione nazionale o dalle norme di legge, le clausole sono nulle, non*

> *possono essere applicate e sono sostituite ai sensi degli articoli 1339 e 1419, secondo comma, del codice civile".*

In ordine ai **soggetti stipulanti e al processo di negoziazione** trattasi di aspetti che sono disciplinati integralmente dalla legge.
In particolare, l'art. **47 del T.U. individua le fasi attraverso cui si scandisce la contrattazione collettiva:**

1. **fase precontrattuale**, in cui il Governo individua le risorse finanziarie e i **Comitati di settore** (organismi rappresentativi delle Amministrazioni previsti dall'art. 41 del T.U.) emanano gli **atti di indirizzo** da impartire all'ARAN, su cui il Governo può esprimere le proprie valutazioni in merito alla compatibilità con le politiche economiche e finanziarie;
2. **trattativa** tra ARAN e rappresentanze sindacali a cui segue la **sottoscrizione di un'ipotesi di accordo,** trasmessa nel termine di 10 giorni ai Comitati di settore ed al Governo;
3. acquisizione del **parere** favorevole dei Comitati di settore e del Governo e quindi trasmissione della quantificazione dei costi contrattuali alla **Corte dei Conti**, che, nel termine di 15 giorni, ne verifica l'attendibilità e la **compatibilità con gli strumenti di programmazione e di bilancio;**
4. **sottoscrizione** da parte del Presidente dell'ARAN e **pubblicazione in Gazzetta Ufficiale.**

I **contratti integrativi** sono invece stipulati da delegazioni trattanti delle amministrazioni interessate composte nei termini previsti dalla contrattazione nazionale di comparto (rispetto alle quali l'ARAN svolge soltanto una funzione di assistenza), e dalle organizzazioni sindacali che presentano i requisiti pure previsti dal contratto nazionale.
La contrattazione integrativa si svolge secondo le procedure negoziali stabilite dalla contrattazione nazionale. Essa, ai sensi dell'art. **40 co. 3 quinquies** del D.lgs. 165/2001 deve osservare i vincoli ed i limiti risultanti dai contratti collettivi nazionali e, nel caso di violazione di quest'ultimi, le clausole sono nulle e sono sostituite, non potendo essere applicate, ai sensi degli articoli 1339 e 1419 co. 2 c.c.
Per quanto riguarda i soggetti stipulanti giova precisare che i contratti nazionali sono stipulati tra:

- l'**ARAN (Agenzia per la rappresentanza negoziale delle pubbliche amministrazioni)**, persona giuridica di diritto pubblico con **rappresentanza legale della p.a.** (art. 46) e
- le organizzazioni sindacali (art. 43) che abbiano nel comparto o nell'area dirigenziale una **rappresentatività non inferiore al 5%**, considerata la **media** tra il **dato associativo** (costituito dalla percentuale delle deleghe per il versamento dei contributi sindacali) ed il **dato elettorale** (espresso dalla percentuale dei voti ottenuti nelle elezioni delle rappresentanze unitarie del personale).

I contratti collettivi del settore pubblico **hanno efficacia generalizzata**, a prescindere dal recepimento degli stessi da parte dell'amministrazione o dall'iscrizione del lavoratore al sindacato stipulante.

Dal lato datoriale tale efficacia è garantita dall'intervento dell'**ARAN** cui, come si è detto, è attribuita la **rappresentanza legale delle amministrazioni pubbliche**. L'art. 40, comma 4 stabilisce inoltre che le p.a. "adempiono agli obblighi assunti con i contratti collettivi nazionali o integrativi e ne assicurano l'osservanza nelle forme previste dai rispettivi ordinamenti".

Dal lato dei lavoratori, tale efficacia deriva **dall'art. 45, comma 2, che garantisce ai dipendenti pubblici "parità di trattamento contrattuale e comunque trattamenti non inferiori a quelli previsti dai rispettivi contratti collettivi"** (il che rende il contratto collettivo inderogabile sia in peius sia *in melius*).

Ove insorgano **controversie** in ordine all'interpretazione dei contratti collettivi, le parti contraenti definiscono consensualmente, con efficacia retroattiva, il significato delle clausole controverse, con un accordo di interpretazione autentica (art. 49).

Qualora la questione dell'efficacia, della validità e dell'interpretazione delle clausole di un contratto collettivo sia sollevata in sede giurisdizionale, l'art. 64 del T.U. prevede la possibilità di sospendere il giudizio per permettere alle parti collettive di fornire un'interpretazione autentica ai sensi dell'art. 49 e che, ove esse non raggiungano un accordo, il giudice si pronuncia sulla questione con sentenza parziale, impugnabile *per saltum* in Cassazione (procedimento diretto a provocare rapidamente la decisione della Suprema Corte, poi introdotto anche nel settore privato con l'art. 420 bis c.p.c.).

Declinazione dell'efficacia generalizzata del contratto è la conoscenza/conoscibilità da parte del giudice per cui, contrariamente al settore privato dove la conoscenza del Contratto collettivo è subordinata alla produzione delle parti e rientra nell'onere di allegazione delle stesse sottoporre il contratto all'attenzione del giudice, viceversa nel rapporto di lavoro pubblico, in virtù del principio *"iura novit curia"* il giudice è in grado di conoscerlo anche se non prodotto dalle parti. (sul punto cfr. Cass., 05 marzo 2019, n. 6394).

3. La costituzione del rapporto di lavoro.

Il rapporto di lavoro alle dipendenze della pubblica amministrazione si costituisce mediante **contratto individuale così come statuisce l'art. 35 del D.lgs. 165/2001, previo espletamento della procedura di reclutamento mediante concorso pubblico così come statuisce l'art. 97.**
La scelta dei padri costituenti di prevedere il **concorso pubblico quale forma generale ed ordinaria di reclutamento nelle pubbliche amministrazioni** radica il proprio fondamento sicuramente nell'interesse perseguito dal datore di lavoro atteso che, mentre il datore di lavoro privato persegue un **interesse egoistico** che trova la propria legittimazione ed i propri limiti nell'**art. 41 della Costituzione**, il datore di lavoro pubblico, invece, persegue un **interesse collettivo** che va soddisfatto nel rispetto dei **canoni di imparzialità e di buon andamento** dettati dall'**art. 97 della Costituzione** e degli altri principi costituzionali che ne sono specificazione (in particolare quello della responsabilità diretta dei funzionari pubblici di cui all'art. 28, del dovere dei cittadini a cui sono affidate funzioni pubbliche di adempierle con fedeltà ed onore di cui all'art. 54 e dell'essere i pubblici impiegati al servizio esclusivo della Nazione).
Ciò significa che, mentre la scelta organizzativa del datore di lavoro privato è libera nei fini, essendo limitata soltanto dal dovere di non ledere beni di rango costituzionale e di rispettare le regole poste a tutela del prestatore di lavoro, la scelta organizzativa del datore di lavoro pubblico deve anche essere funzionale al soddisfacimento dell'interesse pubblico.
È evidente, quindi, che il perseguimento dell'interesse pubblico è garantito dalla presenza di **una procedura selettivo-comparativa che, come evidenziato a più riprese dalla Corte Costituzionale, ha carattere** *"trasparente, comparativa, basata sul merito ed aperta"* (cfr. Corte Cost. sent. n. 293 del 2009).
In attuazione del dettato di cui all'art. 97 cost. **l'art. 35 del T.U.**, rubricato **"reclutamento del personale"**, nel ribadire che le procedure di reclutamento devono avvenire mediante selezione (**lett. a**) del comma 1), chiarisce al **comma 3 quali sono i principi** che devono essere osservati nelle procedure concorsuali statuendo che esse si svolgano in modo da assicurare:

1. *adeguata pubblicità della selezione e modalità di svolgimento che garantiscano l'imparzialità e assicurino economicità e celerità di espletamento ricorrendo, ove è opportuno, all'ausilio di sistemi automatizzati, diretti anche a realizzare forme di preselezione;*
2. *adozione di meccanismi oggettivi e trasparenti, idonei a verificare il possesso dei requisiti attitudinali e professionali richiesti in relazione alla posizione da ricoprire;*
3. *rispetto delle pari opportunità tra lavoratrici e lavoratori;*
4. *composizione delle commissioni esclusivamente con esperti di provata competenza nelle materie di concorso, scelti tra funzionari delle amministrazioni, docenti ed estranei alle medesime, che non siano componenti dell'organo di direzione politica dell'amministrazione, che non ricoprano cariche politiche e che non siano rappresentanti sindacali o designati dalle confederazioni ed organizzazioni sindacali o dalle associazioni professionali.*

La procedura concorsuale si snoda attraverso **quattro fasi** individuate dal **D.P.R. n. 487 del 1994** che sono le seguenti:
1. **avvio della procedura mediante pubblicazione del bando di concorso con il quale si dettano le regole di svolgimento della procedura stessa;**
2. **presentazione delle domande di partecipazione;**
3. **espletamento della procedura selettiva che può essere per titoli ovvero per esami ovvero per titoli ed esami;**
4. **predisposizione di una graduatoria che dovrà essere approvata dalla amministrazione che ha indetto il concorso.**

Va precisato che, per effetto del decreto-legge n. 36 del 30 aprile 2022, conv. in l. n. 79 del 29 giugno 2022, la procedura di reclutamento anche in ordine alla registrazione per le selezioni è garantita dal Portale che è utilizzato dal 1° novembre 2022 per tutte le assunzioni sia a tempo determinato che indeterminato da parte delle amministrazioni pubbliche e delle autorità amministrative indipendenti. Tale portale unico esonera le amministrazioni, inclusi gli enti locali, dall'obbligo di pubblicazione delle selezioni pubbliche sulla gazzetta ufficiale.

Questi atti in quanto amministrativi generali o comunque procedimentali sono impugnabili dinnanzi **al giudice amministrativo.** Condividono la natura pubblicistica e, pertanto impugnabili innanzi al giudice amministrativo, gli atti di macro-organizzazione.

Cosa sia la **macro-organizzazione** lo si desume dal disposto **dell'art. 2 comma 1 del T.U.**, il quale stabilisce che "Le amministrazioni pubbliche definiscono, secondo principi generali fissati da disposizioni di legge e, sulla base dei medesimi, mediante atti organizzativi secondo i rispettivi ordinamenti, **le linee fondamentali di organizzazione degli uffici**; individuano **gli uffici di maggiore rilevanza e i modi di conferimento della titolarità dei medesimi**; determinano le **dotazioni organiche complessive**". Il riferimento alle sole disposizioni di legge e ad atti organizzativi adottati dalle pubbliche amministrazioni "secondo i rispettivi ordinamenti" non consente dubbi sul fatto che queste materie siano di **esclusiva pertinenza del diritto pubblico**.

Vi rientrano anche, in quanto strettamente connesse, le disposizioni volte alla programmazione del fabbisogno di personale e, più in generale, quelle relative alle procedure di reclutamento.

Dalla macro-organizzazione si distingue la cd. **micro organizzazione** prevista dall'art. 5 comma 2 del T.U., il quale stabilisce che "Nell'ambito delle leggi e degli atti organizzativi di cui all'articolo 2, comma 1, le **determinazioni per l'organizzazione degli uffici** e le **misure inerenti alla gestione dei rapporti di lavoro**, nel rispetto del principio di pari opportunità, e in particolare **la direzione e l'organizzazione del lavoro nell'ambito degli uffici** sono assunte **in via esclusiva** dagli organi preposti alla gestione con la capacità e i poteri del privato datore di lavoro, fatte salve la sola informazione ai sindacati ovvero le ulteriori forme di partecipazione, ove previsti nei contratti di cui all'articolo 9 " (ovvero i contratti collettivi nazionali).

Il riferimento della norma a capacità e poteri del privato datore di lavoro esprime inequivocabilmente l'appartenenza di tali materie all'**ambito privatistico**. L'espressione "in via esclusiva", tuttavia, è altrettanto chiara nell'**escludere ogni negoziabilità delle stesse** ovvero ogni possibilità di sottoscrivere accordi sindacali al riguardo, ammettendo soltanto un confronto con il sindacato i cui esiti siano eventualmente recepiti in un atto unilaterale. Ne è conferma l'art. 40 del T.U., laddove menziona tra le materie escluse dalla contrattazione collettiva quelle "attinenti all'organizzazione degli uffici" e quelle "afferenti alle prerogative dirigenziali".

A differenza del rapporto di lavoro (che ha natura privatistica e che, nei limiti stabiliti dalla legge, è negoziabile) la cd. micro-organizzazione è dunque espressione di capacità di diritto privato, ma non può essere oggetto di contrattazione.

L'art. 4 l. 125/2013 stabilisce che l'avvio di **nuove procedure concorsuali** è subordinato:

1. alla verifica dell'**avvenuta immissione in servizio** di tutti i **vincitori** collocati **nelle graduatorie vigenti di concorsi per assunzioni a tempo indeterminato, salve comprovate e non temporanee necessità organizzative adeguatamente motivate**;
2. alla previa attivazione della **procedura di mobilità** di cui all'art. 33 T.U.

In ordine alla **durata delle graduatorie** va precisato che la prima disposizione sul punto è stata l'**art. 91 comma 4 del decreto legislativo 18 agosto 2000, n. 267**("Testo Unico degli Enti Locali"), secondo cui "per gli enti locali le graduatorie concorsuali **rimangono efficaci per un termine di tre anni dalla data di pubblicazione** per l'eventuale copertura di posti che si venissero a rendere successivamente vacanti e disponibili, fatta eccezione per i posti istituiti o trasformati successivamente all'indizione del concorso medesimo". Successivamente, con l'art. **4 co. 3 del decreto-legge 31 agosto 2013, n. 101 conv. in legge 30 ottobre 2013, n. 125 è stato statuito** che "3. Per le amministrazioni dello Stato, anche ad ordinamento autonomo, le agenzie, gli enti pubblici non economici e gli enti di ricerca, l'autorizzazione all'avvio di nuove procedure concorsuali, ai sensi dell'articolo 35, comma 4, del decreto legislativo 30 marzo 2001, n. 165, e successive modificazioni, è subordinata alla verifica:

1. **dell'avvenuta immissione in servizio, nella stessa amministrazione, di tutti i vincitori collocati nelle proprie graduatorie vigenti di concorsi pubblici per assunzioni a tempo indeterminato per qualsiasi qualifica, salve comprovate non temporanee necessità organizzative adeguatamente motivate;**
2. **dell'assenza, nella stessa amministrazione, di idonei collocati nelle proprie graduatorie vigenti e approvate a partire dal 1° gennaio 2007, relative alle professionalità necessarie anche secondo un criterio di equivalenza.**

3-bis. Per la copertura dei posti in organico, è comunque necessaria la previa attivazione della procedura prevista dall'articolo 33 del decreto legislativo 30 marzo 2001, n. 165, e successive modificazioni, in materia di trasferimento unilaterale del personale eccedentario.
3-ter. Resta ferma per i vincitori e gli idonei delle graduatorie di cui al comma 3 del presente articolo l'applicabilità dell'articolo 3, comma 61, terzo periodo, della legge 24 dicembre 2003, n. 350.
3-*quater*. L'assunzione dei vincitori e degli idonei, nelle procedure concorsuali già avviate dai soggetti di cui al comma 3 e non ancora concluse alla data di

entrata in vigore della legge di conversione del presente decreto, è subordinata alla verifica del rispetto della condizione di cui alla lettera a) del medesimo comma."
La disposizione è stata modificata dal comma **363 dell'art. 1 della legge n. 145 del 2018 ha modificato il decreto-legge n. 101 del 2013, abrogando la lettera b) del comma 3 e i commi 3-ter e 3-*quater* dell'art. 4**.
Attualmente, quindi, è previsto che con riferimento alle **procedure concorsuali bandite dopo il 1° gennaio 2019,** che le relative graduatorie siano impiegate **esclusivamente per la copertura dei posti messi a concorso, fermi restando i termini di vigenza delle medesime graduatorie. Ne consegue, quindi, che esse non possono essere impiegate per la copertura di posti che si rendano vacanti successivamente alla procedura concorsuale ovvero per posti necessari ad altro Ente. (commi 361-365 del citato articolo).**
Successivamente, per effetto **dell'articolo 3, comma 4, della legge 19 giugno 2019, n. 56 (c.d. legge concretezza),** è stato statuito che: *"Al fine di ridurre i tempi di accesso al pubblico impiego, per il triennio 2019-2021, fatto salvo quanto stabilito dall'articolo 1, comma 399, della legge 30 dicembre 2018, n. 145, le amministrazioni di cui al comma 1"* ovvero le amministrazioni dello Stato, anche ad ordinamento autonomo, le agenzie e gli enti pubblici non economici, *"possono procedere, in deroga a quanto previsto dal primo periodo del comma 3 del presente articolo e all'articolo 30 del decreto legislativo n. 165 del 2001, nel rispetto dell'articolo 4, commi 3 e 3-bis, del decreto-legge 31 agosto 2013, n. 101, convertito, con modificazioni, dalla legge 30 ottobre 2013, n. 125, nonché del piano dei fabbisogni definito secondo i criteri di cui al comma 2 del presente articolo: a) all'assunzione a tempo indeterminato di vincitori o allo scorrimento delle graduatorie vigenti, nel limite massimo dell'80 per cento delle facoltà di assunzione previste dai commi 1 e 3, per ciascun anno"*. L'art. 6 della medesima legge ha esteso l'applicazione delle disposizioni sopra richiamate anche agli enti locali, prevedendo che le stesse *"recano norme di diretta attuazione dell'art. 97 della Costituzione e costituiscono principi generali dell'ordinamento"* (comma 1) e che *"le Regioni, anche per quanto concerne i propri enti e le amministrazioni del Servizio sanitario nazionale, e gli enti locali adeguano i propri ordinamenti alle disposizioni della presente legge"* (comma 4).
Il **principio dello scorrimento** delle graduatorie innanzi evidenziato non **può trovare applicazione con riferimento ai contratti a tempo determinato** stante il carattere speciale della previsione di cui **all'art. 36 comma 2 del D.lgs. 165/2001**, con la conseguenza che, per **le assunzioni a tempo determinato di idonei non vincitori di graduatorie a tempo indeterminato è possibile derogare all'obbligo di utilizzo delle graduatorie per i soli posti messi

a concorso previsto dal combinato disposto dei commi 361 e 365 dell'art. 1 della legge n. 145 del 2018.
Quanto alla **durata delle graduatorie** va evidenziato che la **legge di Bilancio per il 2020 (legge n. 160 del 27 dicembre 2019**) ha autorizzato A) l'utilizzazione delle graduatorie pubbliche approvate nel 2011 fino al 30 marzo 2020 e delle graduatorie pubbliche approvate dal 2012 al 2017 fino al 30 settembre 2020; B) le graduatorie approvate negli anni 2018 e 2019, sono rese utilizzabili entro tre anni dalla loro approvazione.
A partire dal 1° febbraio 2014, il reclutamento dei dirigenti e delle figure professionali comuni a tutte le amministrazioni pubbliche avviene di regola mediante **concorsi unici** indetti dal Dipartimento della funzione pubblica della Presidenza del Consiglio dei ministri.
Tutte le assunzioni sono assoggettate all'esito positivo del periodo di prova previsto dall'art. 17 d.p.r. n. 487/1994, la cui durata è determinata dalla contrattazione collettiva.
I vincitori di concorso devono permanere nella sede di prima destinazione per un periodo non inferiore a 5 anni (art. 35 comma 5 bis del T.U.).
Le eccezioni alla regola del concorso sono costituite:

1. **per le qualifiche ed i profili per cui è richiesto il solo requisito della scuola dell'obbligo**, dall'assunzione a tempo indeterminato mediante avviamento degli iscritti nelle liste di collocamento ovvero, **per le assunzioni obbligatorie dei disabili**, chiamata numerica degli iscritti nelle liste di collocamento, previa verifica della compatibilità dell'invalidità rispetto alle mansioni da svolgere;
2. dalla cd. **stabilizzazione** di personale precario, consistente nella conversione a tempo indeterminato di rapporti di lavoro a termine, che di tanto in tanto viene prevista dalla legge per ridurre il numero dei precari e valorizzare la professionalità acquisita da chi ha prestato servizio a termine (così da ultimo ad es. l'art. 20 del D.lgs. 75/2017, che detta le condizioni in presenza delle quali nel triennio 2018-2020 le pubbliche amministrazioni possono assumere a tempo indeterminato personale con una certa anzianità a termine).

4. Lo svolgimento del rapporto di lavoro: diritti e doveri del pubblico dipendente.

Anche nel rapporto di lavoro alle dipendenze della pubblica amministrazione scaturiscono dal contratto una serie di obblighi-doveri in capo alle parti del rapporto stesso che trovano sia nella legge che nella contrattazione collettiva compiuta regolamentazione e discontinuità rispetto al rapporto di lavoro privato ove l'autonomia delle parti presenta un'indiscussa ed indubbia centralità. Di seguito si procederà in rassegna dei profili del rapporto di lavoro pubblico che presentano caratteri di specialità rispetto al regime giuridico privato.

4.1. La retribuzione.

Il trattamento economico dei pubblici dipendenti radica la propria fonte principale nella **contrattazione collettiva**.
La disposizione che regolamenta, in termini generali, tale trattamento è **l'art. 45 del D.lgs. 165/2001.**
A differenza che nel settore privato la **contrattazione collettiva** come si evince **dall'art. 48 cit. D.lgs.** assolve alla funzione di **distribuzione delle risorse** il cui **ammontare è determinato dalla legge**, ed in particolare dalla legge finanziaria.
La contrattazione collettiva sebbene assurga a fonte cardine del trattamento retributivo dei dipendenti pubblici può essere **derogata,** tuttavia, dalla legge ordinaria che pone una serie di **limiti.**
I limiti sono sia quelli **indicati dal comma 1 dell'art. 45** che sono:

1. la possibilità per l'amministrazione di determinare unilateralmente il trattamento economico, sia pure in via provvisoria, se non sia stato stipulato il contratto collettivo (art. 40 comma 3 ter e 47 bis comma 1);
2. la possibilità di erogazione provvisoria degli incrementi retributivi decorsi sessanta giorni dalla data di entrata in vigore della legge finanziaria che dispone in tema di rinnovi dei contratti collettivi (art. 47 bis).

Accanto a tali limiti si collocano quelli posti dai **singoli interventi normativi** che definiscono direttamente il contenuto di determinati istituti economici (ad es. l'art. 71 l. 133/2008 che limita la retribuzione erogata nei primi dieci giorni di malattia al solo trattamento fondamentale) o interferiscono con la contrattazione collettiva eliminandone alcune previsioni o bloccandone la possibilità di esplicarsi (come ad es. le varie norme che hanno disposto il blocco della contrattazione in materia retributiva dal 2010 al 2018).
Tali previsioni sono state generalmente **ritenute legittime dalla Corte Costituzionale** in ragione della necessità di contemperare il principio di proporzio-

nalità della retribuzione di cui all'art. 36 Cost. con quello dell'equilibrio tra entrate e spese di cui all'art. 97 Cost.

Il **comma 2 dell'art. 45** nello statuire che *"Le amministrazioni pubbliche garantiscono ai propri dipendenti di cui all'articolo 2, comma 2, parità di trattamento contrattuale e comunque trattamenti non inferiori a quelli previsti dai rispettivi contratti collettivi"* pone sostanzialmente due obblighi per le stesse:

1. garantire ai dipendenti **trattamenti non inferiori a quelli previsti dalla contrattazione collettiva;**
2. garantire la **parità di trattamento retributiva.** Tale principio secondo la giurisprudenza di legittimità consolidata oltre ad escludere la comparazione tra trattamenti economici contenuti in contratti collettivi diversi vieta trattamenti migliorativi o peggiorativi a titolo individuale, ma non costituisce parametro per giudicare le differenziazioni operate in quella sede, in quanto la disparità trova titolo non in scelte datoriali unilaterali lesive, come tali, della dignità del lavoratore, ma in pattuizioni dell'autonomia negoziale delle parti collettive, le quali operano su un piano tendenzialmente paritario e sufficientemente istituzionalizzato, di regola sufficiente, salva l'applicazione di divieti legali, a tutelare il lavoratore in relazione alle specificità delle situazioni concrete.

L'art. 45 comma 1 del T.U. distingue il trattamento economico del pubblico dipendente in fondamentale e accessorio. Alcuni contratti collettivi riproducono tale ripartizione, mentre altri più recenti inseriscono le voci retributive in un unico elenco.

Il **trattamento fondamentale** è **quello che remunera la professionalità media del dipendente corrispondente all'orario ordinario** ed è composto da voci fisse come lo stipendio tabellare (composto di 13 mensilità annue), la retribuzione individuale legata all'anzianità, gli incrementi dello stipendio tabellare derivanti dalla cd. progressione economica orizzontale (cioè dall'avanzamento del dipendente lungo un percorso di successive posizioni economiche all'interno di ciascuna categoria), eventuali assegni *ad personam* (cioè finalizzati a garantire il mantenimento del trattamento economico fondamentale già in godimento in occasione di mutamenti del rapporto di lavoro che ne comporterebbero uno inferiore).

Il **trattamento accessorio** è quello collegato:

1. alla **performance individuale** ovvero alla **performance organizzativa** (cioè dell'amministrazione nel suo complesso o di singole unità organizzative o aree di responsabilità in cui essa si articola), ovvero al raggiungimento di determinati obiettivi individuali o collettivi assegnati allo scopo di incentivare la qualità delle prestazioni (introdotto dalla cd. riforma Brunetta del 2009) (art. 45 co. 3 cit. D.lgs.);
2. all'effettivo svolgimento di **attività particolarmente disagiate ovvero pericolose o dannose per la salute** (art. 45 co. 3 lett. c).

In ordine alla corresponsione degli accessori relativi al credito retributivo corrisposto non alla scadenza **non opera il disposto di cui all'art. 429 co. 3 c.p.c.** per cui per i pubblici dipendenti spettano gli interessi legali ed il risarcimento per il maggior danno.

La **prescrizione dei crediti retributivi corrisposti a cadenza periodica è quinquennale** a seguito del processo di privatizzazione del rapporto di lavoro pubblico e corre in pendenza del rapporto stesso.

La riforma in senso privatistico del rapporto di lavoro alle dipendenze delle pubbliche amministrazioni ha mantenuto ferma la previgente disciplina in materia di **trattamento di fine rapporto** in attesa di una nuova regolamentazione contrattuale della materia. L'art. 2, l. 8.8.1995, n. 335 ha stabilito che per i lavoratori assunti dal 1° gennaio 1996 alle dipendenze delle amministrazioni pubbliche i trattamenti di fine servizio, comunque denominati, sono regolati in base a quanto previsto dall'art. 2120 c.c. in materia di trattamento di fine rapporto ed ha demandato alla contrattazione collettiva la definizione, nell'ambito dei singoli comparti, delle relative modalità di attuazione con riferimento ai conseguenti adeguamenti della struttura retributiva e contributiva del personale. L'Accordo quadro del 27.7.1999 e il d.P.C.m. 20.12.1999 (successivamente modificato dal d.P.C.m. 2.3.2001) hanno dettato le disposizioni in materia di TFR nel lavoro pubblico. Essa opera per i soggetti assunti a tempo indeterminato a partire dal 1° gennaio 2001 (a partire dal 31 maggio 2000 per quelli assunti a tempo determinato). Per quanto concerne il calcolo del TFR, **l'art. 4 dell'Accordo-quadro del 29.7.1999** dispone che esso include l'intero stipendio tabellare, l'intera indennità integrativa speciale, la retribuzione individuale di anzianità, la tredicesima mensilità, gli altri emolumenti considerati utili ai fini del calcolo dell'indennità di fine servizio comunque denominata ai sensi della preesistente normativa. Ulteriori voci retributive possono essere considerate nella contrattazione di comparto, garantendo per la finanza pubblica, con riferimento ai settori interessati, i complessivi andamenti programmati sia della spesa corrente, sia delle condizioni di bilancio degli enti gestori delle relative forme previdenziali.

Le quote di accantonamento annuale sono determinate applicando l'aliquota stabilita per i dipendenti dei settori privati e pari al 6,91% della retribuzione base di riferimento.

4.2. Le mansioni.

La disciplina delle mansioni nel settore pubblico è regolata **dall'art. 52 del D.lgs. 165/2001**.

La classificazione del personale pubblico è regolata dalla contrattazione collettiva che, secondo le indicazioni dell'art. 52 comma 1 bis, individua almeno tre **aree funzionali** (solitamente denominate con le lettere dell'alfabeto A, B, C...), all'interno delle quali prevede una serie di **progressioni economiche** (individuate con un sistema numerico: A1, A2, A3 ...) a cui si accede in base a procedure selettive basate sul merito.

Il sistema delle aree funzionali sostituisce le categorie del settore privato (art. 2095 c.c.) e va precisato che tale classificazione costituisce la regola generale dei diversi comparti eccetto quello scolastico che presenta una disciplina autonoma e peculiare.

L'art. 52 comma 1 stabilisce che *"Il prestatore di lavoro deve essere adibito alle mansioni per le quali è stato assunto o alle mansioni equivalenti nell'ambito dell'area di inquadramento ovvero a quelle corrispondenti alla qualifica superiore che abbia successivamente acquisito per effetto delle procedure selettive di cui all'articolo 35, comma 1, lettera a)"*.

L'**assegnazione a mansioni superiori** può avvenire solo temporaneamente, in caso di vacanza di posto in organico, per non più di sei mesi (prorogabili fino a dodici qualora siano state avviate le procedure per la copertura dei posti vacanti) o di sostituzione di dipendente assente con diritto alla conservazione del posto (ma non per ferie). In tal caso, per il periodo di effettiva prestazione, il lavoratore ha **diritto al trattamento previsto per la qualifica superiore**.

Si considera svolgimento di mansioni superiori soltanto l'attribuzione di compiti propri di queste ultime in modo prevalente, sotto il profilo qualitativo, quantitativo e temporale.

Prima facie la disposizione sembra essere strutturata analogamente all'art. 2103 c.c. ma si differenzia profondamente dallo stesso atteso che **l'esercizio di fatto di mansioni superiori** alla qualifica di appartenenza **non ha invece effetto ai fini dell'inquadramento** del lavoratore o dell'assegnazione di incarichi di direzione. La giurisprudenza riconosce tuttavia al dipendente pubblico assegnato di fatto a mansioni superiori il diritto al trattamento economico corrispondente. Sul punto tra le numerose sentenze ricordiamo Cass., 15 giugno 2015, n. 12334 del secondo cui *"In materia di pubblico impiego contrattualizzato, in caso di svolgimento di mansioni superiori si applica l'art. 52, comma 5, del D.lgs. 30 marzo 2001, n. 165, sicché al dipendente spetta la corresponsione della differenza di trattamento economico rispetto alla qualifica superiore, senza che tale disciplina possa essere diversamente regolata dalla contrattazione collettiva il cui intervento è consentito nei casi di cui all'art. 52, comma 6, del medesimo D.lgs.; né può trovare applicazione la previsione di cui all'art. 69, comma 3, del medesimo decreto, che si riferisce esclusivamente al trattamento economico del personale delle qualifiche ad esaurimento, al quale sono attribuite funzioni vicarie del dirigente."*

4.3. La dirigenza.

L'art. 4 comma 2 del T.U., definisce i dirigenti quale categoria di dipendenti pubblici a cui *"spetta l'adozione degli atti e provvedimenti amministrativi, compresi tutti gli atti che impegnano l'amministrazione verso l'esterno, nonché la gestione finanziaria, tecnica e amministrativa mediante autonomi poteri di spesa di organizzazione delle risorse umane, strumentali e di controllo"*. I dirigenti danno in tal modo attuazione agli obiettivi e programmi definiti dagli organi di governo nell'esercizio delle funzioni di indirizzo politico-amministrativo loro affidate dal comma 1 del medesimo art. 4 ed esercitano i poteri del datore di lavoro sugli altri dipendenti.
I dirigenti sono *"responsabili in via esclusiva dell'attività amministrativa, della gestione e dei relativi risultati"*.
Le regole in materia di dirigenti dettate dal T.U. n. 165/2001 (**art. da 13 a 29) trovano diretta applicazione per le sole Amministrazioni dello Stato, mentre per le altre amministrazioni sono dettate da altri testi normativi** (la disciplina della dirigenza degli enti locali, ad esempio, è contenuta nel D.lgs. n. 267/2000).
Esse costituiscono tuttavia principi direttivi a cui, tenendo conto delle relative peculiarità, debbono adeguarsi *"le regioni a statuto ordinario, nell'esercizio della propria potestà statutaria, legislativa e regolamentare, e le altre pubbliche amministrazioni, nell'esercizio della propria potestà statutaria e regolamentare"* (art. 27). La normativa attuale distingue tra **qualifica dirigenziale** ed incarico dirigenziale.
La prima si acquisisce **mediante concorso pubblico che avviene con due diverse modalità**: concorso per esami bandito dalle singole amministrazioni

pubbliche oppure corso-concorso selettivo di formazione bandito dalla Scuola nazionale dell'amministrazione.
Al superamento del concorso consegue l'instaurazione di un **rapporto di lavoro dirigenziale a tempo indeterminato** caratterizzato dalla idoneità professionale del dipendente a svolgere concretamente mansioni dirigenziali, ma che di per sé non comporta lo svolgimento di queste ultime, per il quale è necessario che venga anche conferito apposito **incarico dirigenziale**.
Quest'ultimo (di cui si occupa l'art. 19 del T.U.) è il concreto incarico di svolgere specifiche funzioni dirigenziali che viene conferito tenendo conto delle attitudini, delle capacità professionali, dei risultati, delle specifiche competenze organizzative, delle esperienze di direzione sia a dipendenti di ruolo in possesso di qualifica dirigenziali sia ad altri soggetti, anche esterni (attraverso un rapporto di lavoro subordinato o autonomo).
Esso può avere ad oggetto sia **funzioni di direzione vera e propria** sia **altri incarichi "non di direzione"** aventi ad oggetto lo svolgimento di funzioni ispettive, di consulenza, studio e ricerca ed ha comunque carattere temporaneo (3 o 5 anni a seconda della tipologia di incarico).
Il mancato raggiungimento degli obiettivi o l'inosservanza delle direttive impartite, oltre all'eventuale responsabilità disciplinare, comportano (art. 21):

1. l'impossibilità di rinnovo dello stesso incarico;
2. nei casi più gravi, la **revoca** dell'incarico stesso con collocazione a disposizione oppure il recesso dal rapporto.

L'art. 6 della legge n. 145/2002 stabilisce la cessazione automatica degli incarichi di alta e media dirigenza dopo 90 giorni dalla fiducia ad un nuovo governo (c.d. *"spoil system"*). La norma è stata giudicata costituzionalmente legittima purché riguardi le posizioni effettivamente apicali a supporto dell'attività di indirizzo politico – amministrativo e non invece gli incarichi dirigenziali di diretta gestione amministrativa.
La legge n. 124 del 7 agosto 2015 (cd. legge Madia) all'art. 11 ha delegato il Governo ad adottare entro 12 mesi uno o più decreti legislativi in materia di dirigenza pubblica e di valutazione dei rendimenti dei pubblici uffici, indicando tra l'altro, tra i principi e criteri direttivi, **l'istituzione del sistema della dirigenza pubblica, articolata in ruoli unificati e coordinati, con requisiti omogenei di accesso e procedure analoghe di reclutamento**. La Corte Costituzionale, con la decisione n. **251/ 2016** ha dichiarato parzialmente incostituzionale la norma, laddove prevede una semplice acquisizione del parere della Conferenza Stato-Regioni e non una vera e propria intesa per l'approvazione

dei decreti attuativi. Ciò ha interrotto l'iter di attuazione della delega all'epoca in corso che non è più stato riattivato.

4.4. I doveri del pubblico dipendente e la responsabilità disciplinare.

In forza del richiamo alle norme di diritto privato del lavoro, il pubblico dipendente è certamente tenuto a rispettare gli **obblighi di diligenza e fedeltà di cui agli art. 2104 e 2105 c.c.**
La particolare natura della prestazione e dei fini alla cui realizzazione essa tende richiede tuttavia una più specifica declinazione degli stessi.
Con questo spirito **l'art. 54 del T.U.** stabilisce che *"Il Governo definisce un codice di comportamento dei dipendenti delle pubbliche amministrazioni al fine di assicurare la qualità dei servizi, la prevenzione dei fenomeni di corruzione, il rispetto dei doveri costituzionali di diligenza, lealtà, imparzialità e servizio esclusivo alla cura dell'interesse pubblico"* e che la **violazione dei doveri ivi contenuti** *"è fonte di responsabilità disciplinare"* ed è *"altresì rilevante ai fini della responsabilità civile, amministrativa e contabile"*.
Il **Codice di comportamento dei dipendenti pubblici** attualmente in vigore è stato adottato con il **DPR 62/2013** (che ha abrogato il precedente del 28 novembre 2000).
Esso detta una serie di **principi generali** (tra cui il dovere di osservare la Costituzione e la legge, di rispettare i principi di integrità, correttezza, buona fede, proporzionalità, obiettività, trasparenza, equità e ragionevolezza ed agire in posizione di indipendenza e imparzialità, orientando l'azione amministrativa alla massima economicità, efficienza ed efficacia e assicurando la piena parità di trattamento a parità di condizioni) e regola dettagliatamente la condotta del pubblico dipendente in relazione ad alcune **situazioni particolari** (come ad esempio l'offerta di regali, compensi e altre utilità, la partecipazione ad associazioni e organizzazioni o il conflitto di interessi).
Ulteriori obblighi sono previsti dalla **contrattazione collettiva** (nei codici disciplinari) e dalla **legge** (ad esempio il dovere di rispettare il segreto d'ufficio di cui alla l. 241/1990).
Tra di essi merita segnalare il **dovere di esclusività** descritto dall'art. 60, d.p.r. 3/1957 – espressamente esteso dall'art. 53 del T.U. a tutti i dipendenti pubblici – in forza del quale il pubblico dipendente non può esercitare il commercio, l'industria o la professione, né assumere impieghi alle dipendenze di privati o accettare cariche in società, a meno che l'impiego pubblico sia a tempo parziale con orario di lavoro inferiore del 50% di quello a tempo pieno.
La violazione di siffatti doveri comporta **responsabilità disciplinare**.

La materia disciplinare, oltre che dalle regole del diritto privato del lavoro espressamente richiamate **dall'art. 2 comma 2 (comprese tutte le previsioni della l. 300/1970) è regolata all'interno del T.U. n. 165/2001 dagli artt. da 55 a 55 sexies** (previsioni espressamente qualificate come **imperative**) e, nell'ultimo decennio, è stata oggetto di ripetuti interventi riformatori volti a garantire una maggiore efficienza della sanzione disciplinare ed una più intensa responsabilizzazione dei pubblici dipendenti (in particolare con i D.lgs. n. 150/2009, 75/2017 e 118/2017), snellendo ed accelerando l'esercizio del potere disciplinare, attenuando il rischio di annullamento della sanzione per vizi meramente formali, inasprendo i trattamenti punitivi per alcune condotte ritenute di particolare gravità.

4.5. Esercizio del potere disciplinare, procedimento e sanzioni.

Il potere disciplinare della pubblica amministrazione **condivide con quello del datore di lavoro privato tutti i principi fondamentali, come quello di tempestività e specificità della contestazione o di proporzionalità della sanzione, ma se ne differenzia sotto un profilo fondamentale**: mentre infatti la scelta di sanzionare o meno una certa condotta è discrezionale in capo al datore di lavoro privato, **l'azione disciplinare nell'ambito del pubblico impiego è obbligatoria**.

Salvo che per le infrazioni di minore gravità per le quali è prevista l'irrogazione della sanzione del rimprovero verbale (irrogate dal responsabile della struttura presso cui presta servizio il dipendente secondo un procedimento regolato dal contratto collettivo) la **competenza disciplinare** appartiene in via esclusiva all'ufficio per i procedimenti disciplinari che ciascuna amministrazione costituisce secondo il proprio ordinamento e nell'ambito della propria organizzazione.

Il **procedimento disciplinare** è regolato dall'art. **55 bis del T.U.** il quale prevede che il **responsabile della struttura** presso cui presta servizio il dipendente, **segnala** immediatamente, e comunque entro dieci giorni, all'ufficio competente per i procedimenti disciplinari i fatti ritenuti di rilevanza disciplinare di cui abbia avuto conoscenza.

L'Ufficio competente per i procedimenti disciplinari, con immediatezza e comunque non oltre trenta giorni decorrenti dal ricevimento della predetta segnalazione, ovvero dal momento in cui abbia altrimenti avuto piena conoscenza dei fatti ritenuti di rilevanza disciplinare, **provvede alla contestazione scritta dell'addebito** (anche tramite posta elettronica certificata, se il dipendente dispone di idonea casella di posta) **e convoca l'interessato,** con un

preavviso di almeno venti giorni, per l'audizione in contraddittorio a sua difesa.
Il dipendente può farsi assistere da un procuratore ovvero da un rappresentante dell'associazione sindacale cui aderisce o conferisce mandato e, in caso di grave ed oggettivo impedimento, può chiedere il differimento per una sola volta, con proroga del termine per la conclusione del procedimento in misura corrispondente.
Egli ha anche diritto di accesso agli atti istruttori (salvo che si tratti di segnalazione di un cd. *whistleblower* ai sensi dell'articolo 54-bis – si veda *infra* in questo stesso §), e può presentare memorie scritte.
L'ufficio competente per i procedimenti disciplinari conclude il procedimento, con l'atto di **archiviazione** o di **irrogazione della sanzione**, entro **centoventi giorni dalla contestazione dell'addebito.**
Il procedimento disciplinare prosegue anche in pendenza del **procedimento penale che abbia ad oggetto gli stessi fatti.** Per le infrazioni più gravi (cioè quelle per le quali è applicabile una sanzione superiore alla sospensione dal servizio con privazione della retribuzione fino a dieci giorni), quando l'accertamento dei fatti risulta di particolare complessità e all'esito dell'istruttoria non dispone di elementi sufficienti a motivare l'irrogazione della sanzione, l'ufficio competente per i procedimenti disciplinari **può** tuttavia **sospendere** il procedimento disciplinare fino al termine di quello penale, riattivandolo qualora giunga in possesso di elementi nuovi.
L'art. 55 ter disciplina anche il rapporto tra l'esito del procedimento disciplinare e di quello penale, prevedendo a certe condizioni la possibilità di una modifica del primo alla luce di quanto emerso nel secondo e la relativa procedura.
L'art. 55 quater disciplina un **procedimento particolare per il licenziamento disciplinare previsto dalla lett. a)** per falsa attestazione della presenza in servizio accertata in flagranza ovvero mediante strumenti di sorveglianza o di registrazione degli accessi o delle presenze, caratterizzato da:

3. **sospensione cautelare immediata** nel termine di 48 ore senza obbligo di preventiva audizione dell'interessato e senza stipendio, salvo assegno alimentare previsto dalle disposizioni normative e contrattuali vigenti (co. 3 *bis*);
1. **responsabilità erariale** ai sensi del co. 3 *quater* nei casi di cui al comma 3 bis con conseguente avvio entro venti giorni della procedura di accertamento della responsabilità per danno erariale, statuendo che il risarcimento del danno non poteva essere inferiore a sei mensilità dell'ultimo stipendio in godimento. La disposizione è

stata dichiarata illegittima **dalla Corte costituzionale con sentenza n. 61 del 10 aprile 2020** nella parte in cui prevede una soglia sanzionatoria inderogabile nel minimo, senza che ciò fosse consentito dalla legge di delega;
2. **abbreviazione dei termini del procedimento**, purché non risulti irrimediabilmente compromesso il diritto di difesa del dipendente e non sia superato il termine di 120 giorni per la conclusione del procedimento di cui all'articolo 55-bis, comma 4.

La violazione dei termini e delle disposizioni sul procedimento disciplinare previste dagli articoli da 55 a 55-quater **non determina la decadenza dall'azione disciplinare, né l'invalidità degli atti e della sanzione irrogata**, purché non risulti irrimediabilmente compromesso il diritto di difesa del dipendente, e le modalità di esercizio dell'azione disciplinare, anche in ragione della natura degli accertamenti svolti nel caso concreto, risultino comunque compatibili con il principio di tempestività.

La norma qualifica come **perentori soltanto il termine per la contestazione dell'addebito e il termine per la conclusione del procedimento, tranne quelli ridotti previsti per il procedimento di irrogazione del licenziamento ex art. 55 quater per falsa attestazione in servizio.**

L'individuazione della **tipologia delle infrazioni e delle relative sanzioni** è affidata alla **contrattazione collettiva**.

Il T.U. se ne occupa soltanto nei seguenti casi specifici.
- Nel richiamare i concetti privatistici di giusta causa e giustificato motivo e la contrattazione collettiva, in particolare, **l'art. 55 quater** individua **una serie di condotte per le quali si applica comunque il licenziamento** e precisamente:
  1. **falsa attestazione della presenza in servizio**, mediante l'alterazione dei sistemi di rilevamento della presenza o con altre modalità fraudolente, ovvero giustificazione dell'assenza dal servizio mediante una certificazione medica falsa o che attesta falsamente uno stato di malattia (la norma chiarisce anche che costituisce falsa attestazione della presenza in servizio qualunque modalità fraudolenta posta in essere, anche avvalendosi di terzi, per far risultare il dipendente in servizio o trarre in inganno l'amministrazione presso la quale il dipendente presta attività lavorativa circa il rispetto dell'orario di lavoro dello stesso – comma 1 bis così come inserito dal D.lgs. 116/2016);
  2. **assenza priva di valida giustificazione** per un numero di giorni,

anche non continuativi, superiore a tre nell'arco di un biennio o comunque per più di sette giorni nel corso degli ultimi dieci anni ovvero mancata ripresa del servizio, in caso di assenza ingiustificata, entro il termine fissato dall'amministrazione;
3. **ingiustificato rifiuto del trasferimento** disposto dall'amministrazione per motivate esigenze di servizio;
4. **falsità documentali o dichiarative** commesse ai fini o in occasione dell'instaurazione del rapporto di lavoro ovvero di progressioni di carriera;
5. reiterazione nell'ambiente di lavoro di gravi condotte aggressive o moleste o minacciose o ingiuriose o comunque lesive dell'onore e della dignità personale altrui;
6. **condanna penale definitiva**, in relazione alla quale è prevista l'interdizione perpetua dai pubblici uffici ovvero l'estinzione, comunque denominata, del rapporto di lavoro.
10. f-bis) gravi o reiterate violazioni dei codici di comportamento, ai sensi dell'articolo 54, comma 3;
11. f-ter) **commissione dolosa, o gravemente colposa, di comportamenti che abbiano cagionato il mancato esercizio o la decadenza dall'azione disciplinare ai sensi dell'articolo 55-sexies, comma** 3 (vedi infra);
12. f-quater) la **reiterata violazione di obblighi concernenti la prestazione lavorativa**, che abbia determinato **l'applicazione, in sede disciplinare, della sospensione dal servizio per un periodo complessivo superiore a un anno nell'arco di un biennio**;
13. **f-quinquies) insufficiente** rendimento, dovuto alla reiterata violazione degli obblighi concernenti la prestazione lavorativa, stabiliti da norme legislative o regolamentari, dal contratto collettivo o individuale, da atti e provvedimenti dell'amministrazione di appartenenza, e rilevato dalla costante valutazione negativa della performance del dipendente per ciascun anno dell'ultimo triennio.

Va precisato che le ipotesi contenute nell'art. **55 quater** sembrano apparentemente, stante l'impiego della locuzione, "comunque", fondare un automatismo in termini sanzionatori ma la giurisprudenza di legittimità ha chiarito, a più riprese, che **"non è ammesso alcun automatismo verso il licenziamento disciplinare nelle ipotesi di cui all'art. 55 quater D.lgs. n. 165/2001** dovendo la valutazione dell'amministrazione, nell'applicazione della massima sanzione espulsiva, muovere nell'apprezzamento del caso concreto, dell'utilità e natura del singolo rapporto, delle mansioni espletate dall'incolpato e del relativo grado di affidamento, dell'intenzionalità della condotta e della relativa intensità" (cfr. Cass., 16 aprile 2018, sent. 9314). Tale interpretazione è stata confermata recentemente anche **dalla Corte Costituzionale con sent. n. 123 del 23 giugno 2020** secondo cui "in base al diritto vivente – l'uso di tale avverbio (n.d.e. comunque) lascia fermo il sindacato giurisdizionale sulla concreta proporzionalità del licenziamento, sebbene all'esito dell'inversione dell'onere probatorio".

- L'art. 55 sexies prevede invece una specifica sanzione (la sospensione dal servizio con privazione della retribuzione da un minimo di tre giorni fino ad un massimo di tre mesi) in capo a chi, con la sua violazione di obblighi concernenti la prestazione lavorativa, abbia determinato la condanna dell'amministrazione al risarcimento del danno.

Ulteriori previsioni sono poste **a garanzia dell'effettività dell'azione disciplinare**.

1. L'art. 55 stabilisce in generale che la violazione dolosa o colposa delle disposizioni da 55 a 55 *octies* costituisce illecito disciplinare in capo ai dipendenti preposti alla loro applicazione.
2. L'art. 55 sexies comma 3 prevede che **il mancato esercizio o la decadenza dall'azione disciplinare**, dovuti all'omissione o al ritardo, senza giustificato motivo, degli atti del procedimento disciplinare, inclusa la segnalazione iniziale, ovvero a valutazioni manifestamente irragionevoli di insussistenza dell'illecito in relazione a condotte aventi oggettiva e palese rilevanza disciplinare, comporta l'applicazione ai soggetti che ne sono responsabili della sospensione dal servizio fino a un massimo di tre mesi e addirittura il licenziamento, in caso di dolo o colpa grave. Tale condotta, per il personale con qualifica dirigenziale o titolare di funzioni o incarichi dirigenziali è altresì valutata ai fini della responsabilità di cui all'articolo 21.
3. L'art. 55-*septies* regolamenta **i controlli sulle assenze**, tra l'altro affidando gli accertamenti medico-legali sui dipendenti assenti dal servizio per malattia in via esclusiva all'Inps.

Rientra in tale contesto anche l'art. 54 bis che mutua la disciplina di altri ordinamenti (specie anglosassoni) che, onde incentivare i pubblici dipendenti onesti fedeli a denunciare qualsiasi illecito o irregolarità commessi da colleghi proteggendoli dal rischio di rappresaglia, apprestano una peculiare protezione al **c.d. "whistleblower"** (tradotto letteralmente: *"colui che soffia nel fischietto"*), ovvero a chi segnala illeciti di cui abbia appreso nel corso del rapporto di lavoro. La norma prevede che colui che effettua la segnalazione:

1. **non può essere sanzionato, demansionato, licenziato, trasferito, o sottoposto ad altra misura organizzativa avente effetti negativi, diretti o indiretti, sulle condizioni di lavoro determinata dalla segnalazione**;
2. in caso di licenziamento ha comunque diritto alla **reintegra piena** di cui ai sensi dell'articolo 2 del D.lgs. 23/2015;
3. ha **diritto all'anonimato** nell'eventuale procedimento disciplinare a carico del soggetto segnalato, purché la contestazione dell'addebito disciplinare sia fondata su accertamenti distinti ed ulteriori rispetto alla segnalazione.

La tutela non è tuttavia garantita quando venga accertata, anche con sentenza di primo grado, la responsabilità penale del segnalante per i reati di **calunnia o diffamazione** o comunque per reati commessi con la denuncia ovvero una analoga responsabilità civile per dolo o colpa grave.
La l. **n. 179/2017** ha **esteso la tutela** dei "whistleblowers" **anche al settore del lavoro privato**.

5. La mobilità.

L'istituto della **mobilità** si realizza attraverso il passaggio di un singolo lavoratore da un ufficio ad un altro all'interno della medesima amministrazione (**mobilità interna**) o presso altre amministrazioni (**mobilità esterna**).
Attraverso la mobilità si realizza una più equilibrata e razionale distribuzione delle risorse del personale non solo coprendo posti vacanti ma anche riorganizzando le risorse della pubblica amministrazione mediante il riordino ovvero la trasformazione delle stesse.
Alla mobilità è dedicato il Capo III del Titolo II del D.lgs. 165/2001 che fa riferimento sia alla **mobilità come passaggio ad altra amministrazione (art. 30) che la mobilità per eccedenza (art. 33, 34 e 34-bis)**.

A) La mobilità interna

In forza del richiamo dell'art. 2 comma 2 del T.U., alla **mobilità interna coattiva** (cioè voluta dal datore di lavoro per le proprie esigenze organizzative) si applicano le **regole del diritto privato sul trasferimento**, sia quella generale di cui all'**art. 2103 c.c.** sia quelle previste dalle altre norme privatistiche, come ad esempio l'art. 33 l. 104/1992 per chi assiste persona con handicap o l'art. 22 della l. 300/1970 per i dirigenti sindacali.

Il T.U. 165/2001 si occupa direttamente della mobilità interna all'art. 30 comma 2, che prevede il potere dell'amministrazione di trasferire il dipendente in sedi proprie (ma anche di altre amministrazioni che siano concordi) collocate nel territorio dello stesso comune ovvero a distanza non superiore a cinquanta chilometri dalla sede cui sono adibiti, escludendo in tal caso l'applicazione della normativa civilistica sul trasferimento (che nel 2014, quando l'art. 30 venne modificato con l'introduzione di questa ipotesi era contenuta nel terzo periodo del primo comma dell'articolo 2103 c.c. all'epoca in vigore).

La **mobilità interna a domanda** avviene normalmente attraverso procedure selettive tra gli aspiranti ad un determinato posto vacante che sono regolate dalla contrattazione collettiva.

Si distingue dall'ipotesi summenzionata quella di cui all'art. **42 bis del T.U.** la c.d. **assegnazione provvisoria** che integra un trasferimento a domanda da parte del lavoratore, pubblico dipendente genitore di figlio di età non superiore a tre anni.

Condizioni affinché essa possa essere concessa sono:

1. esistenza di un posto vacante e disponibile presso la sede della regione o provincia ove si trova l'altro genitore;
2. espletamento di attività lavorativa da parte dell'altro genitore;
3. consenso della Amministrazione di provenienza e di destinazione

Il lavoratore non vanta, quindi, un diritto soggettivo ma un interesse legittimo dovendo l'Amministrazione contemperare sempre le esigenze familiari di garanzia e mantenimento dell'unicità del nucleo con quelle di imparzialità e buon andamento di cui all'art. 97 Cost.

B) La mobilità esterna

Nell'ambito della mobilità tra amministrazioni diverse è necessario distinguere tra:

1. **mobilità cd. volontaria**, disciplinata dall'art. 30 del T.U., con la quale le amministrazioni coprono posti vacanti in organico mediante passaggio diretto di dipendenti di altre amministrazioni con qualifica corrispondente a quella della posizione da ricoprire: la scelta avviene nell'ambito di procedure selettive caratterizzate dalla pubblicazione di un bando contenente l'indicazione dei posti da coprire e dei requisiti richiesti, a cui segue la presentazione di domande da parte degli interessati. La norma prevede l'assenso dell'amministrazione di provenienza, ma in via sperimentale esso non è richiesto per il passaggio tra sedi centrali di differenti ministeri, agenzie ed enti pubblici non economici nazionali;
2. **mobilità cd. necessitata,** in quanto conseguente al trasferimento o conferimento di attività da un'amministrazione all'altra, per la quale l'art. 31 del T.U. stabilisce che "*si applicano l'articolo 2112 del codice civile e si osservano le procedure di informazione e di consultazione di cui all'articolo 47, commi da 1 a 4, della legge 29 dicembre 1990, n. 428*";
3. **mobilità cd. collettiva,** che è regolata dall'art. 33 e diretta a risolvere le situazioni di **soprannumero** (quando il personale eccedente supera la dotazione organica complessiva dell'amministrazione) od altre situazioni di **eccedenza di personale** che emergano dalla ricognizione obbligatoria annuale: la procedura prevede a) un'**informativa preventiva** alle rappresentanze sindacali unitarie e alle organizzazioni sindacali firmatarie del contratto collettivo nazionale, b) la **risoluzione unilaterale** del rapporto di lavoro con il personale che abbia raggiunto l'anzianità contributiva massima di 40 anni ai sensi dell'art. 72 d.l. 112/2008 o in subordine la **ricollocazione**, totale o parziale, dei dipendenti in soprannumero nell'ambito della medesima p.a. (anche attraverso il ricorso a tipologie negoziali flessibili o a contratti di solidarietà), ovvero presso altre amministrazioni, quindi c) la collocazione in disponibilità del personale che non sia stato possibile reimpiegare diversamente o ricollocare in altre p.a.

Ai sensi degli art. 34 e 34 bis, il collocamento in mobilità comporta:

1. la **sospensione** di tutte le **obbligazioni** lavorative, con erogazione di un'**indennità** pari all'**80% dello stipendio** e dell'indennità integrativa speciale per la durata massima di **24 mesi**;
2. **l'iscrizione** in appositi **elenchi** secondo l'ordine cronologico di

sospensione, a cui le pubbliche amministrazioni devono attingere in via preventiva per coprire i posti vacanti prima di poter bandire un concorso;
3. in caso di **assegnazione ad una pubblica amministrazione che abbia segnalato l'intenzione di bandire un concorso**, l'iscrizione a ruolo e la prosecuzione del rapporto di lavoro con quest'ultima;
4. al termine dei 24 mesi senza assegnazione ad altra amministrazione, la **risoluzione** *ex lege* **del rapporto**.

La **mobilità intercompartimentale** (cioè tra amministrazioni appartenenti a comparti diversi) crea problemi di inquadramento a causa della diversità delle classificazioni del personale adottate dai CCNL dei diversi comparti. A tale scopo l'art. 29 del T.U. ha prescritto l'adozione di una tabella di equiparazione tra i livelli dei diversi comparti che è stata adottata con il D.P.C.M. 26 giugno 2015.

La procedura di mobilità, come statuito dal dettato normativo di cui all'art. 30, deve necessariamente essere esperita prima dell'indizione del concorso pubblico. Al riguardo, tuttavia, **la l. 56/2019 ha previsto all'art. 3 comma 8 una deroga a tale principio per il triennio 2019-2021 perché viene consentita l'indizione di concorsi pubblici, proprio per favorire l'assunzione di personale più giovane, senza il previo ricorso alla procedura di mobilità.**

Da questi istituti si distingue la **mobilità disciplinare** che, prevista dal D.lgs. 150/2019, consiste nel collocamento in disponibilità in caso di "grave danno al normale funzionamento dell'ufficio di appartenenza per inefficienza o incompetenza professionale" e **l'assegnazione temporanea** che consiste in un trasferimento in altro luogo se sussistono i presupposti per l'applicazione con riconoscimento della titolarità del rapporto sempre in capo all'Amministrazione di origine.

6. Il lavoro c.d. flessibile nella Pubblica Amministrazione.

L'art. 36 del T.U., oltre a prevedere personale assunto secondo la regola del pubblico concorso, contempla, al comma 2, forme di lavoro flessibile a cui è possibile fare ricorso per **soddisfare esigenze comprovate di carattere temporaneo "o" eccezionale**. L'utilizzo della congiunzione "o" è indicativa della circostanza secondo cui le esigenze possono anche non coesistere.

Come emerge dal **comma 2 dell'art. 36** i contratti che le amministrazioni pubbliche possono stipulare sono:

1. **contratti di lavoro subordinato a tempo determinato**, nel rispetto degli articoli 19 e seguenti del decreto legislativo 15 giugno 2015, n. 81 (ma con riconoscimento del diritto di precedenza previsto da tale normativa soltanto al personale reclutato mediante avviamento degli iscritti nelle liste di collocamento); per prevenire fenomeni di precariato, l'art. 36 prescrive che *tali contratti devono essere stipulati con i vincitori e gli idonei delle proprie graduatorie vigenti per i concorsi a tempo indeterminato*;
2. **contratti di formazione e lavoro**;
3. **contratti di somministrazione di lavoro a tempo determinato** (eccetto che per la copertura di funzioni direttive e dirigenziali) ai sensi degli articoli 30 e seguenti del decreto legislativo 15 giugno 2015, n. 81. Il contratto di somministrazione oltre ad incontrare i limiti quantitativi della contrattazione collettiva può essere impiegata, ai sensi dell'art. 36 co. 2 cit. D.lgs. solo "per rispondere ad esigenze temporanee o eccezionali". Quanto ai divieti operano oltre a quelli tipici del settore pubblico (ergo la previsione della stipula per i dirigenti) anche quelli di cui al D.lgs. 81/2015. Quanto all'agenzia di somministrazione va precisato che non vi è libertà di scelta da parte dell'amministrazione che deve operarla tenuto conto dei principi generali in tema di efficienza, efficacia ed economicità.
4. **altre forme contrattuali flessibili** previste dal codice civile e dalle altre leggi sui rapporti di lavoro nell'impresa, esclusivamente nei limiti e con le modalità in cui se ne preveda l'applicazione nella pubblica amministrazione.

L'art. 36 del cit. D.lgs. **non disciplina tra le forme di lavoro flessibile il contratto di lavoro part-time** ma demanda al D.lgs. 81/2015 la regolamentazione della materia. L'art. 12 del D.lgs. 81/2015 prevede l'estensione delle disposizioni previste per il settore privato anche alla pubblica amministrazione con le seguenti eccezioni: il lavoro supplementare e le clausole elastiche in assenza di una disposizione collettiva, le sanzioni; gli istituti regolati dalle leggi speciali.

Ai sensi del **co. 5 bis art. 7 D.lgs. 165/2001** "È fatto divieto alle amministrazioni pubbliche di stipulare contratti di collaborazione che si concretano in prestazioni di lavoro esclusivamente personali, continuative e le cui modalità di esecuzione siano organizzate dal committente anche con riferimento ai tempi e al luogo di lavoro. *I contratti posti in essere in violazione del presente comma sono nulli e determinano responsabilità erariale.*"

In ordine **alla durata temporale di tali forme contrattuali** nulla statuisce l'art. 36 per cui si rinvia alla disciplina giuridica delle singole ipotesi negoziali. **Quanto alle conseguenze della violazione di disposizioni imperative** riguardanti l'assunzione o l'impiego di lavoratori da parte delle pubbliche amministrazioni, a differenza di quanto avviene per il lavoro privato, il comma 5 dell'art. 36 stabilisce che *"In ogni caso"* essa *"non può comportare la costituzione di rapporti di lavoro a tempo indeterminato con le medesime pubbliche amministrazioni"*.

Tale regime differenziato rispetto al lavoro privato è stato ritenuto costituzionalmente legittimo dalla Corte Costituzionale con la sentenza 89/2003, in quanto volta a garantire il principio costituzionale secondo cui si accede al pubblico impiego soltanto tramite concorso, ed altresì compatibile con il Diritto dell'Unione dalla Corte di Giustizia nella sentenza del 7 settembre 2006 nella causa C 53/04 cd. Marrosu e Sardino in ragione della discrezionalità di cui sono titolari gli Stati nel perseguire l'obiettivo della prevenzione degli abusi derivanti dall'utilizzo di una successione di contratti o rapporti di lavoro a tempo determinato.

L'art. 36 riconosce tuttavia al lavoratore interessato il diritto al risarcimento del danno derivante dalla prestazione di lavoro in violazione di disposizioni imperative e viene fatta salva ogni responsabilità (compresa quella ai sensi dell'art. 21 dei dirigenti responsabili, che in caso di dolo o colpa grave sono anche tenuti a rimborsare quanto pagato dall'amministrazione) ed ogni sanzione (ad esempio quelle previste in caso di somministrazione fraudolenta).

Sul punto con **la sentenza n. 5072/2016 le Sezioni Unite della Cassazione**, nel ribadire il principio consolidato secondo cui *"nel pubblico impiego un rapporto di lavoro a tempo determinato in violazione di legge non è suscettibile di conversione in rapporto a tempo indeterminato, stante il divieto posto dall'art. 36 D.lgs. n. 165 del 2001"* per cui, *"in caso di violazione di norme poste a tutela dei diritti del lavoratore, in capo a quest'ultimo, essendo preclusa la conversione del rapporto, sussiste solo il diritto al risarcimento dei danni subiti"*, ha ritenuto che l'unico danno risarcibile che è possibile considerare presunto in caso di abusivo ricorso al contratto a termine da parte della Pubblica Amministrazione è costituito dalla perdita di *chance* di *"conseguire, con percorso alternativo, l'assunzione mediante concorso nel pubblico impiego o la costituzione di un ordinario rapporto di lavoro privatistico a tempo indeterminato"* che deriva al lavoratore *"confinato in una situazione di precarizzazione"*.

La corte ha altresì affermato che *"La misura risarcitoria prevista dall'art. 36, comma 5, del D.lgs. n. 165 del 2001*, va interpretata in conformità al canone di effettività della tutela affermato dalla Corte di Giustizia UE (ordinanza 12 dicembre 2013, in C-50/13)", individuando la norma idonea a fornire un adeguato criterio di liquidazione di tale *"danno presunto con valenza sanzionatoria e qualificabile come "danno comunitario"* nell'art. 32, comma 5, della l. n. 183 del 2010, facendo salva la prova da parte del lavoratore pubblico del maggior pregiudizio sofferto ovvero *"che le chances di lavoro che ha perso perché impiegato in reiterati contratti a termine in violazione di legge si traducano in un danno patrimoniale più elevato"*.

Significativa è anche la tendenza manifestata dal legislatore **a stabilizzare i rapporti a tempo determinato**. Tale tendenza emerge:

- dal co. 3 bis dell'art. 35 che prevede:
  1. una riserva del 40% dei posti banditi a concorso a favore dei lavoratori subordinati a tempo determinato che abbiano, al momento della pubblicazione del bando, maturato almeno tre anni di servizio;
  2. la valorizzazione, nel caso di concorsi per titoli ed esami, mediante punteggio ad hoc dell'esperienza professionale maturata dal personale che abbia maturato almeno tre anni di contratto flessibile nell'amministrazione che emana il bando.
- dall'art. 20 del D.lgs. 75/2017, così come novellato dal d.l. 34/2020 conv. in l. 77/2020, modificato dalla l. n. 113 del 2021 che prevede, nel tentativo di superare il precariato, **fino al 31 dicembre 2022**, in coerenza con il piano triennale dei fabbisogni di cui all'articolo 6, comma 2, e con l'indicazione della relativa copertura finanziaria, l'assunzione a tempo indeterminato di personale non dirigenziale che possegga **tutti** i seguenti requisiti:
  1. risulti in servizio successivamente alla data di entrata in vigore della legge n. 124 del 2015 con contratti a tempo determinato presso l'amministrazione che procede all'assunzione o, in caso di amministrazioni comunali che esercitino funzioni in forma associata, anche presso le amministrazioni con servizi associati;
  2. sia stato reclutato a tempo determinato, in relazione alle medesime attività svolte, con procedure concorsuali anche espletate presso amministrazioni pubbliche diverse da quella che procede all'assunzione;
  3. abbia maturato, al 31 dicembre 2020, alle dipendenze dell'amministrazione di cui alla lettera a) che procede all'assunzione,

almeno tre anni di servizio, anche non continuativi, negli ultimi otto anni.
- dall'art. **20 co. 2 D.lgs. 75/2017, così come novellato dal d.l. 34/2020 conv. in l. 77/2020 summenzionato che postula procedure concorsuali riservate ai lavoratori flessibili,** individuate nel triennio 2018-2020, in coerenza con il piano triennale dei fabbisogni di cui all'articolo 6, comma 2, in misura non superiore al cinquanta per cento dei posti disponibili, al personale non dirigenziale che possegga **tutti i seguenti requisiti:**
    1. risulti titolare, successivamente alla data di entrata in vigore della legge n. 124 del 2015, di un contratto di lavoro flessibile presso l'amministrazione che bandisce il concorso;
    2. abbia maturato, alla data del 31 dicembre 2020, almeno tre anni di contratto, anche non continuativi, negli ultimi otto anni, presso l'amministrazione che bandisce il concorso.

    In questi casi il lavoratore non vanta un diritto soggettivo all'assunzione bensì un interesse legittimo.

La giurisprudenza è, peraltro, anche consolidata nel ritenere che la prestazione di lavoro subordinato svolta alle dipendenze di un ente pubblico in violazione di norme imperative comporta anche l'applicazione dell'art. 2126 c.c., con il conseguente diritto del dipendente non solo ai compensi previsti per quel tipo di rapporto, ma anche alla regolarizzazione della posizione contributiva previdenziale secondo le regole previste per gli impiegati pubblici.

7. L'estinzione del rapporto di lavoro.

Così come il rapporto di lavoro privato, il rapporto di lavoro alle dipendenze delle pubbliche amministrazioni **si risolve** sia a livello individuale – per volontà del lavoratore o dell'amministrazione – sia a livello collettivo.
Tra le cause di estinzione del rapporto per volontà del lavoratore si distingue tra:

1. **dimissioni del lavoratore**, che devono essere presentate per iscritto nel rispetto del termine di preavviso, non necessitano di motivazione, e diventano efficaci soltanto con l'accettazione da parte dell'amministrazione (che può essere negata soltanto in singole situazioni previste dalla legge, come ad esempio se non è decorso il termine di preavviso);

2. **collocamento a riposo** su domanda per il raggiungimento dei requisiti pe andare in pensione (ipotesi qualificata di dimissioni).

Le cause di estinzione individuale del rapporto **per volontà dell'amministrazione**, non diversamente che nel lavoro privato, possono avere natura oggettiva o soggettiva.
Le prime danno luogo a:

1. dispensa per **inidoneità psico-fisica,** accertata come **permanente** con apposite procedure o che comunque residui dopo la fruizione del periodo massimo di aspettativa per infermità; la dispensa, ove di tratti di una inidoneità relativa ad alcune mansioni soltanto, è subordinata all'impossibilità di destinare il dipendente ad altro incarico;
2. **superamento del periodo di comporto** fissato dai contratti collettivi;
3. **collocamento a riposo** d'ufficio per il raggiungimento dei requisiti pensionistici, che in certi casi è obbligatorio ed in altri facoltativo (come in quello previsto dall'art. 72 comma 1 d.l. 112/2008 per chi ha maturato il requisito di anzianità contributiva che consente l'accesso alla pensione anticipata).

Le cause soggettive di estinzione del rapporto di lavoro fanno tutte capo al licenziamento disciplinare per il quale, come si è visto, l'art. 55 quater richiama i concetti generali privatistici di giusta causa o giustificato motivo soggettivo, fa salve le previsioni collettive che tipizzano le sanzioni disciplinari ed individua una serie di ipotesi in cui esso è obbligato.
Partecipa della medesima natura disciplinare anche il licenziamento previsto dall'art. 61 l. 662/1996 per lo **svolgimento** da parte di chi non ha un rapporto di lavoro parziale al 50% **di attività di lavoro subordinato o autonomo esterne non autorizzate**.
Una fattispecie a parte è costituita dal **licenziamento per mancato superamento del periodo di prova**, a cui si applicano i principi elaborati in relazione al rapporto di lavoro privato sulla scorta dell'art. 10 l. 604/1966 (in particolare la natura discrezionale della decisione e l'onere del lavoratore di dimostrare il positivo superamento della prova o la sua inadeguatezza).
L'estinzione collettiva del rapporto di lavoro è possibile per eccedenza di personale ed avviene nelle forme della **mobilità cd. collettiva** (§ par. precedente).
Nel caso in cui il pubblico dipendente impugni il licenziamento ci si chiede se operi o meno **l'art. 18 della l. 300/70, così come modificato dalla l. 92/12**.
Premesso che è indiscusso che il regime giuridico delle tutele crescenti di cui

al D.lgs. 23/2015 non operi per il pubblico impiego residuava, prima della novella del comma 2 dell'art. 63 del D.lgs. 165/2001, ad opera del D.lgs. 75/2017, la questione del se si applicasse al licenziamento l'art. 18 così come novellato dalla l. 92/2012 o meno. Ebbene la giurisprudenza di legittimità era divisa perché secondo un orientamento il rinvio all'art. 18 evocato dall'art. 51 co. 2 D.lgs. 165/01 doveva ritenersi "materiale" o "fisso" (Cass., 9 giugno 2016, n. 11868) mentre secondo altra parte della giurisprudenza esso doveva ritenersi "mobile" e, quindi, operante la novella apportata dalla l. 92/12 (Cass., 26 novembre 2015, n. 24157).

Il D.lgs. n. 75/2017 ha posto fine, infatti, al dibattito sviluppatosi in giurisprudenza sul punto inserendo nell'art. 63 una disciplina ad hoc per il licenziamento del pubblico dipendente secondo cui *"Il giudice,* **con la sentenza con la quale annulla o dichiara nullo il licenziamento, condanna l'amministrazione alla reintegrazione del lavoratore nel posto di lavoro e al pagamento di un'indennità risarcitoria** *commisurata all'ultima retribuzione di riferimento per il* **calcolo del trattamento di fine rapporto** *corrispondente al periodo dal giorno del licenziamento fino a quello dell'effettiva reintegrazione, e comunque in misura non superiore alle ventiquattro mensilità, dedotto quanto il lavoratore abbia percepito per lo svolgimento di altre attività lavorative. Il datore di lavoro è condannato, altresì, per il medesimo periodo, al versamento dei contributi previdenziali e assistenziali".*

In tale contesto il giudice ordinario applica le categorie proprie del diritto civile (inesistenza, nullità, annullabilità, inefficacia) e risultano privi di qualsiasi rilevanza tutti i principi elaborati dalla giurisprudenza amministrativa in ordine ai tipici vizi di legittimità del provvedimento amministrativo (incompetenza, eccesso di potere e violazione di legge) ed alla loro distinzione rispetto ai vizi di merito.

Davanti al giudice ordinario, ovviamente, opera il generale termine decadenziale previsto dall'art. 6 della legge n. 604/1966 per l'impugnazione del licenziamento e la successiva proposizione dell'azione giudiziaria.

Il regime sanzionatorio, quindi, pur prevedendo la reintegra nel posto di lavoro come statuito dall'art. 18, quale regola generale nella sua vecchia formulazione, si distingue dallo stesso atteso che:

1) l'indennità viene calcolata assumendo quale base il trattamento di fine rapporto e non già la retribuzione globale di fatto;
2) l'indennità viene calcolata considerando un tetto massimo.

8. Cenni sul riparto di giurisdizione ed i poteri del giudice ordinario.

La privatizzazione del rapporto di pubblico impiego ha comportato il generale affidamento delle controversie di lavoro riguardanti i pubblici dipendenti privatizzati alla giurisdizione del giudice del lavoro, con esclusione di alcune specifiche tipologie di cause rimaste alla giurisdizione amministrativa.

Ciò è avvenuto in via definitiva a far data dal 30 giugno 1998 con l'assegnazione al giudice ordinario di tutte le controversie relative a questioni attinenti al periodo del rapporto di lavoro successivo al 30 giugno 1998 (ma anche a questioni il cui fatto generatore sia iniziato prima del 30 giugno 1998, se è continuato anche successivamente, ad esempio una condotta di mobbing).

Il **riparto di giurisdizione** in materia di pubblico impiego è delineato **dall'art. 63 del T.U.**

Esso attribuisce al **giudice ordinario,** in funzione di giudice del lavoro, tutte le controversie relative ai rapporti di lavoro alle dipendenze delle pubbliche amministrazioni, incluse quelle concernenti:

1. l'**assunzione** al lavoro;
2. il conferimento e la revoca degli **incarichi dirigenziali**;
3. la **responsabilità dirigenziale**;
4. le **indennità di fine rapporto**.

La norma sottolinea che ciò vale **anche nell'ipotesi in cui vengano in considerazione atti amministrativi presupposti** stabilendo che, se questi ultimi sono illegittimi e rilevanti ai fini della decisione, il giudice ordinario li **disapplica**.

Ciò accade, in particolare, allorquando la controversia portata innanzi al giudice ordinario riguardi un atto di gestione del rapporto di lavoro che deriva dall'attuazione, da parte dell'amministrazione datrice di lavoro, di un **atto c.d. "di macro-organizzazione"** (ad esempio il trasferimento del dipendente dovuto alla soppressione dell'ufficio in cui operava).

Nell'ambito della sua giurisdizione esclusiva sugli atti di gestione del rapporto di lavoro e di cd. micro-organizzazione, invece, il giudice ordinario "*adotta, nei confronti delle pubbliche amministrazioni, tutti i provvedimenti, di accertamento, costitutivi o di condanna, richiesti dalla natura dei diritti tutelati*".

Vi è, quindi, **una pienezza di poteri** dello stesso.

L'art. 63 lascia invece alla cognizione del giudice **amministrativo** (in aggiunta alla sua naturale giurisdizione sugli atti di **macro-organizzazione**):

1. tutte le controversie in materia di **procedure concorsuali per l'assunzione** (si tratta di un'ipotesi di giurisdizione generale di legittimità);
2. le controversie relative ai **rapporti di lavoro tuttora in regime pubblicistico ex art. 3**, ovvero "non privatizzati" (si tratta in questo caso di un'ipotesi di giurisdizione esclusiva, che si estende ad ogni aspetto del rapporto di lavoro, compresi i diritti patrimoniali connessi).

La giurisprudenza è consolidata nel ritenere che *"L'art. 63, comma 4, del D.lgs. n. 165 del 2001, si interpreta, alla stregua dei principi enucleati, ex art. 97 Cost., dal giudice delle leggi, nel senso che per "procedure concorsuali di assunzione", ascritte al diritto pubblico ed all'attività autoritativa dell'amministrazione, si intendono non soltanto quelle preordinate alla costituzione "ex novo" dei rapporti di lavoro (come le procedure aperte a candidati esterni, ancorché vi partecipino soggetti già dipendenti pubblici), ma anche i procedimenti concorsuali interni, destinati, cioè, a consentire l'inquadramento dei dipendenti in aree funzionali o categorie più elevate,* **con novazione oggettiva dei rapporti di lavoro. Le progressioni, invece, all'interno di ciascuna area professionale o categoria, sia con acquisizione di posizioni più elevate meramente retributive, sia con il conferimento di qualifiche** *(livello funzionale connotato da un complesso di mansioni e di responsabilità) superiori (art. 52, comma 1 del D.lgs. n. 165 del 2001), sono affidate a procedure poste in essere dall'amministrazione con la capacità ed i poteri del datore di lavoro privato (art. 5, comma 2 dello stesso D.lgs.)"* (così Sez. un. n. 26270/2016; ordinanza 13 marzo 2020, n. 7218). Ne consegue, quindi, che il lemma "assunzioni" di cui al comma 4 deve essere inteso in senso restrittivo e ricomprendere non solo i concorsi aperti agli esterni ma anche quelli interni che comportino progressioni verticali novative e non già meramente economiche.

Si discute nel caso di **scorrimento di graduatoria** a chi spetti la giurisdizione. Se si invoca lo scorrimento della graduatoria sic et simpliciter la cognizione è del GO mentre nel momento in cui si contesta la determinazione della PA che ha deciso di non procedere allo scorrimento ma di indire una nuova procedura pubblica l'atto è autoritativo e la posizione del privato ci interesse legittimo è tutelabile innanzi al GA (cfr. Cass. ord. 22 agosto 2019, n. 21607).

9. Le tutele sindacali nel pubblico impiego.

L'art. 42 del D.lgs. n. 165 del 2001 stabilisce espressamente che la libertà e l'attività sindacale nell'ambito del lavoro svolto nelle pubbliche amministrazioni è **tutelata secondo quanto disciplinato dallo Statuto dei lavoratori** e, come si è già visto, il successivo art. 51, co. 2, del D.lgs. 165/01 precisa che *"...la legge 20 maggio 1970, n. 300, e successive modificazioni ed integrazioni, si applica alle pubbliche amministrazioni **a prescindere dal numero dei dipendenti**..."*.

A seguito del processo di privatizzazione del pubblico impiego, dunque, anche nelle pubbliche amministrazioni **la libertà e l'attività sindacale** sono tutelate con le forme e le modalità previste dallo **Statuto dei lavoratori** (art. 42).

L'art. 42 stabilisce anche che in ciascuna amministrazione, ente o struttura amministrativa le organizzazioni sindacali ammesse alle trattative per la sottoscrizione dei contratti collettivi, possono **costituire rappresentanze sindacali aziendali ai sensi dell'articolo 19 l. 300/1970** alle quali sono riconosciute le garanzie degli artt. 23, 24, 30 St. lav.

La norma prevede anche la possibilità di costituire organismi di **rappresentanza unitaria del personale** la cui composizione e modalità di elezione sono affidate alla contrattazione collettiva e che esercitano i diritti di informazione e le prerogative delle R.S.A. ed i cui componenti sono equiparati ai dirigenti di queste ultime.

Le controversie in materia di **condotta antisindacale** sono attribuite alla giurisdizione del **giudice ordinario** che, grazie alla previsione dell'art. 63 già esaminata ha a disposizione gli stessi provvedimenti che può adottare nei confronti datore di lavoro privato.

QUESTIONARIO

1. Cosa si intende per "privatizzazione del pubblico impiego"? **1.**
2. Esistono categorie di dipendenti che non rientrano nella privatizzazione del pubblico impiego? Mi fa qualche esempio? **1.**
3. Come avviene la costituzione del rapporto di lavoro nel pubblico impiego? **2.**
4. Quali sono le principali regole in materia di assunzione da parte della Pubblica Amministrazione? Sono ammesse forme di lavoro flessibile alle dipendenze della p.a.? a quali condizioni è possibile l'assunzione a termine? Quali conseguenze ha la violazione delle norme sulle assunzioni? **7.**
5. In quali casi il pubblico dipendente può essere assegnato a mansioni superiori? Quali conseguenze ha l'assegnazione di fatto del dipendente a mansioni superiori? **4.2.**
6. A chi spetta la competenza in materia disciplinare? In quali casi l'amministrazione decade dal potere disciplinare? Mi faccia qualche esempio di casi in cui la legge prevede il licenziamento disciplinare del pubblico dipendente. **4.4.**
7. Che differenza c'è tra mobilità volontaria e collettiva? **5.**

PARTE PRIMA | IL DIRITTO DEL LAVORO

8. Quali sono le principali cause di estinzione del rapporto di pubblico impiego privatizzato per volontà dell'amministrazione? **6.**
9. In quali casi la giurisdizione spetta al g.a. ed in quali al g.o.? Quali limiti incontra il giudice ordinario nell'occuparsi del pubblico impiego privatizzato? **8.**
10. Quali sono le tutele sindacali nel pubblico impiego? **9.**

SCHEDA DI SINTESI

Il lavoro alle dipendenze della pubblica amministrazione trova la sua disciplina nel decreto legislativo n. 165 del 2001 così come modificato. Il rapporto di lavoro alle dipendenze della pubblica amministrazione è regolato sì dal contratto di lavoro ma la contrattazione collettiva e, poi individuale, è circoscritta, anche contenutisticamente, dal dato normativo, si parla, infatti, di legificazione dei contratti collettivi che possono derogare alle previsioni di legge esclusivamente nelle materie demandate alla contrattazione collettiva stessa. I contratti collettivi del settore pubblico hanno efficacia generalizzata e postulano parità di trattamento per i lavoratori. Le procedure di reclutamento dei lavoratori pubblici radicano il loro fondamento nell'art. 97 cost e nella regola generale del concorso pubblico salvo deroghe costituite dalle assunzioni dei disabili, di personale per il quale è prevista la scuola dell'obbligo e di personale da stabilizzarsi. Il trattamento economico dei pubblici dipendenti, per i quali vige il principio della cd. parità retributiva, si compone del cd. trattamento fondamentale che remunera la professionalità media del dipendente corrispondente all'orario ordinario ed il trattamento accessorio. Il lavoratore non può essere adibito a mansioni diverse e comunque superiori salvo che per assegnazioni temporanee in caso di vacanza di posto in organico o sostituzione di assente; in tali casi avrà diritto alla retribuzione corrispondente ma giammai all'assegnazione di mansioni superiori. Ai dirigenti spetta l'assunzione di atti che impegnano l'Amministrazione verso l'esterno; alla qualifica di dirigente si accede mediante concorso pubblico mentre l'incarico dirigenziale è attribuito ex post. Anche per i dipendenti pubblici che non svolgano le mansioni secondo i doveri dettati dal codice disciplinare può configurarsi una responsabilità che porta, a seguito dell'osservanza del procedimento disciplinare, all'irrogazione di una sanzione che è tipizzata e, contrariamente al settore privato, l'azione disciplinare è obbligatoria e sono tassative e legalmente determinate le ipotesi in cui è comminabile la sanzione espulsiva. Il lavoro flessibile è una deroga ammessa nei casi e nelle forme previste dalla legge ma la violazione delle stesse non può generare la costituzione del rapporto di lavoro ma sempre e solo il risarcimento del danno.
In ordine al riparto di giurisdizione il processo di privatizzazione ha comportato l'attrazione del contenzioso dinnanzi al giudice ordinario fatta eccezione per le categorie c.d. sottratte, (ergo i rapporti di lavoro non privatizzati) e quelli in cui siano in discussione gli atti c.d. di macro-organizzazione.

Capitolo X
Il processo del lavoro

Sommario:
1. I caratteri del processo del lavoro e la riforma cd. Cartabia. – **1.1.** La trattazione cartolare. – **1.2.** L'impugnazione dei licenziamenti. – **2.** La competenza per materia e per territorio. – **3.** Il tentativo di conciliazione stragiudiziale e l'arbitrato. – **3.1.** La negoziazione assistita. – **4.** Gli atti introduttivi. – **5.** L'udienza di discussione. – **6.** I poteri istruttori del giudice. – **7.** Le ordinanze di pagamento in corso di causa. – **8.** La sentenza. – **9.** L'impugnazione.

1. I caratteri del processo del lavoro e la riforma cd. Cartabia.

L'attuale processo del lavoro, disciplinato nel Libro II Titolo IV del codice di procedura civile, è frutto della riforma attuata dalla L. 533/73 che lo ha improntato a maggiore rapidità e snellezza rispetto al processo ordinario civile.
I caratteri del processo del lavoro si possono riassumere:

1. nell'**oralità**, eccezion fatta per gli atti introduttivi che seguono la forma scritta;
2. nella **immediatezza e concentrazione** delle attività processuali, mediante la previsione di termini brevi intercorrenti tra il deposito del ricorso e la celebrazione dell'udienza, la previsione di un'udienza di discussione tendenzialmente unica, il divieto di udienze di mero rinvio;
3. nell'**ampliamento dei poteri istruttori** del giudice, anche in deroga ai limiti codicistici.

Su tale innesto normativo si sono, poi, stratificate normative successive.
In particolare, a causa dell'emergenza pandemica sono state introdotte nel processo civile forme di trattazione c.d. alternativa: la trattazione mediante collegamenti audiovisivi detta anche "da remoto" e quella a trattazione scritta detta anche "cartolare". Tali forme, originariamente previste dall'art. 83 co. 7 lett. f) ed h) del d.l. 17 marzo n. 18 del 2020 sono state riprese anche nella seconda

fase dell'emergenza sanitaria (art. 221 del d.l. n. 34 del 2020 convertito con modificazioni dalla legge n. 77 del 17 luglio 2020), successivamente prorogate sino al 31.12.2022 (DL 228 del 30.12.2021).
Il successo della sperimentazione ha indotto il legislatore ad adottare la legge delega n. 206 del 26 novembre 2021 che all'art. 11, comma 17 lett. m) ha previsto che il Governo, al fine di incrementare l'efficienza e celerità della risposta giurisdizionale, deve ispirarsi anche ai seguenti principi e criteri direttivi: *"...m) prevedere che, fatta salva la possibilità per le parti costituite di opporsi, il giudice può, o deve in caso di richiesta congiunta delle parti, disporre che le udienze civile che non richiedono la presenza di soggetti diversi dai difensori, dalle parti, dal pubblico ministero e dagli ausiliari del giudice siano sostituite dal deposito telematico di note scritte contenenti le sole istanze e conclusioni da effettuare entro il termine perentorio stabilito dal giudice"*.
La legge delega è stata attuata con il **d. lgs. n. 149 del 2022** che ha previsto l'introduzione nel codice di rito, dopo l'art. 127 c.p.c., di due articoli: art. 127 bis c.p.c. (udienza mediante collegamenti audiovisivi) e art. 127 ter c.p.c. (deposito di note di trattazione scritta in sostituzione dell'udienza).

1.1. La trattazione cartolare.

L'art. 127 ter c.p.c., applicabile dal 1° gennaio 2023 ai processi pendenti, consente al giudice di sostituire l'udienza, anche se precedentemente fissata, con il deposito di note scritte, contenenti le sole istanze e conclusioni; ciò, se l'udienza non richiede la presenza di soggetti diversi dai difensori, dalle parti, dal pubblico ministero e dagli ausiliari del giudice. Negli stessi casi, l'udienza deve esser sostituita dal deposito di note scritte se ne fanno richiesta tutte le parti costituite.
Con il provvedimento con cui sostituisce l'udienza il giudice assegna un termine perentorio non inferiore a quindici giorni per il deposito delle note. Ciascuna parte costituita può opporsi entro cinque giorni dalla comunicazione; il giudice provvede nei cinque giorni successivi con decreto non impugnabile e, in caso di istanza proposta congiuntamente da tutte le parti, dispone in conformità.
Il giudice emette il provvedimento entro trenta giorni dalla scadenza del termine per il deposito delle note.
Se nessuna delle parti deposita le note nel termine assegnato il giudice assegna un nuovo termine perentorio per il deposito delle note scritte o fissa udienza.
Se nessuna delle parti deposita le note nel nuovo termine o compare all'udienza, il giudice ordina che la causa sia cancellata dal ruolo e dichiara l'estinzione del processo.

Il giorno di scadenza del termine assegnato per il deposito delle note di cui al presente articolo è considerato data di udienza a tutti gli effetti.

1.2. L'impugnazione dei licenziamenti.

Il citato d. lgs. n. 149 del 2022 ha anche disposto l'abrogazione dell'art. 1 commi da 47 a 69, **l. n. 92/2012**, che aveva introdotto un **rito speciale**, acceleratorio, deformalizzato e bifasico, applicato alle controversie aventi ad oggetto l'impugnativa dei licenziamenti nelle ipotesi regolate dall'articolo 18 della legge 20 maggio 1970, n. 300 intimati dopo il 18.7.2012 nei confronti di lavoratori assunti prima del 07.3.2015, data a partire dalla quale trova applicazione la disciplina del Job's Act. Il rito Fornero prevedeva una **prima fase sommaria** introdotta con ricorso, che si concludeva con ordinanza immediatamente esecutiva, revocabile solo con la sentenza emessa a termine dell'opposizione, nonché una **seconda fase eventuale a cognizione piena** da introdursi mediante opposizione all'ordinanza nel termine di 30 gg. dalla notifica o comunicazione se anteriore. Tale seconda fase soggiaceva al rito degli artt. 414 e ss. cpc. e si concludeva con sentenza, suscettibile di "reclamo" innanzi alla Corte di Appello.

Contestualmente all'abrogazione del rito predetto, il d. lgs. n. 149 del 2022 ha introdotto il nuovo Capo I bis nel Titolo IV del Libro II del codice di procedura civile che contiene le seguenti disposizioni in materia di licenziamenti:
- la trattazione e la decisione delle controversie nelle quali è proposta domanda di reintegrazione nel posto di lavoro hanno carattere prioritario; si applica il rito ordinario, ma il giudice può: ridurre i termini fino alla metà se lo ritiene opportuno sulla base delle allegazioni del ricorso; separare le domande connesse o riconvenzionali ove le esigenze di celerità prospettate dalle parti lo richiedano; deve concentrare la fase istruttoria e decisoria, riservando appositi giorni, anche ravvicinati, nel calendario delle udienze (art. 411 bis cpc);
- le azioni di impugnazione dei licenziamenti dei soci delle cooperative devono esser introdotte con ricorso ai sensi degli artt. 409 e seg. cpc; il giudice decide anche sulle questioni relative al rapporto associativo eventualmente proposte. Decide su entrambi i rapporti, altresì, nei casi in cui la cessazione del rapporto di lavoro deriva dalla cessazione del rapporto associativo (art. 411 ter cpc);
- le azioni di nullità dei licenziamenti discriminatori, ove non siano proposte con ricorso ex art. 414 cpc, possono essere introdotte, ricorrendone i presupposti, con i riti speciali di cui agli artt. 38 del codice delle

pari opportunità tra uomo e donna (d. lgs 11 aprile 2006, n. 198 che legittima la lavoratrice o anche l'associazione sindacale ad un'azione sommaria contro le discriminazioni nell'accesso al lavoro, nella promozione e nella formazione professionale, nelle condizioni di lavoro compresa la retribuzione, nonché in relazione alle forme pensionistiche complementari collettive) e 28 del decreto legislativo 1° settembre 2011, n. 150 (che introduce un rito sommario di cognizione per le controversie sulle discriminazioni per motivi di razza, di handicap, di età, orientamento sessuale, convinzioni personali). La proposizione della domanda, nell'una o nell'altra forma, preclude la possibilità di agire successivamente in giudizio con rito diverso per quella stessa domanda (art. 411 quater cpc).

2. La competenza per materia e per territorio.

Ai sensi **dell'art. 409, n 1) cpc, la competenza per materia** del Giudice del lavoro attiene alle controversie relative a:
1. **rapporti di lavoro subordinato privato**, anche se non inerenti all'esercizio di una impresa;
2. **rapporti di lavoro agricolo**: mezzadria, di colonia parziaria, di compartecipazione agraria, di affitto a coltivatore diretto, nonché rapporti derivanti da altri contratti agrari, salva la competenza delle sezioni specializzate agrarie;
3. **rapporti di agenzia,** di rappresentanza commerciale ed altri **rapporti di collaborazione** che si concretino in una prestazione di opera **continuativa e coordinata, prevalentemente personale**, anche se non a carattere subordinato (co.co.co).
4. **rapporti di lavoro dei dipendenti di enti pubblici economici**;
5. **rapporti di** lavoro dei dipendenti di enti pubblici ed altri rapporti di **lavoro pubblico**, sempreché non siano devoluti dalla legge ad altro giudice.

Inoltre, ai sensi **dell'articolo 444 cpc,** al giudice del lavoro sono devolute le controversie in materia di previdenza e di assistenza obbligatorie indicate nell'articolo 442 cpc. (riguardanti le assicurazioni sociali, gli infortuni sul lavoro, le malattie professionali, gli assegni familiari nonché ogni altra forma di previdenza e di assistenza obbligatorie o derivanti da contratti e accordi collettivi).

Quanto alla **competenza per territorio** occorre distinguere:

1. nelle controversie relative ai rapporti di lavoro subordinato, l'art. 413 cpc prevede tre fori alternativamente competenti: 1) il giudice nella cui circoscrizione è *sorto il rapporto* (foro del contratto) ovvero 2) si *trova l'azienda* o 3) *una sua dipendenza* alla quale è addetto il lavoratore o presso la quale egli prestava la sua opera al momento della fine del rapporto. Tale competenza permane dopo il trasferimento dell'azienda o la cessazione di essa o della sua dipendenza, purché la domanda sia proposta entro sei mesi dal trasferimento o dalla cessazione;
2. nelle controversie concernenti i rapporti di para subordinazione, è competente il giudice nella cui circoscrizione si trova il domicilio dell'agente;
3. per le controversie relative ai rapporti di lavoro alle dipendenze delle pubbliche amministrazioni è il giudice nella cui circoscrizione ha sede l'ufficio al quale il dipendente è addetto o era addetto al momento della cessazione del rapporto;
4. nelle controversie previdenziali e assistenziali, invece, la competenza spetta al giudice nella cui circoscrizione ha la *residenza l'attore* e in quelle relative agli obblighi dei datori di lavoro e all'applicazione delle sanzioni civili per l'inadempimento di tali obblighi, è competente il tribunale del luogo in cui *ha sede l'ufficio dell'ente*.

La competenza per territorio è inderogabile.

3. Il tentativo di conciliazione stragiudiziale e l'arbitrato.

Il legislatore del D.lgs. n. 80/1998 aveva previsto, in funzione deflattiva del contenzioso, l'obbligatorietà del tentativo di conciliazione, quale condizione di procedibilità della domanda giudiziale.
Tuttavia, il D.lgs. n. 183/2010 (cd. collegato lavoro) ha reso **facoltativo** il tentativo di conciliazione (410 cpc), che può promuovere, anche tramite l'associazione sindacale presso la commissione di conciliazione individuata secondo i medesimi criteri di competenza per territorio di cui all'articolo 413 cpc. La comunicazione della richiesta di espletamento del tentativo di conciliazione **interrompe la prescrizione e sospende**, per la durata del tentativo di conciliazione e per i venti giorni successivi alla sua conclusione, il decorso di ogni termine di **decadenza**.

Le commissioni di conciliazione sono istituite presso la Direzione provinciale del lavoro o presso le sedi sindacali previste dai contratti collettivi.

È, invece, **obbligatorio** il tentativo di conciliazione per i contratti certificati che si svolge innanzi alle Commissioni di certificazione medesime.

Se la conciliazione esperita ai sensi dell'articolo 410 riesce, anche limitatamente ad una parte della domanda, viene redatto un processo **verbale** sottoscritto dalle parti e dai componenti della commissione di conciliazione che il giudice, su istanza della parte interessata, dichiara esecutivo. Tale verbale è insuscettibile di impugnazione, essendosi formato in una sede protetta (sindacale o amministrativa). Se non si raggiunge l'accordo tra le parti, la commissione di conciliazione deve formulare una proposta per la bonaria definizione della controversia. Se la proposta non è accettata, i termini di essa sono riassunti nel verbale con indicazione delle valutazioni espresse dalle parti. Delle risultanze della proposta formulata dalla commissione e non accettata senza adeguata motivazione il giudice tiene conto in sede di giudizio.

In qualunque fase del tentativo di conciliazione, o al suo termine in caso di mancata riuscita, le parti possono affidare alla **commissione di conciliazione** della Direzione provinciale del lavoro il **mandato a risolvere in via arbitrale la controversia** (art. 412 c.p.c.).

Esistono una pluralità di sedi competenti all'**arbitrato,** oltre alla predetta **sede amministrativa:**

1. arbitrati in **sede sindacale come prevista dai contratti collettivi** (art. 412 ter c.p.c.);
2. arbitrati presso **collegi di conciliazione ed arbitrato irrituale** (art. 412 quater).

Il **lodo** emanato a conclusione dell'arbitrato, sottoscritto dagli arbitri e autenticato, produce tra le parti gli effetti di cui all'articolo 1372 e all'articolo 2113, quarto comma, del codice civile; è impugnabile ai sensi dell'articolo 808-ter. Pc

L'art. 31 della l. 183/2010 stabilisce che la clausola compromissoria è validamente pattuita solo se:

1. è prevista da **accordi interconfederali** o da **contratti collettivi** stipulati dalle organizzazioni dei datori di lavoro e dei lavoratori comparativamente più rappresentative sul piano nazionale;
2. è **certificata** dalle competenti commissioni, a pena di nullità;
3. non è sottoscritta prima che sia **concluso il periodo di prova** o

prima che siano trascorsi almeno **trenta giorni dalla** data di **stipulazione** del contratto;
4. **non** riguarda le controversie relative alla **risoluzione** del contratto di lavoro.

3.1. La negoziazione assistita.

In attuazione della delega di cui alla cit. legge **n. 206 del 26 novembre 2021,** il d. lgs. 149/2022 ha stabilito che, fermo restando quanto disposto dall'articolo 412-ter cpc, è possibile ricorrere alla **negoziazione assistita**, senza che ciò costituisca condizione di procedibilità dell'azione. Ha disposto, altresì, che al relativo accordo sia assicurato il regime di stabilità protetta di cui all'articolo 2113, quarto comma, cc.

4. Gli atti introduttivi.

La domanda si propone con **ricorso**, il quale deve contenere:
1. l'indicazione del giudice;
2. le generalità delle parti;
3. l'oggetto della domanda;
4. l'esposizione dei fatti e degli elementi di diritto sui quali si fonda la domanda con le relative conclusioni;
5. l'indicazione specifica dei mezzi di prova di cui il ricorrente intende avvalersi e in particolare dei documenti.

Il deposito del ricorso determina, sul piano degli effetti processuali, la litispendenza; sul piano degli effetti sostanziali, l'impedimento della decadenza e, altresì, la notifica del ricorso, l'interruzione della prescrizione e la costituzione in mora del debitore.
Il ricorso, unitamente al decreto che fissa l'udienza, deve esser notificato al convenuto almeno 30 gg. prima dell'udienza. In mancanza, la notifica è nulla ed il giudice autorizza la rinotifica.
Nel termine di decadenza di 10 giorni prima dell'udienza, il convenuto si costituisce attraverso una **memoria difensiva** con cui – a pena di decadenza – deve proporre eccezioni, processuali e di merito, non rilevabili d'ufficio, in cui deve prendere posizione in modo specifico sui fatti affermati dall'attore, indicare i **mezzi di prova** e produrre i **documenti** di cui intende avvalersi (art. 416 c.p.c.). Sempre a pena di decadenza, il convenuto che intenda proporre una

domanda in via riconvenzionale deve, con istanza contenuta nella stessa memoria chiedere al giudice, a modifica del decreto di fissazione dell'udienza, di fissare una nuova udienza.

Non sono previsti altri atti delle parti, ma soltanto la possibilità che il giudice conceda un termine per note difensive in vista della discussione.

5. L'udienza di discussione.

Nell'**udienza di discussione** – in astratto una soltanto, in virtù dei principi di concentrazione ed oralità, ma nella prassi diluita in più udienze successive – il giudice procede innanzitutto alle **attività preliminari**: la verifica dell'integrità del contraddittorio, il libero interrogatorio delle parti ed il tentativo di conciliazione della lite. La mancata comparizione personale delle parti o il rifiuto della proposta transattiva o conciliativa del giudice, senza giustificato motivo, costituiscono comportamento valutabile dal giudice ai fini del giudizio. Segue una **fase istruttoria** in cui il giudice ammette ed assume i mezzi di prova. Infine, una **fase decisoria**, in cui i difensori discutono oralmente la causa, salva la possibilità di stilare note scritte, ove richieste da almeno una delle parti; all'esito della discussione, il giudice decide la causa (art. 420 c.p.c.). L'udienza di discussione è il termine ultimo per la cd. *emendatio libelli*: le parti possono, se ricorrono gravi motivi, modificare le domande, eccezioni e conclusioni già formulate previa autorizzazione del giudice (420 cpc). Non è ammissibile, invece, una *mutatio libelli,* ovvero la proposizione di una domanda nuova diversa per causa petendi e/o *petitum*, tale da introdurre un nuovo tema di indagine giudiziale.

6. I poteri istruttori del giudice.

Tra i caratteri peculiari del rito del lavoro spiccano gli ampi poteri istruttori riservati al giudice, che può ex art. 421 c.p.c.):

> 1. disporre in ogni momento l'ammissione di **ogni mezzo di prova, anche al di fuori dei limiti del codice civile** (eccetto il giuramento decisorio);
> 2. richiedere **informazioni**, sia scritte che orali, **alle associazioni sindacali** indicate dalle parti;
> 3. disporre, su istanza di parte, **l'accesso sul luogo di lavoro e l'esame dei testimoni sul luogo stesso**;

4. ordinare la comparizione – **anche** di persone che siano **incapaci di testimoniare** – **per interrogarle liberamente** sui fatti di causa.

La norma contempera il principio dispositivo con quello della ricerca della verità materiale. Il presupposto per l'esercizio di tale potere è l'esistenza in atti di una compiuta deduzione dei fatti e di un principio di prova al riguardo; viceversa, il giudice non può sopperire alle carenze assertive della parte.
Ulteriore limite di esercizio di tale potere è l'introduzione di prove atipiche.

7. Le ordinanze di pagamento in corso di causa.

Il giudice, su istanza di parte, in ogni stato del giudizio, dispone con **ordinanza il pagamento delle somme non contestate** (art 423 I co cpc.).
La non contestazione deve riguardare sia l'*an* delle somme che il quantum e si identifica in quel comportamento processuale incompatibile con la negazione del credito. Pertanto, si esclude che essa possa ricorrere in caso di contumacia del convenuto, trattandosi di un comportamento processualmente neutro.
L'art. 423 comma II cpc prevede altresì che in ogni stato del giudizio, il giudice può, su istanza del lavoratore, disporre con ordinanza il **pagamento di una somma a titolo provvisorio** quando ritenga il diritto accertato e nei limiti della quantità per cui ritiene già raggiunta la prova. Entrambe le ordinanze costituiscono **titolo esecutivo e non sono impugnabili**, essendo sommarie e prive di decisorietà. Mentre l'ordinanza per somme non contestate è sempre **revocabile**; viceversa, la seconda è revocabile **soltanto con la sentenza** che decide la causa.

8. La sentenza.

Al termine dell'udienza ed all'esito della discussione, il giudice pronuncia **sentenza**, di regola dando lettura del dispositivo e della esposizione delle ragioni di fatto e di diritto della decisione (cd. motivazione contestuale).
Laddove ne abbia necessità, alla luce della complessità e/o molteplicità delle questioni da decidere, può dare lettura del solo dispositivo, stilando in seguito la motivazione. La sentenza, completa di motivazione, dovrà esser nel termine indicato nel dispositivo, comunque non superiore a 60 giorni (art. 429 c.p.c.).
La sentenza che condanna al pagamento di somme a favore del lavoratore è **provvisoriamente esecutiva** ed all'esecuzione può procedersi anche con la

sola copia del dispositivo. Inoltre, il giudice, quando pronuncia sentenza di condanna al pagamento di somme di denaro per crediti di lavoro, deve determinare, oltre gli interessi nella misura legale, il maggior danno eventualmente subito dal lavoratore per la diminuzione di valore del suo credito, condannando al pagamento della somma relativa con decorrenza dal giorno della maturazione del diritto.

9. L'impugnazione.

La sentenza che chiude il giudizio di primo grado può essere impugnata innanzi alla sezione lavoro della **Corte di Appello**, ai sensi dell'art. 433 c.p.c.
Il secondo grado di giudizio soggiace a regole e principi analoghi a quelli previsti per il primo grado contenuti negli artt. 434 – 441 c.p.c.
Il giudice di appello può sospendere l'esecuzione della sentenza di primo grado, qualora possa derivarne un **gravissimo danno** alla parte esecutata, cioè al datore di lavoro (art. 431 c.p.c.). La sospensione può esser anche parziale e la relativa ordinanza non è impugnabile. L'esecuzione delle sentenze che, invece, pronunciano condanna a favore del datore di lavoro (anch'esse provvisoriamente esecutive) può esser sospesa in tutto o in parte quando ricorrono **gravi motivi**, sempre mediante ordinanza non impugnabile.
Le sentenze d'appello sono impugnabili con ricorso per cassazione.

QUESTIONARIO

1. Quali sono le principali caratteristiche del rito processuale del lavoro? **1.**
2. È stata introdotta una modalità di trattazione alternativa alla celebrazione dell'udienza? Quale? **1.**
3. Il rito cd. Fornero si applica ancora alle impugnative di licenziamento? **2.**
4. Come si svolge il processo cartolare? Le parti possono opporsi? **1.**
5. Quale rito seguono le impugnative di licenziamento a seguito della riforma cd. Cartabia? **1.**
6. Quali sono i criteri attributivi della competenza territoriale nel rito del lavoro? **2.**
7. Quali sono gli strumenti deflattivi del contenzioso? **3.**
8. Quali poteri peculiari spettano al giudice del lavoro? **6.**
9. Quali sono le condizioni pe emettere un'ordinanza di pagamento di somme in corso di causa? **7.**
10. La sentenza è contestuale alla discussione o viene depositata in seguito? **8.**
11. Quali statuizioni accessorie deve contenere la sentenza di condanna al pagamento di crediti pecuniari in favore del lavoratore? **8.**

CAPITOLO X | IL PROCESSO DEL LAVORO

SCHEDA DI SINTESI

Il **processo del lavoro** è improntato ai principi dell'oralità, immediatezza e concentrazione delle attività processuali, ampliamento dei poteri istruttori del giudice. Al processo celebrato oralmente è stato affiancato il processo cd. cartolare.

La **competenza** per territorio del giudice del lavoro è inderogabile. La competenza per materia concerne le controversie in materia di lavoro subordinato e parasubordinato elencate nell'art. 409 cpc nonché le controversie di previdenza ed assistenza.

L'atto introduttivo è il ricorso, soggetto a precisi requisiti di contenuto. Il deposito presso la cancelleria del Tribunale determina la pendenza della lite. Il **convenuto** si costituisce con memoria difensiva nel rispetto di termini previsti dall'art. 416 cpc a pena di decadenza dalla prova, dalle eccezioni non rilevabili d'ufficio, dalla domanda riconvenzionale.

La **sentenza** viene pronunziata mediante lettura del dispositivo in udienza. In caso di condanna del datore di lavoro al pagamento di somme deve liquidare interessi e rivalutazione monetaria.

Capitolo XI
Ispezioni amministrative e ricorsi amministrativi

SOMMARIO:
1. Gli organi deputati all'attività di vigilanza. – **2.** L'attività ispettiva. – **2.1.** Le ispezioni. – **2.2.** Il verbale unico di accertamento e notificazione. – **2.3.** L'efficacia probatoria dei verbali ispettivi. – **3.** I poteri speciali: diffida precettiva, diffida accertativa dei crediti patrimoniali, conciliazione monocratica, disposizione, sospensione dell'impresa e interdizione dalla contrattazione con la PA. – **4.** I ricorsi amministrativi.

1. Gli organi deputati all'attività di vigilanza.

L'attività di vigilanza spettava agli organi preposti del Ministero del Lavoro e degli enti previdenziali, ormai confluiti nell'**Ispettorato Nazionale del Lavoro**.
L'attuale assetto organizzativo è frutto della legge-delega n. 183 del 10 dicembre 2014 che tra i criteri imposti al Governo per la successiva adozione dei decreti delegati – finalizzati al rendere più efficiente l'attività ispettiva – ha, tra gli altri, previsto (art. 1 co. 7 lett. l): *"razionalizzazione e semplificazione dell'attività ispettiva, attraverso misure di coordinamento ovvero attraverso l'istituzione, ai sensi dell'art. 8 del D.lgs. 30 luglio 1999, n. 300, senza nuovi o maggiori oneri a carico della finanza pubblica e con le risorse umane, strumentali e finanziarie disponibili a legislazione vigente, di una **Agenzia unica per le ispezioni del lavoro, tramite l'integrazione in un'unica struttura dei servizi ispettivi del Ministero del lavoro e delle politiche sociali, dell'Inps e dell'Istituto nazionale per l'assicurazione contro gli infortuni sul lavoro (INAIL)**, prevedendo strumenti e forme di coordinamento con i servizi ispettivi delle aziende sanitarie locali e delle agenzie regionali per la protezione ambientale"*.
In attuazione della delega è stato emanato il decreto legislativo n. 149 del 14 settembre 2015, il quale ha istituito **l'ispettorato nazionale del lavoro** che integra i servizi ispettivi del Ministero del lavoro e delle politiche sociali,

dell'INPS e dell'INAIL e svolge le attività ispettive già esercitate dai predetti enti (art. 1 D.lgs. 149 del 2015). A tal fine, ai funzionari ispettivi dell'INPS e dell'INAIL sono attribuiti i poteri già assegnati al personale ispettivo del Ministero del lavoro e delle politiche sociali, ivi compresa la qualifica di ufficiale di polizia giudiziaria.

L'Ispettorato nazionale ha **personalità di diritto pubblico, autonomia organizzativa e di bilancio**.

La principale **funzione** dell'Ispettorato risiede nel coordinamento sul territorio nazionale – sulla base di direttive emanate dal Ministro del lavoro e delle politiche sociali – dell'attività di vigilanza in materia di lavoro, contribuzione e assicurazione obbligatoria ed in materia di tutela della salute e della sicurezza nei luoghi di lavoro, nei limiti delle competenze già attribuite al personale ispettivo del Ministero del lavoro.

Si segnalano, altresì, le seguenti ulteriori attribuzioni dell'Ispettorato:
1. emana circolari interpretative in materia ispettiva e sanzionatoria nonché direttive operative rivolte al personale ispettivo;
2. propone, sulla base di direttive del Ministero del lavoro, gli obiettivi quantitativi e qualitativi delle verifiche ed effettua il monitoraggio sulla loro realizzazione;
3. cura la formazione e l'aggiornamento del personale ispettivo;
4. ferme restando le rispettive competenze, si coordina con i servizi ispettivi delle ASL e delle agenzie regionali per la protezione ambientale al fine di assicurare l'uniformità di comportamento ed una maggiore efficacia degli accertamenti ispettivi, evitando la sovrapposizione degli interventi. A tal fine è incentivata la stipula di appositi protocolli.

È previsto l'obbligo per l'INPS, l'INAIL e l'Agenzia delle entrate di mettere a disposizione dell'Ispettorato, anche attraverso l'accesso a specifici archivi informatici, dati e informazioni sia in forma analitica che aggregata.

Quanto all'inquadramento del personale ispettivo, è stato stabilito che a partire dall'adozione di appositi decreti ministeriali relativi all'organizzazione delle risorse umane, il personale di ruolo del Ministero del lavoro venga trasferito nei ruoli dell'Ispettorato; il personale ispettivo di INPS e INAIL sia inserito in un ruolo ad esaurimento dei predetti Istituti con il mantenimento del trattamento economico e normativo in vigore senza possibilità di sostituzione (art. 7 del d.lgs. cit.).

Pertanto, il reclutamento del personale ispettivo, a partire dall'entrata in vigore dei decreti attuativi, sarà riservato esclusivamente all'Ispettorato del lavoro.

2. L'attività ispettiva.

L'attività di vigilanza ispettiva ha per oggetto essenzialmente:
1. l'osservanza delle leggi in materia di livelli essenziali delle prestazioni concernenti i diritti civili e sociali che devono essere garantiti su tutto il territorio nazionale, di tutela dei rapporti di lavoro e di legislazione sociale;
2. la corretta applicazione dei contratti e accordi collettivi di lavoro;
3. il funzionamento delle attività previdenziali e assistenziali a favore dei prestatori d'opera realizzate da enti pubblici e privati, eccezion fatto per quelle compiute dallo stato e dagli enti locali.

2.1. Le ispezioni.

La vigilanza propriamente ispettiva si realizza attraverso l'azione investigativa e sanzionatoria degli ispettori del lavoro che sono legittimati ad esercitare poteri di: a) accesso e di ispezione di cose e luoghi diversi dalla privata dimora; b) accertamento dei fatti e delle situazioni utili ad acquisire notizie e informazioni; c) contestazione cioè di comunicazione al trasgressore degli illeciti amministrativi ravvisati; d) sequestro cautelare delle cose che possono formare oggetto di confisca amministrativa.

In particolare, il procedimento ispettivo consta di tre momenti essenziali (art. 13 D. Lgs. 124/2004):
1. l'accesso ispettivo, durante il quale gli ispettori procedono ad un'attività di indagine mediante sopralluoghi, identificazione dei lavoratori, acquisizione delle dichiarazioni e che si conclude con la stesura del verbale di primo accesso;
2. le verifiche integrative, volte a completare l'istruttoria con l'acquisizione dei documenti ritenuti necessari e rilevanti;
3. la definizione dell'accertamento racchiusa nel "verbale unico di accertamento e notificazione" che contiene gli esiti dell'attività di verifica, le fonti di prova degli illeciti amministrativi, la diffida a regolarizzare le inosservanze sanabili, le avvertenze circa le modalità di estinzione agevolata degli illeciti, gli strumenti di impugnazione.

2.2. Il verbale unico di accertamento e notificazione.

Come anzidetto, il verbale unico deve contenere gli esiti dettagliati dell'accertamento e le fonti di prova. Il legislatore ha garantito, in tal modo, tra-

sparenza all'attività ispettiva e pienezza del diritto di difesa del trasgressore. Può essere redatto anche *per relationem* al verbale di I accesso e a quello interlocutorio.
Deve contenere la diffida a regolarizzare nell'ipotesi di *"constatata inosservanza delle norme di legge o del contratto collettivo in materia di lavoro e legislazione sociale e qualora il personale ispettivo rilevi inadempimenti dai quali derivino sanzioni amministrative"*. In caso di ottemperanza alla diffida, il trasgressore o l'eventuale obbligato in solido è ammesso al pagamento di una sanzione ridotta; tale pagamento estingue il procedimento sanzionatorio limitatamente alle inosservanze oggetto di diffida e a condizione dell'effettiva ottemperanza alla diffida stessa. Ove invece non venga fornita prova al personale ispettivo dell'avvenuta regolarizzazione e del pagamento delle somme previste, il verbale unico produce gli effetti della contestazione e notificazione degli addebiti accertati.
In caso di **accertamento con esito negativo**, il personale ispettivo deve informare l'ispezionato mediante la comunicazione di definizione degli accertamenti senza sanzioni.

2.3. L'efficacia probatoria dei verbali ispettivi.

I verbali ispettivi fanno fede fino a querela di falso; più in particolare, la giurisprudenza li qualifica come atti il cui valore fidefaciente deve necessariamente limitarsi ai fatti avvenuti in presenza del pubblico ufficiale e alle dichiarazioni raccolte, non estendendosi alla veridicità del contenuto delle stesse, ma arrestandosi al fatto storico di averle raccolte in quei termini.
Riguardo alle dichiarazioni rese dalla parte o dai terzi agli ispettori, in assenza della fonte (dichiarazione firmata) allegata al verbale, la giurisprudenza ritiene di attribuire ad esse un mero valore indiziario, che richiede o la conferma in sede processuale da parte degli autori, o comunque ulteriori elementi di prova, sicché in mancanza possono essere valutate secondo il libero e prudente apprezzamento del giudice.

3. I poteri speciali: diffida precettiva, diffida accertativa dei crediti patrimoniali, conciliazione monocratica, disposizione, sospensione dell'impresa e interdizione dalla contrattazione con la PA.

Tra i **poteri speciali** del personale ispettivo si segnalano quelli di:

1. **diffida precettiva** (art. 13 co.2 D.lgs. n. 124/2004) alla regolarizzazione delle violazioni sanabili o con il pagamento delle sanzioni amministrative ovvero, in caso di maxisanzione per il lavoro sommerso, mediante l'assunzione (a tempo indeterminato o a termine che garantisca la durata del rapporto per almeno 90 gg.) ed il pagamento della sanzione in misura ridotta.
2. **Diffida accertativa dei crediti patrimoniali** (art. 12 D. Lgs. 124/2004, come novellato dal DL 16 luglio 2020, n. 76): concerne i crediti dei lavoratori che emergono durante l'attività ispettiva dall'accertata inosservanza degli istituti previsti dai contratti collettivi (es. omesso pagamento della retribuzione minima, inquadramento in un livello inferiore a quello di appartenenza delle mansioni svolte, errata qualificazione del rapporto). Per effetto della novella del DL 76/2020, la diffida può esser adottata anche nei confronti degli utilizzatori (e non più soltanto del datore di lavoro) della manodopera in somministrazione o in appalto, quali obbligati in solido con il datore. A seguito della diffida, il datore di lavoro può corrispondere le somme o promuovere un tentativo di conciliazione monocratica davanti all'ITL o un ricorso amministrativo; se la conciliazione riesce, la diffida perde efficacia. Il verbale di conciliazione è sottratto alle garanzie dell'art. 2113, I, II e III co. cc e, pertanto, le rinunzie e transazioni del lavoratore ivi previste sono valide e non impugnabili.
3. Decorso inutilmente il termine di 30 gg o in caso di mancato raggiungimento dell'accordo o di rigetto del ricorso, la diffida acquista efficacia di titolo esecutivo.
4. **Conciliazione monocratica** (art. 11 D. Lgs. 124/2004): nelle ipotesi di richieste di intervento ispettivo all'Ispettorato del lavoro dalle quali emergano elementi per una soluzione conciliativa della controversia, gli ispettori possono procedere ad un tentativo di conciliazione sulle questioni segnalate, durante il quale le parti convocate possono esser assistite dalle organizzazioni sindacali di categoria o da un professionista. In caso di accordo, il verbale di conciliazione è sottratto alle garanzie dell'art. 2113, I, II e III co. cc; è dichiarato esecutivo con decreto dal giudice competente, su istanza della parte interessata; il pagamento delle somme dovute al lavoratore e il connesso versamento dei contributi previdenziali e assicurativi estinguono il procedimento ispettivo. In caso di mancato accordo vengono avviati gli accertamenti ispettivi. Accanto alle ipotesi di conciliazione monocratica preventiva, è prevista la conciliazione monocratica contestuale, che

invece avviene nel corso dell'attività ispettiva già avviata se l'ispettore ne ravvisa i presupposti ed ottiene il consenso delle parti ad avviare la procedura conciliativa sopra descritta durante la quale i termini del procedimento di accertamento e sanzione sono sospesi.

- **Disposizione:** (art. 14 D. Lgs. 124/2004, come novellato dal DL 16 luglio 2020, n. 76): gli ispettori hanno il potere discrezionale di adottare un provvedimento di disposizione nei confronti del datore di lavoro quando le irregolarità rilevate in materia di lavoro e legislazione sociale "non siano già soggette a sanzioni penali o amministrative"; si tratta di un potere ordinatorio ad ampio spettro che interessa quegli inadempimenti privi di conseguenze sanzionatorie di tipo penale o amministrativo (ad es. produttivi solo di responsabilità risarcitoria o di conseguenze civilistiche sul rapporto di lavoro). Nella vecchia formulazione l'atto di disposizione consentiva agli ispettori di integrare una norma di legge generale, con una disciplina di dettaglio, attuativa dell'obbligo genericamente previsto, adeguandolo alla situazione concretamente esaminata.

La nuova previsione ha altresì previsto conseguenze sanzionatorie per il mancato rispetto del provvedimento di disposizione.

La disposizione è generalmente un atto di natura discrezionale, in ordine all'an, al quando ed al quomodo. È, invece, "obbligatoria" nell'ipotesi dell'art. 47 del D.lgs. n.81/2015 in cui il datore di lavoro non adempie all'obbligo formativo nell'ambito del contratto di apprendistato: se tale obbligo è ancora recuperabile al momento del rilievo ispettivo, l'ispettore deve adottare un provvedimento di disposizione, ai sensi dell'art. 14, D.lgs. n.124/04.

5. Sospensione dell'attività di impresa e l'interdizione dalla contrattazione con la PA e dalla partecipazione alle gare pubbliche dell'impresa che occupi personale in nero in misura pari o superiore al 10% (non più 20%, a seguito della novella del d.lgs. 146/2021) del totale dei lavoratori presenti sul luogo di lavoro al momento dell'ispezione. È fatto divieto di adottare il provvedimento di sospensione per lavoro irregolare quando il lavoratore irregolare è l'unico occupato dall'impresa. La sospensione può essere adottata dall'Ispettorato nazionale del lavoro, anche su segnalazione delle amministrazioni pubbliche e può riguardare soltanto quella parte dell'attività imprenditoriale interessata dalle violazioni.

L'interdizione ha la medesima durata della sospensione, ma laddove la percentuale dei lavoratori sommersi sia pari o superiore al 50%, la sua durata è incrementata di un ulteriore periodo di tempo pari al doppio della durata della sospensione e comunque non superiore a due anni. La sospensione può esser revocata dall'autorità di vigilanza che l'ha adottata a condizione della avvenuta regolarizzazione dei lavoratori a nero. La violazione della sospensione è penalmente rilevante, giustifica l'arresto del datore di lavoro ed è punita con l'ammenda (art. 14, d.lgs. 9 aprile 2008, n. 81, come modificato dell'art. 13, D.L. n. 146/2021).

4. I ricorsi amministrativi.

Il D.lgs. 149/2015 è intervenuto ad innovare il sistema dei ricorsi amministrativi avverso gli atti ed i provvedimenti degli organi di vigilanza.
La legittimazione alla proposizione del ricorso amministrativo presuppone la titolarità di un interesse giuridicamente qualificato, derivante dal pregiudizio arrecato dall'atto impugnato e, pertanto, legittimati sono il trasgressore e l'obbligato in solido; il previo esperimento del ricorso amministrativo non è condizione di procedibilità di quello giudiziario che, laddove proposto, preclude la possibilità di esperire il primo; il procedimento è di tipo contenzioso e, pertanto, deve esser svolto nel contraddittorio delle parti.
In particolare, nei confronti degli **atti di accertamento adottati dagli ufficiali e agenti di polizia giudiziaria**, che non appartengono al personale dell'Ispettorato del Lavoro, è ammesso ricorso davanti al **direttore della sede territoriale dell'Ispettorato nazionale del lavoro**, entro trenta giorni dalla notifica degli stessi. Il ricorso è deciso, nel termine di sessanta giorni dal ricevimento, sulla base della documentazione prodotta dal ricorrente tempestivamente trasmessa dall'organo accertatore, decorso inutilmente il quale il ricorso si intende respinto. Il provvedimento decisorio può confermare l'accertamento, annullarlo o modificarlo, in tutto o in parte, rideterminando le sanzioni. Non è previsto alcuno strumento di impugnazione amministrativa avverso la decisione del Direttore dell'Ispettorato.
Resta fermo il diritto di adire l'A.G. Accanto a tale fattispecie, il legislatore ha previsto il ricorso al **Comitato per i rapporti di lavoro**, istituito presso le competenti sedi territoriali dell'Ispettorato e composto dal direttore della sede territoriale dell'Ispettorato nazionale del lavoro che lo presiede, dal direttore dell'INPS e dal direttore dell'INAIL del capoluogo di regione dove ha sede l'Ispettorato competente. Innanzi a tale organo possono essere impugnati gli **atti di accertamento dell'Ispettorato nazionale del lavoro e quelli degli**

CAPITOLO XI | ISPEZIONI AMMINISTRATIVE E RICORSI AMMINISTRATIVI

Enti previdenziali e assicurativi che abbiano ad oggetto **la sussistenza o la qualificazione dei rapporti di lavoro**. Il ricorso deve essere inoltrato entro 30 giorni dalla notifica e viene deciso, con provvedimento motivato, nel termine di novanta giorni dal ricevimento, sulla base della documentazione prodotta dal ricorrente e di quella in possesso dell'Ispettorato.

Decorso inutilmente il termine previsto per la decisione, il ricorso si intende respinto (silenzio-rigetto). Il provvedimento decisorio, analogamente a quello del Direttore, può avere contenuto confermativo, eliminatorio e modificativo del verbale di accertamento. Ancora, era prevista la competenza del Comitato per i rapporti di lavoro ricorsi anche sui **ricorsi avverso le diffide accertative** per crediti patrimoniali adottate dagli ispettori del lavoro (art. 12 co. 4 D.lgs. 124/2004), sino all'abrogazione della relativa previsione ad opera del DL n. 76/2020 a partire dal 15 settembre 2020. L'attuale sistema prevede che, entro trenta giorni dalla notifica della diffida accertativa, il datore di lavoro può promuovere **tentativo di conciliazione monocratica presso la Direzione provinciale del lavoro**. L'eventuale accordo conciliativo determina l'inefficacia del provvedimento di diffida.

Entro il medesimo termine, in alternativa alla conciliazione, il datore di lavoro può **promuovere ricorso al direttore dell'ufficio che ha adottato l'atto**. Il ricorso, notificato anche al lavoratore, sospende l'esecutività della diffida ed è deciso nel termine di sessanta giorni dalla presentazione.

QUESTIONARIO

1. Chi effettua l'attività di vigilanza ispettiva in materia di lavoro? **1.**
2. Come si svolge l'attività degli ispettori del lavoro? **2.**
3. Quali poteri speciali hanno gli ispettori? **3.**
4. Cosa si intende per conciliazione monocratica? **3.**
5. Quali rimedi ha il datore di lavoro a fronte di un verbale di accertamento ispettivo dell'ispettorato del lavoro? Ed avverso la diffida accertativa? **4.**

SCHEDA DI SINTESI

L'ispettorato nazionale del lavoro svolge, unitamente agli ispettori Inps e Inail, attività di vigilanza ispettiva in materia di lavoro, contribuzione e assicurazione obbligatoria, salute e sicurezza sui luoghi di lavoro, coordinando l'attività di vigilanza sul territorio nazionale. Ha personalità di diritto pubblico, autonomia organizzativa e di bilancio. Gode di poteri speciali, quali di diffida accertativa, conciliazione monocratica, disposizione.

Avverso gli atti di accertamento ispettivo è ammesso ricorso amministrativo.

PARTE SECONDA
IL DIRITTO SINDACALE

Capitolo I
Il sindacato e l'attività sindacale

Sommario:
1. Le fonti. − **2.** La Libertà sindacale: nozione e titolarità. − **3.** Il sindacato. − **4.** La rappresentanza sindacale aziendale e unitaria. − **5.** I diritti sindacali: fonti e regolamentazione. − **6.** Le prerogative delle R.S.A. − **7.** La repressione della condotta antisindacale.

1. Le fonti.

Nell'ambito delle fonti di diritto interno, **l'art. 39 comma I Cost.** sancisce che "l'organizzazione sindacale è libera".
La **L. 300/70** (Statuto dei Lavoratori) rappresenta la fonte legislativa per eccellenza della libertà sindacale, cui dedica l'intero Titolo II (artt. 14 e ss.) mentre riserva il Titolo III all'attività sindacale; nelle altre materie proprie del diritto sindacale, si annoverano la **l. 12 giugno 1990, n. 146**, sullo sciopero nei servizi pubblici essenziali (infra-Cap. III, par. 6); l'art. 8, **d.l. 13 agosto 2011, n. 138**, conv. in l. 14 settembre 2011, n. 148, sulla contrattazione di prossimità (infra-Cap. II, par. 5.2-5.3).
Nell'ambito del diritto internazionale, le fonti della libertà sindacale vanno ritrovate nelle **Convenzioni** adottate dalla Conferenza **dell'O.I.L. n. 87** (Convenzione di San Francisco concernente la libertà sindacale e la protezione del diritto sindacale del 1948) **e n. 98** (Convenzione di Ginevra concernente l'applicazione dei Principi del diritto di organizzazione e di negoziazione collettiva del 1949), rese esecutive nell'ordinamento interno con la l. 23 marzo 1958, n. 367; la "**Dichiarazione sui principi e diritti fondamentale nel lavoro**" del **1998**, la quale prevede, tra i quattro pilastri di cui si compone, la libertà sindacale ed il diritto di contrattazione.
In ordine alle fonti del diritto comunitario, si rileva che l'Unione non ha competenza normativa in materia sindacale. I diritti sindacali trovano, tuttavia, espresso riconoscimento nella **Carta dei diritti fondamentali dell'Unione Europea** del 7 dicembre 2000 (cd. Carta di Nizza agli **artt. 12 e 28**): l'art. 12 sancisce il diritto alla libertà di riunione pacifica e di associazione a tutti i

livelli, segnatamente in campo politico, sindacale e civico, il che implica il *"diritto di ogni individuo di fondare sindacati insieme con altri e di aderirvi per la difesa dei propri interessi"*; l'art. 28 riconosce il diritto di lavoratori, datori di lavoro e rispettive organizzazioni *"di negoziare e di concludere contratti collettivi, ai livelli appropriati, e di ricorrere, in caso di conflitto di interessi, ad azioni collettive per la difesa dei loro interessi, compreso lo sciopero"*. Il Trattato di Lisbona del 13 dicembre 2007 (entrato in vigore l'1° dicembre 2009) ha riconosciuto alla Carta di Nizza lo stesso valore dei Trattati istitutivi dell'Unione Europea.

TI RICORDI CHE...

Attraverso il diritto sindacale vengono disciplinati i rapporti sindacali, la contrattazione collettiva, lo sciopero e tutte le vicende collettive che riguardano il mondo del lavoro.

2. La libertà sindacale: nozione e titolarità.

La libertà sindacale, innanzitutto, va intesa come **libertà associativa**.
In tale accezione, essa esprime la libertà individuale di aderire (libertà sindacale positiva) o meno (libertà sindacale negativa) ad un sindacato nonché di fondare un'organizzazione sindacale. Va, tuttavia, precisato che non esiste un diritto soggettivo all'iscrizione al sindacato, siccome attraverso la selezione degli aderenti, il sindacato esercita la propria incomprimibile libertà organizzativa. Per contro, non esiste un dovere del lavoratore di sostenere l'associazione. Corollario della libertà associativa è la tutela dei lavoratori avverso ogni discriminazione per ragioni sindacali, riconosciuta espressamente dalla L. 300/70.
Ed ancora, corollario ne è la libertà di organizzazione del sindacato senza alcuna ingerenza e controllo da parte dei pubblici poteri sia in merito alla costituzione ed organizzazione interna del sindacato che con riferimento al patrimonio.
La libertà sindacale, in secondo luogo, si manifesta come **libertà negoziale** ossia come libertà del sindacato di scegliere l'area degli interessi che intende tutelare e, strumentalmente, l'ambito di riferimento della contrattazione collettiva che ritiene di stipulare in funzione del perseguimento dei detti interessi.

CAPITOLO I | IL SINDACATO E L'ATTIVITÀ SINDACALE

Ancora, la libertà sindacale si esprime come **libertà di azione sindacale** all'interno dei luoghi di lavoro: indire ed aderire a scioperi, fare proselitismo, raccogliere contributi.

Sono **titolari** della libertà sindacale **tutti i lavoratori subordinati privati e pubblici,** salvo che per talune categorie in ragione della funzione svolta, protesa alla difesa dello Stato e, dunque, di un bene superiore a qualsiasi libertà individuale e collettiva. In particolare: 1) ai militari era vietata qualsiasi forma di associazionismo sino alla pronunzia additiva della C. Costituzionale (sent. n. 120/2018), che ha dichiarato l'illegittimità costituzionale dell'art. 1745 comma 2, D.lgs. n. 66/2010 (Codice dell'ordinamento militare) nella parte in cui non prevede che "*i militari possono costituire associazioni professionali a carattere sindacale alle condizioni e con i limiti fissati dalla legge; non possono aderire ad altre associazioni sindacali*". Resta, invece, vietato l'esercizio del diritto di sciopero; 2) le forze di polizia possono associarsi in sindacati, ma separati e non affiliati o collegati agli altri relative alle altre categorie di lavoratori.

È, invece, assolutamente vietato scioperare e partecipare in divisa a manifestazioni sindacali o politiche.

Quanto ai **lavoratori parasubordinati**, si rileva come sia espressione della libertà sindacale il fenomeno consolidato dell'associazionismo degli agenti di commercio e degli agricoli coltivatori diretti, mentre di recente la L. 128/2019 ha espressamente riconosciuto la libertà sindacale ed il diritto di attività sindacale ai cd. riders, lavoratori addetti alle consegne di beni con l'ausilio di velocipedi, tramite piattaforme digitali.

Tradizionalmente, non si ritengono titolari della libertà sindacale ex art. 39 Cost. i **lavoratori autonomi** che non possono ritenersi sempre presuntivamente contraenti deboli e che, in ogni caso, si connotano per la titolarità di interessi alquanto disomogenei. Tuttavia, la L. 146/90 riconosce il diritto di sciopero, in relazione ai servizi pubblici essenziali, anche ai lavoratori autonomi, piccoli imprenditori e professionisti.

Discussa è l'applicabilità dell'art. 39, co. 1 Cost. anche ai **datori di lavoro**.
Una tesi sostiene che la norma costituzionale avrebbe natura bidirezionale e tutelerebbe entrambe le parti del rapporto di lavoro. L'orientamento contrario, invece, asserisce che le associazioni sindacali dei datori di lavoro sarebbero portatrici non di un interesse collettivo, ma di una somma di interessi individuali e che, pertanto, l'attività sindacale dei datori di lavoro troverebbe fondamento non nell'art. 39 Cost., ma nella più generale libertà di associazione (art. 18 Cost.) e di iniziativa economica (art. 41 Cost.).

3. Il sindacato.

Nell'ordinamento italiano i sindacati sono, di regola, organizzati stabilmente in **associazioni non riconosciute,** regolate dagli artt. 36–38 c.c.
Come è stato autorevolmente sostenuto, tali associazioni, benché non riconosciute, hanno una propria *tipicità* nella natura collettiva dell'interesse perseguito.
L'essere il sindacato un ente di fatto consegue alla mancata adozione della legge di attuazione dell'art. 39 della Costituzione; la disposizione prevede che un'apposita registrazione del sindacato, avente uno statuto democratico, conferisce ad esso personalità giuridica e la capacità di stipulare contratti collettivi di lavoro con efficacia obbligatoria per tutti gli appartenenti alle categorie alle quali il contratto si riferisce.
Conformemente all'intento costituzionale, l'attuale sistema delle relazioni industriali è caratterizzato dal cd. **pluralismo sindacale**, al cui interno i sindacati sono liberi di raggruppare i lavoratori secondo il criterio prescelto.
In passato, il criterio associativo più diffuso era dato dall'attività svolta dagli associati, tutti lavoratori del medesimo mestiere (**cd. sindacati di mestiere**), criterio ancora oggi vigente per talune categorie come la polizia, per le quali, come già detto, i sindacati devono obbligatoriamente essere "di mestiere" quale unica forma di associazionismo consentita.
In tempi più recenti, invece, il criterio aggregante prevalente è quello della categoria produttiva cui appartiene il datore di lavoro **(cd. sindacati per ramo di industria)**; tali, ad es., il sindacato dei lavoratori metalmeccanici, dei siderurgici, dei bancari, etc.
Le **federazioni ossia i sindacati di categoria** operano a livello nazionale nell'ambito del settore merceologico di riferimento (ad. es. FIOM è la federazione nazionale dei metalmeccanici), ma anche attraverso le proprie **articolazioni territoriali (cd. organizzazione orizzontale)**: sono dotate di strutture interne, aventi ciascuna un'area geografica di competenza a livello regionale, provinciale e comunale. Pertanto, il sindacato nazionale riunisce i sindacati territoriali che conservano, tuttavia, una propria legittimazione negoziale e processuale, sia pure nei limiti della politica dell'organizzazione nazionale.
I sindacati nazionali, a loro volta, si riuniscono in **confederazioni (cd. organizzazione verticale):** tali sono la CGL, CISL, UIL, UGL.
La confederazione, quindi, è l'associazione di grado maggiore che associa tutti i lavoratori senza distinzione in categorie merceologiche (ad es., la FIOM è affiliata alla CGIL).
Le federazioni, in ogni caso, conservano autonomia patrimoniale ed organiz-

zativa rispetto alla confederazione. Tuttavia, il lavoratore che si iscrive alla federazione, per ciò solo, si iscrive anche alla confederazione.
A livello europeo, è stata istituita la **Confederazioni europea dei sindacati (CES)**, in rappresentanza degli interessi dei lavoratori europei di fronte alla istituzione dell'UE.
Infine, la Convenzione OIL n. 87/1948 prevede il diritto di ogni sindacato nazionale di diventare membro di **organizzazioni sindacali a livello internazionale**.
Sono, invece, **vietati dall'art. 17 L. 300/70 i sindacati di comodo** (i cd. sindacati gialli); la norma proibisce ai datori di lavoro ed alle loro associazioni *"di costituire o sostenere, con mezzi finanziari o altrimenti, associazioni sindacali dei lavoratori"*.
Al fine di qualificare come "di comodo" un sindacato, occorre accertare, in concreto, l'intento antisindacale dell'imprenditore e la finalizzazione del sostegno datoriale all'assoggettamento dell'associazione alle proprie strategie d'impresa (C. Cost. 26.1.1990 n. 30).
La ratio del divieto consiste nella necessità di evitare sindacati aventi una posizione di interlocutori privilegiati del datore di lavoro, non liberi, in grado di alterare la dialettica e la natura contrapposizione delle parti sociali.

4. La rappresentanza sindacale aziendale e unitaria.

La presenza del sindacato in azienda è disciplinata dalla **legge n. 300/1970** la quale, **all'art. 19,** stabilisce che: *"Rappresentanze sindacali aziendali possono essere costituite ad iniziativa dei lavoratori in ogni unità produttiva, nell'ambito delle associazioni sindacali, che siano firmatarie di contratti collettivi di lavoro applicati nell'unità produttiva. Nell'ambito di aziende con più unità produttive le rappresentanze sindacali possono istituire organi di coordinamento"*
La Corte Costituzionale, con sentenza 3 - 23 luglio 2013, n. 231, ha dichiarato l'illegittimità costituzionale del predetto articolo 19, primo comma, lettera b), nella parte in cui non prevede che *"la rappresentanza sindacale aziendale possa essere costituita anche nell'ambito di associazioni sindacali che, pur non firmatarie dei contratti collettivi applicati nell'unità produttiva, abbiano comunque partecipato alla negoziazione relativa agli stessi contratti quali rappresentanti dei lavoratori dell'azienda"*.
La costituzione delle predette RSA può avvenire, secondo l'art. 35 che individua il campo di applicazione delle disposizioni del Titolo III dello Statuto dei

Lavoratori, limitatamente alle: 1) **imprese industriali e commerciali** che occupano più di **15 dipendenti**; 2) **imprese agricole** che occupano più di **5 dipendenti**; entrambi i limiti numerici si computano con riferimento a ciascuna unità produttiva (sede, stabilimento, filiale, ufficio, reparto) oppure all'ambito del medesimo Comune, anche se le singole unità produttive, unitariamente considerate, non raggiungono tali soglie. La restrizione dell'ambito soggettivo delle imprese interessate dalla costituzione delle RSA – come detto, dovuta alla limitazione, ai sensi dell'art. 35, dell'applicabilità solo alle predette aziende dell'art. 19, come di tutte le disposizioni contenute nel titolo III, ad eccezione di quelle dell'art. 27 sui locali delle RSA – si spiega con la necessità di preservare le piccole imprese dai costi connessi all'esercizio delle prerogative sindacali.

Le **rappresentanze sindacali aziendali (R.S.A.)** costituiscono le cellule fondamentali dell'organizzazione sindacale all'interno dei luoghi di lavoro.

La legge nulla prevede in ordine alla forma ed all'organizzazione delle RSA che, pertanto, rappresentano la massima espressione della libertà sindacale.

Ai fini della loro costituzione è necessaria, soltanto, **un'iniziativa dei lavoratori** ed un collegamento con **un'associazione sindacale esterna.**

Il primo requisito consente di ritenere necessario un legame tra le RSA ed i dipendenti addetti all'azienda ove vengono costituite. Circa il riferimento alla costituzione in "ambito sindacale", la legge non definisce con quale modalità le rappresentanze aziendali debbano esser collegate ad un'associazione sindacale esterna; pertanto, si ritiene sufficiente il comune perseguimento di interessi collettivi, sotto forma di qualsiasi legame od intesa, non necessariamente come espressione di un rapporto organico. Di solito, tuttavia, il lavoratore che istituisce la RSA è un soggetto iscritto al sindacato, con la conseguenza che l'espulsione o il recesso dal sindacato privano il lavoratore della legittimazione alla costituzione della RSA e la consequenziale decadenza dalle relative prerogative.

L'assenza di un rapporto di immedesimazione organica fa sì che gli atti compiuti dalle RSA non siano imputabili al sindacato. Tali rappresentanze sindacali, dunque, sono dotate di propria soggettività giuridica, distinta da quella della federazione sindacale cui si collegano.

La rappresentatività delle organizzazioni sindacali rilevante ai fini dell'attribuzione dei diritti sindacali discende dall'essere *"firmatarie di contratti collettivi di lavoro applicati nell'unità produttiva"*, nonché – a seguito della sentenza della Corte Costituzionale del 23 luglio 2013, n. 231 sopracitata *"pur non firmatarie dei contratti collettivi applicati nell'unità produttiva, abbiano comunque partecipato alla negoziazione degli stessi"*. Dunque, il metro della rappresentatività è dato dalla partecipazione alle trattative sindacali.

La Corte Costituzionale ha rilevato che l'art. 19, nella sua formulazione originaria, faceva sì che i sindacati fossero *"privilegiati o discriminati sulla base non già del rapporto con i lavoratori, che rimanda al dato oggettivo (e valoriale) della loro rappresentatività e, quindi, giustifica la stessa partecipazione alla trattativa, bensì del rapporto con l'azienda"* (ed in particolare di un *"atteggiamento consonante con l'impresa"*), determinando altresì la pericolosa situazione per la quale *"la scelta di sottoscrivere un contratto collettivo sarebbe condizionata dalla prospettiva di ottenere (firmando) o perdere (nono firmando) i diritti del titolo III"*.

Ma il medesimo rischio derivante dalla firma del contratto, si ripresenta in egual misura con il criterio, elaborato dalla Corte, della partecipazione alle trattative: il datore di lavoro potrebbe di fatto escludere la possibilità di costituire una R.S.A. rifiutando di avviare una trattativa, non essendovi tenuto, stante la propria libertà sindacale *negativa*.

Ciò, dunque, rende poco apprezzato, in dottrina ed in giurisprudenza il criterio della partecipazione alle trattative e lascia aperta la questione dell'effettività dell'art. 19 L. 300/70.

Per arginare la problematica, le parti sociali hanno introdotto – mediante l'Accordo interconfederale del 20 dicembre 1993 – un'alternativa forma di rappresentanza, quella delle **rappresentanze sindacali unitarie (R.S.U.)**, di recente oggetto di nuova disciplina da parte dell'Accordo interconfederale del 10 gennaio 2014 (c.d. Testo Unico sulla rappresentanza) e dell'Accordo interconfederale del 09 marzo 2018.

L'accordo interconfederale è un negozio di diritto privato e, dunque, produttivo di effetti solo tra le confederazioni stipulanti e quelle successivamente aderenti.

L'A.I. 2014, per quanto di interesse, ha innanzitutto stabilito che **nelle singole unità produttive con oltre 15 dipendenti** dovrà esser adottata una sola forma di rappresentanza; pertanto, ha stabilito la regola della necessaria **alternatività tra RSA e RSU**.

Ciò significa che ai sindacati che scelgono il modello delle R.S.U. non è consentito di costituire anche proprie R.S.A. nella medesima unità produttiva, mentre nulla vieta che ivi coesistano le R.S.U. e le R.S.A. laddove costituite da altri sindacati che non aderiscono agli accordi istitutivi delle R.S.U., preferendo il modello legale. Per le federazioni stipulanti o aderenti, invece, il TU 2014 sancisce espressamente che esse "rinunciano formalmente a costituire RSA".

Le R.S.U., a differenza delle R.S.A. non hanno forma libera, ma sono costituite ed organizzate secondo le disposizioni dell'A.I.

L'iniziativa non spetta ai lavoratori, ma **ai sindacati;** in particolare, possono presentare liste elettorali:

1. le organizzazioni sindacali aderenti alle confederazioni firmatarie dell'Accordo interconfederale del gennaio 2014 o del contratto collettivo nazionale applicato nell'unità produttiva;
2. le associazioni formalmente costituite con un proprio statuto ed atto costitutivo che accettino espressamente, formalmente ed integralmente i contenuti del T.U. 2014, dell'accordo Interconfederale del 2011 e del Protocollo del 2013 e le cui liste siano corredate dalle firme di almeno il 5% degli aventi diritto al voto (nelle aziende con oltre 60 dipendenti) ovvero da almeno 3 firme (nelle aziende con un numero inferiore di dipendenti);

La RSU è costituita mediante **elezione a scrutinio segreto**, a condizione che sia stato raggiunto un determinato **quorum costituivo**.
L'elettorato attivo è riservato agli apprendisti, operai, impiegati e quadri non in prova ed ai lavoratori a termine che prestino attività al momento delle elezioni; hanno diritto di **elettorato passivo** i soli operai, impiegati e quadri non in prova a tempo indeterminato.
La RSU è un organismo collegiale che decide a maggioranza semplice, il cui **numero di componenti** è direttamente proporzionale alle dimensioni dell'unità produttiva, a partire da un minimo di 3 nelle aziende fino a 200 dipendenti e così via, secondo le previsioni del TU 2014.
Il periodo di **durata in carica** degli eletti è fissato in 3 anni, alla scadenza dei quali decadono automaticamente, perdendo le prerogative sindacali; ciò avviene anche in caso di cambiamento di appartenenza sindacale (cd. cambio di casacca), espulsione o recesso dell'eletto dal sindacato che lo aveva presentato in lista nonché nei casi di cessazione del rapporto di lavoro.
Le RSU che succedono alle RSA godono dei **medesimi diritti** ed assumono gli **stessi doveri** previsti per queste ultime dallo Statuto dei Lavoratori attribuisce ai membri delle **RSA** ed hanno altresì, in più rispetto ad esse, la **legittimazione a negoziare per la stipula del contratto aziendale di lavoro**.
Per evitare che le RSU si allontanino dalla politica dei sindacati presentatori delle liste, il T.U. del 2014 ha riservato ai sindacati stipulanti il medesimo A.I. 2014 l'esercizio di taluni diritti statutari, quali ad es. il diritto di indire 3 delle 10 ore annue di assemblea retribuita, di godere di permessi non retribuiti, spazi per l'affissione.

5. I diritti sindacali: fonti e regolamentazione.

Tra le fonti di diritto interno, i diritti sindacali sono, innanzitutto, storicamente previsti dal titolo III e IV della legge n. 300/1970 e, a differenza di quelli di cui al titolo II (libertà sindacale), non sono riconosciuti indistintamente a qualunque soggetto sindacale.

Prevalentemente sono attribuiti alle R.S.A. o R.S.U., mentre alcuni spettano ai singoli lavoratori (art. 20), altri sono esercitabili da chiunque, compresi i sindacati che non presentano le caratteristiche di cui all'art. 19 (art. 26).

L'art. 20 attribuisce ai lavoratori il *"diritto di riunirsi in assemblea nella unità produttiva in cui prestano la loro opera, fuori dell'orario di lavoro, nonché durante l'orario di lavoro, nei limiti di dieci ore annue, per le quali verrà corrisposta la normale retribuzione. Migliori condizioni possono essere stabilite dalla contrattazione collettiva"*. Dunque, la norma non ha ad oggetto tanto il diritto all'assemblea, quanto quello all'assemblea retribuita, avendo il legislatore contemperato le prerogative sindacali con l'esigenza di non renderne troppo gravoso il costo per il datore.

La norma prosegue precisando che *"le riunioni possono riguardare la generalità dei lavoratori o gruppi di essi";* pertanto, è possibile che le stesse riguardino gli interessi di un gruppo soltanto di lavoratori o specifiche e ristrette iniziative.

Le assemblee sono **indette** singolarmente o congiuntamente **dalle R.S.A. (o R.S.U.)** e devono avere ad oggetto **materie di interesse sindacale e del lavoro**. Alle stesse possono partecipare tutti i lavoratori dell'unità produttiva nonché, previo preavviso al datore di lavoro, i **dirigenti esterni del sindacato** che ha costituito la R.S.A.

Le assemblee non devono esser preavvisate al datore di lavoro, salvo un obbligo in tal senso imposto dalla contrattazione collettiva.

Viceversa, al datore va comunicato l'ordine del giorno e l'eventuale partecipazione del sindacato esterno.

A lungo si è dibattuto sulla possibilità o meno di indizione dell'assemblea da parte del singolo componente delle R.S.U. sino alla pronunzia delle Sezioni Unite della Cassazione che, con la sentenza n. 13978/ 2017, hanno stabilito: *"il diritto d'indire assemblee, di cui all'art. 20 della l. n. 300 del 1970, rientra, quale specifica agibilità sindacale, tra le prerogative attribuite non solo alla r.s.u. considerata collegialmente, ma **anche a ciascun componente della r.s.u. stessa**, purché questi sia stato eletto nelle liste di un sindacato che, nell'azienda di riferimento, sia, di fatto, dotato di rappresentatività, ai sensi dell'art. 19 della l. n. 300 del 1970".*

L'art. 21 consente ai lavoratori lo svolgimento in azienda, fuori dall'orario di lavoro, di **referendum** su materie inerenti all'attività sindacale, indetti congiuntamente da tutte le R.S.A. nell'unità produttiva.
Hanno diritto di partecipazione tutti i lavoratori addetti all'unità produttiva o appartenenti alla categoria interessata.
I contratti collettivi, anche aziendali, possono stabilire ulteriori modalità per lo svolgimento dei referendum.
L'art. 26 attribuisce a tutti lavoratori, anche se non abbiano costituito una RSA, il diritto di **raccogliere contributi** per le loro organizzazioni sindacali e di svolgere opera di **proselitismo** all'interno dei luoghi di lavoro, senza pregiudizio al normale svolgimento dell'attività aziendale.
Il proselitismo consiste nell'opera di comunicazione e di diffusione di informazioni al fine di fare propaganda in favore di un dato sindacato. Il diritto incontra un limite nel fatto di non creare ostacolo o turbativa alla produttività aziendale. Fino al referendum abrogativo del 1995, la norma prevedeva anche il diritto dei sindacati di percepire i contributi tramite **ritenuta sulla retribuzione o sulle prestazioni erogate per conto degli enti previdenziali**. Tuttavia, la quasi totalità dei contratti collettivi e molte leggi speciali continuano a prevedere, comunque, l'obbligo della trattenuta.
Laddove non prevista, la giurisprudenza qualifica la trattenuta come cessione di credito: in tal modo, si configura un obbligo del datore di lavoro, cui sia stata notificata la cessione – mediante la richiesta del lavoratore di trattenere dalla propria retribuzione un importo corrispondente alla quota sindacale – di versare le somme direttamente in favore del sindacato.
Nel corso dei decenni successivi al 1970, ai diritti di fonte statutaria si sono aggiunti altri **diritti sindacali cd. di fonte esterna**, finalizzati al coinvolgimento dei lavoratori in alcune scelte imprenditoriali.
Si tratta di **diritti di mera informazione** (ad es. sull'utilizzo in azienda dei contratti a termine, art. 23 co. 5 D.lgs. n. 81/2015) **e di consultazione** (ad es. dall'art. 4 della L. n. 223/1991 in caso di licenziamenti collettivi e L. 428/1990 sul trasferimento d'azienda) previsti da norme speciali.
Tra le fonti di diritto comunitario, la direttiva 2002/14/CE – che ha istituito un quadro unitario per regolamentare in generale la materia dell'informazione e consultazione dei lavoratori – ed è stata attuata mediante il D.lgs. n. 25/2007, ha affermato, nell'ambito delle imprese con più di cinquanta lavoratori, il diritto dei lavoratori all'informazione ed alla consultazione per il tramite di R.S.A. e R.S.U., rinviando alla contrattazione collettiva per le concrete modalità di attuazione.
L'art. 40 della Costituzione, infine, riconosce dignità costituzionale al diritto

di sciopero che rappresenta lo strumento di autotutela dei lavoratori per eccellenza, per la cui trattazione diffusa si rimanda al successivo Cap. III.

6. Le prerogative delle R.S.A.

Lo Statuto dei lavoratori riconosce una serie di prerogative finalizzate a rendere possibile l'esercizio dell'attività sindacale che, altrimenti, sarebbe quantomeno difficile, dovendo il lavoratore attendere contemporaneamente alla propria prestazione e curare gli interessi collettivi.
In particolare, ai dirigenti delle R.S.A. ed ai componenti delle RSU spetta il diritto a specifici **permessi ed aspettative**.
I permessi attribuiscono al dirigente della RSA un diritto potestativo di sospendere la prestazione lavorativa, sempre che siano fruiti effettivamente per l'attività sindacale.
Possono essere **retribuiti (art. 23) o non retribuiti (art. 24)**. Sono retribuiti quando finalizzati a **svolgere** il **mandato sindacale**, cioè di rappresentanza in seno all'unità produttiva; non retribuiti, invece, per la **partecipazione a trattative sindacali o a congressi o convegni di natura sindacale** e, quindi, per attività sindacali, ma al di fuori dell'azienda. Questi ultimi permessi spettano in misura non inferiore ad 8 giorni l'anno, mentre i permessi retribuiti non possono essere inferiori ad otto ore mensili nelle aziende che occupano fino a 3000 dipendenti e ad un'ora all'anno nelle aziende che occupano fino a 200 dipendenti.
I permessi retribuiti, inoltre, spettano ad un numero di fruitori proporzionale al numero dei dipendenti, secondo l'art. 23, co. 2.
Il lavoratore che intende fruire dei permessi deve darne comunicazione scritta al datore di lavoro di regola 24 ore prima, se retribuiti oppure tre giorni prima, se non retribuiti, tramite le rappresentanze sindacali aziendali. Trattasi di termini derogabili, in relazione alle circostanze concrete, posto che il legislatore li ha stabiliti "di regola".
Poiché i permessi sindacali costituiscono oggetto di un diritto potestativo del dirigente sindacale, dal cui esercizio discende una situazione di soggezione del datore di lavoro, non essendo previsto il suo consenso per produrre l'effetto giuridico di esonero della prestazione lavorativa, la Cassazione ha riconosciuto al datore di lavoro **il diritto al controllo** per accertare l'effettiva partecipazione dei sindacalisti, fruitori di tali permessi, ad attività sindacali. Pertanto, mentre non è consentito un controllo preventivo ed autorizzativo, va ammesso il potere di controllo successivo e la rilevanza disciplinare dell'eventuale fruizione

indebita, posto che ad essa è conseguita l'illegittima sospensione della prestazione di lavoro.

Ulteriori permessi retribuiti sono previsti in favore dei **componenti degli organi direttivi, provinciali e nazionali** delle associazioni sindacali che abbiano i requisiti di cui all'art. 19 per la partecipazione alle riunioni degli organi suddetti (art. 30). Dunque, tali permessi non spettano alle RSA. Per l'individuazione dei limiti quantitativi e delle modalità di fruizione, la legge rimanda alla contrattazione collettiva.

L'art. 31, infine, attribuisce il diritto ad essere collocati in **aspettativa non retribuita**, per tutta la durata del loro mandato, ai lavoratori che siano eletti membri del Parlamento nazionale o del Parlamento europeo o di assemblee regionali ovvero siano chiamati ad altre funzioni pubbliche ed il 2 comma della norma estende tale diritto **ai lavoratori chiamati a ricoprire cariche sindacali provinciali e nazionali**.

Sempre al fine di rendere possibile, anche materialmente, l'esercizio dell'attività sindacale in azienda, **l'art. 25** riconosce alle R.S.A. ed alle R.S.U. il diritto di affiggere pubblicazioni, testi e comunicazioni inerenti materie di interesse sindacale e del lavoro in appositi spazi che il datore di lavoro ha l'obbligo di predisporre in luoghi accessibili a tutti i lavoratori. Il diritto è incondizionato, non avendo la legge stabilito le modalità dell'affissione e, dunque, non è necessario l'assenso preventivo. Si discute se sia consentita la defissione nel caso di comunicazioni ingiuriose o diffamatorie in luogo della tutela d'urgenza per ottenere un'ordinanza di rimozione.

Recentemente, la Cassazione ha ritenuto che l'obbligo di predisporre "appositi spazi" da mettere a disposizione delle rappresentanze sindacali, previsto dall'art. 25 SL, può essere adeguatamente attuato anche attraverso la previsione di una specifica casella di posta elettronica dedicata alle sole comunicazioni di natura sindacale; in assenza di canali informatici appositamente dedicati, l'uso della rete di posta elettronica aziendale da parte delle RSA in orario di lavoro per finalità di proselitismo sindacale (cd. volantinaggio elettronico) deve considerarsi legittimo, a condizione che si svolga senza pregiudizio per la normale attività aziendale (Corte di Cassazione, sentenza 5 dicembre 2022, n. 35644)

Nello stesso ordine di scopi, **l'art. 27** attribuisce alle R.S.A. ed alle R.S.U. costituite in unità produttive con **più di 200 dipendenti** il diritto di disporre in modo **permanente** di un **idoneo locale comune** all'interno dell'unità produttiva stessa o nelle sue immediate vicinanze, per l'esercizio delle loro funzioni e per lo svolgimento della propria attività.

A garanzia della continuità ed effettività dell'esercizio dell'attività sindacale si pone anche la disciplina del **trasferimento** dei dirigenti delle R.S.A. **(art. 22)**, che può essere disposto, oltre che nel rispetto dei requisiti generali di cui all'art. 2103 c.c., solo previo **nulla–osta** delle associazioni sindacali di appartenenza.

L'obiettivo è quello di evitare l'allontanamento del lavoratore scomodo e la protezione si estende sino alla fine dell'anno successivo a quello in cui è cessato l'incarico.

Il trasferimento, disposto in assenza del nulla-osta preventivo, è nullo e, pertanto, il dirigente sindacale potrà rifiutarsi di adempiere.

Infine, va rilevato che in caso di **licenziamento di dirigenti delle R.S.A.** è prevista una specifica tutela d'urgenza: il giudice, su istanza congiunta dell'interessato e del sindacato, con ordinanza (reclamabile e revocabile con la sentenza che decide la causa) può disporre la **reintegrazione** del lavoratore nel posto di lavoro, qualora ritenga **irrilevanti o insufficienti gli elementi probatori** forniti dal datore di lavoro.

Dunque, al pari di tutti i lavoratori discriminati per motivi sindacali (art. 18 co. 1-3), al dirigente sindacale, licenziato per siffatti motivi, spetta la reintegra nel posto di lavoro. Tuttavia, gli è accordata una tutela celere ed, inoltre, ove il datore non ottemperi all'ordine di reintegra, sarà tenuto a pagare a favore del Fondo adeguamento pensioni una somma pari all'importo della retribuzione dovuta per ogni giorno di ritardo (art. 18, co. 11–14).

7. La repressione della condotta antisindacale.

L'art. 28 L. 300/70 è la norma cardine nel sistema di protezione dei diritti sindacali.

Infatti, introduce lo strumento di repressione dei comportamenti del datore di lavoro "*diretti ad impedire o limitare l'esercizio della libertà e dell'attività sindacale nonché del diritto di sciopero*", mediante un apposito procedimento giurisdizionale speciale.

L'iniziale dibattito sulla **natura** solamente processuale della norma o, piuttosto, anche sostanziale, fu risolto dalla Corte Costituzionale nel primo senso, escludendo che essa attribuisse nuove posizioni giuridiche in capo al sindacato diverse da quelle tipizzate nell'ordinamento.

Allo stesso modo, si è discusso circa **i beni giuridici tutelati** dall'art. 28 in esame, ritenendo la dottrina trattarsi soltanto di interessi collettivi. Tuttavia, la giurisprudenza ha offerto un'interpretazione più ampia, ritenendo la norma diretta a proteggere anche gli interessi individuali del lavoratore laddove riferibili a diritti sindacali: lo strumento è azionabile in presenza di **condotte plurioffensive datoriali** ovverosia condotte che, pur essendo lesive di un diritto del singolo lavoratore, per ciò stesso realizzino anche la violazione delle prerogative del sindacato. In tal caso, la legittimazione ad agire ex art. 28 Stat. Lav. rimane in capo al sindacato ed il lavoratore ha la facoltà di intervenire nel processo *ad adiuvandum*; inoltre, il lavoratore potrà autonomamente esperire un'altra distinta azione ordinaria, che non sarà volta alla repressione della condotta antisindacale, ma a tutelare il singolo diritto soggettivo leso.

La **condotta antisindacale** non è analiticamente descritta dalla norma, che piuttosto la individua in chiave **teleologica** sulla base dell'idoneità della stessa a depotenziare il sindacato, incidendo sui **beni protetti** della **libertà sindacale, attività sindacale e diritto di sciopero**.

Tale condotta sindacale rileva nella sua consistenza **oggettiva**. Infatti, la giurisprudenza esclude la necessità dell'elemento intenzionale, siccome non rileva la volontà del datore di ledere l'interesse sindacale né rileva che la lesione derivi da comportamento colposo: è sufficiente la sola oggettiva idoneità lesiva dei beni protetti (Cass. Sez. un. n. 5295/1997; Cass. n. 13726/2014).

Ed, ancora, è sufficiente che la condotta sia anche solo **potenzialmente lesiva**, purché presenti il **requisito dell'attualità e della concretezza**. Quanto al primo, l'esaurirsi della singola azione lesiva del datore di lavoro preclude l'esercizio o la prosecuzione dell'azione ex art. 28 st. lav., a meno che non persistano gli effetti lesivi della condotta antisindacale, siccome durevoli nel tempo, sia per la sua portata intimidatoria, sia per la situazione di incertezza che ne consegue, suscettibile di determinare in qualche misura una restrizione o un ostacolo al libero esercizio dell'attività sindacale. (Cass. ord. n. 13860/2019; Cass. n. 3837/2016).

In ordine al requisito della concretezza, è necessario che la condotta leda diritti effettivamente suscettibili di essere esercitati, in concreto, nella realtà aziendale.

Accanto alla atipicità delle condotte antisindacali di cui all'art. 28 in esame, il legislatore ha previsto espressamente due **fattispecie tipiche**: a) la violazione degli obblighi di informazione sindacale in caso di trasferimento d'azienda (art. 47, co. 3, L. 428/1990); b) la violazione da parte della PA di clausole concernenti i diritti sindacali, previsti nei contratti collettivi che disciplinano il rapporto di lavoro nei servizi pubblici essenziali (art. 7 L. 146/1990).

L'opera di tipizzazione si è svolta anche sul terreno giurisprudenziale: la sostituzione dei dipendenti in sciopero con altri lavoratori non scioperanti viene ritenuta legittima soltanto ove questi ultimi siano dipendenti del datore di lavoro (cd. **crumiraggio interno**), mentre costituisce condotta antisindacale se

si tratta di lavoratori assunti ad hoc o reclutati attraverso il ricorso alla somministrazione di manodopera (cd. **crumiraggio esterno**).
Si è discusso se il **rifiuto da parte del datore di lavoro di trattare con le associazioni sindacali** possa integrare gli estremi della condotta antisindacale. L'orientamento prevalente fornisce risposta negativa, escludendo l'esistenza nel nostro ordinamento di un generale obbligo del datore di lavoro di trattare e ritenendo al più rilevante una selezione del tutto irragionevole ed arbitraria della controparte collettiva o anche discriminatoria.
Ed, infine, la **violazione della parte cd. obbligatoria del contratto collettivo**, che regola i rapporti con il sindacato, è stata ritenuta condotta antisindacale, a differenza della violazione della parte cd. normativa, volta a disciplinare i rapporti di lavoro individuali, a meno che, assumendo carattere sistematico, non finisca per integrare anche un attentato al ruolo del sindacato.

Passando all'esame del **procedimento giurisdizionale**, esso è articolato in **due fasi**, la prima a cognizione sommaria e la seconda, solo eventuale, a cognizione piena.
La **legittimazione ad agire** spetta soltanto agli *"organismi locali delle associazioni sindacali nazionali che vi abbiano interesse"*; pertanto, è il sindacato nazionale che, per il tramite delle articolazioni territoriali, può attivare la speciale procedura in esame; i sindacati privi di dimensione nazionale potranno avvalersi solo degli ordinari strumenti di tutela, anche in via d'urgenza ex art. 700 cpc.
Il requisito della **nazionalità** è stato interpretato dalla giurisprudenza in chiave di effettività dell'azione sindacale, che deve esser svolta non su tutto ma su gran parte del territorio nazionale, essendo decisiva, al fine di affermare il predetto requisito, la capacità del sindacato di porsi come controparte contrattuale (Cass. n. 17915/2017; Cass. n. 5209/2010) e non, invece, necessariamente il fatto di aver stipulato il contratto collettivo nazionale (Cass. n. 1/2020), anche se la firma resta un indice tipico della nazionalità. Non è neppure indispensabile che l'associazione faccia parte di una confederazione, né che sia maggiormente rappresentativa. (Cass. n. 1/2020; Cass. n. 5321/ 2017).
All'interno del sindacato nazionale, la legittimazione all'azione spetta agli **organismi locali**: trattasi delle strutture periferiche del sindacato che sono più vicine alla condotta denunciata, come individuate dagli statuti interni dell'organizzazione, spesso negli organismi provinciali.
La **legittimazione passiva** va riconosciuta in capo al datore di lavoro, anche non imprenditore, a prescindere dal numero di dipendenti ed anche al datore di lavoro pubblico. Con riguardo a quest'ultimo, la Cassazione a Sez. un. (n.

20161/2010) ha ricondotto alla giurisdizione del giudice ordinario le controversie promosse dalle associazioni sindacali ai sensi dell'art. 28 dello Statuto dei lavoratori, anche quando la condotta antisindacale afferisca ad un rapporto di pubblico impiego non contrattualizzato ed che incida non solo sulle prerogative sindacali dell'associazione ricorrente ma anche sulle situazioni soggettive individuali dei pubblici dipendenti.

La **competenza per territorio** si radica nel luogo in cui è stata posta in essere la condotta antisindacale.

Il procedimento, nella prima fase, è celere ed informale: il giudice del lavoro, convocate le parti ed assunte sommarie informazioni, qualora ritenga sussistente la violazione denunciata, con **decreto motivato ordina** al datore di lavoro **la cessazione del comportamento e la rimozione dei relativi effetti**.

Il decreto è irrevocabile sino alla definizione della seconda fase del giudizio e costituisce titolo provvisoriamente esecutivo.

Entro 15 giorni dalla comunicazione del decreto, la parte soccombente può proporre **opposizione e, in mancanza, il decreto diviene definitivamente esecutivo.**

L'opposizione si propone avanti il medesimo Tribunale in funzione di giudice del lavoro, ma **non innanzi alla medesima persona fisica** giudicante nella prima fase, a causa della natura impugnatoria del giudizio di opposizione che, dunque, determina, ex art. 51 cpc, l'obbligo di astensione del giudice che abbia già pronunciato in un precedente grado del processo.

Con la seconda fase viene instaurato un procedimento di merito, assoggettato al rito *ordinario* del lavoro di cui agli artt. 414 e ss. c.p.c. che si conclude con sentenza.

Qualora il datore di lavoro non ottemperi al decreto o alla sentenza pronunciata nel giudizio di opposizione è punito ai sensi dell'art. 650 c.p. e l'A.G. ordina la pubblicazione della sentenza penale di condanna *ex* art. 36 c.p. a titolo di pena accessoria. Infine, eventuali incentivi fiscali precedentemente concessi per favorire l'occupazione sono revocati (art. 7, co. 7, l. 23 dicembre 2000, n. 388).

QUESTIONARIO

1. Quali sono le fonti del diritto sindacale? **1.**
2. Come si esprime in concreto il principio di libertà sindacale? **2.**
3. In capo a chi spetta la libertà sindacale? **2.**
4. Sono associazioni riconosciute i sindacati? Quali sono le principali forme di organizzazione sindacale? **3.**
5. Che cos'è il sindacato di comodo? **3.**

CAPITOLO I | IL SINDACATO E L'ATTIVITÀ SINDACALE

6. Cosa si intende per rappresentanza sindacale aziendale e quali sono i presupposti per la sua costituzione delle R.S.A.?
7. Come si differenzia dalla rappresentanza sindacale unitaria? **4.**
8. Quali sono i diritti sindacali e le loro fonti di disciplina? E le prerogative dei dirigenti delle RSA? **5. - 6.**
9. Come sono regolati il trasferimento ed il licenziamento dei dirigenti delle RSA? In che cosa differiscono da quelli degli altri lavoratori? **6.**
10. Quali comportamenti integrano una condotta antisindacale del datore di lavoro? È rilevante l'elemento soggettivo? **7.**
11. A chi spetta la legittimazione ad agire per invocare la tutela prevista dall'art. 28 l. 300/1970 contro le condotte antisindacali? Può agire anche il singolo lavoratore e con quale azione? **7.**
12. Come è articolato il procedimento giurisdizionale speciale di repressione della condotta antisindacale? **7.**

SCHEDA DI SINTESI

Il sindacato è un'associazione non riconosciuta, stante la non attuazione dell'art. 39 Cost. Persegue l'interesse collettivo di una categoria di lavoratori. Opera a livello nazionale (federazioni) e territoriale attraverso articolazioni locali. La confederazione riunisce i sindacati di livello nazionale, ma ciascuno conserva una propria autonomia patrimoniale ed organizzativa. All'interno delle aziende con più di 15 dipendenti per ciascuna unità produttiva (5 in agricoltura) i lavoratori, spontaneamente, eleggono i propri rappresentanti sindacali (**RSA**), di solito lavoratori iscritti ai sindacati. Le RSA sono previste dallo Statuto dei Lavoratori. Con accordo interconfederale sono state istituite le rappresentanze sindacali unitarie (**RSU**) che sono una forma di rappresentanza alternativa alle RSA; sono costituite all'interno dell'impresa su iniziativa dei sindacati ed in tal caso è preclusa l'elezione di una RSA appartenente allo stesso sindacato. Godono di una serie di prerogative previste dalla L. 300/70 tra cui si segnala il divieto di trasferimento senza il preventivo nulla osta del sindacato.
Per la **repressione delle condotte antisindacali** del datore di lavoro è azionabile dagli organismi locali dei sindacati nazionali una speciale azione di tutela urgente ex art. 28 L. 300/70. Il procedimento si articola in fase sommaria (che si conclude con decreto motivato di cessazione della condotta plurioffensiva) e fase a cognizione piena (che si conclude con sentenza).

Capitolo II
Il contratto collettivo

Sommario:
1. Il contratto collettivo di lavoro: parti contraenti ed oggetto. – **2.** I livelli della contrattazione collettiva. – **3.** La natura giuridica del contratto collettivo. – **4.** L'efficacia soggettiva del contratto collettivo. – **5.** L'efficacia oggettiva del contratto collettivo. – **5.1.** I rapporti tra contratto collettivo e contratto individuale. – **5.2.** I rapporti tra contratti collettivi di livelli diversi. – **5.3.** I rapporti tra contratto collettivo e legge. – **6.** L'efficacia temporale del contratto collettivo. – **7.** Profili processuali.

1. Il contratto collettivo di lavoro: parti contraenti ed oggetto.

Il contratto collettivo è un negozio di diritto privato, i cui contraenti sono le organizzazioni sindacali, da un lato e le associazioni datoriali o, anche, direttamente il singolo datore di lavoro, dall'altro.
I contraenti che possono negoziare sono diversi a seconda del livello della contrattazione: a livello aziendale operano le RSA/RSU ed il datore di lavoro; a livello nazionale o territoriale, le federazioni sindacali o i loro sindacati provinciali e le corrispondenti associazioni dei datori di lavoro; a livello interconfederale, le confederazioni di entrambe le parti.
A seconda del contraente si determina il livello di contrattazione collettiva che, in ordine decrescente, può essere: a) interconfederale; b) nazionale; c) territoriale; d) aziendale.
La parte contraente che rappresenta i lavoratori deve necessariamente essere un'associazione sindacale, poiché deve rappresentare interessi collettivi della indistinta categoria dei lavoratori. Nel caso in cui a contrarre siano i singoli lavoratori, allora, non è dato parlare di contratto collettivo, ma ricorrerà la figura del **contratto individuale plurimo**, in cui vengono disciplinati i diritti individuali dei contraenti nominativamente individuati.
Questione di massima rilevanza è quella della legittimazione a negoziare, stante il variegato panorama di organizzazioni sindacali.
Al riguardo, il **Testo Unico 2014,** conformemente all'Accordo Interconfederale 2013, ha disciplinato la **rappresentatività ai fini della contrattazione nazionale.**

Prima di esporre la predetta disciplina, va rilevato come l'accordo interconfederale in esame (T.U. 2014), stipulato da Confindustria, CIGL, CISL e UIL, ha un ambito di applicazione limitato al settore industriale ed alle sole parti firmatarie; inoltre, le regole ivi previste non sono immediatamente operative, presupponendo l'attuazione, innanzitutto, del meccanismo di misurazione della rappresentatività sindacale.

In dettaglio, è prevista – come nel settore pubblico anche in quello privato – una soglia numerico/percentuale il cui raggiungimento è condizione di ammissione alla negoziazione. A tal fine, le organizzazioni aderenti alle Confederazioni firmatarie il Protocollo devono arrivare almeno al **5% di rappresentatività**, come media tra il dato associativo (numero di deleghe conferite relative ai contributi sindacali) ed il dato elettorale (voti ottenuti nell'elezione delle RSU).

Il sistema di rilevazione dei dati appena descritto dovrebbe poter entrare in funzione a seguito della convenzione del 19.9.2019 INPS-INL/Confindustria-CGIL-CISL-UIL che prevede l'introduzione di un'apposita sezione nei modelli delle dichiarazioni mensili aziendali (Uniemens) attraverso la cui compilazione l'Inps avrà contezza e certificherà il numero degli iscritti alla singola organizzazione sindacale.

Il TU 2014, tuttavia, ha trascurato il tema della rappresentatività datoriale, sicché è stato stipulato un Accordo del 09.03.2018, che più che disciplinare i criteri di misurazione, rimessi a futuri accordi, affida al CNEL il compito di effettuare una ricognizione dei perimetri della contrattazione collettiva nazionale di categoria, al fine di evitare il proliferare di contratti collettivi che si sovrappongono nella medesima area merceologica, a causa dell'aumento esponenziale di associazioni datoriali.

Non esiste un obbligo a trattare, al di fuori del TU 2014, sicché la parte datoriale resta libera sia nella scelta di avviare o di non avviare i negoziati sia in quella di individuare i soggetti con cui trattare, in virtù del principio del mutuo riconoscimento secondo cui sta al sindacato riuscire ad affermarsi come controparte negoziale.

Ciò con l'unico limite dell'antisindacalità della condotta datoriale che non deve esser finalizzata a favorire un sindacato o a discriminarne un altro.

Va, tuttavia, rilevato, come la libertà di scelta del contraente sia stata progressivamente erosa dalla legge, sicché in talune materie il datore di lavoro è tenuto – laddove decida a monte di negoziare – a farlo solo con determinate associazioni sindacali; è il caso, ad es., dell'art. 51 D.lgs. n. 81/2015 il quale, nelle materie disciplinate dal decreto mediante rinvio alla contrattazione collettiva, individua il contraente nei sindacati comparativamente più rappresentativi, stabilendo espressamente che: *"per contratti collettivi si intendono i contratti collettivi nazionali, territoriali o aziendali stipulati da associazioni sindacali comparativamente più rappresentative sul piano nazionale e i contratti collettivi aziendali stipulati dalle loro rappresentanze sindacali aziendali ovvero dalla rappresentanza sindacale unitaria".*

Passando all'esame dell'**oggetto** del contratto collettivo, esso viene generalmente suddiviso in due parti, la parte normativa e la parte obbligatoria:

1. **la parte normativa** detta la disciplina dei rapporti individuali di lavoro e si scinde nella parte concernente il trattamento retributivo e quella propriamente normativa che attiene a tutte le fasi del rapporto di lavoro (costituzione, esecuzione, sospensione, cessazione);
2. **la parte obbligatoria** regola le relazioni sindacali e, a differenza della prima, si applica limitatamente ai soggetti stipulanti. In particolare, disciplina i rapporti tra le organizzazioni sindacali del datore e quelle dei lavoratori, tra il datore e le rappresentanze sindacali aziendali, la struttura della contrattazione, i termini di durata del contratto, le clausole di amministrazione del contratto (ad es. istitutive dei collegi di conciliazione e arbitrato), le clausole procedurali relative ai rinnovi contrattuali ed alle competenze assegnate ai vari livelli contrattuali, le clausole che impongono obblighi informativi.

Peculiari sono le **cd. clausole di tregua,** con cui i sindacati rinunciano a proclamare lo sciopero, in un arco di tempo solitamente limitato, al fine di consentire il sereno svolgimento delle trattative di rinnovo del contratto collettivo. Peraltro, anche in mancanza di pattuizione di siffatte clausole, vigerebbe la **cd. pace sindacale**, che alcuni autori teorizzano sussistere quale **obbligo implicito**, una volta concluso il contratto collettivo, per effetto di una tacita accettazione delle parti circa il fatto che la disciplina pattuita sia non contestabile durante il periodo di vigenza del contratto.

Le clausole di tregua si distinguono dalle cd. **clausole di esigibilità** che tendono a salvaguardare l'effettiva operatività delle soluzioni, raggiunte in sede di contrattazione collettiva, relative all'organizzazione del lavoro ed all'esecuzione della prestazione (ad. es. la prestazione di lavoro straordinario in una determinata giornata della settimana); con esse si tende a salvaguardare l'interesse datoriale alla produttività contro quelle condotte dei lavoratori che – essenzialmente mediante lo sciopero, ma anche attraverso l'assenteismo, le assemblee sindacali, etc. – finiscono di fatto per risolversi in una mancata prestazione lavorativa, sia pure formalmente legittima. Dunque, a differenza delle clausole di tregua che precludono la proclamazione di qualsiasi sciopero, quelle di esigibilità tendono ad impedire solo determinati scioperi, cioè quelli che concernono specifiche materie sulle quali le parti hanno faticosamente raggiunto un equilibrio contrattuale.

Si ritiene che le clausole di tregua e quelle di esigibilità contenute nei contratti collettivi aziendali vincolino soltanto le parti contraenti e non i lavoratori, sicché la loro stipula non impedisce che i lavoratori procedano a scioperare in assenza di una proclamazione sindacale.

Nel tempo, il contratto collettivo si è arricchito di contenuti **gestionali o procedimentali** in quanto chiamato non più a disciplinare il rapporto di lavoro, ma a gestire le crisi aziendali e trovare strategie di superamento, così investendo i sindacati della partecipazione al potere imprenditoriale. Tali contratti non producono effetti sul rapporto di lavoro, limitandosi a vincolare l'imprenditore a seguire una determinata procedura al fine di poter esercitare un proprio potere (come in materia di licenziamenti collettivi).

2. I livelli della contrattazione collettiva.

La contrattazione collettiva si articola nei seguenti livelli:

1. **accordi interconfederali:** sono stipulati dalle confederazioni nazionali su materie trasversali, di interesse generale per tutti i settori produttivi (ad es.: costituzione e funzionamento delle R.S.U., licenziamenti collettivi);
2. **contratti nazionali di categoria:** conclusi tra i sindacati dei lavoratori e dei datori di lavoro appartenenti al settore economico di volta in volta interessato; essi stabiliscono la disciplina minima applicabile in tutto il territorio nazionale ai rapporti individuali di lavoro della singola categoria produttiva;
3. **contratti territoriali:** vengono stipulati dai sindacati di livello provinciale o regionale nei settori in cui la contrattazione nazionale stenta ad affermarsi, soprattutto a causa delle ridotte dimensioni delle aziende interessate (es. artigianato);
4. **contratti aziendali:** negoziati dalle RSA (o RSU) con il datore di lavoro alla luce delle specificità del contesto aziendale; hanno la funzione di integrazione, adattamento, arricchimento, deroga di quanto previsto dal CCNL; concernono le sole materie ad essi demandate dalla contrattazione nazionale; si applicano limitatamente alla specifica impresa interessata.

3. La natura giuridica del contratto collettivo.

L'art. 39 comma 4 della Costituzione – che faceva discendere il riconoscimento del valore di fonte del diritto in capo al contratto collettivo da specifiche caratteristiche delle associazioni sindacali – è rimasto inattuato, sicché nell'ordinamento giuridico italiano il contratto collettivo non può avere efficacia *erga omnes*, ma integra un **atto negoziale**, manifestazione dell'autonomia privata e della libertà sindacale (art. 39 Cost. comma 1).

Pertanto, il contratto collettivo è assoggettato alle norme del libro IV del Codice Civile e, per tale ragione, è definito *"di diritto comune"*.

Quanto al contenuto, si tratta di una particolare figura di **contratto normativo** – contratto che non realizza direttamente uno scambio economico, bensì detta la disciplina di un futuro, eventuale negozio – le cui peculiarità si ravvisano nel fatto di essere concluso da soggetti, almeno parzialmente, diversi da quelli della successiva attività contrattuale (che intercorrerà tra datore e lavoratore) e di individuare la disciplina applicabile ai singoli contratti individuali di lavoro, che tuttavia non sono soltanto futuri, ma anche già in corso.

Come si vedrà nei paragrafi seguenti, tale natura giuridica influenza profondamente il loro regime giuridico sotto vari profili, sostanziali e processuali.

> **TI RICORDI CHE...**
>
> Ai sensi dell'art. 39 Cost., i sindacati, che avessero avuto uno statuto democratico ed effettuato l'apposita registrazione avrebbero acquisito personalità giuridica e la capacità di stipulare contratti collettivi di lavoro con efficacia obbligatoria per tutti gli appartenenti alle categorie alle quali il contratto si riferisce.

4. L'efficacia soggettiva del contratto collettivo.

Trattandosi di contratti di diritto privato, espressione di autonomia privata, l'efficacia soggettiva dei contratti collettivi è regolata dal disposto dell'art. 1372 c.c., che sancisce la regola dell'**efficacia** *"inter partes"* del vincolo negoziale. Tale tipo di efficacia, soggettivamente limitata, non crea problemi per quanto attiene alla parte obbligatoria dei contratti siccome tale materia interessa soltanto gli organismi firmatari.

Diversamente, per quanto concerne la parte normativa – destinata a produrre i propri effetti su tutti i contratti individuali stipulati da soggetti diversi dai firmatari – si è posto il problema di individuare le categorie giuridiche in grado di consentire il dispiegarsi di tale efficacia soggettiva ben oltre la sfera giuridica dei contraenti. A tal fine, si è fatto ricorso alla figura della **rappresentanza volontaria** di cui all'art. 1388 c.c., secondo cui il contratto concluso dal rappresentante in nome e nell'interesse del rappresentato "*produce direttamente effetto nei confronti del rappresentato*".

In applicazione di siffatto principio, tuttavia, il contratto collettivo è in grado di vincolare unicamente quei lavoratori e datori di lavoro che siano iscritti al sindacato stipulante, in quanto attraverso l'iscrizione essi conferiscono **il cd. mandato sindacale** all'associazione. Tale soluzione è apparsa evidentemente non soddisfacente rispetto all'esigenza di estendere l'efficacia soggettiva del contratto collettivo all'imprenditore non iscritto ad alcuna associazione imprenditoriale; a tal fine, si è fatto ricorso alla categoria civilistica dell'applicazione volontaria del contratto collettivo mediante rinvio espresso, nel contratto individuale, alla relativa disciplina, che viene così direttamente recepita. Si tratta dell'**adesione esplicita**.

La giurisprudenza di legittimità (Cass. n. 10632/2009) ha, inoltre, chiarito che in mancanza di tale adesione, i contratti collettivi di lavoro estendono la loro efficacia anche a quei datori di lavoro che li abbiano implicitamente recepiti, attraverso un comportamento concludente, desumibile da una costante e prolungata applicazione delle relative clausole ai singoli rapporti (**adesione tacita**).

Dunque, i contratti collettivi di diritto comune, sia in base al principio di libertà sindacale (art. 36 Cost.) sia in base ai principi di diritto comune (1371 e 1372 cc) non possono vincolare datori di lavoro e lavoratori, in mancanza di un loro atto di volontà (iscrizione sindacale, adesione espressa, recepimento tacito) idoneo a manifestare la comune intenzione che il rapporto di lavoro tra loro intercorrente sia regolato dalla disciplina del CCNL.

Se il contratto collettivo, attraverso una delle predette modalità, vincola il datore di lavoro avrà, per l'effetto, efficacia nei confronti della generalità dei suoi dipendenti, a prescindere dall'iscrizione dei lavoratori al sindacato stipulante; analogamente, i contratti collettivi aziendali "*devono ritenersi applicabili a tutti i **lavoratori dell'azienda, ancorché non iscritti alle organizzazioni sindacali stipulanti**, con l'unica eccezione di quei lavoratori che, aderendo ad una organizzazione sindacale diversa, ne condividono l'esplicito dissenso dall'accordo medesimo e potrebbero addirittura essere vincolati ad un accordo sindacale separato e diverso*" (Cass. n. 10353/2004).

Inoltre, la giurisprudenza è giunta ad operare l'**estensione indiretta** del con-

tratto collettivo, mediante **l'applicazione parametrica** dello stesso, ove non possa farne applicazione diretta per difetto di adesione esplicita o tacita.
In tale ipotesi, il giudice fa riferimento al trattamento economico previsto dai contratti collettivi del settore, utilizzando i relativi **minimi retributivi** quale parametro per quantificare la retribuzione garantita dall'art. 36 Costituzione; accerta se la retribuzione pattuita nel contratto individuale sia conforme a tali minimi e, quindi, idonea a garantire un'esistenza libera e dignitosa; in caso contrario, il giudice la determina ai sensi dell'art. 2099 c.c., scegliendo se avvalersi del contratto collettivo o, piuttosto, di quello aziendale per ragioni di prossimità, siccome nell'ordinamento non esiste un criterio legale di selezione in caso di plurime fonti collettive (Cass. n. 1415/2012).
Al riguardo, inoltre, si pone l'ulteriore questione della **scelta del contratto collettivo applicabile in relazione al settore operativo.** La giurisprudenza ha affermato: "*Il primo comma dell'art. 2070 cod. civ. secondo cui l'appartenenza alla categoria professionale, ai fini dell'applicazione del contratto collettivo, si determina secondo l'attività effettivamente esercitata dall'imprenditore non opera nei riguardi della contrattazione collettiva di diritto comune... Pertanto, nell'ipotesi di contratto di lavoro regolato dal contratto collettivo di diritto comune proprio di un settore non corrispondente a quello dell'attività svolta dall'imprenditore,* **il lavoratore non può aspirare all'applicazione di un contratto collettivo diverso, se il datore di lavoro non vi è obbligato per appartenenza sindacale,** *ma solo eventualmente richiamare tale disciplina come* **termine di riferimento per la determinazione della retribuzione ex art. 36 Cost.**, *deducendo la non conformità al precetto costituzionale del trattamento economico previsto nel contratto applicato*" (Cass. n. 9964/2003)
Anche il legislatore è intervenuto ad estendere l'efficacia soggettiva del contratto collettivo:

1. l'**art. 36 l. 300/1970** prevede che nei provvedimenti di concessione di benefici accordati dallo Stato agli imprenditori o nei capitolati di appalto per l'esecuzione di opere pubbliche (a cui la Corte Costituzionale ha aggiunto le concessioni di servizi e forniture), **deve essere inserita una clausola che preveda l'obbligo**, per l'imprenditore beneficiario ovvero per l'appaltatore, di applicare nei confronti dei dipendenti condizioni non inferiori a quelle risultanti dai contratti collettivi della categoria o della zona; tale clausola, **cd. clausola sociale**, viene ricondotta al contratto a favore di terzo di cui all'art. 1411 c.c. e, come tale, è considerata attributiva al lavoratore di un diritto soggettivo (Cass. n. 18860/2014).

2. l'art. **30 co. 4 D.lgs. 50/2016** (il Codice dei contratti pubblici) stabilisce che "al personale impiegato nei lavori, servizi e forniture oggetto di appalti pubblici e concessioni è applicato il contratto collettivo nazionale e territoriale in vigore per il settore e per la zona nella quale si eseguono le prestazioni di lavoro, stipulato dalle associazioni dei datori e dei prestatori di lavoro comparativamente più rappresentative sul piano nazionale" ed analogamente dispone l'art. 105 per il subappalto;
3. l'art. **8 co. 3 DL n. 138/2011** prevede l'efficacia generalizzata – nei confronti di tutto il personale delle unità produttive cui il contratto stesso si riferisce – dei *contratti collettivi aziendali* vigenti prima dell'accordo interconfederale del 28 giugno 2011, a condizione che siano stati approvati dalla maggioranza dei lavoratori.

Infine, l'operazione estensiva dell'efficacia dei contratti collettivi avviene anche **a livello di accordi collettivi:**

- **l'Accordo interconfederale del 28 giugno 2011** – poi confluito nel **T.U. sulla rappresentanza aziendale del gennaio 2014** – che ha esteso l'efficacia dei **contratti collettivi aziendali** a tutto il personale in forza, qualora gli stessi siano:
  1. stipulati dalle **R.S.A.** costituite nell'ambito di sindacati che godano della **maggioranza delle deleghe** relative ai contributi all'interno dell'azienda o dell'unità produttiva ed **approvati** dalla maggioranza dei lavoratori con **referendum** (che va richiesto da una delle organizzazioni firmatarie dell'Accordo interconfederale o dal 30% dei lavoratori dell'impresa, è valido con la partecipazione del 50% più uno degli aventi diritto al voto e approva a maggioranza semplice) oppure
  2. stipulati dalle **R.S.U.** ed **approvati** dalla **maggioranza dei componenti** delle stesse.
- il già citato Protocollo del 31 maggio 2013, anch'esso confluito **nel T.U. del 2014**, ha disposto che i **contratti collettivi nazionali di lavoro** stipulati dalle organizzazioni sindacali munite di una rappresentanza minima del 50% + 1, se vengono approvati dai lavoratori mediante consultazione certificata a maggioranza semplice, sono efficaci ed esigibili e, una volta sottoscritti in via formale, divengono vincolanti per entrambe le parti, che si impegnano a darvi piena e completa applicazione ed a non promuovere iniziative di contrasto agli stessi.

5. L'efficacia oggettiva del contratto collettivo.

5.1. I rapporti tra contratto collettivo e contratto individuale.

Il contratto collettivo ed il contratto individuale sono entrambi negozi di diritto privato e, pertanto, di pari forza. Per tale ragione, al fine di garantire effettività alla funzione della contrattazione collettiva, volta ad offrire una disciplina comune a tutela dell'interesse collettivo della generalità dei lavoratori, si è reso necessario prevedere un meccanismo rafforzativo della sua efficacia oggettiva al fine di scongiurare che, a livello individuale, le parti potessero modificare in peggio quanto definito a livello collettivo.

Nel sistema corporativo, l'**art. 2077 c.c.** garantiva l'inderogabilità *in peius* delle disposizioni del contratto collettivo da parte della contrattazione individuale. Ma, soppresso l'ordinamento corporativo, la norma è divenuta inapplicabile e l'individuazione dell'efficacia del contratto collettivo di diritto comune avrebbe dovuto seguire le regole civilistiche; tuttavia, su un terreno di resistenza, la giurisprudenza di legittimità ha finito per ritenere che negare l'applicabilità dell'art. 2077 cc significherebbe "distruggere l'istituto" della contrattazione collettiva.

La modifica dell'**art. 2113 c.c.** nel 1973 – che ha sancito l'invalidità di rinunzie e transazioni aventi ad oggetto diritti dei lavoratori derivanti non solo da **disposizioni inderogabili** della legge, ma anche **dei** *"contratti e accordi collettivi"* – ha poi offerto un ben più valido riferimento normativo per affermare l'operatività nell'ordinamento di un principio generale dell'**inderogabilità *in* peius, di natura reale**, assistita, cioè, dalla sostituzione automatica delle clausole individuali peggiorative, nulle, con quelle più favorevoli.

L'inderogabilità degli accordi collettivi opera solo *in peius*; quindi, clausole derogatorie più favorevoli per il prestatore di lavoro sono valide, in virtù del principio del *favor praestatoris* che è un corollario necessario dell'inderogabilità unidirezionale *in peius*. Pertanto, saranno sempre consentiti i **cd. superminimi individuali,** maggiorazioni retributive soggette al riassorbimento nei trattamenti collettivi a mano a mano che questi, attraverso i rinnovi, saranno via via aumentati sino a raggiungere quelli individuali.

Non sempre è lineare l'individuazione del trattamento più favorevole, allorquando le modifiche individuali interessino più istituti, alcuni derogati in meglio ed altri in peggio. In tal caso, opera il criterio del **cd. conglobamento,** sicché deve accertarsi quale trattamento sia complessivamente, avuto riguardo a tutti gli istituti coinvolti, più favorevole.

Secondo la teoria cd. del **cumulo,** invece, per individuare il trattamento migliore bisogna confrontare tra loro le singole clausole, cumulando tutte quelle più favorevoli. La giurisprudenza, a sua volta, si è consolidata su una posizione intermedia, secondo la quale bisogna operare la comparazione della disciplina complessiva del singolo istituto contrattuale (ad es. le ferie).

5.2. I rapporti tra contratti collettivi di livelli diversi.

La pluralità dei livelli della contrattazione collettiva pone il problema della concorrenza e sovrapposizione di più fonti regolatrici, tutte aventi pari forza negoziale; infatti, ai rapporti tra la contrattazione di primo e di secondo livello non può applicarsi la regola dell'inderogabilità *in peius*, che attiene ai soli rapporti tra autonomia collettiva e individuale. La dottrina e la giurisprudenza hanno elaborato taluni criteri regolatori: il criterio **gerarchico** (nel senso della prevalenza della disciplina dettata dal contratto collettivo di livello superiore), quello **cronologico** (che guarda esclusivamente alla successione temporale dei contratti), quello del *favor lavoratoris* (che, in analogia con l'art. 2077 cc., ritiene legittime solo le deroghe più favorevoli operate dal contratto di secondo livello), infine quello di **specialità** (secondo cui prevale la fonte più vicina al rapporto da regolare). Quest'ultimo rappresenta il criterio che tende a prevalere nella più recente giurisprudenza di legittimità.

Le parti sociali sono intervenute a disciplinare la questione dei rapporti tra i diversi livelli della contrattazione, disciplinando le aree di rispettiva competenza, nell'**Accordo interconfederale del 10 gennaio 2014** (il T.U. sulla rappresentanza, più volte richiamato) il quale, su di un piano sistematico, riconosce che la contrattazione collettiva si articola su due livelli, nazionale ed aziendale; attribuisce alla contrattazione nazionale la funzione di garantire la certezza dei trattamenti economici e normativi comuni per tutti i lavoratori del settore ovunque impiegati nel territorio nazionale; in ordine alle materie riservate alla contrattazione di secondo livello, statuisce che "*la contrattazione aziendale si esercita per le materie delegate e con le modalità previste dal contratto collettivo nazionale di lavoro di categoria o dalla legge*", ma al contempo autorizza la contrattazione aziendale a "*definire intese modificative con riferimento agli istituti del contratto collettivo nazionale che disciplinano la prestazione lavorativa, gli orari e l'organizzazione del lavoro*" non a mò di principio generale, ma soltanto "*al fine di gestire situazioni di crisi o in presenza di investimenti significativi per favorire lo sviluppo economico ed occupazionale dell'impresa*".

Tuttavia, occorre rilevare come la portata risolutrice delle disposizioni del TU 2014 non sia poi così dirimente, siccome tale disposto, come già precisato, non riguarda tutti i settori merceologici e, soprattutto, la natura solo obbligatoria delle relative clausole comporta che la loro violazione non abbia effetti sulla validità del contratto. Sulla questione è anche intervenuto l'**art. 8 DL 183/2011 conv. con l. 148/2011,** secondo cui il contratto collettivo di prossimità (territoriale o aziendale) – sottoscritto dalle associazioni sindacali comparativamente più rappresentative sul piano nazionale o territoriale ovvero dalle loro rappresentanze sindacali operanti in azienda – può **derogare (*in melius* ma anche *in peius*) al contratto collettivo nazionale in un'ampia serie di materie** di cui al co. 2 (mansioni, inquadramento, orario; elencazione da ritenersi tassativa), a prescindere dalla presenza di apposite clausole introdotte in sede negoziale sulla ripartizione delle competenze contrattuali (art. 8, co. 2 *bis*).

Il successivo **D.lgs. n. 81/2015,** pur non intervenendo sull'efficacia dei contratti collettivi aziendali, ne ha ampliato l'ambito oggettivo, estendendolo ad un ventaglio di materie prima mai affidate all'autonomia negoziale delle rappresentanze sindacali aziendale e dei datori di lavoro.

5.3. I rapporti tra contratto collettivo e legge.

La normativa di legge concernente il lavoro subordinato è connotata dal principio dell'**inderogabilità *in peius*** ad opera dei contratti collettivi (così come dal contratto individuale).

Tuttavia, le misure di sostegno alla contrattazione di prossimità volute dal legislatore, mediante il più volte citato **art. 8, d.l. n. 138/2011,** conv. in l. **148/2011,** hanno portato (non solo all'imposizione della prevalenza della contrattazione collettiva di secondo livello su quella nazionale, come precisato nel par. 5.2., ma anche) all'introduzione un nuovo rapporto tra legge ed autonomia collettiva, che abbandona la tecnica dell'inderogabilità della fonte legislativa e, nelle materie previste dalla medesima legge (indicate al comma 2), consente che **le prescrizioni di legge possano essere derogate, anche *in peius*, dai contratti collettivi aziendali o territoriali, purché sottoscritti dalla maggioranza delle organizzazioni sindacali.** Resta fermo l'unico inevitabile e, dunque, necessitato limite derivante dal rispetto della Costituzione e dei vincoli derivanti dalle norme comunitarie e dalle convenzioni internazionali sul lavoro.

Dunque, in omaggio al principio di prossimità, solo ai contratti collettivi di secondo livello e non a quelli nazionali è stato attribuito il potere di deroga in peius alla legge.

La tecnica legislativa utilizzata dall'art. 8, incentrata sulla semi-imperatività della legge, che autorizza alla deroga un'altra fonte da essa stessa individuata,

non è nuova nell'ordinamento: basti pensare all'art. 2120 c.c. che consente ai contratti collettivi di derogare anche *in peius* al suo contenuto in relazione alla determinazione della retribuzione annua utile per il calcolo del TFR.
Al di fuori delle ipotesi consentite dalla legge, la clausola collettiva che deroga *in peius* alla legge è **nulla ai sensi dell'art. 1419 c.c.** e viene sostituita di diritto dalla disposizione normativa.

6. L'efficacia temporale del contratto collettivo.

L'**Accordo interconfederale del 2009** ha individuato in **3 anni** la durata di tutti i contratti collettivi, sia nazionali che di secondo livello, tanto per la parte economica che per la parte normativa, così innovando rispetto al previgente Protocollo del 1993, secondo cui i contratti di secondo livello avevano durata quinquennale, mentre, per quelli nazionali di categoria, la parte retributiva aveva durata biennale e quella strettamente normativa durata quadriennale.
Alla scadenza, il contratto collettivo perde efficacia, a meno che non contenga la **clausola di ultrattività**, che ne espande la vigenza fino alla conclusione del contratto successivo oppure preveda il cd. **rinnovo automatico**, che ne consente l'applicazione per un nuovo periodo di durata identico al precedente. Tuttavia, la giurisprudenza ha ritenuto che le parti possano manifestare anche per **comportamenti concludenti** la volontà di prosecuzione nell'applicazione del contratto collettivo, sicché la parte che non intenda farne ultrapplicazione dovrà comunicare all'altra una disdetta espressa.
In caso di **successione nel tempo di un nuovo contratto collettivo, anche peggiorativo**, le relative clausole si sostituiscono alle precedenti, senza che i lavoratori possano invocare, per il futuro, di mantenere e conservare il pregresso trattamento; ciò, in quanto il principio dell'inderogabilità in peius non opera nei rapporti tra contratti collettivi del medesimo livello, concernendo soltanto quelli tra contratto collettivo e contratto individuale.
Tale efficacia incontra il solo limite dei **cd. diritti quesiti**, cioè dei diritti che sono già entrati a far parte del patrimonio del lavoratore per effetto della precedente disciplina in relazione a prestazioni lavorative già rese, di cui il contratto collettivo non può disporre neppure rispetto ai suoi iscritti, salvo specifico mandato o successiva inequivoca ratifica del lavoratore.

7. Profili processuali.

Come sopra precisato (par. 3.), il contratto collettivo è un atto di diritto privato e, pur producendo un conformativo del contenuto del rapporto di lavoro della generalità dei lavoratori appartenenti alla categoria nel cui interesse collettivo è stipulato, non è qualificabile come fonte del diritto.
La sua natura negoziale, mista tuttavia ad un'efficacia soggettivamente generalizzata (cfr. par. 4) e per così dire paranormativa, si riflette indubbiamente sulla disciplina processuale a cui il contratto collettivo è assoggettato.
In particolare, dalla natura di contratto di diritto comune discende che:

1. l'esistenza della disciplina del contratto collettivo deve essere allegata e provata dalla parte processuale che la pone a fondamento della sua domanda, a differenza della legge che il giudice è tenuto a conoscere ed applicare a prescindere dalle allegazioni di parte;
2. il giudice, nell'interpretazione del contratto, deve attenersi alle regole ermeneutiche di cui agli art. 1362 e ss. c.c. e non a quelle di cui all'art. 12 delle preleggi relative all'interpretazione della legge.

Il carattere paranormativo, invece, comporta che, limitatamente ai seguenti aspetti e a determinati fini, la contrattazione collettiva è stata equiparata alla legge.
Infatti:

1. ai sensi dell'art. 360 c.p.c., come novellato dal D.lgs. n. 40/2006, tra i motivi del **ricorso alla Corte di Cassazione** è prevista anche la "*violazione o falsa applicazione* dei contratti collettivi" e non più soltanto "*di norme di diritto*"
2. l'**art. 420 bis c.p.c.** prevede la possibilità per il giudice di merito di decidere in via pregiudiziale le questioni concernenti "*l'efficacia, la validità o l'interpretazione delle clausole di un contratto o accordo collettivo nazionale*" con sentenza immediatamente ricorribile per Cassazione, così da consentire a quest'ultima un celere intervento nomofilattico.

QUESTIONARIO

1. Che cosa si intende per rappresentatività ai fini negoziali? **1.**
2. Qual è il contenuto del contratto collettivo? **1.**

CAPITOLO II | IL CONTRATTO COLLETTIVO

3. Che natura giuridica ha il contratto collettivo nell'ordinamento italiano? **3.**
4. Che efficacia ha il contratto collettivo dal punto di vista soggettivo? Che fondamento giuridico ha? Che differenze ci sono sotto questo profilo tra parte obbligatoria e normativa? Esistono casi in cui il contratto collettivo ha efficacia *erga omnes*? **4.**
5. Come sono regolamentati i rapporti tra contratto collettivo ed individuale? Perché il contratto individuale di lavoro non può derogare *in peius* a quello collettivo? **5.1.**
6. Quanti livelli di contrattazione esistono e che rapporto hanno tra loro? **5.2.**
7. È possibile che il contratto collettivo deroghi alla legge? Che destino ha la clausola collettiva che deroga *in peius* alla legge al di fuori dei casi in cui ciò è consentito? **5.3.**
8. Il contratto collettivo successivo può derogare *in peius* rispetto al precedente? **6.**
9. Che differenze di regime processuale si incontrano quando si invoca una previsione di legge o di contratto collettivo? **7.**

SCHEDA DI SINTESI

Il **contratto collettivo** è atto di diritto privato, composto di una parte normativa ed una obbligatoria. L'art. 39 Cost. attribuiva efficacia erga omnes ai contratti collettivi ove stipulati da associazioni registrate; tuttavia, la norma è rimasta inattuata quanto alla registrazione dei sindacati. Pertanto, l'efficacia del contratto collettivo può estendersi oltre le parti contraenti attraverso l'adesione esplicita o tacita al contratto collettivo.
Il contratto individuale può derogare in melius al contratto collettivo. **I contratti di prossimità**, invece, possono derogare anche in peius, nelle materie ad essi demandate dalla legge, non solo al contratto collettivo nazionale ma anche alla legge. Al di fuori delle ipotesi di legge, è nulla la clausola del contratto collettivo che deroghi alle previsioni di norme imperative ed è sostituita di diritto dalle corrispondenti norme di legge.

PARTE SECONDA | IL DIRITTO SINDACALE

Capitolo III
Sciopero e serrata

Sommario:
1. Lo sciopero: nozione e fondamento costituzionale. – **2.** La titolarità e la natura del diritto. – **3.** Modalità di attuazione e finalità. – **4.** I limiti al diritto di sciopero. – **5.** Effetti dello sciopero sul rapporto di lavoro. – **6.** Lo sciopero nei servizi pubblici essenziali. – **7.** Le forme di lotta sindacale diverse dallo sciopero. – **8.** La posizione del datore di lavoro rispetto allo sciopero. – **9.** La serrata.

1. Lo sciopero: nozione e fondamento costituzionale.

Lo sciopero consiste nell'astensione concertata dei lavoratori dalla prestazione per il raggiungimento di un fine comune.
Tipizzato come **reato** nel codice Rocco fino al 1889, lo sciopero fu poi concepito come **libertà** fino al 1926, quindi tornò ad essere penalmente sanzionato nel ventennio fascista, sino a conseguire il riconoscimento di **diritto costituzionale**, per effetto dell'**art. 40 della Costituzione** che si limitò a sancire che esso "*si esercita nell'ambito delle leggi che lo regolano*". L'unica legge emanata al riguardo è la l. 146/1990 sullo sciopero nei servizi pubblici essenziali, successivamente modificata dalla l. 83/2000 e dalla l. 182/2015 (infra par. 6). La scelta dell'assemblea costituente per una formula così sintetica fu dovuta all'esigenza di mediare tra le sue diverse componenti, spaccate tra la corrente conservatrice – che obiettava al riconoscimento della dignità costituzionale dello sciopero il significato di fallimento dello Stato nel ricomporre i conflitti sociali, tanto da concedere ai lavoratori uno strumento di forza per sottrarsi agli obblighi inerenti il rapporto di lavoro – e la componente socialista, favorevole a tale riconoscimento, quale segno di rottura con il precedente regime repressivo fascista.
L'art. 40 Cost. è riconosciuto come norma immediatamente precettiva nella parte in cui sancisce che lo sciopero "si esercita", così escludendo la legittimità di leggi contrarie (come quelle repressive di stampo penalistico, ancora vigenti al tempo della Costituente); è, invece, programmatica nella parte in cui aggiunge "*nell'ambito delle leggi che lo regolano*", siccome rimanda alle stesse l'individuazione delle modalità e dei limiti di esercizio dello sciopero.

A quest'ultimo riguardo, si ritiene che si tratti di una **riserva di legge relativa**, potendo essere anche le fonti pattizie a disciplinare in concreto la materia, nell'ambito della disciplina generale dettata dalle leggi.

2. La titolarità e la natura del diritto.

Discusso in dottrina è se la titolarità del diritto di sciopero sia individuale, spettando al singolo lavoratore o, piuttosto, collettiva e, pertanto, riconducibile all'organismo sindacale che lo proclama.

Prevale l'impostazione che qualifica lo sciopero come un **diritto individuale**, in quanto la sua titolarità va riconosciuta al singolo lavoratore, a differenze della libertà di organizzazione sindacale e delle relative prerogative volte a gestire il conflitto sociale, che invece spettano al soggetto collettivo.

Tuttavia, pur qualificato come diritto individuale, esso resta un diritto **ad esercizio collettivo**, in quanto deve esser attuato da una pluralità di lavoratori per realizzare un interesse di natura collettiva, che trascende l'utilità del singolo.

La titolarità individuale del diritto, peraltro, deve raccordarsi con il potere di **proclamazione** dello sciopero che spetta al sindacato: alla proclamazione viene da taluni riconosciuto il ruolo di "negozio giuridico collettivo unilaterale di autorizzazione" che condiziona la legittimità dell'esercizio del diritto individuale.

A tale ricostruzione si contrappone quella teoria che vede nello sciopero un **diritto a titolarità collettiva**, posto che la scissione tra titolarità individuale ed esercizio collettivo non potrebbe che determinare un vulnus nel diritto, il quale ne esce necessariamente *affievolito* per l'impossibilità del titolare di esercitarlo individualmente ed, altresì, di disporne liberamente, essendo la valutazione della necessità di impiego o meno dello sciopero rimessa al soggetto collettivo.

Quanto alle **categorie soggettive** dei titolari, il diritto di sciopero appartiene certamente a **qualsiasi lavoratore subordinato, privato o pubblico,** per la situazione di soggezione economico-sociale dal proprio datore di lavoro; è stato, altresì, riconosciuto ai **lavoratori autonomi in regime di parasubordinazione** (ad esempio i medici convenzionati con il servizio sanitario nazionale, con la sentenza Cass. n. 3278/1978) ed ai **piccoli commercianti, che non abbiano alle proprie dipendenze lavoratori subordinati** (con la sentenza C.Cost. n. 222/1975).

Per analoghe forme di lotta dei **lavoratori autonomi**, si tende ad escludere la qualificazione come sciopero ai sensi dell'art. 40 Cost. ed a parlare più pro-

priamente di **astensione** dalle prestazioni, ricondotta nell'ambito di tutela dell'art. 18 Cost. Si applicano in ogni caso anche ad essi – così come ai professionisti ed ai piccoli commercianti con dipendenti – le regole della l. 146/1990 sullo sciopero nei servizi pubblici essenziali.
Lo sciopero è radicalmente **escluso per i militari** (art. 8 l. 11 luglio 1978, n. 382) e **per gli appartenenti alle forze di polizia** (art. 89 l. 1° aprile 1981, n. 121), poiché la loro astensione dall'attività lavorativa recherebbe un pregiudizio insanabile a beni di rilievo costituzionale (quali ad es. la vita, la libertà personale, la salute ecc.).
Esso incontra, invece, delle **limitazioni** per i controllori di volo e gli addetti agli impianti nucleari e, più in generale, per gli addetti a **pubblici servizi essenziali** (infra § 6).

Quanto alla **natura giuridica**, il diritto di sciopero è un **diritto potestativo,** siccome attribuisce ai lavoratori la facoltà di sospendere unilateralmente il rapporto di lavoro, astenendosi dalla prestazione, senza che la controparte datoriale possa fare alcunché per impedire tale modifica temporanea del rapporto.
In quanto diritto individuale, esso è **indisponibile** ad opera delle parti collettive. A ciò consegue la limitazione alle sole associazioni sindacali dell'efficacia delle cd. clausole di tregua sindacale che possono essere contenute nella parte obbligatoria del contratto collettivo (cap. II § 1), vincolando così soltanto le stesse a non proclamare scioperi fino alla scadenza del medesimo.

3. Modalità di attuazione e finalità.

Lo sciopero viene tradizionalmente classificato mediante il criterio delle modalità di attuazione e quello delle finalità alle quali tende.
Con riferimento alle **modalità di attuazione,** si distinguono le seguenti tipologie di sciopero:

1. lo **sciopero cd. articolato** che mira ad alterare i nessi funzionali dell'organizzazione produttiva e a provocare il massimo danno alla controparte con la minima perdita di retribuzione; esso si distingue in **sciopero a singhiozzo**, in cui si alternano brevi periodi di astensione dal lavoro e brevi periodi di svolgimento dell'attività lavorativa e **sciopero a scacchiera**, in cui la sospensione dall'attività non è contestuale per tutti i lavoratori, ma è attuata in momenti differenti da gruppi di lavoratori;

2. lo **sciopero dello straordinario**, consistente nel rifiuto collettivo di prestare il lavoro straordinario richiesto dal datore di lavoro;
3. lo sciopero **ad oltranza** (in contrapposizione a quello **a tempo**), progettato per proseguire fino al raggiungimento dello scopo, dunque anche per mesi;
4. lo sciopero **generale** (per distinguerlo da quello **di categoria** o **aziendale**), potenzialmente esteso a tutti i lavoratori di un territorio o di un settore.

Per quanto concerne **le finalità** cui lo sciopero tende, si distingue tra lo sciopero per **fini contrattuali**, che si inserisce nell'ambito delle dinamiche di tutela degli interessi collettivi dei lavoratori e lo sciopero per **finalità sociali**, introdotte recuperando il limite dell'utilità sociale dell'iniziativa economica imprenditoriale di cui all'art. 41 II co. Cost.
Al riguardo, si parla di:

1. **sciopero economico-contrattuale,** finalizzato ad ottenere un trattamento normativo ed economico migliore di quello in atto o ad evitarne un peggioramento. Siffatta finalità è direttamente riconducibile all'art. 40 Cost., mentre le altre di seguito elencate sono il frutto dell'estensione della protezione costituzionale ad ulteriori ipotesi, operata attraverso le pronunzie della Corte Costituzionale, succedutesi nel corso degli anni;
2. **sciopero di solidarietà,** attuato a supporto delle rivendicazioni di altre categorie produttive già in sciopero e reputato espressivo del diritto costituzionalmente sancito, ove si accerti la comunanza di interessi con gli altri scioperanti;
3. **sciopero politico puro**, configurabile come espressione delle libertà fondamentali dell'ordinamento costituzionale (e non come diritto, a differenza dello **sciopero economico-politico**, pur diretto a conseguire provvedimenti dell'Autorità, ma incidenti sui rapporti di lavoro) proclamato al fine di esercitare pressione nei confronti dei pubblici poteri dello Stato per ottenere provvedimenti di indirizzo generale del Governo, sempre che esso non tenda a sovvertire l'ordine costituzionale o l'esercizio della sovranità popolare.

Va rilevato che la distinzione tra lo sciopero come diritto e come libertà fondamentale non ha trovato riscontro nel legislatore (L. 146/90), che riconduce lo sciopero per finalità diverse da quelle economiche-contrattuali all'esercizio del diritto costituzionale dell'art. 40 Cost.

4. I limiti al diritto di sciopero.

La giurisprudenza costituzionale e quella di legittimità, per lungo tempo, hanno dovuto delineare i confini di un istituto che, come anticipato, è stato volutamente riconosciuto dai padri costituenti in maniera generica e stringata. In assenza delle leggi attuative della parte programmatica dell'art. 40 Cost., plurime pronunce giurisprudenziali hanno individuato le condizioni di legittimità dell'esercizio del diritto di sciopero, pervenendo inizialmente all'elaborazione sia dei **cd. limiti esterni** ovvero derivanti dal necessario contemperamento con altri diritti di pari rango costituzionale sia dei **cd. limiti interni**, che cioè derivavano dalla nozione stessa di sciopero, intesa restrittivamente come astensione dal lavoro totale, concertata, contestuale e continuativa. Di conseguenza, tutte le sospensioni dell'attività che non avessero tali caratteristiche (c.d. "**scioperi anomali**", come ad esempio lo sciopero a singhiozzo o a scacchiera) non venivano sussunte nell'ambito dell'art. 40 Cost. ed erano considerate civilmente illecite per violazione del principio di correttezza e buona fede nell'esecuzione dei contratti ex artt. 1175 e 1375 cc, in quanto foriere per il datore di lavoro di un danno ingiusto, poiché superiore a quello strettamente necessario per la finalità cui tende lo sciopero e maggiore di quello determinato dalla corrispondente perdita della retribuzione.

La Corte di Cassazione, con la sentenza n. 711/1980, segnò un'inversione di tendenza, accogliendo una più ampia nozione di sciopero come *"astensione collettiva dal lavoro, disposta da una pluralità di lavoratori, per il raggiungimento di un fine comune"* in quanto coincidente con il significato *"che la parola ed il concetto ad esso sotteso hanno nel comune linguaggio adottato nell'ambiente sociale"*.

Ne è conseguito il tramonto della teoria dei limiti interni e la legittimazione delle varie forme anomale di sciopero fino ad allora vietate (come lo sciopero articolato), lasciando fuori soltanto quei comportamenti che, per non essere riconducibili nemmeno al più ampio concetto di astensione dalle prestazioni lavorative, ricadono nell'inadempimento contrattuale (come ad esempio, lo sciopero delle mansioni, in quanto indebita sostituzione unilaterale dell'oggetto dell'obbligazione lavorativa: si veda Cass., n. 23258/2013).

Restavano e restano fermi, altresì, i **limiti esterni** al diritto di sciopero, il quale pertanto non può compromettere ulteriori interessi aventi il medesimo rango costituzionale ed, in particolare, la **libertà di iniziativa economica** ex art 41 Cost.

Al riguardo, è stata introdotta la distinzione tra **danno alla produzione,** che è immanente allo sciopero e che, pertanto, non lo delegittima ed **il danno alla**

produttività, inteso come danno all'integrità degli impianti ed alla capacità dell'azienda di continuare a produrre e rimanere sul mercato, che invece è un danno ingiusto e rende illegittimo lo sciopero.
In tale ultimo caso, i lavoratori saranno assoggettabili a procedimento disciplinare oltre che a responsabilità civile restitutoria e, ove ne ricorrano i presupposti, a quella penale.
Successivamente, l'approdo giurisprudenziale dei limiti soltanto esterni del diritto di sciopero ha trovato conferma nell'art. 1 della l. 146/1990 che li individua nei *"diritti della persona, costituzionalmente tutelati, alla vita, alla salute, alla libertà ed alla sicurezza, alla libertà di circolazione, all'assistenza e previdenza sociale, all'istruzione ed alla libertà di comunicazione"*.

5. Effetti dello sciopero sul rapporto di lavoro.

La titolarità del diritto di sciopero *ex* art. 40 Cost., se esclude in radice la configurabilità di un inadempimento contrattuale in capo al lavoratore che eserciti siffatto diritto, certamente non deroga al fondamentale principio di sinallagmaticità delle prestazioni corrispettive nel contratto di lavoro.
Pertanto, la principale conseguenza dello sciopero sul rapporto di lavoro è la perdita della retribuzione dei lavoratori scioperanti. Infatti, alla sospensione unilaterale della prestazione lavorativa decisa dal prestatore consegue automaticamente la corrispondente sospensione dell'obbligazione retributiva gravante sul datore di lavoro.
La sospensione attiene tanto al trattamento fondamentale che agli istituti di retribuzione differita come tredicesima mensilità e TFR.
È pacifico in giurisprudenza che durante lo sciopero non maturano giorni di ferie, mentre il diritto alla retribuzione permane per chi si trova assente per malattia durante uno sciopero che impedisce completamente l'attività aziendale.
Sussiste, invece, il diritto alla retribuzione parziale rispetto alle ridotte prestazioni rese nell'ambito dello sciopero articolato (a singhiozzo o a scacchiera); tuttavia, il datore di lavoro può legittimamente rifiutare l'irregolare prestazione offerta, ove questa sia inutilizzabile e non più proficua, in relazione alla particolare tecnologia degli impianti, e quindi rimane esonerato dall'obbligo di corrispondere la relativa retribuzione; a tal fine, vengono in rilievo anche le perdite economiche della produzione consistenti nella distruzione o nell'inefficienza del prodotto ottenuto ovvero l'assunzione di maggiori oneri e costi, quali quelli inerenti alla sospensione o riattivazione del ciclo produttivo od all'opposto mantenimento in funzione degli impianti a vuoto.

6. Lo sciopero nei servizi pubblici essenziali.

Il legislatore ha dato attuazione all'art. 40 della Carta Costituzionale con l'emanazione della l. 12 giugno **1990, n. 146 sullo sciopero nei servizi pubblici essenziali,** successivamente modificata e integrata dalla l. n. 83/2000 e dalla l. n. 182/2015.

La ratio legis è quella di contemperare il diritto costituzionalmente garantito allo sciopero con altri diritti parimenti tutelati dalla Costituzione e spettanti a soggetti terzi rispetto al rapporto di lavoro ed estranei al conflitto collettivo, come gli utenti ed i consumatori, portatori di interessi altrettanto meritevoli di tutela, incisi dall'esercizio del diritto di sciopero.

L'art. 1, co. 1, della legge 146/1990 definisce i **servizi pubblici essenziali** in chiave teleologica come quelli che *"anche se svolti in regime di concessione o mediante convenzione, sono volti a garantire il godimento dei diritti della persona costituzionalmente tutelati alla vita, alla salute, alla libertà ed alla sicurezza, alla libertà di circolazione, all'assistenza e previdenza sociale, all'istruzione ed alla libertà di comunicazione".*

L'elencazione dei diritti, in funzione dei quali un servizio è considerato essenziale in quanto tendente alla relativa soddisfazione, è **tassativa**.

È, invece, **esemplificativo** l'elenco dei servizi essenziali, di cui al comma 2, posto che la legge impone le regole da rispettare e le procedure da seguire in caso di conflitto collettivo *"in particolare nei seguenti servizi"*: sanità, protezione civile, raccolta e smaltimento dei rifiuti, approvvigionamento di prodotti energetici, risorse naturali e beni di prima necessità, apertura di musei e luoghi per la cultura (introdotto con il DL n. 146/2015, conv. in L. 182/2015), amministrazione della giustizia, con particolare riguardo ai processi con imputati detenuti, trasporti pubblici, erogazione degli stipendi e delle pensioni anche tramite servizio bancario, istruzione pubblica ed universitaria, servizio postale e radiotelevisivo pubblico.

Nell'ambito dei predetti servizi pubblici essenziali, la regolamentazione dello sciopero, secondo una tecnica di **regolamentazione pluralistica** del conflitto, è demandata alla contrattazione collettiva; in caso di inerzia della stessa, all'Autorità Garante.

In particolare, le amministrazioni e le imprese erogatrici dei servizi devono concordare, nei contratti o accordi collettivi le prestazioni indispensabili che sono tenute ad assicurare, le modalità e le procedure di erogazione.

I contenuti degli accordi sono vincolati, dovendo essi prevedere: l'esperimento obbligatorio, prima della proclamazione dello sciopero, di apposite **procedure di raffreddamento e conciliazione**; il rispetto di **intervalli temporali minimi** da osservare tra l'effettuazione di uno sciopero e quello successivo (c.d. regola della rarefazione); la comunicazione scritta con un **preavviso di almeno 10 giorni** – salvi casi eccezionali in cui lo sciopero sia indetto in difesa dell'ordine costituzionale o in relazione a gravi eventi lesivi di incolumità e sicurezza dei lavoratori – alle amministrazioni od imprese eroganti il servizio ed all'autorità titolare del potere di precettazione della durata dell'astensione collettiva dal lavoro, delle modalità di attuazione, delle motivazioni della stessa; la **comunicazione all'utenza** da parte delle amministrazioni e le imprese erogatrici dei servizi, almeno 5 giorni prima dell'inizio dello sciopero, di informazioni sui servizi comunque garantiti e sulle successive modalità di riattivazione degli stessi; l'adozione di **misure** tali da consentire **l'erogazione delle prestazioni indispensabili**.

L'osservanza di tali vincoli contenutistici è condizione necessaria per il conseguimento del **giudizio di idoneità** dell'accordo da parte della **Commissione di Garanzia** – autorità indipendente appositamente istituita dalla L. 146 in esame – che costituisce la condizione necessaria di efficacia del contratto collettivo, prima del cui avveramento le parti che lo hanno sottoscritto sono comunque tenute a comportarsi secondo buona fede e correttezza.

Tale giudizio di idoneità costituisce soltanto l'atto finale del procedimento di accertamento dell'adeguatezza sociale dell'accordo, che può esser preceduto dall'attività di mediazione del conflitto da parte della medesima Commissione di Garanzia, anche attraverso l'assunzione di informazioni e la convocazione delle parti.

In caso di giudizio negativo, al pari dell'ipotesi di inerzia, l'Autorità di Garanzia svolge un ruolo di supplenza, dettando una regolamentazione provvisoria, che inizialmente ha la forma di una proposta su cui le parti devono pronunziarsi entro 15 gg. mediante recepimento totale o parziale in un accordo o respinta; in tale ultimo caso, la Commissione adotta la delibera di regolamentazione provvisoria, avente efficacia erga omnes.

La procedimentalizzazione dello sciopero, voluta dal legislatore, consta delle seguenti fasi obbligatorie:
1. la procedura contrattuale di raffreddamento e conciliazione, interna all'azienda, salvo che le parti concordino di esperire direttamente quella di conciliazione esterna;
2. la procedura di conciliazione presso la Prefettura o il Comuna se lo sciopero è locale, presso il Ministero del Lavoro, se nazionale;
3. esaurite tali procedure con esito negativo, la proclamazione dello sciopero, in forma scritta mediante la comunicazione e nel termine di preav-

viso secondo il contenuto vincolato dell'accordo, come illustrato sopra;
4. la comunicazione all'utenza (di cui sopra) che il servizio pubblico di radiotelevisione è tenuto a divulgare.

Lo sciopero non dovrà impedire l'erogazione delle prestazioni indispensabili, come pattuite.

Tra l'effettuazione di uno sciopero e la proclamazione del successivo, devono intercorrere **intervalli minimi** (generalmente pattuiti in 10 gg.) da osservare per evitarle che, per effetto di scioperi proclamati in successione da soggetti sindacali diversi e che incidono sullo stesso servizio finale o sullo stesso bacino di utenza, sia oggettivamente compromessa la continuità dei servizi pubblici (cd. rarefazione).

È, altresì, tendenzialmente vietata la **concomitanza** tra interruzioni o riduzioni di servizi pubblici alternativi, che interessano il medesimo bacino di utenza, per effetto di astensioni collettive proclamate da soggetti sindacali diversi; la Commissione di Garanzia, rilevata siffatta concomitanza, può invitare i soggetti la cui proclamazione sia stata comunicata successivamente in ordine di tempo a differire l'astensione collettiva ad altra data.

In caso di **sciopero generale** ovvero di astensione che coinvolge contemporaneamente tutti i settori, la Commissione di garanzia ha ritenuto non applicabile il divieto di concomitanza e l'obbligo delle procedure di conciliazione e raffreddamento, mentre restano applicabili le altre disposizioni della L. 146/90.

Spetta alla Commissione **il potere di verifica** sull'effettivo e corretto espletamento di tutte le fasi propedeutiche all'attuazione dello sciopero e di intimazione delle correzioni necessarie; il **potere di conciliazione**, esercitabile nel caso di conflitti di particolare rilievo nazionale, invitando, con apposita delibera, a differire la data dell'astensione dal lavoro per il tempo necessario a consentire un ulteriore tentativo di mediazione; il **potere di precettazione**, per il caso di fondato pericolo di un pregiudizio grave e imminente ai diritti della persona costituzionalmente tutelati che potrebbe essere cagionato dall'interruzione o dall'alterazione dei servizi pubblici, potere esercitato di recente durante la pandemia da COVID-19. In particolare, su segnalazione della Commissione di garanzia – o d'ufficio, nei casi di necessità ed urgenza – il Prefetto (per gli scioperi di rilevanza locale) o il Presidente del Consiglio dei Ministri o un Ministro da lui delegato (per i conflitti collettivi di impatto nazionale o interregionale): invitano le parti a desistere dai comportamenti che determinano una situazione di pericolo; esperiscono un tentativo di conciliazione; adottano con ordinanza le misure necessarie a prevenire i pregiudizi paventati, disponendo: il differi-

mento dell'astensione collettiva; la sua unificazione con altre già proclamate; la riduzione della sua durata; la prescrizione di misure atte a garantire livelli minimi di funzionamento del servizio; il **potere sanzionatorio** che viene indirettamente esercitato verso i lavoratori, prescrivendo al datore di lavoro di adottare sanzioni disciplinari e, direttamente, nei confronti di sindacati, mediante sanzioni di tipo interdittivo (sospensione dei permessi sindacali) e degli enti erogatori dei servizi, attraverso sanzioni amministrative pecuniarie.
Con l'introduzione dell'art. 2-bis nel **2000**, l'ambito soggettivo di applicazione della normativa è stato esteso anche a **lavoratori autonomi, professionisti e piccoli imprenditori**, i quali sono anch'essi vincolati, nelle astensioni collettive di protesta o di rivendicazione che incidono sui servizi pubblici essenziali, al rispetto di talune prescrizioni in merito all'erogazione delle prestazioni indispensabili, alla necessità di preavviso, all'intervento della Commissione di garanzia.
È opportuno ricordare che, al di fuori dell'ambito soggettivo ed oggettivo di applicazione della normativa ora richiamata, l'esercizio del diritto di sciopero non ha una regolamentazione normativa, sicché non è procedimentalizzato né vincolato ed incontra soltanto i limiti eventualmente posti dalla contrattazione collettiva o dai codici di autoregolamentazione e derivanti dall'obbligo di correttezza e buona fede, oltre che quelli cd. esterni. Per tale ragione, ad esempio, non sussiste sempre e comunque l'obbligo di dare un congruo preavviso e di proclamazione.

7. Le forme di lotta sindacale diverse dallo sciopero.

L'astensione dal lavoro non costituisce l'unico strumento di manifestazione del conflitto sociale, siccome ad essa si affiancano altre forme di lotta sindacale che **non trovano fondamento nell'art. 40 Costituzione**.
Non sempre tali forme di lotta sono legittime, talune possono trovare fondamento nelle norme costituzionali che tutelano il diritto di associazione e di manifestazione del pensiero (in particolare agli artt. 18 e 21), talaltre nella disciplina civilistica sull'adempimento delle obbligazioni.
Innanzitutto, vanno ricordate le attività strumentali all'effettuazione dello sciopero, quali la **propaganda** nei locali aziendali al fine di raccogliere consensi per la buona riuscita dello sciopero; i **cortei** all'interno dell'azienda sempre che non sfocino in comportamenti illegittimi o in forme di occupazione; il **picchettaggio**, che consiste nel raggruppamento dei lavoratori scioperanti all'ingresso dei luoghi di lavoro con lo scopo di dissuadere o disturbare i **cd. crumiri**

ovvero i lavoratori che si recano al lavoro perché non intendono scioperare, il quale è una forma di lotta sindacale legittima se non si tramuta in un impedimento materiale all'accesso in azienda e, quindi, all'esecuzione della prestazione coartando la volontà dei lavoratori che non intendano aderire; il **blocco delle merci**, con cui i lavoratori che stazionano davanti all'azienda cercano di evitare l'uscita delle merci prodotte o l'entrata delle materie prime. Dunque, tali comportamenti strumentali allo sciopero sono considerati legittimi ai sensi degli art. 21 e 39 Cost, ove attuati in forma pacifica attraverso il solo, sia pure animato, confronto verbale, mentre sono certamente illegittimi ove attuati con minaccia e violenza; si discute se sia tale anche la mera resistenza passiva attuata attraverso la cd. barriera umana.

Talvolta affianca lo sciopero vero e proprio, il **cd. sciopero bianco**, consistente nel permanere sul luogo di lavoro senza svolgere la prestazione e **lo sciopero alla rovescia**, costituito dall'entrata nei locali dell'impresa al di fuori dall'orario di lavoro. Tuttavia, tali forme di lotta possono configurare, a meno che non siano riconducibili ad un esercizio del diritto di assemblea ai sensi dell'art. 20 dello Statuto dei lavoratori, l'ipotesi illecita di **occupazione dell'azienda**, contro cui il datore di lavoro può agire in sede civilistica, mediante azione cautelare volta alla liberazione dei luoghi ed eventualmente in sede penalistica, ove l'occupazione sia finalizzata ad impedire la prosecuzione dell'attività aziendale, non già sospesa per effetto di uno sciopero in corso. Ancora, possono accompagnarsi allo sciopero, ma non hanno alcuna connessione oggettiva con esso, il **boicottaggio**, consistente nell'indurre "*a non stipulare patti di lavoro o a non somministrare materie o strumenti necessari al lavoro, ovvero a non acquistare gli altrui prodotti agricoli o industriali*" (punito dall'art. 507 c.p. a meno che non si limiti ad una mera attività di propaganda riconducibile all'art. 21 Cost.) ed il **sabotaggio**, consistente in un danneggiamento dei beni aziendali allo scopo di impedire e turbare il normale svolgimento del lavoro (comunque punito dall'art. 508 c.p.).

Vi sono, poi, tutta una serie di comportamenti opposti all'astensione dal lavoro in quanto caratterizzati dall'offerta della prestazione di lavoro – e dunque certamente estranei all'ambito di applicazione dell'art. 40 Cost. – ma posti in essere con lo stesso obiettivo dello sciopero, quali:

1. **lo sciopero pignolo,** che si realizza attraverso l'osservanza letterale di tutte le prescrizioni e regolamenti, al fine di rallentare la produzione;
2. **lo sciopero del rendimento**, consistente nel lavorare collettivamente con un ritmo più lento per ridurre la produzione;

3. la **non collaborazione**, consistente nel fare solo ciò che è strettamente obbligatorio astenendosi da prestazioni accessorie (come il trasporto dei materiali)
4. lo **sciopero delle mansioni** consistente nello svolgimento di alcune soltanto tra le mansioni di propria competenza, rifiutando il lavoratore di adempiere ad altre.

Tali forme di lotta sono in realtà forme di inadempimento contrattuale e, pertanto, illegittime e foriere di responsabilità disciplinare e restitutoria.
La Cassazione ha ripetutamente affermato, con riguardo in particolare allo sciopero delle mansioni dei portalettere, che la relativa astensione collettiva da talune prestazioni non attiene al legittimo esercizio del diritto di sciopero, ma costituisce inadempimento parziale degli obblighi contrattuali, traducendosi in una sostituzione unilaterale dell'oggetto dell'attività lavorativa.

8. La posizione del datore di lavoro rispetto allo sciopero.

Trattandosi di esercizio di un diritto, costituzionalmente garantito, dei lavoratori, il datore di lavoro è in posizione di **soggezione**, essendo impossibilitato ad impedire od ostacolare lo sciopero. Infatti, l'art. 40 Cost. è espressione, come è stato autorevolmente sostenuto, di un diritto ineguale, sbilanciato a favore dei lavoratori, ai quali viene riconosciuto uno strumento di autotutela collettiva, sul presupposto che si tratti della parte debole del rapporto.
Tuttavia, per assicurare l'esercizio aziendale, il datore di lavoro potrà avvalersi delle prestazioni dei propri dipendenti non scioperanti, adibendoli temporaneamente a mansioni diverse, nell'osservanza dell'art. 2103 cc e delle norme dei contratti collettivi che disciplinano tale potere (cd. **crumiraggio interno**).
Viceversa, è illegittimo il ricorso a manodopera esterna all'azienda al fine di sostituire il personale scioperante (cd. **crumiraggio esterno**), vietato tra l'altro espressamente da talune leggi speciali (si vedano gli artt. 14, 20 e 32 D.lgs. n. 81/2015, che vieta il ricorso a lavoratori intermittenti, a termine ed in regime di somministrazione per finalità sostitutiva di lavoratori scioperanti).
Allo stesso modo è illegittima, costituendo oltre che un inadempimento contrattuale del datore di lavoro anche un comportamento antisindacale, la **cd. serrata di ritorsione**, effettuata al solo scopo di reagire allo sciopero in atto rifiutando immotivatamente le prestazioni offerte dai lavoratori scioperanti (negli intervalli dello sciopero a singhiozzo e nei reparti di volta in volta non interessati dallo sciopero a scacchiera ovvero nei tempi di riavvio dell'im-

pianto a ciclo continuo) e dai lavoratori non aderenti allo sciopero, nonostante tali prestazioni siano in concreto utilizzabili e apportino una relativa utilità al datore di lavoro.

9. La serrata.

A differenza dello sciopero che integra gli estremi di un diritto costituzionalmente riconosciuto come strumento di autotutela del lavoratore, la serrata non gode del medesimo riconoscimento ed è stata ricondotta – dichiarata ormai l'illegittimità costituzionale dell'art. 502 c.p. che la incriminava al pari dello sciopero – solo ad una libertà individuale, in particolare alla libertà di impresa prevista dall'art. 41 Cost., come libertà di organizzare l'azienda, sottoposta a precisi limiti di esercizio.

In particolare, la **serrata** consiste nella **sospensione temporanea**, totale o parziale, **dell'attività lavorativa**, con conseguente rifiuto da parte del datore di lavoro di ricevere le prestazioni offerte da parte dei lavoratori e di pagare loro le retribuzioni.
La stessa è consentita solo per **ragioni contrattuali, avendo come fine quello di resistere alla richiesta di modifica migliorativa del contratto di lavoro oppure di ottenere un'adesione dei lavoratori ad una modifica peggiorativa dello stesso contratto di lavoro.**
È, invece, vietata la serrata di ritorsione, posta in essere solo come reazione ad uno sciopero in atto.
Di conseguenza è legittima la serrata laddove posta in essere rifiutando quelle prestazioni – offerte dai non aderenti allo sciopero o dagli aderenti agli scioperi articolati durante i momenti lavorati – che si pongano al di sotto di una soglia minima che le renda, in qualche modo, utilizzabili dal datore di lavoro ovvero a tutela di beni quali vita, integrità fisica, sicurezza e integrità degli impianti aziendali.
Al di fuori di tali ipotesi, la serrata integra un illecito civile, riconducibile alla **mora del creditore di cui all'art. 1206 c.c.** di talché il datore di lavoro che ha rifiutato le prestazioni lavorative offertegli è tenuto al risarcimento del danno nella misura delle retribuzioni non corrisposte ai lavoratori.

CAPITOLO III | SCIOPERO E SERRATA

QUESTIONARIO

1. Come può essere definito il diritto di sciopero? **1.**
2. Chi è titolare dei diritti di sciopero? **2.**
3. Quali forme di sciopero conosce? **3.**
4. In quali casi lo sciopero politico è legittimo? In quali è invece un vero e proprio diritto? **3.**
5. Quali limiti incontra il suo esercizio? **4.**
6. Quali effetti produce lo sciopero sul rapporto di lavoro? **5.**
7. Quali sono le peculiarità dello sciopero nei servizi pubblici essenziali? Che cos'è il potere di precettazione? Chi ne è titolare? **6.**
8. Quali altre forme di lotta sindacale legittime conosce? **7.**
9. Che strumenti ha a disposizione il datore di lavoro per contenere legittimamente gli effetti negativi dello sciopero sull'attività produttiva? **7.**
10. Che cos'è la serrata e quali conseguenze comporta dal punto di vista penale e dal punto di vista civile? **8.**

SCHEDA DI SINTESI

Lo sciopero è un diritto costituzionalmente garantito, indisponibile, di natura potestativa, che si esercita secondo la regolamentazione dettata dalle leggi in materia. Ne sono titolari i lavoratori subordinati, i parasubordinati ed i piccoli commercianti senza lavoratori alle dipendenze. Per le altre categorie si parla di astensione.
È vietato per i militari e le forze di polizia.
Può essere attuato in varie modalità: articolato (a singhiozzo, a scacchiera), generale, ad oltranza. Può rispondere a finalità strettamente attinenti al rapporto lavorativo (sciopero economico-contrattuale) o a finalità sociali (sciopero di solidarietà, sciopero politico). Dopo il tramonto della teoria dei cd. limiti interni – che impedivano scioperi che non fossero totali, continuativi e contestuali, i cd. scioperi anomali (a singhiozzo, a scacchiera) – il diritto di sciopero deve esser esercitato nel rispetto dei soli limiti esterni ovvero senza intaccare altri diritti e libertà costituzionalmente garantiti.
I lavoratori in sciopero non hanno diritto alla retribuzione, né maturano ferie. Nell'ambito dei servizi pubblici essenziali, lo sciopero soggiace a stringenti limiti previsti dal CCNL volti a garantire le prestazioni indispensabili e deve rispettare la procedura prevista dalla L. 146/90.
Il datore di lavoro non può impedire lo sciopero, trovandosi in posizione di soggezione; può, tuttavia, sostituire i lavoratori scioperanti adibendo temporaneamente altri dipendenti alle mansioni rimaste scoperte (crumiraggio interno). È vietato, invece, il ricorso a nuova manodopera assunta all'uopo (crumiraggio esterno) così come è vietata la serrata di ritorsione, intesa come reazione allo sciopero. La serrata, quale sospensione dell'attività aziendale voluta dal datore di lavoro, è legittima solo per ragioni contrattuali cioè per resistere alle richieste di modifiche contrattuali o per ottenere l'adesione dei lavoratori a variazioni negoziali peggiorative.

PARTE TERZA
IL DIRITTO
DELLA PREVIDENZA SOCIALE

Capitolo I
La previdenza sociale

Sommario:
1. Previdenza ed assistenza sociale. – **2.** Il rapporto giuridico previdenziale. – **3.** Il rapporto contributivo. – **3.1.** I contributi: natura giuridica e tipologie. – **3.2.** La quantificazione dell'obbligo contributivo. – **4.** Il rapporto erogativo ed il principio di automaticità. – **5.** La prescrizione dei crediti contributivi e le omissioni. – **6.** Ricongiunzione e totalizzazione.

1. Previdenza ed assistenza sociale.

Il sistema previdenziale italiano radica **nell'art. 38 cost.** il proprio fondamento.
Tale disposizione al **comma 2** nello statuire che **i lavoratori** abbiano diritto, al verificarsi di eventi protetti tipizzati (infortunio, malattia, invalidità, vecchiaia e disoccupazione involontaria), a **mezzi adeguati alle loro esigenze di vita** e nel coordinamento con il **comma 4**, che prevede che siano posti dallo Stato o da esso integrati **gli organi deputati a provvedere a tali compiti, fonda un modello di Stato sociale** in cui la previdenza ha rilevanza pubblicistica e costituisce una delle funzioni primarie che lo Stato deve espletare e rientra tra i servizi che lo stesso è tenuto ad offrire (Cinelli).

Sebbene il comma 2 faccia riferimento esclusivamente ai lavoratori la tutela non si limita a quest'ultimi perché il lavoratore è comunque parte della famiglia (art. 36 cost.) con la conseguenza che gli interventi previdenziali a sostegno del lavoratore si estendono al nucleo familiare di appartenenza in caso di morte del lavoratore.
Il sistema previdenziale è tradizionalmente distinto in:

1. **previdenza pubblica obbligatoria:** le cd. assicurazioni sociali,
2. **previdenza complementare**, contraddistinta da forme previdenziali a costituzione ed adesione volontaria che si affiancano a quelle obbligatorie ed implementano l'importo delle prestazioni erogate dallo Stato.

L'assistenza sociale comprende, invece, l'insieme dei compiti della pubblica amministrazione che, in attuazione dei principi costituzionali di uguaglianza (art. 3 Cost.) e di solidarietà sociale (art. 2 Cost.) che informano il nostro ordinamento, mirano a fornire prestazioni normalmente gratuite ai **soggetti più bisognosi (a prescindere da una attività lavorativa eventualmente svolta)** e tendono ad eliminare le disuguaglianze economiche ed a salvaguardare la dignità delle persone più svantaggiate.

Essa radica il suo fondamento nel **comma 1 dell'art. 38 della Carta Costituzionale**.

Previdenza ed assistenza si distinguono però sotto i seguenti profili:

1. la platea dei **beneficiari**, che sono i **soli lavoratori** per le prestazioni previdenziali e invece **la generalità dei cittadini** che abbiano i requisiti di cui al secondo comma dell'art. 38 Cost. per quelle assistenziali. Il beneficiario delle prestazioni previdenziali svolge normalmente una attività lavorativa che gli impone l'iscrizione ad una gestione previdenziale (cd. sistema parassicurativo), mentre per beneficiare delle prestazioni assistenziali non è necessaria alcuna iscrizione ad una gestione previdenziale ma è lo Stato a stanziare determinate somme del bilancio pubblico per i bisogni della collettività (esempi di prestazioni assistenziali: assegno sociale, bonus, assegno per nucleo familiare numeroso);
2. il **sistema di finanziamento**, che nel caso della previdenza avviene attraverso i premi delle assicurazioni sociali corrisposti dai datori di lavoro o, eccezionalmente, dai lavoratori; nel caso dell'assistenza sociale, invece, il finanziamento è pubblico, cioè a carico di tutta la collettività;
3. la **posizione soggettiva** dei destinatari degli interventi: diritto soggettivo per quelli previdenziali, interesse legittimo pretensivo per quelle assistenziali;
4. la **competenza legislativa**: esclusiva dello Stato, per quanto attiene la previdenza sociale obbligatoria e per la determinazione dei livelli essenziali delle prestazioni concernenti i diritti civili e sociali; concorrente tra Stato e Regioni, per la previdenza complementare e integrativa e la tutela e sicurezza del lavoro.

La tutela previdenziale obbligatoria viene realizzata attraverso lo strumento dell'**assicurazione sociale**: a fronte del versamento di contributi, lo Stato assume la gestione o la tutela di eventi idonei ad ingenerare condizioni di bisogno per l'assicurato.

Le assicurazioni sociali **si distinguono da quelle private** sotto plurimi aspetti:

1. la **fonte** del rapporto (la legge nel primo caso, l'autonomia privata nel secondo);
2. il **fine** cui l'assicurazione stessa tende (la sicurezza sociale e, dunque, un interesse pubblicistico, nella prima ipotesi, l'interesse privato risarcitorio nella seconda);
3. la **correlazione tra contribuzione e prestazione** (mero collegamento strutturale nelle assicurazioni sociali, contraddistinte dal principio di automaticità, vera e propria sinallagmaticità funzionale in quelle private);
4. il **soggetto obbligato al pagamento dei premi assicurativi** (nelle gestioni previdenziali spesso distinto dal beneficiario delle prestazioni, essendo di regola obbligato il datore di lavoro);
5. l'**aleatorietà dell'evento coperto da assicurazione** (il negozio assicurativo privato è contraddistinto dalla nozione di rischio – un evento futuro ed incerto –, che ne costituisce elemento indefettibile; tale aleatorietà non è necessaria nel rapporto previdenziale, ove la tutela pubblica è prevista anche a fronte di eventi inevitabili, quali la vecchiaia o la morte).

2. Il rapporto giuridico previdenziale.

Il **rapporto previdenziale è un rapporto giuridico complesso perché involge una pluralità di soggetti e, proprio in relazione ai soggetti coinvolti, che è possibile distinguere le relazioni giuridiche tra gli stessi intercorrenti.**
Sicuramente la vicenda giuridica che si instaura è **trilatera** perché coinvolge

1. l'Ente previdenziale,
2. il datore di lavoro,
3. il lavoratore.

Gli Enti previdenziali sono i **soggetti erogatori della prestazione** e nel sistema delle assicurazioni sociali è prevista una pluralità di Enti diversamente caratterizzati a seconda della natura dell'attività svolta dal lavoratore ovvero dal rischio protetto.
Tra i principali Enti si annovera **l'INPS** (Istituto Nazionale della Previdenza

Sociale) che si occupa delle assicurazioni obbligatorie per l'invalidità, la vecchiaia, i superstiti, nonché alla gestione di forme di previdenza a carattere temporaneo diverse dalle pensioni e l'**INAIL** (Istituto Nazionale per l'Assicurazione contro gli Infortuni sul Lavoro) che si occupa della gestione degli infortuni sul lavoro e delle malattie professionali. Tra gli Enti previdenziali ulteriori vi sono le Casse previdenziali dei liberi professionisti e gli Enti minori come l'Enasarco (ente nazionale di assistenza per gli agenti e i rappresentanti di commercio).

Il datore di lavoro è colui che è obbligato a versare i contributi nel rapporto di lavoro subordinato. Il lavoratore autonomo è parimenti tenuto al versamento dei contributi ed in via esclusiva. Nei rapporti di collaborazione vi è un onere contributivo ripartito tra il committente ed il lavoratore ma è il committente responsabile nei confronti del datore di lavoro.

I **lavoratori** che sono i **beneficiari** della prestazione previdenziale e sono i lavoratori subordinati, i lavoratori con contratto di collaborazione eterorganizzata, occasionali, autonomi, piccoli commercianti, lavoratori agricoli autonomi, associati in partecipazione, soci lavoratori di cooperative;
 Proprio la pluralità di soggetti coinvolti nel rapporto previdenziale consente di operare un distinguo tra:

1. **Rapporto contributivo** che si costituisce per effetto della genesi stessa del rapporto di lavoro;
2. **Rapporto erogativo** che si costituisce al verificarsi dell'evento assicurato e, quindi, del verificarsi del c.d. rischio.

Il **rischio, che costituisce l'oggetto del rapporto previdenziale**, è predeterminato dalla legge come anzidetto e può trovare la sua genesi nell'attività lavorativa stessa, pensiamo ad esempio alla malattia ovvero all'infortunio, oppure ad ipotesi esulanti come la vecchiaia, la gravidanza, etc.

3. Il rapporto contributivo.

Il **rapporto contributivo è quel rapporto che si instaura**, automaticamente, tra l'Ente cui è dovuto il versamento della contribuzione ed il soggetto tenuto alla contribuzione. Esso, come anzidetto, si instaura automaticamente al verificarsi dei presupposti previsti dalla legge: la costituzione del rapporto di lavo-

ro, l'iscrizione negli albi professionali, l'espletamento di una delle attività lavorative specificamente protette, ecc.
L'obbligo contributivo radica il suo fondamento **nell'art. 23 della costituzione** secondo cui esso deve essere previsto dalla legge. Il sistema previdenziale è finanziato mediante il versamento dei contributi anche se in alcune circostanze vi è una partecipazione diretta dello Stato al finanziamento stesso ovvero un intervento indiretto attraverso **la c.d. fiscalizzazione degli oneri sociali.**
In altri termini lo Stato si sostituisce alle imprese nel pagamento degli oneri sociali attraverso gli strumenti della fiscalità generale, ad esempio, riducendo aliquote di finanziamento dei fondi ovvero mettendo a carico della fiscalità generale la riduzione concessa riducendo così il costo del lavoro per le imprese.

3.1. I contributi: natura giuridica e tipologie.

Discussa è **la natura giuridica** dei contributi, in merito alla quale si confrontano varie tesi:

1. una prima tesi (concezione assicurativa) li equipara ai **premi** assicurativi corrisposti nelle assicurazioni private;
2. un'altra impostazione (concezione lavorista) attribuisce agli stessi **natura retributiva**: i contributi costituirebbero cioè una quota di salario oggetto di risparmio forzoso del lavoratore, accantonato per far fronte a necessità future (teoria del salario previdenziale);
3. **l'orientamento maggioritario condivide la concezione tributarista** che riconduce invece i contributi alla categoria delle imposte, considerandoli prelievi coattivi funzionali alla realizzazione di un interesse generale (Persiani).

La ricerca di un concetto unitario si scontra con la **varietà delle tipologie.**
Tra i contributi si distinguono tra gli altri:

1. **contributi obbligatori**, versati in caso di effettivo svolgimento di attività lavorativa;
2. **contributi figurativi o fittizi**, corrisposti in ipotesi tassative in cui il rapporto di lavoro resta sospeso per cause non imputabili alla volontà del lavoratore (maternità, malattia, CIG, cariche pubbliche elettive, servizio militare, ecc.);
3. **contributi volontari**, versati direttamente dall'interessato in un momento successivo alla cessazione del rapporto di lavoro;

4. **contributi da riscatto**, con cui vengono accreditati contributi per periodi in cui la contribuzione non era obbligatoria (riferiti allo svolgimento di attività socialmente meritevoli, come il periodo del corso di laurea o del dottorato di ricerca).

3.2. La quantificazione dell'obbligo contributivo.

Per determinare la **misura della contribuzione**, è necessario applicare un'aliquota percentuale alla base imponibile la quale, a seconda del tipo di gestione previdenziale, è costituita dalla retribuzione corrisposta al lavoratore subordinato o dal compenso del collaboratore parasubordinato o dal reddito da lavoro autonomo dichiarato ai fini IRPEF.

L'aliquota contributiva è determinata dalla legge e varia in relazione alle gestioni, è indipendente dal rischio assicurato salvo che per i premi INAIL, il settore economico di appartenenza. La riserva di legge posta dall'art. 23 cost. impone alla fonte primaria l'individuazione dei criteri per la determinazione dell'aliquota ferma la determinazione annuale dell'Ente previdenziale previo decreto ministeriale.

La **nozione di retribuzione imponibile per l'individuazione della contribuzione dovuta dal lavoratore dipendente** è stata individuata dall'art. 12 della l. 153/69 ed era autonoma rispetto a quella lavoristica e tributaria. Con la novella introdotta dal D.lgs. 314/97 si è assistito all'unificazione della nozione di retribuzione imponibile sia ai fini previdenziali che fiscali. Stante il rinvio all'art. 48 del TUIR la retribuzione imponibile per l'individuazione della contribuzione dovuta è costituita da "*tutte le somme e i valori in genere a qualunque titolo spettanti nel periodo d'imposta, anche sotto forma di erogazioni liberali, in relazione al rapporto di lavoro, con esclusione di alcune voci tassativamente previste.*"

Ai fini contributivi si considerano, per quanto concerne la nozione di retribuzione imponibile, le somme ed i valori **maturati** e non già esigibili anche se quando si verificano scostamenti tra la maturazione e l'esigibilità si fa riferimento alla scadenza dell'obbligazione. L'obbligazione contributiva matura, quindi, con la scadenza del periodo di paga e non rientrano nella base imponibile interessi e rivalutazioni derivanti dalla ritardata percezione di quanto dovuto dal datore di lavoro.

Il co. 4 dell'art. 12 esclude, altresì, quelle voci della retribuzione che non possono rientrare nella nozione di imponibile previdenziale al cui elenco tassativo si rinvia e si segnalano a titolo esemplificativo le somme corrisposte per il trattamento di fine rapporto, le somme corrisposte per incentivo all'esodo, i trattamenti di famiglia.

Durante l'emergenza **COVID-19** è stato previsto un differimento del versamento della contribuzione per i lavoratori dipendenti per effetto della **legge 176/2020 (c.d. Ristori omnibus – che ha convertito il d.l. Ristori n. 137/2020 abrogando il decreto Ristori bis n. 149/2020 ed il c.d. Ristori quater n. 157/2020)** che all'art. 13 ha previsto che per le aziende interessate dal DPCM del 24 ottobre 2020 la sospensione del versamento dei contributi previdenziali e assistenziali e dei premi per l'assicurazione obbligatoria dovuti per il mese di novembre 2020. Il pagamento di detti contributi potrà essere effettuato, senza applicazione di sanzioni e interessi, in un'unica soluzione entro il 16 marzo 2021, oppure mediante rateizzazione fino a un massimo di quattro rate mensili di pari importo, con il versamento della prima rata entro il 16 marzo 2021. Vi è un esempio di esonero contributivo collegato all'emergenza epidemiologica COVID-19 e al tentativo dello Stato di "supportare" anche le classi sociali dei lavoratori autonomi e professionisti nella **legge n. 178 del 2020 art. 1 comma 20** che ha previsto l'esonero parziale dal versamento dei contributi previdenziali dovuti dai lavoratori autonomi e dai professionisti, con una dotazione finanziaria iniziale di 2.500 milioni di euro per l'anno 2021.

Diverso è il discorso con riferimento agli esoneri contributivi funzionali alla promozione dell'occupazione previsti **dalla legge di bilancio per il 2022 la legge n. 234 del 2021** (su cui vedi *infra* par. 4 cap. IV).

4. Il rapporto erogativo ed il principio di automaticità.

Come anzidetto il rapporto previdenziale si distingue in rapporto contributivo ed erogativo.

Il rapporto erogativo intercorre tra il lavoratore e l'Ente tenuto ad erogare la prestazione previdenziale al verificarsi dell'evento protetto. Nel nostro ordinamento giuridico vige il principio di automaticità delle prestazioni che opera con riferimento al profilo funzionale del rapporto e non già genetico. Il diritto del lavoratore al trattamento previdenziale sorge **al verificarsi dell'evento o della condizione** che generano lo stato di bisogno, **indipendentemente dall'effettivo pagamento dei contributi** da parte del datore di lavoro.

L'automaticità delle prestazioni consente di trasferire in capo all'Ente previdenziale il rischio dell'insolvenza del datore di lavoro liberando così l'assicurato.

Prima di evidenziare il fondamento del principio di automaticità delle prestazioni previdenziali e di evidenziare la sua portata, è opportuno chiarire che come **principio generale l'automaticità delle prestazioni previdenziali** opera **esclusivamente per il lavoro subordinato**, con alcune eccezioni, mentre non opera per i lavoratori autonomi ed i liberi professionisti atteso che in capo a quest'ultimi si concentra essenzialmente la figura del soggetto tenuto all'obbligazione contributiva e, al contempo, beneficiario della stessa.

Il fondamento normativo può essere ricondotto all'**art. 2116 c.c.**, che dispone che le prestazioni sono dovute al prestatore di lavoro anche quando l'imprenditore non ha versato regolarmente i contributi, salvo le diverse disposizioni delle leggi speciali. Tale principio, originariamente operante solo per l'assicurazione obbligatoria contro gli infortuni e le malattie professionali, è stato successivamente esteso anche alle prestazioni previdenziali temporanee e poi a quelle pensionistiche.

Il principio di automaticità incontra **due limiti fondamentali**:

1. l'art. 40, l. 30 aprile 1969, n. 153 stabilisce che esso opera soltanto nell'arco temporale di prescrizione dei contributi e dunque **il lavoratore non può beneficiarne in relazione alla contribuzione prescritta** (*infra*: § 5). Per questo aspetto va segnalata la portata limitata dell'automatismo per le prestazioni pensionistiche atteso che per quelle relative alle prestazioni temporanee e per quelle concernenti la tutela INAIL non opera tale limite.
2. il lavoratore deve fornire la prova dell'esistenza del rapporto di lavoro e della retribuzione mediante documenti o prove certe o comunque con ogni mezzo.

5. La prescrizione dei crediti contributivi e le omissioni.

La prescrizione dei crediti contributivi si compie con il decorso di 5 anni (art. 3, co. 9–10, l. 8 agosto 1995, n. 335): una volta maturata, i contributi non possono più essere utilmente versati e l'ente previdenziale ha il divieto di accettarli (**principio di irricevibilità dei contributi previdenziali**).

Al lavoratore ed ai suoi superstiti è però concessa la possibilità di **denunciare** all'ente competente l'irregolarità o l'omissione posta in essere dal datore di lavoro: a fronte della denuncia, se il debito contributivo non è ancora estinto, si verifica l'interruzione della prescrizione, che da quel momento ricomincia a decorrere con l'ordinario termine decennale.

Quando la prescrizione è maturata, il principio di automaticità non trova applicazione e gli enti previdenziali non sono tenuti a corrispondere la prestazione. In tal caso, il lavoratore è tutelato attraverso:

1. il risarcimento del danno (contrattuale) da parte del datore di lavoro (art. 2116, co. 2 c.c.);
2. la costituzione di una rendita vitalizia presso l'ente, finanziata dal datore di lavoro o dallo stesso lavoratore, salva rivalsa nei confronti del primo. Incombe però sul lavoratore l'onere di provare di avere svolto attività lavorativa, la durata del rapporto, la sua natura giuridica e la misura della retribuzione.

L'art. 13 della l 1338/62 che contempla tale azione consente al datore di lavoro di versare la riserva matematica della contribuzione omessa colmando i vuoti contributivi e faculta il lavoratore, al comma 5, a fare lo stesso salvo la richiesta di risarcimento. L'eventuale azione giudiziaria prevede la presenza anche dell'Ente previdenziale.

In caso di assoggettamento del datore di lavoro a procedura concorsuale, il lavoratore ha altresì la possibilità in alternativa di richiedere all'ente previdenziale che i contributi omessi e prescritti siano considerati come versati ai fini del diritto e della misura della prestazione (art. 3 D.lgs. n. 80/1992).

Il lavoratore, come evidenziato dalla giurisprudenza di legittimità, non può agire per ottenere la condanna dell'ente previdenziale alla regolarizzazione della sua posizione contributiva, nemmeno nell'ipotesi in cui l'ente previdenziale, che sia stato messo a conoscenza dell'inadempimento contributivo prima della decorrenza del termine di prescrizione, non si sia tempestivamente attivato per l'adempimento nei confronti del datore di lavoro obbligato, residuando unicamente in suo favore la facoltà di chiedere all'Inps la costituzione della rendita vitalizia ex art. 13 della legge n 1338 del 1962 ed il rimedio risarcitorio di cui all'art. 2116 c.c. (cfr. Cass. sent. del 10 marzo 2021 n. 6722).

Va precisato che l'omissione contributiva si configura nel caso di omesso versamento della contribuzione; se la stessa è accompagnata dall'elemento psicologico avremo evasione contributiva che si verifica, ad esempio, nel caso di rapporto di lavoro subordinato in nero.

6. Ricongiunzione e totalizzazione.

Qualora un soggetto abbia prestato attività lavorative assoggettate a differenti regimi previdenziali, si ritrova titolare di diverse posizioni contributive ognuna delle quali è destinata ad attribuirgli il trattamento pensionistico soltanto ove sussistano le relative condizioni di legge.

Tale situazione di **frazionamento** delle posizioni assicurative è solitamente fonte di svantaggi per il lavoratore che potrebbe non avere diritto ad alcun trattamento pensionistico oppure ad uno soltanto o comunque trovarsi in una situazione deteriore rispetto a chi possa far valere gli stessi periodi contributivi in un'unica gestione.

La legge prevede varie possibilità per ovviare a tali svantaggi e precisamente:

- la **ricongiunzione**, istituto attraverso il quale si procede ad un effettivo trasferimento a titolo oneroso dei contributi da una gestione previdenziale ad un'altra (l. 7 febbraio 1979, n. 29) onde concentrare i periodi contributivi in un'unica gestione e massimizzarne i benefici pensionistici;
- la **totalizzazione** (D.lgs. 2 febbraio 2006, n. 42), che costituisce invece una forma contabile di computo unitario: i periodi assicurativi maturati presso i diversi regimi vengono tra loro cumulati mediante una mera operazione aritmetica ed è corrisposta un'unica pensione, la cui erogazione concreta è di **competenza *pro-rata* delle singole gestioni**, in rapporto ai periodi di iscrizione; è possibile ricorrere alla totalizzazione in presenza dei seguenti presupposti:
  1. il lavoratore è iscritto a 2 o più forme di assicurazione obbligatoria, senza essere già titolare di alcun trattamento pensionistico autonomo;
  2. lo stesso vanta un'anzianità anagrafica pari o superiore a 65 anni ed un'anzianità contributiva minima di 20 anni, ovvero un'anzianità contributiva di 40 anni a prescindere da quella anagrafica;
  3. la richiesta è estesa a tutti e per intero i periodi assicurativi da cumulare.

La totalizzazione non può essere impiegata per il conseguimento della pensione anticipata;

- **il cumulo a domanda** (l. 24 dicembre 2012, n. 228) che consente ai lavoratori iscritti a più forme di assicurazione obbligatoria che non siano già titolari di trattamenti pensionistici di cumulare i periodi contributivi non coincidenti per conseguire un'unica pensione. Il cumulo è riservato a coloro che sono iscritti all'AGO, alla gestione separata e a fondi sostitutivi ed esclusivi. Il cumulo deve riguardare tutti e per intero i periodi posseduti dall'assicurato nelle gestioni destinatarie della normativa sul cumulo. Esso è precluso ai titolari di assegno ordinario di invalidità.

QUESTIONARIO

1. In cosa si distinguono previdenza ed assistenza sociale? **1.**
2. Quali differenze sussistono tra assicurazioni private ed assicurazioni sociali? **1.**
3. Tra quali soggetti intercorre il rapporto giuridico previdenziale e tra quali il rapporto contributivo? **2.**
4. Quali sono le competenze dell'INPS? **2.**
5. In capo a chi grava l'obbligazione contributiva? **2.**
6. Qual è la natura giuridica dei contributi? **3.1.**
7. Cos'è la contribuzione figurativa? **3.1.**
8. Come si individuano base imponibile ed aliquota ai fini della quantificazione della contribuzione previdenziale? **3.2.**
9. Cosa si intende per principio di automaticità della prestazione previdenziale? Da quale norma è previsto? **4.**
10. Quali limiti incontra il principio di automaticità? vale anche per i lavoratori autonomi? **4.**
11. Cosa è previsto in materia di prescrizione del credito contributivo? Quali rimedi ha a disposizione il lavoratore? **5.**
12. Quali sono i principali istituti che offrono rimedio agli svantaggi derivanti dal frazionamento della posizione contributiva? **6.**

SCHEDA DI SINTESI

Il sistema previdenziale radica il suo fondamento nell'art. 38 della costituzione che al comma 1 fonda l'assistenza sociale in quanto riconosce a tutti i soggetti bisognosi di vedersi riconosciuti mezzi adeguati mentre il comma 2 fonda la previdenza sociale in quanto riconosce ai soli lavoratori i mezzi adeguati alle esigenze di vita.
Il rapporto giuridico previdenziale è un rapporto complesso perché genera una vicenda giuridica trilatera che coinvolge l'Ente previdenziale, il datore di lavoro ed il lavoratore. Accanto al rapporto contributivo che è originato dalla genesi del rapporto di lavoro, vi è il rapporto erogativo che si costituisce al verificarsi dell'evento assicurato ergo del rischio che integra l'oggetto del rapporto previdenziale, secondo il principio della automaticità delle prestazioni (con la conseguenza che al verificarsi dell'evento l'Ente interviene sempre anche se non vi è stato in tutto o in parte il versamento contributivo datoriale).
I contributi, la cui natura giuridica è discussa, si distinguono in obbligatori, figurativi, volontari e da riscatto.
Essi si calcolano applicando l'aliquota contributiva alla base imponibile determinata ex lege.

Il frazionamento della contribuzione per lo svolgimento di diverse attività determina i fenomeni della ricongiunzione e della totalizzazione. Nel primo caso si ha il trasferimento a titolo oneroso dei contributi da una gestione all'altra.

La totalizzazione si ha quando l'erogazione della prestazione, che è unica, è di competenza pro-rata delle singole gestioni purché sussistano diverse condizioni.

Capitolo II
La tutela per la vecchiaia, l'invalidità, i superstiti

Sommario:
1. La gestione dell'assicurazione per l'invalidità, la vecchiaia ed i superstiti. – **2.** La pensione di vecchiaia. – **2.1.** I requisiti di accesso. – **2.2.** I sistemi di calcolo: il sistema retributivo ed il sistema contributivo. – **2.3.** Trattamento minimo, perequazione automatica e contributo di solidarietà. – **3.** La pensione di anzianità, pensione anticipata, pensione quota 103. – **4.** Invalidità ed inabilità. – **5.** I trattamenti ai superstiti. – **6.** L'Ape e l'Ape sociale: i nuovi istituti coniati dalla legge di bilancio 2017. – **7.** Profili previdenziali nel lavoro autonomo e nel c.d. lavoro flessibile.

1. La gestione dell'assicurazione per l'invalidità, la vecchiaia ed i superstiti.

L'assicurazione per la vecchiaia, l'invalidità e i superstiti (il cui acronimo è IVS) originariamente era affidata alla Cassa Nazionale di Previdenza, istituita con la l. 17 luglio **1898, n. 350**. L'iscrizione alla Cassa era su base volontaria e la Cassa era finanziata, prevalentemente, dai contributi degli iscritti ma anche dallo Stato e da terzi. Essa aveva il compito precipuo di erogare una rendita vitalizia in favore dell'assicurato al verificarsi dell'evento protetto (vecchiaia o inabilità). A seguito di diverse riforme, che progressivamente estesero l'obbligatorietà a determinate categorie professionali di iscrizione alla Cassa, si è giunti al R.D. Lgt. 21 aprile **1919, n. 603** che ha statuito il **principio di obbligatorietà** per le assicurazioni sociali e la costituzione della **Cassa Nazionale per le assicurazioni sociali.**
Con l'emanazione **del R.D.L. n. 371 del 27.3.33** la Cassa assunse dapprima la denominazione di **Istituto Nazionale Fascista della Previdenza Sociale,** ente di diritto pubblico dotato di personalità giuridica e gestione autonoma che, **dal 1944, diviene definitivamente Istituto Nazionale della Previdenza Sociale – INPS.**
Le competenze dell'INPS sono, progressivamente, state ampliate, in virtù da

un lato della evoluzione degli eventi protetti e, dall'altro, dell'accentramento delle competenze in capo all'Istituto stesso. Nel corso degli anni '70, infatti, furono istituite la pensione di anzianità e la pensione sociale erogate a tutti i cittadini in presenza di un determinato requisito anagrafico (65 anni di età) e di una determinata soglia di reddito. Successivamente, con l'istituzione del Servizio Sanitario Nazionale fu affidata all'INPS anche la riscossione dei contributi di malattia ed il pagamento dell'indennità (1978).

Le riforme pensionistiche che hanno interessato gli anni successivi hanno comportato un progressivo ampliamento delle competenze dell'Ente ed un accorpamento anche degli altri enti (basti pensare che a seguito della «riforma Monti-Fornero», sono stati soppressi l'INPDAP (Istituto Nazionale di Previdenza per i Dipendenti dell'Amministrazione Pubblica) e l'ENPALS (Ente Nazionale di Previdenza e di Assistenza per i Lavoratori dello Spettacolo) con trasferimento a far data dal 31 marzo 2012 delle competenze all'INPS) proprio per assicurare ai cittadini un unico soggetto interlocutore.

La gestione di tali trattamenti previdenziali è oggi, quindi, per lo più di competenza dell'**INPS**, presso il quale sono istituiti:

- l'**assicurazione generale obbligatoria (AGO)** dell'invalidità, della vecchiaia e dei superstiti (IVS), a favore dei **lavoratori dipendenti** del settore privato e di quello pubblico;
- i **fondi integrativi** e **sostitutivi** per i **lavoratori dipendenti,** che riguardano particolari categorie di lavoratori dipendenti (ad es. il Fondo volo o il fondo Dirigenti di azienda industriali);
- le tre **gestioni speciali INPS per i lavoratori autonomi**, a favore di:
  - coltivatori diretti, coloni, mezzadri, imprenditori agricoli professionali;
  - artigiani;
  - commercianti;
- la **quarta gestione**, o **gestione separata INPS**, istituita **con l. 8 agosto 1995, n. 335** con l'intento di realizzare una universalizzazione della tutela previdenziale ovvero la sua applicazione ad ogni categoria di lavoratore, che estende l'assicurazione generale IVS a favore di:
  - **liberi professionisti** privi di una propria Cassa previdenziale di categoria o che comunque non possono esservi iscritti;
  - titolari di rapporti di **collaborazione coordinata e continuativa**, anche a progetto o svolti in modo occasionale;

- lavoratori autonomi occasionali;
- titolari di rapporti di **lavoro occasionale (ex lavoro accessorio)**;
- **associati in partecipazione**;
- **incaricati della vendita a domicilio**;
- **beneficiari di borse di studio** per la frequenza di corsi di dottorato di ricerca, assegnisti di ricerca, medici in formazione specialistica.

La tutela previdenziale dei **liberi professionisti** è generalmente di competenza delle singole **Casse professionali** (ad es. l'INARCASSA per ingegneri e architetti, la Cassa Forense per gli avvocati, l'ENPAF per i farmacisti, ecc.), enti privati che gestiscono autonomamente contributi e prestazioni nel rispetto dei principi della previdenza obbligatoria.

2. La pensione di vecchiaia.

Il diritto alla **pensione di vecchiaia** si acquisisce con il raggiungimento di una determinata **età anagrafica** (c.d. età pensionabile) e di una certa **anzianità contributiva**.
Il sistema pensionistico è stato oggetto di molteplici riforme tra gli anni Novanta e gli anni Duemila allo scopo di contenere la spesa pubblica e garantire la sostenibilità finanziaria dei trattamenti previdenziali a fronte del fenomeno dell'invecchiamento demografico e della generale situazione economica non favorevole.

2.1. I requisiti di accesso.

- **L'anzianità anagrafica.**
Il regime generale originario identificava l'età pensionabile in 60 anni per gli uomini e 55 per le donne, con riduzione per alcune categorie (ad es. i non vedenti o il personale di volo) mentre in varie gestioni speciali (lavoratori autonomi quali artigiani, coltivatori e commercianti) era rispettivamente di 65 e 60.
I numerosi interventi legislativi succedutisi a partire dagli anni '90 con il plurimo obiettivo di elevarla, di armonizzare i vari regimi e superare la distinzione tra uomini e donne, hanno modificato ripetutamente il requisito **dell'età anagrafica** lasciandolo comunque **differenziato tra uomini e donne e tra appartenenti alle diverse**

gestioni (AGO e forme sostitutive o esclusive, lavoratori autonomi, gestione separata) fino al gennaio 2018.

Tra di essi merita ricordare:

1. La l. 30 dicembre **1992, n. 503** (c.d. riforma Amato) che ha richiesto **60** anni di età per le donne e **65** anni per gli uomini;
2. La l. 8 agosto **1995, n. 335** (c.d. riforma Dini) che introdusse un meccanismo flessibile, in cui l'età pensionabile variava al variare dell'anzianità contributiva maturata;
3. La l. 23 agosto **2004, n. 243** (c.d. riforma Maroni), così come modificata dalla l. 24 dicembre **2007, n. 247** (Protocollo Welfare), che ha modificato il predetto sistema flessibile, agganciando la possibilità di accedere alla pensione di vecchiaia con un'età anagrafica inferiore a quella ordinaria di 60 e 65 anni al possesso di almeno **35 anni di contributi;**
4. Il d.l. 6 dicembre 2011, n. 201, conv. in l. 22 dicembre **2011, n. 214 (c.d. decreto Salva Italia)** che ha disposto un riordino strutturale del sistema previdenziale: esso ha previsto, in particolare, una graduale variazione in aumento dell'età pensionabile a partire dal gennaio 2012 che ha condotto alla sua **unificazione a partire dal gennaio 2018 in quello di 66 anni e 7 mesi, uguale per lavoratori e lavoratrici iscritte a tutte le gestioni**, destinato ad essere periodicamente **adeguato (con cadenza biennale) agli incrementi della speranza di vita rilevati dall'ISTAT** tramite decreto ministeriale sino **ad arrivare a 67 anni fino al 2021 e poi sempre incrementato tenuto conto delle speranze di vita. Nulla è stato innovato in merito dal cd. "Decretone" (D.L. n. 4/2019, convertito con modificazioni in L. n. 26/2019). Ne consegue, quindi che a far data dal 2019 per tutti i lavoratori (donne e uomini del settore privato e autonomi) il requisito anagrafico è di 67 anni. Tale età è stata confermata anche dal d.m. 5 novembre 2019 per il biennio 2021-2022.**

L'art. 1, comma 8, del D.lgs. 30 dicembre 1992, n. 503 attribuisce tuttavia ai soggetti con **un'invalidità pari almeno all'80%** la possibilità di accedere alla pensione di vecchiaia con l'inferiore requisito anagrafico previsto dalla normativa anteriore al 1992 cioè 55 anni per le donne e 60 anni per gli uomini mentre, attualmente, per effetto dell'aumento delle c.d. speranze di vita il requisito anagrafico è di 61 anni per gli uomini e 56 per le donne (cd. **pensione di vecchiaia anticipata**).

1. **L'anzianità contributiva.** Accanto al requisito soggettivo dell'anzianità anagrafica, la legge richiede un'**anzianità contributiva** minima di **20 anni**, anche non continuativi.
2. **La cessazione del rapporto di lavoro dipendente,** ma non di quello autonomo.
3. **Il cd. importo soglia.** I soggetti titolari soltanto di contribuzione successiva all'1° gennaio 1996 (in quanto assunti a partire da tale data) non possono accedere alla tutela previdenziale con i requisiti anagrafico e contributivo sopra indicati se l'importo della pensione a cui avrebbero diritto è inferiore ad un importo minimo, pari a **1,5 volte l'assegno sociale.**
Si prescinde da tale requisito per coloro che hanno almeno 70 anni e 7 mesi di età (età soggetta ad adeguamento alla speranza di vita a partire dall'1° gennaio 2019) e vantino un'anzianità contributiva minima di 5 anni.

2.2. I sistemi di calcolo: il sistema retributivo ed il sistema contributivo.

Il nostro ordinamento ha conosciuto **due diversi sistemi di calcolo dei trattamenti pensionistici**: quello retributivo e quello contributivo.
Il **sistema retributivo,** in vigore per la generalità dei lavoratori fino al 31 dicembre 1995, commisura l'importo del trattamento pensionistico alla **media delle ultime retribuzioni percepite** in costanza di lavoro.
Per determinare l'importo della pensione spettante, occorre moltiplicare tra loro:

1. la **retribuzione annua pensionabile,** costituita dalla media delle retribuzioni o dei redditi percepiti nel periodo subito precedente la data del pensionamento;
2. l'**anzianità contributiva**, ovvero il numero di settimane coperte dalla contribuzione obbligatoria, fino ad un massimo di 40 anni di contributi;
3. l'**aliquota di rendimento**, cioè il percentile usato per rapportare il numero di contributi accreditati ogni anno lavorativo e la retribuzione pensionabile (del 2% fino al limite del c.d. tetto pensionistico; per importi maggiori si applicano aliquote decrescenti).

La riforma Dini (l. 8 agosto **1995, n. 335**) introdusse il **differente sistema contributivo,** in cui il trattamento pensionistico viene parametrato **alla media dei contributi versati** nell'arco della vita lavorativa. La pensione contributiva si calcola facendo riferimento:

1. al **montante contributivo individuale,** determinato dalla somma dei contributi corrisposti durante tutto l'arco della vita lavorativa e rivalutati di anno in anno;
2. al **coefficiente di trasformazione,** ovvero una formula aritmetica proporzionale all'età del lavoratore all'atto del pensionamento.

Nel modificare l'assetto pensionistico, la riforma Dini stabilì che:

1. ai lavoratori **assunti a partire dal 1° gennaio 1996** si applicasse integralmente il metodo **contributivo**;
2. i lavoratori con **meno di 18 anni di contributi al 31 dicembre 1995** si vedevano applicato un **sistema di calcolo misto, c.d.** *pro-rata.* In altri termini, la pensione per tali soggetti è costituita da due quote: la prima, afferente ai contributi maturati fino al 1995, calcolata con il metodo retributivo, la seconda, corrispondente ai contributi versati successivamente, ottenuta applicando il criterio contributivo;
3. i lavoratori con **almeno 18 anni di contributi** al 31 dicembre 1995 sono assoggettati *in toto* al sistema **retributivo.**

Il d.l. 6 dicembre 2011, n. 201, conv. in l. 22 dicembre **2011, n. 204** ha disposto che sui contributi versati a partire dal **1° gennaio 2012** la pensione sarà in ogni caso quantificata secondo il calcolo **contributivo** (nuova ipotesi di sistema *pro-rata*).

2.3. Trattamento minimo, perequazione automatica e contributo di solidarietà.

Le pensioni retributive inferiori ad una certa soglia ed insufficienti a garantire le essenziali necessità di vita dell'assicurato sono per legge integrate fino al raggiungimento di un **trattamento minimo.**

Per preservare il potere di acquisto dei trattamenti pensionistici, è stato inoltre introdotto un meccanismo di **perequazione automatica,** attraverso il quale gli importi sono annualmente rivalutati sulla base della variazione intervenuta del costo della vita (strumento sospeso ad opera del decreto "Salva Italia" e ripristinato dalla legge di stabilità 2014, l. 27 dicembre 2013, n. 147).

La legge di bilancio per il 2023 all'articolo 1 comma 309, esclusivamente per il biennio 2023-2024, prevede, proprio per contrastare l'inflazione, una modifica del meccanismo della rivalutazione che si basa su sei scaglioni e non più su tre.
Sulle pensioni di importo più elevato, il d.l. 6 luglio 2011, n. 98, conv. in l. 15 luglio 2011, n. 111 aveva imposto un **prelievo straordinario a titolo di contribuzione di solidarietà**, dichiarato incostituzionale da *Corte cost., 5 giugno 2013, n. 116* e ristabilito con diversi presupposti dall'ultima legge di stabilità, che prevede decurtazioni percentuali per i trattamenti pensionistici superiori a 14 volte il minimo INPS.
Sulla nuova disciplina è intervenuta nuovamente la Corte Costituzionale che, con **sentenza n. 173 del 5 luglio 2016** ha ritenuto la novella normativa costituzionalmente legittima, escludendo che il prelievo di solidarietà sulle c.d. "pensioni d'oro" abbia natura giuridica di tributo ai sensi dell'art. 23 Cost. e considerandolo qual contributo di solidarietà estraneo alla logica previdenziale, giustificato dalla sua natura temporanea (fino al Dicembre del 2016) ed eccezionale, dovuta alla contingenza economica gravemente sfavorevole di crisi.
Il contributo di solidarietà, previsto originariamente dal governo Letta, per il triennio 2014-2016, è stato reintrodotto dalla **legge di bilancio 2019 e, segnatamente dall'art. 261 co. 1 legge 145/2018** che ha previsto per ben 5 anni e, quindi, **fino al 2023** la decurtazione delle pensioni più elevate per le quali la decurtazione, a seconda dello scaglione di appartenenza va da un minimo del 15% sino ad un massimo del 40%. Esistono talune categorie di pensioni che non possono essere incise e sono: di reversibilità; complementari o integrative; erogate dalle casse privatizzate (ad esempio, quelle di professionisti come avvocati o notai); erogate a vittime del terrorismo e del dovere; di invalidità; erogate interamente con il sistema contributivo. **La Corte Costituzionale**, tuttavia, con **sentenza n. 234 del 2020** ha dichiarato l'illegittimità costituzionale della norma prevedendo, di fatto, la cessazione della decurtazione **nel dicembre 2021**, riducendo di due anni l'operatività della previsione.

3. La pensione di anzianità, pensione anticipata, pensione quota 103.

Il sistema consente il pensionamento del lavoratore anche **prima della maturazione dell'anzianità anagrafica** necessaria per conseguire la pensione di vecchiaia: la *ratio* di tale scelta, che svincola l'erogazione del trattamento dallo stato di bisogno dovuto dall'età, viene individuata nella meritevolezza sociale

del lavoro svolto, considerato uno strumento di incremento del benessere collettivo (Persiani).
Fino al 2011 ciò avveniva attraverso l'istituto della **pensione di anzianità**, introdotta con la l. 30 aprile **1969, n. 153**.
Per lungo tempo essa era riservata a coloro che avessero maturato un'**anzianità assicurativa e contributiva pari a 35 anni** a prescindere dai requisiti anagrafici (consentendo così l'erogazione delle c.d. pensioni *baby* cioè a soggetti molto lontani dall'età pensionabile). La cd. riforma Dini (l. 8 agosto **1995, n. 335** ha **introdotto anche un requisito di età,** richiedendo o 57 anni di età anagrafica in aggiunta ai 35 anni minimi di contribuzione oppure il solo presupposto contributivo di 40 anni.

Il d.l. 6 dicembre 2011, n. 201, conv. in l. 22 dicembre **2011, n. 214** ha sostituito la pensione di anzianità con la **pensione anticipata**, prevedendo anche in tal caso a partire dal gennaio 2012 un graduale aumento del **requisito contributivo** che, uguale per tutte le gestioni e salve alcune eccezioni (ad esempio le forze di Polizia che hanno un regime differenziato), si è assestato dal 1 gennaio 2016 in **42 anni e 10 mesi per gli uomini e 41 anni e 10 mesi per le donne** (anch'esso da adeguare alla speranza di vita a partire dal gennaio 2019).
Non è richiesto un requisito anagrafico minimo, ma per i soggetti che accedono alla pensione anticipata ad un'età inferiore a 62 anni si applica una riduzione percentuale sulla quota di trattamento pensionistico relativa alle anzianità contributive maturate al 31 dicembre 2011.
I soggetti titolari soltanto di contribuzione successiva all'1° gennaio 1996, in alternativa, possono accedere al trattamento anticipato a **63 anni di età** (presupposto soggetto anch'esso al meccanismo di adeguamento periodico all'incremento della speranza di vita) con almeno **20 anni di anzianità contributiva, purché l'ammontare mensile** della **pensione non sia inferiore a 2,8 volte l'assegno sociale.**
In ogni caso, come per la pensione di vecchiaia, è richiesta **la cessazione del rapporto di lavoro dipendente, ma non di quello autonomo.**
La **L. 28 marzo 2019, n. 26**, di conv. del **D.L. 28 gennaio 2019, n. 4** (*Disposizioni urgenti in materia di reddito di cittadinanza e di pensioni*) ha introdotto in via sperimentale per il triennio 2019-2021 un'ulteriore forma di pensione anticipata a cui possono accedere gli iscritti a tutte le gestioni – ad esclusione di alcune categorie (come ad esempio le forze di polizia) – che siano in possesso di **un'età anagrafica non inferiore a 62 anni e di un'anzianità contributiva non inferiore a 38 anni** e che viene denominata **pensione quota 100** appunto perché la somma del requisito anagrafico e contributivo minimo è pari a 100.

Per l'accesso a tale pensione è stato reintrodotto il meccanismo cd. delle **finestre** (già utilizzato in passato in varie occasioni), caratterizzato dallo slittamento del momento di erogazione della pensione rispetto a quello di maturazione dei requisiti: per i dipendenti privati la finestra è di 3 mesi, per quelli pubblici di 6 mesi.

L'Inps ha chiarito, con circolare 11/2019, che l'età anagrafica non è adeguata alle speranze di vita.

Ai fini della maturazione del requisito contributivo è, ovviamente, consentito il cumulo dei contributi maturati nelle diverse gestioni.

La pensione quota 100 non è cumulabile con i redditi derivanti da qualsiasi attività lavorativa, svolta anche all'estero, a eccezione di quelli derivanti da lavoro autonomo occasionale nel limite di 5.000 euro lordi annui.

Dal 2022 cessa la quota 100 ed è introdotta **la quota c.d. 102**; per poter godere della pensione anticipata sono **richiesti 64 anni di età e 38 anni di contributi**. Si badi che il trattamento è incumulabile con i redditi derivanti da qualsiasi attività lavorativa ad eccezione di quelli derivanti da lavoro autonomo occasionale nel limite di 5000 euro lordi annui (**art. 1 co. 87-88 l. 234/2021**).

La legge di bilancio n. 197/2022 introduce la facoltà di uscire con **62 anni** e **41 anni di contributi** se i requisiti sono raggiunti entro il **31 dicembre 2023**. Resta ferma la finestra mobile **di tre mesi** per i lavoratori del settore privato **e di sei mesi** per il settore pubblico. Per i lavoratori del settore scolastico che raggiungono i requisiti entro il 31.12.2023 si riaprono sino al **28 febbraio 2023** i termini per la presentazione delle domande di cessazione dal servizio con decorrenza della pensione dal **1° settembre 2023**. A differenza delle altre quote la «Quota 103» è accompagnata da **un tetto** alla misura del trattamento pensionistico erogabile: **cinque volte il trattamento minimo** (circa 2.818€ lordi mensili) sino al raggiungimento dei 67 anni.

Per le lavoratrici l'**art. 16 del d.l. 4/2019 conv. in l. 26/2019** così come modificato della legge di bilancio per il 2021 art. 1 co. 336 della l. 178/2020 ha previsto la c.d. **"opzione donna"** statuendo che per accedere alla pensione **anticipata,** esercitando l'opzione donna, le lavoratrici devono aver maturato, **entro il 31 dicembre 2020**, un'anzianità contributiva pari o superiore a **35 anni** ed **un'età anagrafica pari o superiore a 58 anni (lavoratrici dipendenti) o 59 anni (lavoratrici autonome)**. Viene richiesta la cessazione del rapporto di lavoro dipendente, mentre non è richiesta la cessazione dell'attività svolta in qualità di lavoratrice autonoma.

Il personale del comparto scuola e AFAM, entro il 28 febbraio 2021, può presentare domanda di cessazione dal servizio con effetto dall'inizio, rispettivamente, dell'anno scolastico o dell'anno accademico.

La **Legge di Bilancio del 2022** ha ampliato i termini dell'accesso a Opzione Donna, consentendo di accedere all'anticipo alle lavoratrici che maturino i **requisit**i anagrafici e contributivi **entro la fine del 2021.**
La legge n. 197/2022 ha depotenziato opzione donna. Potranno accedervi le lavoratrici con **60 anni** (requisito valido sia per le dipendenti che le autonome – che si riducono di un anno per figlio sino ad un massimo di due) e **35 anni di contributi** raggiunti entro il **31 dicembre 2022** ma solo se rientrano in **tre specifici profili di tutela**: a) caregivers; b) in possesso di una invalidità civile almeno al 74%; c) sono lavoratrici licenziate o dipendenti da imprese per le quali è attivo un tavolo di confronto per la gestione della crisi aziendale presso la struttura per la crisi d'impresa di cui all'articolo 1, comma 852, della legge 27 dicembre 2006, n. 296. Sull'esatta portata di tale ultimo profilo, come si intuisce, saranno necessari ulteriori chiarimenti amministrativi.

4. Invalidità ed inabilità.

Il referente normativo fondamentale in materia di invalidità ed inabilità è costituito dalla l. 12 giugno **1984, n. 222.**
È **invalido** l'assicurato la cui **capacità di lavoro**, in occupazioni confacenti alle sue attitudini, è **ridotta in modo permanente** a causa di infermità o difetto fisico o mentale **a meno di un terzo** (art. 1, co. 1). La nozione di invalidità è attualmente individuata facendo riferimento alla **capacità lavorativa specifica** e non più, come nella pregressa normativa (r.d.l. 14 aprile 1939, n. 636), sulla scorta del criterio della capacità (generica) di guadagno.
È **inabile** il lavoratore che, a causa di infermità o difetto fisico o mentale, si trova nell'**assoluta e permanente impossibilità di svolgere qualsiasi attività lavorativa** (art. 2, co. 1).
Al soggetto invalido od inabile iscritto a qualsiasi gestione INPS, purché:

1. **iscritto** all'assicurazione da almeno **5 anni** (cd. requisito assicurativo),
2. con almeno **3 anni** di contribuzione effettiva **nel quinquennio immediatamente precedente** la domanda (cd. requisito contributivo),

viene riconosciuto, rispettivamente:

1. l'**assegno ordinario di invalidità**: trattamento erogato dall'INPS, di durata **triennale** (con iniziale possibilità di chiederne il rinnovo

al persistere delle condizioni invalidanti e, dopo 3 rinnovi consecutivi, conferma automatica salvo facoltà di revisione), **non reversibile** ai superstiti e **non cumulabile** con un'eventuale rendita vitalizia INAIL (cap. III, § 5);
2. la **pensione ordinaria di inabilità**: è subordinata alla **cancellazione** da eventuali elenchi nominativi dei lavoratori autonomi od **albi professionali** ed alla **rinuncia ai trattamenti contro la disoccupazione** e ad ogni altro trattamento integrativo o sostitutivo della retribuzione.

Anche in assenza dei requisiti assicurativi e contributivi minimi suindicati, all'interessato vengono erogati l'**assegno privilegiato di invalidità** o la **pensione privilegiata di inabilità** (art. 6), qualora:
1. l'invalidità o l'inabilità siano **causalmente connesse in modo diretto con finalità di servizio**;
2. dall'evento **non derivi il diritto a una rendita** a carico dell'INAIL ovvero a trattamenti continuativi di natura previdenziale od assistenziale a carico dello Stato o di altri enti pubblici.

Inoltre, al titolare della pensione di inabilità che versi nell'**impossibilità di deambulare** senza l'aiuto permanente di un accompagnatore o che non sia in grado di compiere gli **atti quotidiani senza una continua assistenza** e che non sia ricoverato in istituti di cura ed assistenza a carico dello Stato, spetta un **assegno mensile per l'assistenza personale e continuativa** (art. 5).

5. I trattamenti ai superstiti.

Tra gli eventi generatori dello stato di bisogno la legge ricomprende anche la **morte** del lavoratore, disponendo appositi trattamenti a favore di quei familiari **superstiti** che traevano il loro sostentamento dal prestatore di lavoro deceduto. Ci si riferisce:

1. alla **pensione di reversibilità**, spettante ai superstiti del lavoratore che al momento del decesso era già pensionato o aveva in corso la liquidazione della pensione;
2. alla **pensione indiretta**, erogata ai familiari del lavoratore non ancora pensionato, ma titolare di determinati requisiti (15 anni di assicurazione e contribuzione oppure di 5 anni di assicurazione e contribuzione di cui almeno 3 nel quinquennio antecedente al decesso);

3. alla **pensione privilegiata indiretta per inabilità**, che compete ai superstiti del lavoratore non pensionato la cui morte risulti in rapporto diretto con finalità di servizio;
4. all'**indennità** *una tantum*, erogata ai superstiti del lavoratore il cui trattamento pensionistico sarebbe stato liquidato esclusivamente secondo il sistema contributivo, nel caso in cui al momento della morte di quest'ultimo non sussistono i requisiti assicurativi e contributivi per la pensione ai superstiti; l'indennità è di ammontare pari all'assegno sociale moltiplicato per il numero delle annualità di contribuzione accreditata a favore del lavoratore defunto e viene concessa ai superstiti non titolari di rendite INAIL che godano di un reddito non superiore a quello previsto per l'assegno sociale.

Possono **beneficiare** di siffatte prestazioni:

- il **coniuge o il soggetto superstite dell'unione civile** fino a nuovo matrimonio o ad una nuova unione civile, (in tal caso perde il diritto alla pensione ed ottiene un assegno *una tantum* pari a 2 annualità del precedente trattamento pensionistico);
- i **figli**:
  1. **minorenni**;
  2. **minori di 21 anni** iscritti a **scuole medie e professionali**;
  3. **minori di 26 anni** iscritti a **corsi di studio universitari,** non oltre la durata legale del corso di laurea e purché gli stessi **non prestino lavoro retribuito** *(Corte cost., 2 dicembre 2005, n. 433)*;
  4. **inabili** ed a carico del genitore al momento del decesso, a prescindere dalla loro età;
- i **nipoti** minori, viventi a carico del lavoratore deceduto;
- i **genitori** ultrasessantacinquenni o inabili, a carico del defunto e non titolari di pensione (solo in assenza di coniuge o figli oppure se questi non hanno diritto alla pensione ai superstiti);
- i **fratelli** e le **sorelle**, non coniugati, inabili al lavoro, non titolari di pensione ed a carico dell'assicurato al momento del decesso (solo in assenza di coniuge, figli o genitori oppure se questi non hanno diritto alla pensione ai superstiti).

L'importo del trattamento varia a seconda del numero e del grado dei superstiti e viene stabilito dalla legge **in termini percentuali rispetto all'ammontare**

della pensione spettante o che sarebbe spettata al defunto (ad es. il 60% per il coniuge senza figli, il 100% per il coniuge con due o più figli, il 15% il singolo genitore o fratello).
L'art. 18, co. 5, d.l. 6 luglio 2011, n. 98, conv. in l. 15 luglio **2011, n. 111** (c.d. **"normativa antibadante"**) aveva introdotto un apposito meccanismo di riduzione dei trattamenti di reversibilità erogati al coniuge quando l'individuo superstite avesse contratto **matrimonio con un soggetto di età superiore a 70 anni**, la **differenza di età** tra i due fosse **maggiore di 20 anni ed** il matrimonio avesse avuto una **durata inferiore ai 10 anni, ma** la Corte Costituzionale, con sentenza n. **174 del 14 luglio 2016, l'**ha dichiarato costituzionalmente illegittimo, per violazione della garanzia previdenziale e della ratio solidaristica sottese alla pensione di reversibilità nonché per l'irragionevolezza di una assoluta presunzione di frode all'Erario, che viola anche la libertà individuale in ordine alle scelte realizzatrici del proprio nucleo familiare.

6. L'Ape e L'Ape sociale: i nuovi istituti previdenziali coniati dalla legge di bilancio 2017.

La legge n. **220** del **20 novembre 2016** (legge di Bilancio per il **2017**) ha istituito due nuove prestazioni (quasi) previdenziali denominate **APE (Anticipo finanziario a garanzia Pensionistica)** e finalizzate al conseguimento della pensione ed a consentire, in tal modo, ai lavoratori che hanno maturato il diritto alla pensione di uscire definitivamente dal mondo del lavoro e a far entrare nel circuito lavorativo persone più giovani.
L'**APE cd. volontario** consiste **in un prestito** concesso da un soggetto finanziatore e coperto da una polizza assicurativa obbligatoria per il rischio di premorienza **corrisposto in quote mensili per 12 mensilità,** da restituire a partire dalla maturazione del diritto alla pensione di vecchiaia con rate di ammortamento mensili per una durata di 20 anni.
L'istituto ha carattere sperimentale dal 1° maggio 2017 al 31 dicembre 2019: entro tale data il Governo verifica i risultati della sperimentazione ai fini di una sua eventuale prosecuzione.
Possono accedere all'APE volontario i soggetti che hanno i seguenti requisiti: 63 anni; maturazione del diritto alla pensione di vecchiaia entro 3 anni e 7 mesi; anzianità contributiva di 20 anni; pensione pari almeno a 1,4 volte il trattamento minimo; iscrizione all'Assicurazione generale obbligatoria (AGO), alle forme sostitutive ed esclusive della medesima e alla gestione separata; non essere già titolare di un trattamento pensionistico diretto.

Tale misura non è stata confermata dalla **legge di bilancio per il 2020** per cui le erogazioni sono cessate al 31 dicembre 2019.
L'APE cd. sociale (sempre sperimentale per lo stesso periodo dell'APE) consiste, invece, in **un'indennità** di natura assistenziale **corrisposta fino al conseguimento dei requisiti pensionistici,** a favore di soggetti che si trovino in particolari condizioni di disagio sociale.
Possono accedere all'APE sociale i soggetti in possesso specifici requisiti di età, contribuzione e condizione lavorativa e sociale:

1. età minima di 63 anni e 5 mesi di età;
2. stato di disoccupazione;
3. soggetti che assistono un parente o il coniuge con handicap grave da almeno 6 mesi;
4. soggetti che svolgono attività gravose, di cui al DM 5 febbraio 2018 n. 367 e che hanno almeno 36 anni di contributi;
5. soggetti la cui capacità lavorativa generica è ridotta almeno al 74%, così come accertato dalle commissioni invalidi civili.

L'indennità è pari all'importo della rata mensile della pensione calcolata al momento dell'accesso alla prestazione e non può in ogni caso superare l'importo massimo mensile di 1.500,00 euro lordi.
Non è soggetta a rivalutazione ed è erogata mensilmente su dodici mensilità all'anno.

L'art. 1 co. 339 della legge di bilancio per il 2021, l. 178/2020 ha previsto la possibilità di usufruire, **fino al 31 dicembre 2021** del cosiddetto APE Sociale. Per accedere alla prestazione è necessario appartenere ad una delle seguenti categorie:

1. disoccupati che hanno terminato di percepire, da almeno tre mesi, l'indennità di disoccupazione ottenuta a seguito di licenziamento (anche collettivo), dimissioni per giusta causa, risoluzione consensuale nell'ambito della procedura obbligatoria di conciliazione prevista per i licenziamenti per giustificato motivo oggettivo, scadenza di un contratto a termine;
2. *caregiver*, ovvero lavoratori che al momento della richiesta e da almeno sei mesi assistono i soggetti affetti da handicap grave ai sensi della Legge n. 104/1992;
3. invalidi civili, dipendenti o autonomi, con grado di invalidità pari o superiore al 74%;

4. lavoratori dipendenti addetti ai lavori gravosi per almeno 6 anni negli ultimi 7 o, alternativamente, per 7 anni negli ultimi 10.

Per accedere all'Ape sociale è necessario possedere almeno 63 anni di età anagrafica ed un minimo di 30 anni di contributi, che diventano 36 anni per i lavoratori impiegati nelle attività gravose. Le lavoratrici madri hanno uno sconto di un anno per ogni figlio entro un massimo di due.
Tale misura è stata prorogata dalla **legge di bilancio per il 2022 (art.1 commi 91-93)** che ha ampliato la pletora dei lavori gravosi, ha eliminato il termine dei tre mesi della percezione dell'indennità di disoccupazione e, con riferimento al requisito contributivo, ha previsto un abbassamento da 36 anni a 32 anni per i lavoratori appartenenti al settore edile, al settore della ceramica e della terracotta.
Anche la legge di bilancio per il 2023 ha prorogato la misura prevedendo i medesimi beneficiari ed analoghe condizioni.

7. Profili previdenziali nel lavoro autonomo e nel c.d. lavoro flessibile.

Con l'espressione contratti di lavoro c.d. flessibili si intende ricomprendere la pletora dei rapporti di lavoro che, diversi dal contratto di lavoro a tempo indeterminato trovano, attualmente, regolamentazione nel D.lgs. n. 81/2015 (che ha soppresso il D.lgs. n. 276/2003, primo T.U. volto a disciplinare organicamente tali forme contrattuali) e che sono: contratto di lavoro a tempo determinato, contratto di somministrazione, contratto di lavoro a tempo parziale, contratto intermittente e, da ultimo, anche il contratto di lavoro tramite piattaforme digitali.
Tutti questi contratti, fatta eccezione per quello tramite piattaforme digitali, non presentano profili di specialità dal punto di vista previdenziale per cui i lavoratori sono iscritti alla gestione dei lavoratori dipendenti, al pari dei lavoratori subordinati.
In particolare nel caso di **contratto a tempo determinato** i lavoratori sono iscritti, se dipendenti di aziende private, al Fondo Pensioni Lavoratori Dipendenti mentre nel caso siano dipendenti di pubbliche amministrazioni la contribuzione è versata alla Cassa di previdenza degli Enti locali.
La contribuzione per l'assicurazione invalidità, vecchiaia e superstiti è pari al 33%. L'art. 1 comma 100 ss. della l. n. 205 del 27.12.2017 ha previsto, nel tentativo di stimolare l'occupazione giovanile, una riduzione della contribuzione prevedendo dal 2021 una riduzione della contribuzione pari al 50% dei

contributi previdenziali versati dal datore di lavoro per i lavoratori assunti con meno di 30 anni per un periodo massimo di 36 ed una base annua di 3000,00 euro. La riduzione opera anche in caso di trasformazione del contratto.
In caso di **appalto** il profilo di specialità è costituito dalla **responsabilità solidale** tra committente ed appaltatore.
In caso di **somministrazione** va precisato che l'obbligo contributivo grava sul somministratore e le Agenzie di somministrazione, per volontà normativa, sono inquadrate nel settore terziario con la conseguenza che vi possono essere discrasie tra il trattamento previdenziale riconosciuto ai lavoratori somministrati (pensiamo ai trattamenti di integrazione salariale) ed i lavoratori dipendenti dell'utilizzatore.
Dal momento che la somministrazione può essere a tempo determinato ovvero a tempo indeterminato giova precisare che, ai fini contributivi, se la somministrazione è a tempo determinato il lavoratore non fruirà di alcuna copertura assicurativa alla scadenza del contratto mentre, se a tempo indeterminato, il lavoratore durante i periodi c.d. di disponibilità ha diritto al trattamento contributivo che subirà delle contrazioni per effetto della riduzione della base di calcolo.
Il lavoratore somministrato, tuttavia, non può contrariamente a quanto accade nel caso di **lavoro intermittente** versare i contributi volontari per integrare la contribuzione.
In caso di lavoro part-time la disciplina previdenziale è contenuta nell'art. 11 del D.lgs. n. 81/15 che prevede che l'anzianità contributiva utile per la pensione debba essere parametrata all'orario effettivamente svolto rispetto all'orario a tempo pieno.
La disciplina previdenziale del lavoro autonomo, invece, è stata differenziata a seconda che i lavoratori autonomi fossero iscritti in albi professionali o meno.
In caso di **lavoratori autonomi iscritti in albi** la tutela previdenziale è affidata alle **singole Casse di previdenza** che sono soggetti di natura privata. La contribuzione, sebbene determinata dai singoli regolamenti, si compone di due voci: contributo soggettivo che è in percentuale del reddito professionale prodotto ed un contributo integrativo che è parametrato al volume di affari IVA.
In caso di **lavoratori autonomi non iscritti in albi ai fini previdenziali** l'iscrizione deve essere effettuata presso le **tre gestioni speciali** istituite presso l'INPS: gestione artigiani, commercianti, coltivatori diretti, coloni e mezzadri. Presupposto per l'iscrizione non è il mero svolgimento dell'**attività** ma è necessario che essa sia svolta in **maniera prevalente e continuativa** (nel caso in cui si svolgano più attività vi è obbligo di iscrizione esclusivamente presso una sola gestione dove il lavoratore è in prevalenza occupato). La contribuzione,

la cui aliquota è pari al 24%, è proporzionale al reddito ed è dovuta anche una contribuzione sul c.d. minimale di reddito.
Per **i lavoratori agricoli la** contribuzione è determinata in misura convenzionale.
Va chiarito che **per i lavoratori autonomi non vige il principio dell'automaticità delle prestazioni che tutela i lavoratori dipendenti perché l'obbligo del versamento dei contributi ricade sui lavoratori stessi.** La prescrizione è **quinquennale** e decorre con riferimento all'anno in cui il reddito è dovuto.
Come innanzi evidenziato (par.1) è stata istituita presso l'INPS **la gestione separata con la l. 33/1995** creata per garantire una tutela previdenziale a quelle categorie di lavoratori che risultassero sprovvisti.
Sono tenuti all'iscrizione presso tale gestione, per effetto del D.lgs. n. 81/2015 che ha riordinato la contrattazione, tra gli altri anche i **titolari di contratti di collaborazione non a progetto e i contratti di lavoro autonomo sottoscritti nella forma della collaborazione coordinata e continuativa.**
La contribuzione da versare varia in relazione alla posizione del lavoratore. Il committente ha l'obbligo di versare la contribuzione ponendo un terzo dell'aliquota a carico del lavoratore ed attualmente è pari al 33% per i soggetti che non svolgendo altra attività non sono tenuti al versamento dei contributi ad altra gestione mentre è pari al 24% nel caso in cui ci sia versamento ad altra gestione assicurativa.
Per i rapporti di lavoro occasionale, di cui al d.l. 50/2017 conv. in l. 96/2017, è previsto un allineamento, ai fini previdenziali con i contratti di collaborazione.
La contribuzione dovuta alla gestione separata è pari al 33% del compenso stesso.
Non vi è un'espressa tutela previdenziale per i lavoratori che svolgono la loro attività mediante piattaforme digitali. Sebbene, infatti, la l. 128/2019 di modifica del D.lgs. n. 81/2015 abbia introdotto una tutela assicurativa INAIL tace sul profilo previdenziale. Dopo la sentenza della S.C. 1663/2020, sebbene risolutiva di una fattispecie regolata dalla vecchia disciplina, si ritiene che i riders debbano essere iscritti alla gestione lavoratori dipendenti.
Per i **lavoratori autonomi** l'accesso alla pensione non è subordinato alla cessazione dell'attività e la pensione di vecchiaia si consegue a partire dal **2020** con la maturazione di 67 anni e 20 anni di contribuzione effettiva (purché la pensione abbia un importo pari ad 1,5 l'assegno sociale) mentre per la pensione anticipata sono richiesti 42 anni e 10 mesi per gli uomini e 41 anni e 10 mesi per le donne con una finestra di accesso di tre mesi.

PARTE TERZA | IL DIRITTO DELLA PREVIDENZA SOCIALE

QUESTIONARIO

1. Quali sono le gestioni attive presso l'INPS? **1.**
2. Qual è oggi il requisito di anzianità, anagrafica e contributiva, necessario per accedere alla pensione di vecchiaia? **2.1.**
3. Cosa si intende per sistema di calcolo contributivo e per sistema retributivo? **2.2.**
4. Qual è la base contributiva in questi due differenti sistemi pensionistici? **2.2.**
5. In cosa si distinguono la pensione di vecchiaia e quella anticipata? **2. - 3.**
6. A chi spetta la pensione anticipata? E la pensione quota 100? **3.**
7. Qual è la differenza tra invalidità e inabilità? **4.**
8. Quali sono i presupposti dell'assegno ordinario di invalidità? **4.**
9. In cosa consiste la c.d. "opzione donna"? **3.**
10. In cosa consistono i trattamenti ai superstiti e quali tipologie si conoscono? **5.**
11. Quali soggetti hanno diritto ai trattamenti di reversibilità? **5.**
12. Che scopo ha l'APE? che differenza c'è tra APE volontario e sociale? **6.**

SCHEDA DI SINTESI

La gestione dei trattamenti previdenziali è relegata all'INPS in prevalenza. Presso l'Inps sono costituiti l'AGO (assicurazione generale obbligatoria per il settore pubblico e privato), i fondi integrativi/sostitutivi, le tre gestioni speciali per i lavoratori autonomi e la gestione separata. La tutela dei liberi professionisti è demandata alle singole Casse professionali.

Alla pensione di vecchiaia si accede con il raggiungimento di una determinata età anagrafica e di una certa anzianità contributiva.

È possibile accedere al trattamento pensionistico anche pria della maturazione di tutti i requisiti in presenza della c.d. oggi quota 103 ergo limite di età + anzianità contributiva che subisce una flessione ulteriore nel caso in cui la pensionanda sia donna.

Laddove per motivi di salute la capacità lavorativa del soggetto sia ridotta, ai sensi della legge n. 222/1984 è previsto il trattamento pensionistico per sopperire alla mancanza ovvero riduzione della capacità lavorativa specifica (assegno ovvero pensione se l'inabilità sia assoluta) in presenza del requisito contributivo e permanenza di iscrizione nell'assicurazione.

Nel caso in cui il pensionato deceda ed il coniuge o il figlio a carico siano inabili potranno richiedere ed ottenere la pensione di reversibilità

Capitolo III
La tutela per gli infortuni sul lavoro e le malattie professionali

SOMMARIO:
1. La tutela INAIL. – **2.** L'ambito di applicazione della tutela. – **3.** L'infortunio sul lavoro. – **4.** Le malattie professionali ed il sistema tabellare. – **5.** Le prestazioni erogate. – **6.** La responsabilità civile del datore di lavoro ed il regresso dell'INAIL.

1. La tutela INAIL.

L'assicurazione sociale per gli infortuni sul lavoro è stata introdotta per la prima volta con la l. 17 marzo **1898, n.** 80 relativa all'industria (poi estesa nel 1917 all'agricoltura) ed è stata affiancata, attraverso il R.D. 13 maggio **1929, n. 928**, dall'assicurazione per le malattie professionali (divenuta operativa soltanto nel 1934). Il sistema, originariamente delineatosi, stante l'assenza della previsione di obblighi generali di prevenzione e protezione a carico del datore di lavoro, aveva favorito lo sviluppo della **teoria del rischio professionale** che, configurando la responsabilità per colpa d'impresa, **ipotizzava una sorta di responsabilità oggettiva** a carico dell'imprenditore per gli infortuni dei dipendenti. Fu scelto, così, a livello normativo la via della socializzazione del danno, e fu creata una forma di assicurazione obbligatoria con le leggi summenzionate.

Tali gestioni previdenziali sono state affidate all'**INAIL (Istituto nazionale per l'assicurazione contro gli infortuni sul lavoro)**, istituito nel 1933 in luogo della soppressa Cassa Nazionale Infortuni, che assicura prestazioni economiche e qualche prestazione sanitaria (per il resto di competenza del Servizio Sanitario Nazionale) alla generalità dei lavoratori privati e pubblici. Fanno eccezione categorie residuali di lavoratori come dirigenti e impiegati di aziende agricole e forestali, di cui si occupa l'ENPAIA.

La disciplina della materia è **attualmente** contenuta nel **Testo unico delle disposizioni per l'assicurazione obbligatoria contro gli infortuni sul lavoro e le malattie professionali, d.p.r. 30 giugno 1965, n. 1124, come modificato dal D.lgs. 23 febbraio 2000, n. 38**.

Il d.p.r. ha costituito il punto di arrivo dell'evoluzione del sistema assicurativo incentrato non solo sulla natura dell'attività svolta ma anche sul rischio professionale specifico (elemento soggettivo) ed è stato espressione dell'attuazione dei principi costituzionali e, in particolare, **dell'art.** 38 Cost. **che garantisce al lavoratore infortunato sul lavoro, o che abbia contratto una malattia professionale, un sostegno adeguato di tipo economico e sanitario per liberarlo dal bisogno in un momento in cui è impossibilitato a rendere la prestazione lavorativa.**

Il testo unico offre una disciplina organica della materia.
I **quattro titoli** che lo compongono contengono capi dedicati ai vari profili della materia: alle attività protette, all'oggetto dell'assicurazione, alle persone assicurate e ai datori di lavoro destinatari dell'obbligo assicurativo, alle prestazioni, agli istituti assicuratori, alle disposizioni speciali per le malattie professionali, all'assistenza ai grandi invalidi del lavoro, alle disposizioni generali, transitorie e finali.

Significativi sono stati gli interventi della Corte costituzionale, a partire dagli anni '60, '80, '90 (sentenza n. 22/1967; sentenza n. 102/81 e n. 118/86; sentenze n. 87 /1991, n 356 /1991 e n. 485 /1991), con cui si tende ad ampliare la responsabilità datoriale, si sollecita il legislatore ad ampliare la copertura assicurativa e si estromette il danno biologico dall'area dell'esonero di responsabilità sancito nell'art. 10, commi 6 e 7, T.U., limitato ai pregiudizi di natura patrimoniale.

Con l'art. 13 del D.lgs. 23 febbraio 2000 n. 38, è stato aperto il sistema previdenziale di tutela per gli infortuni e le tecnopatie alla liquidazione indennitaria del danno biologico.

Significative anche se abrogate solo a distanza di sei mesi sono state le disposizioni che erano intervenute a modificare gli artt. 10 (commi 6, 7 ed 8) ed 11 (commi 1 e 3) del d.P.R. 31 giugno 1965, n. 1124, nonché il comma 2 dell'art. 142 cod. ass. **L'art. 1, comma 1126 della l. 30 dicembre 2018, n. 145 (legge di bilancio 2019) aveva novellato il testo degli artt. 10 e 11 del d.P.R. n. 1124 del 1965, in materia di danno differenziale e di azione di regresso dell'INAIL, nonché l'art. 142 del codice delle assicurazioni, in tema di azione di surroga dell'INAIL nei confronti dell'impresa di assicurazione, intervenendo sul limitato profilo dei criteri liquidazione.**

Fermo restando il mantenimento dell'istituto dell'esonero, lo scopo dell'intervento normativo era quello di imporre, nel rapporto tra l'entità dell'importo del danno differenziale spettante al lavoratore e quello dell'azione di regresso e surroga spettanti all'INAIL, un calcolo per voci complessive, ovvero per sommatoria, rispetto al sistema di calcolo imposto dall'interpretazione consolidata nella giurisprudenza più recente, operato per voci distinte ed omogenee ma, come anzi detto, la novella è **stata abrogata per effetto della legge n. 58/2019 (in G.U. n. 151 del 29 giugno 2019), di conversione, con modificazioni, del d.l. n. 34/2019, c.d. decreto crescita, ha introdotto in seno a detto decreto legge l'art.** 3-sexies («Revisione delle tariffe INAIL dall'anno 2023»), che così dispone: «All'articolo 1, comma 1126, della citata legge n. 145 del 2018, le lettere a), b), c), d), e) e f) sono abrogate; le disposizioni ivi indicate riacquistano efficacia nel testo vigente prima della data di entrata in vigore della medesima legge n. 145 del 2018».

Va chiarito che la tutela assicurativa INAIL **non ha carattere universalistico** ma opera **selettivamente con riferimento cioè a quei lavoratori che per l'attività svolta e la posizione ricoperta sono esposti ad un rischio professionale più intenso.** Sotto questo profilo, quindi, essa si distingue da quella a carattere previdenziale perché non opera indistintamente per tutti i lavoratori.

È possibile, quindi, riassuntivamente ritenere che la **tutela INAIL si caratterizza**, in quanto indennitaria, per una **serie di principi** che saranno analizzati *funditus* nel corso della trattazione. Essi sono così sintetizzabili:

1. **automaticità, in quanto opera** *ope legis*;
2. **immediatezza;**
3. **automaticità delle prestazioni, che spettano anche se il datore di lavoro non sia adempiente ai suoi obblighi assicurativi;**
4. **irrilevanza della componente soggettiva, in quanto l'indennizzo viene erogato a prescindere da ogni valutazione di responsabilità, quindi anche se il fatto è imputabile al caso fortuito o a colpa dello stesso lavoratore, salvo il dolo ed il rischio elettivo;**
5. **irrilevanza dell'entità del danno, in quanto l'indennizzo viene erogato sulla base di criteri predeterminati.**

Sempre in termini generali può ritenersi, quindi, che attraverso il versamento del premio assicurativo, modulato in ordine al rischio, il datore di lavoro è esonerato dalle conseguenze derivanti da infortuni e malattie professionali subite dal prestatore in ragione dello svolgimento dell'attività lavorativa grazie all'intervento dell'INAIL, soggetto assicuratore.

2. L'ambito di applicazione della tutela.

La tutela assicurativa opera secondo **criteri selettivi**.
Anche se la Corte cost. n. 310 del 6/15 luglio 1994 ha spinto per una espansione dei soggetti tutelati, possiamo ritenere che la selezione opera sia **sul piano soggettivo**, in quanto l'assicurazione sociale è **riconosciuta solo a determinate categorie di lavoratori, sia sul piano oggettivo**, sia perché è limitata a **determinate attività ritenute protette o pericolose**.
Dal punto di vista oggettivo, ai sensi dell'art. 1 del TU n. 1124 del 1965 (richiamato dall'art. 3 per le malattie) sono attività protette:

1. **Secondo la clausola generale**: deve ritenersi pericolosa e protetta e quindi assicurata ogni attività in cui una persona è addetta ad un macchina automatica, ad apparecchi a pressione, ad impianti elettrici e termici ed ogni lavorazione che si svolga in ambienti o in stabilimenti o in laboratori in cui (a prescindere dalla adibizione alle macchine ed apparecchi pericolose) le stesse macchine sono adoperate (oppure dove si svolgono lavori complementari o sussidiari, anche in locali diversi e separati dalle macchine pericolose);
2. **Secondo l'art.1 sono attività che obbligano a stipulare l'assicurazione in ogni caso**: le attività effettuate in **opifici, laboratori, ambienti organizzati** per lavori, opere o servizi che comportano l'impiego delle macchine, apparecchi od impianti suindicati **anche da chi non è addetta a questi ultimi** (c.d. rischio ambientale); una serie di **lavorazioni industriali** espressamente individuate come pericolose, come ad es. l'attività di carico e scarico o le attività edilizie (art. 1, co. 3 T.U.); tutte le attività agricole (art. 207 T.U.).

La giurisprudenza ha precisato che la nozione di **attività protetta** assicurata è identificabile attraverso la nozione di **rischio ambientale** che costituisce il rischio tutelato dal T.U. ed è strumentale anche per identificare i lavoratori che, addetti a quell'ambiente di lavoro, sono tutelati per il solo fatto di operare ivi e prescindendo dall'attività svolta e dai macchinari impiegati (artt., 6° e 7° comma). I **criteri** per identificare l'**ambiente di lavoro sono** vari: si fa riferimento al ciclo produttivo, al criterio teleologico, al risultato finale, alla complementarietà del lavoro anche se non è svolto nello stesso luogo, né contemporaneamente; basta che i locali siano comunicanti.
Si tratta di una interpretazione ormai pacifica della giurisprudenza, consolidata a partire da Cass. S.U. n. 3476 del 1994 secondo cui il requisito della manualità

delle mansioni non è indispensabile ai fini dell'insorgenza dell'obbligo assicurativo antinfortunistico dei lavoratori subordinati, **rilevando invece il fatto oggettivo dell'esposizione a rischio, per cui la qualifica di impiegati o anche di dirigenti, ed il fatto che i titolari di tali qualifiche non abbiano un contatto diretto con gli apparecchi e gli impianti di cui all'art. 1 del d.P.R. n. 1124 del 1965, non escludono la sussistenza dell'obbligo suddetto, qualora questi lavoratori siano costretti, dall'esercizio delle loro mansioni, a frequentare ambienti in cui operano le fonti di rischio in tale ultima norma indicate.**

Sono pertanto **protetti** tutti i lavoratori, a prescindere dalla qualifica impiegatizia eventualmente spettante in relazione allo svolgimento, in via principale, di mansioni di carattere intellettuale, qualora vi sia un contatto diretto con l'apparecchio per un uso professionale, fermo restando che l'onere della prova dello svolgimento di mansioni soggette ad assicurazione obbligatoria incombe sul lavoratore che intenda far valere il diritto all'indennizzo per l'infortunio subito. (Vedi Cass. n. 20010 del 2010).

Altro concetto elaborato dalla giurisprudenza al fine di espandere la tutela assicurativa è quello del **c.d. rischio specifico improprio**, definito come quello non intrinsecamente connesso allo svolgimento delle mansioni tipiche del lavoro svolto dal dipendente, ma insito in un'attività prodromica e strumentale allo svolgimento delle suddette mansioni e, comunque, ricollegabile al soddisfacimento di esigenze lavorative, a nulla rilevando l'eventuale carattere meramente occasionale di detto rischio, atteso che è estraneo alla nozione legislativa di occasione di lavoro il carattere di normalità o tipicità del rischio protetto (Cass. n. 4433 del 2000; n. 217 del 2001; n. 1944 del 2002; n. 6894 del 2002). Conseguentemente **l'occasione di lavoro, di cui all'art. 2 del T.U., è configurabile anche nel caso di infortunio occorso durante la deambulazione all'interno del luogo di lavoro.**

Dal punto di vista soggettivo: all'interno delle stesse attività protette la tutela è riconosciuta a categorie di lavoratori precisamente indicati al capo I, art. 4.

Dal punto di vista soggettivo, occorre ricordare che **sono assicurati non solo i lavoratori dipendenti** (anche se lavorano all'estero alle dipendenze di imprese italiane), **ma anche gli artigiani, i collaboratori familiari, i soci di cooperativa, i detenuti, i religiosi, gli insegnanti, gli alunni di scuole professionali sempre che svolgano attività lavorativa in attività protette.**

Sono soggetti assicurati anche i lavoratori autonomi, artigiani, i coltivatori diretti, mezzadri, coloni parziari.

La Corte costituzionale vi ha incluso i collaboratori familiari ex 230 bis c.c. (sentenza n. 476 del 1987) e gli associati in partecipazione (sentenza n. 332 del 1992).

A seguito dell'entrata in vigore del D.lgs. n. 38 del 2000 risultano assicurati anche i dirigenti, e i lavoratori parasubordinati (art. 5, fermo restando sempre la necessità del presupposto oggettivo ex art.1, ossia che svolgano una attività protetta) e **gli sportivi professionisti**.
Da ultimo la S.C. ha ribadito che i rapporti di collaborazione degli studenti universitari con le Università statali, di cui all'art. 13 della l. n. 390 del 1991, sono soggetti all'assicurazione presso l'INAIL ai sensi **dell'art. 5 del D.lgs. n. 38 del 2000 che ha stabilito l'obbligatorietà dell'assicurazione per tutti i rapporti di parasubordinazione**, dovendosi ritenere detta disposizione prevalente, in base al principio generale di cui all'art. 15 preleggi, sulla preesistente previsione di cui all'art. 13 citato che fissava l'obbligo di stipulare polizze private. (Vedi Cass. n. 2013 del 2020).

In tema di pubblico impiego privatizzato, l'art. 6 del d.l. 6 dicembre 2011, n. 201, conv. dalla l. 22 dicembre 2011, n. 214 ha abrogato gli istituti dell'accertamento della dipendenza dell'infermità da causa di servizio, del rimborso delle spese di degenza per causa di servizio, dell'equo indennizzo e della pensione privilegiata, ed attribuito all'I.N.A.I.L. la gestione dell'intera materia degli infortuni sul lavoro e delle malattie professionali sul lavoro dei dipendenti pubblici, fatta eccezione per i comparti sicurezza, difesa, vigili del fuoco e soccorso pubblico

Il **d.l. n. 201 del 2011 ha inteso portare le due categorie, quella dei dipendenti pubblici e quella dei lavoratori del privato, nell'ambito del medesimo regime di tutela; di conseguenza, sia i dipendenti pubblici che quelli privati, usufruiscono oggi della stessa tutela infortunistica alle medesime condizioni: solo se ed in quanto sussistano i requisiti di assicurabilità (art. 1 T.U.), se l'infortunio sia avvenuto per "causa violenta in occasione di lavoro" (art. 2 T.U.) e le malattie professionali siano causate "nell'esercizio e a causa"** (art. 3 T.U.) dell'attività lavorativa.

3. L'infortunio sul lavoro.

L'**infortunio sul lavoro** può essere definito come ogni **lesione all'integrità** psico-fisica avvenuta **per causa violenta in occasione di lavoro**, da cui siano derivate specifiche conseguenze invalidanti in capo al lavoratore ovvero la morte (artt. 2 – 210 T.U.).
Quanto alle **conseguenze invalidanti** esse possono consistere in un'inabilità permanente al lavoro, assoluta o parziale, ovvero una inabilità temporanea assoluta che importi l'astensione dal lavoro per più di tre giorni.

Elementi costitutivi dell'infortunio sono, quindi, la causa violenta e l'occasione di lavoro.

A) La causa violenta e virulenta ed il COVID-19

La **causa violenta** genetica dell'infortunio deve essere un **fattore determinato**, che deve operare come **causa estern**a, che agisca **con rapidità e intensità**, in un brevissimo arco temporale, o comunque in una minima misura temporale e da cui può scaturire un altrettanto immediato pregiudizio fisico.
La **causa violenta rileva anche ai fini della distinzione tra infortunio e malattia professionale.**
Contrariamente alla causa violenta repentina, che cagiona l'infortunio, indennizzabile in presenza comunque dell'occasione di lavoro, vi è la causa che provoca la malattia professionale, che non deve avere il requisito della "repentinità", bensì, al contrario, è intrinsecamente più lenta nel suo svilupparsi, oltre che presupporre, come si vedrà, una stretta connessione con le mansioni del lavoratore. (cfr. Cass. n. 12559/2006; conforme Cass. n. 18852 del 2010).
Secondo la giurisprudenza consolidata la causa violenta – fatto genetico indispensabile dell'infortunio – può consistere anche in **uno sforzo fisico** che, pur se non straordinario o eccezionale, **sia diretto a vincere una resistenza propria della prestazione o dell'ambiente di lavoro, dovendosi avere riguardo alle caratteristiche dell'attività lavorativa svolta e alla loro eventuale connessione con le conseguenze dannose dell'infortunio.** (Cass. n. 27831 del 2009).
La **predisposizione morbosa** del lavoratore **non esclude il nesso causale tra sforzo e ed evento infortunistico, in relazione anche al principio di equivalenza causale di cui all'art. 41 cod. pen.**, che trova applicazione nella materia degli infortuni sul lavoro e delle malattie professionali, con la conseguenza che un ruolo di concausa va attribuito anche ad una minima accelerazione di una pregressa malattia – salvo che questa sia sopravvenuta in modo del tutto indipendente dallo sforzo compiuto o dallo stress subito nella esecuzione della prestazione lavorativa –, la quale, anzi, può rilevare in senso contrario, in quanto può rendere più gravose e rischiose attività solitamente non pericolose e giustificare il nesso tra l'attività lavorativa e l'infortunio.
Alla causa violenta è equiparabile la **causa virulenta** cioè l'azione di fattori microbici o virali che, penetrando nell'organismo umano, ne comportino l'alterazione dell'equilibrio anatonomo-fisiologico, sempre che tale azione sia eziologicamente rapportabile all'attività lavorativa, sempre che tale azione, pur se i suoi effetti si manifestino dopo un certo tempo, sia in rapporto con lo

svolgimento dell'attività lavorativa, anche in difetto di una specifica causa violenta alla base dell'infezione. La relativa dimostrazione può essere fornita in giudizio anche mediante presunzioni semplici.
L'equiparazione della causa violenta a quella virulenta e l'estensione della tutela INAIL in caso di contagio dell'infezione COVID-19 ha ricevuto, recentemente, disciplina legislativa. L'art. 42, comma 2, del d.l. n. 18 del 2020 (cd. "Cura Italia"), conv. dalla l. n. 27 del 2020, recita: *"Nei casi accertati di infezione da coronavirus (SARS-CoV-2) in occasione di lavoro, il medico certificatore redige il consueto certificato di infortunio e lo invia telematicamente all'INAIL che assicura, ai sensi delle vigenti disposizioni, la relativa tutela dell'infortunato. Le prestazioni INAIL nei casi accertati di infezioni da coronavirus in occasione di lavoro sono erogate anche per il periodo di quarantena o di permanenza domiciliare fiduciaria dell'infortunato con la conseguente astensione dal lavoro. I predetti eventi infortunistici gravano sulla gestione assicurativa e non sono computati ai fini della determinazione dell'oscillazione del tasso medio per andamento infortunistico di cui agli articoli 19 e seguenti del Decreto Interministeriale 27 febbraio 2019. La presente disposizione si applica ai datori di lavoro pubblici e privati."*
Se l'infezione da Coronavirus avviene in "occasione di lavoro", costituisce un infortunio protetto dall'assicurazione obbligatoria, per cui l'INAIL è obbligato ad erogare le prestazioni dovute ai soggetti protetti a seconda dell'evento subito (lesione o decesso) e delle conseguenze riportate dal lavoratore, sia esso pubblico o privato.
Coloro che hanno contratto il virus sul lavoro avranno quindi diritto all'indennizzo per il periodo di inabilità temporanea assoluta e all'indennizzo in capitale o alla rendita per i postumi permanenti; in caso di morte, ai loro familiari spetterà poi la rendita ai superstiti.
La norma oltre a riconoscere una protezione economica di natura sociale per il danno alla salute ed alla capacità lavorativa dei lavoratori, nonché alle loro famiglie per la perdita del reddito nell'ipotesi del decesso prevede anche che non vi sarà alcun onere aggiuntivo per le imprese in termini di aumento di premi assicurativi.
Sul piano probatorio, premesso che in generale in materia di infortuni sussiste sempre la possibilità di ricorrere alle presunzioni gravi, precise e concordanti ex art. 2729 c.c. ai fini della prova presuntiva del rapporto di occasionalità, per chi opera in ambienti sanitari, come ospedali, cliniche, ambulatori medici o farmacie, è senz'altro legittimo il ricorso a presunzioni semplici anche quando l'identificazione delle specifiche cause lavorative del contagio si presenti problematica; ciò perché, sebbene alcune infezioni si possano contrarre anche in

condizioni estranee al lavoro, per quei lavoratori che operano in un determinato ambiente e che sono adibiti a specifiche mansioni, con una ripetuta e consistente esposizione ad un particolare rischio, la presunzione dell'origine lavorativa è così grave da raggiungere quasi la certezza.
Il ricorso alle presunzioni è poi consentito anche ai lavoratori che non operano nel settore sanitario; seppure per essi la presunzione di sussistenza del nesso eziologico/occasionale con l'attività lavorativa ha minore forza rispetto agli operatori sanitari, sarà comunque possibile fare riferimento alla specificità delle mansioni e del lavoro svolto, alla diffusione del virus nella località o nell'azienda dove sono stati costretti ad operare e agli altri fatti noti dai quali sia possibile evincere un collegamento della patologia da COVID-19 con l'attività protetta.
L'art. 42 citato riconosce poi espressamente l'indennizzo dell'inabilità temporanea per il periodo in cui il lavoratore si trova in quarantena o in isolamento domiciliare per fini precauzionali in conseguenza della malattia da Coronavirus, immediatamente dopo la guarigione o per l'intervenuto accertamento della positività al virus, trattandosi di situazioni di impedimento assoluto al lavoro che, come quelle derivanti da altri stati patologici vanno tutelati nel caso in cui siano state occasionate dal lavoro.
Con la circolare **n. 22 del 2020** l'Istituto ha ribadito che la malattia da Coronavirus, contratta nell'ambiente di lavoro o a causa dello svolgimento dell'attività lavorativa, **va tutelata come infortunio sul lavoro**.
In tale circolare si precisa:

1. che sono ammessi alla tutela gli operatori sanitari che risultino positivi al test di conferma del contagio, ma si puntualizza che per essi il nesso causale con le mansioni svolte si deve comunque presumere, tanto che la tutela assicurativa si estende anche ai casi in cui l'identificazione delle specifiche cause e modalità lavorative del contagio si presenti problematica.
2. che sono tutelati anche i casi di contagio da COVID-19 avvenuti nel percorso di andata e ritorno dal luogo di lavoro, che si configurano quindi come infortuni in itinere.
3. che la tutela copre pure l'astensione dal lavoro dovuta a quarantena o isolamento domiciliare per l'intero periodo e per quello eventualmente successivo, dovuto a prolungamento di malattia che determini un'inabilità temporanea assoluta.
4. che l'Azienda sanitaria locale o la struttura ospedaliera/sanitaria privata di appartenenza del personale infortunato, in qualità di datori di

lavoro pubblico o privato, sono tenute a effettuare la denuncia/comunicazione di infortunio all'Inail e che il medico certificatore ha l'obbligo di trasmettere all'INAIL il certificato medico di infortunio.

B) L'occasione di lavoro

Ulteriore elemento costitutivo, accanto alla causa violenta, è **l'occasione di lavoro**.
L'occasione di lavoro è una connessione funzionale tra l'infortunio e l'attività espletata cioè l'attività lavorativa deve aver creato **un rischio specifico** ulteriore rispetto a quello generico che grava sulla generalità degli individui.
L'occasione di lavoro **fa riferimento a situazioni ed attività distinte dalla prestazione di lavoro in senso stretto, ma con essa strettamente connessa** (prodromiche, anteriori e necessarie alla prestazione; attività di prevenzione di un rischio insito nella prestazione; atti di locomozione interna, pause fisiologiche, infortunio in itinere). Rilevano quindi tutte le condizioni, comprese quelle ambientali, in cui l'attività lavorativa si svolge e nella quale potrebbe essere imminente il rischio di danno del lavoratore, sia che tale danno sia cagionato dall'apparato produttivo, sia che dipenda da terzi o da fattori e situazioni proprie del lavoratore, come anche ogni altra situazioni ricollegabile allo svolgimento dell'attività lavorativa in modo diretto o indiretto (Cass. n. 6 del 2015; n. 12779 del 2012).
L'occasione di lavoro, si badi, non è integrata dal mero criterio topografico e cronologico nel senso che non è sufficiente ad integrare l'occasione di lavoro che l'infortunio si sia verificato durante o sul luogo di lavoro (ad es. a seguito di un capogiro, o di omicidio nel luogo aziendale per motivi personali), mentre l'occasione di lavoro può esistere anche in mancanza (come nel caso di aggressione di un dipendente in un luogo diverso ma per motivi professionali; ad es. per la sua attività di addetto agli ordini di acquisto effettuati presso i fornitori).
Il rapporto di occasionalità tra lavoro e infortunio ai sensi dell'art.2 per rilevare deve essere di "occasionalità necessaria" nel senso che la concreta attività del soggetto protetto deve averne determinato l'esposizione a un rischio specifico o generico aggravato.

Dal rischio specifico si distingue il **rischio elettivo** che esclude l'occasione di lavoro e, quindi, l'indennizzabilità.
Il **rischio elettivo è quel rischio generato direttamente dal lavoratore, diretto alla realizzazione di scopi personali e privo di collegamento con lo svolgimento dell'attività lavorativa.**

Costituisce dunque rischio elettivo, idonea ad interrompere il nesso eziologico tra prestazione ed attività assicurata, una condotta personalissima del lavoratore, avulsa dall'esercizio della prestazione lavorativa o ad essa riconducibile, esercitata ed intrapresa volontariamente in base a ragioni e motivazioni del tutto personali, al di fuori dell'attività lavorativa a prescindere da essa (Cass. n. 16026 del 2018; Cass. n. 20221 del 2010; n. 19194 e n. 19496 del 2009; n. 11950 del 2005).

Secondo le linee guida INAIL del 1998, "per aversi rischio elettivo occorrono atti arbitrari, ovvero intesi a soddisfare un impulso o un capriccio puramente personale, con i quali il lavoratore si espone volutamente alla possibilità del verificarsi di un evento dannoso. Tali, a titolo esemplificativo, potrebbero essere: manovre pericolose determinate da stato di ubriachezza, gareggiare in velocità con altri veicoli, percorrere una strada chiusa all'accesso per inagibilità, ecc."; e cioè "scelte colpevoli dettate da atteggiamenti e condotte non giustificabili o superflue e comunque controindicate rispetto al risultato da raggiungere".

C) L'infortunio in itinere

L'infortunio in itinere è quello occorso al lavoratore mentre si reca o fa ritorno dal posto di lavoro dalla propria abitazione; rileva non solo l'incidente stradale ma ogni causa violenta legata al percorso (ad es. anche una semplice caduta per avvallamento, per buca, o per scivolamento).

Esso va distinto dagli infortuni sul lavoro che avvengono sulla strada, inteso come luogo di lavoro, nel corso dell'espletamento di una attività di lavoro (come ad es. per gli addetti ad un cantiere stradale o per i vigili addetti al traffico), ed anche da quello occorso a chi svolge attività lavorativa che prevede una locomozione (come ad es. gli autisti, commessi viaggiatori, e tutti quelli che sono adibiti alla guida di un veicolo a motore); questi infatti sono normali infortuni, e vanno consideri tali anche ai fini del computo dei premi assicurativi.

Si ricorda infatti che gli infortuni in itinere hanno una speciale forma di finanziamento che non incide sul tasso specifico aziendale, ma viene incluso negli oneri a caricamento e grava solo sulle retribuzioni erogate.

La tutela degli infortuni in itinere è stata inizialmente riconosciuta grazie alle elaborazioni giurisprudenziali in tema di occasione di lavoro.

Secondo una prima applicazione restrittiva della giurisprudenza, l'infortunio in itinere era risarcibile solo quando "per recarsi al lavoro l'operaio abbia a percorrere una via lungo la quale si esponga a pericoli diversi e maggiori da quelli che si corrono in un cammino normale".

Successivamente la giurisprudenza ha elaborato il concetto di rischio generico aggravato ravvisandolo nel semplice rapporto finalistico dell'iter con il lavoro (Cass., 30 maggio 1995, n. 6088, Cass., 19 gennaio 1998, n. 455).
Sull'elaborazione giurisprudenziale è intervenuto il **legislatore con l'art. 12 del D.lgs. n. 38 del 2000 secondo** cui:
"Salvo il caso di interruzione o deviazione del tutto indipendenti dal lavoro o, comunque, non necessitate, l'assicurazione comprende gli infortuni occorsi alle persone assicurate durante il normale percorso di andata e ritorno dal luogo di abitazione a quello di lavoro, durante il normale percorso che collega due luoghi di lavoro se il lavoratore ha più rapporti di lavoro e, qualora non sia presente un servizio di mensa aziendale, durante il normale percorso di andata e ritorno dal luogo di lavoro a quello di consumazione abituale dei pasti.
L'interruzione e la deviazione si intendono necessitate quando sono dovute a cause di forza maggiore, ad esigenze essenziali ed improrogabili o all'adempimento di obblighi penalmente rilevanti. L'assicurazione opera anche nel caso di utilizzo del mezzo di trasporto privato, purché necessitato.
Restano, in questo caso, esclusi gli infortuni direttamente cagionati dall'abuso di alcolici e di psicofarmaci o dall'uso non terapeutico di stupefacenti ed allucinogeni; l'assicurazione, inoltre, non opera nei confronti del conducente sprovvisto della prescritta abilitazione di guida
L'uso del velocipede, come definito ai sensi dell'articolo 50 del decreto legislativo 30 aprile 1992, n. 285, e successive modificazioni, deve, per i positivi riflessi ambientali, intendersi sempre necessitato"
Sono pertanto **infortuni in itinere** assicurati:
1. gli infortuni occorsi alle persone assicurate durante il normale percorso di andata e ritorno dal luogo di abitazione a quello di lavoro;
2. durante il normale percorso che collega due luoghi di lavoro se il lavoratore ha più rapporti di lavoro;
3. e, qualora non sia presente un servizio di mensa aziendale, quelli durante il normale percorso di andata e ritorno dal luogo di lavoro a quello di consumazione abituale dei pasti.

Si è posta la questione su come la nuova normativa si dovesse inserire nel TU, ovvero quale dovesse essere il rapporto tra l'infortunio in itinere e l'occasione di lavoro.
Questo punto è stato chiarito **dalle Sez. Unite con la sentenza n. 17685 del 7 settembre 2015** secondo cui l'art. 12 del D.lgs. 23 febbraio 2000, n. 38 non ha derogato alla norma fondamentale di cui all'art. 2 del d.P.R. n. 1124 del 1965

che prevede, tra i requisiti necessari per l'indennizzabilità dell'infortunio l'occasione di lavoro, per cui anche per l'infortunio in itinere, come per qualsiasi altro infortunio, si richiede l'occasione di lavoro.

Sebbene la nuova norma non contenga un riferimento letterale espresso all'occasione di lavoro la sua rilevanza emerge da una interpretazione logica e sistematica dell'intero corpus normativo: l'assicurazione non copre ogni sorta di evento lesivo che accade sulla strada ma quello che ha un nesso funzionale col lavoro.

4. Le malattie professionali ed il sistema tabellare.

Il sistema assicurativo dell'Inail tutela i lavoratori anche nel caso di **malattie professionali** (artt. 2-211 T.U.)

Le malattie professionali sono quelle patologie, a **causa lenta e progressiva**, contratte dal lavoratore **nell'esercizio e a causa delle lavorazioni**.

La malattia può essere cagionata, dunque, dalla lavorazione ovvero dall'ambiente di lavoro.

Prima dell'intervento della Consulta le malattie assicurate erano solo quelle c.d. tabellate e per ciascuna erano indicate le lavorazioni patogene.

Su tale impianto normativo è intervenuta la Corte costituzionale che, con la sentenza *24 febbraio 1988, n. 179*, ha introdotto un **sistema misto**, in cui anche le malattie non ricomprese negli elenchi di legge sono indennizzate, a certe condizioni (c.d. malattie non tabellate).

Nevralgico è il profilo del riparto **dell'onere probatorio**:

1. **malattie professionali tabellate**, in cui opera una presunzione legale di origine lavorativa;
2. **malattie professionali non tabellate**, di cui il lavoratore dimostri l'origine professionale.

Con il d.m. 9 aprile 2008 (G.U. n. 169 del 21 luglio 2008) sono state pubblicate le "Nuove tabelle delle malattie professionali nell'industria e nell'agricoltura", di cui agli articoli 3 e 211 del T.U., con efficacia dal 22 luglio 2008; è prevista una revisione periodica, le precedenti tabelle erano state aggiornate con il d.P.R. n. 336 del 1994.

Le nuove tabelle prevedono 85 voci per l'industria (prima erano 58) e 24 per l'agricoltura (in precedenza 27) essendo stati esclusi alcuni agenti chimici per i quali vige ormai da tempo espresso divieto di utilizzo.

La previsione della malattia all'interno della tabella esonera il lavoratore dalla prova del nesso di causalità ai fini dell'intervento INAIL in virtù della presunzione operante tra lavorazione e patologia.

Nel caso in cui, viceversa, la malattia non sia tabellata non è esclusa ab origine la natura professionale ma sarà necessario che il lavoratore provi l'esistenza del nesso di causalità per cui su di lui grava l'onere probatorio.

Esistono delle patologie che possono avere un'origine "multifattoriale", cioè essere addebitabili sia a rischio lavorativo sia a quello extralavorativo, cause, entrambi, concorrenti nel cagionare la malattia.

Nei casi di malattie multifattoriali risulta dirimente la prova del nesso di causalità ed anche individuare quale sia la regola probatoria applicabile.

Come chiarito da Cass. n. 23653 del 2016, al fine di non indebolire il valore sociale delle tabelle e la finalità del sistema assicurativo, occorre distinguere tra malattie multifattoriali tabellate e non tabellate, non senza precisare che la tabellazione sussiste anche nelle ipotesi in cui sia provata l'esposizione all'agente patogeno indicato in tabella ed il nesso causale con la patologia.

Quindi in caso di malattia multifattoriale tabellata, dall'inclusione nelle apposite tabelle sia della lavorazione che della malattia (purché insorta entro il periodo massimo di indennizzabilità) deriva l'applicabilità della presunzione di eziologia professionale della patologia sofferta dall'assicurato, con il conseguente onere di prova contraria a carico dell'I.N.A.I.L., quale è, in particolare, la dipendenza dell'infermità da una causa extralavorativa oppure il fatto che la lavorazione non abbia avuto idoneità sufficiente a cagionare la malattia, di modo che, per escludere la tutela assicurativa è necessario accertare, rigorosamente ed inequivocabilmente, che vi sia stato l'intervento di un diverso fattore patogeno, che da solo o in misura prevalente, abbia cagionato o concorso a cagionare la tecnopatia.

Diversamente in caso di malattia professionale multifattoriale non tabellata, la prova della causa di lavoro grava sul lavoratore e deve essere valutata in termini di ragionevole certezza, nel senso che, esclusa la rilevanza della mera possibilità dell'origine professionale, questa può essere ravvisata in un rilevante grado di probabilità. A tal fine il giudice, oltre a consentire all'assicurato di esperire i mezzi di prova ammissibili e ritualmente dedotti, è tenuto a valutare le conclusioni probabilistiche del consulente tecnico in tema di nesso causale, facendo ricorso ad ogni iniziativa "ex officio", diretta ad acquisire ulteriori elementi in relazione all'entità dell'esposizione del lavoratore ai fattori di rischio, potendosi desumere, con elevato grado di probabilità, la natura professionale della malattia dalla tipologia della lavorazione, dalle caratteristiche dei macchinari presenti nell'ambiente di lavoro, dalla durata della prestazione stessa, nonché dall'assenza di altri fattori causali extralavorativi alternativi o concorrenti (Vedi Cass., 10 aprile 2018, n. 8773; conforme Cass. n. 17438 del 2012).

5. Le prestazioni erogate.

In virtù del principio dell'automatismo l'INAIL eroga le prestazioni al verificarsi dell'evento assicurato indipendentemente dall'assolvimento dell'obbligo contributivo (art. 67 T.U.).
Il lavoratore è tenuto a **denunciare l'infortunio entro tre giorni dal verificarsi dell'even**to fornendo al datore di lavoro il numero di certificato e il numero di giorni di prognosi. Se la prognosi è superiore a tre giorni il datore di lavoro deve denunciare entro due giorni l'evento all'INAIL e se trattasi di infortunio mortale o con prognosi superiore a trenta giorni la denuncia deve essere fatta anche alle autorità di Pubblica sicurezza del comune ove è avvenuto l'infortunio anche se, per effetto del D.lgs. 151/2015, l'obbligo di comunicazione alle autorità di Pubblica sicurezza si intende assolto con l'invio all'INAIL della denuncia di infortunio.
Nel caso di malattie professionali il termine per la denuncia del lavoratore al datore di lavoro è di quindici giorni mentre il datore di lavoro deve effettuare la denuncia nei cinque giorni successivi.
In caso di infortunio sul lavoro o di malattia professionale, l'INAIL eroga sia **prestazioni di natura economica che prestazioni sanitarie.**
Le prestazioni sanitarie sono:

1. cure mediche;
2. protesi ed ausili;

Le prestazioni di natura economica sono invece:

- l'**indennità giornaliera per inabilità temporanea**, corrisposta dal quarto giorno successivo a quello in cui è avvenuto l'infortunio o si è manifestata la malattia (per i primi 3, provvede direttamente il datore di lavoro);
- le prestazioni economiche introdotte dal D.lgs. 23 febbraio 2000, n. 38 per **inabilità permanente** relativa ad infortuni verificatisi e malattie manifestatesi dopo il 25 luglio 2000:
  1. **indennizzo** sotto forma di capitale per menomazioni di grado **tra il 6% ed il 16%**;

2. rendita **per menomazioni superiori al 16%, composta da una quota** che ristora il **danno biologico** (con riferimento alla gravità della lesione, al sesso ed all'età del lavoratore) e una quota che riguarda le **conseguenze patrimoniali** del fatto lesivo (rapportate al grado della menomazione ed alla retribuzione dell'assicurato);
- **la rendita per inabilità permanente** relativa al solo profilo patrimoniale per infortuni e malattie denunciati fino al 25 luglio 2000;
- **l'assegno mensile**, nei casi di inabilità permanente ed assoluta in cui sia indispensabile l'assistenza personale continuativa;
- l'**assegno di incollocabilità**, a favore di mutilati ed invalidi sul lavoro esclusi dal sistema di collocamento obbligatorio;
- la **rendita ai superstiti**, erogata, in caso di morte dell'assicurato:
  1. al coniuge, fino a che lo stesso non contragga nuovo matrimonio;
  2. ai figli minorenni od inabili;
  3. agli ascendenti conviventi ed a carico del defunto;
  4. ai fratelli ed alle sorelle conviventi ed a carico.

6. La responsabilità civile del datore di lavoro ed il regresso dell'INAIL.

In cambio del pagamento del premio assicurativo al datore di lavoro è garantito, dall'**art. 10, comma 1, del T.U. 1124/1965, un esonero dalla responsabilità civile per gli stessi eventi, sia verso il lavoratore che verso l'INAIL, mentre al lavoratore sono riconosciute le indennità rientranti nella copertura assicurativa.**

La tutela indennitaria Inail spetta **a prescindere da un accertamento in merito ad una responsabilità del datore di lavoro**, ovvero di un terzo, operando anche nei casi in cui l'evento assicurato sia riconducibile a negligenza o imperizia dello stesso lavoratore, che abbiano contribuito alla verificazione dell'infortunio, giacché al datore di lavoro, che è "garante" della correttezza dell'agire del lavoratore, è imposto di esigere da quest'ultimo il rispetto delle regole di cautela (Vedi Cass. n. 32357 del 2010); è riconosciuta anche in presenza del caso fortuito, fatte salve solo le ipotesi di **cd rischio elettivo**.

In tale contesto la tutela risarcitoria civilistica – contrattuale (art. 2087 c.c.) o aquiliana (art. 2043 c.c.) – opera in via residuale rispetto a quella indennitaria offerta dall'INAIL.

Il datore di lavoro, infatti, può essere condannato al risarcimento del danno in favore del lavoratore soltanto nel caso di:

1. soggetti non assicurati INAIL;
2. per il danno non indennizzato dall'INAIL (cd. danno complementare) ovvero il danno biologico temporaneo ed il danno permanente inferiore al 6%;
3. in relazione ai danni indennizzati dall'INAIL, soltanto se una sentenza penale o civile accertano che l'evento è avvenuto per fatto costituente reato perseguibile d'ufficio, imputabile al datore di lavoro (responsabilità diretta) o a un suo dipendente (responsabilità indiretta) e soltanto per l'eventuale differenza tra danno civilistico e prestazione indennitaria INAIL (cd. danno differenziale).

Per approfondimento di tali profili vedi cap. V sez. II par. 6.
L'art. **11 del T.U. contempla l'azione di regresso** che è un'azione di natura contrattuale che compete all'INAIL nei confronti del datore di lavoro e del responsabile civile allorquando ricorra un fatto perseguibile d'ufficio in sede penale. L'oggetto dell'azione di regresso secondo giurisprudenza consolidata è limitato al danno civilistico (cfr. Cass. 5385/2018). Recentemente la S.C. è intervenuta ritenendo che *"In tema di assicurazione obbligatoria contro gli infortuni sul lavoro e le malattie professionali, la disciplina prevista dagli artt. 10 e 11 del D.P.R. n. 1124 del 1965 deve essere interpretata nel senso che l'accertamento incidentale in sede civile del fatto che costituisce reato, sia nel caso di azione proposta dal lavoratore per la condanna del datore di lavoro al risarcimento del cd. danno differenziale, sia nel caso dell'azione di regresso proposta dall'INAIL, deve essere condotto secondo le regole comuni della responsabilità contrattuale, anche in ordine all'elemento soggettivo della colpa ed al nesso causale tra fatto ed evento dannoso"*. (cfr. Cass., 19 giugno 2020, sent. n. 12041).

QUESTIONARIO

1. A chi è riconosciuta la tutela contro gli infortuni e le malattie professionali? **2.**
2. Quali sono gli elementi strutturali della nozione di infortunio? **3.**
3. Cos'è l'infortunio in itinere e in quali casi si esclude il suo indennizzo? **3.3.**
4. Cosa si intende per rischio elettivo? Cosa comporta la condotta anomala del lavoratore? **3.2.**
5. Il danno biologico è coperto dall'assicurazione INAIL? **3.**

6. Come si può definire la malattia professionale? In cosa differisce dall'infortunio? **4.**
7. Come opera il sistema delle tabelle e delle presunzioni e quali differenze incontra la disciplina delle malattie c.d. tabellate rispetto a quella delle malattie c.d. non tabellate? **4.**
8. Quali prestazioni assicurative eroga l'INAIL? **5.**
9. Come viene indennizzato il danno biologico? **5.**
10. In quali casi il datore di lavoro è chiamato a rispondere dell'infortunio ovvero della malattia professionale occorsi al lavoratore? **6.**

SCHEDA DI SINTESI

L'assicurazione sociale per gli infortuni sul lavoro e le malattie professionali è affidata all'INAIL e trova una compiuta regolamentazione nel disposto di cui al d.p. r. n. 1124/1965, così come modificato dal d.lgs. 38/2000. La tutela assicurativa a differenza di quella previdenziale non ha carattere universalistico perché opera solo per coloro che sono esposti ad un rischio lavorativo specifico. Essa, tuttavia, è automatica perché opera anche se il datore di lavoro non è in regola con il pagamento dei premi ed è irrilevante sia la componente soggettiva che l'entità del danno perché l'indennizzo viene erogato sulla base di criteri predeterminati ed indipendentemente dalla responsabilità datoriale. La tutela è riconosciuta solo a determinate categorie di lavoratori ed in presenza di determinate attività protette e/o pericolose.

L'infortunio sul lavoro è la lesione della integrità psico-fisica avvenuta per causa violenta in occasione di lavoro esclusa solo dal rischio elettivo ergo il rischio generato dal lavoratore e sganciato del tutto dall'attività lavorativa. È coperto anche l'infortunio in itinere che occorre al lavoratore mentre si reca a lavoro o fa ritorno dal luogo di lavoro. La malattia professionale è la patologia a causa lenta e progressiva che colpisce il lavoratore nell'esercizio e a causa delle lavorazioni ovvero dell'ambiente di lavoro. Le malattie professionali si distinguono in tabellate e no. Per le prime opera una presunzione di origine lavorativa mentre per le seconde il lavoratore deve dimostrare l'origine professionale. Accertato l'infortunio ovvero la malattia l'INAIL eroga l'indennizzo per menomazioni tra il 6 ed il 16% e la rendita per le menomazioni superiori. Il datore di lavoro in virtù della regola dell'esonero è esonerato dalla responsabilità civile nel caso di tutela INAIL salvo il caso in cui vi sia responsabilità penale dello stesso ovvero nel caso in cui il soggetto non sia assicurabile presso l'INAIL ovvero nei casi in cui il danno sia al di sotto della soglia indennizzabile.

Capitolo IV
La previdenza complementare

Sommario:
1. La previdenza complementare: principi e destinatari. – 2. I fondi pensione. – 3. Finanziamento dei fondi ed erogazione delle prestazioni. – 3.1. Il sistema delle anticipazioni. In particolare, il c.d. "Rita". – 4. Vicende modificative del rapporto e portabilità delle forme pensionistiche complementari.

1. La previdenza complementare: principi e destinatari.

La previdenza complementare radica il suo addentellato costituzionale nell'art. 38 co. 5 Cost. secondo cui *"l'assistenza privata è libera"*. Essa è **una forma di previdenza a costituzione volontaria** che si affianca a quella pubblica obbligatoria ed implementa l'importo delle erogazioni statali c.d. criterio binario di protezione sociale (CINELLI).
La genesi delle forme di previdenza complementare è riconducibile, a livello categoriale, alla riforma pensionistica degli anni '90 e, quindi, al **D.lgs. 124/1993**. Nel **2005, con il D.lgs. n. 252**, si è assistito ad una profonda modifica della materia, ulteriormente novellata per effetto del D.lgs. n. **147/2018**.
La previdenza complementare, dunque, **non è sostituiva di quella obbligatoria, ma è integrativa della stessa**. Il collegamento funzionale tra le due forme di previdenza oltre ad essere contenuto nel dato normativo (art. 1 D.lgs. 252/2005) era stato affermato anche dalla Corte costituzionale con **sentenza n. 393/2000**.
Sono **beneficiari** del sistema di previdenza complementare:

1. i lavoratori subordinati, sia a tempo indeterminato sia a termine (esclusi i lavoratori domestici);
2. i lavoratori autonomi, i liberi professionisti ed i collaboratori coordinati e continuativi;
3. i soci lavoratori di cooperative di produzione e lavoro.

L'art. 3 del D.lgs. 252/2005 individua le forme pensionistiche complementari indicando i vari soggetti che possono stipulare accordi; ne deriva che trattasi di **forme pensionistiche collettive**, perché caratterizzate dal coinvolgimento di più soggetti, e **categoriali** perché riferibili a determinate categorie di soggetti.

2. I fondi pensione.

I fondi pensione costituiscono uno dei pilastri della previdenza complementare. Regolati in maniera armonizzata dal D.lgs. 252/2005 essi si distinguono in ordine **ai destinatari** in:

1. **Fondi aperti**: possono aderirvi tutti i lavoratori. È possibile che l'adesione possa avvenire su base collettiva
2. **Fondi chiusi**: possono aderirvi solo gli appartenenti ad un determinato gruppo, impresa, comparto o ad un determinato territorio.

Ulteriore distinguo è tra fondi a contribuzione predefinita e fondi a prestazione definita.
I fondi a **contribuzione definita** sono caratterizzati dalla circostanza secondo cui la contribuzione dovuta è predeterminata dalle fonti istitutive, mentre la prestazione erogata è incerta e dipendente dall'andamento del fondo.
I fondi **a prestazione definita,** invece, si caratterizzano per la circostanza secondo cui la prestazione erogata è stabilita a priori e solitamente rapportata al livello del reddito o del trattamento pensionistico obbligatorio dell'iscritto, mentre la contribuzione è variabile.
I fondi di contribuzione definita possono avere come destinatari i lavoratori dipendenti e/o soci lavoratori di cooperative di produzione e lavoro nonché soggetti destinatari del D.lgs. 565/1996. Per i lavoratori autonomi, invece, è prevista la possibilità di scegliere la tipologia di fondo cui aderire.

3. Finanziamento dei fondi ed erogazione delle prestazioni.

Il **carattere privato dei fondi comporta il finanziamento esclusivamente privato del soggetto aderente.**
Il finanziamento del fondo è attuato attraverso contributi versati dal lavoratore, dal datore di lavoro e mediante il conferimento del TFR maturando.
Una volta maturati i **requisiti per il trattamento pensionistico obbligatorio**

e decorsi almeno **5 anni** dall'iscrizione alle forme pensionistiche complementari (art. 11, D.lgs. 252/2005), il lavoratore ha diritto all'erogazione delle prestazioni previdenziali, che possono consistere in:

1. una **rendita**, calcolata applicando al montante accumulato determinati coefficienti di conversione;
2. un **capitale**, nella misura massima del 50% della posizione individuale.

L'art. 7-bis, co. 2-bis (introdotto nel 2013) ha stabilito che, qualora i fondi che procedono alla erogazione diretta delle rendite **non dispongano di mezzi patrimoniali adeguati** in relazione al complesso degli impegni finanziari esistenti, le fonti istitutive possono **rideterminarne** finanziamento e prestazioni, con riferimento sia alle rendite in corso di pagamento che a quelle future. Tali determinazioni devono essere inviate alla COVIP per le valutazioni di sua competenza. Il Covip è l'Autorità di vigilanza nel settore della previdenza complementare composto da tre membri. Esso garantisce la trasparenza delle informazioni riservabili agli associati.
Per effetto del D.lgs. 147/2018 l'art.1 è stato integrato dal comma 1 bis per cui è previsto il divieto per tutte le forme pensionistiche complementari di svolgere attività ulteriori rispetto a quelle di previdenza complementare e a quelle ad esse collegate.

3.1. Il sistema delle anticipazioni. In particolare, il c.d. "RITA".

Al lavoratore possono essere corrisposte delle **anticipazioni** sulle prestazioni previdenziali dovute secondo lo schema simile a quello previsto per le anticipazioni del TFR e regolato, nell'ipotesi de qua dall'art. 11, co. 7 - 9.
Le anticipazioni possono essere richieste:

1. In qualsiasi momento ed in una misura non superiore al 75% per **spese sanitarie** riguardanti terapie ed interventi straordinari dovuti a gravissime situazioni relative all'aderente, al coniuge e ai figli;
2. per l'**acquisto della prima casa** di abitazione per sé o per i figli, dopo un periodo minimo di otto anni di partecipazione al fondo, sempre in una misura non superiore al 75%;
3. decorso il medesimo lasso temporale e nel limite del 30% del montante individuale, per **ulteriori esigenze** dell'aderente.

Un'ulteriore forma di erogazione anticipata è stata introdotta nel 2017 con la legge di bilancio per il 2018 con il nome di **Rendita integrativa temporanea anticipata (RITA)**. Essa consiste nell'**erogazione anticipata** frazionata, in forma di rendita temporanea, **delle prestazioni della previdenza complementare (con esclusione di quelle in regime di prestazione definita) in relazione al montante accumulato o una parte di esso e fino al conseguimento dei requisiti pensionistici del regime obbligatorio.**
Ne possono usufruire:

1. i lavoratori che cessino l'attività lavorativa e maturino l'età anagrafica per la pensione di vecchiaia nel regime obbligatorio di appartenenza entro i cinque anni successivi, e che abbiano maturato alla data di presentazione della domanda un **requisito contributivo complessivo di almeno venti anni nei regimi obbligatori di appartenenza**;
2. i lavoratori che risultino inoccupati per un periodo di tempo superiore a ventiquattro mesi e che maturino l'età anagrafica per la pensione di vecchiaia nel regime obbligatorio di appartenenza entro i dieci anni successivi.

4. Vicende modificative del rapporto e portabilità delle forme pensionistiche complementari.

La scelta della previdenza complementare è, sostanzialmente, **irreversibile**. Dopo l'iscrizione al fondo pensionistico, **possono sopravvenire eventi o condizioni tali da modificare i requisiti soggettivi od oggettivi di partecipazione al fondo stesso.** In tali casi, l'art. 14, D.lgs. 5 dicembre 2005, n. 252 prevede che:

1. ove il lavoratore **intraprenda una nuova attività** incompatibile con la tipologia del fondo cui è iscritto, deve essergli assicurato il **trasferimento** delle somme accantonate ad una nuova forma pensionistica complementare;
2. in caso di cessazione dell'attività lavorativa e di **inoccupazione** per un periodo non inferiore a **12 mesi** e non superiore a **48 mesi**, ovvero in caso di **mobilità** o di **Cassa integrazione**, deve essere garantito il **riscatto parziale** della posizione individuale maturata, nella misura del 50%;

3. in caso di **invalidità permanente** con riduzione della capacità lavorativa superiore ad un terzo, ovvero di **inoccupazione** per un periodo **superiore a 48 mesi**, è stabilito il **riscatto totale;**
4. in caso di **morte** dell'interessato **prima della maturazione del diritto** alla prestazione pensionistica, l'intera posizione è **riscattata dagli eredi** ovvero dai beneficiari designati. Qualora il **diritto** alla pensione complementare fosse **già stato maturato** dall'interessato, ad eredi o beneficiari viene **restituito il montante** residuo oppure viene loro **erogata una rendita**.

Va precisato che accanto al trasferimento collegato alla perdita dei requisiti per la partecipazione a quel fondo di previdenza complementare vi è anche la possibilità di un "trasferimento volontario" cioè un trasferimento scelto dalla parte senza che sia venuta meno la possibilità di continuare a partecipare alla forma pensionistica che volontariamente si abbandona. Il trasferimento volontario è consentito dopo due anni di permanenza presso il fondo di appartenenza e non possono esservi clausole nel fondo che limitino la permanenza ivi.

QUESTIONARIO

1. Cosa si intende per previdenza complementare? **1.**
2. Cosa sono i fondi pensione? In cosa si distinguono i fondi chiusi ed i fondi aperti? **2.**
3. Qual è la differenza tra i fondi a prestazione definita e quelli a contribuzione definita? **2.**
4. Chi contribuisce al finanziamento dei fondi pensione? **3.**
5. Quando il lavoratore ha diritto all'erogazione della pensione complementare? **3.**
6. In cosa consiste la RITA? **3.1.**
7. A quali condizioni la posizione individuale può essere riscattata o trasferita? **4.**

SCHEDA DI SINTESI

La previdenza complementare è una forma di previdenza integrativa rispetto a quella obbligatoria e a costituzione volontaria. Beneficiari sono i lavoratori subordinati, autonomi, i soci di cooperativa. I fondi di pensione costituiscono uno dei pilastri della previdenza complementare e si distinguono in fondi aperti (a cui possono aderire tutti i lavoratori) e fondi chiusi (a cui possono aderire solo gli appartenenti ad un determinato gruppo, comparto o anche determinato territorio).
Il finanziamento di tali fondi è attraverso l'opera del soggetto privato aderente.

Il decreto legislativo n. 252/2005 disciplina il loro funzionamento e statuisce che una volta maturati i requisiti per il trattamento pensionistico obbligatorio e decorsi almeno 5 anni dall'iscrizione alle forme pensionistiche complementari, il lavoratore ha diritto all'erogazione delle prestazioni previdenziali che possono consistere in una rendita o in un capitale. Al lavoratore possono essere corrisposte anche anticipazioni del tutto similari a quelle previste per il TFR e alle condizioni previste dalla legge (art. 11, co. 7-9).

Rientra tra le forme di erogazione anticipata la c.d. RITA – rendita integrativa temporanea anticipata.

Capitolo V
La tutela per la famiglia

Sommario:
1. Il fondamento costituzionale della tutela per la famiglia. – 2. L'assegno per il nucleo familiare. – 3. Gli assegni familiari. – 4. Le prestazioni a sostegno della genitorialità: bonus, permessi e congedi.

1. Il fondamento costituzionale della tutela per la famiglia.

La famiglia, quale società naturale fondata sul matrimonio ai sensi dell'art. 29 cost., è tutelata socialmente dall'ordinamento stante la sua rilevanza così come emerge dal complesso di disposizioni contenute nella costituzione relative alla stessa.

In particolare, **l'art. 30 cost.** che demanda alla legge il compito di provvedere ai doveri genitoriali in caso di incapacità da parte degli stessi; l'**art. 31 Cost.**, che stabilisce che la Repubblica agevola con misure economiche ed altre provvidenze la formazione della **famiglia** e l'adempimento dei compiti relativi, con particolare riguardo alle famiglie numerose, e protegge la maternità, l'infanzia e la gioventù, favorendo gli istituti necessari a tale scopo; l'**art. 37 Cost.**, che consacra l'essenziale **funzione familiare** svolta dalla donna e garantisce alla madre ed al bambino una speciale ed adeguata protezione; **l'art. 38 cost.** che, pur non menzionando direttamente la famiglia, nel riferimento alla garanzia dei mezzi adeguati alle esigenze di vita essenzialmente garantisce al lavoratore che versi nel bisogno anche le esigenze della famiglia di cui fa parte.

La famiglia, quindi, è tutelata non solo dalla presenza di misure di carattere assistenziale ma anche previdenziale.

Tra le misure annoveriamo gli assegni per il nucleo familiare (ANF), gli assegni familiari, le prestazioni a sostegno della genitorialità.

2. L'assegno per il nucleo familiare.

L'**assegno per il nucleo familiare (ANF)** è una prestazione economica a carico dell'INPS, generalmente anticipata dal datore di lavoro, che spetta ai lavoratori dipendenti e ai pensionati da lavoro dipendente. Tale prestazione radica il suo fondamento sicuramente nel combinato disposto degli articoli 36 e 31 della Costituzione perché la corresponsione dell'assegno integra la retribuzione e, quindi, risponde al criterio della "sufficienza" (art. 36 cost.) e, al contempo, costituisce una conferma dell'impegno statale a sostenere la famiglia (art. 31 cost.).

L'istituto degli assegni familiari trova la sua prima fonte nella contrattazione collettiva con il CCNL 11.10.1934. Il sistema è stato riformato dal d.l. 13 marzo 1988, n. 69, conv. in l. 13 maggio **1988, n. 153 che ha costituito la prima disciplina organica della materia.**

La dottrina maggioritaria (PERSIANI) attribuisce a tale prestazione natura previdenziale in quanto volta a rimuovere o comunque ridurre lo stato di bisogno in cui versa il nucleo familiare per l'insufficienza del reddito del lavoratore. Destinatario formale della misura è il lavoratore ma beneficiario è l'intero nucleo familiare su cui viene compiuta la valutazione.

Sono **beneficiari** dell'assegno (art. 2):

1. i lavoratori dipendenti;
2. i titolari delle pensioni e delle prestazioni economiche previdenziali derivanti da lavoro dipendente;
3. i lavoratori assistiti dall'assicurazione contro la tubercolosi;
4. il personale statale, in servizio ed in quiescenza;
5. i dipendenti ed i pensionati degli enti pubblici anche non territoriali;
6. gli iscritti alla gestione separata INPS.

Le **condizioni** per il riconoscimento del beneficio sono rappresentate dalla:

1. presenza di un **nucleo familiare**;
2. presenza di limiti reddituali;
3. assenza di altro trattamento di famiglia

La composizione del nucleo familiare è dirimente per stabilire l'importo dell'assegno atteso che esso è unico e va rapportato al numero di componenti il nucleo familiare.

Fanno parte del **nucleo familiare**:

1. il richiedente,
2. il coniuge,
3. i figli minorenni od inabili,

4. i fratelli, le sorelle, i nipoti collaterali purché siano minori o se maggiorenni non siano coniugati e siano inabili, orfani di entrambi i genitori e non titolari di pensione ai superstiti (requisiti cumulativi);

Il **reddito del nucleo familiare** ai fini dell'erogazione dell'assegno è formato dalla somma dei singoli redditi dei componenti il nucleo familiare con riferimento all'anno solare antecedente rispetto a quello per il quale è presentata la domanda.

Esso deve consistere, per almeno il **70%**, in **reddito da lavoro dipendente** o da prestazione derivante da lavoro dipendente.

Ciascun nucleo familiare può ricevere un **solo ANF** perché la sua erogazione presuppone la **mancata corresponsione di altri trattamenti di famiglia** (es. assegni familiari).

La **domanda** deve essere presentata dal lavoratore, direttamente all'INPS in via telematica, e contiene una serie di dichiarazioni concernenti la composizione del nucleo familiare ed il reddito dello stesso.

Il **pagamento** è anticipato dal datore di lavoro che richiede, successivamente all'INPS, il rimborso tramite conguaglio nella denuncia contributiva mensile.

L'**importo** è stabilito in misura diversa a seconda del numero di persone che compongono il nucleo familiare e dello scaglione nel quale si situa il complessivo reddito familiare.

L'ANF non è considerato ai fini del calcolo dei minimi della retribuzione, né del trattamento di fine rapporto, né ai fini del computo dell'IRPEF.

Il diritto all'ANF si prescrive nel termine quinquennale ed ai fini interruttivi è sufficiente anche una mera messa in mora fatta al datore di lavoro.

L'omessa corresponsione da parte del datore di lavoro integra un illecito amministrativo sanzionato.

3. Gli assegni familiari.

Gli **assegni familiari** (d.p.r. 30 maggio 1955, n. 797) sono prestazioni erogate per talune categorie di lavoratori che non rientrano nella disciplina dell'assegno per il nucleo familiare e, segnatamente, i coltivatori diretti, i mezzadri, i coloni i piccoli coltivatori diretti.

Tale provvidenza è corrisposta in misura fissa per ciascuno dei **familiari a carico**, vale a dire:

1. il **coniuge**;
2. i **figli**, i **fratelli**, le **sorelle** ed i **nipoti** (minorenni ovvero inabili al lavoro ovvero studenti);
3. i **genitori**, inabili ovvero in età per la pensione di vecchiaia, se non economicamente autosufficienti, finanziariamente dipendenti dal richiedente e con lo stesso conviventi.

Gli assegni familiari si distinguono dall'assegno per il nucleo familiare (ANF):

- con gli **assegni familiari** il lavoratore riceve **un numero di assegni corrispondenti al numero di familiari a carico** e **l'importo di ciascuno di essi è fisso**;
- con **l'assegno per il nucleo familiare (ANF)** il lavoratore riceve un **unico assegno** per il suo nucleo familiare complessivamente inteso, **il cui importo è variabile in base al numero dei familiari che lo compongono ed al reddito del nucleo**.

4. Le prestazioni a sostegno della genitorialità e della famiglia: bonus, permessi e congedi.

Ulteriori misure a sostegno della genitorialità e a tutela della famiglia sono rappresentate non solo dalla disciplina dei congedi e dei permessi (*su cui vedi infra cap.*) ma anche da altre forme di intervento sia di natura previdenziale che assistenziale che, da un lato sono volte a sostenere il nucleo familiare e sono erogate in ragione della consistenza dello stesso e, dall'altro, sono volte a sostenere la genitorialità e la conciliazione dei tempi vita-lavoro.

A tutela della famiglia e della natalità, sono previste le seguenti prestazioni:

- **l'assegno di maternità di base,** concesso alle donne residenti, cittadine italiane, cittadine comunitarie, cittadine extracomunitarie in possesso di carta di soggiorno cui non spetta il trattamento previdenziale di maternità ed il cui reddito familiare sia inferiore a determinate soglie (art. 74, D.lgs. 26 marzo 2001, n. 151);
- **l'assegno di maternità per lavori atipici o discontinui,** di cui beneficiano le lavoratrici (art. 75, D.lgs. 151/2001):
  - che abbiano in corso di godimento qualsiasi forma di tutela della

maternità e possano far valere almeno 3 mesi di contributi nel periodo che va dai 18 ai 9 mesi antecedenti la nascita;
- per le quali il periodo tra la data della perdita del diritto a prestazioni previdenziali o assistenziali e la data della nascita del figlio non sia superiore a quello di godimento di siffatte prestazioni (e, in ogni caso, non superiore a 9 mesi);
- che possano far valere 3 mesi di contribuzione nel periodo dai 18 ai 9 mesi anteriori alla nascita, in caso di recesso del rapporto di lavoro.

L'assegno è erogato per intero se le interessate non hanno diritto all'indennità di maternità, per la quota differenziale se le stesse beneficiano di una prestazione previdenziale di importo inferiore all'indennità stessa.

La fruizione è riconosciuta alternativamente ad entrambi i genitori, nelle sole ipotesi in cui la prestazione lavorativa **non possa essere svolta in modalità agile** ed a condizione che nel nucleo familiare non vi sia altro genitore beneficiario di strumenti di sostegno al reddito in caso di sospensione o cessazione dell'attività lavorativa o altro genitore disoccupato o non lavoratore.

- **Bonus asilo nido.** Dal 1° gennaio 2016 è stato introdotto un contributo a favore delle famiglie che sostengono il pagamento di rette per la frequenza di asili nido pubblici e privati ovvero per l'introduzione di forme di assistenza domiciliare in favore di bambini con meno di tre anni affetti da gravi patologie croniche. Introdotto dall'articolo 1, comma 355, della legge 11 dicembre 2016, n. 232 con un contributo massimo di 1.000 euro, l'importo del buono è stato successivamente elevato dalla legge di Bilancio 2019 (articolo 1, comma 488, legge 30 dicembre 2018, n. 145) a 1.500 euro su base annua per ciascuno degli anni 2019, 2020 e 2021. La legge di Bilancio 2020 riconosce l'universalità della prestazione estesa a tutte le famiglie e senza limiti di reddito; aumenta gli importi massimi su base annua erogabili dall'INPS; gradua il contributo effettivamente spettante in base al valore del modello ISEE minorenni della famiglia di appartenenza del minore che frequenta asili nido pubblici e privati o per il quale sono richieste forme di supporto presso la propria abitazione in quanto bambini al di sotto dei tre anni affetti da gravi patologie croniche. Il bonus prevede tre fasce di importi massimi concedibili che vengono calcolati in base all'ISEE dei minorenni. Il contributo viene erogato in undici mensilità sulla base delle

domande presentate dai genitori. Gli importi mensili, in base all'ISEE, oscillano tra i 136,37 euro e i 272,72 euro mensili. L'INPS provvede alla corresponsione del bonus nelle modalità di pagamento indicate dal richiedente nella domanda.
La legge di bilancio per il 2023 (legge n. 197 del 29 dicembre 2022) ha previsto la permanenza di tale misura con analoghi presupposti per l'erogazione. Essa è tuttavia incumulabile (a prescindere dalle mensilità percepite) con la detrazione prevista dall'articolo 1, comma 335, Legge numero 266/2005 (successivamente prorogata dall'articolo 2, comma 6, Legge numero 203/2008) riguardante le spese sostenute dai genitori per il pagamento delle rette relative alla frequenza di asili nido, pubblici o privati (comprese le cosiddette "sezioni primavera" e i servizi a domicilio forniti nella provincia di Bolzano ai sensi della Legge provinciale numero 8/1996).

Le misure a sostegno della natalità e della famiglia, in precedenza previste (bonus mamme domani e il bonus baby sitting), per effetto della **legge delega n. 46/2021,** sostituite a far data dal 21 aprile 2021 dall'unica misura dell'**assegno unico familiare.**
La legge delega ha previsto l'adozione dei decreti attuativi sino ad aprile 2022, data di entrata in vigore in via esclusiva della misura.
L'assegno unico per il nucleo familiare rappresenta, quindi, il nuovo sostegno economico per le famiglie e si caratterizza per due profili:
- è **"unico"** perché mira a semplificare e potenziare gli interventi in favore della genitorialità e della natalità**,**
- è **"universale"** perché è garantito a tutte le famiglie con figli a carico residenti e domiciliate in Italia.

Il d.lgs. n. 230 del 21 dicembre 2021 in attuazione della legge delega 46/2021 ha delineato le modalità attuative della misura e l'INPS, con successivo **messaggio n. 4758 del 31 dicembre 2021** ha evidenziato quelle di richiesta della misura stessa.
Sono **destinatari** della misura i nuclei familiari con figli a carico sino a 21 anni di età (il limite di età cade in caso di disabilità) e a partire dal settimo mese di gravidanza.
Il beneficio è riconosciuto ai genitori in egual misura ovvero a chi esercita la responsabilità genitoriale e, in caso di separazione, al coniuge affidatario mentre, in caso di affido congiunto, l'assegno è ripartito in pari misura tra i genitori. In caso di figli maggiorenni anche il figlio può presentare domanda per sé

purché dimostri di frequentare un corso di laurea o comunque scolastico, presti servizio civile, sia lavoratore con reddito annuo inferiore agli 8000 euro, sia disoccupato o in cerca di lavoro e sia iscritto al centro per l'impiego.

I **requisiti** per richiedere la misura devono essere **cumulativamente posseduti** e sono: essere cittadino italiano o di uno stato membro UE con diritto di soggiorno permanente, cittadino di uno stato non appartenente all'EU con permesso di soggiorno di lungo periodo ovvero per motivi di lavoro o di ricerca di durata almeno annuale; risiedere o aver avuto la residenza in Italia per almeno due anni, anche non continuativi, oppure essere titolare di un contratto di lavoro a tempo indeterminato o a termine di durata biennale; risiedere o essere domiciliato con figli a carico per la durata del beneficio; essere soggetto al pagamento dell'imposta sul reddito.

L'**importo** dell'assegno unico e universale è determinato sulla base dell'ISEE del nucleo familiare del beneficiario della prestazione, con la seguente decorrenza della misura:

1. per le domande presentate **a partire dal 1° gennaio al 30 giugno**, l'assegno decorre dalla mensilità di marzo;
2. per le domande presentate **dal 1° luglio in poi**, la prestazione decorre dal mese successivo a quello di presentazione.

In ordine al rapporto con le altre misure è stato affermato in premessa che esso assorbe tutte le misure a sostegno della famiglia in particolare dell'ANF, dei trattamenti di famiglia per i lavoratori autonomi e delle detrazioni IRPEF per i figli a carico, bonus mamma domani, bonus bebè, tutte misure che saranno **soppresse** a partire dall'entrata a regime della misura. Permane, viceversa, il bonus asilo nido.

Va precisato che l'assegno unico **è compatibile con il reddito di cittadinanza** e con la fruizione di eventuali misure in danaro a favore dei figli a carico erogate dalle Regioni, province autonome e dagli Enti locali.

La domanda deve essere presentata una sola volta durante l'anno ed indicare tutti i figli per i quali si richiede il beneficio mentre le modalità di erogazione dell'assegno variano e sono dettate dall'articolo 6, comma 4, del decreto legislativo 230/2021. È possibile, comunque, fare domanda per ottenere l'assegno unico a far data dal 1° gennaio 2022 e la prestazione sarà pagata a partire da marzo.

La legge di bilancio 2023 ha previsto delle modifiche alla legge istitutiva in ordine all'ammontare dell'assegno unico in presenza di famiglie numerose e con figli piccoli, proporzionato, ovviamente, al reddito. Orbene nel caso di **figli di età inferiore a un anno e per i nuclei familiari numerosi**, con tre o più

figli a carico, con la presenza di almeno un figlio in **età compresa tra uno e tre anni"**, per il 2023 è sancito:
- l'aumento del 50% della maggiorazione forfettaria, per i nuclei con almeno 4 figli, che sale a 150 euro mensili a nucleo
- l'aumento del 50% dell'assegno per i nuclei familiari numerosi, con tre o più figli a carico, limitatamente ai figli di età compresa tra uno e tre anni per i quali l'importo spettante per ogni figlio aumenta del 50%, per livelli di ISEE fino a 40.000 euro
- l'aumento del 50% dell'assegno, da applicare agli importi spettanti secondo le fasce Isee di riferimento, per i nuclei familiari con figli di età inferiore a 1 anno

Sono previsti anche degli aumenti in favore dei nuclei con **figli disabili**.

QUESTIONARIO

1. Cosa sono l'assegno per il nucleo familiare e gli assegni familiari? **2.3.**
2. L'assegno per il nucleo familiare ha natura previdenziale od assistenziale? **2.**
3. Secondo quali parametri viene quantificato l'assegno per il nucleo familiare? **2.**
4. Quali lavoratori hanno diritto agli assegni familiari e in quali casi vengono corrisposti? **3.**
5. In cosa consistono i bonus asili nido e baby-sitting? **4.**
6. Che cosa è l'assegno unico per il nucleo familiare e cosa cambia da gennaio 2022? **4.**

SCHEDA DI SINTESI

Le misure a tutela della famiglia radicano il loro fondamento negli artt. 31, 36 e 37 della Costituzione e si articolano in prestazioni previdenziali a carattere economico (come, ad esempio, l'assegno unico) e prestazioni a carattere non economico (come ad esempio i congedi ed i permessi).
Tra le prestazioni di carattere economico va segnalata la figura dell'assegno unico familiare introdotto con il decreto legislativo n. 230 del 21 dicembre 2021 che ha unificato le precedenti misure economiche e bonus. Richiedibile a domanda e proporzionato al reddito familiare è una misura concessa in favore di nuclei familiari con figli sino a 21 anni di età e a partire dal settimo mese di gravidanza. Ha carattere unico perché assorbe le altre misure ed è universale perché erogabile ai residenti in Italia. È cumulabile con il reddito di cittadinanza.

Capitolo VI
L'assistenza sociale

SOMMARIO:
1. Inquadramento e principi generali. – 2. Le prestazioni assistenziali. – 2.1. La carta acquisti. – 2.2. L'assegno sociale. – 2.3. Le misure a sostegno degli invalidi civili. – 2.4. La tutela processuale dell'invalidità. – 3. Il reddito di cittadinanza e la pensione di cittadinanza. – 3.1. M.I.A.: cenni.

1. Inquadramento e principi generali.

Nell'insieme della legislazione sociale possono essere distinti due sottoinsiemi: l'assistenza sociale e la previdenza sociale.
L'**assistenza sociale** radica il suo addentellato nell'**art. 38, co. 1 Cost.**, ove si statuisce che ogni cittadino inabile al lavoro e sprovvisto dei mezzi necessari per vivere ha diritto al mantenimento ed all'assistenza sociale. Tale disposizione così come interpretata dalla nota sentenza della Corte costituzionale n. 31 del 1986, nel tutelare i cittadini in quanto tali, postula il diritto dei predetti ai mezzi **"necessari"** per vivere laddove, viceversa, il co. 2 nel rivolgersi ai lavoratori assicura i mezzi **"adeguati"** a vivere.
Gli elementi che contraddistinguono l'assistenza sociale sono l'**universalità** perché essa riguarda tutti i cittadini e la **gratuità** dell'intervento **perché è assicurata grazie all'intervento statale che la finanzia integralmente**.
I principali profili discretivi tra assistenza e previdenza sociale attengono alle modalità di finanziamento, ai destinatari degli interventi, alla posizione soggettiva di cui gli stessi sono titolari, alla competenza legislativa (Cap. I).
Il sistema dell'assistenza sociale è stato progressivamente riformato e la riforma ha dato luce alla legge quadro 8 novembre **2000, n. 328 che** ha delineato un **sistema integrato di interventi e servizi sociali,** volti a garantire qualità della vita, pari opportunità, non discriminazione e diritti di cittadinanza ed a superare quelle situazioni di bisogno e disagio individuale e familiare dovute ad inadeguatezza del reddito, difficoltà sociali e condizioni di non autonomia in cui i singoli possono incorrere nel corso della vita.
Il sistema assistenziale ha carattere **universale** ed è destinato a (art. 2):

1. cittadini italiani;
2. cittadini di Stati appartenenti all'Unione Europea e loro familiari;
3. cittadini extracomunitari, apolidi e profughi, al ricorrere di determinati requisiti.

Gli interventi e le prestazioni sono **programmati** dallo **Stato** per quanto concerne principi e livelli essenziali delle prestazioni e **gestiti** ed amministrati concretamente da **Regioni** ed **enti locali,** secondo criteri di sussidiarietà (artt. 6–9).
Un ruolo di primo piano è altresì assunto dal c.d. **terzo settore**, vale a dire da tutti quei soggetti privati che operano senza scopo di lucro in campo socioassistenziale (organizzazioni di volontariato, ONLUS, ONG, associazioni di promozione sociale, cooperative sociali, ecc.).

In sede di programmazione, ciascun ente erogatore predispone una propria **carta dei servizi sociali**, con la quale si esplicitano i criteri per l'accesso alle prestazioni, gli standard qualitativi da rispettare, le risorse disponibili, le forme di tutela dei diritti (art. 13).

Gli interventi assistenziali sono finanziati principalmente dal **Fondo nazionale per le politiche sociali** istituito presso la Presidenza del Consiglio dei Ministri (art. 20). La riforma dell'art. 119 cost. ha comportato l'assegnazione, in via esclusiva, alla Regione della competenza in materia assistenziale ed ha comportato per lo Stato l'abbandono di destinazione vincolata dei finanziamenti.

2. Le prestazioni assistenziali.

2.1. La carta acquisti.

Tra le prestazioni assistenziali di natura economica per fronteggiare le esigenze di prima necessità delle famiglie a partire dal 2008 con l'art. 81, co. 32 ss., d.l. n. 112/ 2008, conv. in l. n. 133/2008 è stata prevista la **carta acquisti (o *social card*)**.
Trattasi di una carta elettronica che viene rilasciata dall'INPS su domanda dell'interessato che presenti determinati requisiti reddituali certificati dalla dichiarazione ISEE.
Sono solo due le categorie che possono beneficiare della misura:

- i cittadini residenti con età **superiore a 65 anni,** che non godano di trattamenti pensionistici e di patrimoni mobiliari superiori ad una certa soglia, che abbiano un ISEE (indicatore della situazione economica equivalente) inferiore ad un limite massimo, che non siano intestatari di più di un'utenza elettrica e del gas e che non siano proprietari di più di un autoveicolo o di più di un immobile. I limiti reddituali odierni, aggiornati dal MEF per il **2022,** sono: per i cittadini nella fascia di età dei minori di anni 3, valore massimo dell'indicatore ISEE pari a euro 7.120,39; per i cittadini di età compresa tra i 65 e i 70, valore massimo dell'indicatore ISEE pari a euro 7.120,39 e importo complessivo dei redditi percepiti non superiore a euro 7.120,39; per i cittadini nella fascia di età superiore agli anni 70, valore massimo dell'indicatore ISEE pari a euro 7.120,39 e importo complessivo dei redditi percepiti non superiore a euro 9.493,86.
- i nuclei familiari con requisiti socio-economici analoghi e con bambini **minori di 3 anni.**

La carta ha il valore di 80 euro (40 euro mensili) ed è ricaricabile ogni due mesi permanendo i requisiti reddituali. Può essere impiegata per il pagamento delle **spese alimentari** o **farmaceutiche** e **delle bollette** delle forniture energetiche e del gas. A partire dal 1° gennaio 2023 i moduli per l'erogazione sono scaricabili sul sito del MEF. Coloro che hanno ottenuto la Carta negli anni precedenti e continuano a rientrare nei requisiti previsti, potranno usufruire del beneficio senza bisogno di una nuova richiesta. Va precisato, altresì, che gli importi di reddito e l'indicatore Isee che regolano l'accesso al contributo, per il 2023, sono perequati al tasso di inflazione Istat. A partire dall'1 gennaio 2023, il limite massimo del valore dell'indicatore Isee e dell'importo complessivo dei redditi comunque percepiti sono rispettivamente così determinati: per i cittadini nella fascia di età dei minori di anni 3, valore massimo dell'indicatore Isee pari a euro 7.640,18; per i cittadini di età compresa tra i 65 e i 70, valore massimo dell'indicatore Isee pari a euro 7.640,18 e importo complessivo dei redditi percepiti non superiore a euro 7.640,18; per i cittadini nella fascia di età superiore agli anni 70, valore massimo dell'indicatore Isee pari a euro 7.640,18 e importo complessivo dei redditi percepiti non superiore a euro 10.186,9.

2.2. L'assegno sociale.

L'**assegno sociale** è una misura economica erogata dall'INPS a partire dal 1° gennaio 1996, a seguito della scomparsa della pensione sociale, così come statuisce l'art. 3, co. 6 – 7, l. 8 agosto 1995, n. 335.

Possono fruire di questa misura:

1. **cittadini italiani**, ovvero rifugiati politici od apolidi o cittadini comunitari od extracomunitari titolari del permesso di soggiorno per soggiornanti di lungo periodo;
2. coloro che abbiano compiuto **67 anni** (da adeguare agli incrementi della speranza di vita);
3. coloro che percepiscono un reddito inferiore ad una soglia determinata annualmente dalla legge. Ai fini della determinazione dell'ammontare del reddito per l'erogazione del beneficio va precisato che se il soggetto non è coniugato allora l'assegno compete nella misura intera se il reddito è pari a zero altrimenti va preso in considerazione il solo reddito del richiedente ai fini della valutazione. Se coniugato, invece, dovrà considerarsi il reddito coniugale.

Rientrano nel computo del reddito ai fini dell'assegno sociale i redditi assoggettabili all'IRPEF, i redditi esenti da imposta, pensioni di guerra, rendite vitalizie INAIL, pensioni privilegiate ordinarie "tabellari", assegni alimentari, redditi soggetti ad imposta sostitutiva.

Nel caso in cui un soggetto sia percettore di assegno o pensione in quanto invalido civile, al compimento del 67 esimo anno acquisirà automaticamente l'assegno sociale.

L'assegno sociale può essere sospeso se i requisiti reddituali non sussistono per un lasso temporale per poi essere ripristinato.

2.3. Le misure a sostegno degli invalidi civili.

Il termine invalido civile è apparso per la prima volta nel panorama legislativo con la legge n. 1539/1962 anche se il primo intervento organico in materia c'è stato con la l. 118/1971.

Sono considerati **invalidi civili** i cittadini italiani, i cittadini comunitari, gli stranieri extracomunitari regolarmente soggiornanti che:

1. se ricompresi tra i 18 ed i 67 anni siano **affetti da minorazioni, congenite od acquisite** che comportino una riduzione della **capacità lavorativa generica** non inferiore ad 1/3;
2. se dotati di un'età maggiore di 67 anni ed affetti da **minorazioni congenite o acquisite comportati difficoltà persistenti a svolgere i compiti e le funzioni proprie dell'età**;

3. se minori di anni 18 anni ed affetti da **minorazioni congenite o acquisite comportati difficoltà persistenti a svolgere i compiti e le funzioni proprie dell'età.**

Su specifica domanda dell'interessato, presentata per via telematica all'INPS e corredata da certificato medico introduttivo, si procede all'**accertamento dello stato di invalidità.**
La Commissione medica presso la ASL, integrata da un medico dell'INPS, effettua l'apposita visita medica (ai sensi della legge 111/2011 art. 10 co. 22 le Regioni possono affidare all'Inps, attraverso la stipula di specifiche convenzioni, le funzioni relative all'accertamento dei requisiti sanitari); qualora la percentuale di invalidità riconosciuta sia tale da dare diritto alla prestazione, si apre una seconda fase di verifica degli ulteriori requisiti (socio-economici) cui la stessa è subordinata.
Le prestazioni erogate periodicamente dall'INPS sono:

1. l'**assegno mensile di invalidità,** cui hanno diritto i soggetti tra i 18 anni ed i 67 anni affetti da una riduzione della capacità lavorativa **pari o superiore al 74%,** che non svolgono alcuna attività lavorativa ed i cui redditi sono inferiori a determinate soglie (art. 13, l. 30 marzo 1971, n. 118). L'assegno mensile di invalidità è compatibile con la pensione anticipata di vecchiaia (cap. II § 3). Di recente la Suprema Corte, con la decisione **n. 11750 dell'8 giugno 2015**, ha affermato che *"l'assegno mensile di assistenza di cui all'art. 13 della legge 30 marzo 1971, n. 118, non è incompatibile con il diritto alla pensione anticipata di vecchiaia riconosciuto dall'art. 1, comma 8, del D.lgs. 30 dicembre 1992, n. 503, in favore dei soggetti con un'invalidità pari almeno all'80 per cento, trattandosi di prestazioni che possono coesistere, in quanto quest'ultima norma non contempla una pensione diretta di invalidità, e consente, piuttosto, soltanto una deroga ai limiti di età rispetto ai normali tempi di perfezionamento del diritto al trattamento di vecchiaia".* Va chiarito che l'incollocamento non deve essere provato a mezzo dell'iscrizione a collocamento ma è sufficiente anche una autodichiarazione.
Il reddito preso in considerazione è solo quello personale.
2. la **pensione di inabilità,** concessa ai soggetti tra i 18 e i 67 anni, **totalmente inabili al lavoro** e con redditi inferiori ad un certo limite (art. 12, l. 30 marzo 1971, n. 118). Il reddito preso in considerazione è quello personale.

3. l'**indennità di accompagnamento**, per coloro che sono **impossibilitati a deambulare** senza l'aiuto di un accompagnatore o che necessitano di assistenza continua in quanto non in grado di attendere autonomamente agli atti quotidiani (l. 11 febbraio 1980, n. 18). Quanto ai requisiti per ottenere l'indennità di accompagnamento si rileva, con riferimento al requisito sanitario, che l'impossibilità a deambulare o la necessità di assistenza continua per incapacità ad attendere agli atti della vita quotidiana possono sussistere, contestualmente alla presenza di una situazione di invalidità totale, anche alternativamente per cui la prestazione spetterà anche con la presenza di uno di essi. Tale prestazione esula dal requisito anagrafico e, al contempo, anche da quello reddituale mentre necessita quale presupposto per l'erogazione l'autocertificazione dell'assenza di ricovero in strutture con retta a carico dello Stato.
4. l'**indennità mensile di frequenza,** per i minori di anni 18 con difficoltà a svolgere i compiti e le funzioni proprie dell'età che frequentano gli istituti scolastici e che sono sottoposti a trattamenti riabilitativi o terapeutici (art. 1, l. 11 ottobre 1990, n. 289). L'indennità di frequenza viene quindi erogata solo in caso di frequentazione continua o periodica di centri ospedalieri o rieducativi. Non vi è un diritto a percepire una tredicesima mensilità di tale indennità dato che essa è sganciata da una corresponsione periodica "fissa" ed è prevista solo per i periodi in cui il minore effettivamente frequenta.
5. **Cecità civile** disciplinata, attualmente, dalla legge n. 382/70. Le categorie di ciechi civili riconosciute sono due: i ciechi assoluti (con residuo visivo OO in entrambi gli occhi con eventuali correzioni) ed i ciechi parziali (con residuo visivo non superiore ad 1/20 in entrambi gli occhi con eventuali correzioni (cosiddetti ventisemisti). In presenza di determinati limiti di reddito è dovuta ai ciechi civili una pensione.
6. **Handicap** è disciplinato dalla legge 104/92 ed è lo svantaggio sociale dipendente dalla disabilità. La condizione di handicap può ritenersi connotata **da gravità** allorquando la minorazione, singola o plurima, ha ridotto l'autonomia personale correlata all'età in modo da rendere necessario un intervento assistenziale permanente, continuativo e globale, nella sfera individuale o in quella di relazione.

2.4. La tutela processuale dell'invalidità.

L'**ATP cd. previdenziale** è stato introdotto dall'art. 38, co. 1, della legge n. 111/2011, il quale ha stabilito *"che chi intende agire in giudizio per il riconoscimento dei propri diritti in materia di invalidità civile, cecità civile, sordità civile, handicap e disabilità, nonché di pensione di inabilità e di assegno di invalidità"*, deve preventivamente proporre, ai sensi del nuovo **art. 445-bis c.p.c.** una istanza di accertamento tecnico per la verifica delle condizioni sanitarie legittimanti la pretesa fatta valere, **a pena di improcedibilità del ricorso**.
La disposizione contempla un procedimento speciale volto ad accertare **il mero requisito sanitario** (fulcro delle controversie previdenziali) in un'ottica essenzialmente deflattiva del contenzioso previdenziale e di contenimento della durata dei processi previdenziali nei termini di ragionevolezza sanciti dalla Convenzione europea per la salvaguardia dei diritti dell'uomo e delle libertà fondamentali.
In ordine alla natura, l'**ATPO** va dunque qualificato in termini di procedimento sommario non cautelare così come evidenziato dalla Corte Costituzionale che, nella sentenza n. 243 del 2014, lo ha definito "un procedimento giurisdizionale sommario, sul modello di quelli di istruzione preventiva, a carattere contenzioso".
La richiesta di accertamento tecnico preventivo è subordinata alla preventiva presentazione della domanda amministrativa e dei ricorsi amministrativi ove previsti, incontrando il procedimento sommario le medesime preclusioni del procedimento ordinario di cognizione. Infatti nella materia delle prestazioni previdenziali ed assistenziali la domanda amministrativa all'ente erogatore, prevista dall'art. 7 legge n. 533 del 1973, costituisce presupposto indispensabile per la richiesta prestazione previdenziale ed assistenziale in quanto il requisito sanitario richiesto (il superamento di una determinata percentuale di invalidità) deve essere dapprima valutato ed accertato dagli organi amministrativi competenti (Commissione Medica presso le Asl territorialmente competenti, anche se come innanzi evidenziato le leggi regionali possono delegare tale accertamento alle commissioni mediche istituite direttamente presso l'INPS).
Il ricorso ex art. 445 bis c.p.c. è idoneo ad impedire la decadenza semestrale sancita dall'art. 42, comma 3, d.l. 269/2003 conv. in l. n. 326 del 24 novembre 2003 per il contenzioso di invalidità civile, nonché di quella triennale prevista dall'art. 47 d.p.r. 639/70 per le prestazioni assicurative di natura pensionistica, nonostante la nuova disposizione dica soltanto che "la richiesta di espletamento dell'accertamento tecnico interrompe la prescrizione".

La giurisprudenza di legittimità ha recentemente affermato e ribadito (con le sentenze n. 8533/2015, n. 8932/2015 e n. 11919 /2015; conf. ordinanza n. 8699/2018) che la natura giurisdizionale del giudizio impone al giudice adito di verificare sia i **presupposti processuali che le condizioni dell'azione**; in altri termini il giudice deve accertare sommariamente, oltre alla propria competenza, anche la ricorrenza di una delle ipotesi per le quali è previsto il ricorso alla procedura prevista dall'art. 445 bis c.p.c., nonché la presentazione della domanda amministrativa, l'eventuale presentazione del ricorso amministrativo, la tempestività del ricorso giudiziario, la sussistenza dell'interesse ad agire onde evitare giudizi volti all'accertamento del "mero" requisito sanitario (utilità che potrebbe difettare ove manifestamente manchino, con una valutazione *prima facie*, altri presupposti della prestazione previdenziale o assistenziale in vista della quale il ricorrente propone l'a.t.p.). Solo qualora tale verifica abbia dato esito positivo e sussistano, sulla base della prospettazione effettuata dal ricorrente, i requisiti per darsi ingresso all'accertamento tecnico, il giudice potrà proseguire nella procedura di cui all'art. 445 bis c.p.c., dovendo altrimenti dichiarare il ricorso inammissibile, con pronuncia priva di incidenza con efficacia di giudicato su situazioni soggettive di natura sostanziale, che non preclude l'ordinario giudizio di cognizione sul diritto vantato.

Una volta espletato l'incarico medico legale il Tribunale fissa, ai sensi dell'art. 445-bis, quarto comma, un termine per le parti al fine di consentire a queste ultime di dissentire dalle risultanze a cui è pervenuto il consulente tecnico d'ufficio.

In assenza di contestazioni, il giudice emette un **decreto di omologa**, che viene espressamente definito non impugnabile (giacché il rimedio concesso a chi intenda precludere la ratifica delle conclusioni del CTU si colloca esclusivamente in un momento anteriore, ossia "prima" dell'omologa e nel termine fissato dal giudice per muovere contestazioni alla consulenza) e chiude quindi definitivamente la fase dell'accertamento sanitario, rendendo le conclusioni del CTU intangibili. Coerentemente con tale premessa, deve ritenersi che la dichiarazione di dissenso che la parte deve formulare al fine di evitare l'emissione del decreto di omologa (ai sensi dei commi 4 e 5) possa avere ad oggetto non soltanto le conclusioni cui è pervenuto il c.t.u., ma anche gli aspetti preliminari che sono stati oggetto della verifica giudiziale e ritenuti non preclusivi dell'ulteriore corso, relativi ai presupposti processuali ed alle condizioni dell'azione (*ex multis* Cass. ord. n. 5802/2018; n. 20847/2019).

Se invece una delle parti contesta (non solo le conclusioni del c.t.u., ma complessivamente la possibilità del giudice di ratificare l'accertamento medico), si apre un **procedimento secondo il rito ordinario**, con onere della parte dissenziente di depositare, entro il termine perentorio di 30 giorni dalla dichiarazione della formulazione di dissenso, il ricorso introduttivo del giudizio, specificando, a pena di inammissibilità, i motivi della contestazione (art. 445-bis, sesto comma, c.p.c.). Oltre ai motivi di contestazione della consulenza, attraverso il giudizio di opposizione è possibile, ex art. 149 disp. att.c.p.c., dedurre anche aggravamenti del quadro patologico (in senso confermativo Cass. ord. n. 30860/19). Il giudizio si conclude con una sentenza di accoglimento o di rigetto. Nel primo caso, secondo parte della giurisprudenza di merito, che parte dal principio espresso dalla giurisprudenza di legittimità con le sentenze n. 6010/2014, n. 6084/2014 e n. 6085/2014 secondo cui il giudizio de quo è un giudizio di accertamento del requisito sanitario, il procedimento non può concludersi con una sentenza di condanna. Di segno contrario altra parte della giurisprudenza di merito che propende per la conclusione del procedimento con una sentenza di condanna.

Anche la sentenza conclusiva del giudizio è inappellabile e tale previsione, come evidenziato dalla giurisprudenza di legittimità (Cass. ord. n. 3670/19), non contrasta con la Costituzione e con la CEDU ma, anzi, è applicativa dell'art. 6 CEDU.

3. Il reddito di cittadinanza e la pensione di cittadinanza.

Il **Reddito di cittadinanza,** introdotto dal d.l. n. 4 del 28 gennaio 2019 conv. dalla legge n. 26 del 28 marzo 2019, è una misura di contrasto della povertà volta al **reinserimento nel mondo del lavoro ed inclusione sociale del beneficiario. Trattasi di una misura di politica attiva del lavoro.**

Il reddito di cittadinanza viene erogato per il periodo durante il quale il beneficiario si trova nelle condizioni che ne autorizzano la concessione e, comunque, per un periodo continuativo non superiore a diciotto mesi, potendo essere rinnovato solo dopo sospensione per un mese.

Esso può essere richiesto da chi:
1. è in possesso della **cittadinanza italiana** o di **Paesi facenti parte dell'Unione europea**, ovvero suo familiare che sia titolare del diritto di soggiorno o del diritto di soggiorno permanente, ovvero **cittadino di Paesi terzi in possesso del permesso di soggiorno UE per soggiornanti di lungo periodo**;
2. **residente in Italia per almeno 10 anni**, di cui gli ultimi due, considerati al momento della presentazione della domanda e per tutta la durata dell'erogazione del beneficio, in modo continuativo.

Il nucleo familiare deve possedere:
1. **un valore dell'Indicatore della situazione economica equivalente (ISEE) inferiore a 9.360 euro**;
2. un valore del patrimonio immobiliare, come definito a fini ISEE, in Italia e all'estero diverso dalla casa di abitazione, non superiore ad una soglia di euro 30.000;
3. un valore del patrimonio mobiliare, come definito a fini ISEE, non superiore a una soglia di euro 6.000, accresciuta di euro 2.000 per ogni componente il nucleo familiare successivo al primo, fino ad un massimo di euro 10.000, incrementato di ulteriori euro 1.000 per ogni figlio successivo al secondo, di euro 5.000 per ogni componente con disabilità presente nel nucleo (euro 7.500 se la disabilità presenta determinate caratteristiche);
4. un valore del reddito familiare inferiore ad una determinata soglia, variabile a seconda della composizione del nucleo e di altri aspetti.

È inoltre richiesto che:
1. nessun componente il nucleo familiare deve essere intestatario a qualunque titolo o avente piena disponibilità di autoveicoli immatricolati la prima volta nei sei mesi antecedenti la richiesta, ovvero di autoveicoli di cilindrata superiore a 1.600 cc o motoveicoli di cilindrata superiore a 250 cc, immatricolati la prima volta nei due anni antecedenti, a meno che non servano a persone con disabilità;
2. nessun componente deve essere intestatario a qualunque titolo o avente piena disponibilità di navi e imbarcazioni da diporto.
3. il richiedente il beneficio non sia stato sottoposto a misura cautelare personale, anche adottata a seguito di convalida dell'arresto o del fermo e non abbia riportato condanne definitive nei dieci anni precedenti la richiesta per alcuni delitti specificamente indicati (come ad es. l'art. 416 bis c.p. che punisce l'associazione di stampo mafioso).

Per la sua erogazione è altresì necessario che i componenti del nucleo familiare maggiorenni, non occupati e che non frequentano un regolare corso di studi o di formazione si rendano immediatamente disponibili al lavoro stipulando a) ove in possesso di certe caratteristiche (come ad es. avere meno di 26 anni) un **Patto per il lavoro** presso il Centro per l'impiego oppure, negli altri casi, un **Patto per l'inclusione sociale** presso il Comune.

La **legge di bilancio per il 2022** al fine di imporre "restrizioni" alla misura *de qua* ha previsto, aggiungendo **all'articolo 4 – comma 8, lettera B, numero 2**

– del decreto 4/2019, convertito in legge 26/2019 che *"la ricerca attiva del lavoro è verificata presso il centro per l'impiego in presenza con frequenza almeno mensile; in caso di mancata presentazione senza comprovato giustificato motivo si applica la decadenza dal beneficio."* In altri termini il beneficiario della misura dovrà recarsi, almeno una volta al mese, presso la sede territoriale del centro per l'impiego per dimostrare il rispetto degli obblighi previsti e, in particolare, la ricerca attiva di lavoro. Nel caso in cui non ci si presenti all'appuntamento, senza giustificato motivo, scatta la **decadenza del reddito di cittadinanza**, con la sanzione accessoria per cui non si può presentare una nuova domanda per i successivi 18 mesi, o 6 mesi nel caso dei nuclei familiari con minori o disabili. L'obbligo, è bene precisarlo, opera così come la sanzione eventuale solo per coloro che hanno sottoscritto un Patto per il lavoro. Costituisce causa di decadenza dal reddito di cittadinanza anche il non accettare almeno una congrua offerta di lavoro. In merito alla congruità dell'offerta di lavoro va precisato che essa può definirsi congrua qualora risponda ai seguenti parametri: avvenga entro 80 km di distanza dalla propria residenza (se si tratta di prima offerta di lavoro) o sia collocato nel territorio italiano (se si tratta di seconda offerta di lavoro).

Sono previsti, altresì, degli incentivi per i datori di lavoro che assumono beneficiari del Reddito di cittadinanza.

Non ha diritto al reddito di cittadinanza il componente del nucleo familiare disoccupato a seguito di dimissioni volontarie, nei dodici mesi successivi alla data delle dimissioni, fatte salve le dimissioni per giusta causa.

L'art. 5 della l. 26/2019 individua le **modalità** per la richiesta, riconoscimento ed erogazione. La **richiesta** può essere avanzata attraverso un modulo predisposto dall'INPS e va formulata dopo il quinto giorno di ciascun mese. L'Inps è tenuto a verificare entro cinque giorni lavorativi dalla data di comunicazione della domanda il possesso dei requisiti per l'accesso al reddito. L'erogazione avviene attraverso **la Carta acquisti ridenominata carta Rdc.**

In quanto misura di politica attiva volta all'inserimento nel mercato del lavoro esso prevede percorsi differenziati per coloro che sottoscrivono il **Patto per il lavoro** presso il centro per l'impiego e coloro che hanno bisogni più complessi e sottoscrivono il **Patto per l'inclusione sociale** presso i servizi comunali. Prima della sottoscrizione dei Patti i beneficiari del Reddito devono rilasciare una DID (dichiarazione di immediata disponibilità al lavoro) che consente alla parte di acquisire lo status di disoccupato.

Se il nucleo familiare presenta le caratteristiche patrimoniali e reddituali ora esaminate, ma tutti i componenti del nucleo familiare hanno età pari o superiore a 67 anni (o convivono esclusivamente con una o più persone in condizione di disabilità grave o di non autosufficienza di età inferiore), il beneficio in questione si chiama **Pensione di Cittadinanza** e la sua erogazione è svincolata da condizionalità legate all'obiettivo di reinserimento lavorativo.

La legge di bilancio per il 2022 ha ampliato la pletora dei reati accertati con sentenza passata in giudicato per i quali è prevista la revoca del beneficio includendovi lo sfruttamento della prostituzione, la tratta di persone, il furto, la rapina, la truffa aggravata, il riciclaggio, l'usura, il traffico illecito di stupefacenti, reati dai quali si traggono costantemente proventi illeciti.

La legge di bilancio per il 2023, con la premessa all'art. 1 co. 313 di una riforma organica della materia, ha previsto delle modifiche per l'istituto riducendo l'erogazione del beneficio, salvo che nel nucleo familiare vi siano persone con disabilità, minorenni o con persone con almeno sessant'anni di età, fino a 7 mesi per gli occupabili a patto che frequentino un corso di formazione o riqualificazione professionale di almeno sei mesi. In caso contrario si perde il diritto al sussidio in questione. A tal fine le Regioni inviano un elenco all'Anpal, l'Agenzia nazionale politiche attive del lavoro, con i nominativi di chi non adempie all'obbligo di frequenza dei corsi. Vi sarà decadenza dal diritto anche nel caso di rifiuto della prima offerta di lavoro.

3.1. M.I.A.: cenni.

È in discussione un disegno di legge volto a superare la misura del reddito di cittadinanza con l'adozione della c.d. M.I.A., acronimo che sta per Misura di Inclusione Attiva. Potranno beneficiare della stessa due categorie: le **famiglie povere senza persone occupabili** (ove vi è almeno un minore, un disabile ovvero un over '60) e le **famiglie con occupabili**. Il tetto ISEE per aver diritto alla Misura di Inclusione Attiva dovrebbe scendere dagli attuali 9.360 euro a **7.200 euro**. Per ottenere il sussidio si dovrà essere cittadini italiani o dell'UE con diritto di soggiorno permanente o cittadino di paesi terzi in possesso del permesso di soggiorno UE per soggiornanti di lungo periodo. Al momento della presentazione della domanda, bisognerà essere stati **residenti in Italia per almeno 5 anni**, di cui gli ultimi 2 in modo continuativo, a fronte dei 10 richiesti per la misura del reddito. È confermato il sistema di ricerca del lavoro per cui gli occupabili dovranno stringere un patto per il Lavoro tramite i centri per l'impiego. Tuttavia, grazie alla riforma, potranno essere coinvolti in questo passaggio anche le agenzie private per il lavoro. La ricerca di un'occupazione verrà agevolata attraverso l'attivazione di una piattaforma online per mettere in contatto i beneficiari della MIA e le aziende che offrono lavoro e, nel caso

CAPITOLO VI | L'ASSISTENZA SOCIALE

di rifiuto, ci sarà la perdita della misura. I potenziali beneficiari della MIA potranno percepire il sussidio e avere dei contratti di lavoro dipendente, di qualsiasi tipo, per una retribuzione fino a 3mila euro.

QUESTIONARIO

1. Cosa si intende per assistenza sociale? **1.**
2. A chi spetta la social card e per quali finalità è corrisposta? **2.1.**
3. Quali sono i presupposti per l'erogazione dell'assegno sociale? **2.2.**
4. Quali provvidenze sono previste a favore dei disabili? **2.3.**
5. Che cos'è l'indennità di accompagnamento? La sua erogazione è connessa al reddito del richiedente? **2.3.**
6. Come è strutturato il procedimento di accertamento dell'invalidità civile? **2.3.**
7. A chi spettano l'assegno di invalidità e la pensione di inabilità? **2.3.**
8. Quali sono i presupposti per l'erogazione dell'indennità di accompagnamento? **2.3.**
9. Cos'è l'indennità di frequenza? **2.3.**
10. Cos'è l'accertamento tecnico preventivo previdenziale? **3.**
11. Cos'è il reddito di cittadinanza e quali sono i presupposti per la sua erogazione? **3.**

SCHEDA DI SINTESI

L'assistenza sociale radica il suo fondamento nell'art. 38 cost. che garantisce a tutti i cittadini i mezzi necessari per vivere.
Le prestazioni volte ad attuare tale finalità hanno, essenzialmente, carattere economico e sono: la carta acquisti, l'assegno sociale, le prestazioni a tutela dell'invalidità civile ed inabilità, il reddito di cittadinanza (misura, al contempo, di politica attiva).
La carta acquisti è una misura erogata su domanda volta a fronteggiare le esigenze di prima necessità delle famiglie, impiegabile per le spese alimentari, farmaceutiche e delle bollette delle forniture energetiche e del gas.
L'assegno sociale è una misura economica, erogata a domanda, a coloro che hanno compiuto 67 anni e percepiscono un reddito inferiore ad una certa soglia ISEE. Laddove i soggetti percepiscano una prestazione per l'inabilità/invalidità al raggiungimento del limite di età vi sarà la trasformazione nella misura dell'assegno sociale.
Il reddito di cittadinanza è una prestazione economica erogata in presenza di determinate condizioni soggettive ed oggettive che, per effetto della nuova legge di bilancio 2023, in attesa di una riforma di sistema è stata ridotta a 7 mesi anziché 12 per gli occupabili con obbligo di frequentazione di percorsi e decadenza nel caso di diniego dell'offerta di lavoro. È una misura che assolve anche la funzione di strumento di politica attiva.
Rientrano nell'ambito di assistenza la pletora delle prestazioni economiche erogabili

in presenza di invalidità o inabilità civile e, al contempo, di altri requisiti soggettivi ed oggettivi. L'accertamento delle condizioni di salute viene effettuata dall'Ente previdenziale ed impugnative giudiziarie della reiezione delle domande per motivi sanitari seguono il regime di cui all'art. 445 bis c.p.c.

INDICE ANALITICO

A

Accertamento tecnico preventivo, Parte III, Cap. VI, Par. 2.4
Accordo
- **nel contratto di lavoro,** Parte I, Cap. IV, Par. 2
- **interconfederale,** Parte II, Cap. II, Par. 2
- **interconfederale** 2013, Parte II, Cap. II, Par. 1

Addebito (contestazione), Parte I, Cap. V, Sez. II, Par. 4.1
Agenzia (contratto di), Parte I, Cap. II, Sez. II, Par. 4
Agenzia per la rappresentanza negoziale della pubblica amministrazione (ARAN), Parte I, Cap. IX, Par. 1-2
Ammortizzatori sociali, Parte I, Cap. VIII, sez. III, Par. 1
- **Asdi,** Parte I, Cap. VIII, Par. 5.
- **AspI,** Parte I, Cap. VIII, Par. 5
- **contratti di solidarietà,** Parte I, Cap. VIII, Par. 3
- **DIS-COLL,** Parte I, Cap. VIII, Par. 5.3
- **in deroga,** Parte I, Cap. VIII, Par. 6
- **lavori socialmente** utili, Parte I, Cap. VIII, Par. 7
- **NASpI,** Parte I, Cap. VIII, Par. 5.1
- **Nozione,** Parte I, Cap. VIII, Par. 1
- **Mobilità,** Parte I, Cap. VIII, Par. 1.1

Antisindacale (condotta), Parte II, Cap. I, Par. 7
- **Nozione,** Parte II, Cap. I, Par. 7
- **procedimento di repressione,** Parte II, Cap. I, Par. 7

Anticipo finanziario a garanzia pensionistica (c.d. "APE", anche sociale), Parte III, Cap. II, par. 6
Anzianità (pensione di), Parte III, Cap. II, Par. 3
Appalto, Parte I, Sez. V, Cap. V, Par. 4.1
- **divieto di appalto di manodopera,** Parte I, Cap. V, Par. 4
Apprendistato (contratto di),
- **definizione,** Parte I, Cap. III, Sez. II, Par. 1
- **disciplina,** Parte I, Cap. III, Sez. II, Par. 1.2
- **tipologie:**
- **di alta formazione e ricerca,** Parte I, Cap. III, Sez. II, Par. 1.1
- **per la qualifica e per il diploma professionale,** Parte I, Cap. III, Sez. II, Par. 1.1
- **professionalizzante (contratto di mestiere),** Parte I, Cap. III, Sez. II, Par. 1.1

Arbitrato, Parte I, Cap. X, Par. 3
ASpI, Parte I, Cap. VIII, Par. 5
Assegno di ricollocazione, Parte I, Cap. VIII, Par. 5.2
Assegno sociale, Parte III, Cap. VI, Par. 2.2
Assemblea (diritto di), Parte II, Cap. III, Par. 5
Assegno di maternità, Parte III, Cap. V, Par. 4
Assegno per il nucleo familiare, Parte III, Cap. V, Par. 2
Assegno mensile di invalidità, Parte III, Cap. VI, Par. 2.3

- **destinatari,** Parte III, Cap. VI, Par. 2.3
- **nozione,** Parte III, Cap. VI, Par. 2.3
- **prestazioni,** Parte III, Cap. VI, Par. 2.3

Associazione in partecipazione, Parte I, Cap. II, Sez. III, Par. 2
contratto di, Parte I, Cap. II, Sez. III, Par. 2
Associazione (diritto di), Parte II, Cap. I, Par. 2
Assunzioni incentivate, Parte I, Cap. IV, Sez. I, Par.4
Attività sindacale, Parte II, Cap. I
Automaticità (principio di), Parte III, Cap. I, Par. 4

B

Biologico (danno), Parte I, Cap. V, Par. 6

C

Capacità giuridica e di agire, Parte I, Cap. V, Sez. I, Par. 1
Carta acquisti (social card), Parte III, Cap. VI, Par. 2.1
Cassa integrazione guadagni, Parte I, Cap. VIII, Par. 2
- **ordinaria,** Parte I, Cap. VIII, Par. 2
- **straordinaria,** Parte I, Cap. VI, Par. 2.1

Categorie (di lavoratori), Parte I, Cap. V, Par. 4, 4.1
Causa (del contratto di lavoro), Parte I, Cap. IV, Sez. II, Par. 2
Centri per l'impiego, Parte I, Cap. IV, Sez. I, Par. 1
Certificazione del contratto di lavoro, Parte I, Cap. IV Sez. II, par. 7

- **impugnazione,** Parte I, Cap. X, Par. 9 Cap. IV Sez. II, par. 7.2
- **procedimento,** Parte I, Cap. IV Sez. II, par. 7.1

Codice disciplinare, Parte I, Cap. V, Sez. I, Par. 4.1
Collaborazioni organizzate dal committente, Parte I, Cap. II, Sez. I, Par. 3
Collocamento,
- **intermediazione privata,** Parte I, Cap. IV, Par. 2
- **dei lavoratori disabili,** Parte I, Cap. IV, Sez. I, Par. 5
- **assunzione incentivate,** Parte I, Cap. IV, Sez. I, Par. 4
- **dei lavoratori extracomunitari,** Parte I, Cap. IV, Sez. I, Par. 6

Commissione di garanzia per lo sciopero nei servizi pubblici essenziali, Parte II, Cap. III, Par. 6
Comporto (periodo di), Parte I, Cap. VIII, Par. 9,3
Conciliazione, Parte I, Cap. X, Par. 3
Concorrenza, Parte I, Cap. V, Par. 3
- **divieto,** Parte I, Cap. V, Par. 3
- **patto di non concorrenza,** Parte I, Cap. V, Par. 3.1

Contratti di solidarietà, Parte I, Cap. VIII, Sez. III Par. 3
Contratto collettivo
- **definizione,** Parte II, Cap. II, Par. 1
- **efficacia soggettiva,** Parte II, Cap. II, Par. 4
- **inderogabilità,** Parte II, Cap. II, Par. 5.1
- **livelli della contrattazione collettiva,** Parte II, Cap. II, Par. 2
- **struttura,** Parte II, Cap. III, Par. 1
- **vigenza temporale,** Parte II, Cap. III, Par. 6

Contratto individuale

- **lavoro a domicilio**, Parte I, Cap. III, Sez. III, Par. 1
- **lavoro agile (smart working)**, Parte I, Cap. III, Sez. III, Par. 3
- **lavoro a tempo determinato**, Parte I, Cap. III, Sez. I, Par. 1
- **contratto a termine (la causale)**, Parte I, Cap. III, Sez. I, Par. 1.1
- **diritto di precedenza nelle assunzioni**, Parte I, Cap. III, Sez. I, Par. 1.4
- **forma**, Parte I, Cap. III, Sez. I, Par. 1.1
- **nozione**, Parte I, Cap. III, Sez. I, Par. 1.
- **proroga**, Parte I, Cap. III, Sez. I, Par. 1.2
- **prosecuzione dopo la scadenza**, Parte I, Cap. III, Sez. I, Par. 1.2
- **ragioni giustificatrici**, Parte I, Cap. III, Sez. I, Par. 1.1
- **lavoro a tempo parziale (part time)**, Parte I, Cap. III, Sez. I, Par. 2
- **clausole elastiche e flessibili**, Parte I, Cap. III, Sez. I, Par. 2.2
- **contratto di espansione**, Parte I, Cap. III, Sez. I, Par. 2.4
- **forma**, Parte I, Cap. III, Sez. I, Par. 2.1
- **trasformazione in lavoro a tempo pieno**, Parte I, Cap. III, Sez. I, Par. 2.5
- **lavoro domestico**, Parte I, Cap. III, Sez. III, Par. 4
- **lavoro intermittente**, Parte I, Cap. III, Sez. I, Par. 3
- **indennità di disponibilità**, Parte I, Cap. III, Sez. I, Par. 3
- **lavoro sportivo**, Parte I, Cap. III, Sez. III, Par. 5
- **lavoro di portierato**, Parte I, Cap. III, Sez. III, Par. 6
- **telelavoro**, Parte I, Cap. II, Sez. II, Par. 6.1

Contributivo (sistema di calcolo), Parte III, Cap. II, Par. 2.2

Cottimo (retribuzione a), Parte I, Cap. V, Sez. IV, Par. 4

D

Decadenza (processuale), Parte I, Cap. VIII, Sez. IV, par. 3; Cap. X, Par. 4

Demansionamento, Parte I, Cap. V, Par. 2

Diligenza (dovere di), Parte I, Cap. V, Par. 3

Dimissioni, Parte I, Cap. VIII, Par. 5

Dirigenti, Parte I, Cap. V, Par. 4.1

Discriminazioni, Parte I, Cap. VII, Par. 1
- **dirette**, Parte I, Cap. VII, Par. 1
- **di genere** Parte I, Cap. VII, Par. 2
- **indirette**, Parte I, Cap. VII, Par. 1
- **tutela giudiziaria**, Parte I, Cap. VII, Par. 6

Disoccupazione, Parte I, Cap. VIII, Sez. III Par. 5
- **indennità di**, Parte I, Cap. VIII, Sez. III Par. 5
- **stato di**, Parte I, Cap. IV, Par. 2

Distacco, Parte I, Cap. V, Par. 3.2
- **nozione**, Parte I, Cap. V, Par. 1
- **transnazionale**, Parte I, Cap. V, Par. 2

E

Enti previdenziali, Parte III, Cap. I, Par. 2

Età pensionabile, Parte III, Cap. II, Par. 2.1

INDICE ANALITICO

Eterodirezione, Parte I, Cap. II, Sez. I, Par. 2

F

Fedeltà (obbligo di), Parte I, Cap. V, Par. 3
Ferie, Parte I, Cap. V, Sez. III, Par. 4.4
Festività, Parte I, Cap. V, Sez. III, Par. 4.3
Fondi pensione, Parte III, Cap. IV, Par. 2
- **beneficiari**, Parte III, Cap. IV, Par. 1
- **classificazione**, Parte III, Cap. IV, Par. 2
- **finanziamento**, Parte III, Cap. IV, Par. 3
- **prestazioni**, Parte III, Cap. IV, Par. 3
- **riscatto e trasferimento**, Parte III, Cap. IV, Par. 4
Fonti del diritto, Parte I, Cap. I,
- **dell'Unione Europea**, Parte I, Cap. I, Par. 2
- **internazionale**, Parte I, Cap. I, Par. 2
- **interno**, Parte I, Cap. I, Par. 3; 3.1;3.2;3.3;4
Forma (del contratto di lavoro), Parte I, Cap. V, Sez. II, Par. 2
Funzionari, Parte I, Cap. V, Sez. I, Par. 4.1

G

Garanzie dei crediti del lavoratore, Parte I, Cap. VIII, Sez. IV, Par. 4
Giurisdizione (processo del lavoro), Parte I, Cap. X,
Giusta causa
- **dimissioni**, Parte I, Cap. VIII, Sez. I, Par. 5
- **licenziamento**, Parte I, Cap. VIII, Sez. I, Par. 5

Giustificato motivo (del licenziamento), Cap. VIII, Sez. I,
- **soggettivo**, Parte I, Cap. VIII, Sez. I, Par. 8
- **oggettivo**, Parte I, Cap. VIII, Sez. I, Par. 9

Gravidanza e puerperio, Parte I, Cap. VI, Par. 3

I

Impiegati, Parte I, Cap. V, Sez. I, Par. 4.1
Impresa familiare, Parte I, Cap. IV, Sez. II, Par.4.1
Inabilità, Parte III, Cap. VI
- **nozione**, Parte III, Cap. VI, Par. 2
- **pensione di**, Parte III, Cap. VI, Par. 2
Indennità
- **di accompagnamento**, Parte III, VI, Par. 2
- **di disponibilità per lavoro inter-mittente**, Parte I, Cap. III, Sez. I, Par. 3
- **di disoccupazione**, Parte I, Cap. VIII, Par. 5
- **di frequenza**, Parte III, Cap. VI, Par. 2
- **di mancato preavviso**, Parte I, Cap. V,Sez, IV, Par. 3
Inderogabilità
- **del contratto collettivo**, Parte II, Cap. III, Par. 5.1
Infortunio del lavoratore, Parte III, Cap. III, Par. 3
Infortuni sul lavoro, Parte III, Cap. III, Par. 3
- **destinatari della tutela**, Parte III, Cap. III, par. 2
- **danno complementare e differenziale**, Parte III, Cap. III, Par. 6

- **infortunio in itinere,** Parte III, Cap. III, Par. 3
- **nozione,** Parte III, Cap. III, Par. 3
- **prestazioni,** Parte III, Cap. III, Par. 5

Inquadramento individuale, Parte I, Cap. V, Par. 1

Interessi (crediti pecuniari del lavoratore), Parte I, Cap. X, Par. 8

Invalidità,
- **assegno di,** Parte III, Cap. VI, Par. 2.3
- **nozione,** Parte III, Cap. VI, Par. 2.3

Invenzioni del lavoratore, Parte I, Cap. V, Par. 2.1

Ispezioni amministrative, Parte I, Cap. XI,
- **gli organi,** Parte I, Cap. XI, par. 1
- **poteri speciali,** Parte I, Cap. XI, par. 3
- **ricorsi amministrativi,** Parte I, Cap. XI, par. 4

L

Lavoro
- **autonomo,** Parte I, Cap. II, Sez. I, Par. 2
- **a progetto,** Parte I, Cap. II, Sez. I, Par. 5:
- **disciplina,** Parte I, Cap. II, Sez. I, Par. 5
- **gratuito,** Parte I, Cap. II, Sez. I, Par. 9
- **occasionale,** Parte I, Cap. II, Sez. I, Par. 7
- **familiare,** Parte I, Cap. II, Sez. I, Par. 9
- **in forma associata,** Parte I, Cap. II, Sez. I, Par. 8
- **minorile,** Parte I, Cap. IX, Par. 2
- **accesso,** Parte I, Cap. IX, Par. 2
- **minori,** Parte I, Cap. IX, Par. 2

- **orario di lavoro,** Parte I, Cap. IX, Par. 2
- **nero (sanzioni),** Parte I, Cap. III, Sez. I, Par. 5
- **femminile,** Parte I, Cap. IX, Par. 4
- **notturno,** Parte I, Cap. VI, Par. 3.1
- **parasubordinato,** Parte I, Cap. II, Sez. I, Par. 3
- **straordinario,** Parte I, Cap. II, Sez. II, Par. 3.1
- **subordinato,** Parte I, Cap. II, Sez. I, Par. 1

Libertà sindacale, Parte II, Cap. I, Par. 4

Libro unico del lavoro, Parte I, Cap. III, Sez. I, Par. 5

Licenziamenti collettivi per riduzione di personale, Parte I, Cap. XII, Par. 1.2

Licenziamenti individuali:
- **disciplinare,** Parte I, Cap. XI, Sez. I, Par. 6
- **discriminatorio,** Parte I, Cap. XI, Sez. I, Par. 6 e 9
- **giusta causa,** Parte I, Cap. XI, Sez. I, Par. 5
- **giustificato motivo oggettivo,** Parte I, Cap. XI, Sez. I, Par. 5
- **giustificato motivo soggettivo,** Parte I, Cap. XI, Sez. I, Par. 5
- **repechage (obbligo di),** Parte I, Cap. XI, Sez. I, Par. 5
- **impugnazione,** Parte I, Cap. XI, Sez. I, Par. 10.1
- **libera recedibilità,** Parte I, Cap. XI, Sez. I, Par. 2
- **oneri probatori,** Parte I, Cap. XI, Sez. I, Par. 10.3
- **revoca,** Parte I, Cap. XI, Sez. I, Par. 7
- **rito speciale**, Parte I, Cap. XI, Sez. I, Par. 10.2

- **tutela obbligatoria,** Parte I, Cap. XI, Sez. I, Par. 6
- **tutela reale,** Parte I, Cap. XI, Sez. I, Par. 6

M

Malattia professionale, Parte III, Cap. III, Par. 4
Mansioni, Parte I, Cap. V, Sez. III, Par. 1
- **equivalenti,** Parte I, Cap. V, Sez. III, Par. 2
- **mutamento,** Parte I, Cap. V, Sez. III, Par. 2
- **orizzontale,** Parte I, Cap. V, Sez. III, Par. 2
- **verticale verso il basso,** Parte I, Cap. V, Sez. III, Par. 2.1
- **verticale verso l'alto,** Parte I, Cap. V, Sez. III, Par. 2.1

Maternità (tutela della), Parte I, Cap. VI Par. 3:
- **congedo obbligatorio,** Parte I, Cap. VI Par. 3.1
- **congedo di paternità,** Parte I, Cap. VI Par. 3.2
- **congedo parentale,** Parte I, Cap. VI Par. 4
- **congedo per adozione,** Parte I, Cap. VI, par. 3.3
- **congedo per malattia del figlio,** Parte I, Cap. VI Par. 3.4
- **dimissioni** Parte I, Cap. VI Par. 3.1
- **diritto al rientro,** Parte I, Cap. VI Par. 3.1
- **divieto di licenziamento** Parte I, Cap. VI Par. 3.1

Mobbing, Parte I, Cap. V, Sez. II, Par. 7
- **tipologie,** Parte I, Cap. V, Sez. II, Par. 7
- **tutele,** Parte I, Cap. V, Sez. II, Par. 7

Morte del lavoratore
- **indennità sostitutiva per causa di morte,** Parte I, Cap. VIII, Sez. I, Par. 1

N

Nomen iuris **(qualificazione del rapporto di lavoro),** Parte I, Cap. II, Sez. I, Par. 2

O

Obbedienza (dovere di), Parte I, Cap. V, Sez.I, Par. 3
Onerosità (presunzione di), Parte I, Cap. IV, Sez. II, Par. 4
Operai, Parte I, Cap. V, Sez.I, Par. 4.1
Orario di lavoro, Parte I, Cap. V, Sez. III, Par. 4
- **durata massima,** Parte I, Cap. V, Sez. III, Par. 4
- **normale,** Parte I, Cap. V, Sez. III, Par. 4
- **multi periodale,** Parte I, Cap. V, Sez. III Par. 4.1

Organizzazione sindacale, Parte II, Cap. I, Par. 3 e 4

P

Parasubordinazione, Parte I, Cap. I, Sez. II, Par. 2 e 3
Pari opportunità, Parte I, Cap. VII, Par. 2
Pause, Parte I, Cap. III, sez. V, Par. 4.3
Pensione anticipata, Parte III, Cap. II, Par. 3
Perequazione automatica, Parte III, Cap. II, Par. 2.3
Poteri del datore di lavoro,

- **direttivo,** Parte I, Cap. V, Sez. II, Par. 2
- **a distanza,** Parte I, Cap. V, Sez. II, Par. 3
- **a garanzia del patrimonio aziendale,** Parte I, Cap. V, Sez. II, Par. 3
- **disciplinare,** Parte I, Cap. V, Sez. II, Par. 4
- **impugnazione delle sanzioni,** Parte I, Cap. V, Sez. II, Par. 4.1
- **recidiva,** Parte I, Cap. V, Sez. II, Par. 4.1

Precettazione (potere di), Parte II, Cap. III, Par. 6

- **Prescrizione,** Parte I, Cap. VIII, Sez. IV Par. 2
- **decorso,** Parte I, Cap. VIII, Sez. IV Par. 2.1
- **estintiva,** Parte I, Cap. VIII, Sez. IV, Par. 2.1
- **presuntiva,** Parte I, Cap. VIII, Sez. IV, Par. 2.1

Prestazione di fatto, Parte I, Cap. IV, Par. 6.1

Previdenza complementare, Parte III, Cap. IV

Previdenza sociale
- **eventi protetti,** Parte III, Cap. I, Par.1
- **nozione,** Parte III, Cap. I, Par. 1
- **prestazioni,** Parte III, Cap. II
- **soggetti,** Parte III, Cap. I, Par. 2

Privilegi, Parte I, Cap. XIII, Par. 4

Processo del lavoro, Parte I, Cap. X
- **caratteri,** Parte I, Cap. X, par. 1
- **competenza,** Parte I, Cap. X, par. 2
- **atti introduttivi,** Parte I, Cap. X, par. 4
- **poteri istruttori del giudice,** Parte I, Cap. X, par. 6
- **sentenza,** Parte I, Cap. X, par. 8

- **impugnazioni,** Parte I, Cap. X, par.9

Proselitismo, Parte II, Cap. I, Par. 5

Patto di prova, Parte I, Cap. III, Sez. I, Par. 3

Provvigione, Parte I, Cap. V, Sez. IV, Par. 4

Pubblico impiego,
- **assunzione e mansioni,** Parte I, Cap. IX, Par. 3 e 4.2
- **contrattazione collettiva,** Parte I, Cap. IX, Par. 2
- **dirigenza,** Parte I, Cap. IX, Par. 4.3
- **giurisdizione,** Parte I, Cap. IX, Par. 8
- **mobilità,** Parte I, Cap. IX, Par. 5
- **privatizzazione,** Parte I, Cap. IX, Par. 1
- **responsabilità disciplinare,** Parte I, Cap. IX, Par. 4.4

Q

Quadri, Parte I, Cap. V, Par. 4.1

R

Rappresentante dei lavoratori per la sicurezza, Parte I, Cap. V, Sez. II, Par.5

Rapporto
- **contributivo,** Parte III, Cap. I, Par. 3
- **previdenziale,** Parte III, Cap. I, Par. 2

Rappresentanze sindacali aziendali, Parte II, Cap. I, Par. 4

Rappresentanze sindacali unitarie Parte II, Cap. I, Par. 4

Rappresentatività sindacale, Parte II, Cap. I, Par. 3

Reddito di cittadinanza, Parte III, Cap. VI, par. 3

Rendita integrativa temporanea an-

ticiata (c.d. "RITA"), Parte III, Cap. IV, par. 3.1
Retributivo (sistema di calcolo), Parte III, Cap. II, Par. 2.2
Retribuzione, Parte I, Cap. V, Sez. IV, Par. 1:
- **obbligazione retributiva (caratteristiche della),** Parte I, Cap. V, Par. 3
- **onnicomprensività,** Parte I, Cap. V, sez. IV, Par. 3
- **nozione,** Parte I, Cap. V, sez. IV, Par. 1
- **proporzionalità,** Parte I, Cap. V, sez. IV, Par. 1
- **sufficienza,** Parte I, Cap. V, sez. IV, Par. 1
- **tipi,** Parte I, Cap. V, sez. IV, Par. 4

Ricongiunzione, Parte III, Cap. I, Par. 7
Rinunzie e transazioni, Parte I, Cap. VIII, sez. IV, Par. 1
Riparto di competenze legislative, Parte I, Cap. I, Par. 5
Rivalutazione monetaria (crediti pecuniari del lavoratore), Parte I, Cap. IV, sez. IV, Par. 5

S

Sciopero (diritto di), Parte II, Cap. III:
- **di solidarietà,** Parte II, Cap. III, Par. 3
- **nozione,** Parte II, Cap. III, Par. 1
- **limiti** Parte II, Cap. III, Par. 4
- **politico** Parte II, Cap. III, Par. 3
- **nei servizi pubblici essenziali,** Parte II, Cap. III, Par. 6

Serrata, Parte II, Cap. III, Par. 9
Sicurezza sul lavoro (obbligo della),
- **documento di valutazione dei rischi,** Parte I, Cap. V, Sez. II, Par. 5

Somministrazione di lavoro, Parte I, Cap. V, SEZ. V, Par. 2:
- **a tempo determinato,** Parte I, Cap. V, SEZ. V, Par. 5.1
- **a tempo indeterminato,** Parte I, Cap. V, SEZ. V, Par. 5.1
- **contratto di somministrazione,** Parte I, Cap. V, SEZ. v, Par. 5.1
- **disciplina del rapporto,** Parte I, Cap. V SEZ. V, Par. 5.2
- **fraudolenta,** Parte I, Cap. V, SEZ. V, Par. 6
- **irregolare,** Parte I, Cap. V, SEZ. V, Par. 6
- **nozione,** Parte I, Cap. V, SEZ. V, Par. 5

Sospensione del rapporto di lavoro
- **gravidanza e puerperio,** Parte I, Cap. VI, Par. 3
- **malattia e infortunio,** Parte I, Cap. VI, Par. 2
- **permessi e congedi,** Parte I, Cap. VI, par. 3.4

Superstiti (trattamento ai), Parte III, Cap. II, Par. 5
- **beneficiari,** Parte III, Cap. II, Par. 5
- **trattamenti reversibili,** Parte III, Cap. II, Par. 5
- **Statuto del lavoro autonomo e "smart working",** Parte I, Cap. II, Sez. III,

T

Telelavoro, Parte I, Cap. III, Sez. III, Par. 2
Tirocini formativi e di orientamento, Parte I, Cap. II, Sez. II, Par. 2
Totalizzazione, Parte III, Cap. I, Par. 7
Trasferimento d'azienda,
- **delle aziende in crisi,** Parte I, Cap. V, SEZ. V, Par. 3.3

- **nozione,** Parte I, Cap. V, SEZ. V, Par. 3
- **procedura di consultazione sindacale,** Parte I, Cap. V, SEZ.V, Par. 3

Trasferimento del lavoratore
- **disciplina,** Parte I, Cap. V, SEZ. III, Par. 3.1

Trasferta, Parte I, Cap. V, SEZ. III, Par. 3.2

Trattamento di fine rapporto (TFR)
- **anticipazioni,** Parte I, Cap. V, Sez. IV, Par. 6
- **devoluzione alla previdenza complementare,** Parte I, Cap. V, Sez. IV, Par. 6
- **Fondo di garanzia,** Parte I, Cap. V, Sez. IV, Par. 6

U

Usi aziendali ed usi normativi, Parte I, Cap. I, Par. 5

V

Valutazione dei rischi (sicurezza sul lavoro), Parte I, Cap. V, Sez. II, Par. 5.2

Vecchiaia (pensione di),
- **anzianità anagrafica,** Parte III, Cap. II, Par. 2
- **anzianità assicurativa e contributiva,** Parte III, Cap. II, Par. 2.2
- **nozione,** Parte III, Cap. II, Par. 2
- **perequazione automatica,** Parte III, Cap. II, Par. 2.3
- **sistemi di calcolo,** Parte III, Cap. II, Par. 2.2
- **trattamento minimo,** Parte III, Cap. II, Par. 2.3

Visite personali di controllo, Parte I, Cap. V, Sez. II, Par. 3

Volontariato, Parte I, Cap. IV, Sez. II, Par. 4.

NOTE

NOTE

NOTE

NOTE

NOTE

NOTE

Completa la tua preparazione con la ns

ESTENSIONE ONLINE

Per accedere al servizio, segui le seguenti istruzioni

1. Registrati **gratuitamente, scegliendo una tua user e una tua password** su **shop.enneditore.it** nell'area

    my Account

2. Entra nella sezione "**La mia libreria**" e attiva il tuo volume inserendo la seguente password nel **campo** ATTIVA PASSWORD

XKZ9689GD

Se vuoi puoi consultare tutti i **contenuti EXTRA** connessi al volume anche sulla nostra **APP**

N-EXT

N·E
N-EXT

Scaricandola gratuitamente dal PlayStore o AppleStore potrai avere tutto sempre con te sul tuo smartphone